天

Borderless

下

博稽古今　融汇天下

天

Borderless

下

法学原论

Criminal Law

Principles of Systems of Crime Theory and Responsibilities for Offences

（volume 2）

By Li Xiaoming

刑法学

罪体与罪责原理

（下册）

李晓明　著

法律出版社
LAW PRESS · CHINA
北京

图书在版编目(CIP)数据

刑法学. 下册, 罪体与罪责原理 / 李晓明著. -- 北京 : 法律出版社, 2023
ISBN 978-7-5197-7508-7

Ⅰ. ①刑… Ⅱ. ①李… Ⅲ. ①刑法-法的理论-中国 Ⅳ. ①D924.01

中国国家版本馆 CIP 数据核字(2023)第 012969 号

法学原论系列

刑法学:罪体与罪责原理(下册)
XINGFAXUE:ZUITI YU ZUIZE YUANLI (XIACE)

李晓明 著

责任编辑 黄倩倩 杨悦芊
装帧设计 贾丹丹

出版发行 法律出版社
编辑统筹 学术·对外出版分社
责任校对 王 丰
责任印制 陶 松
经 销 新华书店

开本 710 毫米×1000 毫米 1/16
印张 34.75 字数 646 千
版本 2023 年 6 月第 1 版
印次 2023 年 6 月第 1 次印刷
印刷 三河市兴达印务有限公司

地址:北京市丰台区莲花池西里 7 号(100073)
网址:www. lawpress. com. cn
投稿邮箱:info@ lawpress. com. cn
举报盗版邮箱:jbwq@ lawpress. com. cn

销售电话:010-83938349
客服电话:010-83938350
咨询电话:010-63939796

书号:ISBN 978-7-5197-7508-7
定价:138.00 元

凡购买本社图书,如有印装错误,我社负责退换。电话:010-83938349

目　录

第五编　罪体原理：犯罪论的博弈及其回归

第六编　罪责原理:刑罚种类及其他承担方式

第五编　罪体原理:犯罪论的博弈及其回归

所谓“罪体”是指犯罪本体,也即犯罪本身。其不仅是刑法学重要的基本范畴,甚至是刑法学的半壁江山,“罪”与“罚”共同支撑着刑法及其学科的基础理论大厦。无“罪”即无“罚”,或无“罪”即无“刑”,抑或无“罪”即无“责”。二者的对偶更是一种互为或辩证的关系,并由此撑起刑法学的理论根基,也由此演化出刑法学的基本原理。

第十九章　“罪”的历史演进:犯罪的本质、法益侵害与立场选择

一个理论体系的建构分两个阶段:一是对建构体系所必需的基本要素、概念与范畴的归纳提炼;二是将各要素或概念依照一定的认知规律或逻辑方法联结起来,最终形成体系。犯罪论体系的建构也是如此。① 犯罪论体系是整个刑法学理论的基石,它在相当程度上决定着一个国家刑法学的理论品格。② 犯罪论体系包括:(1)犯罪概念。对犯罪及其特征的基本界定。(2)犯罪成立。将犯罪概念具体化,具体解析犯罪成立的基本条件。(3)犯罪形态。解析犯罪成立后的个别的、异态的情形。③ 此乃广义的犯罪论体系,狭义上的犯罪论体系指四要件、三阶层或两层次等。它们是关于犯罪论的知识统一体,是对犯罪论的理论构筑,功用在于将诸多犯罪成立要件和要素整合于一个有秩序系统,使人易于理解。在传统刑法理论中,原本没有犯罪论体系这一术语,一般使用犯罪构成概念,它源自苏联。特拉伊宁将犯罪构成定义为:“苏维埃法律认为决定具体的,危害社会主义国家的作为(或不作为)为犯罪的一切客观要件和主观要件(因素)的总和。”④犯罪构成与犯罪论体系的概念相比,后者应属上位概念,属于区分犯

---

① 参见车浩:《未竟的循环——“犯罪论体系”在近现代中国的历史展开》,载《政法论坛》2006 年第 3 期。

② 参见陈兴良:《转型中的中国犯罪论体系》,载《现代法学》2014 年第 1 期。

③ 参见李海峰:《我国犯罪论体系在刑事司法中的功能定位及其实现——一种以司法效能为切入点的审视》,载《西南民族大学学报(人文社会科学版)》2015 年第 2 期。

④ [苏联]特拉伊宁:《犯罪构成的一般学说》,薛秉忠等译,中国人民大学出版社 1958 年版,第 50 页。

罪客观要素和主观要素的体系,是最核心的犯罪要件类型。

一、"罪"的范畴及罪刑关系

人类历史的发展是渐进的,社会文明的物质与精神构造都是经过点滴积累、潜移默化而形成的。现代社会的政治体制、法律制度都可找到自身发展的历史源头。① 包括犯罪亦是如此,它也是一种文化,人类文明经历了对不同犯罪的感知,再把它进行抽象,最终形成了对犯罪本质属性的认识。在讨论刑法学科主线时,本书阐述过"罪"与"罚"的关系,旨在建立刑法学广义上的犯罪概念,并未深入讨论作为犯罪论体系"罪"的范畴,更未梳理人类历史长河中犯罪的起源及其发展,故这里先对其范畴及起源进行考察,追寻其生成的脉络。

(一)犯罪概念形成前"罪"的考察:以刑统罪

从"罪"产生到"罪"之范畴形成,有着漫长的认识过程。犯罪是人类社会最古老的现象,它的发展几乎与人类文明同步。原始社会没有刑法,更没有刑法意义上的犯罪,但这并不意味着寻找罪的渊源只能从阶级社会开始。在原始社会,人类已有了罪的观念和罪的制度性习惯,原始氏族秩序反映着社会成员的共同意志及不成文的社会习惯。其中禁止性规范表现为禁忌(Taboo),它是原始社会中最具强制力的社会规范,更是原始社会的道德底线。② 包括性禁忌也是最早的社会规范或习惯法规则,在那时犯忌的行为是一种不可饶恕的行为,这与今天的犯罪有相同之处。如果有意或无意违背世代相传的习惯或规则,不仅氏族组织会从维护整体利益出发对违反者予以惩罚,违反者本人也会为自己的行为深感内疚。但原始社会还处于人类社会的萌芽阶段,尚未诞生国家等暴力机构,也无现代意义上以国家暴力为后盾的强制力法律,规制社会的手段乃习惯、禁忌等无形规范,所以对原始社会违反习惯、禁忌的行为,以今日的犯罪标准衡量,仅是一种犯罪学意义的犯罪。原始社会没有私有制,没有国家,没有法律,阶级社会法律的近似替代物是习俗。③ 在原始社会漫长的历史进程中的犯罪被西方学者称为人类社会"早期的犯罪",与后来的犯罪既有共同点也有不同点。共同点是:其都是一种危害,如杀人、伤害、盗窃等,都应受到谴责和惩罚。不同点是:该行为以前没有法律规定,所谓犯罪只是违反原始禁忌和习惯的行为,禁忌是被认为比神和宗教观念还早的无形规范;而后来的罪是被法律规定或部落首领宣布的规则或规范。以前完全依靠受害者或亲属、家族甚至世族以等价报复做后盾,有了国家之后,国家对报复的权限逐步进行限制,最后禁止个人报复,把惩罚犯罪人的权限收归国家,这就是犯罪和

---

① 参见郑定:《"罪"之渊源与哲学依据》,载《法学家》2006年第5期。

② 参见杜辉:《论罪的缘起与流变》,载《社科纵横》2010年第3期。

③ 参见徐爱国:《西方刑法思想史》,中国民主法制出版社2016年版,第2页。

刑法的由来。

将原始习惯转化为法律,这是人类文明发展的规律。随着生产力的发展、剩余产品和私有制的出现,原始社会开始向阶级社会过渡,也将有利于统治者进行阶级统治的氏族习惯逐渐转变为法律,一些属于违反氏族规范的行为也逐渐犯罪化了。应当说在人类历史上,“罪”的观念获得突破性进展是在国家和法律出现之后。人类早期所形成的道德观念,或被称为“人类最古老的无形法律”①的非强制或半强制性的规则,大都经过社会的演化最终逐渐演变为文明社会中的法律。夏商为有效镇压反抗,承袭并发展了舜禹时代的习惯处罚方式,并在学习借鉴“苗民制刑”的基础上,最终确立了奴隶制五刑制度,即墨、劓、剕、宫、大辟。② 但习惯法对犯罪的约定只是简单、具体、直观、感性的,当时人们对犯罪的认识还只是个别、具体、单一、孤立的,并没有对罪的共性及相互间的联系进行分析、抽象、概括、综合而形成统一范畴。蔡枢衡教授指出,罪名的发展过程是从特殊到一般,即先有奸非、盗贼和反逆等特殊名称,然后才有概括性的名称。其中,最早出现的是列人食肉。列人食肉称作“辠”(zui),辠是最古老的危害行为,因而引申为各种危害行为共同属性的名称。辠在五帝时代还是列人食肉的名称,同时还有其他特殊罪名。夏代以后,辠才成为各种罪名的概括词。《尚书·汤誓》中的“有夏多罪,天命殛之”“夏氏有罪,余畏上帝,不敢不正”就是具体表现和明证。③ 对于辠的产生还有观点认为,根据目前考古资料和文献,尚不知夏代有无文字或何种文字,“辠”最早在金文中出现,而金文则出现于商代,盛行于西周。因此至少可以肯定,夏代是没有“辠”字记载的。“辠”作为罪的语言表达形式,在金文中才有明确记载。由于金文产生于商代,盛行于西周,因此可以肯定,在西周时代罪的概念就已产生。④ 虽然对产生罪的概念时间有争议,“辠”字的出现意味着罪之观念产生,但夏、商、西周时期的立法特点是“以刑统罪”,犯罪概念还没有最后确定。在颁行的刑书中只有刑名、刑种的规定,而无确切的罪名。夏、商、西周时的刑书除规定刑罚种类、实施方法外,对犯罪行为只作原则上的规定,且罪行与刑名分而述之,没有明确的罪名及相应的刑罚规定。西周时,作为人们行为准则的礼已确定下来,对一种违礼行为给予何种制裁,并无事先规定,而是采用“议事以制,不以刑辟”,当犯罪发生后,首先要议其“罪名”,再根据罪名议其“刑名”。故确认犯罪行为的标准在当时还没有固定下来,统治者还在“议事以制”的过程中摸索“违礼入刑”的标准,犯罪概念还没有最后确定。⑤ 可见罪的生成是漫长

---

① 郑定:《“罪”之渊源与哲学依据》,载《法学家》2006年第5期。

② 参见曾宪义等主编:《中国法制史》(第3版),中国人民大学出版社2013年版,第19页。

③ 参见蔡枢衡:《中国刑法史》,中国法制出版社2005年版,第164页。

④ 参见李居全:《论我国刑法史上犯罪概念的产生》,载《法学评论》1997年第4期。

⑤ 参见冯引如:《中国先秦犯罪思想初探》,载《犯罪研究》2006年第6期。

的演化过程,绝非一日之功。

(二)中国古代刑律中"罪"的范畴:以罪统刑

春秋战国是我国奴隶制向封建制转变的时期,随着社会政治经济的深刻变化,"礼崩乐坏","议事以制"的方法不再适应社会需要。公元前536年郑国的子产将刑律铸在铜鼎上,向社会公开,史称"子产铸刑书"。这是史料记载的首次向社会公开法律。《法经》诞生于公元前5世纪下半叶,是战国初期李悝(公元前455年至公元前395年)制定的。其共有六篇:《盗法》《贼法》《囚法》《捕法》《杂法》《具法》。《法经》是以罪名建立的刑法体系,并将盗、贼、囚、捕、杂五篇中有关共同适用刑罚的原则集中在"具法"中,该立法方式称为"以罪统刑"。直接确定犯罪所对应的刑罚,使人们可以衡量其行为是否犯罪,犯罪概念走向明确。通过对罪行和刑罚的确定和公布,道德与法律分立,罪名与刑罚结合,法律从原来的道德习俗与法律混为一体、法与刑分立的"礼法"形态,逐步变革为道德与法律分立、法与刑一体的"法律"形态。如此也就告知人们"违了什么礼,犯了什么罪,受什么刑"的统一规尺,人们都知道这个全社会都必须遵从的统一规尺,相争和侵害的是非曲直和后果都以此衡量。①

我国古代最早对犯罪下定义的书是《墨经》,其对罪和刑都下了明确定义,同时指出了罪与罚的对应关系:"罪,犯禁也。罚,上报下之罪也。"②(犯罪是违犯禁令的行为;刑罚是制裁犯罪的措施)两个定义道出"被定义的概念等于属加种差"的逻辑公式,完全符合下定义所应遵守的各项规则,为后世所长期承袭沿用。

秦始皇将与"皇"字相似的"辠"字改成了"罪","辠"被用作"罪"之意。《说文解字》卷十四下关于"辠"字的解说为"秦以辠似皇字,改为罪",但其意义并未改变,战国时期"辠"也被用作"罪"的意思③,仍然是犯法并应受刑罚制裁的行为。罪也是会意字,罪由网与非构成。《说文解字·网部》载:"庖牺氏所结绳以田以渔也。"因其象形,网字很早就与法律形成联系。《诗经·大雅·召旻》载:"天降罪罟,蟊贼内讧。"《说文解字·网部》则称:"罟,网也。"《说文解字·非部》载":非,违也。从飞下翄,取其相背。"非字在甲骨文中早已出现,主要作否定副词用,一般表示对判断的否定,意为不是。非字有违背之意,引申为违法的行为。故《尚书·说命下》载:"无启宠纳侮,无耻过作非。"《周易·系辞下》载:"理财正辞、禁民为非曰义。"而在法家笔下,非字也多有违法之意。《管子·明法解》载:"明主在上位,有必治之势,则群臣不敢为非。"《商君书·禁使》载:"其势难匿者,虽跖不为非焉。"《韩非子·内储说上》载:"吏以昭侯为明察,皆悚惧其所而不敢为非。"因此,罪作为会意字有违法行为受到法网限制或以法网

① 参见孔庆明:《法律与权利——孔庆明法学论文集》,吉林人民出版社2013年版,第4章。

② 《墨经》。

③ 参见[日]釜谷武志:《先秦至六朝时期的罪与罚》,载《复旦学报(社会科学版)》2015年第1期。

捕获违法行为之意,很可能肇始于秦始皇文字改革时。并且辠字原本通过具体刑罚来表达自己的内在含义,而罪字通过抽象的法与行为关系来表达,这说明罪的观念已经发生了深刻的变化,其内涵更加丰富、抽象。①

在继承前人成果的基础上,《唐律疏议》对“罪”从四个方面论述其本质特征:(1)罪之主观根源说:犯罪是行为人主观恶性的表露。“情患庸愚,识沉想决”,所有的犯罪都表现出犯罪者具有庸或者愚的性情,并且具有想(过误)或者决(有意为恶)的认识。(2)罪之客观表现说:犯罪是具有社会危害性的行为。“大则乱其区宇,小则睽其品式”,不论是搞乱了封建主义的天下(区宇),或是违反了封建主义的规章制度(品式),都足以危害封建制度的巩固和封建秩序的稳定,因而都被认为是犯罪。以上两者合起来就是,犯罪是行为人的主观恶性与行为的社会危害性的统一。(3)罪与罚的对应关系说:犯罪是由国家法律规定的应受刑罚制裁的行为。“犯罪之人,皆有条制,断狱之法,须凭正文”,在唐律中,犯罪与刑罚是有罪名则有刑名、无罪名则无加名的对应关系。因此,凡是律有罪名的行为,都被认为是具有相当严重社会危害性而应受到刑罚制裁的。同时,凡是具有相当严重社会危害性而应受到刑罚制裁的行为,唐律都力求定出罪名。(4)准礼制法的立法精神说:犯罪是违反礼制的行为。“德礼为政教之本,刑罚为政教之用”,二者互为表里,相辅相成,具有本质上的一致性与作用上的互依性。因此,唐代立法者把行为违反封建“德礼”,作为犯罪的本质特征之一。在《唐律疏议》中,犯罪是表露出行为人恶性的、具有社会危害性的、违反道德规范的、由法律规定应受刑罚制裁的行为(作为或不作为)。这就成为一个全面的、完整的犯罪定义。该定义作出时间以《唐律疏议》颁行之年计算,为唐高宗永徽四年,即653年。②

(三)外国古代刑法中“罪”的范畴:犯罪与侵权合体抑或公罪与私罪

1. 外国古代东方的犯罪

(1)古巴比伦法中的犯罪。古巴比伦王国被认为是历史上最早的国家,在公元前18世纪巴比伦处于国王汉谟拉比的统治之下,其制定了《汉谟拉比法典》,其立法思想与目的是“发扬正义于世,灭除不法邪恶之人,使强不凌弱”,从内容看该法典属于“诸法合体、民刑不分”。关于犯罪与刑罚的条文没有作为单独部分集中规定,大多分散地附在其他各类条文之后,用以加强各种法律规范的作用,保证其被严格遵守。法典中的犯罪种类有:危害法院公正裁判罪、侵犯人身罪、侵犯财产罪和侵犯家庭罪。至于国事罪、宗教罪,法典几乎没有涉及,只提到“神妻或神姐不住于修道院中者,倘开设酒馆或进入酒馆饮西克拉,则此自由女应焚死”;卖酒妇明知罪犯在自己店中共谋不轨,而

① 参见李勤通:《“辠”与“罪”及其所见之刑法观的变迁》,载《华东政法大学学报》2016年第6期。

② 参见王应瑄:《试论我国古代的犯罪概念》,载《法学评论》1986年第3期。

不申报,则此卖酒妇应处死。[1]《汉谟拉比法典》还保留氏族社会那种"血亲复仇"和"同态复仇"的惩罚。法典第200条规定:"倘自由民击落穆什钦努之齿,则应击落其齿。"这是以牙还牙的"同态复仇"。有关"血亲复仇"在法典中亦有所现,不过已演变为"犯罪集体负责"的表现形式。法典第23条规定:"如果自由民犯强盗罪,而捕不到,那么公社及长老应赔偿失主之物。"就是说强盗犯所在的公社及长老应替该强盗承担责任。显然,公社与长老顶罪意味着"犯罪集体负责"精神。法典第24条规定:"如果生命被害,而罪犯捕不到,那公社与长老应赔偿其亲族银一明那。"这体现了"血亲复仇"的另样形式,即"犯罪集体负责"[2]。从古希腊国家与立法的发展进程看,从其政治地理演变看,古代西亚地区的法律包括刑法对希腊的影响深远。如古希腊刑法上的犯罪种类有:国事罪、侵犯财产罪、侵犯人身罪和破坏家庭罪。其中,破坏家庭罪、侵犯人身罪和侵犯财产罪的规定中,就有许多和西亚地区刑法规范相同的内容。同时,古希腊刑罚中尚保留原始公社的习俗,如同态复仇等,也与《汉谟拉比法典》有相通之处。[3]《汉谟拉比法典》将民事侵权与犯罪混杂在一起,正如梅因所言,对古代法典的仔细考察使我们知道,它们以非常的数量揭示的法律并非真正的犯罪法。古代社会的刑法不是"犯罪法"而是"不法行为"法,或用英国的术语,就是"侵权行为"法。[4] 而犯罪行为与侵权行为纠缠于一体,无明显之界限,一是由于当时社会未能提供比较稳定的犯罪事实圈,立法者无法以稳定犯罪现象为蓝本制定比较成型的犯罪与刑罚的法律条文。二是由于当时低下的认识能力和认识水平,未能明确与框定具体犯罪现象,不能区分一般民事侵权行为与犯罪行为的不同特点与属性,导致无法形成一般性的犯罪概念,毕竟犯罪概念是对犯罪现象共性的抽象与概括。[5] 由此可见,刑民交叉、诸法合体,古今中外都存在。

(2)古希伯来法中的犯罪。希伯来法的刑事规定有两部分:(1)散于《摩西律法》即《圣经》前五卷中的有关规定,该规定以实体法为主,主要表现为各种戒律。(2)规定在《塔木德》第4卷《涅济金》(Order Nezikin)中,其中第4章"犹太公会"(Sanhedrin)和第5章"惩罚"(Makkot)包括希伯来法所涉及最重要的有关犯罪的内容,尤其在诉讼方面有较详尽的规定。希伯来法本身对"犯罪"并无明确定义,《摩西律法》对犯罪的种类更是没有任何界定。事实上古希伯来语中根本没有犯罪(crime)或刑法(criminal law)

---

① 参见林榕年、叶秋华主编:《外国法制史》(第6版),中国人民大学出版社2017年版,第22页。

② 参见夏祖恩:《〈汉穆拉比法典〉与〈十二铜表法〉比较论略》,载《福建师大福清分校学报》2003年第3期。

③ 参见何勤华:《关于西方刑法史研究的几个问题》,载《河北法学》2006年第10期。

④ 参见[英]梅因:《古代法》,沈景一译,商务印书馆1959年版,第209页。

⑤ 参见肖敏:《犯罪概念研究》,西南政法大学2008年博士学位论文,第14页。

相对应的词,只有宗教的相关词,如原罪(sin)、罪恶(iniquity)等。从条文看只有一种罪,就是违反上帝的戒律,即所有的罪都是因为违反上帝耶和华的意志。这反映了希伯来人的基本法律观,即所有立法均源于上帝的旨意,因此任何违反上帝意志的行为均构成原罪,即犯罪。由此产生希伯来人独特的犯罪观,即“违背上帝的意志就是犯罪”。该犯罪观的表现:犯罪的严重性并不取决于对人的伤害程度,而取决于对上帝的冒犯程度,故最严重的罪就是冒犯上帝的罪。在希伯来法中,信奉其他神或偶像崇拜都是不可赎的死罪,最严厉的惩罚还包括屠城,其源自《旧约·申命记》中有关叛教的规定,由此凡一城中大多数人信奉了上帝之外的神,便会遭到屠城的惩罚。相反,虽然在其他古代法中普遍视盗窃或抢劫为重罪,如《汉谟拉比法典》和《唐律疏议》都有对盗窃处以死刑的规定,但希伯来法对盗窃和抢劫的处罚却很轻。塔木德时期开始对案件作民事和刑事的划分,盗窃和抢劫居然被归为民事案件,由最基层的法院审理。[①] 可见宗教法和市民法的区别以及前者的重要性。

(3)古印度法中的犯罪。印度法的代表作是《摩奴法典》(Manava-Dharma-Sastra,也译为《摩奴法论》),是婆罗门祭司根据吠陀经典、累世传承和古来习俗编成的教法典籍,是伦理、宗教、法律规范混合物,以诗歌体写成,约成于公元前 2 世纪至 2 世纪,是印度法制史上第一部较为正规的法律典籍,具有相当大的权威性。它较全面地论述了吠陀的精义,规定了以种姓制为核心的基本内容。现保存下来的《摩奴法典》共有 12 卷,2684 节(颂、条)。每 1 卷的标题相继为“创造”“净法、梵志期”“婚姻、家长的义务”“生计、戒律”“斋戒和净法的规定、妇女的义务”“林栖和苦行的义务”“国王和武士种姓的行为”“法官的任务、民法与刑法”“民法与刑法、商人种姓和奴隶种姓的义务”“杂种种姓、处困境时”“苦行与赎罪”“轮回、最后解脱”。在印度,犯罪只是具体行为的罗列,而缺乏抽象的概念。印度人视牛为圣物,故杀害母牛被列为仅次于杀害婆罗门等大罪的二等罪。同时由于教义的影响,再生人所犯罪行几乎都可通过苦行来赎罪。种姓制在犯罪与刑罚上最直接的体现是不同种姓同罪异罚。高等种姓侵犯低等种姓时可以减轻处罚,而低等种姓侵犯高等种姓时则必须加重处罚。以伤害罪为例,凡低等种姓伤害高等种姓,必须断其肢;而同种姓相伤,则以罚款或驱逐出境了结。[②]《摩奴法典》中,犯罪分为大罪和一般犯罪。大罪主要是针对婆罗门的犯罪,包括杀害婆罗门罪、饮酒罪、盗窃罪、奸污父亲或师傅之妻罪。一般犯罪有五类:①二等罪,包括不敬父母和师傅、猥亵姑娘、与嗜酒妇女同房、杀害妇女和其他三个种姓的人、弟弟先于哥哥结婚、杀母牛、放高利贷、砍伐青树作柴、做演员等。②丧失种姓罪,殴打婆罗门、鸡奸、

① 参见徐非:《希伯来法研究》,华东政法大学 2004 年博士学位论文,第 101-102 页。

② 参见何勤华:《〈摩奴法典〉:古印度法律的珍贵文献》,载《检察风云》2014 年第 10 期。

嗅闻酒类等不洁之物以及欺诈等,还包括亲近旃陀罗女子或其他出生最低贱女子、吃了她们的食物、接受了她们的布施,以及与丧失种姓者同行、同坐、同食满一年。③沦为杂种姓罪,包括杀驴、马、骆驼、鹿、象、羊、鱼、蛇、水牛等。④取消接受布施资格罪,包括接受不应接受的财物、经商、服侍首陀罗以及说谎等。婆罗门主要以接受布施为生,一旦被取消这种资格,生活就会陷入困境。⑤不净罪,包括杀害虫子或鸟类、食用酒气熏过之物、盗窃果子、木炭和鲜花以及意志不坚定等。[①]

(4)伊斯兰法中的犯罪。伊斯兰法的渊源也是丰富多元,而最重要的是《古兰经》。最早时,只有伊斯兰教创始人穆罕默德宣示的《古兰经》定稿成为全世界每一个穆斯林的行为准则。《古兰经》确立了伊斯兰法的基本原则、基本制度,它具有最高权威,也决定了其他法律渊源的地位。《古兰经》共有 6200 余节,与刑法有关的仅占三十余分之一,其中规定的犯罪主要是叛教、通奸、诬告、偷窃、抢劫和饮酒六类。[②]《古兰经》中有关犯罪和刑罚方面的规定十分简单原始,具体表现在没有形成犯罪的一般概念,没有把民事侵权责任和犯罪明确划分开,认为只有触犯"安拉"的行为才算犯罪。[③]

2. 外国古代西方的犯罪

在西方的刑法教科书和专著中,讲到西方刑法的历史起源,一般都提到古希腊、古罗马。因此,考察外国古代西方的犯罪形成首先要考察古希腊和古罗马对犯罪的界定,再看欧洲中世纪的做法。

(1)古希腊时期的犯罪。公元前 621 年在平民反对氏族贵族垄断司法的斗争中,德拉古当选为执政官,他将雅典当时的习惯法加以整理汇编,制成雅典第一部成文法,即《德拉古法》。该法以严刑峻法保护私有财产为特征,它的诞生使雅典法的发展开始进入成文法时期。[④] 梭伦执政后立刻废除该法,仅保留谋杀和故杀罪名,其他犯罪的惩罚则还给私刑。在梭伦看来,犯罪从本质上说是违背城邦宪章的行为,因而刑罚只能是向城邦缴纳罚金,或是剥夺公权和放逐,而不应是死刑。公元前 4 世纪之后,雅典的刑法转向严苛,死刑的适用变得非常常见,犯罪的名目也越来越多。亵渎神灵成为明确具有公共性质的严重犯罪,并且可以囊括许多不同的具体行为。[⑤]

(2)古罗马时期的犯罪。《十二铜表法》是古罗马共和时代前期的法典,公元前 450 年至前 449 年制定。因法典全文刻在铜板上,共 12 表,故得名。它是罗马第一部

① 参见《摩奴法论》,蒋忠新译,中国社会科学出版社 2007 年版。

② 参见王立民:《古代东方法研究》,北京大学出版社 2006 年版,第 143 页。

③ 参见葛卫民:《〈摩奴法典〉与〈古兰经〉的比较》,载《湖北大学学报(哲学社会科学版)》2001 年第 3 期。

④ 参见叶秋华:《希腊法论略——古代欧洲最早形成的法律体系》,载《法制现代化研究》1999 年第 5 卷。

⑤ 参见林榕年、叶秋华主编:《外国法制史》(第 6 版),中国人民大学出版社 2017 年版,第 47 页。

成文法典,成为“罗马法”的渊源之一。该法是世界古代法中最著名的法典之一,在世界法律史上占有重要地位。它赋予犯罪的社会意义,并分为“公罪”和“私罪”:公罪是违反国家利益的犯罪;私罪是对私人利益的违反。在日耳曼法中犯罪概念却无规定,只把叛逆、逃兵、暗杀等少数行为定为犯罪,其余皆作侵权行为,由私人进行报复或赔偿了事。[①] 古罗马法学家提出犯罪是危害“社会利益的行为”接近现代概念,认为刑法只应处罚犯罪行为,不能处罚思想,行为人只有对危害结果负有罪过,否则不应处罚。但此时犯罪和刑罚规定还尚未形成体系。[②]

从词源学角度看,在罗马法中确实有后来成为犯罪概念的“crimen”,但其最初的意思并非犯罪。《牛津拉英词典》中其最初的意思是指控、起诉。在古罗马,无论在法律还是在道德词汇里,“crimen”都不指犯罪,而指“责备”(reproach)和“起诉”(accusation)。在罗马法中,关于犯罪(crime)的法并非从违法严重程度来定义,而是从可提起的诉讼性质,以及起诉者和被诉者相应的程序性和惩罚性后果来定义。罗马法里并没有表示“犯罪”的词,相反作为该种违法行为外在的形式是一种程序,通过该程序,起诉者可要求公共机构通过法庭让被诉者承担法律责任。crimen 本质上是与 delictum 相对应的诉讼程序,是程序概念,而非实体概念。且后者是一种私诉程序,指的是由受害方通过私人起诉程序来起诉一种恶行(wrongdoing)。在不同的发展阶段,crimen 与 delicta 的关系也不相同。在后古典时代的语言里,随着以前被分类为 delicta 的恶行被公诉吸收后,这两个词便开始交叉使用了。因此,在《学说汇纂》中,有时候 crimen 也应用于叫作“私诉”(privata delicta)的一类行为,有时候 crimen 和 delictum 可用作同义词。[③]

(3)欧洲中世纪的犯罪。西罗马帝国覆灭之后,西方文明的发展进入中世纪。前期宗教神学统治着西方思想界,基督教神学主义法学成为西方法学思想的主流。5 世纪至 13 世纪,整个西方社会对宗教神学极为推崇,宗教教义事实上取代了法律文本,履行维持社会秩序的职责。4 世纪时基督教成为罗马帝国国教,《圣经》作为基督教的唯一教义,被欧洲社会上至贵族下至百姓广为传颂与遵守。[④] 在中世纪早期,犯罪与罪孽两词可互换。通过教会处理的违法行为(罪孽)与通过复仇或世俗司法程序处理的违法行为没有明显区别。晚期随着世俗权力的增长,犯罪与罪孽的区分愈加明显。犯罪是对世俗法律的违反,而罪孽是对宗教法的违反。罪孽一般是指婚姻和性方面的违法、巫术和魔法、渎神、异端等违反上帝法律的行为。宗教司法机关的罪孽处罚要建立在犯罪人忏悔基础上,否则应由世俗司法机关对其处置。宗教司法不能处人极刑。而

① 参见潘勇:《犯罪概念的比较与分析》,载《重庆大学学报(社会科学版)》1998 年第 1 期。
② 参见宋云璇:《古罗马刑法的特征及犯罪分类》,载《政法论丛》2006 年第 1 期。
③ 参见王华胜:《罗马法中的“刑法”与“惩罚法”》,载《西南民族大学学报》2010 年第 11 期。
④ 参见刘春园:《中世纪刑法对现代西方刑法思想的人文指归》,载《北方法学》2012 年第 3 期。

随着宗教改革的完成,基督教的最后一丝刑事司法权也被剥夺殆尽,罪孽已经成为一个历史名词。[①] 教会刑法区分了道德与法律的轮廓,认为人间的罪恶有两种:一是同"正确"相反的罪行,这是人所共有的劣根性,是广义的原罪;二是有意识地自愿作恶,是狭义的犯罪。前者为道德之"恶",由上帝进行最后的审判与惩罚;后者为刑法禁止之"恶"(crime),由上帝赋予人间的使者进行审判与刑罚。这一学说对近现代刑法的道德因素逐渐淡出刑法犯罪圈的观念起着指引作用。[②]

二、"罪"的界定及类型划分

纵观世界各国的刑法立法及理论,犯罪概念揭示的属性和描述的特征通常涉及形式定义和实质定义,甚至产生形式与实质的混合定义。

(一)犯罪的形式定义:刑事违法性及重罪、轻罪之分

由于欧洲中世纪君权利用教权进行统治,法与宗教紧密结合。16世纪资产阶级早期启蒙思想家为反对封建专制统治,将宗教与法律严格区分,否定犯罪的宗教性质,将犯罪纳入法律概念之中,开始从犯罪的形式特征去认识犯罪。为反对因法律含糊、不确定、不公开而致罪刑擅断、个人权利毫无保障的局面,提出"罪刑法定"的口号,要求犯罪以法有明文规定为限,法无明文规定不为罪,法无明文规定不处罚,行为是否构成犯罪只能以是否违反刑法为依据。既然只有违反刑法才构成犯罪,刑事违法性就成为犯罪的共项,作为所有犯罪行为的抽象——犯罪概念也就必然是违反刑法的行为。在罪刑法定原则下,刑事违法性是犯罪概念的基本要素。如果不以刑事违法性这一明确的具有极强操作性的标准来定义犯罪,罪刑法定原则就形同虚设了。该犯罪概念当然受启蒙思想家刑法思想的影响。[③]

西方国家通常不在法律上明文规定犯罪概念,只有少数国家对此有明确规定。所谓犯罪的形式定义是指不根据危害社会行为的实质,而根据其形式主义的因素确定犯罪,即仅从犯罪的法律特征上给犯罪下定义,而不说明根据什么将该行为规定为犯罪。最早的形式定义是1810年《法国刑法典》第1条:"法律以违警刑所处罚之犯罪,称违警罪。法律以惩治刑处罚之犯罪,称轻罪。法律以身体刑或名誉刑处罚之犯罪,称重罪。"随后大陆法系国家纷纷效仿,1813年费尔巴哈为巴伐利亚王国编纂的《刑法典》第1卷"犯罪和违法行为的一般立法定义"中规定:"所有故意违反法律的行为,如因其性质和恶意定向的尺度而受到刑罚威胁的,叫做犯罪。"[④]《新加坡刑法典》第40条第2

---

① 参见杜辉:《论罪的缘起与流变》,载《社科纵横》2010年第3期。

② 参见刘春园:《中世纪刑法对现代西方刑法思想的人文指归》,载《北方法学》2012年第3期。

③ 参见李立众、柯赛龙:《为现行犯罪概念辩护》,载《法律科学(西北政法学院学报)》1999年第2期。

④ 马克昌主编:《外国刑法学总论(大陆法系)》,中国人民大学出版社2009年版,第53页。

款也规定:“‘犯罪’是指应受到本法典所规定的刑罚处罚的行为或者应受到当时有效的法律所规定的刑罚处罚的行为。”①《德国刑法典》没有规定犯罪的一般概念,只在第12条规定有重罪和轻罪概念。根据该条规定,重罪和轻罪是以判处刑罚一年自由刑为标准划分的:凡是判处最低以一年或者一年以上自由刑的行为是重罪;凡是判处不满一年自由刑或罚金刑的行为是轻罪。因此,德国刑法规定的重罪和轻罪都是形式概念。②《瑞士联邦刑法典》规定,犯罪是应科处重惩役和监禁的行为。

西方国家一般都在理论上界定犯罪概念,且大多主张犯罪的形式定义。德日学者认为,“犯罪是符合构成要件的违法而且有责的行为”。李斯特指出:犯罪就其形式来看,是指实现犯罪构成、应当受刑法处罚的作为和不作为。可以说,犯罪是符合犯罪构成的,违法的和有责的行为。③ 在意大利,“犯罪”(reato)是“刑事违法”的同义词。它意味着违反了刑法规范,即违反了以刑法典为“重罪”和“轻罪”规定的主刑为制裁措施的法律规范。这个以法定制裁措施为基础的犯罪概念,是一个形式概念。④ 有学者从狭义和广义角度对犯罪下过“实质的犯罪之定义”和“形式犯罪之定义”,后者指犯罪者为刑法所应处罚之行为。⑤

形式犯罪概念虽然使刑法的自由保障功能得以实现,但其对“为何是犯罪”的问题只能回到“由于法律规定为犯罪才是犯罪”,因此不能解释犯罪的本质问题。⑥ 由于从行为的性质上无法界定犯罪,许多英美学者还有法庭不得不求助因行为的实施所引起诉讼的性质来描述犯罪,如此也就成为区分刑事和民事诉讼的问题。法院通常要确定某一诉讼的性质是刑事还是民事,抑或可诉之罪或不可诉之治安轻罪,就连上诉法院和上议院也经常遇到此类问题。此情况下,通常行之有效的方法是看该诉讼是否以对行为人处以刑罚为结果,若以刑罚为结果,则该诉讼就是刑事诉讼,否则就不是。⑦ 由此可见,国外也有“以刑统罪”。

(二)犯罪的实质定义:侵犯了社会生活的最根本条件

犯罪的实质定义,是从为什么该行为构成犯罪上定义的,而不涉及犯罪的法律形式特征,试图揭示犯罪的本质,说明某种行为之所以被刑法规定为犯罪的正当根据和

---

① 马克昌:《比较刑法原理——外国刑法学总论》,武汉大学出版社2002年版,第86-87页。

② 参见陈兴良:《违法性的中国语境》,载《清华法学》2015年第4期。

③ 参见[德]李斯特、[德]施密特:《德国刑法教科书》,徐久生译,法律出版社2006年版,第167、169页。

④ 参见[意]杜里奥·帕多瓦尼:《意大利刑法学原理》,陈忠林译评,中国人民大学出版社2004年版,第68页。

⑤ 参见王觐:《中华刑法论》,中国方正出版社2005年版,第77-78页。

⑥ 参见金昌俊:《韩国刑法总论》,社会科学文献出版社2016年版,第24-25页。

⑦ 参见李居全:《犯罪概念比较研究》,载《法学评论》1998年第2期。

理由。实质犯罪概念的理论和实践意义在于,为刑法划出一条法治国家的根本界限:行为不是因为它违反了刑法规范,而在于它侵害了刑法所要保护的实质内容而成为犯罪。① 如1919年《苏俄刑法指导原则》第6条规定:“犯罪是危害某种社会关系制度的作为或不作为……”此后,1926年《苏俄刑法典》规定:“目的在于反对苏维埃制度或者破坏工农政权在向共产主义过渡时期所建立的法律秩序的一切作为或不作为,都认为是危害社会的行为。对于形式上虽然符合本法分则任何条文所规定的要件,但因为显著轻微,并且缺乏损害结果,而失去危害社会的性质的行为,不认为是犯罪行为。”②意大利通说认为,“犯罪的实质概念”是“法律科学不能回避”的问题,不“理解犯罪的性质”就不可能正确地制定和适用犯罪规范。具体有两种类型:一类认为,犯罪的本质在于“侵犯了社会生活的最根本条件”(文明社会和法律秩序赖以存在的条件);另一类认为,犯罪的本质是“违反了共同文明生活的基本规则”(没有这些规则就不会有共同的文明生活或其就会受到严重损害)。前者的核心是基本的社会价值,后者的重点是确保社会平静生活基本规则的必要性。实践中显然不能以这种伦理或道义的实质概念作为认定犯罪的标准,于是其作用就从“教义构建”实质的犯罪概念在刑事立法中具有重要意义,即实质的犯罪概念为决定犯罪化和非犯罪化提供政策性的判断标准,且在刑事政策中把实质意义上的犯罪作为对象探究其防治对策。因此,实质犯罪概念被称为刑事政策上的犯罪概念。③ 由此,犯罪的实质概念与犯罪的本质有着必然的联系。

(三)混合型犯罪定义:社会危害性+刑事违法(应罚)性

犯罪的混合定义,是从实质和法律特征双向给犯罪下定义的。《俄罗斯联邦刑法典》第14条第1款规定:“本法典以刑罚相威胁所禁止的有罪过地实施的危害社会行为,被认为是犯罪。”④其显然是一种实质与形式要件相结合的概念,不仅指出犯罪的社会本质——社会危害性,而且指出犯罪的形式要件——刑事违法性。根据综合方法的差异,犯罪的混合定义又可分为融合式定义和并列式定义。显然,上述属融合式犯罪定义。“所谓犯罪,一般而言,从形式的观点可以说是符合构成要件的违法而且有责的行为;从实质的观点可以说是反社会的行为或者社会侵害性行为。”⑤此属并列式定义。犯罪的实质与形式定义,都只从一方面界定犯罪,因而不能全面地揭示犯罪概念。并列式犯罪定义只是将实质与形式定义相并立,并未形成统一定义,让人感到不满足。

---

① 李海东:《刑法原理入门(犯罪论基础)》,法律出版社1998年版,第13页。

② 马克昌主编:《外国刑法学总论(大陆法系)》,中国人民大学出版社2009年版,第53页。

③ 金昌俊:《韩国刑法总论》,社会科学文献出版社2016年版,第24页。

④ [俄]Л.В.伊诺加莫娃-海格主编:《俄罗斯联邦刑法(总论)》(第2版),黄芳、刘阳、冯坤译,中国人民大学出版社2010年版,第28-29页。

⑤ [日]大塚仁:《犯罪的基本问题》,冯军译,中国政法大学出版社1993年版,第1页。

融合式定义两方面互相融合为一体,既避免了片面性,又形成完善的定义,应予肯定。① 在我国,刑事违法性是犯罪概念的一个特征,与社会危害性特征相对应,二者一道表明犯罪概念是形式与实质的统一。此外,《越南刑法典》第 8 条也把犯罪界定为“刑法规定的、具有社会危害性的”行为。② 可见,混合型犯罪定义还是很有“市场”的。

三、“罪”的本质与刑法法益

所谓犯罪的本质,也即法律为什么将某行为规定为犯罪,其行为性质是什么。上述形式定义仅仅揭示犯罪成立的形式要件,难以说明犯罪的本质内容。意大利学者杜里奥·帕多瓦尼对此作出生动评述:各种试图描述犯罪实质形象的努力,都可归结为为形形色色的犯罪寻找“最小公分母”(minimo comun denominatore),即寻找一个隐藏在刑事制裁措施背后的,可适用于所有犯罪的“常项”(cifra)。③ 在国外犯罪的本质有不同学说,主要有权利侵害说、财侵害说、法益侵害说、规范违反说、义务违反说及折中说等观点。

权利侵害说以启蒙主义人权思想为背景,在 18 世纪末 19 世纪初占统治地位。该学说认为,犯罪是侵害他人权利的行为。19 世纪下半叶有学者发现,用权利侵害说的观点并不能诠释刑法所规定的一切犯罪,故其被财侵害说和法益侵害说代替。财侵害说由德国学者贝恩鲍姆(Birnbaum)提出,试图取代权利侵害说,后来很快被法益侵害说淹没,后者成为各国刑法学通说。法益侵害说认为,犯罪是对法所保护生活利益的侵害或引起危险(或形成威胁)。对此学界有不同认识,如规范违反说认为,犯罪的本质是对刑法背后社会伦理规范、伦理秩序的违反。20 世纪又出现义务违反说,认为犯罪的本质与其说是对法益侵害,倒不如说是对义务违反。“二战”后,由于该说存在理论根基上的缺陷而被淘汰,随后产生折中说。该说认为,犯罪本质首先是对法益的侵害或威胁,其次是对义务的违反。本书倾向法益侵害说,但其直接解释的是自然犯的法益侵害,对于行政犯侵害的只能是行政秩序,没有必要非要从其背后找出一个所谓的“法益”。

(一)从权利侵害到法益侵害

如上,犯罪的核心与本质肇始于权利侵害,后几经演化最终形成法益侵害。

1. 权利侵害说

之前犯罪本质的主流观点是 19 世纪初费尔巴哈的权利侵害说,犯罪被认为是对

---

① 参见马克昌主编:《外国刑法学总论(大陆法系)》,中国人民大学出版社 2009 年版,第 54 页。

② 参见夏勇:《刑事违法性之本土语境》,载《当代法学》2007 年第 5 期。

③ 参见陈兴良:《社会危害性理论——一个反思性检讨》,载《法学研究》2000 年第 1 期。

权利的侵害。[①] 基本内容是,犯罪的本质是对他人权利的侵害,国家也具有人格、享有权利,刑法的任务是保护权利。费尔巴哈将犯罪分为对国家的犯罪和对个人的犯罪,前者直接侵害国家权利,后者直接侵害市民权利;对个人犯罪与所有的人都有关系,且是常见的犯罪,因而最具重要性,立法时应将对个人犯罪置于对国家犯罪之前。权利侵害说的渊源是社会契约论,国家以刑罚所禁止的必须是侵害他人权利的行为,以及侵害契约社会为保护个人权利而设置国家权利的行为。换言之,只有侵害权利才破坏了社会契约所约定的社会,也才具有社会危害性。可见,费尔巴哈的权利侵害说旨在保护市民个人的自由。这种权利侵害说,显然与中世纪以违反神的意志或神的秩序作为犯罪本质的观念针锋相对。[②] 这是人类社会认识的巨大进步。

诚然,权利是由法律规定的利益,只违反义务的行为或侵害利益的行为不成立犯罪,必须侵害他人权利才成立犯罪。即使是侵害了利益,如果不是法律保护的权利也不成立犯罪。如放火烧毁自己房屋之所以成立放火罪,是由于放火人的行为危及公共安全。但烧毁自己财物不存在权利侵害,因而如果依照权利侵害说就难以说明成立犯罪的理由。[③] 权利侵害说以启蒙主义人权思想为背景,流行于 18 世纪末和 19 世纪初。[④] 18 世纪的德国,随着警察活动范围的扩大,产生了承认行政(警察)官厅具有刑罚权之必要性。19 世纪的德国出现针对应作为警察官厅刑罚权对象"警察犯"和违警罪的概念及警察刑法问题的讨论,此时不少州已制定警察刑法典。学者们在讨论警察犯(违警罪)与刑事犯的区别。费尔巴哈认为,其中本来并不包含对权利的侵害,但违反法律的行为是违警罪;按照他的权利侵害说,对违警罪是不应当处罚的。他又认为,违警罪属于广义犯罪,包括狭义犯罪与违警罪,狭义犯罪侵害了权利,违警罪没有侵害权利,只是违反法律。这显然与其理论体系相矛盾。[⑤]

2. 财侵害说

虽然权利侵害说写入费尔巴哈起草的 1813 年《巴伐利亚刑法典》,但由于缺陷其没能获得到通过或认可,19 世纪 20 年代开始对权利侵害说展开批判。1834 年贝恩鲍姆发表《论有关犯罪概念的权利侵害的必要性》一文,通过批判权利侵害说得出两个结论:(1)侵害的概念不是与权利概念有关,而是与财概念有关;(2)受到侵害的不是权利

---

① 参见[日]大塚仁:《犯罪的基本问题》,冯军译,中国政法大学出版社 1993 年版,第 4 页。

② 参见张明楷:《法益初论》,中国政法大学出版社 2000 年版,第 9-10 页。

③ 参见金昌俊:《韩国刑法总论》,社会科学文献出版社 2016 年版,第 23 页。

④ 参见马克昌:《刑法理论探索》,法律出版社 1995 年版,第 42 页。

⑤ 参见[日]内藤谦:《刑法中的法益概念的历史的展开(一)》,载《东京都立大学法学会杂志》1966 年第 6 卷第 2 号。转引自张明楷:《法益初论》,中国政法大学出版社 2000 年版,第 16 页。

本身,而是权利对象,是与权利保护相关的财。① 但其未给财下定义,有时说侵害的对象是人或事物,特别认可有归属的东西,但财并不限于人与事物;有时说财是权利对象,其所列举的有生命、名誉、人格的自由、财产等,但从其言及公共财及宗教、伦理观念的总体看,还不能说他将财限定为权利对象;他的财概念具有有形的、具体的色彩,但财又不限于有形的对象。其并未使用“法益”(Rechtsgut)表述,但使用了“在法上归属于我们的财(Gut)”“应当由法规加以保护的财”等表述,可简称为“法的财”,与法益的含义基本相同。② 后法益侵害说受宾丁(Karl Binding)和李斯特等人的支持,将法益提升为刑法体系的基本概念,促进了法益理论的发展,从此法益概念取得德国刑法学的核心地位,甚至对日本和我国也深具影响。

意大利学者杜里奥·帕多瓦尼在评论法益侵害说取代权利侵害说时指出:“自然权利”观念是启蒙时代刑法思想的核心,犯罪是对自然权利的侵犯。随着时代的发展,人们逐渐用新概念取代了“自然权利”,即“法益”(法律对某种物质性、伦理性或精神性东西的肯定性评价)或“合法的利益”(强调的是法律所肯定的东西与其所有人的关系,而“利益”即意味着与所有人有利害关系)。法益概念的确立,使犯罪概念实质化,法益侵害成为犯罪的实质内容。③ 但最终的形成也存在一定的历史演进过程,包括兴盛至衰亡的过程。

3. 法益侵害说

宾丁认为,犯罪并非违反制裁法即刑罚法规的行为,相反是符合刑罚法规前提所规定构成要件的行为;故犯罪所违反的不是刑罚法规本身,是作为刑罚法规前提的一定行为法,即规定禁止或者命令一定行为的规范。国家从实现共同生活目的的立场出发,禁止有害行为、命令有益行为,这种国家意志通过法的形式表现出时,就是行为法或行为规范。这是制定刑法的前提,犯罪所违反的就是这种规范。规范之所以禁止引起某种结果,是因为所禁止的行为可能造成的状态,与法的利益相矛盾,另外行为前的状态是与法的利益相一致的;不应通过变更而被排除的所有这些状态,具有法的价值,即法益。如此,宾丁的法益论被称为状态说。④ 依此,在任何刑法规范中都可找到法益;法益完全由立法者主观决定,即只要立法者认为有保护的必要,就可决定什么是法益。根据宾丁的法益概念,法益只是处于在实定法的保护目的下的一种附属地位,至

① 参见[日]杉藤忠士:《刑法中实质的法益概念及其机能》,载《青山法学论集》1971 年第 13 卷第 3 号。转引自张明楷:《法益初论》,中国政法大学出版社 2000 年版,第 18 页。

② 参见[日]内藤谦:《刑法中的法益概念的历史的展开(一)》,载《东京都立大学法学会杂志》1966 年第 6 卷第 2 号。转引自张明楷:《法益初论》,中国政法大学出版社 2000 年版,第 19 页。

③ 参见陈兴良:《社会危害性理论——一个反思性检讨》,载《法学研究》2000 年第 1 期。

④ 参见张明楷:《法益初论》,中国政法大学出版社 2000 年版,第 31 页。

于何种事物可以构成法益,宾丁没有提出限制标准。[①]

李斯特主张的法益,是通过考察刑罚本质展开的。其在《刑法教科书》中将刑罚定义为“以保护法益为目的的国家强制”。他认为,刑法中的最高概念是犯罪(条件)与刑罚(效果)。法益将刑法中犯罪与刑罚二者结合起来。侵害法所保护的利益即法益行为就是犯罪;保护这种利益不受犯罪侵害、维持和促进这种利益的手段就是刑罚;换言之,犯罪所侵害的对象与刑罚所保护的对象都是法益。李斯特的法益论还导致了实质的违法论,认为犯罪所侵害的法益在法律之前便存在,即法益不是来自法律,而是来自生活,法益不是法的财,而是人的财;法益不是立法者的创作,而是在社会生活中生成的、先于法的人的利益。因此,这种利益是否受到了侵害与威胁,应当独立于实定法之外进行判断。[②] 李斯特的法益论被人们称为“利益说”,法益是人的生活利益,法益产生于生活,而不是产生于实定法。所以,法益是先于实定法而存在的。[③] 20 世纪初,霍尼克(Honing)、施文格(Schwinge)提倡方法论、目的论的法益概念使其进一步精神化,霍尼克认为,法益应看作刑罚规定中所包含的立法目的这种观念性的东西。施文格也解释说,法益是刑法解释和概念构成上的指标。但这些意义上的法益观念对犯罪具体内容的规定而言,并没有多大实际的助益。[④] 对新康德主义哲学影响下的精神化法益进行批判,展开所谓物质法益的是迈耶和韦尔策尔,他们的法益论使法益概念精神化的方向得到扭转。迈耶认为,法益侵害说(犯罪就是侵害法益,刑法的任务只是保护法益)诚然没有错,但并不全面。刑法的直接机能不是保护法益,而是维持民族的良好风俗秩序。韦尔策尔的法益论与其目的行为论、行为无价值论密切相关。韦尔策尔认为,因果行为论将行为理解为外部的因果事实现象,把意识的内容从意识中抽出去,因而不能正确地把握行为的存在和构造。人的行为是实现一定目的的活动,它是目的事物现象,而非单纯的因果事物现象。行为的目的性表现在,人以因果关系的认识为基础,在一定范围内预见自己的活动可能产生一定结果,于是行为人设立各种各样的目的,选择达到目的的手段,朝着这些目的有计划地进行活动。目的行为论实际上与传统的法益侵害说存在对立。因果行为论将人在意识支配下实施行为造成结果(法益侵害)这一因果事物现象视为行为,法益侵害自然也是因果事物现象,故因果行为论本身就是与法益侵害说密切相连的。而目的行为论将行为人的目的视为行为的核心要素,行为所导致的外界变化已不重要,没有造成外界变化即没有侵害法益的行为也可能成

---

① 参见陈志龙:《法益与刑事立法》,台湾大学丛书编辑委员会 1992 年版,第 12 页。转引自张明楷:《法益初论》,中国政法大学出版社 2000 年版,第 31 页。

② 参见张明楷:《法益初论》,中国政法大学出版社 2000 年版,第 34-39 页。

③ 参见张明楷:《法益初论》,中国政法大学出版社 2000 年版,第 50-51 页。

④ 参见[日]大塚仁:《犯罪的基本问题》,冯军译,中国政法大学出版社 1993 年版,第 4-5 页。

为犯罪行为,这便暗藏着与法益侵害说的差异。本来刑法理论只有结果无价值论,即对行为现实引起对法益侵害或威胁(危险)作出的否定评价,且结果一直被理解为对法益的侵害或者危险,故违法性的根据就在于对法益的侵害或者危险。韦尔策尔的行为无价值论主张,行为本身的样态、行为人的心情要素对决定违法性起决定作用,对于与结果切断的行为本身的样态所作的否定评价。行为无价值论认为,违法性的根据在于行为本身的样态以及行为人的主观恶性,即行为本身的恶是违法性的根据。结果无价值论认为,违法性的根据在于行为对法益的侵害或者威胁,即恶的结果才是违法性的根据。[①] 韦尔策尔在1939年发表的《刑法体系的研究》一文中,详细论述了法益概念内容及其在理论上的地位。其指出,法益不是由刑罚所保护的东西,而是由规范即法的禁止、命令所保护的东西。换言之,法益作为个别规范(刑罚制裁直接保护的规范)的保护对象,是由刑法间接保护的。如盗窃罪的刑罚制裁保护“你们不得盗窃”的规范,该规范保护财产。

“二战”后,虽然精神法益仍存在,但更多的学者强调物质的法益,然而,法益概念的物质化并不意味着必须将法益与行为客体等同起来。不管是费尔巴哈的权利侵害说占通说地位,还是法益侵害说占支配地位,大陆法系的刑法理论从来没有将权利或法益视为构成要件要素,只是认为行为客体是构成要件要素。换言之,法益一直是在犯罪本质或犯罪概念的层次上讨论的,而不是在构成要件的层次上研究的。[②] 可以说,这也是对法益的基本定位。

(二)法益的界定及五大功能

尽管多数学者将法益简释为法所保护的利益。但在定义阐述和内涵界定上仍存有争议,主要有宾丁的状态说、李斯特的利益说、霍尼克的目的说、韦尔策尔的现象说,以及“二战”前后出现的精神说、物质说、国家主义说等。本书主张权益说,即法所保护的公民和国家的应有权利和利益(包括直接权益和间接权益,如大自然赋予的应有权益)。争论集中在:法益是前定法的概念还是后定法的概念;法益只是刑法保护的对象还是所有法保护的对象;法益包括哪些内容;法益是精神的还是物质的;法益的内容是状态还是利益;法益主体只包括个人还是也包括社会与国家;法益与秩序是什么关系;如何充分发挥法益的保护机能等。

针对上述问题,有学者研究并确立了界定法益应遵循的原则。包括:(1)法益必须与利益相关联,因为利益是能够满足人们需要的东西,当某种状态所反映的是人们所需要的秩序时其便是利益;(2)法益必须与法相关联,因为某种利益尽管能够满足主体

① 参见张明楷:《法益初论》,中国政法大学出版社2000年版,第88-89页。
② 参见张明楷:《法益初论》,中国政法大学出版社2000年版,第156-157页。

的需要，但当其不受法保护时无论如何不能称之为法益；(3)法益作为犯罪所侵害或者威胁的利益必须具有可侵害性，而这种侵害及其危险都必然是一种事实或因果的现象，故价值观本身不是法益；(4)法益必须与人相关联，因为刑法目的是保护人的利益，故只有人的利益才能被称为法益；(5)法益必须与宪法相关联，因为刑法将什么作为利益予以保护必须符合宪法原则。在此原则下该学者将法益界定为根据宪法的基本原则，由法保护的、客观上可能受到侵害或者威胁的人的生活利益。[①] 本书对此持赞同态度。然而，究竟是否需要有"根据宪法的基本原则"之表述？(1)对于一个国家的法律而言，不符合宪法的法律是无效的法律，符合宪法精神是一切法律的底线；(2)定义中的"法"本身是指一切有效的法律，包括宪法和其他法律，只不过行为人的行为侵害不同的法律或根据法律的性质不同，各个法律部门所保护的法益也不同，这里除民法法益、刑法法益、行政法益等外，还应当有宪法法益。另外本书认为，法益不仅指利益，也应指权益，包括直接权益和间接权益，如大自然赋予的权益，包括保护环境、保护动物等。故法益应这样表述：由法所保护的利益或权益，在刑法中是指为犯罪行为所侵害或威胁的国家、社会及个人之利益与权益。

由此，法益是法和国家及公民利益与权益的一种结合体。表现在：(1)法益是受法所保护的利益和权益，不符合法律原则与精神的利益不是法益。(2)法益是可能受到侵害或威胁与危险的利益或权益，不可能遭受侵害或威胁与危险的利益（如价值观）或权益不是法益。(3)法益是受法律保护的国家和公民的利益与权益。法的目的在于规制秩序，这不仅与利益相关也与权益相关，包括自然界赋予国家和公民的权益（间接权益）。当然，由于刑法的特殊性，为刑法所保护而又为犯罪所侵害或威胁的是刑法法益。从内涵上看，法益是个中性词。从受侵害角度看，法益又被称作被害法益。从受保护角度看，法益又被称为保护法益。

如此，法益实际上即我国刑法通说所讲的被侵犯的客体，或为刑法所保护的而为犯罪行为所侵害的社会主义社会关系（国家或公民的利益与权益）。但刑法所保护的利益与权益不一定能够完全用社会关系来概括，一是社会关系并非法律用语，在更大程度上是社会学和政治学的范畴；二是使用社会关系不免有些牵强，如刑法所保护的生态环境与自然环境，用法益来概括比用社会关系更为适合。从立法看，我国《刑法》第 2 条和第 13 条及其他总则与分则的规定，均体现着保护法益的内容与规定；相反没有一个章节将社会关系作为定罪条件，而是将权利、秩序、利益、权益作为犯罪客体，这实际上也是用法益来对它们进行概括。故过去刑法理论中讲的犯罪客体正是所谓的刑法法益，二者是相通的，也是可以置换的。但必须说明：(1)过去的犯罪客体是在犯

---

① 参见张明楷：《刑法学》（第 2 版），法律出版社 2003 年版，第 109 页。

罪构成要件中谈的,其在我国传统刑法理论中是“四大构成要件”之一,而现在的刑法法益不归属犯罪成立要件,是犯罪定义及其本质讨论的范畴。在国外也是如此,无论是费尔巴哈的权利侵害说还是宾丁等人的法益侵害说,大陆法系国家的刑法理论从来没有将权利或法益视为构成要件要素,只是认为行为客体(犯罪对象)是构成要件的要素。如日本学者木村龟二所说,即使刑法条文规定了某犯罪侵害的法益内容,法益也不是构成要件要素。换言之,法益一直在犯罪本质及其概念层次上讨论,而非在构成要件层次上研究。① (2)刑法法益(犯罪客体)与行为客体(犯罪对象)不同,二者不能等同置换。法益虽然接近客体,但不属于犯罪构成要件。作为“构成要件”的犯罪客体实际上也没有任何操作性,根本无法作为犯罪成立的硬性标准与条件,故应还原其在犯罪本质及其概念层次上讨论之原状,而行为客体与传统刑法理论中的犯罪对象几乎完全相同,二者可以置换,这在刑法理论上不存在争议。法益的五大功能有:

第一,对刑法立法的指导功能,有人也称之为法益的刑事政策机能②,是指法益在指导刑事立法方面的具体作用。包括:(1)使刑法立法更具准确、科学、合理的目的性。尤其刑法立法自身目的与法益体现目的的密切结合,可以使这种目的性落实得更加准确、选择得更加科学、体现和表述得更加合理。(2)使刑法立法在确立各种犯罪形态标准时更加具体、细致。尤其在确定各罪构成要件的基础上,按照犯罪行为井然有序地规定于刑法分则之中,并依据犯罪行为侵害的不同法益对罪名进行有机排列,最终实现完整的罪名体系。(3)使刑法立法的处罚范围更具合理性和适宜性。刑法规范的适用关系人之生命、健康、身体自由、名誉、权利与财产归属的剥夺,处罚范围过宽或过严均涉及相关人的切身利益,难免有不公正、不妥当及滥用刑罚之嫌,通过法益分析确立犯罪阈值,即并非所有侵犯法益行为均被置入刑法的处罚范围,而是有选择地针对那些法益侵害严重的行为,只有它们才被置入刑法的处罚范围,或者说才发动刑法予以保护。(4)使刑事立法确定的处罚界限更具明确性和可操作性。因为法益本身具有清晰的内涵与外延,其内容是具体客观的,不像价值观那么抽象,法益是否受到侵犯是根据客观因果法则认定的,它对适用刑法具有更大程度上的明确性与可操作性。

第二,对违法性的评价功能,是指法益揭示违法性实质所起的功用,即法益侵害是阐释违法性的核心依据与标准。包括:(1)法益内涵尤其是法益侵害内容从根本上揭示了违法性的实质。根据法益侵害说,只有当行为侵害或威胁到法益(包括实际侵害或造成危险)才有可能造成实质意义的违法性。进一步讲,某个具体行为是否具有实质的违法性,其评价的标准是该法益是否受到实际侵害或威胁(包括侵害危险可能),

① 参见张明楷:《法益初论》,中国政法大学出版社2000年版,第157页。

② 参见张明楷:《法益初论》,中国政法大学出版社2000年版,第196页。

而不是行为本身是否违反社会伦理。(2)被侵害和受到保护法益,双方间的平衡机制是排除犯罪事由的根本依据。许多情况下,如正当防卫、紧急避险、执行公务等,表面上看是侵犯法益行为,而实际上同时也保护了另外的法益,这就需要最终判断该行为的价值,其标准就是被侵害与被保护法益双向的恒定与平衡,依此判断侵犯法益的行为是否救济了另一同等或更高价值的法益,以致最终判断是否符合排除犯罪事由的标准。刑法不可能毫无遗漏地规定各种排除犯罪事由,故在判断是否存在超法规、排除犯罪事由时,其依据或真正起作用的就是法益。

第三,对犯罪性质的认定功能,是指根据行为所侵害的法益内容来判定或认定犯罪性质。每一法益具体内容是不同的,如生命权利、健康权利、名誉权利、财产权利等,法益内容一旦被刑法规范所确认,就为该项犯罪的认定确立了标准,故刑法法益本身就具有这种认定犯罪性质的功能。另外就法律概念而言,法益并非只是通过感官可以察觉或具体掌握的物体,而是应该包括社会共同生活中之一种"想像之价值"(iddeelle Werte)。① 有了此概念,方能掌握具体犯罪之特性,继而构架相应的刑法条款,并根据其认定具体的犯罪性质。当然,犯罪性质的确认,为刑法分则根据法益进行犯罪分类打下良好基础。如我国 1979 年《刑法》根据法益或客体将刑法罪名分为 8 大类,1997 年《刑法》分为 10 大类。尽管这些分类并不十分科学,甚至在所侵犯的法益类别上有交叉,但从实用角度讲其划分标准还是基本清晰的。诚然,如果再次修改刑法,也可考虑进行侵害个人法益、侵害社会法益、侵害国家法益的划分,还可进行个人法益犯罪和超个人法益的划分,以及侵害犯与危险犯的划分等。

第四,对刑法的解释功能,是指法益具有对刑法作出解释的功用。表现在:(1)法益具有对犯罪本质作出阐释的功能。尽管阐释的观点各异,毕竟有法益一席之地,尤其"利益"一词是法益的核心内容,并形成了以耶林为代表的利益法学派,曾一度占据优势地位。(2)法益具有作为犯罪成立要件解释目标的功能。从理论上来讲,犯罪成立要件都将针对一个或数个法益来架构,故在所有犯罪成立要件中总能找出与某种法益相对应的关系,也即使某种犯罪成立要件符合该行为所侵犯的刑法所要保护的法益。如此,法益便成为所有客观要件与主观要件要素所描述的核心词,故法益具有作为犯罪成立要件解释目标的功能。(3)法益具有对具体罪名的解释功能。由于对法益保护的具体描述不同,对罪名的解释也就不同。如我国 1979 年《刑法》将"私自开拆、隐匿、毁弃邮件、电报罪"规定在渎职罪中,而 1997 年《刑法》将该罪规定在侵犯公民人

---

① 该"想像之价值",是指就某行为破坏之法益而言,除直接看到的直接物质利益外,尚存在一些超物质法益或非物质法益,此即"想像之价值"。如市场经济犯罪,除个人、国家、社会在物质上的直接损失外,还破坏了经济社会赖以生存的"诚实信用原则""扰乱经济秩序""危及整个经济结构"等,"想像之价值"主要是指后者。参见林山田:《刑法特论》,台北,三民书局 2000 年版,第 6-7 页。

身权利、民主权利罪中,这种做法对其的解释当然也就不同。

第五,对诉讼权的确认功能,是指法益具有对诉讼权予以确认的功用。基于社会效果和刑事政策目的性的考虑,对所有犯罪行为毫无例外地处以刑罚,并非明智之举。因为在众多犯罪行为中,有些属于较轻微的情况与内涵,如轻伤罪、过失伤害罪、侵犯住宅罪等。就社会公益而论,对这些罪处不处刑罚似乎无关紧要。另外,还有一些发生于特定亲属间的犯罪,若刑法横加干预,将破坏行为人与被害人之亲属关系,会带来新的社会不稳定因素。例如,虐待罪和暴力干涉婚姻自由罪均属“告诉才处理”之罪,必须以被害人的意见作为启动诉讼的前提条件。又如,行为人无故侵入只有佣人在家的他人住宅,究竟被害人是谁或谁有告诉权?根据法益侵害说,此案中的真正被害人(或称有告诉权的人),既非佣人也非所有人,而是具有居住权的人,虽然其不在家,但法益侵害理论告诉,只有此人才能够启动该案。

(三)社会危害与法益侵害

对于犯罪本质的科学理解始于贝卡里亚,在他之前犯罪本质是个含混不清的概念。贝卡里亚指出,“犯罪使社会遭受到的危害是衡量犯罪的真正标准”[①]。当然,这里所讲的社会是指奠基于社会契约的社会。而“社会危害”的表述,使得人们对犯罪本质的认识达到相当的思想深度。尽管表述一针见血,但其认识特征并不具有实证性,只能是一种社会学的定性分析。故费尔巴哈在着手构建实证型刑法学体系时,便感觉到“社会危害”一词的棘手,遂将“社会危害”的社会学语言转换成“权利侵害”的法学语言,最终形成“权利侵害说”。在其看来,犯罪的本质是基于对权利的侵害,刑法的任务乃对权利进行保护,并相应保障公民的自由。然而,“权利侵害说”的致命缺陷在于,它只能涵括侵犯个人利益的犯罪,而把国家及社会利益解释为权利似乎牵强。况且对于不作为犯罪,“权利侵害说”更缺乏解释力度,因为不作为犯罪主要是义务违反。故为贝恩巴姆(Birnbaum)的法益侵害说所取代埋下了伏笔。[②] 1834年贝恩巴姆在《犯罪概念中法益保护的必要性》一文指出,犯罪的本质在于对刑法所保护的一定利益的侵犯。在其看来,法益不仅揭示了权利的实体内容,能够涵盖权利,且法益的范围大于权利。可以说任何犯罪都侵犯了法益,但不能说任何犯罪都侵犯了权利。可见,在法益侵害说中“利益”是中心词。其由此导致“利益法学派”的出现,代表人物是德国的耶林。核心观点是,不是权利决定利益,而是利益决定权利。[③] 二者的关系是,权利是利益的形式,利益是权利的内容。更为重要的是,利益是个比权利内涵更丰富、更广泛的实体范畴,它包括个人利益、社会利益与国家利益。而权利难以将社会及国家利益包括进

① [意]贝卡里亚:《论犯罪与刑罚》,黄风译,中国大百科全书出版社1993年版,第67页。

② 参见陈兴良:《本体刑法学》,商务印书馆2001年版,第151页。

③ 参见李海东:《刑法原理入门(犯罪论基础)》,法律出版社1998年版,第13页。

去,因而利益概念具有更大的理论涵括力。故本书认为,法益应包括权利和权益。由此,从权利侵害说到法益侵害说具有理论上的客观必然性,实事求是地讲,法益侵害对犯罪本质的认识较权利侵害似乎更进一步,且法益既包括权利也包括权益是恒定的。

虽然法益侵害说是大陆法系关于犯罪本质理论的通说,但苏联刑法理论却完全拒绝该学说,确立了一种解释犯罪本质的学说,即社会危害性说。[①] 显然,该学说是以阶级性为基础和以政治内容为蕴含的。[②] 其特别强调了社会危害性对刑事违法性的决定作用,甚至在我国的刑法理论中还曾被表述为"首要特征"和"本质特征"[③]。虽然后来在苏联和中国确立了犯罪的形式特征与实质特征相统一的观点,但将社会危害性作为犯罪本质特征的通说理论至今没能改变。最终导致两难选择:一是具备社会危害性,但刑法没有将其规定为犯罪,能否认定其为犯罪?如果认定,刑法规定就不再起作用,如果不认定,社会危害性在犯罪认定中就不再起决定作用,更不会像过去表述的"是首要和本质的特征"。二是有人认为某行为不具有社会危害性,但刑法将其规定为犯罪,能否认定为犯罪?若不认定,再次否认了刑法规定;如果认定,社会危害性在犯罪认定中再次失去作用。当然,在"类推"抑或"罪刑法定"不同制度下,情况就大不相同了。本书认为,在我国1979年《刑法》"类推制度"下,社会危害性的确是犯罪的"核心"特征,因为有"类推原则"可以在一定程度上突破刑法规定;而在1997年《刑法》规定"罪刑法定"的条件下,显然社会危害性就失去了其原有的功效与优势,而法益侵害性也就具有了更大的优越性。[④]

综上所述,犯罪本质虽然与危害社会有关,但不能与之等量齐观,因为其他违法行为甚至悖德行为也具有社会危害性。而且,"社会危害"不是一个规范的法律用语,它其实是一个社会学或犯罪学的范畴,其本身也不具有法律上的操作性。且犯罪的本质需要一个比社会危害性更为明确和具体的法律概念,即"侵害刑法法益"或"侵犯社会生活的根本条件与秩序"。

(四)刑法法益及确认根据

刑法理论发展史上本无"刑法法益"的概念和范畴,在我国较早使用"刑法法益"概

---

① 该学说与贝卡里亚主张的"社会危害性"完全不同,甚至对贝卡里亚的理论进行了尖锐的批判。指出:资产阶级学者把犯罪看作对整个社会有危害的行为。他们把统治阶级狭隘的、利己主义的利益冒充为全社会、全民的利益,从而帮助资产阶级掩盖了犯罪的阶级性。参见[苏联]H. A. 别利亚耶夫主编:《苏维埃刑法总论》,马改秀、张广贤译,群众出版社1987年版,第60页。

② 这从1922年《苏俄刑法典》第6条所规定的犯罪概念的具体内容即可看出。

③ 参见苏惠渔主编:《刑法学(修订本)》,中国政法大学出版社1999年版,第75页。

④ 陈兴良教授将其优越性总结为三个方面:(1)规范性;(2)实体性;(3)专属性。参见陈兴良:《本体刑法学》,商务印书馆2001年版,第161页。

念的是杨春洗教授。他不仅以此为论文题目,且对刑法法益进行了界定:受刑法规范保护的利益。[①] 此后丁后盾博士在其《刑法法益原理》一书系统阐释了“刑法法益”。在国外习惯称之为“法益”,当然也是在刑法意义上使用的。如有学者指出,为了同民法、行政法等所保护的法益相区别,我们特使用刑法法益的概念,其类似于西方刑法理论中的“法益”概念。[②] 可见,任何法秩序的建立均为法益保护,如此也就出现了民法、刑法、行政法、宪法等不同意义上的法益。当然,其他部门法益和刑法法益是不同的,二者在保护上是一般与特殊的关系。假如刑法与其他部门法一起共同构筑了预防违法犯罪的法律堤坝,刑法则是最后防线。

此外,理论上还涉及刑法法益与宪法法益的关系。所谓宪法法益是宪法规范所保护的利益。[③] 意大利学界有一种观点,将犯罪理解为侵害具有宪法意义的法益,其中涉及《意大利宪法》第 13 条第 1 款、第 25 条第 2 款、第 27 条第 3 款等内容。[④] 在我国也有学者将法益同宪法相联系,并指出,“刑法将什么作为利益予以保护,必须符合宪法的原则;宪法要求刑法保护的法益,应当成为刑法上的法益”[⑤]。也即刑法法益不能与宪法法益相冲突。尤其在有宪法法院的国家,一方面刑法规范的合法性可提交宪法法院裁决,另一方面刑事判决的有效性必要时也可上诉至宪法法院。

关于刑法法益的确认,是指刑法条文规定的具体罪刑规范所保护的刑法法益内容的确定。有学者主张,必须有清楚的法益保护概念(刑法规范所保护的刑法法益内容),才有可能建立一个良好的刑法分则体系。[⑥] 实际上,需要确定的刑法法益内容主要规定在刑法分则。当然,确认刑法法益必须以刑法法益的具体规定为依据。基本方式是:[⑦]

一是根据具体犯罪所属类罪的法益内容来确定。具体犯罪总是隶属于某一类罪,而刑法对类罪的法益都作了较明确的规定,因此通过对类罪刑法法益内容的辨别与分析,再结合具体罪名的行为特征等规范,便可明确该罪所侵犯的刑法法益的具体内容,或刑法通过该罪刑规范明确所要保护的具体刑法法益的内容。如 1997 年《刑法》第 358 条第 1 款规定的“强迫卖淫罪”属《刑法》分则第六章“妨害社会管理秩序罪”和第八节“组织、强迫、引诱、容留、介绍卖淫罪”两个大小类罪中,而 1979 年《刑法》则规定在“侵犯公民人身权利、民主权利”的类罪中。显然,1979 年《刑法》中该罪侵犯的法益

---

① 参见杨春洗、苗生明:《论刑法法益》,载《北京大学学报(哲学社会科学版)》1996 年第 6 期。

② 参见丁后盾:《刑法法益原理》,中国方正出版社 2000 年版,第 43 页。

③ 参见丁后盾:《刑法法益原理》,中国方正出版社 2000 年版,第 45 页。

④ 参见[意]杜里奥·帕多瓦尼:《意大利刑法学原理》,陈忠林译,法律出版社 1998 年版,第 81-83 页。

⑤ 张明楷:《刑法学》(第 2 版),法律出版社 2003 年版,第 109 页。

⑥ 参见丁后盾:《刑法法益原理》,中国方正出版社 2000 年版,第 16 页。

⑦ 参见张明楷:《刑法学》(第 2 版),法律出版社 2003 年版,第 113-114 页。

是公民的人身权利,而在1997年《刑法》中该罪侵犯的法益是社会管理秩序,或许正因为归类不同而导致的刑罚处罚力度会有差异。

二是根据刑法对具体犯罪规定的法益内容来确定。刑法分则条文对每个罪都有具体的罪刑规范,包括具体行为特征、犯罪方式和手段及犯罪对象、主观故意或过失等,因此要善于从其规定中确定该罪的具体刑法法益内容。包括:(1)通过刑法的明文规定来确定。(2)通过刑法条文规定的行为特征来确定。(3)通过刑法条文规定的结果特征来确定。(4)通过刑法条文规定的行为对象特征来确定。(5)通过刑法条文规定的犯罪所违反的法规内容来确定。(6)通过刑法条文规定的犯罪孳生物、供犯罪使用之物的性质来确定。

当然,在确定具体犯罪所侵犯的刑法法益时,还必须善于使用各种解释办法,认真分析条文之间的相互关系,注重刑法的协调性,以便准确确定每一个具体罪的刑法法益内容。

(五)客观主义与主观主义

刑法上的客观主义和主观主义,也关乎犯罪概念、犯罪本质及其基本原理的确认,是有关将人的主观意思和客观行为哪部分作为刑法评价对象并进行重点把握的问题。关于犯罪本质的客观主义与主观主义是德国刑法学派之争最为关注的问题,古典学派的理论立于客观主义之上,近代学派的理论立于主观主义之上。在日本,通常将旧派和新派的对立与客观主义和主观主义的对立画等号。客观主义总是坚持“罪刑法定”,故被称为“行为刑法”,主要代表人物包括刑事古典学派的贝卡里亚、费尔巴哈等(前期旧派)和规范主义的后古典学派的宾丁、贝林格、毕克麦耶、迈耶等(后期旧派)。主观主义总是缓和“罪刑法定”,故被称为“行为人刑法”,主要包括龙勃罗梭、菲利、李斯特和牧野英一等。由此足见,二者的分水岭及其各自代表人物与其时代都是相互关联的,而且无论是客观主义还是主观主义,他们在认定犯罪成立上都是各自分离的。

1.客观主义刑法观

最早可追溯至贝卡里亚与费尔巴哈的理论。客观主义认为,刑事责任的基础或者说刑罚评价的对象是行为人外在的行为及实害,仅以行为人的主观恶意作为处罚根据,会混淆法律与道德的区别。其是在启蒙主义思想的直接影响下,在新兴资产阶级反对封建罪刑擅断的斗争中产生并形成的,针对的是西欧封建社会“黑暗时代”的罪刑擅断、主观归罪和法制的不平等性及刑罚的残酷性,也是对之批判与否定的最佳切入点,具有历史必然性。注重形之于外的犯罪行为及其结果,既是反对罪刑擅断的逻辑起点,也为罪刑法定原则的产生奠定了基础。客观主义以自由意志的理性人为立论前提。因此,它强调刑罚是对理性人自由意志选择行为之结果(已然之罪)的报应。而这种报应是建立在自古以来人类所形成的道德观念——因果报应律之上的。所以,主张的报应主要体现为道德报应,且报应的量(刑罚量)应当与实害(仅从客观上考察,因其认为一般人具有同等的自由意志,在量刑时无须考虑行为人的主观方面)相适应,此所谓的“罪刑均衡”原则。① 客观主义重视外部事实,即将行为和结果的实际损害作为刑法评价对象,故是以行为和结果为中心的思想。客观违法性论认为,不管行为人的年龄大小和主观能力如何,也不管行为人主观上有无罪过和期待可能性,只要客观上触犯刑律就具有违法性,即违法性的有无完全取决于法律对行为人作出的客观评价。据此,严重精神病患者等无责任能力人的侵害行为也具有违法性,对其可防卫。

2. 主观主义刑法观

19 世纪末 20 世纪初期,由于自然科学的发展和突变的社会背景(特别是剧增的犯罪率),客观主义刑法不能适应惩治当时激增犯罪的需要,开始慢慢被主观主义刑法取而代之。其以科学主义为依托,以实证方法为先导,以犯罪人格作为科学研究的目标,极力主张刑事责任的根据应当从具体的犯罪人中寻求。② 显然,其是随着刑事实证学派的出现而出现。主观主义刑法观认为,刑事责任的基础是犯罪人的危险性即反复实施犯罪的危险性格。比起外在的行为,主观主义刑法更加重视行为人的人格或性格,认为行为只具有表征犯罪人的危险性格的意义。由此,“古典客观主义与主观主义之争,在于刑罚的对象,是行为对法益的侵害,即结果不法,或行为人的危险性,即行为人对法秩序的敌对态度”。这意味着,最初在学派意义上二者之争有其特定的意涵,是有关刑事责任基础是外在的客观行为及其侵害还是人身危险性的争议,也是行为刑法与行为人刑法在犯罪论中的集中表现:行为刑法对应的是客观主义,而行为人刑法则对应的是主观主义。③ 后者重视行为内部的、精神的事实,即性格、人格、动机等主观要素,其将行为人的反社会性、人身危险性作为刑法判断的对象,是以行为人为中心的思想。但其也不是完全不考虑客观要素,只是从行为不是脱离人自身的主观的抽象的行为,而是体现人的思想行为角度来考虑,故其认为行为是行为人的人格征表。前者认为,只有理解法规范并能按其作出意思决定的人所实施的行为才可能谈得上有无违法性问题,即违法性的有无直接取决于有无辨控能力的行为人。按照主观违法性的观点,对于精神病患者等无责任能力人的行为,就不能认定为违法性行为。

---

① 参见聂立泽、苑民丽:《客观主义刑法理论产生的时代背景及其内涵》,载《武汉大学学报(社会科学版)》2002 年第 3 期。

② 参见郭泽强:《主观主义与中国刑法关系论纲——认真对待刑法主观主义》,载《环球法律评论》2005 年第 4 期。

③ 参见劳东燕:《刑法中客观主义与主观主义之争的初步考察》,载《南京师大学报(社会科学版)》2013 年第 1 期。

3. 主客观相统一的刑法观

有学者认为,无论是客观主义还是主观主义,它们在认定犯罪等刑法理论上,都是主客观相分裂的。苏联学者以马列主义为指导,批判了资产阶级刑法理论的"客观主义"与"主观主义",初步形成了社会主义刑法主客观相统一的原则。① 这也是我国刑法的基础性原则,是犯罪概念、犯罪构成及社会危害性理论得以建立的依据。当前学界关于犯罪的形式概念与实质概念之争中,通说认为我国是形式概念与实质概念的有机统一,其中不存在任何对立与冲突。其逻辑是:社会危害性是主客观的"有机统一"体,决定了犯罪概念中的主观要素与客观要素间也是"统一"的,犯罪成立需要同时具备客观要素与主观要素。

我国在犯罪构成理论上吸收了苏俄刑法学中的犯罪构成学说,尤其是特拉伊宁的犯罪构成理论对我国影响较大,主客观相统一也被确认为定罪的基本原则之一。我国刑法理论中的社会危害性概念则是主客观统一的,行为是否具有社会危害性,不仅取决于客观因素,而且取决于主观因素。因为社会危害性是犯罪构成的基础,犯罪构成是主客观相统一的,既然如此,社会危害性也必须是主客观相统一的。如果仍然坚持该理论,那么关于社会危害性由主客观因素统一决定的观点也是不能动摇的。这也决定了刑事违法性是主客观相统一的内部结构,即只有达到法定责任年龄、具有刑事责任能力,并在罪过心理支配下实施法益侵害的行为才具有刑事违法性。如有学者指出,刑法所禁止的行为都是主客观相统一的行为,将主客观不统一的行为认定为具有刑事违法性的行为,在现行犯罪论体系中会引起混乱。② 在犯罪成立的整体意义上,从来没有人会只关注客观面(客观归罪)或主观面(主观归罪),犯罪成立是不法要素与罪责要素的相统一。不法与罪责是人们评价行为进而决定对之惩罚的共通逻辑,前者要说明的是行为正当与不正当,后者要说明的是是否应当对行为人进行谴责。

四、行为无价值论与结果无价值论的立场之争

一般认为,行为无价值与结果无价值的对立始于韦尔策尔的目的行为论。违法性的实质是法益侵害还是规范违反,是划分结果无价值与行为无价值的根本标准。

(一)行为无价值论

"行为无价值"译自德语"Handlungsunwert","结果无价值"译自德语"Erfolgsunwert"。"无价值"一词译自德语"Unwert",内涵为"负面的、反面的、否定的价值",即"恶的""坏的",值得从法律上给予否定的、负面的价值评价。③ 以其目的行为论为背景,

---

① 参见张志愿:《论我国刑法的主客观相统一原则》,载《中国社会科学》1982年第6期。

② 参见张明楷:《刑法学》(第2版),法律出版社2003年版,第102页。

③ 参见周光权:《行为无价值论的中国展开》,法律出版社2015年版,第1-2页。

韦尔策尔认为,不法系与“行为人有关系的人的行为不法”,结果无价值(法益侵害)仅在“人的违法行为的内部(行为不法的内部)具有意义”。韦尔策尔虽然将行为无价值置于不法论的中心,否认了结果无价值的重要性,但他依然承认结果无价值在人的不法内部中的非独立地位。不过,韦尔策尔并没有说明结果在体系上的地位,导致其理论的一贯性存在疑问。[①] 其给出的经典定义是:不法的内容并不限于由行为人所引发的法益侵害结果,而是行为作为确定的行为人的作品而具有违法性,包括行为人赋予其客观行为怎样的目的设定,他基于何种意念而实施的行为,以及行为人负有哪些义务,在法益侵害之外所有的这些因素,对于行为不法的确定都具有决定性。违法性总是指与特定行为人相关行为的不受允许性,而不法则是与行为人相关的“个人的”为不法。[②] 于是韦尔策尔在目的行为论的基础上构建了以行为无价值论为基础的犯罪论体系,其是以违法性为中心构建的。一元的行为无价值论认为,行为的目的、故意、过失以及行为样态、义务违反决定行为的违法性;法益侵害及其危险对违法性没有实质意义。因为刑法规范是行为规范,只有行为能够成为禁令的对象;结果的发生与否具有偶然性,故不能成为禁令的对象。据此,结果无价值不是违法的构成部分,而是单纯的客观处罚条件。可是,这种观点不仅与未遂犯从宽处罚的刑法规定不一致,而且与未遂犯未发生侵害结果才属偶然的客观事实不相符,故现在采取这种观点的学者极为罕见。当今的行为无价值论都可谓二元的行为无价值论。[③] 二元的行为无价值论认为,对于违法性的判断应当以结果无价值论为基础,同时作为对结果的违法性的限定,也应当考虑行为举止对于规范的违反。因此,在违法性判断中,行为和结果具有同等重要的地位。[④] 德国通说坚持和历史上的主观主义刑法观具有亲和性的行为无价值论;而日本的判例则坚持了彻底贯彻客观主义刑法观的结果无价值论,学术界的主流观点也正在向此方向靠拢。在我国,德日刑法立场上的偏倚与侧重还不明显。

(二)结果无价值论

结果无价值论的基本内容承袭自古典时代,与贝卡里亚的社会危害性论和费尔巴哈的权利侵害说间有着千丝万缕的联系;其理论体系的正式形成,始于以自然因果思想为基础的客观不法论(客观因果不法论)在德国的兴起。客观因果不法论认为,不法概念的构建无涉“行为人之非难”,仅是评价规范而非决定规范的违反;由于不法是针对客观发生的法益侵害的评价,故重点是现实世界中发生了法益侵害,而不是行为人

---

① 参见[日]松原芳博:《犯罪概念と可罚性》,成文堂 1997 年版,第 178-179 页。转引自张明楷:《行为无价值论与结果无价值论》,北京大学出版社 2012 年版,第 10-11 页。

② 转引自劳东燕:《结果无价值论与行为无价值论之争的中国展开》,载《清华法学》2015 年第 3 期。

③ 参见张明楷:《行为无价值论的疑问——兼与周光权教授商榷》,载《中国社会科学》2009 年第 1 期。

④ 参见周光权:《新行为无价值论的中国展开》,载《中国法学》2012 年第 1 期。

实施了侵害法益的行为。[①] 其基本立场是:刑法的目的与任务是保护法益,违法性的实质(或根据)是法益侵害及其危险;没有造成法益侵害及其危险的行为,即使违反社会伦理秩序,缺乏社会的相当性,也不能成为刑法的处罚对象;应当客观地考察违法性,主观要素原则上不是违法性的判断依据,故意、过失不是违法要素,而是责任要素;违法评价的对象是事后查明的客观事实。与行为无价值论被称为人的违法论相对,结果无价值论被称为物的违法论。物的违法论所强调的是行为人的主观能力与主观意识不是违法评价对象。由于构成要件是违法类型,行为主体(自然人、身份)是构成要件要素,故作为犯罪成立条件的违法性来说,只有人的行为才是违法评价对象。争议存在于对物防卫这一点上,即作为正当防卫对象的不法侵害,是否包括对物的侵害。结果无价值论者一般持肯定态度。[②]

(三)二元论的行为无价值说

围绕着以何种要素作为判断违法性的根据而展开:结果无价值论主张在判断违法性的时候,只以行为所造成的结果作为根据,这是较为彻底的客观违法性论。在结果无价值论和行为无价值论背后隐含着不同的传统刑法理念与刑法价值观念,这从二者的尖锐对立表现可见一斑:一是在违法性的本质上,前者认为刑法的目的是保护法益,故违法本身就是对法益的侵害;而后者认为刑法的目的是保护社会伦理秩序,故违法就是对社会伦理秩序的违反。二是在处罚依据上,前者认为是法益侵害,而后者认为是反伦理及义务违反。三是在是否承认主观违法要素上,前者一般不承认主观违法要素;而后者普遍承认主观违法要素。四是在判断行为是否违法标准上,前者主张以结果为中心判断行为是否违法;而后者主张以行为为中心断行为是否违法。五是在违法时间判断的上,前者主张进行事后判断;而后者主张以行为时进行判断。[③] 尽管许多人同意结果无价值论的理论主张,但在我国传统刑法理论中,诸如定罪标准主观化、犯罪客体理论及社会危害性理论等均是实现结果无价值论理论模式的不利因素,加之我国传统的犯罪观念及理论体系和犯罪构成理论等,都可能是建立结果无价值论体系的障碍。充分认识到这一点,对于进一步研究、适用以及发展结果无价值论均是十分必要的。此外,从刑法的发展进程及其阶段性的规律来看,行为无价值论更加符合追究“行为”而非“行为人”刑事责任的立法技术及其发展阶段。按照二元的行为无价值论的观点,评价犯罪的对象基准是:行为以及结果,其中对行为的评价是核心。其认为,对于违法性的判断,应当以结果无价值论为基础,同时,作为对结果的违法性的限定,也应

---

① 参见许恒达:《“行为非价”与“结果非价”》,载《政大法学评论》2010 年第 114 期。转引自劳东燕:《结果无价值论与行为无价值论之争的中国展开》,载《清华法学》2015 年第 3 期。

② 参见张明楷:《行为无价值论的疑问——兼与周光权教授商榷》,载《中国社会科学》2009 年第 1 期。

③ 参见[日]前田雅英:《现代社会与实质的犯罪论》,东京大学出版会 1992 年版,第 76 页以下。

当考虑行为对于社会通常观念的脱离或者偏离。为了促进社会生活的发展,即使实施了某些客观上可能有害的行为,但社会如果能够容忍类似行为,那么就不能认为其违法。换言之,单纯从后果上看可能违法的行为,如果是为了确保社会生活充满活力地发展所必需的,对社会秩序的损害极其有限,或者没有违反作为行为基准的规范的,不需要作为违法行为看待。在这个意义上的行为无价值论具有限定结果无价值论的功能。①

---

① 参见周光权:《违法性判断的基准与行为无价值论——兼论当代中国刑法学的立场问题》,载《中国社会科学》2008 年第 4 期。

第二十章 “罪”的体系发展：从行为中心论到行为与价值结合论

犯罪论体系有广狭两义。前者除指犯罪构成或犯罪成立要件外，还包括犯罪形态、未遂、共同犯罪和罪数等。后者只指犯罪成立要件及其相关要素。应当说，犯罪论体系在整个刑法学理论中占有基础和核心地位。但由于其发展、演变及形成的复杂性，以及国内外对犯罪构成和犯罪成立等概念的不同理解，学界在该问题上争论甚大。鉴于我国历史上形成的主客观相统一的刑法价值观及犯罪构成理论的哲学与意识形态背景，在梳理和吸收世界各国犯罪论体系的基础上，重点讨论从行为中心论到行为与价值结合论的漫长发展与推演过程。

一、中外犯罪论体系及其分类

（一）中外犯罪论体系概述

几乎在所有的国家，刑法的源头都是“血亲复仇”。对于受害人及其家庭来说，复仇是一项权利，杀死本氏族以外的凶手是件正常的事。当然，如果还能得到利益那就更加完美了。甚至复仇是以特别方式落到受害者近亲属身上的一项义务，更是一种不可推卸且无期限的责任。私人复仇时期，人们不考虑个人责任，唯一以受到的损害为据即可复仇，根本不用考虑谁有罪过，也用不着考虑加害人有意还是无意，即使是偶然原因造成杀人也在所不问。更有甚者，自然死亡也可能被归咎为邻近氏族在搞鬼（搞巫术）。私人复仇的范围囊括了所有造成损害的行为，对伤害人身体的行为，私人复仇可以说是根深蒂固、不可替代的手段；偷取牲畜的行为，也在复仇之列；

伤风败俗,或者亵渎神明,当然更不例外。① 古代社会重视的是客观行为事实,以此为主导无视行为人是其共同特点,且在后世延续很久。《汉谟拉比法典》惩罚的是造成损害结果的行为,除客观行为之外其余都不考虑,完全无视行为人。古希腊的观念中也不存在过错和可归责,人们仅注重危害行为。但自5世纪起,哲学家们开始对刑罚目的和责任根据展开讨论,从而间接地考虑到危害实施者的人格。罗马人的观点对法国法律逐步产生影响:(1)古代时期。此时人们显然只考虑客观行为事实,惩罚是客观的,与行为人的人格无关。(2)古典时期。此间出现了主观惩罚的观念,该时期的哲学著作已经开始探讨故意,即开始关注行为人。至哈德良皇帝时代(2世纪),皇帝的敕令中明确规定心理要素为犯罪的必备要素。(3)后古典时期。这一时期并没有回归至古代法律的客观主义刑事责任概念,但认可了对过失的推定,或至少对疏忽大意的推定,②显然是在逐级进步。

实际上,犯罪构成理论是在近代刑法理论的土壤上成长、壮大成独立系统的。17、18世纪以来,受启蒙思想家启迪的法学家们反对君权神授,主张天赋人权;反对人治,倡导法治。天赋人权首先要求的是资产阶级的人权、人道,法律面前人人"平等",法律不单用以惩治罪犯,也要用以约束统治阶级本身,这样就需要相互配套的刑法理论和实体制度的建立与加强。罪刑法定等法治原则,以及带有近代法治国特征的理论和规章制度,都前后涌现出来,其中最系统完整的是犯罪构成理论。③ 显然,这是一个从无到有的逐步发展过程。

20世纪前的中国刑法,是以唐律为最典型代表并与其他诸法合体共生于所谓"中华法系",刑法理论受儒家思想影响,以条文注疏为主要研究模式的传统律学。晋代的张斐注律,对刑律中的核心用语作了注释,指出:"其知而犯之谓之故,意以为然谓之失……唱首先言谓之造意,二人对议谓之谋……凡二十者,律义之较名也。"精于条文解释而疏于理论体系的建构,是晚清以前中国刑法学(实际上是律学)的总体特点,在此土壤中很难滋生出一般性的、具有内在逻辑性的理论模型。1902年清廷颁诏:"著派沈家本、伍廷芳,将一切现行律例,按照交涉情形,参酌各国法律,悉心考订,妥为拟议,务期中外通行,有裨治理。"虽说是"参酌各国",但必然是有所重心。此后的十年间,中国基本走的是一条"以日为师"的路子,大量翻译日本的刑法典和刑法学著作,派员到日本学习和考察法制,并聘请日本的冈田朝太郎等为修律顾问。从已有的资料看,在

① 参见[法]卡斯东·斯特法尼等:《法国刑法总论精义》,中国政法大学出版社1998年版,第61-62页。

② 参见[法]雅克·博里康、朱琳:《法国的犯罪:犯罪人二元论体系介绍》,载《法学杂志》2006年第6期。

③ 参见甘雨沛:《比较刑法学大全》(下册),北京大学出版社1997年版,第1109页。

该时期,犯罪论体系仍未在中国刑法理论研究的视野中出现。究其原因也是极其复杂的,或许与社会发展阶段有关。

首先,当时政府和修律大臣的主要精力先放在移植和制定新式的刑典上。换言之,变法初期,法制未稳而变动频繁(《大清律例》《大清现行刑律》《大清新刑律》等颁布先后之间都不过几年),理论研究的对象即规范本身还不明确。而《大清新刑律》施行不到一年,晚清政府即告覆亡,理论体系的建构自然不能也来不及成为最紧要的案头之事。

其次,从学术史的时间表来看,与晚清修律同期的德国刑法学界对于犯罪论体系的研究才刚刚起步。贝林于 1906 年提出独特的、区别于以前的"构成要件"(tatbestand)概念,并由此开创以"构成要件该当性、违法性和有责性"为成立要件的古典犯罪论体系。而从德国到日本,再从日本到中国,这个传播渠道在客观上存在时间差,也必然使"以日为师"的中国不可能在第一时间大范围地接触到该"前沿理论"。

再次,比较成熟和完善的犯罪论体系一般会对刑法典的体例、立法技术和具体规定有一定要求,即犯罪构成的"法定性"。体现在刑法总则的"主体""罪过"及未完成犯罪形态等立法中,同时体现于刑法分则各罪名成立要件的详尽列举。这些具体化的构成要件是罪刑法定原则的必然要求,也是建构犯罪构成理论的基石。只有在对各具体构成要件提炼和概括基础上,才可能抽象出一般性的理论模型。在此意义上,"法定性"也是"理论性"的前提。

最后,晚清前"诸法合体"的各代律典无论结构体例还是条文规定上,显然还不能充分符合一部近现代刑法典的标准。更无法满足近现代刑法理论之大成,即"犯罪论体系"对"法定性"的前置要求。晚清末期变法修律的贡献和意义,使得绵延数千年"诸法合体"的中华法系开始解体,标志着以大陆法系为基础和样本的近现代法律体系初步形成。而刑法作为独立的部门法,也开始在法典体例和立法技术上向德日为代表的大陆法系看齐,打破了以往刑民不分的旧格局。之后按照德日通例将刑法分为总则和分则,在总则中规定全编之纲领,在分则中规定具体之事例,从而使中国刑法迅速与世界接轨,实现了体系的转型。

然而,民国时期的刑法学,进一步引进和借鉴大陆法系的法理和法律。在该时期,许多刑法学著作和教科书里出现了对犯罪成立一般性要素的概括和阐述。如在日本学者平日之口的《刑律笔记(总则篇)》,就有关于犯罪定义和成立要素的详尽说明。同时期的著作还有赵琛的《刑法总则》,书中认为:"成立犯罪的一般要素包括犯罪主体、犯罪客体、责任(意思与能力)、行为的危险性以及违法性等。"①该时期的刑法理论中,

---

① 转引自车浩:《体系化与功能主义:当代阶层犯罪理论的两个实践优势》,载《清华法学》2017 年第 5 期。

"主体""客体""违法性""责任"等关于犯罪论体系的关键性和普通性的要素都开始从具体的、特殊的分则条文中抽象出来。早在晚清变法修律之时,沈家本也曾指出:"一切犯罪须有正条乃为成立,即刑律不准比附援引。"该思想在《大清新刑律》第10条中得到体现:"法律无正条者,不问何种行为不为罪。"如果说晚清时期"律有正条"作为罪刑法定原则的表述体现在刑法典总则中,那么民国时期"律有正条"被很多学者在理论上视为与"责任""违法性"等并列的"普通性的犯罪构成要素",则颇为近似于近现代德日刑法犯罪论体系中的"构成要件该当性"。

经过晚清的变法修律,犯罪论体系有了相当的"法定性"基础(民国时期没能超出晚清刑法典的模式)。到了民国时期,随着刑法理念的迅速发展和传播,以及构成犯罪一般性、普遍性的要素开始被抽象出来,犯罪论体系的"理论性"初显气象。这在蔡枢衡教授1943出版的《刑法学》中可见一斑,其1983年出版的《中国刑法史》也有所论及。至此中国学界对于进一步澄清和挖掘各要素间的逻辑关系,从而概括和提炼出一套认知体系,即犯罪论体系的研究条件已基本具备。晚清以来至民国时期按照大陆法系的模式逐步累积起来的"旧法",在中华人民共和国遭遇了从形式到内容的彻底批判,并从意识形态的立场上选择了苏联的刑法模式。

从1949年起至1957年,我国刑法学界将学习的目光由德日转向苏联,进入所谓的"转型时期"。从1957年到1979年,没能形成一部成文的法典。1979年《刑法》颁布后,犯罪论体系显得愈加重要。1980年左右在曾昭琼教授直接关心和指导下,中南政法学院江任天等3位学者写成并出版了国内最早最具时代意义的《犯罪构成论》一书,1981年杨春洗、甘雨沛、杨敦光、杨殿升等的《刑法总论》在北京大学出版社出版,1982年由高铭暄教授主编的高等学校法学试用教材《刑法学》在法律出版社出版,1984年甘雨沛、何鹏的《外国刑法学》(上下)在北京大学出版社出版等,这些书继承了20世纪50年代刑法学教科书的体系并有所发展,吸收了刑法学研究的新成果。无论体系概括是简单的移植还是原创性的研究,无论是民国时期的"六种要素"还是盛行于今的"四要件",或许仅仅停留在研究要素本身的阶段和水平,其理论的总体特征还是"要素集合"。以今天苛刻的标准来衡量,对犯罪论的研究始终还没有进入理论体系建构的阶段,仍在体系门外踯躅。正如有学者指出的那样,"耦合式"的体系在本质上是没有体系的。[①] 建构我国的犯罪论体系实属不易。

(二)中外犯罪论体系分类

犯罪论体系与一国的实定刑法规范,并非严格的一一对应关系。一是在同一国家

---

① 参见车浩:《未竟的循环——"犯罪论体系"在近现代中国的历史展开》,载《政法论坛》2006年第3期。

的刑法规范下可以有两种犯罪论体系并存。在意大利刑法理论中,传统的犯罪论体系是自18世纪以来的二元犯罪论体系,而自20世纪30年代德国犯罪成立体系传入后,将犯罪成立条件分为典型事实、客观的违法性和罪过的三元递进式成为意大利犯罪论体系的主流。[①] 二是不同国家在刑法总则规范内容大体相同条件下却可能形成不同的犯罪论体系。如同属大陆法系的德国和法国,其刑法中成立犯罪一般条件的规定大致相同。《德国刑法典》第2章“犯罪”第1节“可罚性之基础”和第4节“正当防卫和紧急避险”对罪过(故意、过失、责任能力、认识错误)和阻却违法与责任的事由进行了规定;而《法国刑法典》第2编“刑事责任”第1章“一般规定”和第2章“不负刑事责任或减轻刑事责任之原因”同样也对罪过(故意、过失、责任能力、认识错误)及排除刑事责任的事由(正当防卫、紧急避险等)进行了规定,其内容与《德国刑法典》的规定大致相同。但犯罪论体系却呈现出不同的定罪模式,然而其都只是解读刑法规范的理论分析工具,而非法律本身,是对刑法规定的犯罪进行理性分析的理论体系。可见,犯罪论体系或曰犯罪构成“是刑法规定的犯罪成立必须具备的基本条件的理论形态,是刑法学理论按照一定的体系对刑法规定的犯罪成立必须具备的基本条件进行系统归纳和分类的结果”[②]。这种对象的特点决定了各种犯罪论体系的规范性特征,即以现行刑法规范作为构建犯罪论体系的材料,也决定了无论构建何种犯罪成立体系,其犯罪成立条件的核心内容与基本要素都无法也不可能超越现行刑法规范,所不同的只是这些要素与内容在不同犯罪论体系中的排列组合方式。如果从构筑犯罪论体系的基点来划分,可以把世界各国的犯罪论体系分为三大类:(1)以行为为基点的一元论犯罪论体系。大多数国家都采取这种体系,因为大多数国家的刑法典均以“行为”作为定罪量刑的基础,属“行为刑法典”。(2)以行为人为基点的一元论的犯罪论体系。(3)以“行为”和“行为人”为定罪量刑基点的二元论的犯罪论体系。诚然,三类不同的犯罪论体系,同时反映了其价值观和方法论的不同。

1. 以“行为”为定罪基点的“一元论”犯罪体系

一般以德日、英美、俄罗斯和我国为代表,这是三种不同的类型,各有特色。迄今为止,无论是大陆法系还是英美法系以及源自苏联的我国传统犯罪论体系,都是以行为立论,将行为人放逐于体系之外。正如罗克辛教授所说,“人们公认,现行刑法绝大多数是一种行为刑法”[③]。在刑法导向观发展史上,相对于古代的以结果论罪来说,近代刑事古典学派提出的“无行为则无犯罪”的行为刑法观,具有重大的历史进步意义。

---

① 参见[意]杜里奥·帕多瓦尼:《意大利刑法学原理》,陈忠林译,法律出版社1998年版,第94-97页。

② 陈忠林:《现行犯罪构成理论共性比较》,载《现代法学》2010年第1期。

③ [德]罗克辛:《德国刑法学总论:犯罪原理的基础构造》,王世洲译,法律出版社2005年版,第110页。

它不仅为定罪确立了统一的客观标准,且为罪刑法定原则提供了理论依据,进而形成以行为为中心的犯罪论体系,如德日的构成要件该当性、违法性、有责性的体系。行为刑法观是对罪刑擅断的否定,对于保障人权发挥了重要作用。刑事古典学派从抽象的理性人出发,认为犯罪是理性人自由意志选择的结果,一个人实施犯罪也好不实施犯罪也好,都是由其自由意志而决定。因此,刑法所关注的不是行为人如何,而是行为人在客观上所表露出来的行为如何,行为是评判行为人是否犯罪的根据。在这里,用“理性人”取代了千差万别的社会现实人;用“自由意志”取代了错综复杂的个人心理原因和社会原因,创造了“自由意志论”的神话。

大量不可辩驳的事实证明,犯罪现象的产生有其深刻的社会原因和个体原因,且归根结底主要由社会原因决定。因为,犯罪人的犯罪意志不是从天上掉下来的,也不是他从生下来就在头脑里固有的,而是来自社会及其长期实践。从这个意义上说,人的犯罪意志不是绝对自由的,只具有相对的自由性。① 正如法国学者所说:“从纯粹的法律角度考虑,犯罪现象仅与犯罪行为相关联。”但是,“对社会造成威胁的,并不仅仅是法律已将其上升为犯罪的那些反社会的行为;对社会造成威胁的,还有(也许主要是)那些以其行为表明‘具有反社会性格’的‘个人’。因此,如果仅仅致力于解决犯罪‘行为’的问题,就等于仅仅是治理‘恶之表’,而不追究‘恶之因’”②。除我们熟知的德日三阶层犯罪论体系外,至少还存在意大利古典学派二分模式的犯罪论体系。该体系认为,犯罪是客观上符合刑法规定、主观上具有罪过的行为,犯罪的成立包含主客观两个因素,任何规范意义上的犯罪均可分为“客观要件”与“主观要件”,它们是所有犯罪成立所必需的“一般条件”。前者“是一种‘客观事实’,或者说是一种人的外在举止(包括由这种举止所引起的结果)”③。由于法律是旨在规范社会生活关系的行为准则,因此人的外在行为(其实是行为的外在表现)是任何犯罪存在的必要条件。后者是指任何犯罪都存在的心理因素,“即作为犯罪客观事实存在的原因的主体意志”④。法律作为命令,只能调整有意识、有意志人的行为,如果外在事实不是主体意志的表现,就不可能违反刑法的规定,离开了意志因素,就无所谓犯罪的存在。这是意大利传统的犯罪观,并延续至今,这种源于意大利古典学派的两分犯罪构成理论目前在意大利刑法学界依然具有重大影响。即使在当今德日刑法三元递进式犯罪成立体系支持者

---

① 参见张文:《以行为为中心,还是以犯罪人为中心关于犯罪论体系根基的思想》,载《中外法学》2007年第5期。

② [法]卡斯东·斯特法尼等:《法国刑法总论精义》,罗结珍译,中国政法大学出版社1998年版,第5页。

③ 唐稷尧:《犯罪论体系:功能、价值与实现途径辨析》,载《现代法学》2007年第4期。

④ 李希慧、童伟华:《“犯罪客体不要说”之检讨——从比较法的视角考察》,载《法商研究》2005年第3期。

为数众多的情况下,意大利一些谨慎的学者依然得出了二元犯罪论体系在意大利仍然占主导地位的结论。①

2. 以"行为人"为定罪基点的"一元论"犯罪体系

"由于在对犯罪人进行惩处时只考虑行为及法律条文的规定,惩处的方式就可能与犯罪人的性格、人格、倾向不相适应,要么过于严厉,要么相反,过于宽容"②。正是由于行为刑法理论存在上述弊端,在19世纪末20世纪初,以菲利、李斯特为代表的刑事社会学派,对刑事古典学派的犯罪理论进行了猛烈抨击。他们从经验人、意志决定论出发,对犯罪人及其犯罪原因进行实证研究,并针锋相对地提出"应受处罚的不是行为而是行为人"的行为人刑法理论。以行为人的人身危险性或者反社会的危险性格为标准,提出改革现行刑法制度的多种措施,如保安处分、刑罚个别化等,并在刑事立法、司法中取得了一定成效。③ 正如甘雨沛教授所说,从行为论刑法转变为行为者论刑法是个具有时代特征的大转变。行为者论刑法是现代人文主义或人本主义的具体体现。"因为人文主义或人本主义的刑法观,认为实施犯罪行为的是人,应受惩罚的是人,应被教育改造的仍然是人。这一人的主体性或主导性是行为者论刑法的有力支柱"④。虽然迄今为止,世界上还没有一部曾经生效的刑法典是纯粹以"行为人"作为定罪量刑的基础构建的,也就是说没有一部"行为人刑法典"。但是,在历史上确实存在一些未生效的"行为人刑法典"草案或者设想,如著名的1921年"菲利刑法典草案"("意大利刑法1921年修订准备草案"),有与其相应的犯罪理论体系的构思。

20世纪下半叶以后,刑法理论的基本脉络并不是沿着行为人刑法的道路向前发展,而是在固守行为刑法的大前提下,只是在量刑时酌情考虑行为人的不同情况,致使行为人刑法名存实亡。之所以会出现这种局面,主要是因为行为人刑法理论存在缺陷,即在未确定行为人人身危险性具体测量标准的情况下,就以存在人身危险性为名,对行为人定罪量刑或实行保安处分,仍会导致犯罪圈扩大并累及无辜,其结果被法西斯恶为利用,严重践踏人权。由此行为人刑法背上了恶名,基本被放逐于刑法理论之外,使行为刑法至今仍然大行其道。⑤

---

① 参见陈忠林:《意大利刑法纲要》,中国人民大学出版社1999年版,第76-78页。

② 张文:《以行为为中心,还是以犯罪人为中心 关于犯罪论体系根基的思考》,载《中外法学》2007年第5期。

③ 参见张文:《以行为为中心,还是以犯罪人为中心 关于犯罪论体系根基的思考》,载《中外法学》2007年第5期。

④ 甘雨沛:《比较刑法大全》(上册),北京大学出版社1997年版,第525页。

⑤ 参见张文:《以行为为中心,还是以犯罪人为中心 关于犯罪论体系根基的思考》,载《中外法学》2007年第5期。

3. 以“行为”和“行为人”为定罪量刑基点的“二元论”犯罪体系

该种犯罪论体系以法国为代表。① 法国刑法理论将犯罪成立的一般条件归结为三项,即法有规定、事实要件、心理要件,认为“所有的重罪与轻罪都有共同的构成。这种共同的构成就是:法律对其实际受到禁止的行为做出明确定义,并且指明,成立这种罪名是否需要有‘行为人有意(故意)实施其行为’,或者仅需‘行为人有不谨慎或疏忽大意’”。对德日刑法所提出的违法性要件(无合法根据要件),法国学者则认为,任何行为仅在其受到法律禁止或者不能依法证明其合法时,始具有违法性质。违法性要件应当归结为“法有规定”要件。由于“法有规定”事实上是对罪刑法定原则的论述,因此,犯罪成立条件事实上就是“事实要件”与“心理要件”两项。而类似于德日刑法的违法阻却事由和责任阻却事由则被归结为“不负刑事责任的原因”,分别以“不负刑事责任的客观原因(具有证明效力的事实)”和“不负刑事责任的主观原因(不可归罪的原因)”作为排除行为人刑事责任的根据。② 这种犯罪论体系既迥异于德日刑法,又与意大利刑法的二元犯罪论体系有所区别。

一般认为,法国犯罪二元体系有两个中心,即犯罪(行为)与犯罪人(行为人),而每个中心又有其组成的诸要素。一般说来,组成犯罪的诸要素是法律要素、事实要素、心理要素等要件。组成犯罪人的诸要素是自然人、法人等。但在各个犯罪论体系中,并非完全如此,彼此间存在许多差异以及这些差异带来的争论。“犯罪人(行为人)”作为法国二元论体系的一元,正在受到与日俱增的关注与重视。主要表现在:把越来越多的内容纳入犯罪人的范围之内,归属于犯罪人的内容更是丰富多彩:自然人、法人、未成年人、共犯、对他人负的刑事责任的人、可归责性,精神紊乱,强制、法律错误、正当防卫、法律之命令、紧急避险、犯罪的预备、未遂与中止,乃至于全部心理要素:故意、过失、动机等,研究的内容越来越多。与此形成鲜明对照的是,作为另一元的“犯罪行为”的内容却日益缩小,有的学者在其体系中只给它留下一个纯粹的客观要素,即行为或事实,而且内容贫乏、简单。③

我国有学者提出二元论犯罪论体系的设想,张文教授曾经提出在人格刑法学基础上的二元论犯罪论体系。大塚仁教授是人格刑法的支持者,认为通过人格行为论、人的违法论和人格责任论在犯罪论中体现人格刑法学思想。犯罪是犯罪人在其人格支配下实施的依法应受刑罚处罚的行为。其中,既包括刑法对行为的抽象,又包括犯罪人的犯罪人格。犯罪行为是犯罪人人格的一种外在表象,犯罪人格是犯罪人实施犯罪

① 参见何秉松:《犯罪理论体系研究导论》,载《政法论坛》2004 年第 6 期。

② 参见[法]卡斯东·斯特法尼等:《法国刑法总论精义》,罗结珍译,中国政法大学出版社 1998 年版,第 113、212-213、341-342 页。

③ 参见何秉松:《犯罪理论体系研究论纲》,载《政法论坛》2003 年第 6 期。

行为的内在动因。张文教授倡导的人格刑法学,并非绝对的行为人刑法,而是行为刑法与行为人刑法互相融合的一种人格刑法学。人格刑法学与行为刑法和行为人刑法的根本区分在于:在定罪阶段,是否把犯罪人格作为独立的定罪根据。该体系的特点是将犯罪构成改为犯罪人构成,因而把犯罪要素称为犯罪人成立要素。包括两个方面:一是事实判断要素,是指法定的刑事违法行为类型,包括行为、结果、行为主体身份、故意、过失等内容。二是价值判断要素,是指法定的刑事责任承担条件,包括排除合法辩护事由、认定犯罪人格像过失犯罪等犯罪类型,都并未存在犯罪人格。犯罪人格大多存在于暴力犯罪与性犯罪等自然犯中。因此,犯罪行为与犯罪人格具有可分离性:任何犯罪都必然存在犯罪行为,但并非任何犯罪都存在犯罪人格。有学者对此提出批评,建构犯罪人体系。以犯罪人格作为犯罪人成立的要件,最大的问题还在于司法上的可操作性。行为刑法之所以被人接受,与对行为认定的标准明确可行具有密切关系。因为行为是客观的,可以把握的,因而具有明确性,可以作为罪刑法定的基础。即使是刑事实证学派的代表人物李斯特,虽然竭力主张行为人刑法,提出了"应受处罚的不是行为而是行为人"的著名命题,但在犯罪论体系上,他创立以因果行为论为基础的一元犯罪论体系,仍主张在犯罪论体系中贯彻自然主义与实证主义。相对于客观行为,犯罪人格更为隐蔽,也更难测量。对于这一点,人格刑法学的主张者都是承认的。[①]由此可见,犯罪类型对刑法立场的选择影响甚大。

二、德日刑法的"三阶层说"

在20世纪,大陆法系刑法中的犯罪成立理论经历了从古典学派的犯罪构成论到新古典学派的犯罪成立论,再到目的主义犯罪成立论的历史演进过程。

(一)构成要件概念及其考察

"犯罪构成"一词最早源于意大利文"Constare de delicto"(犯罪的确证),后几经演变成"Corpus delicti"(犯罪事实)。1676年德国刑法学家克莱茵(Klein)将其译成德语"Tatbestand"(犯罪构成),当时只是诉讼上的概念。直到19世纪初,古典学派代表人物费尔巴哈才明确地把犯罪构成作为刑法上的概念使用。[②] 另一种版本是,"犯罪构成"沿袭的是苏联学者著述。特拉伊宁将德语"Tatbestand"翻译成俄文,相当于汉语中的"犯罪构成"之意。[③] 其认为"A. 费尔巴哈给犯罪构成下了如下的定义:'犯罪构成乃是违法的(从法律上看来)行为中所包含的各个行为的或事实的诸要件的总和……'可

---

① 参见陈兴良:《人格刑法学:以犯罪论体系为视角的分析》,载《华东政法大学学报》2009年第6期。

② 参见樊凤林、曹子丹编:《犯罪构成论》,法律出版社1987年版,第370页。

③ 参见马克昌:《比较刑法原理——外国刑法学总论》,武汉大学出版社2002年版,第110页。

见,A. 费尔巴哈在这里十分肯定地列入犯罪构成的只是表明行为的特征”①。总之,“犯罪构成”一词源于德国。

1. 诉讼法上的构成要件

在纠问过程中,首先必须调查是否有犯罪存在(一般纠问),在得到“确证”后,方可对特定的嫌疑者进行纠问(特殊纠问)。意大利刑法学者法利那休斯最初将其作为“指示已被证明的犯罪事实的东西”使用。最早将拉丁语 Corpus delicti 译成德语 Tatbestand 的是克莱因,那时其仍然是诉讼法意义上的概念。意义在于证明客观犯罪事实的存在,强调如果没有严格按照证据法则得来的确证,就不得进行特殊纠问(包括拷问)。直到费尔巴哈才首次将其作为实体刑法上的概念来使用。② 克莱因在 1796 年《普通德意志刑法提要》中以“犯罪的性质和种类”为题对罪体进行论述。其认为犯罪构成有两个内容:(1)因犯罪行为所引起的该当犯罪的结果(Wirkung);(2)引起该犯罪结果的自由行为(Willkurlich)。其中,只有当为说明人的先行行为时,结果才是犯罪类型的基础。其犯罪类型不是一般的犯罪概念,而是从同种类犯罪共通的逻辑条件中抽象出的类概念,它的内容未必仅包括行为外在要素,还应当包括行为内在的要素。③ 由此可见转换过程的极其复杂性。

2. 实体法上的“构成要件”

赋予 Tatbestand 实体法意义的是施求贝尔和费尔巴哈。施求贝尔把构成要件引入刑法,使之成为实体法概念。他认为,“构成要件就是那些应当判处法律所规定的刑罚的一切情况的总和”。但他反对将犯罪结果纳入构成要件之列。④ 费尔巴哈从罪刑法定出发,要求在确认任何行为为犯罪并对之科以刑罚时,都必须依据法律规定来确定。由此,费尔巴哈把刑法原则上犯罪成立的条件称为犯罪构成,指出:犯罪构成乃违法的(从法律上看)行为中所包含的各个行为或事实的诸要件总和,强调只有存在客观构成要件的场合,行为才可被惩罚。⑤ 这与今天对行为的理解不同。他虽然也认为人的主观心理是发动身体外部动作的原因,但不作为行为本身的要素,所以他的犯罪构成并

---

① [苏联]A. H. 特拉伊宁:《犯罪构成的一般学说》,薛秉忠等译,中国人民大学出版社 1958 年版,第 15 页。

② 参见[日]小野清一郎:《犯罪构成要件理论》,王泰译,中国人民公安大学出版社 2004 年版,第 1-2 页。

③ 参见王充:《构成要件的历史考察——从诉讼概念到实体概念的嬗变》,载《当代法学》2004 年第 5 期。

④ 参见[日]小野清一郎:《犯罪构成要件理论》,王泰译,中国人民公安大学出版社 2004 年版,第 4 页。

⑤ 该思想费尔巴哈的 1813 年《巴伐利亚刑法典》中有体现,第 27 条规定:“当违法行为包括依法属于某罪概念的全部要件时,就认为他是犯罪。”参见樊凤林主编:《犯罪构战论》,法律出版社 1987 年版,第 370 页。

不包括故意、过失等主观要素。据此,人们惯于把费氏犯罪构成说视为客观结构论。① 也有学者认为,费氏把“犯罪成立条件的总体”称构成要件。施求贝尔在1805年出版的《论犯罪构成》中提出并论述了犯罪构成问题,根据其观点,犯罪构成是应当判处法律所规定刑罚的一切情况总和。其是从刑罚出发,把构成要件作为判处刑罚的条件来确定的。② 由此看到,犯罪构成或成立的初始状态及其要素组合。

3. 从构成要件到犯罪构成概念的转变

日本学者将Tatbestand翻译成“构成要件”的汉语之意,并非指犯罪构成。③ 实际在德语中具有构成要件与构成事实(构成要件事实)双重含义,故贝林格使用“degrifflicher Tatbestand”来表述构成要件,实质乃犯罪成立的基本要件。④ 日本学者在引进该概念时注意到此情形,只是难以找到更合适的词代替,故翻译成“构成要件”。有学者指出:“我们来观察一下犯罪类型就可以发现,它的多种多样的要素都由一个指导形态(Leitbild)给统一起来了。‘指导形态’这个词,用德语说是Tatbestand,翻译成‘构成要件’还不能认为是十分恰切的译语,可是因为已经被广泛地使用,所以只好按这个译语来了。”⑤

由于多国翻译的问题,在没有完全弄清犯罪构成与构成要件各自真实含义的情况下,存在两者混淆使用的情况。我国理解的犯罪构成,即犯罪成立条件意义上的犯罪构成,来自苏联。特拉伊宁根据主观与客观相统一的观点,将犯罪构成整合为犯罪主观要件与客观要件的统一,是刑事责任的唯一根据。⑥ “在中国刑法理论界介绍德、日刑法学的犯罪论的有关论述(包括译著)中,由于‘犯罪构成’一词存在使用混乱的情形,因而直接影响到我们从比较意义上和从世界各国刑法理论之整体意义上对犯罪构成理论范畴的理解。如有的学者将实际上译成‘构成要件’或‘构成要件事实’更为妥当的Tatbestand一词,有意或无意地译成‘犯罪构成’,他们要么误认德文中Tatbestand

---

① 苏联学者认为,理论是犯罪构成的客观结构论。参见[苏联]A. H. 特拉伊宁:《犯罪构成的一般学说》,薛秉忠等译,中国人民大学出版社1958年版,第15页。有学者认为,这种概括不确切,起码是不全面的。费氏并不绝对排斥主观因素,只是主张属于犯罪构成的那些因素取决于法律的明文规定。故其学说与其说是客观结构论,毋宁说是决定结构论。姜伟:《犯罪构成比较研究》,载《法学研究》1989年第3期。

② 参见陈兴良:《犯罪构成的体系性思考》,载《法制与社会发展》2000年第3期。

③ 参见[日]小野清一郎:《犯罪构成要件理论》,王泰译,中国人民公安大学出版社2004年版,第3-4页。

④ 在德国和日本,多数学者认为犯罪成立需要具备三个要件:构成要件该当性、违法性和有责性。显然,构成要件指使犯罪成立的要件之一,不能等同于犯罪成立。

⑤ [日]泷川幸辰:《犯罪论序说》,王泰译,法律出版社2005年版,第4-5页。

⑥ 参见[苏联]A. H. 特拉伊宁:《犯罪构成的一般学说》,薛秉忠等译,中国人民大学出版社1958年版,第48页。

即是‘犯罪构成’之意……”[①]有学者一针见血地指出,“我国学者在介绍德日的犯罪论体系时,将日语的‘构成要件’四个汉字照搬过来。按照汉语的含义,构成要件是指构成犯罪的必要条件,因此,成立犯罪所必须的因素都应包括在构成要件概念中。但事实上并非如此。由于构成要件是犯罪类型、犯罪类型的轮廓或犯罪类型的指导形象,因此,‘只有某犯罪中所固有的、类型的可罚的要素,才是构成要件要素’。那些表明行为类型的特征才归入 Tatbestand。另一方面,根据通说,犯罪的成立,除了构成要件该当性之外,还需要违法性与有责性。因此,将德日的构成要件与我国的犯罪构成相等同,以我国的犯罪构成具有主客观统一性、德日的构成要件仅具有客观性为由,批判进而排斥德日的构成要件理论的做法,并不可取”[②]。该分析无疑是正确的。如此重要的理论,从他国刑法理论中原封不动地照搬过来,并赋予其确切含义的确是不易的。

在德日刑法理论中,承认并使用构成要件该当性作为犯罪成立要件之一,并不等于所有大陆法系国家都承认并使用构成要件该当性作为犯罪成立要件之一。如在法国和意大利刑法理论中,犯罪成立之基础(客观)要件分别是典型事实和事实要件,而不是构成要件该当性。“在所有著名的刑法典中,事实上只有《德国刑法典》含有关于犯罪构成概念的规范。1992 年《法国刑法典》、1995 年《西班牙刑法典》、1975 年《奥地利刑法典》、1937 年《瑞士联邦刑法典》都没有使用‘犯罪构成’这个术语”[③]。故“构成要件该当性”是以德日为代表的大陆法系部分国家使用的概念,称大陆法系犯罪论体系并不准确。

总之,以德日为代表的国家使用“Tatbestand”意指“构成要件”,并非“犯罪构成”。以法意为代表的国家则根本没有引进“Tatbestand”一词,也没有所谓“构成要件”之说,他们对应使用的是事实要件或者典型事实。“犯罪构成”一词的广泛使用,是在苏联刑法学界,继而传入我国。至于英美法系国家,因为不成文法之特征,自然无“构成要件”的专业术语。我国学者将“the material elements of a crime”“the premises of a crime”“constitution of a crime”“ingredients of a crime”等译为犯罪构成或者犯罪构成要件,只是为了切合我国的学术用语,实际应译为“犯罪成立”或“犯罪成立要件”。

(二)贝林格古典犯罪论体系

19 世纪初,施求贝尔和费尔巴哈对构成要件进行革命性改造后,构成要件才成为刑事实体法意义的概念,但整个 19 世纪构成要件的理论发展非常缓慢。直到 20 世纪,贝林格(EmsteBling)在 1906 年出版的《犯罪论》中才系统完整地提出了构成要件理论。

---

① 肖中华:《犯罪构成及其关系论》,中国人民大学出版社 2000 年版,第 2 页。

② 张明楷:《犯罪构成理论的课题》,载《环球法律评论》2003 年第 3 期。

③ [俄]Н. Ф. 库兹涅佐娃、[俄]И. М. 佳日科娃主编:《俄罗斯刑法教程(总论)》(上卷·犯罪论),黄道秀译,中国法制出版社 2002 年版,第 172 页。

古典犯罪论体系的哲学根基是实证主义,实证主义是建立在近代自然科学巨大成就基础上的西方重要哲学思潮,19 世纪 30 年代最早出现在法国,代表人物孔德、穆勒、斯宾塞等。在他们看来,科学唯一的目的是发现自然规律或存在于事实中间的恒常关系,这只有靠观察和经验才能做到。这样取得的知识是实证的知识,只有为实证科学所证实的知识才能成功地运用到人类实践的各个领域。作为形而上学的反动,实证主义从 19 世纪下半叶渗透到包括法学在内的社会科学各个分支,催成了法律实证主义的诞生。其反对形而上学的思辨方式和追求终极原理的做法,试图将价值考虑排除在法学研究范围之外,从而为德国犯罪论体系的形成提供了方法论支撑。正是在此指引下,贝林格、李斯特等人澄清了各犯罪要素间的逻辑联系,建立了以构成要件该当性、违法性与有责性为核心范畴的古典犯罪论体系。①

如今被称为古典的犯罪阶层体系,是刑法理论史上第一个成形的犯罪阶层体系。这个体系又称为贝林格—李斯特体系,因为完整的体系结构固然是贝林格于 1906 年发表的《犯罪论》,但李斯特于 1881 年第一版教科书中已区分违法性和罪责,被视为最早区分刑法体系阶层之作,故后世将贝林格与李斯特合称犯罪阶层体系的创始者。贝林格是根据犯罪构成理论建立犯罪论体系的第一人,其理论基础是宾丁的规范论。如宾丁所言,以前无论是在刑法理论中还是在人们的习惯性称呼中,都是将犯罪表述为触犯刑法规定,这一理解无疑不符合逻辑。在刑法分则的规定中,只有某行为之特征与该条规定完全吻合,才能按照该条规定定罪处罚。因此,正确的理解是,行为符合刑法分则各本条规定的犯罪成立行为要件及要素,才具备成立犯罪的基础。② 宾丁认为规范是法规的前提,应与法规之本身相区别,以刑法而论,犯罪并非法规之违反,而是对法规上所示构成要件予以充足之行为。在法规之后蕴藏着一定的规范,才是犯罪人所违反的对象。如刑法规定"杀人者处死刑"是法规;而该项法规包含着"勿杀"的含义也是规范,两者应予区别。贝林格根据宾丁的这一观念,认为通常所谓犯罪乃违法(违反规范)的行为,其意义尚不明确。事实上,这种违反规范的行为还必须符合刑法的内容规定,才能构成犯罪。关于这种刑法的内容规定,贝林格以 Tatbesatnd 一语称之,就文义而言,本为"行为情况"之义,用以表示刑法分则上所规定的抽象犯罪行为事实,亦即所谓犯罪类型。但应注意,贝林格关于犯罪构成要件的理论前后存在一个变化的过程。在早期,贝林格认为构成要件系客观的概念,因为贝林格是脱离违法性和责任来理解构成要件观念的,所以认为成为构成要件内容的要素不像违法性的要素那样包含着评价规范性要素,也不像责任的要素那样包含着主观的要素,构成要件乃刑法所预

---

① 参见杨志国:《德国犯罪论体系演变的现代西方哲学思潮背景》,载《政治与法律》2010 年第 7 期。

② 参见彭文华:《犯罪构成范畴论》,中国人民公安大学出版社 2009 年版,第 58 页。

定的犯罪行为客观轮廓,在价值上是中性无色的。贝林格将构成要件与犯罪类型相等同,然而由于犯罪类型的概念不止于客观上的行为状况,也应包括主观上的违法要素,理论上不免自相矛盾。贝林格在晚年对其学说修正时,将犯罪类型与构成要件加以区别。如刑法上盗窃罪是犯罪类型,含有主观及客观的诸种要素。而此要素必经“窃取他人之物”之指导形象,加以整理综合后始有盗窃犯罪类型可言。按贝林格的理解,构成要件乃在逻辑上前置于各种犯罪类型之指导形象。①

古典的犯罪阶层体系确立犯罪成立有三个要件:构成要件的合致性、违法性和罪责,其中构成要件指刑法分则所具体描述的各种犯罪类型要件,被认为是对每一个具体犯罪事实的抽象描述,是客观的要件而不具有评价色彩。当具体犯罪事实具备各个犯罪构成要件类型所描述的要素时,该犯罪行为即具备构成要件的合致性,这种构成要件的合致(该当)判断,也是中性而无价值色彩的判断,亦即此时只能认为有符合某种犯罪类型的事实存在,但并非表示该事实已经构成犯罪,或已具有不法色彩,必须进行第二阶段违法性的判断,方能确定行为是否具有违法性。第二阶段的违法性判断,并不是根据具体的违法性要素作积极判断,而是消极地判断是否有排除行为违法性的情形存在。一个行为事实如果具备构成要件的合致性和违法性,则进入第三个阶段罪责的判断。在罪责(有责任)阶段检验的是行为人的主观犯罪成立条件,包括行为人的故意、过失和责任能力,故意和过失是罪责形态,责任能力是罪责条件,包括以实质的精神状态为判定标准的责任能力标准和以年龄为判定标准的责任能力标准。经过构成要件阶层和违法性阶层的检验,行为是否具备违法性即告确定,而这两个阶层只检验行为的客观面,行为的主观面即行为人心理事实完全属于罪责阶层检验的对象。因此,在古典犯罪三阶层体系,行为的主观面和客观面被断然切割,且认定不法属于客观面,罪责属于主观面,这是受到自然科学实证主义影响把犯罪行为当作一个自然界的存在客体,而对它作机械式的分析所致。② 可见,这与当时的认知有关,是一个逐渐认识的过程。

(三)新古典主义犯罪论体系

新古典派的犯罪论体系以德国刑法学家迈耶1915年《德国刑法总论》中提出主观违法要素理论为象征,也以迈耶为代表人物,此后在大陆法系影响较大。而迈耶的体系深受当时德国新康德主义西南学派哲学影响,新康德主义19世纪70年代后在德国广泛流行,它包含了许多在理论上各有特色的支派,共同之处是企图通过复活和重新解释康德的有关理论来建立自己的理论体系。严格说新康德主义不是一个单纯的哲

① 参见陈兴良:《犯罪构成的体系性思考》,载《法制与社会发展》2000年第3期。
② 参见许玉秀:《当代刑法思潮》,中国民主法制出版社2005年版,第65-66页。

学流派,而是当时在德国出现的复活和重新解释康德哲学的思潮。包括两个派别:(1)以施塔姆勒和纯粹法学派创始人凯尔森为代表。凯尔森的学说也以新康德主义作为哲学基础,承袭了新康德主义哲学马堡学派的观点,坚持实然与应然相互区分的二元论,注重形式的方法论,认为法律只是形式的规范体系,作为科学的法学仅限于从形式上分析实在法规范,因为也被列入新康德主义法学派。(2)以拉德布鲁赫和拉斯克为代表。其接受新康德主义哲学弗莱堡学派的观点,强调价值和评价在法学研究中的地位和作用,认为法律是一种文化现象而非形式规范体系。①

德国法学家拉德布鲁赫正是从新康德主义的价值哲学出发,认为在法律的实然和应然之间存在严格界限,否认能从现实的观察和感觉中得出任何关于所谓"正当"的判断。可以说,古典犯罪论与新古典犯罪论的根本区别在于实证法学与价值法学的分野。前者的哲学基础是实证主义,后者的哲学基础以区分价值与事实为前提。试图在价值的基础上建立独具特色的人文科学和社会科学,以区别于实证主义的因果的、机械的思考方法,通过进行价值评判而回归人文科学、社会科学的本来面目,通过规范评价进行刑法学方法论的创新。②

深受弗莱堡学派思想熏陶的迈耶,所建构的新古典犯罪论体系亦受此影响。犯罪阶层体系既然是对犯罪事实的认知体系,自然是价值体系,构成要件对于构成犯罪事实也自然是概念的形成过程或事实转换的过程,概念形成体系既然是评价体系,构成要件要素不可能是客观而中性的,规范的构成要件概念在方法论上就是这样被发现的。显然,站在古典派立场对贝林格的观点进行修正的正是迈耶。他在《德国刑法总论》中虽然沿袭了贝林格的犯罪论体系,但对贝林格的构成要件概念作了修正,主要体现在阐述了构成要件与违法性的关系。迈耶认为,在构成要件中存在规范性因素,如盗窃罪中"他人之物"的"他人性",伪证罪中证言的"不真实性"等,均与价值中立的构成要件要素有别,属于评价因素。此情况下迈耶把构成要件要素分为两种:一是通常的构成要件要素(纯客观的要素);二是含有评价因素的不纯正构成要件要素。他虽然把评价性规范要素称为"违法性的纯正要素",但基于刑法条文已将他们作为"行为情况"考虑在内,故只能在构成要件概念领域才能把他们表达出来,因而又将之与违法性区别开来。迈耶对于构成要件中规范性因素的见解,形成了对贝林格构成学体系中性无色理论的冲击,为此后新古典派的犯罪构成论的阐述奠定了基础。③ 迈耶一方面笼统地承认法律上的构成要件中有规范性要素和主观性要素,另一方面实际上又提出一些不属于构成要件而应属于违法性的东西来,仍然维持了构成要件只具有无价值的记

① 参见刘建伟:《新康德主义法学》,法律出版社 2007 年版,第 5-6 页。

② 参见杨志国:《德国犯罪论体系演变的现代西方哲学思潮背景》,载《政治与法律》2010 年第 7 期。

③ 参见陈兴良:《犯罪构成的体系性思考》,载《法制与社会发展》2000 年第 3 期。

叙性和客观性的观点。[①] 可见,迈耶当时的思维也是矛盾的。

新古典派另一代表人物是德国著名刑法学家麦兹格(Edmudn Megzer)。其在1926年发表的《刑法构成要件的意义》一文中首次将“不法”引入构成要件,并不同意贝林格关于构成要件体系中性无色之说,认为构成要件是可罚的违法行为,而由刑法加以类型性描述,凡行为与构成要件相符合的,除因例外情形或有阻碍违法原因者外,即系具有违法性。因为刑事立法对于构成要件该当之行为规定刑罚效果,就是为了明确宣示该行为之违法。麦兹格认为,在客观方面犯罪乃“构成要件的违法”,亦即“构成要件的违法行为”,而不是“该当于构成要件”并且“违法”的行为。麦兹格认为构成要件该当性并非独立的犯罪成立要件,而只是限制修饰各种成立要件的概念,行为、违法、责任三者构成其犯罪论的核心。除主张客观违法性论以外,麦兹格还倡导主观违法要素之说,他认为可罚的违法虽系客观之状态而由刑法上之构成要件加以明白宣示,然而人类之外部行为无一不起源于内在的精神活动。因此,在法律上确定何者为违法,有时如不兼从行为及行为之内在根源——主观因素并加以判断,当无从明其真谛。这种主观因素为刑法上违法评价所不可或缺者即称为“主观的违法要素”,因此,麦兹格的构成要件中已经(虽然例外地)包含了主观违法要素。[②] 主观性构成要素,通常是被构成要件类型化的,被称为主观性违法要素的东西。如目的犯中的目的,倾向犯中行为人的主观性倾向,表现犯中引导表现行为人的内心状态等主观性要素。[③] 换言之,虽然在构成要件中发现了主观违法要素,但思考模式基本上仍停留于客观(外在)不法和主观(内在)罪责的框架之内,即行为的客观要素属于不法,主观要素则属于罪责。

除行为概念依旧采因果行为概念外,新古典犯罪阶层体系对古典三个犯罪阶层都有修正。(1)构成要件的合致性。古典犯罪阶层体系认为构成要件都是客观而中性的概念,在该体系理论提出不久即受到修正。迈耶提出主观违法要素和规范的构成要件要素的看法,这种主观不法要素是构成犯罪类型的要素,不能不认为属于构成要件,而他们都有评价色彩,都具有彰显行为不法特质的作用。由于在构成要件中找到了主观不法要素,推翻了构成要件要素都是客观而无评价色彩的看法,而如盗窃罪中的他人动产,诽谤罪中有害他人名誉的不实事实,这些要素肯定了有规范的构成要件要素存在。(2)违法性。虽然在构成要件中发现主观违法要素,但基本还停留在客观不法和主观罪责的思考模式,违法性判断阶层在这个时期的变化只是除检验有无法定阻却违法事由外,还承认有超法规阻却违法事由的存在,这个变化则是受实质违法性理论的

① 转引自[日]小野清一郎:《犯罪构成要件理论》,王泰译,中国人民公安大学出版社2004年版,第23页。

② 参见陈兴良:《犯罪构成的体系性思考》,载《法制与社会发展》2000年第3期。

③ 参见[日]大塚仁:《犯罪的基本问题》,冯军译,中国政法大学出版社1993年版,第52页。

影响。在罪刑法定思想下,刑事不法必定以法律规定为依归,必定是违反法律明文禁止的行为,方才具有违法性,这种违法观被称为形式的违法理论。依据实质的违法观,则违法行为是具有社会侵害性的行为,即侵害法益行为。区分形式和实质违法概念始于李斯特,在罪刑法定原则下不可能依据实质违法性观察决定法律所未规定的不法行为,但在违法性阶层的判断是负面的判断系否定不法的判断,不会违背罪刑法定原则,因此实质违法性理论对犯罪阶层体系的影响便首先发生在违法性阶层,如果无法满足法定阻却违法事由所要求的法定要件,但具备形成法定阻却违法事由的实质理由,构成要件行为仍有阻却违法的机会。依实质违法理论所发展出来的超法规阻却违法事由,包括社会相当性、被容许的风险、义务冲突、法益冲突(法益衡量)和被害人的承诺等。[①] (3)罪责。在罪责部分,对故意和过失的定位依旧未变,责任能力仍然是罪责的条件,但是因为规范罪责理论的提出,增加了实质的罪责条件。在古典时期,罪责成立会反映社会生活所必要的社会观瑕疵,这种瑕疵是在行为当中可以辨识出来的。换言之,行为表现出行为人有瑕疵的社会观,就是赋予罪责的基础,这叫作行为人的可归责性,也就是故意和过失。而必定是有责任能力人有瑕疵的社会观方能构成罪责,因为有责任能力人(归责能力)是能分辨是非善恶的人,才能担保自己的社会行为。也就是说,构成罪责的两个条件当中,责任能力是故意和过失的前提要件。为什么有责任能力的故意或过失违法行为即具有可责难性,特希密特(Goldschmidt)从法规范的性质寻求解答,他认为每个决定外在行为的法规范都包含一个要求内在行为的义务规范,犯罪行为之所以有可责难性,即是因为违反这个义务规范,至于有的违反义务规范行为可例外地阻却罪责,则是因为欠缺期待行为人为合法行为的可能性,因而可阻却罪责。随后到了20世纪20年代,弗洛登塔尔(Freudenthal)即将无期待可能性解释为超法规的阻却罪责事由。[②]

(四)新古典目的论综合体系

学说上亦称为目的论的犯罪阶层体系,但目的行为论只是对新古典体系的构造做了局部改造,因此罗克辛将该体系命名为新古典综合学派。新古典犯罪论体系与目的论体系结合而成的新古典综合学派,承续了新康德的价值思考,是目前德国的通说。

当然,这并不否认在构成要件符合性、违法性、有责任性具体内容及三者间的评价关联上,不同的学者有着不同的观点。

麦兹格从贝林格纯客观的构成要件论转向主观违法要素的构成要件论。但他仍将主观违法要素限于目的犯等个别情况,而对于一般犯罪之违法仍认为可以离开主观

---

① 参见许玉秀:《当代刑法思潮》,中国民主法制出版社2005年版,第68-69页。

② 参见许玉秀:《当代刑法思潮》,中国民主法制出版社2005年版,第68-69页。

的犯罪心理而单就客观行为予以评价。许多德国刑法学者不满足于麦兹格的保守态度,而主张扩大主观的违法要素概念,认为一切犯罪构成要件中均有其主观的因素,在此情况下目的主义的犯罪构成论应运而生。目的主义的犯罪构成论以韦尔策尔为首创者。他认为,人的行为是对目的活动的执行。因此,行为是"目的性的",而不是纯粹"因果性的"事件。行为之所以具备"目的性"或者有目的性,其根据在于人能够按照他对因果关系的认识,在一定范围内预测其活动可能造成的结果,在此基础上设定不同的目标,并且有计划地引导其活动朝着实现该目标的方向发展。目的性的活动是被人有意识地引向目标的一种作用,而纯粹的因果事件则不受目标的操控,它是由各种现存之原因要素偶然引起的结果。因此,目的性——形象地说——是"注视着的",而因果性则是"盲目的"。[①] 在日本,目的行为论的支持者有平场安治、福田平等。与古典、新古典体系对行为的理解均有所不同,韦尔策尔认为人的行为是有意向(目的)的。人类行为的本质在于,人会因思想上的预期与适当手段的选择对因果流程朝特定目的加以操控,行为不是盲目引起外界变动的因果历程,意欲也是存在于目的性当中的,此即目的行为论。韦尔策尔提出,原因是因果过程的构成要素,结果的实现则是主体自己的行为,能成为刑法评价对象的存在客体不是因果关系,而是建立在目的性上存在于主体和结果之间的目的性联系。因此主观构成要件和客观构成要件是不可能完全拆开的,客观构成要件决定于主观的运作规律或至少与主观的运作律有关。而"目的性的决定"(intentionale Determination)则是罪责真正的责难对象。目的犯罪论的出现,意味着构成要件更加主观化,构成要件的评价,不仅仅止于行为的客观面。故意即目的,目的即故意。所以,故意应该属于构成要件的范畴,是主观构成要件的核心。故意属于构成要件,可以说是目的体系革命性的看法。在新康德哲学思想支配下,存在主义的目的行为论由于无法与价值决定的刑法体系相容,也无法解释过失行为与不作为从而为新古典的社会行为论所替代,但目的行为论关于故意属于主观构成要件的看法则被保留,因为忽略构成要件故意,就无法充分把握构成要件行为的社会意义。[②]

行为是韦尔策尔三阶层体系中的第一阶,在其看来,并非仅是行为人导致法益侵害结果就构成不法,而是只有当此行为是特定行为人所为时它才是违法的。亦即,他基于何种目的设定、出于何种态度、负有何种义务来实施了客观行为,除可能的法益侵害外,这些也决定行为的不法。违法性总是对特定行为人的行为非难,而不法则是基于行为人的行为不法。在新古典体系里,主观不法要素只是作为例外进入不法领域,到目的论体系后,故意的一部分也进入了不法。根据构成要件之前的目的行为意义和

---

① 参见[德]汉斯·韦尔策尔:《目的行为论导论:刑法理论的新图景》(增补版),陈璇译,中国人民大学出版社2015年版,第1页。

② 参见许发民:《哲学立场与德国犯罪论体系的建构》,载《甘肃社会科学》2011年第3期。

目的导向,故意作为构成要件实现的知(认识)和欲(意志)而存在,而从责任中脱离出来,责任中就剩下了不法性意识的可能性。这样,在故意犯中,原来只处于责任阶段的故意,就分裂为主观构成要件和不法性意识的可能性两部分横跨于两个阶层,此种构造至今仍为刑法学界所承认。过失犯构成要件是需进行填充的开放构成要件,过失即代表行为人违反所必须的注意义务,法官必须确认这种义务以及行为人是否违反了它,判断标准是其造成的危险是否违反交往规则或社会相当性标准,这里起作用的是"信赖原则"。[①] 就目前而言,过失只有造成损失才被追责。

(五)德日刑法的"三阶层"犯罪论体系

在大陆法系国家尤其是德国的犯罪论体系建设中,李斯特、贝林格、迈耶、麦兹格、韦尔策尔等人都做出过巨大贡献,最终基本形成了"构成要件的该当性—违法性—责任"的犯罪论体系,但他们之间并非没有争论。20 世纪 20 年代,日本学者纷纷学习和移植德国的犯罪论体系,并进行了潜心研究。如日本刑法学者小野清一郎就是继承和发展了贝林格和迈耶的犯罪论体系,进而对日本的犯罪论体系的研究做出了杰出贡献。如今日本学者普遍赞成的也是:"构成要件的该当性—违法性—有责性"的犯罪论体系。

以德日为代表的犯罪成立理论体系,由构成要件该当性、违法性和有责性构成,是大陆法系理论中犯罪构成的通说。由于这三个要件之间具有递进式的逻辑结构(如图 20-1 所示),因而有学者称之为递进式的犯罪构成体系。[②]

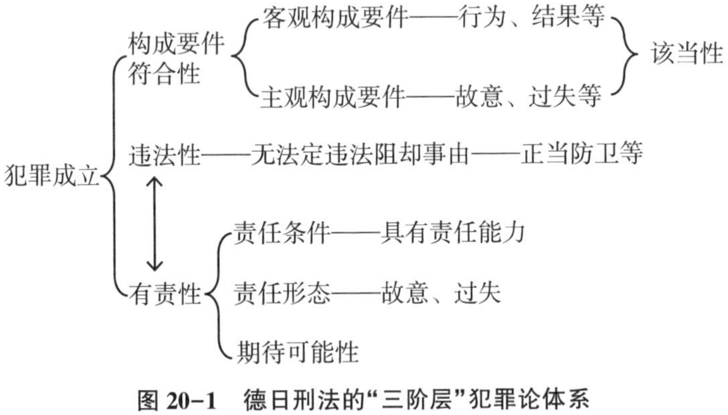

图 20-1 德日刑法的"三阶层"犯罪论体系

1. 构成要件该当性。其是指行为符合刑法分则所规定的某个具体特征。包括:(1)构成要件的行为。一是行为,即在人的意识支配下的人类活动。二是行为的主体,

① 参见蔡桂生:《韦尔策尔犯罪阶层体系研究》,载《环球法律评论》2010 年第 1 期。

② 参见陈兴良:《本体刑法学》,商务印书馆 2001 年版,第 198-199 页。

也称客观的行为者要素。三是行为的客体,即行为直接指向或侵害的东西,即具体的人和物。四是行为情况,即行为发生时的时空条件。在客观要素中并不包括刑事法规保护的客体,即刑法法益。但法益在解释构成要件上,却有着极其重要的作用。① (2)因果关系,指行为与结果之间是否存在刑法上的因果问题,也即该当性的问题。(3)构成要件的故意,指在认识符合构成要件的外在客观事实之后并企图实现的意思。一般认为,构成要件的故意不包括违法性意识,因而与作为责任要素的故意在内容上存在差别。(4)构成要件的过失,指不认识也不容忍构成要件的结果,由于不注意,即由于违反注意义务引起结果的发生。在德日,法定构成要件中规定着类型化的责任要素已是不可否认的事实,如在过失性犯罪中过失就是法定的构成要件内容。②

2. 违法性。其是指具有违反刑法的行为性质。关于违法性要素的问题,德日存在从只承认客观违法要素到同时承认主观要素的转变过程。具体包括两方面内容,即客观违法要素和主观违法要素,后者是确定违法性的重要根据。行为具备构成要件该当性还不属于犯罪,还须考察行为是否具有违法性。构成要件是违法行为的类型,如果行为符合构成要件,一般可推定该行为属于违法。但如果行为具有刑法上所规定或者法秩序所认可的违法性阻却事由,则该行为就不属于犯罪。这种违法性阻却事由包括正当防卫、紧急避险等法定的违法性阻却事由和自救行为、义务冲突等超法规的违法性阻却事由。③ 然而,对正当防卫、紧急避险究竟作合法与违法的性质判断,还是作违法程度上的判断?传统刑法理论包括德日刑法理论并没有很好地回答,导致迄今仍无法解释“防卫过当”究竟是合法还是违法程度的“两难选择”,甚至无法找到追究“防卫过当”刑事责任的理论根据。

3. 有责性。其是指能对行为人的犯罪行为进行谴责。某一行为构成犯罪,除行为该当构成要件并属于违法之外,行为人亦必须负有责任。其要素包括:(1)责任能力,即成为谴责可能性前提的资格。凡具有认识能力和控制能力的人,就认为具有责任能力。(2)故意责任,是指在认识构成要件事实的基础上,具有违法性意识以及产生这种意识的可能性。(3)过失责任,是指违反主观注意义务而具有谴责可能性。(4)期待可能性,是指在行为当时的具体情况下,期待行为人做出合法行为的可能性。责任能力与责任故意或过失一般没有什么争议,但期待可能性目前尚有争议。关于它的体系性地位有三种观点:(1)认为它是与责任能力、故意、过失并列的第三责任要素;(2)认为应当把期待可能性包含在故意、过失中来理解;(3)把合法行为的期待不可能性看成是

---

① 参见[日]大塚仁:《犯罪论的基本问题》,冯军译,中国政法大学出版社 1993 年版,第 47-49 页。

② 参见李浩:《三大法系犯罪构成体系性特征比较研究》,载陈兴良主编:《刑事法评论》(第 2 卷),中国政法大学出版社 1998 年版。

③ 参见陈兴良:《犯罪构成的体系性思考》,载《法制与社会发展》2000 年第 3 期。

责任阻却事由。[①] 尽管期待可能性在责任中的地位存在不同见解,但期待可能性作为责任要件是大陆法系刑法理论的共识。然而,在没有在刑法中规定期待可能性的国家,与其有关的行为成立犯罪是毫无疑义的,如此或许只能放入有罪宣告中。

自古典犯罪论体系构建以来,德国的犯罪论体系几经更迭,当今主导德国刑法界的也是世界上最具影响力的犯罪论体系,即罗克辛构建的目的理性三阶层犯罪论体系。罗克辛指出,在现在德国刑法学理中占据主导地位的见解,不再是以存在事实(如因果关系或目的性)为导向的体系,而是以刑法的任务和目标作为指导的体系。因此,他在违法阶段增添了客观归责理论,在有责阶段引入了以预防为目的的处罚必要性理论。然而,一方面,该犯罪论体系过度消费了价值主义,其基于刑事政策上的预防目的创建的犯罪论体系过多地关注预防而非报应、行为人的危险人格而非行为本身对法益侵害的危险性,尤其是"可责性判断也就只能源自预防的处罚必要性。因此,在一个以预防为目的的刑法体系中,罪责概念已经失去了其绝对的意义"。这种体系,"使得犯罪论体系失去了限制国家处罚权及保障人权的意义",因而不宜提倡。另一方面,自罗克辛在犯罪论体系中增添客观归责理论后,三阶层犯罪论体系在德国逐渐没落,客观归责已经取代后者成为德国主流的类似于犯罪成立的一般理论。无论是目的理性体系还是客观归责理论,它们都过分注重体系的价值承载,忽视形式规则的规制意识,将非难可能性建立在是否可以有效预防犯罪这一主观色彩浓烈的因素之上,从而不利于建立和发展作为人权保障体系的犯罪论体系。而要对该犯罪论体系进行纠偏,就应当采用规范论的研究范式进行重新思考。[②] 可见,客观归责理论虽然新颖,但也存在缺陷。

三、英美刑法的"双阶层说"

英美法系的刑法制度,最初不像大陆法系那样颁布单一的刑法典,它是根据英国古代普通法建立的各项规则构成的集合体。在漫长的历史发展中,这些规则通过法官们的权威性判决不断地修改和延续,英美法系的犯罪论体系是双层次构成模式。犯罪成立除应具备本体要件(行为和心态)外,还须具备责任充足要件(排除合法辩护事由)。也有学者认为,英美法系的犯罪构成要件分为实体性要件与程序性要件。实体性犯罪构成要件是指犯罪行为和犯意,程序性犯罪构成要件就是指合法辩护。[③] 还有学者认为,英美法系的犯罪构成要件分为表面成立要件与实质成立要件。前者是指犯

① 参见张寿利:《犯罪构成理论体系与法规竞合》,载《中国刑事法杂志》2000 年第 3 期。
② 参见刘艳红:《我国犯罪论体系之变革及刑法学研究范式之转型》,载《法商研究》2014 年第 5 期。
③ 参见陈兴良主编:《犯罪论体系研究》,清华大学出版社 2005 年版,第 96-143 页。

罪行为与心态,后者是指无罪辩护事由不存在。[1] 英国的律师将犯罪成立要件分成:外部要素(actus reus,可诉行为)和内心要素(mens reus,故意)。英国通说认为:罪恶思想本身无罪,他必须通过行为来表现自己才引发责任。不管一个人思想有多邪恶,除非他付诸行动,否则不成罪。美国学者认为,除某些例外情况,刑法只处罚故意犯罪行为不处罚内心犯罪或者思想犯罪,犯罪行为即犯罪中的故意行为要件。理由是:首先,去定义一个人在想什么,他是否要按照其想法去实施犯罪是非常困难的。其次,如果有思想罪的话,那么大多数人都会被刑法认定为有罪,因为人们会幻想犯罪。所以,在美国刑法中通常是以人的行为而非思想来定罪的。综上,英美法系和我国刑法上的定罪标准大体相同,即都将行为人的行为作为犯罪构成的要素之一,作为定罪量刑的基础。[2]

(一)英国犯罪论体系的演进

1. 以行为结果定罪时期

英国首先经历了以行为结果定罪的严格责任时期,后来才对刑事责任中的心理要素承认。整个欧洲的古代时期,凡给他人造成重大损害的行为都要受到神的严厉惩罚,这是为了安抚受到亵渎的神灵。但与这种见解相联系并最终保留下来的观念是:一个人当其所实施的行为造成了明显的损害结果时,他就应当对之承担责任。按照由自然观念和迷信思想构成的原始因果观,这种责任甚至可以加于动物乃至无生物,因为这种因果观把精神上的品格赋予人们用来造成他人死亡的无生命的东西。英国法上所说的“赎罪奉献物”(deodand),就是这种陈腐观念的遗风。该奉献物是指任何对死亡起作用的无生命的器械。在盎格鲁—撒克逊时代,它被叫作“杀人者”(brana),要把它交给被害者的家属以便他们对之实行报复。

在许多实例中,教会都是采取这种古老的迷信做法,并通过赎罪奉献物应当“交给上帝”以用于虔诚的用途这一附加规则,把它纳入新的宗教教义之中。因而,赎罪奉献物呈现出一种附加的补偿性质,并且由于在许多案件中,凶器都是对杀害事件承担责任者的财产组成部分,上述规则也就逐渐与重罪犯的一切财物都应当被没收的规则相联系。普通法萌芽于古代。当时人们还不知道商业活动的复杂性,需要刑事制裁的犯罪不多,除叛逆罪和宗教上的犯罪外,只有确实侵犯生命、自由或有形财产的几种犯罪类型。刑事责任的规则也简单,如在盎格鲁—撒克逊时代,法律把一切杀人案件(极凶残的或无罪的)都作为用支付赔偿金(Wer)来赎罪的案件来处理。直至1118年,《亨利世法典》(Leges Henrici primi)的汇编者仍收集韦塞斯王国的规则:任何杀人者,无论

---

① 参见赖早兴:《英美法系国家犯罪构成要件之辨正及其启示》,载《法商研究》2007年第4期。

② 参见李韧夫等:《中英美刑法基本问题比较研究》,法律出版社2011年版,第13页。

是故意还是偶然事件,都必须向死者的家属支付赎罪金。于是逐渐确立了大致相同的规则:如果杀人行为被当即查明是某人所为,他就要承担支付法律规定的赔偿费的责任。这就是所谓“绝对的”或“严格的”责任。①

2. 对心理要素承认时期

盎格鲁—撒克逊时期是严格责任,只要有损害就要追究责任,并不考虑行为人的主观因素。然而,法院并不拥有调查人的心理活动设备,且对于精确地估价人之心理活动可能没有把握。直至1477年,首席法官布赖恩用大量言论阐述了这个困难。他指出,“众所周知,人的意图是不能调查清楚的,即使撒旦也不知道人的意图”②。实际上,法官们似乎一直在不约而同地假定:在几乎所有案件中,被告对实施他已经实施的行为都有故意,或者至少预见到他的行为会带来的损害。教会的看法却不同,对于教士们来说人的心理活动是最重要的,因为他们的目标就是根除罪孽和邪恶,而要苦行和赎回的,是已经引起损害行为的罪恶的意图或动机。且他们也要求和确立了处理已委任圣职而被指控犯了严重罪行的人,意在帮助他们。罗马法的原则通过犯意(dolus malus)、重大过失(culpa lata)、轻微过失(culpa levis)、原因(casus)等术语表现了他们对心理态度上的差异的精确鉴别。③ 自从罗马法学家对 dolus(故意)和 culpa(错误,过失)两个概念的使用作了区分以来,西方传统中的法学家就依赖这对概念来分析刑事和民事责任。西方的全部法律文化都承认,故意和过失实施违法行为有所不同,但人们对它们承担责任形式的外部界限和内部含义却有着很大的不同看法。④ 故在犯罪上注意力被更坚定地引向了心理因素,道德上的看法逐渐被定型为法律上的规则。这个进程得到现代的把民事过错、民事侵权以及前述诸种犯罪明显地区别开来的法律的扶助,只在不至于引起争议结果的方面保留了古代严格责任的规则,因为没收仅仅意味着对已经造成的损害的金钱补偿。⑤ 由此可见,在英国追求心理要件是一个漫长缓慢的过程。

被诺曼人征服后,盎格鲁—撒克逊时期的绝对责任原则仍在很长时间内产生影响。直至13世纪,一个人因意外事件导致他人死亡或出于自卫而致侵害人死亡仍然要承担罪责,当然可以减轻处罚。同样的原则也适用于疯癫者与儿童,个体对在自己控制下的动物造成伤害的也要承担责任,奉献物制度仍然适用等。虽然有这些旧的刑

---

① 参见[英]J.W.塞西尔·特纳:《肯尼刑法原理》,王国庆等译,华夏出版社1989年版,第7-8页。

② [英]J.W.塞西尔·特纳:《肯尼刑法原理》,王国庆等译,华夏出版社1989年版,第12页。

③ 参见[英]J.W.塞西尔·特纳:《肯尼刑法原理》,王国庆等译,华夏出版社1989年版,第12页。

④ 参见[美]乔治·P.弗莱彻:《刑法的基本概念》,蔡爱惠、陈巧燕、江溯译,中国政法大学出版社2004年版,第143页。

⑤ 参见[英]J.W.塞西尔·特纳:《肯尼刑法原理》,王国庆等译,华夏出版社1989年版,第13页。

事责任遗迹的存在,对主观道德过失的强调也同时慢慢发展起来。爱德华一世时,年幼已成为免责的理由,自卫、意外事件及疯癫也可作为减轻的理由。爱德华三世时,法律规定在战争或叛乱中被迫犯罪的可免责。对于由动物造成损害的案件,主人只有在知道动物凶猛的情形下才承担责任。妻子在丈夫的强制下犯罪可免责的制度也开始出现,因为女性同儿童一样被认为不具有成人男性的理解力。这些规定都体现了立法者对犯罪人的主观认识与道德因素的考虑。受教会法对道德善恶重视的影响,一些法学家如布雷克顿也对不同罪的主观恶意予以强调,主观因素渐渐成为一些严重犯罪构成的必备要件。在叛逆罪中,图谋杀害国王或继承人的规定实际上是对外在行为的犯罪意图的惩罚。当然在其他案件中,主观意图与外部行为是构成犯罪的两个要件,主观意图也成为区别罪与侵害的重要标准。应该说该时期对于因主观意识缺陷而免责或减轻处罚的规定并不是很精细,且在司法实践中常常出现与上述原则相反的判决。在这些零散规定陆续出现的过程中,英国刑事责任的基本原则形成——犯罪是有正常认识能力的人在主观意图的支配下实施的有害行为,意图与行为是犯罪构成的必备要件。[①]

有学者提出,从历史渊源上看,普通法的两分制犯罪论体系可追溯至17世纪爱德华·科克(Sir Edward Coke)爵士的一句话"actus not facit reus nisi mens sit rea"。含义是:只有犯罪行为和犯罪心态都存在时,罪状才能得到满足。谴责一个人从事危害行为的唯一连贯基础,是把犯罪嫌疑人进行行为的决定与适当举动的标准进行比较。甚至在行为人"选择"进行冒险之处,这种选择也只有在偏离了合理人的可以期待举动时,才能为刑事责任提供恰当的基础。根据美国《模范刑法典》对轻率的定义,行为人只有在自己"不顾(风险)涉及严重偏离守法人在相同情况下会遵守的行为标准"时,仍然选择不顾"实际的和不正当的风险"的,才应当承担刑事责任。"守法的人"这个术语代替了"合理的人",但是原则保持了一致性:判断轻率和过失冒险的责任的唯一方法,就是衡量行为人的行为对社会期待的违反。无视风险的选择在本质上并不是可以谴责的,只有在它没有达到合理(守法的)举动的社会标准时,才是可以谴责的。[②] 应当说,此时才真正形成行为与主观心态的结合。

(二)美国犯罪论体系的演进

历史上美国是英国的殖民地,英国给美国带来先进的法律制度——普通法,美国法的基础是英国的普通法。从1606年弗吉尼亚第一部宪章颁布起,殖民地居民就得到保证,将享有英国人的权利和自由。在殖民地居民带到这个新世界的所有权利中最为

① 参见夏菲:《英美法系刑法的形成——以英国封建时期刑法的内涵与特征为视角》,载《政治与法律》2006年第2期。

② 参见[美]乔治·P.弗莱彻:《刑法的基本概念》,蔡爱惠、陈巧燕、江溯译,中国政法大学出版社2004年版,第153页。

重要的权利是：他们只能根据普通法受到审判。到17世纪中期，主要是由于缺乏训练有素的律师，普通法的传统已变得模糊不清。可随着专业律师队伍的成长，一种有利于普通法的反应力出现了。美国人越来越倾向于依赖普通法，以之作为他们权利的体现。1774年第一届大陆会议通过的《权利宣言》明确断言："各殖民地居民享有英国普通法规定的权利。"然而，美国革命时期和革命以后，作为美国法基础的普通法，面临被废除的危险。有几个州（特拉华、肯塔基、新泽西和宾夕法尼亚）甚至通过法律，禁止援引英国在美国独立后发布的判决。革命时期，殖民地人民曾经得到法国人决定性的援助。在法律领域，伟大的罗马法学家的著作越来越受重视，仿效以《拿破仑法典》为最高标志立法活动的愿望正在日益增强。然而，普通法被证明是不可被取代的。原因是人们几乎从一开始就讲授普通法。受到过的全部训练也是普通法。许多法官表面上是亲法的，可到审理案件时，实际上只能依据普通法的权威著作。但美国并没有把英国普通法全部照搬过来，英国普通法只要本身是合理的，是适合于美国人民生活条件和日常活动的，与美国的联邦和各州的宪法、制定法的精神和文字相吻合的，都已被法院遵循。否则，美国法院就会毫不犹豫地修改它，以适应美国的环境。[①]

在拉丁文中，actus reus 意思是"罪恶的行为"。从广义上说，其是除犯罪心态外的一切犯罪要件，也即犯罪构成的客观要件，包括犯罪行为、犯罪结果和犯罪情节。美国《模范刑法典》中作了狭义解释，是"有意识的行为"。[②] 关于犯罪意图（Mens Rea）或犯罪主观方面，在美国早期的普通法中法官宣告犯罪行为并不包括犯罪主观意图，约自1600年起，法官在定义普通法犯罪，描述作为或不作为行为状态时，有些同时描述其犯罪意图，基本理由是"无罪过即无犯罪行为"，即在确定刑事责任时，有犯罪意图是必需的。如今，在美国所有的司法区绝大多数的普通法犯罪已经被吸收进制定法中，成为制定法犯罪。[③] 美国《模范刑法典》规定，犯意包括蓄意（purposely）、明知（knowingly）、轻率（recklessly）和疏忽（negligently）四种。没有犯意即使有行为人的危害行为，也不会要求其承担刑事责任。需特别指出的是，英美法系的刑法有一类比较特殊的犯罪，即严格责任犯罪（strict liability of-fences）。在我国被解释为"无须过错的情况下承担责任"（liability without fault），如今的英美法系学者普遍认为这是种误解。其实，严格责任犯罪即某个犯罪外部要素（可能是关键性要素）不要求犯罪的心理因素，而不是该罪的任何外部要素均不要求心理因素。因此，任何犯罪都有犯意的要求，只是不同犯罪犯意存在一定差异。至于无罪辩护事由的归类，英美法系的学者们争议更大。一般

---

① 参见［美］伯纳德·施瓦茨：《美国法律史》（第2版），王军、洪德、杨静辉译，法律出版社2011年版，第10-16页。

② 参见储槐植、江溯：《美国刑法》（第4版），北京大学出版社2012年版，第30页。

③ 参见孙春雨：《中美定罪量刑机制比较研究》，中国人民公安大学出版社2007年版，第154页。

认为:正当防卫、紧急避险、意外事件、警察圈套、执行职务、体育竞技、医疗行为、机械故障、被害人同意等属于正当化事由;未成年、精神病、醉态、认识错误、受胁迫、受挑衅等属于可宽恕事由;双重危险禁止、外交豁免、证据豁免、辩诉交易豁免、司法(立法、行政)豁免则属于第三类辩护事由。英美法系学者的主流观点是将“辩护事由不存在”视为犯罪的独立要素,而不是行为要素。在刑事证明责任分配方面,控诉方原则上只需证明犯罪行为要素与心理要素成立即可推定“辩护事由不存在”,故无须对辩护事由不存在进行一般的、独立的证明;只有在被告方提出辩护事由后,控诉方才对辩护事由的不成立承担说服责任。当然,在某些案件中也可能由被告人承担说服责任,这一点因辩护事由、司法领域的不同而有差异。公诉人的证明责任在于证明危害行为和犯罪心态成立并反驳被告人提出的辩护事由,被告人的证明责任在于提出证据支持自己的辩护主张。可见,英美法系的犯罪构成理论为刑事诉讼中证明责任的分配提供了实体法基础。①

(三)英美刑法“双阶层”的犯罪论体系

英美法系是在英国普通的基础上逐步形成的,重视判例法和实用性的研究,并不像大陆法系那样沉溺于理论和思辨研究。英美法系主要以英国、美国为代表,但出于殖民地的原因,后来的加拿大、澳大利亚、新西兰、印度和斯里兰卡等国也系属这一范畴。实践性极强的英美刑法中,犯罪成立被分为实体意义上的犯罪要件和诉讼意义上的犯罪要件。前者指犯罪行为和犯罪意图,这种意义包含在犯罪定义之中。通过合法抗辩事由体现出来②(如图 20-2 所示)。

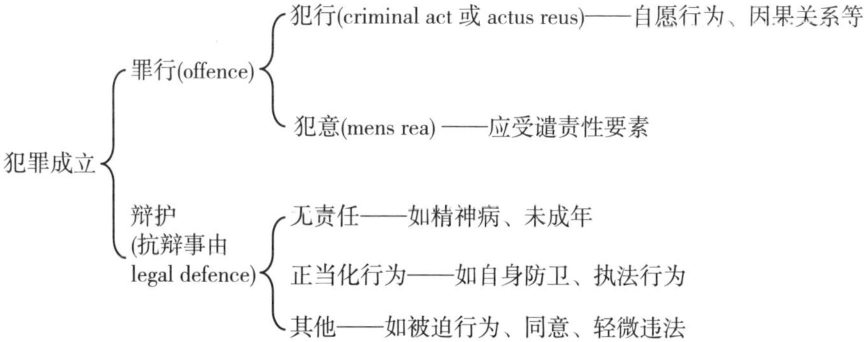

图 20-2 英美刑法“双阶层”的犯罪论体系

---

① 参见赖早兴:《英美法系国家犯罪构成要件之辨正及其启示》,载《法商研究》2007 年第 4 期。

② 由于这种构成要件具有双层次的逻辑结构,因而有学者称之为双层次的犯罪构成体系。参见陈兴良:《本体刑法学》,商务印书馆 2001 年版,第 204 页。

1. 实体要件

(1)犯罪行为(actus reus),是英美法系犯罪成立的客观要件,有广义与狭义之分。广义上指犯罪心理以外的一切犯罪要件,即犯罪构成的客观要件,包括犯罪行为、结果和情节等。狭义上指有意识的行为,它由行为(act)和意识(voluntariness)构成。犯罪行为是法律予以禁止并力求防止的有害行为,①它是成立犯罪的首要因素。

(2)犯罪意图(mens rea),又称为犯罪心理(guilty mind),是英美法系成立犯罪的主观要件。"没有犯罪意图的行为,不能构成犯罪"(Actusnon facit reum,nisi mens sit rea)是英美刑法的一条原则,充分体现了犯罪意图在构成犯罪中的重要意义。在美国可分为:①蓄意(mention),指行为人行动时自觉目的就是引起法律规定为犯罪的结果,或实施法律规定为犯罪的行为。②明知(knowingly),指行为人行动时明知行为是法律规定的犯罪行为或明知存在法律规定的犯罪情节。③轻率(recklessly),指行为人轻率地对待法律规定为犯罪的结果或情节,当行动时他认识到并有意漠视可能发生此结果或存在此情节实质性无可辩解的危险。④疏忽(negligence),指行为人疏忽地对待法律规定为犯罪的结果或情节,行为时他没有察觉到可能发生此结果或存在此情节实质性无可辩解的危险。从犯罪意图的内容来看,主要是行为人对其犯罪行为的一种心理状态,②它是成立犯罪的基本因素。

2. 诉讼要件

也称合法抗辩(Legal defense),又称免责理由。其是在长期司法实践中,对于刑事诉讼中的辩护理由加以理性总结形成的,并从诉讼原则上升为实际上的总则性规范。内容包括:未成年、错误、精神病、醉态、胁迫、圈套、安乐死、正当防卫、紧急避险等。③类似的犯罪论体系还有法国的犯罪成立要件(如图 20-3 所示)。

---

① 英国学者指出,actus 一词意味着一种"行为",人类行动的有形结果。当刑事政策把某种行为视为十分有害时,就对之加以禁止并通过对违反它的人施以刑罚的方式来防止它的出现。法学家们惯用 actus reus 一词来描述这类法律禁止的行为。因此,其可以定义为法律力求防止的、本身包含着危害结果的人类行为。参见[英]J. W. 塞西尔 · 特纳:《肯尼刑法原理》,王国庆等译,华夏出版社 1989 年版,第 18 页。

② 英国学者指出:犯罪意图是指在被指控的犯罪的定义中有明示或默示规定所要求的那种心理状态。它在不同的犯罪中是不同的,一般情况有故意、放任和明知故犯。在我们考察典型的心理状态的过程中,有必要提到过失,尽管几乎不能把过失说成是一种心理状态。参见[英]鲁珀特 · 克罗斯、[英]菲利普 · A. 琼斯:《英国刑法导论》,赵秉志等译,中国人民大学出版社 1991 年版,第 40 页。

③ 参见陈兴良:《犯罪构成的体系性思考》,载《法制与社会发展》2000 年第 3 期。

- 犯罪成立
  - 构成要件
    - 法有规定
    - 事实要件——作为与不作为
    - 心理要件——故意与过失
  - 应负刑事责任
    - 无不负刑事责任的客观原因——依法行为
    - 正当防卫、紧急避险等
    - 无不负刑事责任的主观原因——精神紊乱、强制与错误等

图 20-3 法国的犯罪论体系

四、中国刑法的“四要件说”

中国的四要件犯罪论体系是在 20 世纪 50 年代由苏联传入的,表现为两大块耦合式结构:根据主客观相统一原则将犯罪构成整体上划分为客观要件和主观要件两部分。之后细分形成犯罪构成的四要件:犯罪客体、犯罪客观方面、犯罪主体、犯罪主观方面。一个行为要认定其犯罪必须同时具备上述犯罪构成的四大要件,缺失其中任何一个要件都不可能成立犯罪。①

(一)苏俄刑法的犯罪构成四要件

20 世纪俄国和德国的犯罪构成理论都是以费尔巴哈的 Tatbestand 为基础发展起来的,但却形成了完全不同的理论体系。原因是从 20 世纪初期开始,德国犯罪论体系是以贝林格的学说为基础,而俄国犯罪论体系是以塔甘采夫为的学说为基础。两者的区别在于:塔甘采夫保持了费尔巴哈犯罪构成理论的完整性和统一性,其犯罪构成及其要件与费尔巴哈的“构成要件就是违法行为中所包含的各个行为的或事实的诸要件的总和”是基本一致的;而贝林格则对它进行切割,把主观要素与评价要素从犯罪构成中切除。② 塔甘采夫明确地把犯罪构成内部结构划分为主体—行为—客体,行为又分为主观方面和客观方面,这是其犯罪构成内部结构,被称为主—客体结构。主体和客体是两极,行为是中介,主体通过行为作用于客体。这曾被认为这是德国的经典和正宗。但十月革命后,塔甘采夫的理论受到特拉伊宁的否定。

孟沙金主编的《苏联刑法总论(上下)》(第 3 版)(上海大东书局 1950 年印行,彭

① 参见高铭暄:《关于中国刑法学犯罪构成理论的思考》,载《法学》2010 年第 2 期。

② 参见何秉松、[俄]科米萨罗夫、[俄]科罗别耶夫主编:《中国与俄罗斯犯罪构成理论比较研究》,庞冬梅、丛凤玲译,法律出版社 2008 年版,第 217-219 页。

仲文译)中犯罪构成部分的撰稿人是皮昂特科夫斯基。该书分别于1938年、1939年和1943年出过三版,在第一版中,教科书还只将罪过看作是犯罪主体的要件,而没有作为主观方面的要件。[①] 可见,四要件的体系是逐渐形成的。"每一犯罪构成系由以下4种基本因素形成起来的:①犯罪的客体;②犯罪的客观因素;③犯罪的主体;④犯罪的主观因素。这4种犯罪构成的要件,缺少一种犯罪构成即不能成立。"[②]在其形成过程中,特拉伊宁起到重要作用。他揭示了刑事古典学派犯罪构成的客观结构和刑事实证学派犯罪构成的主观结构间的对立性。借鉴大陆法系中的构成要件论,创立了独具特色的犯罪构成理论。特拉依宁认为,作为苏维埃社会主义刑法基础的马克思列宁主义是唯物主义哲学体系,认为一切现象都是客观存在。因此,不仅行为是客观存在,主体及其主观性质也是客观存在。其从马克思列宁主义关于犯罪阶级性的根本原理出发,主张把犯罪构成要件的客观因素和主观因素辩证地统一起来。而近代资产阶级的犯罪构成要件论,总是纠缠在犯罪构成要件的两种结构——客观结构与主观结构究竟何者占据优势地位的问题上。苏维埃刑法体系中,刑事责任不是与主观要素和客观要素处于对立和分裂地位,而是以其所具有的客观性质作为一切标志。也就是说,必须根据犯罪主体与犯罪所有情况,辩证地研究犯罪行为。[③] 可见,当时苏联的犯罪构成理论充满着自己的哲学和意识形态,是从自己的世界观和方法论来论证的。

(二)传入中国的犯罪构成四要件

1979年《刑法》颁布后,我国进入法治发展的黄金时代。在20世纪80年代初期开始恢复的刑法学研究,主要是20世纪50年代从苏联引进的犯罪构成理论的复活。其中,以高铭暄教授主编的司法部统编教材《刑法学》一书影响最大,该书回顾犯罪构成在我国的不寻常经历。将20世纪50年代对犯罪构成的研究与当下犯罪构成理论间的渊源作了说明:犯罪构成的理论获得了新的生命,又开始活跃在刑事科学的领域中。其在回答什么是犯罪构成时指出:"犯罪构成就是我国刑法所规定的,决定某一具体行为的社会危害性及其程度而为该行为构成犯罪所必需的一切客观和主观要件的总和。"[④]犯罪构成是全部要件的总和,因此,符合犯罪构成的全部要件就具备了犯罪构成,就成立了犯罪。我国刑法犯罪论中的犯罪构成和刑事违法性是对犯罪成立的全部条件和刑事责任整体根据的概括。[⑤] 通说认为,犯罪客体是指犯罪主体的犯罪活动所

---

① 参见[苏联]A.皮昂特科夫斯基等:《苏联刑法科学史》,曹子丹等译,法律出版社1984年版,第43页。

② 陈兴良:《犯罪构成论:从四要件到三阶层一个学术史的考察》,载《中外法学》2010年第1期。

③ 参见[日]上野达彦:《判资产阶级犯罪构成要件论——从批判资产阶级犯罪构成要件论向苏维埃犯罪构成要件论的转变过程》,康树华译,载《国外法学》1979年第6期。

④ 转引自陈兴良:《犯罪构成论:从四要件到三阶层》,载《中外法学》2010年第1期。

⑤ 参见夏勇:《刑事违法性之本土语境》,载《当代法学》2007年第5期。

侵害的为刑法所保护的社会主义社会关系。“没有客体就无所谓主体,也就没有犯罪构成。它揭示了犯罪所侵害的利益,从而也就揭示了犯罪构成的阶级本质和社会政治意义”①。犯罪客观方面是指犯罪活动的客观外在表现,包括危害行为、危害结果以及二者间的因果关系等。它是连接犯罪主体和犯罪客体的中介。因此,其是表明犯罪活动在客观上的外在表现要件。犯罪主体是指实施了犯罪行为,依法对自己行为负刑事责任的人,包括自然人和法人。其中,自然人主体的适格性要从刑事责任年龄、刑事责任能力的角度去把握,这实际上在主体部分已解决了行为人的部分责任问题。除自然人外,单位也可以构成犯罪主体。犯罪主观方面是指行为人进行犯罪活动时的思想意识活动,包括犯罪意识、犯罪目的、犯罪动机、犯罪故意或过失等诸多心理因素,其中犯罪故意或过失是最主要的因素。占通说地位的四要件是1949年后我国学习苏联的产物,虽然简洁明了、便于操作,但正因简约式的逻辑架构,存在实务中面对客体不具操作性等困难。自20世纪80年代以来,不时有学者质疑四要件说。

应当说,通说将犯罪成立要件划分为客观要件与主观要件,并无不可。但仅仅根据客观要件和主观要件,能否承担评价一切行为罪与非罪的重任呢?答案是否定的。通说面临的最大挑战是:(1)没能将正当防卫等纳入犯罪论的评价体系。根据通说,正当防卫是指外表上似乎符合某种犯罪成立要件,实质上不仅不具有社会危害性,而且对国家和人民有益的行为,它们不是犯罪行为。② 在这里,通说一方面认为正当防卫“符合某种犯罪构成(成立)”,另一方面又指出正当防卫“不是犯罪行为”,显然自相矛盾。有学者认为,正当防卫等属于主观要素,“已经明确规定了行为人主观上必须是为了保卫国家、社会公共利益、本人或者他人的合法权益,这种目的的正当性显然排除了行为人主观上具有故意或者过失的罪过内容”③。这显然也具有局限性,如果认为目的正当就否定成为犯罪的话,就无法解释防卫过当为什么构成犯罪了。事实上,正当防卫既包含行为及相关的客观因素,也包含心理态度等主观因素,难以纳入四个要件中的任何一个。(2)难以将社会危害程度纳入犯罪成立之内评价。因为社会危害程度是融主客观因素于一体的要素,归入任何一个客观或主观要件都有所不妥。很多学者将犯罪情节纳入犯罪客观要件中论述,这也是不妥的。犯罪情节虽然包括犯罪后果危害严重、社会影响恶劣等客观因素,却也包含主观恶性非常大、犯罪动机十分卑劣等主观因素,并非纯粹的客观因素。尤其在我国既定性又定量的构罪标准下,犯罪情节及其危害程度和犯罪数量是需要进行单独评价的,甚至与正当防卫等危害程度一样,一同进行评价。

① 何秉松主编:《刑法教科书》,中国法制出版社1997年版,第247页。

② 参见高铭暄主编:《中国刑法学》,中国人民大学出版社1989年版,第145页。

③ 杨兴培:《犯罪构成原论》,中国检察出版社2004年版,第309页。

由于通说存在明显不足,许多学者主张直接引进德日阶层犯罪论体系来替代我国犯罪论体系。其中既有主张三阶层犯罪论体系的(如陈兴良教授等),也有主张两阶层犯罪论体系的(如张明楷、黎宏教授等)。但阶层犯罪论体系不仅与我国的法律文化和教育背景相去甚远,而且最大的不足表现在其无法解释我国《刑法》第13条“但书”的犯罪“定量”规定,也即“情节显著轻微、危害不大的”为什么不认为是犯罪? 实践证明,德日刑法的三阶层说在解释该问题上也存在自身无法克服的矛盾。日本有学者认为,违法性具有可罚与不可罚之分,可罚的违法性理论可以解释“情节显著轻微、危害不大的”为什么不构成犯罪。显然,这种观点与主张违背违法性判断的本质。日本犯罪论中的构成要件,作为观念的、形式的犯罪类型,具有形式违法性特征,这是其具有违法推定机能的前提。① 这意味着在日本,只要是刑法规定的行为,不论社会危害大小都是犯罪,都违反法规范,也都具有违法性。既然如此,以可罚的违法性否定对“情节显著轻微、危害不大的”行为的处罚,就说不过去了。德日三阶层体系存在的问题,同时也遭到了同样主张三阶层犯罪论体系的学者的批评。有学者认为:“构成要件符合性、违法性、责任体系在一定程度上存在逻辑矛盾。根据该体系,构成要件是违法类型,符合构成要件原则上就具有违法性;但在例外情况下,符合构成要件的行为,如果存在违法性阻却事由,就不具有违法性。而例外情况的存在,反过来在一定程度上否定了构成要件是违法性的类型,因为符合构成要件的行为也可能没有违法性,符合构成要件的行为就不是违法性的存在根据!”②可见,简单地移植德日刑法的阶层犯罪论体系也未必适合我国国情,从而需要再回过头来认真梳理我国的“四要件”体系,并结合我国文化进行改造。

五、对不同法系或国家犯罪论体系的比较分析

作为人类法律制度一部分的刑法,与私法相比虽然更容易表现为一种“地方性知识”,但也包含着体现人类文明共同属性的要素,因而在发展过程中也存在全球化现象。同时,由于各国文化背景、逻辑方式等的不同,也当然存在有差异性。

(一)各种犯罪论体系的共通性

主要是指各类犯罪论体系的共同特点,主要表现在如下两个方面。

1. 构成要件要素类型上的共通

各种犯罪论体系具有共性的人类社会及文化,因此决定了作为人类社会特有现象——犯罪的共性或共通性。且人类思维活动规律的共性,决定了人们对处在大致相

---

① 所谓形式违法性,是指行为违反国家法规、违反法制的要求或禁止规定。参见彭文华:《德、日犯罪构成论体系与我国刑法规范的内在冲突》,载《法学》2010年第5期。

② 周光权:《刑法总论》,中国人民大学出版社2007年版,第105-106页。

同的人类社会发展阶段犯罪认识的共性或共通性。

正是由于共性,世界各国现行刑法关于犯罪成立条件的规定基本一致。以这些规定为抽象对象的各国犯罪构成理论,其内容也就不大可能有过多的差别。主要有4方面的构成要素:(1)决定犯罪主体刑事责任能力的条件(如刑事责任年龄、精神障碍、聋哑等生理缺陷及特定身份等);(2)决定犯罪行为客观性质的条件(如行为性质手段、对象、结果等);(3)决定犯罪行为主观方面特有内容的条件(如犯罪的故意、过失和目的、动机等);(4)决定犯罪行为社会性质的条件(从法律角度对犯罪行为的否定性评价)。如上,由于人们思维活动规律的一致性或近似性,面对各国刑法关于犯罪成立必要条件基本相同的规定,各国犯罪构成理论对这些条件也作了大致相同的归纳和分类。尽管在不同理论体系中这些分类有不同的名称,但在貌似不同的称谓下却包含着大致相同的基本内容。

具体表现在如“三阶层”体系中的“构成要件”,最初的含义是构成犯罪行为的纯客观的事实,显然是与“四要件”体系中的“犯罪客观方面”(或“犯罪构成客观要件”)相互替代的范畴。又如“三阶层”体系中的“违法性”,以行为在形式上与“法律的矛盾”或与“整体的法律秩序相对立”(无正当化理由),在实质上侵犯了合法利益为内容。这一概念与“四要件”体系中的“犯罪客体”没有实质上的差别。因为犯罪行为所侵犯的“整体的法秩序”,与“四要件”体系中的犯罪客体一样,也是为刑法所保护而为所有犯罪行为侵犯的社会关系。再如“三阶层”体系中的“责任”要件或者“有责性”,在传统意义上包含责任前提和责任条件两大内容。前者以行为人的刑事责任能力和刑事责任年龄为内容,与“四要件”体系中的“一般自然人犯罪主体要件”具有完全相同的内容;后者以对犯罪行为的故意和过失为内容,与“四要件”体系中的“犯罪主观方面”要件具有基本相同的内涵。①

2. 主客观相统一的共通

德日三阶层犯罪论体系自贝林格开创以来,通过理论发展与司法实践的修正,与我国及俄罗斯现行的犯罪构成四要件体系已渐呈趋同之势,二者在可罚行为类型及入罪与出罪模式上都存在相同或相似性之处。“三阶层”体系是通过构成要件建立可罚行为类型的,特点有二:一是构成要件所具有的主客观统一的内容和自身所具有的价值评价意蕴而成为违法、有责的类型;二是司法实践活动根据人类的认识规律对该理论体系的修正,司法活动中的违法性与责任判断被极大弱化与空洞化,行为符合构成要件基本上就意味着构成犯罪。

在理论与实践的双重作用下,“三阶层”体系中的构成要件在内容上基本囊括了决

---

① 参见陈忠林:《现行犯罪构成理论共性比较》,载《现代法学》2010年第1期。

定犯罪成立的主观与客观要素、记叙性与规范性要素,且在评价结论上构成要件符合性判断也基本涵盖了事实判断与价值评价。构成要件诸形式与实质合一、主观与客观统一的特点与"四要件"体系所建立的犯罪构成可罚行为类型显然具有极大的相似性。"四要件"体系所建立的犯罪构成本质上是一种可罚行为类型。高铭暄教授将其总结为:犯罪构成具有法律实定性;犯罪构成具有价值承载性,即各个犯罪构成要件本质上都是对犯罪社会危害性的不同侧面的表达;犯罪构成具有主客观有机统一性。任何具体罪的构成,都是形式与实质、主观与客观的统一,行为符合犯罪构成要件即成立犯罪,该符合性判断是事实判断与价值判断的统一。

"三阶层"体系与"四要件"体系,在实质上的趋同直接导致两种体系在入罪模式上的趋同,显著表现就是"三阶层"体系逻辑上的所谓定罪过程的阶段性、层次性与逐层过滤的特征在司法实践中趋于弱化,某种程度上甚至可以说消失。从逻辑上看,"三阶层"体系的出罪模式采取的是典型的"原则—例外"模式。"犯罪成立的基本事实原则上成为证明的对象,而阻却事由作为例外事实予以考虑,也就是说,犯罪论的体系是根据原则—例外的关系来构筑的"①。就"四要件"体系而言,其所坚持的主客观相统一原则本身并非泛泛而谈,而是法规范意义上、法价值判断上的主观与客观相统一,这本身就意味着违法性与责任性相统一。

"四要件"体系(以主客观相统一建构的)与"三阶层"体系(以违法且有责为支柱构建的)在犯罪论基本立场上也具有一致性和同质性。在相当意义上可以认为,"四要件"体系坚持主客观相统一原则本身,可以解读为在实质立场上就是坚持了主客观相统一、违法性与责任性相统一的犯罪论原理。同理,"三阶层"体系坚持违法性与责任性相统一,也可以解读为在实质立场上就是坚持了主客观相统一、违法性与责任性相统一的犯罪论原理。一句话概括,中西方犯罪论体系均坚持了主客观相统一、违法性与责任性相统一的犯罪论实质内核。"四要件"体系所依赖并作为理论建构"支柱"的主客观相统一,与西方大陆法系国家犯罪论体系所依赖并作为理论建构"支柱"的违法且有责的统一,均属于同质判断。②

(二)各种犯罪论体系的差异性

犯罪具有其外在的客观特征,同时又具有内在的主观特征。对此,各国犯罪论都是一致认同的。但在两者关系上,存在不同的处理方法。英美法系的犯罪论体系以犯罪行为与犯罪心理作为本质要件,两者是并存关系。而"三阶层"体系的构成要件该当性与有责性,实际上相当于犯罪的客观要件与主观要件,是递进关系。其中构成要件

---

① 唐稷尧:《三阶层犯罪论体系与犯罪构成体系:实证考察下的廓清、反思与借鉴》,载《法律科学(西北政法大学学报)》2011年第6期。

② 参见魏东:《我国传统犯罪构成理论的实质合理性与逻辑自洽性》,载《人民检察》2011年第11期。

该当性并非一种犯罪行为,只有在具备有责性的情况下,才是犯罪行为。[①] 将二者进行比较,也时有差异。

不论是德日的三阶层模式,还是英美的双层次模式,均表现为阶层性的犯罪评价过程,犯罪成立在层层递进的基础上得出结论。与四要件相比其差异点在于:(1)表现出人类认识具体犯罪的思维规律不同。人类对于具体犯罪的认识总是逐步深入、由抽象到具体。以迈耶构成要件符合性、违法性、责任的三层次模式为例,构成要件是具体犯罪类型的轮廓,在得到构成要件符合性这种抽象判断后进入违法性的评价。违法性的核心是就行为客观特征根据法的规范、文化规范的标准所作的抽象性判断。接下来是责任的评价,责任主要是针对行为人的心理事实根据法律规范所进行的可予非难的具体性判断。(2)凸显出构成要件理论的限制功能不同。犯罪成立的判断表现为逐层收缩的限定与制约。仍以迈耶的构成要件理论为例,行为符合构成要件只是犯罪成立的第一层判断,法律上的构成要件是违法性的认识根据。行为符合构成要件通常可以推定作为犯罪成立第二层判断的违法性存在,不过也会出现违法阻却的例外,在这种场合即使符合构成要件也不违法,从而表现出第二层判断对第一层判断的限制。而作为犯罪成立的第三层判断有责性,是指就符合构成要件且违法的行为可以对行为人进行非难评价的特征,这意味着尽管符合第一、二层的判断,但是缺乏第三层判断的肯定,依然不能成立犯罪。四要件模式表现为平面性的犯罪评价结论,犯罪成立是四要件平行并举的判断整合,表现在犯罪客体、犯罪客观要件、犯罪主体、犯罪主观要件是犯罪成立的充分必要条件,优势是将犯罪成立的实质意义、客观方面、主观方面的相关要素予以个别的集中,并表现出理论上的对称性。然而,层次上的不足以及整合性的、结论性的评价,使其限制机能有所削弱、内容结构略显呆板。这也许就是四要件与三阶层说存在的差异。

因此,犯罪成立的层次性判断应当成为构成要件理论的重要标志。"四要件"体系以犯罪客观方面与犯罪主观方面作为犯罪构成的两个基本要件,两者也是一种并存关系。[②] 可以把犯罪客观要件与犯罪主观要件视为对合关系,如此两者互相依存、互相印证、相互并存。

(三)各种犯罪论体系的优劣性

通过梳理可以看出,上述三种犯罪成立理论各具优势和特色。表现在:(1)英美犯罪论体系是以积极要件与消极要件相结合的方式来构建,即"双层次的犯罪构成体系"。一是犯罪的本体要件,包括犯罪行为和犯罪心态;二是责任充足条件,包括诸项

① 参见陈兴良:《犯罪构成的体系性思考》,载《法制与社会发展》2000年第3期。

② 参见张小虎:《犯罪论的比较与建构》,北京大学出版社2006年版,第79页。

合法辩护的排除。如有学者指出:英美刑法理论的出发点是司法经验,含有真理性的一面;其归宿点是简便、实用。总体看来,英美犯罪成立理论的缺点是很难从理论上进一步深化、发展。[①] (2)“三阶层”体系是将行为整体的不同意义划分为不同的犯罪成立要件,包括该当性、违法性和有责性,即“递进式的犯罪构成体系”,从不同侧面层层递进对该行为进行评价。与英美不同,德日的出发点是概念,归宿点是追求理论体系的完善,并因此使问题讨论得更加深入。(3)“四要件”体系是将行为的不同构成分为四个要件,体现了一种综合评价特征,不允许进行超越刑法规范的评价,而是直接依据四大要件认定犯罪。存在的问题是:一是犯罪客体不具有操作性;二是没能将正当防卫、紧急避险等排除犯罪性行为纳入犯罪论的评价体系。尽管三种犯罪论体系的模式结构不同,但在成立条件上又有相通之处,如行为要件和罪过要件等均一致。但“四要件”体系在犯罪客体要件和犯罪主体要件上不时存在争议,特别是犯罪客体要件,受到越来越多学者的质疑,多数学者认为犯罪客体应放入犯罪概念中讨论。尤其是法益、刑法法益等范畴的介入,使“四要件”理论愈加受到挑战,如犯罪构成与犯罪概念的关系。

本书认为,客观与主观的“两要件”体系也存在不足。两要件体系通常将正当防卫等纳入客观要件中评价[②],这也是存在问题的。事实上,该体系并非我国学者的新创,其在意大利被称为“新的二要件论”。“在这种理论看来,客观违法性不是一个独立的犯罪成立条件,因为它在实践中只是一个纯粹的否定性因素,即行为不具备正当化的理由,如果一味地强调其正当性,也难以从根本上解释‘防卫过当’构成犯罪或承担刑事责任的情况。从实质意义上说,广义的典型事实应该是犯罪成立的肯定因素(不可或缺的因素)与否定因素(必须排除的因素)的‘总和’;不论是缺乏肯定条件(如对盗窃行为而言,行为人所窃取的不是‘他人的’财产),或是存在否定条件(如窃取财产的行为是为了执行合法的命令),行为都不符合刑法规定的典型事实”[③]。帕多瓦尼也认为,“新的二要件论”将性质不同的要素混同在一起,“这种理论从根本上扭曲了具有不同性质的事实,将实质意义不同的现象搅在一起(参见第六章第一节):缺乏典型事实肯定因素的那些非典型事实,根本就不可能具有危害;而包含正当化理由的事实,则永远包含损害某种利益的内容。后者之所以合法,只是因为从特定的角度看具有值得肯定的价值。把这二者混为一谈,无异于将打死一只苍蝇(缺乏肯定因素的非典型事实)

---

① 参见陈兴良主编:《刑法学》,复旦大学出版社 2003 年版,第 44 页。

② 参见张明楷:《刑法学》(第 3 版),法律出版社 2007 年版;黎宏:《刑法总论问题思考》,中国人民大学出版社 2007 年版。

③ [意]杜里奥·帕多瓦尼:《意大利刑法学原理》,陈忠林译,中国人民大学出版社 2004 年版,第 95 页。

与正当防卫中的杀人行为(因包含否定因素而按上述理论不再是典型事实)相提并论”①。可见,帕多瓦尼的见解可谓击中要害。的确,正当防卫等正当化事由从构成上来看,与行为等纯粹的客观因素存在明显不同。防卫目的就是典型的主观因素,至于对不法侵害人的防卫行为,也是在一定的主观心理态度支配下实施的,这一点不容置疑。如果否定正当防卫的主观要素,那么正当防卫与不可抗力和意外事件也就没有实质区别了,这显然不符合事实。正是因为正当事由是融客观因素与主观因素于一体的混合体,将之纳入客观要件中评价,确实存在扭曲客观要件的本质之嫌,因此应考虑将其置入价值评价体系。

在意大利除两要件说外,还有三要件说,但非“三阶层”体系(如图 20-4 所示)。

犯罪成立
- 典型事实——法律规定
- 客观违法性——犯罪行为
- 罪过——故意与过失

图 20-4 意大利的三要件说

既然我国刑法通说、德日刑法三阶层及英美两要件体系等各有优势,也均存在各自不足,就有可能提出其他解决方案。如有学者认为,犯罪构成要件包括犯罪客观要件、犯罪主观要件和犯罪阻却事由②,笔者也曾提出罪行、罪过、罪责要件③的观点。显然,这里通过设立独立的犯罪阻却事由要件或者罪责要件将排除犯罪性行为纳入犯罪论体系的评价之内,就可以使上述四要件的弊端基本得到解决。然而,由于阻却事由包括违法阻却事由与责任阻却事由,反而使犯罪成立要件间的关系变得愈加复杂。如传统的责任阻却事由包括责任能力、违法性认识等,这些因素与犯罪主观要件间究竟存在何种不同,能否将其完全分裂开来,尤其是违法性认识究竟是罪责要件还是责任主体要件,学界并没有达成共识。这表明,将犯罪成立要件简单地划分为犯罪客观要件、犯罪主观要件和犯罪阻却事由也会存在问题。集中表现在:一是犯罪客观要件究竟需不需要继续把数额、情节和侵害程度囊括进去?还是只根据刑法总则和分则的规定,单一讨论行为的性质认定,也即集中于此罪彼罪的区分和认定?二是犯罪主观要件究竟包括哪些内容?如上提及违法阻却事由与责任阻却事由难以区分的矛盾如何处理?三是犯罪阻却事由难道只包括传统的违法阻却事由也即正当防卫和紧急避险

① [意]杜里奥·帕多瓦尼:《意大利刑法学原理》,陈忠林译,中国人民大学出版社 2004 年版,第 95 页。

② 参见周光权:《刑法总论》,中国人民大学出版社 2007 年版,第 109 页。

③ 参见李晓明:《行政刑法学》,群众出版社 2005 年版,第 290 页。

吗?如此,所谓阻却事由的违法性与犯罪客观要件中的违法性及犯罪主观要件中的违法性等阻却犯罪条件又怎么处理?由此看来,这是一个非常复杂的系统工程。

六、我国行为与价值相结合的犯罪论体系建构

刑法对行为的研究受方法论的影响巨大。从历史发展看,行为从存在论到价值论是其发展史上的一座里程碑,且行为理论明显走出了从存在论到价值论的发展脉络。20世纪以来,行为观念中的物理因素在逐步消解,或者逐渐成为讨论其内部的对象要素,而规范要素、评价要素逐渐增多。从自然行为论、因果行为论直至目的行为论、社会行为论及人格行为论,刑法中行为成立的着眼点依"身体性"、"意思性"、"目的性"以至"社会重要性"及"人格性"的脉络而发展,由行为的事实存在及至行为的价值评价,清晰地形成一条由存在论的行为论——自然行为论、因果行为论及目的行为论——价值行为论的行为论——社会行为论和人格行为论的发展轨迹。前者从物理空间的实证意义上认识行为,后者从价值意义上界定行为。前者从行为的外在特征(因果行为论)或内在特征(目的行为论)判断行为,仅局限于行为本体;后者在理解刑法中的行为时需要引入价值评价或者规范评价因素。像陈兴良教授指出的那样,从存在论的行为论到价值论的行为论,这是对行为认识的逐渐深化过程,正因如此,刑法学的理论才得以推进。可以说,行为论的发展是刑法理论发展的一个缩影,行为论对于刑法学的发展起到了某种牵引的作用。①

在犯罪成立理论上,笔者最初采用简单去掉"犯罪客体"的做法②,2005年在"犯罪客观要件、犯罪主体要件和犯罪主观要件"的基础上,从理论层面进行了"罪行、罪过、罪责"的三要件说设计③,2013年我们正式提出"犯罪客观要件、犯罪主观要件和犯罪量度要件"的理论模式④,在《中国刑法基本原理》(第4版)第七章第三节"犯罪成立要件的重构"中尝试性地完成了对我国犯罪论体系的新设计,赋予其"新三要件说"的称谓。

(一)"新三要件说"的论证提出

通过梳理和分析可以看出,目前我国的犯罪论体系面临着三种抉择。一是完全按照德日刑法的做法,将犯罪构成的主客观要件整合为犯罪成立的要件之一——构成要件的该当性,另外增加违法性和有责性要件,违法性包括正当防卫、紧急避险和执行职务行为等,有责性包括犯罪主体、受承诺、期待可能性等,最终组成类似德日刑法"三阶

① 参见陈兴良:《行为论的正本清源——一个学术史的考察》,载《中国法学》2009年第5期。

② 李晓明主编:《刑法学》(上下),法律出版社2001年版。

③ 李晓明:《行政刑法学》,群众出版社2005年版。

④ 李晓明等:《中国刑法基本原理》(第4版),法律出版社2013年版。

层”的“三个层次”犯罪成立理论。二是学习英美刑法,综合考虑我国目前刑事诉讼制度的现实规定(从根源上讲,犯罪构成最早就源自刑事诉讼;且犯罪构成最终也是为刑事诉讼服务的),与刑事诉讼制度相配套,创建一种类似英美法系“两阶层”的与控诉、辩护模式相吻合的“抗辩式”犯罪成立新体系。三是面对我国法律文化与教育背景的现实,改造传统的“四要件”理论体系。首先将“犯罪构成”等同或直接更名为“犯罪成立”,其次在基本保留犯罪客观方面要件(但不再包括数额、情节和侵害程度)前提下组成“犯罪客观要件”,适当扩充犯罪主观方面的要件(包括犯罪主体、罪过和违法性认识等)组成“犯罪主观要件”,并设置新的“罪量”要件(包括数额、情节、法益侵害程度、正当防卫和紧急避险程度等)组成“犯罪量度要件”,改造后称犯罪论体系的“新三要件说”。显然,第一、二种方案基本上是拿来主义,将现在我国犯罪构成要件对号入座纳入其中并进行填充即可,但无论是德日刑法还是英美刑法,都并非完全适合我国的法律文化、教育背景与实际国情。第三种方案虽然是一种折中选择或修正方案,但最为实用和可行,特别是充分考虑了我国的法律文化及其教育背景和国情,在原“四要件”的基础上修正或改造而成,应当说是我国犯罪成立理论的最佳选择。

犯罪成立的具体要件当然是指某种成立犯罪必须具备的特殊或个别要件所需要的要件及其要素。与犯罪成立的一般要件一样,每一种犯罪的具体要件也由三个要件组成:

1. 犯罪客观要件。也叫“罪行”要件,即与犯罪行为有关的要件。包括侵害行为、侵害结果、因果关系、行为对象、行为身份及行为的时间、地点、方式等要素。其中,侵害行为是一切犯罪成立的必备要件,即任何犯罪的成立都必须有刑法规定的具体侵害行为;犯罪的侵害结果、侵害对象及其时间、地点和方法等都是犯罪成立的重要条件;具体侵害行为与侵害结果之间的因果关系也是罪行要件需重点研究和探讨的问题,虽然它不属于犯罪行为的主要内容,但与行为具有极大的关联性。另外,与传统犯罪客观要件不同的是,“行为身份”要素也被纳入犯罪客观要件之中。这是由于“身份”是实施某些犯罪行为不可缺少的要素,而非传统观点所认为的主体责任,见犯罪客观要件和犯罪主观要件的论证。

2. 犯罪主观要件。也叫“罪责”要件,即与犯罪责任有关的要件。具体包括责任主体、故意、过失、目的、动机、违法性认识等要素。其中犯罪故意和过失在刑法理论上称罪过。可以说罪过是一切犯罪成立的必备要件,犯罪目的只是某些犯罪成立的必备要件;犯罪动机不是犯罪成立的必备要件,但其是量刑考虑的重要因素。将责任主体放入犯罪主观要件,是对传统理论的突破,理由是主体在更大程度上决定责任,是纯正的责任要素。

3. 犯罪量度要件。也叫“罪量”要件,即与犯罪的数量、情节严重程度或侵害程度等有关的要素。主要包括犯罪的数量、情节、社会危害性程度,以及正当防卫、紧急避险等行为表现出的对社会造成损害的程度,即便是未来守承诺或经同意等也都属于价值判断。

在上述要件的各要素中,有些是任何犯罪成立都必须具备的要素,如行为、故意或者过失等。有些只是某些犯罪成立必须具备的要素,如时间、地点、方式、犯罪目的、违法性认识等因素。只有那些为具体犯罪成立必须具备的要件,才能称为犯罪成立的必要要件。由于不同的犯罪成立的条件不同,不同的犯罪成立要件也不相同。因此,犯罪成立的要件不仅对区分罪与非罪有重要意义,甚至对于区分此罪与彼罪也有决定作用。刑法分则成立犯罪的具体特征,主要是围绕着犯罪成立的具体要件展开的。

(二)"新三要件说"的犯罪分层

在"新三要件说"犯罪论体系的设计中,最核心的问题是对犯罪论体系中犯罪概念的分层处理,以及其与犯罪成立要件要素关系的处理,否则难以理解未达到刑事责任年龄人犯罪对其行为的定性及其称谓的选择与解释,如是否称其行为是犯罪,否则又称其为什么等。

如图 20-5 所示的"入罪推定要件"与"出罪抗辩要件"似乎是英美法系"实体要件"和"诉讼要件"的翻版。而"入罪推定要件"中的"罪行"(犯罪客观要件)与"罪过"(部分犯罪主观要件)就是英美刑法"实体要件"中的"犯行"和"犯意",抑或德日刑法"三阶层"中的"该当性"。"出罪抗辩要件"中的"主体"(部分犯罪主观要件)与"罪量"就是英美法系"诉讼要件"中的"抗辩事由",抑或德日刑法"三阶层"中的"违法性"和"有责性",当然也是我们曾主张过的"罪责"要件,抑或现在的"犯罪主观要件"中的"主体"部分和"罪量"(或称"犯罪量度要件")。

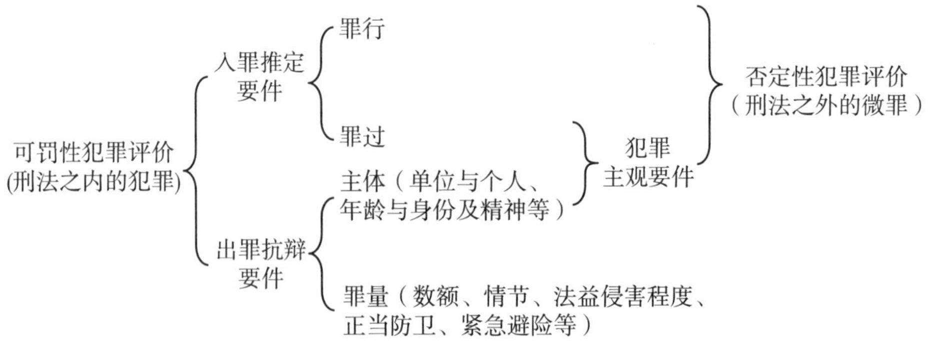

图 20-5 "新三要件说"的犯罪分层

另外,图 20-5 中的"可罚性犯罪评价(刑法之内的犯罪)"与"否定性犯罪评价(刑法之外的微罪)"比较合理地解释了我国《刑法》第 13 条的"但书",以及《刑法》第 17

条第 4 款未达到刑事责任年龄的人“不构成刑法犯罪”，但构成刑法之外的“微罪”（或称“有瑕疵的犯罪”），也为该款“责令管教”或者“专门矫治教育”之规定找到了理论依据，并落实了制度性设计。其只是没达到“可罚性评价的犯罪”，但已达到“否定性评价的犯罪”，最终没有能力或国家不让其承担刑事责任，但应否定其行为的正当性。在此基础上，笔者进一步设计出了“犯罪客观要件、犯罪主观要件和犯罪量度要件”的犯罪成立理论新模式。

如上所述，犯罪成立包括以行为为核心的客观要件（包括身份行为），以主观心理为内容和行为主体、精神状态的主观要件以及犯罪数额、情节、侵害程度和正当防卫、紧急避险等的犯罪量度要件，这是基本获得学界共识的。事实上，任何国家的犯罪成立要件，都不可能离开客观要件与主观要件。问题在于，像正当防卫、紧急避险及数额、情节、侵害程度等，也不能单纯纳入犯罪客观要件或者主观要件之列，只能另设量度要件予以研究。这是因为：一是《刑法》第 13 条的“但书”规定了“既定性又定量”的构罪标准，这就为犯罪认定埋下了“侵害程度”的伏笔，还有《刑法》第 17 条明确规定了未满 14 周岁的属“基本不负刑事责任年龄段”，然而“犯故意杀人、故意伤害、致人死亡或者以特别残忍手段致人重伤造成严重残疾，情节恶劣，经最高人民检察核准追诉的、应当负刑事责任”。这属于“特殊负刑事责任年龄段”。对此外的未成年人，虽然不可能为其定刑法之罪，但可以对其行为作出否定性评价之“罪”，即《刑法》第 17 条第 5 款明确规定的“责令其父母或者其他监护人加以管教；必要的时候，依法进行专门矫治教育”，这些也符合图 20-5 中进行“否定性犯罪评价”的“微罪”。二是正当防卫、紧急避险在本质上是两种利益或价值的权衡，所得出的结论是具有犯罪形式特征的行为之实质侵害性没有达到犯罪程度，因而排除其犯罪性。换言之，正当化事由之所以不认为是犯罪，源于其社会危害性没有达到犯罪程度，而非其侵害行为一定具有合法性和正当性，因为毕竟是在伤害对方或在一定程度上造成损害。

另外，由于正当化事由及犯罪情节、侵害程度等都是包含客观因素与主观因素的综合性要素，既不能纳入犯罪客观要件，也不能纳入犯罪主观要件，这就是学界对其定位存在争议的根本原因。当然，也有学者认为，正当事由应当在犯罪评价之前先行进行单独性的实质评价，也即是合法还是违法，以此将之排除在犯罪评价之外。但问题是，《刑法》第 20、21 条对正当防卫和紧急避险追究“过当”的标准都是“是否超过必要限度”。“从理论上讲，在说行为符合具体犯罪的构成的时候，实际上也意味着该行为不可能是正当防卫、紧急避险等正当事由，换言之，在得出这种结论之前，已经进行了该行为不是正当防卫、紧急避险等正当行为的判断，否则就不可能做出这样的结论来。

因为犯罪构成符合性的判断是唯一的、终局性的判断。"[①]但这种观点将造成犯罪评价不能通过犯罪成立完成,背离犯罪成立原理。故其对正当化事由另行评价的主张,也揭示了通说可能存在的不足。同时也告诫我们,如果不对正当化事由作"必要限度"的评价,还会导致另一个悖论,即防卫过当似乎也无法进行犯罪成立要件的诸一评价,这似乎不符合对任何一个被追究刑事责任行为的评价规则。

因此,既然犯罪客观要件和主观要件不能容纳正当事由,那么只能设置融客观因素和主观因素于一体的综合性要件作为犯罪成立要件,才能从根本上解决问题。事实上,也有学者提出过类似概念,称之为"罪量要件"。该学者认为,"罪量是在具备犯罪构成本体要件的前提下,表明行为对法益侵害程度的数量"[②]。只是,此处的"罪量"称谓并没有解释犯罪成立综合要件的本质特征。因为"罪量"容易使人理解成主客观要素尤其是犯罪数量的简单相加,故更没有明确的数额、情节、侵害程度表达得直接。融主客观要素为一体,实质上并非主客观因素单纯量的积累或总和,而是因为主客观因素的有机统一而结合在一起,并以整体的形式——正当防卫等宣示行为没有达到"超过必要限度"的程度而不构成犯罪。有据于此,将融主客观要素为一体的综合性评价要件称为"量度要件"或许更加准确和合理。

(三)犯罪与犯罪成立的等同关系

"新三要件说"设计的起步也是对犯罪构成或犯罪成立与犯罪概念关系的处理。长期以来,通说认为,犯罪构成与犯罪概念的关系是等值关系,即"犯罪概念和犯罪构成的关系是抽象与具体的关系。犯罪概念是犯罪构成的高度概括和浓缩,是犯罪构成的基础和范围,而犯罪构成是犯罪概念的具体化"[③]。果真如此吗?首先,我国传统的犯罪构成要件是四要件说,那么符合四个要件的行为就一定是犯罪吗?未必如此,如果是正当防卫或者紧急避险就一定不构成犯罪,也就是说传统的四要件说根本没有把排除犯罪行为纳入犯罪论的评价体系中。故传统的犯罪构成要件与犯罪的概念关系并非等值关系,也根本不在同一个层次和位阶上讨论犯罪。前者基本相当于德日刑法的"该当性"加上部分"有责性"要件(犯罪主体),此外还有"违法性"要件(正当防卫和紧急避险)。就是说按照三阶层的观点,完全具备"该当性"、"违法性"和"有责性"才能与犯罪成立或犯罪概念相等同,只具备部分要件不可能与犯罪概念等值。其次,犯罪客体在犯罪成立中不具有任何操作性,尤其在罪刑法定原则下,犯罪客体俨然成为犯罪概念的重要因素,抑或表述为法益侵害性更为恰当,是犯罪概念的重要内容或称核心内容。故我们认为,应当进一步论证或清理犯罪成立与犯罪概念的关系。

---

① 黎宏:《刑法总论问题思考》,中国人民大学出版社2007年版,第43页。

② 陈兴良:《规范刑法学》(上),中国人民大学出版社2008年版,第191页。

③ 欧锦雄:《为犯罪客体的构成要件地位辩护》,载《法治研究》2014年第5期。

犯罪概念与犯罪成立,是两个既有密切联系又有明显区别的不同范畴。犯罪概念,主要回答什么是犯罪。它将犯罪这一社会现象的本质特征予以概括抽象,和其他一切非犯罪的社会现象,特别是不道德行为、违纪行为和其他违法行为等的界限相区别,这些区别是概括的、不具体的。而犯罪成立则是在考察某侵害行为及其价值判断的基础上,尤其要看犯罪客观要件、犯罪主观要件和犯罪量度要件是否完全具备,从而评判是否成立犯罪。所以,犯罪成立是回答应该具备哪些要件或要素犯罪才能成立的一个客观认识与认定过程。

当然,在上述犯罪成立要件的分析中,本书的主张或许只是一家之言。尤其在我国几十年都习称“犯罪构成”的情况下,一下子改成“犯罪成立”,尤其是将正当防卫、紧急避险纳入犯罪量度要件中来进行阐释,或许很难让人接受。但作为一种认识或创新过程,笔者坚信,将犯罪等同于犯罪成立的关系定位是有其合理性的,请学界关注和坚持。

第二十一章　犯罪客观要件:行为性质及此罪彼罪

犯罪客观要件作为犯罪成立的重要内容,需要深入研究。首先,应对其概念、特征有基本认识;其次,要把握该要件的具体内容及对定罪量刑的意义。该要件通常是指刑法所规定的、说明犯罪行为特性,而为成立犯罪所必须具备的诸事实特征。① 其中,是“诸事实特征”还是“诸事实行为特征”?或许后者更符合犯罪客观要件的核心特征。故本书认为,犯罪客观要件是指揭示犯罪行为状态及其性质和特征,为成立犯罪而必须具备的诸事实行为特性及其类型的刑法规定,包括侵害行为、侵害对象、侵害结果、因果关系,以及侵害行为的时间、地点、方法(手段)等。其中,侵害行为是一切犯罪都必须具备的要件,这里的侵害结果是指侵害行为所导致的成立犯罪所需要的法律事实结果,而非结果犯(如盗窃罪)的数额、情节及侵害程度等,这些数额、情节结果将在犯罪量度要件中专门介绍;因果关系即行为和法律事实间的关联性及其程度。我国传统刑法理论通常将侵害行为称为认定犯罪的必要要件,而将侵害结果、特定的时间、地点、方法(手段)以及对象等称为认定犯罪的选择性要件。

一、侵害行为

“无行为则无犯罪亦无刑罚”是刑法格言,其在刑法理论中占有支柱地位。如有人指出:“行为在刑法科学中居于相当重要的地位。它不仅是连接犯罪构成诸要件的纽带,而且也

---

① 参见高铭暄主编:《刑法专论》,高等教育出版社 2002 年版,第 151 页。

是刑事责任理论赖以建立的支柱。"[①]刑法关注的是何种行为属刑法所关注的对象。对此有人认为:行为事实是接受规范认定与判断的"评价客体";而刑法则是对于该行为事实,作犯罪成立认定与刑罚科处判断,乃是对于行为事实的"客体评价"。[②] 也有人认为,刑法所评价的对象和刑法评价是两回事,"评价对象"解决的是什么样的行为系刑法的评价对象,"刑法评价"是对"评价对象"进行判断——判断其是否为犯罪。事实上,以刑法评价作为区分点,行为可分为两大类,即刑法评价对象的行为和刑法予以评价的行为。前者系构成要件行为,此类行为属于刑法评价的对象,但并未进入刑法评价。后者系进入刑法评价后借助犯罪成立理论进行评价,进而确定该行为是否犯罪,被称为"刑法评价阶段行为"[③]。作为犯罪客观要件的侵害行为,指的是刑法评价阶段的行为。在犯罪成立中,缺少行为这一基本要素,就表明犯罪成立的客观要件不存在。故无论是德日三阶层还是英美双阶层的犯罪论体系,抑或中俄四要件犯罪论体系,都极为重视刑法中行为的概念。

(一)侵害行为的定义和特征

刑法中的侵害行为,也称法益侵害行为,既包括犯罪预备的犯罪行为,也包括对社会造成直接损害或者威胁的实行行为。由于预备行为不能准确揭示犯罪的客观特征,而实行行为通常决定犯罪性质,因而侵害行为通常是指实行行为,我国通说将其称为危害行为。从形式上看,侵害行为指的是作为犯罪客观要件的行为。一般来说,刑法分则所规定的构成要件行为就是侵害行为,如故意杀人罪的侵害行为就是"杀人",抢劫罪是侵犯他人人身和劫取财物的行为。"刑法分则主要通过行为规定各种犯罪的构成要件。因此,实行行为是使各种犯罪的构成要件具有自身特色的最主要的要素"[④]。也就是说,实行行为是基本形态犯罪的客观方面行为,是从刑法的规范评价上对某个具体犯罪的客观行为类型化。由于犯罪的本质是侵害法益,故从实质上考察,刑法分则规定的构成要件行为必须是具有侵害性的行为。一般而言,"刑法中的危害行为,指由行为人的心理态度支配的危害社会的身体动静"[⑤]。其当然是指"犯罪构成客观方面的行为要件"[⑥]。侵害行为具有三个特征:

1. 侵害行为的有体性。这是指侵害行为外在表现的人体动或静的体位特征。身体的"动"是指身体的举动、动作,既包括人的四肢运动、躯体运动等大动作,也包括手

---

① 马克昌、鲍遂献:《略论我国刑法上行为的概念》,载《法学研究》1991年第2期。

② 柯耀程:《刑法构成要件解析》,台北,三民书局2010年版,第70页。

③ 杨柳:《前构成要件行为概念之提倡——兼评可罚违法性理论和我国〈刑法〉第13条但书规定》,载《法学论坛》2012年第3期。

④ 张明楷:《刑法学》(第4版),法律出版社2011年版,第146页。

⑤ 马克昌主编:《刑法学》,高等教育出版社2003年版,第61页。

⑥ 李晓明:《刑法学总论》,北京大学出版社2016年版,第219-220页。

指活动、眼色示意等小动作。身体的"静"是相对"动"而言的一种反映人体特征的表现。在刑法中,身体的动或静均能成为侵害行为的一种具体表现,但与身体动和静无关的内心活动,如思想等则不能成为侵害行为的具体特征。当然,言语也是身体的动或静,但这并不意味着言语一定属于侵害行为。如"我要杀人",但实际上并没有杀人,就不能成为侵害行为,再如梦话等也不能。但如果言语能够对客观世界造成特定影响,如侮辱、诽谤等则属于侵害行为。

2. 侵害行为的有害性。犯罪是有害性的行为,这就决定了侵害行为必然是有害性的行为,这也是侵害行为所以遭到刑法禁止的根本原因。因此,什么样的行为具有社会侵害性,主要取决于国家和社会的判断,尤其是根据刑法的具体规定来判断。如果某一行为对国家和社会不会造成任何损害,就不可能成为刑法上所禁止的侵害行为,也就不是侵害行为。

3. 侵害行为的罪责性。侵害行为是在行为人罪责心理支配下的侵害社会的身体动静。所谓罪责心理是指受行为人的主观意识或者意志所支配,也即行为人有故意或者过失而致使他人受到侵害。不属于侵害行为的包括:(1)单纯的反射运动。这是人的身体受到外界因素刺激所作出的本能反应,与人的心理态度没有必然联系,故不能成为侵害行为。如因公交车急刹车而将前面的人碰伤,不属于侵害行为。(2)睡梦中的举动。人睡着后的举动是一种下意识的行为,并非在人的正常心理态度支配下的行为,故"梦游"肢体动作不属于刑法中的侵害行为。(3)人在精神错乱状态下的举动。因其没有意识和意志,如受到惊吓而冲动把他人撞倒,不可能构成刑法上的有意侵害行为。(4)人在不可抗力作用下的举动。如在海浪的冲击下将旁人撞倒或撞伤,在遭遇地震孤立无援情况下为生存偷食物吃等,均不属于侵害行为。(5)人在身体受到强制情况下的举动。如受他人强制而投放炸药,尤其是即便不做他人也要做,不应属于侵害行为。当然,仅仅是精神受到强制实施了侵害社会的行为,是否属于侵害行为不能一概而论,符合紧急避险条件的成立紧急避险,不符合紧急避险条件的就可能属于侵害行为。

(二)中外侵害行为的考察

由于历史和文化的原因,中外刑法中的犯罪行为或侵害行为表述未必完全一样。

1. 我国刑法中的侵害行为

我国历代刑律对犯罪行为的描述都极为具体,如《尚书·吕刑》对"三风十愆"的规定,"殉于货色""恒于游畋""远耆德""比顽童"等。《法经》规定,"越城一人则诛,自十人以上夷其乡及族""避相居一日以上则问,三日、四日、五日则诛"。这些都是对行为特征、主体人数、侵犯对象、时间、数额作的具体规定。此后随着立法技术的提高,对行为的规范日益严密,唐宋明清各代刑律对犯罪行为的描述更为详尽。如《唐律疏议·卫禁》中有“宫殿作罢不出”之罪。其规定:“诸在宫殿作罢而不出者,宫内,徒一年;殿内,徒二年;御在所者,绞。”其本来只是一种行为,但因其所到达的地点不同,而形成三种不同的行为特征。不作为是指行为人不履行法律规定的义务的行为,封建国家把大量的义务加在臣民的头上,因而对不作为的规定也很多。如唐律规定,“事应奏而不奏”指依据律、令、式规定“事应合奏而不奏”,“规避执人”指遇有罪犯绑架人质时“部司及邻伍知见,避质不格者”。部司指当地村镇以上的主管人员,邻伍指四邻五保。按《唐六典》规定,“四家为邻,五家为保”。其都有追捕打击绑匪,解救人质的义务,如果逃避退让,放弃义务,就叫“避质不格”,要处以二年徒刑。明清律中也有类似的规定,如《军政》中的“主将不固守”“不操练军士”,《断狱》中的“因应禁而不禁”,《职制》中的“无故不朝参公座”,《诉讼》中的“告状不受理”,《河防》中的“失时不修堤防”等。这些义务都是因官吏本身的职务而产生的,不履行即构成犯罪。有的义务是因自身的先前行为而产生的,如“脯肉有毒,曾经病人,有余者,速焚之。违者笞九十”。干肉霉变有毒,且已有人吃后中毒,是肉的主人先前行为造成的,故必须立即烧掉,这是法定义务,如果不执行就是犯罪。也有既非职务,也非自己先前行为,而是作为普遍义务要求全体社会成员的,如《唐律·杂律》中有“诸见火起,应告不告,应救不救,减失火罪二等”的规定,即把救灭火灾作为全社会成员的法定义务。①

受苏联影响的我国刑法学并不研究什么是“刑法中的行为”,而是直接在犯罪构成客观方面的论述时提出“危害行为是犯罪构成客观方面的要件”。通说认为,“危害行为”即“危害社会的行为”。即使是在“危害行为”这个层次的行为概念,也众说纷纭。概括起来有6种观点:(1)“危害行为”或称为犯罪行为,即指行为人故意或过失实施为刑法所禁止的具有一定社会危害性的行为。(2)指由行为人的心理活动支配的危害社会的身体活动。(3)指由行为人意识和意志支配的危害社会的身体动静。(4)指由行为人的心理活动所支配的危害社会的身体动静。(5)指由行为人的意思决定所支配的违反刑法的命令或禁止规范的身体动静。(6)指的是由行为人意志自由所支配的,客观上违反刑法禁止规范或命令规范的身体动静。② 形成的共识:一是有行为人故意或者过失造成的侵害他人或者社会的行为;二是这些行为是违反国家刑法规定的;三是表现为动、静或必要语言(指侮辱、诽谤)。

关于行为概念的表达,至今没有达成共识。一般认为,刑法中的“行为”指的是作为犯罪构成客观方面的“行为”,即侵害行为。可见,侵害行为、犯罪行为和实行行为本质上都属于刑法上的行为范畴,都是主客观的统一体。三者的区别:(1)内涵和外延不

---

① 参见高绍先:《中国刑法史精要》,法律出版社2001年版,第168-169页。

② 参见刘霜:《对刑法中“危害行为”的反思》,载《河北法学》2009年第7期。

同。侵害与非侵害相对应,构成犯罪的侵害(狭义的侵害)和未构成犯罪的一般侵害相对应。刑法中一般指称的侵害行为是狭义上的危害行为。犯罪行为和狭义的侵害行为是等同的,是指侵害性严重到需要刑法来调整的行为。实行行为是指由刑法分则规定的犯罪构成客观方面的行为,属于狭义侵害行为的核心部分,与总则规定的犯罪行为即非实行行为相对应。(2)在犯罪论体系中的地位和作用不同。侵害行为的功能是在宏观上区分进入刑法调整范围的行为,犯罪行为以犯罪构成为视角对行为的犯罪性予以突出,实行行为从犯罪构成内部客观要素方面来强调行为的"实行"性,成为正犯(实行犯)、未遂犯及共犯的限定要素。[①]

2. 英美刑法中的侵害行为

在英美国家,actus 一词意为"行为",即人类行动的有形结果。当刑事政策把某种行为视为有害时,就对之加以禁止,并对违反人施以刑罚来防止再现。法学家们习惯于用 actus reus 一词来描述这类法律禁止的行为,故其可以被定义为"法律力求防止的、本身包含着危害结果的人类行为"。[②] 但作为"犯罪客观要件"的术语,广义上其是除犯罪心态外的一切犯罪要件,也就是犯罪构成的客观要件,包括犯罪行为、犯罪结果和犯罪情节。[③] 美国刑法通说将犯罪的客观要素划分为"有意行为"(voluntary act)(或自愿行为)、"危害结果"(harmful result)、"附随情节"(attendant circumstance)三个方面。其中"有意行为"是一切犯罪的必备要素,"危害结果""附随情节"仅存在于法律有特别要求的犯罪中,不是必备要素。[④] 在英美刑法中,"有意行为"由两部分内容构成,即客观的"行为"和主观的"有意性"。

(1)客观的"行为"。按照霍尔姆斯(Holmes)的观点,行为是身体的运动(bodily movement),或者更准确地说,是肌肉的收缩(muscular contraction)。一个人弯曲手指扣动枪的扳机、迈腿行走等,都是行为。但也有学者认为,此观点将行为概念过分简单化,并指出,倘若按照此观点,在故意用枪杀人的案件中,只有弯曲食指的动作才是行为,持枪或装子弹、瞄准都是附随情节?这似乎并不反映杀人罪的行为特征,因此应将上述要素一同视为行为。包括没有肢体动作的言辞也是刑法中的行为,如抢劫犯中的语言威胁恐吓、教唆犯中的语言教唆、伪证罪中的虚假陈述等,都是言辞形式的行为。还有学者指出,有些犯罪的定义中不只有一个行为,而是由多个行为组成。如夜盗罪(burglary)包括"打开"和"进入"两个行为。如果行为人只是砸坏了他人住宅的窗户而没有进入屋内,就不构成夜盗罪,或许构成破坏公私财物罪。这种情形类似于我国刑

---

① 参见聂立泽、孙海龙:《论刑法中的实行行为》,载《法商研究》2004 年第 4 期。

② [英]W. 塞西尔·特纳:《肯尼刑法原理》,王国庆、李启家等译,华夏出版社 1989 年版,第 18 页。

③ 参见储槐植:《美国刑法》(第 4 版),江溯译,北京大学出版社 2012 年版,第 30 页。

④ 参见刘士心:《美国刑法中的犯罪论原理》,人民出版社 2010 年版,第 1 页。

法理论中所说的复合实行行为。[①] 在英美刑法中，“行为”一词既可以指不包括主观意识在内的单纯的身体举止，也可以指包括行为和意识在内的狭义的行为，还可以指把结果也包括在内的广义上的行为。有时候，这种区别非常重要。如果行为人在客观上表现出某些举止时，缺乏的仅仅是蓄意、轻率、疏忽等主观罪过，而“行为意识”还是存在的，则可以适用“严格责任”原则；如果连“行为意识”都不存在，则不能适用该原则。[②] 由于“英美犯罪构成理论结构具有显著的实践性、简便性与动态性。这些文化特点与英美传统思维方式的灵活性及其经验主义、实用主义的哲学基础之间有着内在的文化关联”，[③]因而其行为理论上大都体现出客观自然的特征，而将行为具体的社会意义留待司法实践中交由法庭辩论去解决。[④] 应当说，这就是英美刑法的特点。

(2)主观的“有意性”。两种含义：一是指行为人在实施行为时具有一般意义的意志自由(free will)，行为具有主观可责性。如在讨论辩护理由时，行为人在胁迫(duress)状态中实施的行为是“无意的”，应当得到宽恕。二是特指行为是否受到了行为人意识和意志的支配，是否悬在无意识条件下实施，是否意表选择的结果等。作为行为有意性要素的“有意的”是指后一种含义。[⑤] 主观的“有意性”具有选择性、主动性，排斥无意性。

3. 大陆法系刑法中的侵害行为考察

贝林格将构成要件理解为犯罪类型，使得构成要件的内涵被彻底定型，为古典犯罪论体系打下了基石。后来，德国的犯罪论历经了新古典体系、目的主义体系、目的理性体系的演进，但无论怎样变化，构成要件是犯罪类型这一论断始终没有受到挑战。因此，首先有必要厘清行为与构成要件的关系，因为在犯罪客观要件中二者的关系才是本要件的核心。

(1)刑法中的行为与构成要件的关系。行为是先于犯罪论体系检验的第一道“关口”，如果行为人的身体举止不是行为，则根本不能进入犯罪论体系的检验，应立即排除入罪。构成要件是行为人的身体举止被认定为行为后，再对其行为是否符合构成要件进行审查。当然，行为也不同于构成要件该当行为。因此，由概念的内涵不同所决定，必须在用语上区分行为、构成要件该当行为、构成要件。在德国，完全不是问题。王世洲教授曾在翻译罗克辛刑法教科书后记中提到：“目前亚洲刑法学界基本上采用

---

① 参见刘士心：《美国刑法中的犯罪论原理》，人民出版社2010年版，第2-3页。

② 参见[英]J. C. 史密斯、B. 霍根：《英国刑法》，马清开等译，法律出版社2000年版，第45-46页。

③ 储槐植、高维俭：《犯罪构成理论结构比较论略》，载《现代法学》2009年第6期。

④ 参见邵睿：《行为理论之比较研究——兼论人格行为论的合理性》，载《烟台大学学报（哲学社会科学版）》2014年第6期。

⑤ 参见刘士心：《美国刑法中的犯罪论原理》，人民出版社2010年版，第3页。

日本的译法,把这三个德语词都翻译为一个词'行为'。Verhalten、Handlung、Tat 这三个词的确都表示'行为',然而在刑法学中,这三个词表示的是犯罪构造过程三个不同阶段的'行为'。当然也可以把表示法律还不关心的自然状态下的 Verhalten 标记为'举止行为',把作为法律指向对象的 Handlung 标记为'行为',把符合法律规定的 Tat 标记为'构成行为'。"①据此对刑法中的行为予以细分。

(2)前古典犯罪论中行为的概念。出于启蒙思想家们对封建刑法恣意性的反思,要求一个具备科学性、经验性和客观性的概念作为刑事责任的基础,而最初的(自然意义上的)行为概念恰好就具备这些特点。封建刑法大抵具有干涉性、恣意性、身份性和残酷性特点,而印证恣意性的一个著名案例是马尔西斯因为做梦谋杀了狄欧尼西乌斯皇帝而被处死,理由是"日有所思,夜有所梦"。姑且不论皇帝是如何探知他人梦境的,但仅凭这样的理由就将人定罪处死,显然是荒诞的。为了克服恣意性,启蒙思想家们便"从犯罪的最直观形式——犯罪行为入手,前溯犯罪人的主观心理,后顾犯罪行为的危害后果"②。近代刑法中的行为概念是 19 世纪法学逐步发展的产物。在费尔巴哈的刑法理论中,行为还没有成为刑法学独立研究的对象。被誉为"刑法中的行为概念之父"的黑格尔在《法哲学原理》中界定了行为的概念:"意志的权利……在于,在人的举动中,只有那些可以认定为他的行为,即根据他的目的在明知其前提并故意为之者,才能要求他对此承担责任——行为只能归责于意志的过错。"③在黑格尔的行为理论中,尚没有体系层次的区分,行为仅限于故意且与犯罪的归责,即可罚的行为是等同的。几乎黑格尔学派的所有人都如此认为,犯罪论的核心是行为概念。包括所为和意志及二者间的关系,三个内容缺一不可。④ 19 世纪 40 年代开始,理念论的黑格尔学派盛极一时,19 世纪 70 年代由于奥古斯都·孔德(Auguste Comte)创立的实证主义开始逐渐渗透到社会科学中,梅尔克尔(Merkel)立足于实证主义,对理念论的黑格尔学派展开批判。他认为,在行为和行为人的性格之间并不是基于意志自由而被偶然地联系在一起,而是建立在决定论的基础之上,刑法的核心是进行归属的判断。包括因果判断和配分判断:前者是将所为归属于行为者的意志或性格的判断;后者是在因果判断基础上与行为者将来的功绩或责任相连接、从积极价值或者消极价值的意义上对行为者进行归属判断。因此,梅尔克尔的归属判断是二重性的判断—— 一是因果相关的判断;

---

① [德]克劳斯·罗克辛:《德国刑法学总论》(第 1 卷),王世洲译,法律出版社 2005 年版,第 698 页。

② 陈兴良:《刑法哲学》,中国政法大学出版社 2004 年版,第 709 页。

③ [德]黑格尔:《法哲学原理》,张企泰、范扬译,商务印书馆 2017 年版,第 34 页。转引自李海东:《刑法原理入门》,法律出版社 1998 年版,第 25 页。

④ 王充:《中日犯罪论体系的比较与重构——以行为论与犯罪论的关系为视角》,载《中国法学》2006 年第 6 期。

二是价值相关的判断。也就是说,首先将发生的事情向行为人的意志进行归属,其次对这个归属进行法或道德上的判断,认定它是具有积极价值还是具有消极价值。梅尔克尔的二重归属判断后来成为犯罪论体系中划分违法性判断和责任判断的基础。从此刑法学中行为的各个要素被逐步分离,在梅尔克尔对两种归属进行划分的同时,实证主义的方法开始在刑法学中占据主流地位,表现为宾丁对于刑法规范的实证分析,贝林格提倡构成要件理论等,都标志着刑法学研究开始进入新阶段,而行为论与犯罪论的关系也随之一新。为实现犯罪论的各种机能,关注重心开始从行为本身(行为论)转向行为的属性(类型性、违法性、有责性、可罚性等)。随着这些行为属性的不断分离,行为逐渐成为"裸的行为",同时,行为论也随之渐渐变成了"裸的行为论"。[①] 可见,在古典犯罪论体系中行为及其类型划分显得如此重要。

(3)大陆法系行为理论的发展。孟德斯鸠最早对言语与行为进行区分,而经过贝卡里亚等行为中心论者的进一步发展,以行为为犯罪的本体性要素逐渐深入人心。同时经过实证主义学派的行为人中心论刑法学体系的纠偏,行为的意蕴也随着时代发展逐渐发生变化;行为概念从存在论至价值论的逐渐深入,对刑法学体系的建构产生重要影响。

①因果行为论(或自然行为论)。受19世纪自然科学的影响,学者们开始从物理学和心理学的角度来理解行为。在以行为为中心的构成要件阶层,李斯特主张因果行为论,将行为界定为引起外在变化的意思活动。他指出,这一意志活动特征并进而表明行为特征的"愿望",在这里仅意味着意志冲动,可将其规定为心理学上的神经支配,并将其理解为心理学上的"确定其原因的意思过程"。[②] 意思活动是一种心理学现象,应当采用心理学方法进行分析。至于意思活动所引起的外在变化,就是指结果。结果是任何一种行为必须具备的,因此没有结果的行为犯对李斯特来说是不可想象的。其认为,即使是危险本身也是一种结果,一种产生于外界的状况。对于结果,则应当用物理学的原理来描述。至于刑法中的因果关系,也是一种行为与结果的客观联系。在因果关系判断上李斯特采用条件说,也即全条件同价值说。在其看来因果关系是纯客观的,并不涉及评价问题。[③] 该论又分身体动作说和有意行为说。

自然行为论只把外部有意识的举动,即物理性行为作为刑法上的行为,是一种事

---

① 王充:《中日犯罪论体系的比较与重构——以行为论与犯罪论的关系为视角》,载《中国法学》2006年第6期。

② [德]弗兰茨·冯·李斯特:《德国刑法教科书》(修订译本),徐久生译,法律出版社2000年版,第177页。

③ 参见陈兴良:《刑法教义学与刑事政策的关系:从李斯特鸿沟到罗克辛贯通中国语境下的展开》,载《中外法学》2013年第5期。

实行为论。正如拉特布鲁夫指出的:这种理论的最大缺欠是在行为中没有包括不作为。同时这种理论还存在许多其他疑点,如行为中没有包括行为的主观方面内容,仅仅把行为作为责任的要素,等等。[①] 其缺陷在于完全割裂了行为主客观两方面的内在联系,不仅不能合理地说明刑法中的不作为(刑法中的不作为不具有"有形性"特点),更不能说明行为的统一性怎么样把这些活动连接为统一的整体,应该如何区别构成盗窃行为的这些活动与主体进行的其他活动,这些都是自然因果行为论无法回答的。[②] 由此可以看到其局限性。

②社会行为论。这是于 19 世纪 30 年代由德国的埃伯哈特·施密特(Eberhard Schmidt)提出的,主要从人的行为在社会中具有什么意味角度来理解行为。该理论在"二战"后随着赞同者的增加,也在被不断深化,目前是德国最有影响的行为论。其从因果行为论在解释不作为犯特别是忘却犯上的不足处着手,即为了使不作为在行为概念中具有适当位置,就不能从因果的、物理的意义上来理解行为,而必须从社会意义上来把握行为。支持者有佐伯千仞、西原春夫、曾根威彦等。根据其对意思支配可能性的理解不同又分为两支:其一,将忘却犯也包括进行为概念中,承认意思支配可能性是行为概念的要素。其二,将物理强制下的动作和下意识的反应等从行为概念中排除,不承认意思支配可能性是行为概念的要素。新古典体系以新康德的价值哲学为思想根源,倾向于批判的文化哲学,认为所有文化客体诸如伦理、法律、艺术、宗教都须检视其价值,主要职志就是超越法实证主义。不同于古典体系,新古典体系对行为的把握不是纯粹从经验上去看,而是从社会的评价去观察,对行为主义的理解,做价值上的思考,故提出了社会行为论。[③] 该说强调行为的法社会意义,虽然有失抽象、不易把握,但终究包纳各种行为,故不失为合理的选择。意大利学界认为,"社会行为论"根据主体举动是否具有社会意义来确定刑法中行为的范围,尽管可以对故意、过失、作为、不作为都作较好说明,但却失之宽泛,不能发挥刑法中行为应有的限定功能与排除功能。不仅因为"用来确定行为范围的标准(社会意义)本身就是一个不确定的概念",更由于许多具有社会意义的人类举止(如法人行为,主体自身不能控制),并不是刑法中行为的范畴。[④]

③目的行为论。其于 20 世纪 30 年代由德国的韦尔策尔创立,主要从人之行为是追求目的活动的角度来理解行为,"二战"后获得了相当程度的赞同。其认为,自然现象都是盲目的存在,仅仅是因果流程的结果,可是人类的行为却是建立在目的之上的。

---

① 参见大冢仁:《人格刑法学的构想(上)》,张凌译,载《政法论坛》2004 年第 2 期。

② 参见陈忠林:《意大利刑法纲要》,中国人民大学出版社 1999 年版,第 89-90 页。

③ 参见许发民:《哲学立场与德国犯罪论体系的建构》,载《甘肃社会科学》2011 年第 3 期。

④ 参见陈忠林:《意大利刑法纲要》,中国人民大学出版社 1999 年版,第 90 页。

首先,人类的行为在理解了因果流程的同时决定自己的行动,他们的行为首先是建立在对因果知识把握的基础上,因此,他们能够预见到自己的行为结果。其次,他们在因果知识的基础上设定自己的行动目标,并且为了实现这个目标而制定行动的计划。

④人格行为论。其由日本刑法学家团藤重光首倡,在日本得到了大塚仁的支持,德国刑法学者考夫曼也很认同。该说主张,刑法中的行为是行为者人格的主体性现实化的身体动静,单纯的反射运动、受到绝对强制的动作,都不能成为刑法中的行为。主体的人格态度中包含着作为和不作为。人格态度也不仅仅限于故意,轻视规范的人格态度即过失,也是一种行为。重要的是,人的身体动静要与其背后的行为人的主体性人格态度相结合,把它看作人格主体性的现实化时——也只有这样的场合,才能将它解释为行为,行为是作为行为者人格的主体性现实化的活动,这种行为具有生物学和社会学的基础。[①] 考夫曼认为,人和其他低级动物的根本区别就是人格属性,即自己意识以及由此而产生的自己处理的能力属性,因此,只有反映人格的举动,才能称为人的行为。据此,行为包括作为和不作为,作为是身体的积极因果创造,不作为是行为人利用自身以外的其他外部条件的因果过程,二者统一于因果过程中的支配可能性。虽然考夫曼的行为意义是立论于"存在论"和"人"的立场上来论及行为的,实质上就是人的某种质性的客观化。后来他给行为下的定义是:人的行为能够自由支配(因此能够归责于行为人),伴有因果性结果的有责的、有意义的现实形成。[②] 如何在实践中探究和确定行为人的人格以及其形成,是人格行为论所面临的最大难题。探究和确定人格责任容易造成刑罚权对行为人合法私人空间的肆意干涉,从而侵犯公民的基本人权。由于该种学说也存在缺陷,刑法理论界倾向于这种学说的并不多。[③] 但其纠偏式的思维以及其人格理论对量刑上的公正追求是有益的。

(三)侵害行为的表现形式

刑法中的侵害行为依据不同标准可作出不同分类:依据是否利用职务可分为职务行为和非职务行为;依据主观罪过可分为故意行为和过失行为;依据刑法分则的构成要件规定可分为实行行为和非实行行为;依据侵害行为的性质不同可分为侵犯财产行为、侵犯人身行为和渎职行为等。此外还有一种分类标准,这便是根据行为人对待行为积极与消极的态度,可分为作为与不作为和持有。该分类与侵害行为的特征有关,甚至关系侵害行为的表现形式。

对作为与不作为学界争论甚大:日本学者西原春夫认为,"所谓作为指实施一定的身体运动,所谓不作为指不实施一定的身体运动。从该定义可知,作为、不作为与运

① 参见马克昌主编:《近代西方刑法学说史》,中国人民公安大学出版社 2008 年版,第 516-517 页。

② 郑泽善:《刑法总论争议问题研究》,北京大学出版社 2013 年版,第 9 页。

③ 参见郑泽善:《刑法总论争议问题研究》,北京大学出版社 2013 年版,第 10 页。

动、静止本身不同,与一定的身体运动的关系常常是前提。因而,它不以一定的身体运动作标准,就不能明确”①。意大利学者杜里奥·帕多瓦尼指出:“现在我们来看看行为的两种形式。如果从客观现象的角度分析,作为可定义为一种可以从外部感受到的身体活动。不过,这是一个非常抽象的定义,其具体内容得根据刑法对不同犯罪的具体规定来决定。……不作为是行为的第二种形式,其特点是没有实证的内容。刑法典第361条第1款处罚公务员对自己知道的犯罪不及时报告的行为,显然不是因为行为人做了什么,而只是因为他没有做他应该做的事情。”②苏联学者别利亚耶夫等指出:“犯罪的作为是人的外部行为的举动,即对周围环境的某些现象和事件进行有意识的、积极的干预。……犯罪的不作为是指人的消极行为,即某人违反刑事责任规定没有履行他所承担的,按照一定方式行动的义务,或者,主体对那些应该而且也可以阻止的犯罪没有予以阻止,从而产生了危害社会的结果”。③ 针对争议做些分析。

1. 作为。其是指刑法禁止实施的行为人却以积极的身体动静实施的危害行为,即“不能为而为之”。成立条件:(1)刑法规范明确禁止某行为。如果没有刑法规范的禁止,就不存在刑法上的作为。(2)以积极的身体动静实施被刑法禁止的行为,是指实行了受法律禁止的行为,此时违法行为便是一种“作为的犯罪”或“实行的犯罪”。但“单纯的不作为”是否会引起“实行的犯罪”?④ 这的确是一个复杂的问题。意大利学界一般将“作为”定义为“主体积极的身体活动”。不过,许多作者认为,并不是任何“主体的身体活动”都是刑法中的作为,“可以从外部感觉到”,或者“能够侵犯刑法所保护利益”,也是犯罪论中作为存在的必要条件。⑤ 刑法研究中,作为相对比较好理解,难以理解的是刑法的不作为。

2. 不作为。站在刑法规范的立场来考察人的行为,则不仅作为违反了刑法规范(禁止性规范)因而属于规范视野中的行为,且不作为也违反了刑法规范(命令性规范)因而理当也属于刑法规范视野中的行为。从规范角度看,“刑法不会斤斤计较人的客观表现是动还是静,它切实关心的是自身是否被违反,即行为是否违反刑法规范”⑥。作为与不作为,无论二者在表现形式上存在多大的差异,但在违反刑法规范(行为规范)这一点上,二者是一致的。所以,违反刑法规范就成为作为与不作为共同的上位概

---

① 马克昌:《刑法中行为论比较研究》,载《武汉大学学报(社会科学版)》2001年第2期。

② [意]杜里奥·帕多瓦尼:《意大利刑法学原理》,陈忠林译,中国人民大学出版社2004年版,第106页。

③ 转引自马克昌:《刑法中行为论比较研究》,载《武汉大学学报(社会科学版)》2001年第2期。

④ [法]卡斯东·斯特法尼等:《法国刑法总论精义》,罗结珍译,中国政法大学出版社1998年版,第215页。

⑤ 参见陈忠林:《意大利刑法纲要》,中国人民大学出版社1999年版,第91页。

⑥ 李金明:《论不作为的行为性》,载《中国人民公安大学学报(社会科学版)》2008年第5期。

念。这样,二者统一概称的行为概念就可定义为:违反刑法规范的身体动静就是行为。在此概念下,不作为由于违反了命令性刑法规范,所以也属于刑法中的行为。由此,不作为的行为性问题得到了较好的解决。[①]

(1)古今中外不作为犯的立法及其概念

我国古代刑法中不存在不作为的一般性规定,但存在以不作为形式构成的具体犯罪,可谓"无不作为犯之名而有其实"。《三五刑法》第15条第1项规定:"对于一定结果之发生,法律上有防止之义务,能防止而不防止者,与因积极行为而发生结果者同。"《联邦德国刑法典》第13条规定:"(1)依法有义务防止犯罪结果的发生而不防止其发生,且其不作为与因作为而实现犯罪构成要件相当的,依本法处罚。(2)不作为犯罪得依第49条第1项减轻之。"《韩国刑法典》第18条规定:"负有防止危险发生的义务或者因自己的行为引起危险,而未防止危险之结果发生的,依危险所致的结果处罚。"上述刑法均规定有不作为犯的概念、要件和处罚。

在普通法中,古代关于一个人应当对自己已被证实做过的事情承担责任的观念,合乎规律地导致了相反的思想:如果危害发生是某人什么都未做的结果,那就不能引起该人的责任。该观念持续到现代,没有人因为他的不作为行为的危害结果而按照普通法承担刑事责任,无论这种不作为是粗心大意引起还是故意实施,除非起诉方能证明被告人负有法定义务。当然有例外:①每个公民都负有当警官在其职责范围内为维持治安,有正当理由号召并且自己有能力做的情况下援助和帮助警官的义务。②英国船长有责任努力营救从自己船只上落水的水手和乘客。③英国父母自动承担抚养并保护其子女免受侵害的义务。[②] 此外,普通法不要求公民承担采取行动保护其他人的义务,除非他自己直接或间接地同意这样做。在英国未能给子女提供食品、衣服和住所的父母,只有当证明他或她太贫穷以致确实不能履行自己义务时,才能免除其义务。但现代立法规定,处于贫困中的父母可从适当的公共机构中获得必需的帮助。且依1933年《儿童和未成年人保护法》,贫困并不再是为那些不能给子女或未成年人提供或不能采取措施获得足够的食品、衣服、医疗帮助或住宿的父母或对抚养儿童或未成年人负有法律义务的辩解理由。其他场合下,似乎只有当一个人由于自己的行为承担了义务,而他没有采取措施帮助或救护另一个人时,才使他应负责任。采取行动的义务可能是直接承担的,或是广泛承担法定义务的固有部分。故任何达到承担法律责任年龄的人,如果已经承担了照管某个由于年龄或疾病而丧失自理能力人的义务,无论是否为了报酬都有责任采取一切适当的措施以保证这种照管。同样一个自愿承担某项

---

① 参见李金明:《论不作为的行为性》,载《中国人民公安大学学报(社会科学版)》2008年第5期。

② 参见[英]特纳:《肯尼刑法原理》,王国庆、李启家等译,华夏出版社1989年版,第20页。

工作或事务的人,不论是否为了报酬当另一人的安全或生命可能依该项工作或事务的执行而定时,必须带着适当的细心和努力执行该任务,且在没有给他明知由于该项任务的停止可能受到危害的人发出适当的预先通知的情况下,不得放弃该项任务。因此,在所有这类案件中,起诉方负担着使法官确信被告人有作为的义务。但在证实因果关系时经常有另外的异议障碍,因为在由于不作为造成损害的案件中,很难确凿地证明不作为已经造成了危害。这在杀人罪的指控中是特别有可能出现的。[①] 可见,在普通法中,刑法的不作为有着十分久远的渊源,而且十分传统。

在美国,一般而言如果行为人没有实施某行为,且即使行为人实施该行为也不会对自身的安全带来风险,但行为人不实施该行为会导致对他人的危害,行为人也并不会因此获罪。一般规则的理论根据:①证明不作为者的主观心理状态是非常困难的。②保障个体自由。在以保障个体自由、限制政府权力为根基的社会里,刑法应旨在阻止行为人对他人造成绝对危害,而非强迫其为他人带来好处。刑法中存在所谓的不纯正不作为犯的情形:①身份义务。普通法规定,行为人有义务去保护与其有特殊关系的人。通常是基于依赖和相互依赖的关系,如父母和子女、配偶和配偶、雇主和雇员。②合同义务。行为人达成的对他人提供帮助的明示或默示的合同。③自愿承担的义务。当行为人自愿承担照顾他人的义务时,若与其不承担任何照看义务相比,其后续不作为会将受害人置于更糟糕的处境,则行为人就必须坚守该照看义务。④创设风险所引起的义务。若行为人对他人造成损害风险,则其必须采取行动防止后续损害的发生。[②] 英美国家对于不作为(Omission)的研究渐渐向大陆法系的理论接近,现在美国的刑法理论中也有纯正不作为犯和不纯正不作为犯之分。[③]

(2)纯正的不作为犯与不纯正的不作为犯

纯正的不作为犯是指不以犯罪结果的发生为不作为成立条件的犯罪。如《意大利刑法典》第 361 条规定的公务员对他人犯罪知情不报的行为,第 593 条第 1 款规定的不帮助急需救助者的行为等。对这类犯罪不作为的成立有 4 个条件:一是存在产生行为义务的条件(如他人急需救助的状况);二是行为人没有履行义务;三是履行义务的期限已过;四是刑法分则有明文规定。不纯正的不作为犯是指必须以发生犯罪结果为犯罪成立必要条件的不作为犯,亦称"以不作为方式构成的作为犯"或"以不作为方式实施的结果犯"(如以不喂奶的方式杀婴)。从法律的角度看,这类不作为构成犯罪的原因,"不在于行为人的不作为,而在于行为人没有阻止结果的发生"[④]。意大利学界认

---

① 参见[英]特纳:《肯尼刑法原理》,王国庆、李启家等译,华夏出版社 1989 年版,第 21 页。

② 参见[美]约书亚·德雷斯勒:《美国刑法纲要》,姜敏译,中国法制出版社 2016 年版,第 11-12 页。

③ 参见黎宏:《不作为犯研究》,武汉大学出版社 1997 年版,第 202 页。

④ 陈忠林:《意大利刑法纲要》,中国人民大学出版社 1999 年版,第 95 页。

为,由这类不作为构成的犯罪包括:①刑法分则有明文规定(如《意大利刑法典》第 659 条规定的干扰他人工作、休息罪);②刑法分则与总则第 40 条的结合。《意大利刑法典》第 40 条第 2 款规定“有法律义务阻止某结果而不阻止,等于引起该结果”,这样刑法分则中那些关于以“引起”某结果为条件的犯罪,就可能因行为人没有“阻止”该结果而构成。如此《意大利刑法典》第 575 条规定的杀人罪,就不仅可以由积极实施的“引起他人死亡”的作为构成,而且对负有相应义务的主体来说,如果“不阻止”“他人的死亡”,就可以成为构成该罪的不作为。①

法国的旧法律中,不作为的当事人有时可能会如同完成“实行犯罪”一样受到惩处。“能而不予阻止者,有罪”是法国法学家罗瓦塞尔的一句名言,但远未得到普遍遵守。如法院判例拒绝将“放弃不为”视为“作为”,且拒绝承认单纯的不作为可以构成“实行的犯罪行为”。因为“放弃不为”并不符合法律对犯罪的定义,否则就等于以类推的方法进行推论,从而使当事人受到对“实行犯罪”所规定的刑罚,除非法律有明确规定。《法国刑法典》第 223-3 条的规定即属此种情形,该条规定,“抛弃因年龄或身体状况或精神状况而不能自我保护之人于任何场所的”,视抛弃是未产生任何损害,还是引起受害人身体毁伤或永久性残疾或死亡,对当事人处 5 年监禁并科 50 万法郎罚金。第 227-15 条规定,“对 15 岁以下的未成年人行使亲权或享有权利的其他任何人”因“对该未成年人不予抚养或照护,使其健康受到损害的”,“处 7 年监禁并科 70 万法郎罚金”,即“置未成年人于危险罪”。第 227-16 条进一步规定,“前条所指犯罪致受害人死亡”的情况下,“处 30 年徒刑”,即除这些特殊的情形外,便没有“以不作为而引起的实行的犯罪行为”。第 225-6 条对“处于危险中的人不予救助者”规定惩处时,均未创立一种“以不作为而引起的实行的犯罪”行为,这些规定仍然是一种“不作为的犯罪”,因为它们对“放弃救助”的人并未以“故意杀人或故意伤害罪”论处,而是以一种独立的犯罪论处,无论他们“放弃不为”的后续结果如何。②

不纯正不作为犯的定义不一而足,日本学者日高义博概括为:①“只要不实施法律上期待的一定行为,不论该不作为是否导致一定的结果都构成犯罪的是真正不作为犯,而把不实施期待的一定行为并因此而导致一定的结果方构成犯罪的叫不真正不作为犯”。这种观点是西德的通说,在日本牧野英一持这种观点。②“以不作为方式构成通常以作为方式实施的犯罪是不真正不作为犯”。③“依据法规的规定形式来区分真正不作为犯和不真正不作为犯。这种观点是把以不作为的方式实现了法规中以作为

① 参见陈忠林:《意大利刑法纲要》,中国人民大学出版社 1999 年版,第 96 页。

② 参见[法]卡斯东·斯特法尼等:《法国刑法总论精义》,罗结珍译,中国政法大学出版社 1998 年版,第 217-218 页。

的形式规定的犯罪构成要件的犯罪叫不真正不作为犯。这种观点是目前日本的通说"①。第三种观点以不作为的方式实现了法规中以作为的形式规定的构成要件,从罪刑法定主义的要求来看是不可能的。因为法规规定以作为形式为构成要件要素的犯罪,就只能以作为的形式来实现。因而此说在日本尽管是通说,还是不够妥当。第二种观点被批评为基于常识判断,但基于常识毕竟是基于一种客观的根据;况且有些犯罪可能或通常由作为构成,但也可能由不作为构成,如杀人罪、过失致死,由不作为构成这种犯罪时,作为不真正不作为犯,与罪刑法定主义就不矛盾。所以应当认为此说比较可取。② 本书认为,不纯正不作为犯是指《刑法》规定的,既可以由作为构成也可以由不作为构成的犯罪。以故意杀人罪为例,行为人采取暴力的作为方式,非法剥夺他人生命,构成以作为方式实施的故意杀人罪;如果行为人负有挽救他人生命的义务,且有能力履行义务而不履行,导致他人死亡的,构成以不作为方式实施的故意杀人罪。

(3)不作为犯的作为义务

由于不作为犯的成立以行为人负有特定作为义务为前提,因而必须明确作为义务的来源。我国刑法关于不作为犯的争议往往围绕作为义务而展开,理论上对作为义务的有无应当从形式上还是实质上加以理解,一直有争议。实务界对不作为犯的争议也集中在作为义务上。

①形式的作为义务。早期英美法系国家不承认作为义务的存在,并间接地否认了刑法中的不作为。随着刑法理论的发展,英美法系的刑法理论限制性地承认了刑法的作为义务。③ 英美法系至今仍然坚持形式说的观点。在德国,最早提出将作为义务作为不纯正不作为犯成立要件对待的是威斯特法(Westphal)。18 世纪后期,威斯特法通过分析法院凭感觉和经验而处罚的不作为犯罪的案例得出结论,不作为犯成立前提是行为人负有特别的作为义务,但没有说明特别作为义务的来源和内容,真正开始对作为义务进行理论研究的是费尔巴哈。他以康德的法律理论为基础,试图从自由国家理论对不作为的可罚性进行论证:在一个自由民主的国家,公民原则上只具有不实施侵害他人法益的义务,因而一般来说只有积极引起损害的行为才会被处罚。故不实施救助或补救行为并非当然可罚,只有当存在实施该行为的特殊义务时(如法律规定或合同约定),才应当承担刑事责任。费尔巴哈对不作为来源与根据的自由国家理论式的论证不仅在学界产生重大影响,而且获得了判例的青睐。德意志帝国法院在审判实践中将该观点发展成为所谓"形式的法律义务理论",认为如果行为人具有源于法律或合

① [日]日高义博:《不作为犯的理论》,王树平译,中国人民公安大学出版社 1992 年版,第 82-83 页。

② 参见马克昌:《刑法中行为论比较研究》,载《武汉大学学报(社会科学版)》2001 年第 2 期。

③ 参见栾莉:《论英美法系国家刑法作为义务的理论》,载《中国人民公安大学学报(社会科学版)》2006 年第 5 期。

同的行为义务,那么其不作为等同于作为,义务人对其不作为所造成的损害也应当如同对于作为那样承担刑事责任。[①] 费尔巴哈认为,构成不作为犯罪前提的作为义务的产生根据只能限于法律义务和契约义务。对先行行为义务的主张始于施求贝尔,1828年其在《论数人共同犯罪》中指出,在某些情况下,有些人会因为某种关系或因为前行为而负有法律上的义务。如果因为自己致他人于欠缺救助即无法生活的状况,即会构成杀人罪,如拘禁他人而不提供食物的行为。他认为先行行为像父母子女关系那样,可以产生法律上的作为义务,但并未说明先行行为能够引起作为义务的实质根据。后来在19世纪中叶随着对不作为因果关系的争论,先行行为作为义务的形式逐步得到理论的承认。早期理论一般认为,先行行为义务源于一条德国习惯法原则,即"制造恶因的人,必须排除恶因所能造成的恶果",这实际上是种直觉的正义感情和自然的因果循环思想。自施求贝尔提出先行行为义务后,先行行为义务便与先前费尔巴哈提出的法律义务和契约义务并称为作为义务的三大形式来源。[②] 这便成为形式的作为义务论的基础,对后来的德国刑法及其他大陆法系国家刑法产生了深远影响。关于作为义务的来源,我国刑法理论一直采取形式法义务论。较早的刑法教科书采取了形式的三分说,即作为义务源于其他法律规定、职务(或业务)以及先前行为。近来的刑法教科书增加了法律行为(如合同),采取了形式的四分说。[③] 形式法律义务理论实际上所解决的不是作为义务的论证问题,而仅仅是对作为义务的来源进行描述。

②实质的作为义务。由于形式的法义务论存在缺陷,德国、日本早就开始探讨实质的法义务来源。真正开始将作为义务实质化的是夏夫史坦和丹姆所提倡的"整体考察法"和夏夫史坦提出的刑法独立化观点。[④] 整体考察法认为,法律素材绝不是毫无规则、毫无定性的集合体,而是包含着可以提炼出各种规范、法规的生活规范,各种形成法律的前提事实本身即具有存在论、伦理及社会的规则性和价值,并不是完全价值中立的。[⑤] 这种对法素材和法观念形成的观点,导致整体考察法舍弃形式的法概念,去法的素材中寻求实质的法概念。根据实质法律观,夏夫史坦和丹姆从社会内部具体秩序的角度观察作为义务,认为可以确立作为义务的社会团体关系包括共同生活团体、血缘团体、特别的职业、公务关系,甚至同学关系、同党关系。他们主张,先行行为或无责、合法的先行行为也可以因为国民的情感因时制宜地成为作为义务的法理依据。刑

---

① 参见王莹:《先行行为作为义务之理论谱系归整及其界定》,载《中外法学》2013年第2期。

② 参见许玉秀:《当代刑法思潮》,中国民主法制出版社2005年版,第678-679页。

③ 参见高铭暄、马克昌主编:《刑法学》,北京大学出版社、高等教育出版社2011年版,第74页以下;陈兴良:《规范刑法学》(上册),中国人民大学出版社2008年版,第122页以下。

④ 参见许玉秀:《当代刑法思潮》,中国民主法制出版社2005年版,第636页。

⑤ 参见许玉秀:《当代刑法思潮》,中国民主法制出版社2005年版,第637页。

法独立化是夏夫史坦针对形式作为义务说将不作为犯的违法判断交给私法主宰的缺陷提出的观点。根据当时在学理和实务界通行的形式作为义务说,作为义务的类型不外乎法律规定的义务、契约或无因管理等法律行为产生的义务、先行行为引起的义务等。其中法律规定的义务大多是民法的规定,只有一种义务在民法上成立,才具有刑法的意义,这就使得对刑法作为义务的判断依赖于民法。夏夫史坦称,这种现象为"刑法的民法化"。他认为,这种刑法依赖民法的现象是形式法义务说的严重缺陷。他进一步指出,根据民法确定刑法的作为义务,理论上使得刑法违法性的概念产生双重标准:就作为犯而言,刑法有其独立的违法概念;就不作为犯而言,刑法却要依赖于民法的违法性概念。[①] 其据此主张:将违法且可罚的不作为解释为违反义务,原本极为正确,却导致法义务被错误限定于实定法上的义务,将实定法和国民的风俗规范予以区分,必然导致道德义务和法义务分界错误的结果。[②] 既然法义务是规范、实定概念,则在应用之际定然产生流于形式,以及将民法的概念和思考形式不适当地运用于刑法上等流弊。刑法独立化的实质内容是将刑法的违法判断从民法中解放出来,撇开民法实定规范限制,根据社会基础对刑法的作为义务进行独立判断。夏夫史坦和丹姆理论在20世纪30年代和40年代初盛行一时,但终因其内容仍显抽象、空洞而在纳粹下台后,随着刑法对罪刑法定主义的追求而失去活力。在德国,实质作为义务理论是在保证人说提出后随着功能说的建立才在实务和学说上被普遍接受的。保证人说肯定了实质法义务说的基本观点,以社会防卫功能解释保证人地位和保证义务的实质根据,指出为了维护国民的和平生活秩序不受干扰,使人类各种活动得以进行,必须在社会防卫体系中创立若干防卫机关,依靠防卫机关的适时干预而发挥防卫力量。所谓防卫机关,不外是特定人与特定地位的结合。保证人说认为不可能将保证人地位的类型归纳于统一的一般原则之下,因此将其大致分为两种:一是防止所有可能发生危险的保证人;二是防止特定危险发生的保证人。自保证人说提出后,越来越多的学者从实质层面解释不作为犯中作为义务的根据与来源,在1950年至1970年德国刑法理论中出现了多种保证人地位实质化的观点,如密切的社会关系说、功能说、依赖关系和信赖关系说、对因果流程的支配说等。

现在的德国,占支配地位的观点是将作为义务分为对脆弱的(无助的)法益保护义务和对危险源的监督义务。这种机能二分说得到部分日本学者的赞成。如山中敬一将保护义务分为规范的根据、制度的或任意的根据与机能的根据,将监督义务分为对管理危险物的监督义务、对第三者的监督义务以及制造了危险的行为人负有的结果防

① 参见许玉秀:《当代刑法思潮》,中国民主法制出版社2005年版,第638页。
② 参见许玉秀:《当代刑法思潮》,中国民主法制出版社2005年版,第639页。

止义务。由于机能二分说具有明显的形式法义务论痕迹（表现为将各种形式法义务来源进行了归类），故德国、日本部分学者试图为作为义务找到实质根据，以便采取单一的标准。如德国的许遒曼提出了结果原因支配说，并得到了日本学者山口厚的支持。该学说的核心内容是：只有当行为人支配结果发生原因时，该行为人才具有作为义务。对结果发生原因的支配，可以分为对危险源的支配（控制）与对法益脆弱性的支配。但仅从实质上判断行为人是否控制了危险源，是否支配了脆弱法益，而不加以形式的限制就缺乏明确性，导致有时不当扩大、有时不当缩小不作为犯的处罚范围。突出问题表现在：如何判断行为人是否支配法益脆弱性？即使将对结果发生原因的支配分为对危险源的支配与法益脆弱性支配，也必须进一步提出判断"支配"的标准，亦即需要根据社会分工的原理，从形式上判断行为人是否应当承担作为义务。形式法义务说旨在使谁有义务明确化，从而实现法的安定性。换言之，在进行实质考察时，"不允许忽视义务的发生根据。否则，保证人的义务就有被无限扩大的危险。所以，应当谋求形式的考察方法与实质的考察方法的结合"①。实践中有时需要坚持实质判断标准，即作为义务的根据在于保护特定法益功能（保护义务）与监控危险来源功能（监控义务）。对实质义务根据说必须加以缩限，否则不作为犯成立的范围可能还是会过于扩大，道德和法律的界限就会被混淆，刑法谦抑性就无法保持。② 由此看来，不作为义务研究起来还是相当复杂的。

本书认为，不作为的成立需要特定法律义务作为前提。包括：①法律明文规定的义务。既包括刑法也包括刑法外的国家制定或认可并由强制力保证实施的其他法律，如宪法、民法、行政法等。②职务或业务上要求的义务。在我国该方面义务非常广泛，凡是合法的职务或业务都可能需要承担一定的义务。如仓储保管员负有保护所保管的财产安全的义务，值班警察有维护社会治安的义务，值班医生有抢救危重病人的义务等。尽管行为人具有某种职务或者业务身份，但如果不是在从事特定的职务或者业务期间，而是在日常生活中，那么就不能产生职务或者业务上的义务。如医生下班后，就通常不具有救助危重病人的义务。这一点与法律明文规定的特定义务不同，如只要是夫妻关系就会产生夫妻间特定的扶养义务，与夫妻双方从事何种职业或业务无关。③法律行为引起的义务。这种义务是由于参与特定的法律关系，需要实施特定的法律行为而产生的义务。如保安员与单位签订劳动合同，成为一名安保人员，就负有保护单位的财产安全、单位治安的义务；如果保安员上班期间不在岗或者不负责，遇到单位财产被盗而不采取救护措施，造成单位财产损失，就应当承担相应的责任。④先行行

---

① 张明楷：《不作为犯中的先前行为》，载《法学研究》2011年第6期。

② 参见周光权：《论实质的作为义务》，载《中外法学》2005年第2期。

为引起的义务,是指由于行为人的先前行为导致合法利益处于危险状态,行为人负有采取有效措施排除危险或者避免侵害结果发生的义务。如果行为人不能排除危险或者避免侵害结果的发生,就可能构成不作为犯罪。如行为人交通肇事撞伤被害人后,负有救护伤者的义务。如果行为人置被害人的伤亡于不顾,从而造成被害人重伤或者死亡,就可能构成不作为的故意伤害罪或者故意杀人罪。理论上通常认为,先行行为可以是违法行为也可以是犯罪行为,可以是作为也可以是不作为。①

3. 持有。在我国刑法分则中,以持有作为侵害行为的犯罪包括非法持有枪支、弹药罪,持有假币罪,持有伪造的发票罪,非法持有国家绝密、机密文件、资料、物品罪,非法持有毒品罪,持有毒品原植物种子、幼苗罪 6 个罪名。关于"持有"是状态还是行为。理论界存有争议。多数学者认为持有是行为,但也有人认为持有是状态或者状态行为。如有人认为,持有是状态不是行为,传统刑法中的侵害行为的概念不能解释持有,说到底它仅仅只是一种现象上的归属状态或关系,而绝非任何意义上的行为。② 还有学者认为,持有是人与特别物品间存在关系的状态,同时也是行为,因为持有状态的存在反映了人对物的控制,这种控制本身就是人的主体性的表现。③ 本书认为,持有既非占有亦非所有,而是一种事实上的支配、控制状态。正如《法学词典》所解释的,持有是对某特定物事实上的支配,持有与占有虽无根本区别,但也有不同。④ 即便为一种状态,与其属于一种行为方式并不矛盾。况且,既然刑法规定了持有犯罪,就等于肯定持有是一种危害行为。

对于持有是作为还是不作为,学界存有争议。主要有作为说、不作为说、择一行为说和独立行为说。在大陆法系持有并非作为与不作为外的第三种行为方式,在英美法系持有往往被当作作为与不作为外的第三种行为方式,在我国持有属于何种行为形式尚未达成共识。

(四)侵害行为的时间、地点和方法

任何犯罪行为都是在一定的时间、地点以一定的方法实施的。犯罪的时间、地点是犯罪的存在形式,不存在没有时间、地点的犯罪;犯罪方法是危害行为的具体表现,行为人总是通过一定的方法实现犯罪。从此意义上讲,任何犯罪都离不开时间、地点、方法。但我们这里研究的不是一般意义上的时间、地点和方法,而是对定罪量刑有影响的时间、地点和方法。

---

① 参见李晓明:《刑法学总论》,北京大学出版社 2016 年版,第 221-222 页。

② 参见冯亚东:《试论刑法中的持有型犯罪》,载《中国刑事法杂志》2000 年第 1 期。

③ 参见张智辉:《刑事责任通论》,警官教育出版社 1995 年版,第 61 页。

④ 参见《法学词典》编辑委员会编:《法学词典》(增订版),上海辞书出版社 1984 年版,第 666 页。

1. 时间、地点和方法对定罪的影响

犯罪的时间、地点及方法是犯罪客观要件中的选择要件,对多数犯罪来说它们不是犯罪成立的必备要件,因而不影响犯罪的成立。如杀人无论发生在何时何地,使用何种方法,都不会影响杀人罪的成立,但可能会影响量刑。如在公共场所强奸妇女的量刑就会比在私人场合强奸妇女要重,采取暴力方法较采取威胁方法抢劫在量刑上也要重。但当刑法把实施侵害行为的时间、地点和方法规定在分则某一条文时,它们便成为成立某种犯罪的必备要件。

不仅在刑法总则中(如《刑法》第 87~89 条)有犯罪时效的规定,而且在刑法分则条文中也有以特定的时间、地点、方法作为成立犯罪必备条件的规定。尽管这样的犯罪在刑法分则中并不多见,但犯罪的时间、地点和方法对是否成立该种犯罪具有决定性的作用。《刑法》第 340 条非法捕捞水产品罪就是典型例子,该条规定:"违反保护水产资源法规,在禁渔区、禁渔期或者使用禁用的工具、方法捕捞水产品……"这里的"禁渔区""禁渔期""禁用的工具、方法"是我们认定非法捕捞水产品罪予以考虑的必要要件,在认定时必须作出符合性判断。还有《刑法》第 257 条暴力干涉婚姻自由罪,只有行为人使用暴力手段干涉他人婚姻自由的才构成此罪,"暴力"方法是构成该罪的必要条件。还如战时自伤罪中的"战时",非法狩猎罪中的禁猎区、禁猎期、禁用的方法等,都属于犯罪成立的必要要件,直接影响定罪。可见,实施侵害行为的时间、地点和方法,在犯罪成立中的地位和作用是不容忽视的。

2. 时间、地点和方法对量刑的影响

当实施侵害行为的时间、地点和方法,没有被刑法规定为某种犯罪的成立要件时,它们对于正确认识行为人的主观心理状态和犯罪的危害程度,从而正确地适用刑罚都具有重要意义。它们常常在量刑时,被作为从重或从轻处罚的酌定情节。以抢夺罪为例,虽然时间、地点、方法不是影响该罪成立的因素,但在发生自然灾害期间、在社会治安状况不好时抢夺与在正常时期相比,前者的社会危害性显然重于后者。例如,同样是盗窃犯罪,发生在灾害期间比平时的盗窃处罚就要重些;同样是杀人罪,手段残忍的就比手段一般的处罚要重得多。

另外,在刑法分则中还将某种方法作为某种犯罪加重处罚的法定情节加以规定。如《刑法》第 316 条规定,不采用暴力、威胁方法脱逃的,处 5 年以下有期徒刑或者拘役。劫夺押解途中的罪犯、被告人、犯罪嫌疑人的,处 3 年以上 7 年以下有期徒刑。再如,《刑法》第 263 条关于抢劫罪的规定,以暴力、胁迫或者其他方法抢劫公私财物的,处 3 年以上 10 年以下有期徒刑,并处罚金;如果入户抢劫、在公共交通工具上抢劫、抢劫银行或者其他金融机构、冒充军警人员抢劫、持枪抢劫,处 10 年以上有期徒刑、无期徒刑或者死刑,并处罚金或者没收财产。很显然,在这里,行为人抢劫的方法、地点成为加重刑罚的法定条件。

(五)“违反国家规定”的确切含义

“违反国家规定”是我国刑法中的特别用语,正确理解其对于准确认定犯罪非常重要。《刑法》第 96 条规定:“本法所称违反国家规定,是指违反全国人民代表大会及其常务委员会制定的法律和决定,国务院制定的行政法规、规定的行政措施、发布的决定和命令。”可见,所谓“国家规定”即指国家层面的规定,而非地方法律、行政法规、行政规定、决定、命令和行政措施,包括省、部级的规定等均不属于国家规定。需要说明的是,省、部级的规定经国家立法机关和国务院批准或转发的等均属国家规定,没有批准或转发的均不属国家规定。

据不完全统计,我国《刑法》近 20 多个条文 30 多个罪名中都规定有“违反国家规定”,占到我国《刑法》条文和罪名的 5%左右。主要条文和罪名:第 137 条工程重大安全事故罪,第 163 条非国家工作人员受贿罪,第 184 条(非国有银行)非国家工作人员受贿罪和(国有银行)受贿罪,第 190 条逃汇罪,第 222 条虚假广告罪,第 225 条非法经营罪,第 285 条非法侵入计算机信息系统罪和非法获取计算机信息系统数据、非法控制计算机信息系统罪及提供侵入、非法控制计算机信息系统程序、工具罪,第 286 条破坏计算机信息系统罪,第 288 条扰乱无线电通讯管理秩序罪,第 338 条污染环境罪,第 339 条非法处置进口的固体废物罪、擅自进口固体废物罪,第 350 条走私制毒物品罪、非法买卖制毒物品罪,第 355 条非法提供麻醉药品、精神药品罪,第 385 条受贿罪,第 389 条行贿罪,第 391 条对单位行贿罪,第 393 条单位行贿罪,第 396 条私分国有资产罪、私分罚没财物罪,第 405 条徇私舞弊发售发票、抵扣税款、出口退税罪和违法提供出口退税凭证罪等。

在上述罪名中如何界定或认定“违反国家规定”? 这的确是个难题。因为在这些罪名所涉及的法律法规中,有的根本找不出相应的“国家规定”,所以对这些罪名中的“违反国家规定”条款难以认定。建议国家有关行政机关或部门,针对刑法上述罪名涉及的“违反国家规定”的内容,制定或完善相关法律法规,从而有利于刑法的执行。

(六)身份行为与非身份行为及定罪

在犯罪论体系中,还有一个始终处于争论中的问题,这就是特殊犯罪主体或称身份犯的定位问题,也即这种身份犯中的“身份”在犯罪成立要件中是归属于犯罪主观要件的主体要素还是归属于犯罪客观要件中的行为要素。本书将行为人“身份”要素纳入犯罪客观要件之中来讨论,即“身份”是实施犯罪行为时所必需的要素,而非传统观点中的主体责任要素。

1. 关于“身份”的机能及“身份行为”的归属

“身份”严格来说属于“行为身份”,也即只有在行为时才具有意义,即使具有特定身份,如果行为人在行为时没有利用这种身份,并不会对犯罪产生根本影响。另外,如果因为身份而将犯罪主体全部归入犯罪客观要件,那么,就无法解释年龄、责任能力等与主体关系更为密切的因素,以及犯罪主观要件内容的完整性和科学合理性。[①] 因此,犯罪主体与犯罪身份以及身份行为应当区分,只有如此才能澄清长期以来一般主体与特殊主体带来的混乱。

既然“身份”与“行为”有如此紧密的关系,就先来讨论刑法中关于行为的概念。主要观点有:(1)“是指在人的意志或意识支配下实施的危害社会的身体的动静”[②]。(2)“是指由行为人的心理活动所支配的危害社会的身体动静”[③]。(3)“是指行为人的意思决定所支配的违反刑法命令或禁止性规范的身体的动静”[④]。虽然学者们从不同角度对行为有着不同的界定,但有一点大认知是相同的,这就是社会危害性或法益侵害性是刑法中行为概念的固有特征,也即犯罪行为的本质就在于其法益侵害性,否则也就不是刑法意义上的行为。所以有学者坚定地认为,“如果某一种要素是决定行为能够产生危害性的因素,那么笔者认为其应当归属于犯罪行为的构成要素,隶属于犯罪客观方面”[⑤]。

日本判例曾对“身份”解释道:“所谓身份不限于男女的性别、亲属关系、作为公务员资格这种关系,而是指所有与一定犯罪行为相关的作为犯人的人的关系的特殊地位或者状态。”[⑥]我国学者也认为,“身份是指刑法所规定的影响行为人刑事责任的行为人人身方面的特定资格、地位或者状态”。[⑦] 还有学者认为,“法律明文规定的对定罪量刑有影响的一定的个人要素,是刑法中的身份”[⑧]。可见,日本判例对“身份”的解释中虽然出现了“犯罪行为”的表述,只能说明“身份”与“犯罪行为”有关,但并未阐明“身份”与“犯罪行为”究竟是什么关系。我国学者更是把“身份”作为“犯罪主体”要素的归属来描述,并没直接回答“身份”与“行为”的关系,以及“行为身份”的最终定性和归属。

实际上,在犯罪论体系中,尽管行为与行为人向来就是“你中有我,我中有你”,行为是行为人的行为,没有行为人则行为无从谈起。同样,行为人也是行为之人,无行为则无行为人。然而,“身份”要素的加入,“行为”就会立即与其结合为“身份行为”,而

---

① 参见李晓明:《刑法学总论》,北京大学出版社 2016 年版,第 241 页。

② 高铭暄:《新编中国刑法学》,中国人民大学出版社 1998 年版,第 110 页。

③ 马克昌:《犯罪通论》,武汉大学出版社 1999 年版,第 156 页。

④ 熊选国:《刑法中行为论》,人民法院出版社 1992 年版,第 49 页。

⑤ 迟郑国:《身份犯中的“身份”是属于犯罪主体的要素还是犯罪行为中的要素》,载 http://yhqfy.chinacourt.gov.cn/article/detail/2014/10/id/1471462.shtml。

⑥ [日]福田平、大塚仁主编:《日本刑法总则讲义》,李乔译,辽宁人民出版社 1986 年版,第 132 页。

⑦ 高铭暄、马克昌:《刑法学》,北京大学出版社、高等教育出版社 2000 年版,第 356 页。

⑧ 陈兴良:《共同犯罪论》,中国社会科学出版社 1992 年版,第 269 页。

与行为人相去甚远。因此,行为、行为人与身份三者的关系,尽管总是犯罪论体系及其要件展开争论的根本原因,但解决分歧的核心因素是“身份”,而非“行为”,更非“行为人”。当然,三要素作用于行为对象的逻辑顺序是,行为先由行为人做出,且在该过程中行为通过行为人身份所具有的职权发挥特殊作用,最终作用于行为对象或犯罪对象。如此行为人的身份就显得异常重要,也即身份是行为得以发生特殊效果的必要条件,没有身份某种特殊行为效果就不会发生。在整个过程中有一点值得关注,那就是身份归属于行为,而不归属行为人。也就是说,任何人具有了身份才可以成事,而与行为人是谁似乎关系不大。由此得出结论:如果某一要素是造就行为具有危害性的决定性因素,那么该要素就是行为危害性因素,属于犯罪行为的要素。故身份犯中的身份是行为具有危害性的因素,是从属于行为的一种犯罪构成要素。①

2. 关于“国家工作人员”的“身份”及“身份行为”的认定

在犯罪体系中,身份归属主体还是归属行为学界讨论激烈,对其中的“身份犯”更是青睐有加,认为无此身份就不能实施该种行为。我国 1979 年《刑法》第 83 条就规定有“身份犯”:“本法所说的国家工作人员是指一切国家机关、企业、事业单位和其他依照法律从事公务的人员。”应当说,这是刑法对国家工作人员的最早规定。有人称,既有职能因素又有身份因素是二者的结合。有两点需要明确:一是“国家工作人员”不再由单纯的身份来决定,而是含有“从事公务”的成分因素;二是此时的“国家工作人员”尚未区分“国家机关工作人员”和“准国家工作人员”或“以国家工作人员论”的概念。②故还需要进行深入研究。

1997 年《刑法》第 93 条第 1 款明确规定:“本法所称国家工作人员,是指国家机关中从事公务的人员。”可见,对“国家工作人员”的认定应当是“在国家机关工作的身份”与“从事公务活动”的高度结合与统一。一般来讲,在国家机关工作一般从事的就是公务(当然也不排除打扫卫生的后勤人员,但这些人员严格讲不属于从事公务的人员),要从事公务也必然在国家机关(因为公务本身就具有国家性),因此二者是无法绝然分离的。

我国《刑法》第 93 条第 2 款进一步规定:“国有公司、企业、事业单位、人民团体中从事公务的人员和国家机关、国有公司、企业、事业单位委派到非国有公司、企业、事业单位、社会团体、从事公务的人员,以及其他依照法律从事公务的人员,以国家工作人员论。”也即我国刑法中的国家工作人员,不仅包括“国家机关中从事公务的人员”,而

① 参见迟郑国:《身份犯中的“身份”是属于犯罪主体的要素还是犯罪行为中的要素》,载 http://yhqfy.chinacourt.gov.cn/article/detail/2014/10/id/1471462.shtml。

② 参见李晓明:《我国刑法中“国家工作人员”的再研究》,载高铭暄、马克昌主编:《刑法热点疑难问题探讨》,中国人民公安大学出版社 2002 年版,第 823 页。

且包括“以国家工作人员论”的“准国家工作人员”。这样,在法理上就形成了相互关联的三个概念:国家工作人员、国家机关工作人员和准国家工作人员。且三者的基本逻辑关系是,前者是上位概念,后两者是下位概念。前两者易认定,后者需要认真分析。界定“准国家工作人员”的关键是准确理解其包含的有关概念,关键是“委派”和“其他依照法律从事公务的人员”。

“委派”是指委任和派遣,即自上而下派人去担任一定职务或管理工作。根据《刑法》第 93 条第 2 款的规定,只要是受国家机关、国有公司、企业、事业单位委派到非国有公司、企业、事业单位、社会团体从事公务的人员,均属于准国家工作人员,其行为要按国家工作人员论。委派也有两种情况:一是被委派的人员原来就是国家机关、国有公司、企业、事业单位中从事公务的人员,当然应视为“准国家工作人员”;二是被委派的人员原来虽然是国家机关、国有公司、企业、事业单位的成员,但不是从事公务的人员,如果被委派到非国有公司、企业、事业单位、社会团体从事公务,也应视为“准国家工作人员”。这充分体现了“国家工作人员”的职能性本质特征。当然,至于“委派”人员是否包括从社会上聘请或招聘,学界存有不同认识。有人主张应当包括,认为“只要是受到国家机关、国有公司、企业、事业单位、人民团体的委派,到非国有公司、企业、事业单位、社会团体中从事公务的人员,就属于准国家工作人员,无论被委派的人是否具有干部身份,也不论其是委派的原有职工,还是为了委派而从社会上临时招聘的人员”①。也有人反对,认为“委派”中委派者与被委派者间应当是行政隶属关系,否则不为委派。故有人认为,“国家机关、国有公司、企业、事业单位不能在本单位之外聘请人员到非国有公司、企业、事业单位、社会团体中从事公务,也不能在非国有公司、企业、事业单位、社会团体中聘请人员从事公务”②。本书倾向于第一种。

“其他依照法律从事公务的人员”是指除上述国家工作人员或准国家工作人员以外的,依照法律规定被选举、任命从事某项公共事务工作的人员。当然,这也是一项弹性条款,以便于立法或司法机关根据发展变化了的客观情况,对国家工作人员及准国家工作人员的范围做些补充规定或解释。1997 年《刑法》修订后,学界及司法界遇到的与此有关的第一个问题,就是村民委员会等村基层组织人员能否视为准国家工作人员的问题。先是最高人民法院审判委员会于 1999 年 6 月 25 日下发了《关于村民小组组长利用职务便利非法占有公共财物行为如何定性问题的批复》,认为:“对村民小组组长利用职务上的便利,将村民小组集体财产非法占为己有,数额较大的行为,应当依照刑法第二百七十一条第一款的规定,以职务侵占罪定罪处罚。”后来 2000 年 4 月 29 日

① 赵秉志主编:《疑难问题司法对策》,吉林人民出版社 1999 年版,第 342 页。
② 李忠诚:《国家工作人员》,载《法制日报》1997 年 4 月 18 日,第 3 版。

全国人大常委会通过了《关于〈中华人民共和国刑法〉第九十三条第二款的解释》,认为"村民委员会等村基层组织人员协助人民政府从事下列行政管理工作时,属于刑法第九十三条第二款规定的'其他依照法律从事公务的人员':(一)救灾、抢险、防汛、优抚、移民、救济款物的管理;(二)社会捐助公益事业款物的管理;(三)土地的经营和管理;(四)土地征用补偿费用的管理;(五)代收、代缴税款;(六)有关计划生育、户籍、征兵工作;(七)协助人民政府从事的其他行政管理工作。村民委员会等村基层组织人员从事前款规定的公务,利用职务上的便利,非法占有公共财物、挪用公款、索取他人财物或者非法收受他人财物,构成犯罪的,适用刑法第三百八十二条和第三百八十三条贪污罪、第三百八十四条挪用公款罪、第三百八十五条和第三百八十六条受贿罪的规定。"

此外,是否还有其他类似的情况应当从法理上进行讨论,以及依据什么确定"其他依照法律从事公务的人员"?上述已涉及,"国家工作人员"最基本的特征是在国家机关工作的身份性,最本质的特征是从事公务性活动,尤其是后者,应当说是认定"国家工作人员"或"准国家工作人员"的核心标准。尤其是《刑法》第93条第2款中"其他依照法律从事公务的人员"的规定,突出强调或唯一强调的就是后一个特征。因此,在认定"其他依照法律从事公务的人员"时,无论行为人具有其他什么身份,只要其符合"依法从事公务"这一点,就应当认定为"准国家工作人员"。故"其他依照法律从事公务的人员"还应包括:(1)中国人民政治协商会议的各级机关中从事公务的人员。(2)各级人大代表。(3)与国家行政机关、司法机关签订用人合同的临时执法与司法人员。(4)"受委托管理、经营国有财产"的人员。

此外,根据《刑法》第94条的规定:"本法所称司法工作人员,是指有侦查、检察、审判、监管职责的工作人员。"显然在公安机关从事案件侦查的人员也纳入司法工作人员的范围,当然检察、审判人员是司法工作人员的主体,除此之外具有监管职责的公安机关看守所的工作人员,以及在监狱工作中负有监管职责的工作人员,还有在社区矫正工作中负有监管职责的工作人员等均属于司法工作人员的范畴。然而,在上述侦查、检察、审判、监管职责机关的从事其他行政或辅助性工作的人员是否属于司法机关工作人员,仍是一个较大的难题。

3. 关于"身份行为"与"共同犯罪"的法理解释

对于真正的身份犯来说,身份是行为的必要条件,而非行为人的必要条件。该问题不仅对于解决犯罪论体系中犯罪客观要件与犯罪主观要件的划分有关,且对于认定与身份犯有关的共同犯罪也有关系,甚至能解决长期困惑的渎职犯罪中的共同犯罪难题。

在与"国家工作人员"相关的共同犯罪中,尤其是渎职犯罪的共同犯罪中,常常出现非国家工作人员不具备渎职犯罪主体的问题,这不仅是个长期困惑的司法难题,更是百思不得其解的犯罪论体系中的难题。长期以来,主张认定非国家工作人员同国家工作人员一起构成渎职罪"共犯"的唯一法理依据就是"帮助犯",尽管如此,无论司法实际部门还是理论界均感到十分牵强。然而,如果能够确认"国家工作人员"根本不属于"犯罪主体"或"责任主体",而是"身份行为",也即归属于犯罪论体系中的犯罪客观要件中的"行为",而非犯罪主观要件中的"主体",那么思路就会豁然开朗。正如有学者指出的:"在共同犯罪中,(身份客体)具有开放性,只要共犯中有一人具备身份,则全体共犯人都具备侵犯身份客体的可能性。无身份者或其他身份者可以借助有身份者本身的自然因素或法律地位而达到侵犯身份客体的结果,无身份者进而也就具备了构成该身份犯罪的主体资格。"①当然,其中的"主体资格"应当表述为"共同行为人"。

综上,在国家工作人员犯罪中,既然我们确定"身份"是"行为"发生危害或侵害的一个核心因素,那么行为人的行为可以通过利用自己的"身份",同理也可以借助他人身份来共同作用于法益,甚至行为对象,并以此来实现自己的行为目的。因此,在国家工作人员与非国家工作人员的共同犯罪中,各个行为人的危害或侵害行为虽有分工不同,但每个人的行为相互交织或组合成一个有机整体行为而对外发生危害或侵害作用。如此,作为一个整体对外发生作用的行为,包括在客观上通过某一行为人的身份所拥有的职权,以致对外发生牵制或影响作用,这样使共同犯罪人的整个行为就拥有了相应的身份效应,最终构成对整个案件的危害或侵害。从某种程度上讲,整个危害或侵害行为也即身份犯的犯罪成立中的共同行为,从而使各个共同犯罪人由于对整个犯罪行为负责,也使得那些不具有身份的行为人利用他人身份所带来的权力与便利将犯罪继续下去。在这一过程中,即使那些具有身份的人自身行为并不一定不构成犯罪,但也不应当影响或阻碍那些不具有身份的人单独构成身份犯。如此,不仅规避了所谓"帮助犯"的牵强或主体不合格的问题,也在刑法理论尤其是犯罪体系的犯罪客观要件与犯罪主观要件上进行了很好的划分,在学理上也有所创新。

(七)刑法上几种典型的非侵害行为

依法实施的正当性行为如执行死刑、医生救治病人对其器官的伤害等,实质上是两种权益的权衡,即其是法律赋予的应有权益,更应由法律明文规定其合法性,因而不能认定为犯罪。显然,这样的行为不属于刑法性的侵害行为。当然,目前对上述列出的一些行为尚在研究之中,尚未形成较成熟的理论与制度方案,需要学界和立法机关予以充分关注与重视。

一是正当业务行为,是指从事特定业务的人在法律规定范围内或者社会生活中的

① 王作富、庄劲:《共同犯罪与构成身份新论》,载《人民检察》2003年第11期。

正当业务,根据具体需要所实施的正当性行为。其通常指的是职业或职务行为,只是基于某种职业或职务的正当需求而不能认定为犯罪。如对他人的小腿进行截肢,无疑会损害他人身体,但基于截肢的治病需要,这种损害是必须的,无须医生承担刑事责任。包括医疗行为、体育竞技中的损伤行为和科学实验行为等。当然,对拳击比赛中的损伤行为也有人认为是当事人事前"接受承诺"的行为,并以此作为不承担刑事责任的根据。从刑法理论上讲,这些行为并非因为是"特定业务"或是"接受承诺"就不成立犯罪,而是因为其具有"正当"或"合理化"的理由才排除犯罪。正当业务行为既可以是法律、法规、法令直接规定的,如律师的某些辩护行为、特定的医疗行为等;也可以是法律、法规、法令没有直接规定,但在社会生活中被认为是正当的业务上的行为,如被毒蛇咬后医生进行的截肢救治行为等。需要注意的是,正当业务行为必须符合法律、法规、法令的相关规定或者正当业务的规则和要求,否则就有可能不能免除刑事责任。如拳击比赛对准对方的裆部猛踢而伤害对方,就属于违背拳击规则的行为,将构成故意伤害罪。要排除犯罪必须具备的条件:(1)必须是法定范围内的业务。如果其行为超越了法定许可范围,那么就要承担其产生严重后果的法律责任。(2)必须是业务范围内的正当行为。只有符合了这一条件,才能认为是正当业务,否则就存在非正当的可能性,也就不能排除其行为的犯罪性。(3)行为不得超出业务上要求的必要限度。如医生不是出于治疗上的必须而随意给人截肢,就是超出业务上的必要限度,就要追究其医疗事故的责任。

二是履行职务的行为,是指依照国家法律、法规、规章以及其他规范赋予的职责实施的行使职务或者履行职责的行为。既包括基于法律的直接规定所实施的职务行为,也包括基于上级的职务命令所实施的职务行为。如人民警察受命枪决死刑罪犯,其在外观上似乎符合故意杀人罪的犯罪构成,但实质上是保护国家和人民的利益所必需的合法行为,不具有犯罪性。执行命令的行为必须具备以下条件:(1)执行的命令必须是上级领导机关或领导人在其职权范围内发布的命令。如果明知是超越职权的命令而予以执行,造成严重后果的也应承担刑事责任。(2)命令的形式和内容都不得违反法律。下级国家工作人员若发现上级所发布和下达的命令在形式特别是内容上是违法的,就应当拒绝,否则就和命令者成为共同犯罪人。但是,如果受命者在执行时尚未发现或根本不可能预见时,则不认为是犯罪。(3)命令的执行不能超过必要限度。下级国家工作人员在执行上级命令时,必须严格按照上级的命令从事,不得超过命令的事务范围。因此,对执行命令过限者,应根据具体情况追究责任。

三是法令行为,是指基于法律(还有法令、决议、命令、章程、规范等)的规定,作为行使权利或者承担义务所实施的行为。有的法令行为从形式上看,与某些犯罪的客观行为具有相似性,但实际上不具有社会危害性。法令行为作为无罪的理由须具备:

(1)必须是法律明文规定当为或可为的;主要指国家工作人员依法行使职权和公民依法行使权利和义务。如人民警察依照《刑事诉讼法》采取的逮捕、拘留、监视居住,以及作为监护人的公民依法对精神病人或未成年人的监护、看管或管教等。(2)在主观上必须基于依法行使权利或履行职务的目的。如果明知自己的行为是违法的,或者出于其他不正当的目的,造成了危害社会的结果,则不能排除其行为的犯罪性。(3)必须是在必要的限度内实施。行为人只有在国家法律法令规定限度内实施行为,才能达到保护国家和人民利益的目的,否则就会给社会造成不应有的损害。法令行为包括三种:一是法律基于政策理由排除犯罪性的行为;二是法律有意明示了合法性条件的行为;三是法律规定公民的权利(义务)行为,如公民扭送犯罪嫌疑人去公安机关。

四是被害人承诺的行为,是指被损害利益的主体对他人损害自己的合法权益表示认同的行为。也就是说,该行为是经权利人请求或者同意损害其某种合法权益的行为。罗马法有"经承诺的行为不违法"(Volenti non fit injuria)的格言。根据该格言:得到承诺的行为不违法,得到被害人承诺而损害其合法权益的,不能成立犯罪。被害人承诺的行为成立的关键在于被害人对损害的权益拥有合法权益,而且只限于被害人本人拥有该项权利。至于被害人的近亲属拥有或者使被害人与他人共同拥有的合法权益,均不能成立被害人承诺。同时,所损害的合法权益必须是在被害人承诺的权限范围内。需要讨论的是生命权能否承诺损害,这关系到安乐死。安乐死是指病人身患绝症濒临死亡且异常痛苦,为了减轻其痛苦,在得到病人的真诚请求或委托后,采用合适手段使其提前死亡的行为。其特征有:(1)安乐死的对象身患绝症濒临死亡;(2)病人处于极度痛苦之中;(3)安乐死的目的是减轻病人肉体上的痛苦;(4)得到病人的真诚请求或委托;(5)安乐死的方法或者手段符合社会伦理规范。在国外,荷兰等少数国家明确安乐死合法。我国并没有安乐死立法,其仍是一种犯罪行为。① 因此,在我国放弃生命权的承诺是不被刑法认可的。且我们认为基于权利人承诺的行为必须具备:(1)承诺的内容必须是法律所允许的权利人有权自由处置的个人利益。但这并不意味着只要经权利人承诺就不构成犯罪,如奸淫幼女的行为,即使得到幼女的承诺,也不影响强奸罪的成立。一个人有权同意他人损害自己的某种权益,如名誉权、财产权等。但却无权让他人损害公共权益和其他公民的权益,故经被害人同意的行为要排除犯罪性就只限于被害人同意的且有权处分的个人利益。(2)承诺人必须具备完全民事行为能力且所作承诺是自愿和真实的。首先,承诺人具有辨认和控制自己行为的能力,并能进

① 2001年10月8日上海市闵行区法院以故意杀人罪对该市首起"安乐死"的被告人梁某山判处有期徒刑5年。92岁的梁母因脑溢血深度昏迷瘫痪,形同植物人。67岁的儿子梁某山不忍其母受痛苦,为救母病钱耗尽。一向孝顺的他结束母命后投案自首。此案表明我国司法界视主动安乐死为故意杀人罪。参见黎宏:《刑法学》,法律出版社2012年版,第157页。

行真实的意思表示;其次,承诺必须是在权利人自愿而非强迫、威胁、利诱情况下所为。否则,不属于权利人承诺的行为。(3)被害人的承诺必须出于有益于社会的意图并不违反法律规定与公序良俗,即权利人承诺他人损害自己的合法权益,是出于良好动机和正当目的。如某人同意将自己的肾取出一个救济他人等。此外还有推定承诺行为,是指为了救助被害人的利益、避免不必要的损失,在被害人没有事实承诺的情形下,推定即使被害人知道损害他的合法权益也会表示承诺,基于此推定而实施的损害其合法利益的行为。推定承诺的行为是排除犯罪的。类似的行为在民法上被称为无因管理。推定承诺的行为成立的前提条件是为了救助被害人的利益、避免不必要的损失。同时,被害人的利益遭受损失必须具有现实性与紧迫性,并且所保护的利益与损害的利益相比,具有价值上的优越性,不能舍大取小。

五是自救行为,是指合法权益受到侵害的人在通过法律程序、依靠国家机关不可能或者明显难以恢复权益的情况下,依靠自己的力量救济权利的行为。其成立的前提条件是自己的合法权利遭受损害,否则谈不上自我救助。另外,救助自己的合法权益仅限于损害的权益范畴,不能肆意扩张,否则可能构成犯罪。司法实践中,常见的自救行为如将自己被盗窃、被抢劫的财物夺回来,将非法拘押自己的房屋毁损而逃出等。必须符合:(1)合法权益已经受到非法侵害,不问该侵害是刚结束还是经过一段时间。(2)通过法律程序、依靠国家机关来不及或难以恢复受侵害的权益。(3)具有自救意识,即必须是为恢复自己的合法权益而实施救济行为。(4)救济行为的手段具有适当性,所造成的损害与救济的合法权益具有相当性。

六是自损行为,是指自己损害自己合法权益的行为。如自杀、自伤、自己毁损自己所有的财物等。这些行为一般不成立犯罪。但当自损行为同时危害国家、社会利益或他人权益时,则可能成立犯罪。如军人战时自伤的、放火烧毁自己的财物但危害公共安全的,成立犯罪。

七是符合社会常规的其他正当性行为,是指基于保护某种利益而实施的不违背社会常规,为社会伦理或社会通常能够容忍的行为。应当说,上述行为中有些也可以归入符合社会常规的正当性行为之列。且这些行为应当具备:(1)其行为的动机或目的的正当性;(2)行为的手段或方法的相当性;(3)保护利益与侵害利益间的法益均衡性;(4)急迫性;(5)在其行为之外没有其他手段或方法的补充性。① 只是,这些正当行为必须经过法律认可和规定。

二、侵害行为对象

通常有犯罪行为就有其所侵害的对象,简称侵害行为对象或犯罪对象。当然,应

---

① 参见[韩]金日秀、徐辅鹤:《韩国刑法总论》,郑军男译,武汉大学出版社 2008 年版,第 333 页。

注意犯罪行为所侵害的对象与传统理论中“犯罪客体”间的区别。前者是指刑法规定的侵害行为直接作用或指向的人和物。其要求:(1)是具体的人和物。而不是抽象的、虚拟的人和物,如上帝、孙悟空就不能成为行为对象。人是指自然人和法人,物既可以是有形物也可以是无形物,既可以是动产也可以是不动产。(2)刑法规定的人和物。如《刑法》第357条规定的毒品犯罪中的毒品,以及国家管制的其他能够使人形成瘾癖的麻醉类药品和精神药品。(3)是侵害行为直接作用的人和物,而非间接作用的对象。如行为人将甲杀死,间接地引起甲的母亲心脏病突发而身亡,甲的母亲就不属于行为人杀人行为的对象。

(一)侵害行为对象的意义和认定

行为对象在刑法上具有重要意义,直接影响定罪和量刑。特定的行为对象在部分犯罪中属于犯罪客观要件之一,如强奸罪的行为对象只能是妇女,这意味着强奸男性不成立强奸罪。不过,在许多犯罪中,并不要求具备特定的对象才能成立犯罪。如故意毁坏财物罪的对象是财物,没有对财物加以限制,毁坏任何财物都可能成立犯罪。当然,毁坏财物的类型不同,还是能够影响定罪的,故行为对象也是犯罪成立的选择要件。另外,根据行为对象还能够界定此罪与彼罪。如通过判断盗窃的对象是枪支、弹药还是其他财物,能够将普通盗窃与盗窃枪支、弹药相区别。关于侵害行为对象的认定,在于侵犯客体或法益与对象的区别。表现在:

1. 犯罪客体是指刑法所保护的而为犯罪行为所侵害的社会主义社会关系,也即犯罪所侵犯的法益,其决定着犯罪的性质;犯罪对象是指刑法规定的侵害行为直接作用的具体人和物,其本身不属于社会主义社会关系或法益,但往往是区分罪名的重要依据或因素。

2. 在传统刑法理论中,犯罪客体是犯罪成立的必要要件,没有犯罪客体就没有犯罪的存在;而犯罪对象不是每个犯罪都必须具备的要件,实践中不少犯罪并没有犯罪对象。①

3. 任何犯罪都必然侵犯一定的社会关系或法益,使犯罪客体或法益受到一定的危害或威胁;而犯罪对象则不一定真正受到侵害或直接侵害。

随着刑法理论研究的深入,当今学界大都用刑法法益替代了犯罪客体的表述,且把对侵犯刑法法益的研究放在犯罪的定义之中进行讨论。讨论二者区别,以防止在研究中产生混淆。

(二)“公共财产”的范围及其认定

所谓公共财产是指一定范围社会成员共同所有的财产。在西方国家一般称“公

---

① 持此种观点的学者举例,偷越国(边)境罪无犯罪对象。参见高铭暄主编:《刑法学》,法律出版社1982年版,第1015页。然而,偷越国(边)境罪是有犯罪对象的,即国(边)境线或反映国(边)境线的界桩。

产”,具体可分为国家所有的财产和地方所有的财产。在我国公共财产是指全民所有的国家财产和劳动群众集体所有的财产,包括国家投资经营的各种企业和公共事业的财产等。

我国《刑法》第91条规定:“本法所称公共财产,是指下列财产:(一)国有财产;(二)劳动群众集体所有的财产;(三)用于扶贫和其他公益事业的社会捐助或者专项基金的财产。在国家机关、国有公司、企业、集体企业和人民团体管理、使用或者运输中的私人财产,以公共财产论。”显然,这里“以公共财产论”最具有特殊性,在于国家机关、国有公司、企业事业单位的管理、使用和运输,为加强或保障这些财产的公共效能,故视为公共财产。

(三)“私人所有合法财产”的认定

我国《宪法》第13条第1款规定:“公民的合法的私有财产不受侵犯。”《民法典》第267条规定:“私人的合法财产受法律保护,禁止任何组织或者个人侵占、哄抢、破坏。”《刑法》第92条规定,本法所称公民私人所有的财产,是指下列财产:公民的合法收入、储蓄、房屋和其他生活资料;依法归个人、家庭所有的生产资料;个体户和私营企业的合法财产;依法归个人所有的股份、股票、债券和其他财产。诚然,公民私人的合法财产是公民从事社会活动和日常生活和生存的保证,与每一个公民的切身利益攸关。我国刑法明文规定要加强对其的保护,充分体现了刑法保护公民合法私有财产的必要性。

为了保护上述公共财产和公民私人所有的合法财产,我国刑法专门规定了对侵犯经济和公私财产犯罪的打击。主要分布于《刑法》分则第三章“破坏社会主义市场经济秩序罪”、第五章“侵犯财产罪”和第八章“贪污贿赂罪”等。具体表现在:破坏社会主义市场经济秩序罪将侵犯公司财产、侵犯金融秩序、偷逃税款、侵犯知识产权等规定为犯罪,侵犯财产罪将严重侵犯公私财产所有权的抢劫、盗窃、诈骗、抢夺、敲诈勒索等规定为犯罪,贪污贿赂罪将社会危害严重的贪污、挪用公款、受贿、巨额财产来源不明、私分国有资产等规定为犯罪。这充分说明保护社会主义公共财产和公民私人合法财产是刑法的神圣任务和重要使命。

三、侵害结果

侵害行为作为一种客观外在的表现形式,都会对刑法所保护的法益及人或物造成侵害结果。然而,在本书主张的犯罪客观要件中,尤其在行为刑法中,侵害结果应当是一种行为性质的结果或后果,而非“犯罪量度要件”中犯罪数额、犯罪情节、侵害程度等的结果,也即行为既遂产生或决定于客观要件和主观要件,当然排除犯罪行为是例外。如果涉及数额、情节、侵害程度等的考量,犯罪既遂决定于犯罪客观要件、犯罪主观要件和犯罪量度要件。

(一)研究侵害结果的意义

研究侵害结果主要解决两个问题：(1)侵害结果在犯罪客观要件或犯罪主观要件中是共同要件还是非共同要件？(2)侵害结果在犯罪客观要件和犯罪量度要件中的关系。如果是非共同要件，那么侵害结果是哪些犯罪成立客观要件的因素？关于该问题，在我国有两种观点。第一种观点认为，侵害结果是一切犯罪成立所必须具备的条件，第二种观点认为，并非所有的犯罪都以侵害结果为成立要件，而只有部分犯罪的成立以侵害结果为要件。第一种观点实际上否定了侵害结果有成立结果与非成立结果之分。① 但本书认为，无论是行为结果还是数额、情节结果，均需要对侵害结果进行评价。广义上的侵害结果，指一切犯罪无论是故意还是过失，行为犯还是结果犯，既遂犯还是预备犯、未遂犯或中止犯，都存在侵害结果或威胁，因为任何犯罪行为都会给社会带来一定的损害，只是侵害或威胁程度不同。狭义上的侵害结果，指只有刑法规定的以某种特定的侵害结果为成立要件的犯罪(结果犯)，这些犯罪的完成形态要求有特殊的侵害结果才成立犯罪。本书认为，对于犯罪成立而言，应立足于广义的角度去理解侵害结果。因为犯罪成立涉及侵害结果是否为某犯罪的成立要件，最终目的是满足司法实践中定罪的实际需要，但并不排斥量刑时对侵害结果进行另一层次的考量。另外，要注意区分结果犯和非结果犯，犯罪客观要件只评价行为性质，而犯罪量度要件或许重点评价结果犯，对非结果犯免评价。总之，侵害结果是犯罪成立的共同要件，是一切犯罪的成立要件。

通说认为，分则关于各种(故意)犯罪的刑事责任，都是以犯罪既遂为标准的。质言之，我国刑法分则规定的是各种(故意)犯罪的既遂模式，也即判断某种犯罪构成要件齐备与否，就看其是否符合我国刑法分则的相应规定。由于行为犯、结果犯、危险犯、举动犯等犯罪分类都是以刑法分则的具体规定为依据，故“犯罪构成要件齐备说”当然能够包容各种犯罪既遂情形。从立法的角度看，每个行为被规定为犯罪，都是以这个行为的逻辑结果——在没有其他外力介入(意志以外的原因)或认识错误的情况下每个犯罪都必然会造成侵害某种法益的现实结果为依据的。申言之，每一个犯罪行为都有它的逻辑结果。② 本书持赞同意见。

(二)国外刑法中的侵害结果

古代社会由于生产力和认识水平低下，人们对行为的价值评判往往从行为所引发的客观后果方面取值。因此，反映在法律上就出现许多“客观归罪”的情形，即行为只

---

① 参见高铭暄主编：《刑法专论》，高等教育出版社2002年版，第174页。

② 参见徐德华：《再论犯罪既遂标准——以对犯罪结果的重新解读为切入点》，载《学术探索》2008年第4期。

要造成实害结果而不问是否有罪过、有何种罪过而统统给予相同的处罚。这就必然导致刑法主要是对既遂犯罪进行处罚,且刑罚常常表现为残酷的肉刑和死刑。近代社会以来,随着人类对自身存在的深刻反省和对自身精神本性较全面的认识,也随着确证精神活动的多种技术手段的出现,人们在对各种社会行为的评价上就逐步转向行为中内含的精神成分。①

反映在刑法上有三点:(1)肯定只有人(主要是自然人)才能成为犯罪主体,从而废除早期对动植物甚至自然现象进行定罪的做法。(2)注重刑罚的改造教育功能,刑罚由原来的苛酷逐步趋缓。(3)在刑法中开始出现处罚未遂犯。表明人类已认识到,对人之行为所引发的客观实害的防范更应注重对行为人发动行为时的主观心理态度——罪过的考究上。常理告诉我们,人们的一切行为几乎无一不是在主观意识支配下实施的(下意识的本能动作除外),犯罪行为当然亦无例外。因此,现代刑法的基本特征是"关注行为人的主观意志",亦即"无罪过则无刑罚"。这是各国现代刑法的一个基本遵循。

在德国,对侵害结果有广狭两义。广义说以麦兹格(Mezger)为代表,认为行为必有其影响力,有形或无形地对外界发生作用,因此,主张行为应包含结果观念。根据广义说,各种犯罪都有一个结果,在单纯的活动中,结果存在于行为人的行为本身,这种行为就表现为行为构成的满足。结果无价值中的"结果",就是广义的结果。"根据今天的观点,行为构成的满足毫无例外地应当以一种行为的无价值,以及一种结果的无价值为条件。虽然,根据在具体案件中要求的形式,行为无价值的形式有故意和过失的,有行为倾向的和有行为性质的,并且,结果无价值也会分别形成既遂的和未遂的,损害的和危险的,在所谓的单纯的活动犯罪以及侵害住宅安宁罪中,本身就存在一种外在的结果……"②

狭义说以贝林格为代表,主张在刑法上建立广义"行为"概念,以作为分析各种犯罪因素的出发点,"结果"并不包含于行为概念以内。③ 根据狭义说,结果不能存在于行为人的行为本身,单纯的活动不产生结果。"结果必须由身体运动促成;身体运动与结果之间必须存在原因与结果的关系(因果关系)"④。狭义说认为,结果总是存在于结果犯中,是研究因果关系的核心要素。"在描述行为与结果之间的联系时,法律明显地以此为出发点,即这种联系存在于因果关系之中(请参见第 222 条)。这种做法是出

---

① 参见冯亚东:《理性主义与刑法模式》,中国政法大学出版社 1999 年版,第 101 页。

② [德]克劳斯·罗克辛:《德国刑法学总论》(第 1 卷),王世洲译,法律出版社 2005 年版,第 210 页。

③ 参见韩忠谟:《刑法原理》,中国政法大学出版社 2002 年版,第 72 页。

④ [德]弗兰茨·冯·李斯特:《德国刑法教科书》,徐久生译,法律出版社 2000 年版,第 184 页。

于:刑法用危害法益之人必须负刑事责任的方式来维护法益"[1]。日本学者一般认为:"既然刑法以保护法益为目的,'结果'便属于构成要件中不可或缺的要素。结果是指法益的侵害及其威胁。"[2]在日本,结果无价值中的"结果",只能是针对法益的侵害或者危险,形式犯被认为不存在危害结果。[3] 在大陆法系研究侵害结果的立足点有二:一是站在客观归责论立场,认为结果是对法益的侵害或者威胁,以限制危害结果的范围,也是德日刑法中狭义说成为多数说的主要原因。"但衡以刑法观念,行为之结果,不能无一定范围,以资限制。盖刑法之目的,在保护各种重要法益,以维社会秩序,惟有对于所保护之法益直接发生危险或损害之影响者,始有成立犯罪而加以制裁之必要"[4]。二是将侵害结果视为因果关系的一个要素加以论述,以确定侵害结果的地位和功能。因果关系是指某种先行事实与后行事实之间的原因、结果关系。[5] 刑法上的因果关系是指行为与结果之间存在的必然关联性,以行为与结果之关系为问题,故在发生结果具有重要意义之犯罪类型,如结果犯、过失犯、结果加重犯等,因果关系特别形成问题。[6] 大陆法系的有关理论,与其刑法规定基本吻合。《德国刑法典》对侵害结果(不包括加重结果)的规定,主要体现在犯罪未遂概念中。第 22 条规定:"行为人已直接实施犯罪,而未发生行为人所预期的结果的,是未遂犯。"该规定适用于所有故意犯罪,考虑到过失犯罪本属结果犯,危害结果当存在于一切犯罪中,是为广义说之依据。《德国刑法典》还规定,重罪未遂一律处罚,轻罪未遂的处罚以法律明文规定为限;重罪乃指诸如抢劫、强奸、谋杀等极少数犯罪,处罚轻罪未遂的情形又极罕见,从而大大缩小了未遂犯的处罚范围。相应具有处罚意义危害结果的外延也在缩小,是为狭义说的法律依据。由于其规定的危害结果不是罪过认定依据,故将之认定为法益侵害或威胁,与刑法规定并不冲突。在日本刑法中,所有故意犯、过失犯、既遂犯、未遂犯均在刑法分则中明确,无争辩余地,且犯罪的故意与过失以及犯罪未遂、既遂的认定均与侵害结果无关。这样,侵害结果作为结果犯的要件要素理所当然。

(三)我国刑法中的侵害结果

我国刑法总则规定的结果形态:犯罪结果,如《刑法》第 6 条第 3 款、第 24 条第 1 款的规定;侵害社会的结果,如《刑法》第 14、15 条规定的损害结果,如《刑法》第 16 条规

① [德]汉斯·海因里希·耶赛克、托马斯·魏根特:《德国刑法教科书(总论)》,徐久生译,中国法制出版社 2001 年版,第 337 页。

② [日]西田典之:《日本刑法总论》,刘明祥、王昭武译,中国人民大学出版社 2007 年版,第 62 页。

③ 参见[日]曾根威彦:《刑法学基础》,黎宏译,法律出版社 2005 年版,第 91-92 页。

④ 韩忠谟:《刑法原理》,中国政法大学出版社 2002 年版,第 72 页。

⑤ [日]野村稔:《刑法总论》,全理其、何力译,法律出版社 2001 年版,第 125 页。

⑥ [日]川端博:《刑法总论二十五讲》,余振华译,中国政法大学出版社 2003 年版,第 34 页。

定的侵害结果,如《刑法》第18条规定的损害等。那么,如何判断这些损害与后果是否属于刑法的侵害结果呢?本书认为,界定刑法中的侵害结果既要考虑侵害结果作为结果所应具有的自然属性,也要考虑侵害结果作为刑法概念的法律属性,还要考虑刑法对侵害结果的特殊规定和要求,只有这样才能得出科学、合理的结论。

我国《刑法》第14、15条规定,侵害结果是罪过认定要素。由于罪过是所有犯罪的构成要件,故其存在于一切犯罪中,侵害结果不限于实际损害与现实危险。有学者认为:"现实损害是已经发生的物质损害或确实存在的危险状态,这是危害结果与危害行为相互区别的标志。"①换言之,"实际损害"属于物质性结果,与"实际损害"相对应的"现实危险"属于物质性危险状态。这也就排除了侵害结果作为罪过认定要素的特征,违反了刑法规定。实质上,这两种危害结果并不能涵盖我国刑法规定的侵害结果的全部,我国刑法规定的侵害结果具有多种形态。如在侮辱罪、诽谤罪等犯罪中,侵害结果是人格、名誉的毁坏,属于非物质性侵害结果;在聚众淫乱罪、侮辱尸体罪、介绍卖淫罪等犯罪中,侵害结果是社会伦理道德被破坏或社会风尚遭妨碍的危险状态,属于非物质性危险状态。因此,刑法中的侵害结果既包括物质性结果和物质性危险状态,也包括非物质性结果和非物质性危险状态。

对于侵害结果的含义,学界争议甚大。代表性观点:(1)实际损害说。其认为:"危害结果是指行为人对刑法所保护的社会关系造成的实际损害。"②(2)实际损失和现实危险说。其认为:"所谓危害结果,是指危害行为对刑法所保护的社会关系所造成的实际损害和现实危险。"③(3)客体损害说。其认为:"刑法意义上的危害结果,是特指危害行为给客体即社会主义社会关系造成的损害。"④(4)危害或可能危害说。其认为:"危害结果即危害行为对社会造成或可能造成的危害。如果行为不可能给社会造成危害的,不属于犯罪行为。危害行为和危害结果是任何犯罪成立必须具备的犯罪客观方面要件。"⑤(5)最后状态说。该说从哲学角度出发,认为"结果"是指某一原因引起的现象,它是在一定行为阶段事物发展所达到的最后状态。在预备、未遂和中止阶段,事物发展所要达到的最后状态为"犯罪预备""犯罪未遂""犯罪中止"状态的,也是"结果"。⑥ (6)广义与狭义区别说。前者是指侵害行为所引起的一切对社会的损害事实,包括危害行为的直接结果和间接结果;后者是指作为犯罪构成要件的结果,通常也就

① 马克昌主编:《犯罪通论》,武汉大学出版社1999年版,第192页。
② 李健:《犯罪构成中的危害结果新探》,载《现代法学》1995年第2期。
③ 马克昌主编:《犯罪通论》,武汉大学出版社1999年版,第191页。
④ 高铭暄主编:《中国刑法学》,中国人民大学出版社1989年版,第100页。
⑤ 陈兴良:《刑法适用总论》(上卷)(第2版),中国人民大学出版社2006年版,第119页。
⑥ 谢望原:《犯罪结果浅论》,载《法学杂志》1990年第6期。

是对直接客体所造成的损害事实。[1]

以上学说各有侧重：(1)实际损害说将侵害结果理解为实际、客观的具体损害事实，无法解释放火罪、破坏交通工具罪等危险犯中的危险结果，有失全面。(2)实际损失和现实危险说注意到实际损害说的缺陷，将危险状态纳入危害结果，值得肯定。不过，某些犯罪如侮辱罪、诽谤罪等，既不会产生实际损害结果，也不会造成导致实际损害发生的现实危险，但我国刑法又明文规定根据行为人对侵害结果的心理态度认定罪过，也就表明所有犯罪均有侵害结果，实际损失和现实危险说显然没有注意到这一点。虽然也有学者提出"所有的犯罪都应该理解为结果犯(分为实害犯与危险犯)"[2]的观点，但侮辱罪和诽谤罪属于实害犯抑或危险犯并未得到解析。(3)客体损害说注意到了实际损失和现实危险说的不足，却引起了新的问题。一是自相矛盾。持该说的某些学者认为，侵害结果虽然在犯罪构成中占有重要的地位，但并非犯罪构成要件。[3] 侵害结果包括构成要件的结果和非构成要件的结果。[4] 然而，既然侵害结果是对作为犯罪构成要件的犯罪客体的侵害，那么将其排除出犯罪构成要件是缺乏说服力的。二是混淆侵害结果与犯罪客体的界限。"如果我们将被犯罪行为所侵害的社会关系称为犯罪客体，同时又将犯罪行为对社会关系的损害看作是犯罪结果，那么，对具体犯罪来说，侵害社会关系与社会关系损害的意义是相同的。这样，无疑是在犯罪结果与犯罪客体之间画上了等号。"[5]此外，该说笼统地认为侵害结果是对客体损害，容易走向间接结果说，值得商榷。(4)危害或可能危害说则在客体侵害说的基础上，将对社会"可能造成的危害"也纳入危害结果，这明显矫枉过正。在哲学上，结果本来就是客观存在的现实，"可能造成的危害"是并不存在的虚拟的、观念上的概念，不具有现实性，与结果的本质特征相矛盾。"把看不见、摸不着的可能损害认为是危害结果，势必得出结论：危害结果不是实际存在的客观事实。"[6]因此，"可能造成的危害"不应纳入危害结果。"刑法上所讲的行为的危害结果，也是指对客体已造成的损害，而不是指可能造成的但尚未实际造成的损害。"[7](5)最后状态说将侵害结果理解为一种最后状态，忽视了侵害行为征表犯罪过程中产生的侵害结果。如用暴力将被害妇女打伤后实施强奸行为，根据该说则侵害结果只能是被害妇女性权利被侵犯，伤害结果因不是最后状态，不能

---

① 参见高铭暄、马克昌主编：《刑法学》，北京大学出版社、高等教育出版社 2007 年版，第 82 页。

② 付立庆：《行为犯概念否定论》，载《政法论坛》2013 年第 6 期。

③ 参见高铭暄主编：《刑法学》(修订本)，法律出版社 1984 年版，第 122-123 页。

④ 参见赵秉志主编：《刑法学通论》，高等教育出版社 1993 年版，第 157 页。

⑤ 叶俊南：《犯罪结果概念研究》，载《中国法学》1996 年第 6 期。

⑥ 喻伟主编：《中国刑法学新教程》，武汉大学出版社 1988 年版，第 91 页。

⑦ 何秉松主编：《刑法教科书》(上)，中国法制出版社 2000 年版，第 354 页。

成为强奸罪的侵害结果,这种结论无法让人接受。另外,将“犯罪预备”“犯罪未遂”“犯罪中止”等犯罪停止状态认定为“结果”,将导致行为与结果混同,并不可取。(6)广、狭两义说实质上是德日刑法理论中广义说与狭义说的翻版,并不适用于我国。且该说将间接结果纳入广义的危害结果之中,存在明显缺陷。因为以任何形式的条件为原因的间接结果,在因果关系链条中已经脱离了因果关系的束缚。如果将间接结果纳入危害结果之中,会导致危害结果的外延无限扩张,使许多不当罚的行为受到刑罚制裁,有违刑法的谦抑性。

其实在刑法理论中,危害结果是十分难以把握的概念。在形式上,侵害结果有物质性与非物质性、直接与间接、现实与可能之分;在实质上,侵害结果要解决罪过的认定、犯罪的故意、犯罪的完成形态与未完成形态的区分等若干关系定罪和量刑的问题。然而,在行为刑法立场下,对于危害结果宜采用我国的广义说,既包括行为侵害的法益结果,也包括行为造成的实际损害,如此才能正确解释犯罪客观要件和犯罪量度要件中侵害结果的区别。另外,在犯罪客观要件的侵害结果研究中,尤其是在专门设置有犯罪量度要件的情况下,除研究实害犯外,应重点研究行为犯或危险犯,包括具体危险犯和抽象危险犯及预备犯的刑事责任追究。

四、因果关系

在哲学上,因果关系是事物间的一种引起与被引起的关系,是判断事物间有无客观联系的根据。世界上绝大多数社会与自然现象都有因果关系,刑法也不例外,具体指侵害行为与侵害结果间的相关联系,即罪行要件的内容。其虽不属于罪行内容,但与侵害行为关联甚大。

(一)刑法上因果关系的定义及特征

刑法上的因果关系,是指侵害行为与侵害结果之间引起与被引起的必然联系。刑法上的因果关系是哲学上的因果关系的一种形态之一,因而具有哲学上的因果关系的一般特征。

1. 客观性。侵害行为与结果间引起与被引起的必然联系,是不以人的意志为转移的客观存在,具有现实性与具体性。因此,在刑事案件中如果需要查明侵害行为与侵害结果之间的因果关系,就要求司法工作人员从客观实际出发,加以具体的判断和认定。

2. 相对性。理解因果关系必须将具有引起与被引起事物间的联系从千千万万的事物中剥离出来,才能相对判断出其中的因果关系。所以,因果关系具有相对性,刑法因果关系亦如此。要想认定侵害行为与侵害结果之间的因果关系,就必须将他们从众多的侵害行为与侵害结果中分离出来,进行相对性的研究。

3. 时间序列性。按照发生的先后顺序，必然是先有原因后有结果，这便是因果关系的时间顺序性。这表明，在刑法因果关系中，必然是先有侵害行为，后有侵害结果，作为原因的侵害行为总是发生在作为结果的侵害结果之前。否则，他们之间不存在因果关系。

4. 复杂性，即“一果多因”和“一因多果”。在刑法中，“一果多因”是指多个侵害行为造成一个侵害结果，“一因多果”是指一个侵害行为造成多个侵害结果。

5. 条件性。一种现象引起另一现象，通常需要具备一定的条件。在刑法上，某一侵害行为造成特定的侵害结果，往往也需要具备一定的条件。如被害人甲患有血友病，乙在同甲的打斗中用刀将其手臂划伤，导致甲出血不止最终死亡。通常，用刀划伤并不足以造成人死亡，甲患有血友病应当说是其死亡的条件。所以，乙的行为与甲的死亡间非必然因果关系。

（二）必然因果关系与偶然因果关系

在刑法中，必然因果关系是指侵害行为与结果间存在内在的、必然的、合乎规律的引起与被引起的关系。如用刀猛刺他人胸部，致使其心脏破裂而死亡，用刀猛刺与他人死亡就属必然因果关系。当然，必然因果关系的发生需要一定条件，只不过这种条件是通常的、普遍的，在常人看来实施该行为就会造成必然结果。如果抢救及时活过来，则属于例外情形。

偶然因果关系是在因果关系发展过程中，偶然又有其他因素加入，由后来加入的因素引起的合乎规律的后果。警察追捕小偷，小偷横穿马路仓皇逃跑时被马路上正常行驶的汽车撞死。警察与小偷的死亡间就是偶然因果关系中断，小偷撞上汽车与死亡属必然因果关系。

研究必然因果关系的意义在于，通过行为人实施的侵害行为及所造成的侵害结果，能够合理地推断行为人的主观心理态度，从而为定罪提供依据。此外，偶然因果关系也影响量刑。

（三）不作为犯罪中的因果关系

理论上，由于不作为往往表现为没有行动、举止，因而有人认为不作为侵害行为与结果间不存在因果关系，只是拟制的法律关系。该观点值得商榷，因为它否认了不作为犯罪因果关系的客观性，也就否认了作为犯罪负刑事责任的客观基础。其实，不作为行为与侵害结果间的因果关系是客观存在的，而不是法律强加的。[①] 不作为是侵害行为的一种，与作为在因果关系上具有同等意义和作用。因此，作为的意义不在于有

---

① 参见高铭暄、马克昌主编：《刑法学》（第 5 版），北京大学出版社、高等教育出版社 2011 年版，第 80 页。

无行动、举止,而在于刑法禁止实施某种行动、举止而刻意实施某种行动、举止。不作为亦如此,其存在的意义是刑法要求实施一定的行动、举止,因而只有在行为人不实施一定的行动、举止时,才能成为危害行为。不作为与作为没有任何本质区别,因此,不作为与侵害结果之间也是存在因果关系的。

另外,通常情况下刑法上的因果关系突出表现在结果犯的研究及犯罪认定中,而行为犯中不是不存在刑法上的因果关系,而是由于不需要更多的对犯罪与损害结果间关系的判定,只要行为人的行为具有刑法上的意义,也即侵犯了刑法法益,那么不需要特意证明其因果关系即可认定其行为成立犯罪,这也是有学者一直主张刑法上的因果关系是专门为结果犯设置的缘由。因此,在行为刑法中选用侵害结果的广义说有利于认定刑法的因果关系。

第二十二章 犯罪主观要件：主体与罪过及违法性认识分析

犯罪主观要件也叫“罪责”要件，它是包括犯罪主体、主观罪过及违法性认识的综合要件。本书与传统刑法理论不同，把犯罪主体（刑事责任主体或简称责任主体）归并到犯罪主观要件中，包括犯罪主体及其责任年龄和能力，以及犯罪的故意、过失、目的、动机，违法性认识及其错误等主观要素。另外，该要件反映的是行为人的自身主体情况及其主观心理活动，是犯罪人的主观因素与状态，直接决定犯罪成立的主体因素的符合情况及主观恶性的有无或大小，因此是认定犯罪成立重要的必备要件。犯罪主观要件是指揭示犯罪主体情况及心理状态的性质和违法性认识特征，为成立犯罪所具备的诸项主观与心理事实的刑法规定。

犯罪主观要件在内容上展现着责任主体及其主观心理态度和违法性认识的各种因素，如责任能力、故意、过失、犯罪目的和动机、违法性认识及认识错误等，对于这些学界并无异议。当然，学界也有“行为主体”和“责任主体”的争论。本书在犯罪客观要件中讨论过“身份行为”的范畴，也即“行为主体”。而“责任主体”即犯罪主观要件中的“犯罪主体”。之所以如此是因为，“行为主体”重在行为，而“责任主体”重在责任，其与责任能力、年龄等因素密不可分。成立犯罪主观要件的要素，有些是任何犯罪都必须具备的，如刑事责任能力、故意或者过失等，有些只是某些犯罪才必须具备的，如犯罪目的、动机等。①

---

① 参见李晓明：《刑法学总论》，北京大学出版社 2016 年版，第 242 页。

一、犯罪主体

犯罪主体也叫刑事责任主体,简称责任主体,这当然是将犯罪主体归并入犯罪主观要件所得出的结论。就犯罪成立而言,无论侵害行为还是侵害结果,都是刑事责任的承担者。

(一)犯罪主体的定义和特征

世界各国刑法大都没有犯罪主体的定义,只有对犯罪主体具体内容及刑事责任年龄、刑事责任能力的相关规定。本书认为,犯罪主体是刑法理论对立法有关责任主体规定的抽象。

其实,在我国刑法理论中对犯罪主体并没有统一表述。代表性观点:一是认为,"犯罪主体是指刑法上有犯罪资格者"①。二是认为,"犯罪主体是指达到刑事责任年龄、具有刑事责任能力、实施了危害社会行为的自然人"②。三是认为,"犯罪主体是指达到刑事责任年龄、具备刑事责任能力、实施了犯罪行为的自然人"③。四是认为,"犯罪主体是指实施了危害社会的行为,依据刑事法律应负刑事责任的人"④。五是认为,"犯罪主体是指实施犯罪行为,依法对自己罪行负刑事责任的人"⑤。六是认为,"犯罪主体是指实施严重危害社会行为,具有刑事责任能力的人"⑥。七是认为,"犯罪主体是指具备刑事责任能力,实施严重危害社会行为并且依法应负刑事责任的自然人"⑦。显然,第一种观点不包含实施犯罪行为或侵害行为的内容,如此所有身体、精神发育正常的人都是犯罪主体,显然不甚严密;第二、三、七种观点,虽指明犯罪主体中侵害行为或犯罪,但将犯罪主体仅限定为自然人显然与现代世界各国刑法中规定有法人犯罪(我国是单位犯罪)的现实不吻合;第四、五、六种观点,虽然具有一定的合理性,如将犯罪主体与一般违法主体相区别,但没有对负刑事责任的人应当具备什么条件予以说明。本书认为:犯罪主体是指具有承担刑事责任能力,实施了刑法所禁止的行为,并依法应当承担刑事责任的自然人或单位。犯罪主体具有三个基本特征:

一是犯罪主体既可以是自然人也可以是单位。作为自然人是指有生命的人类个体,其生命始于出生、终于死亡,作为自然人犯罪主体必须达到一定年龄或具有责任能力。作为单位犯罪主体,是指法律上人格化的组织,包括依法成立的具有民事权利能

① 高仰止:《刑法总则之理论与实用》,台北,五南图书出版股份有限公司 1983 年版,第 167 页。
② 马克昌主编:《刑法学全书》,上海科学技术文献出版社 1993 年版,第 80 页。
③ 张尚鷟:《中华人民共和国刑法概念(总则)》,法律出版社 1983 年版,第 102 页。
④ 马克昌主编:《刑法学全书》,上海科学技术文献出版社 1993 年版,第 80 页。
⑤ 何秉松主编:《刑法教科书》,中国法制出版社 1997 年版,第 210 页。
⑥ 马克昌主编:《犯罪通论》,武汉大学出版社 1999 年版,第 239 页。
⑦ 高铭暄等主编:《刑法学》,中央广播电视大学出版社 1994 年版,第 142 页。

力和行为能力并享有权利和承担义务的法人，包括不具有法人资格但依法成立的单位。动物、物体及死亡的人不能成为犯罪主体；不能体现单位意志、假借单位名义的人及非法组织不是犯罪主体。

二是犯罪主体是具备刑事责任能力的自然人或者单位。刑事责任能力是人的意识和意志能力的表现，是行为人对自己危害行为的辨认和控制能力，也是犯罪主体的最基本特征，是成立犯罪主体的关键。没有刑事责任能力就不能成立犯罪主体。自然人的刑事责任能力不是人人具备，而是受年龄、精神状况等因素制约的。单位的刑事责任能力通过单位意志来体现，而单位意志是通过单位个人意志表现的。不过其意志并不代表个人，而超越个人代表单位。

三是犯罪主体是实施犯罪行为的自然人或者单位。犯罪主体与犯罪行为有着必然联系。具备刑事责任能力的自然人或者单位，在没有实施犯罪前并不能称犯罪主体，只有实施了刑法所规定的犯罪行为才构成犯罪主体。是否实施刑法所规定的犯罪行为，是普通正常的自然人、单位与犯罪主体的自然人、单位的重要区别，故刑事违法性是犯罪主体的重要特征。

全面认识上述特征，对于深刻理解犯罪主体的概念是十分有益的，也有利于犯罪认定。

（二）犯罪主体的意义和分类

1. 研究犯罪主体的意义。犯罪主体是犯罪成立的必备要件之一，在犯罪成立中占有重要地位，这也决定了其在定罪量刑中的重要意义。

一是区分罪与非罪的重要标准。犯罪是犯罪主体实施的行为，任何犯罪主体都必须符合一定的法定条件。一个人的行为即使在客观上具有危害社会的性质，并在刑法上认定是犯罪行为，但如果其不符合刑法规定的犯罪主体条件，就不应认定为是犯罪。如在《刑法修正案（十一）》之前，行为时不满 14 周岁的人，被认为是我国刑法中不符合犯罪主体条件的人；之后即便行为人只有 12 周岁也有可能成立犯罪，但需报请最高人民检察院核准。当然精神病人不符合刑法规定的犯罪主体条件，其行为也不成立犯罪。

二是区别此罪彼罪的重要界限。在刑法规定的诸多犯罪中，有些犯罪在犯罪成立的其他要件上都相同或相似，但不是同一罪名，区分此罪彼罪的关键是犯罪主体。如我国《刑法》第 306 条、第 307 条规定的辩护人、诉讼代理人毁灭证据、伪造证据、妨害作证罪和帮助毁灭、伪造证据罪。两罪无论在客观上或主观心理上都是相同的，但前罪的主体有特别限制，即行为人是辩护人、诉讼代理人，而后罪的主体未特别限制，只要行为人具备刑事责任能力即可。

三是犯罪主体的不同对刑事责任的轻重具有重要影响。我国刑法确立了罪责相适应原则,根据该原则,犯罪主体不同,其人身危险性的大小也不同,因此刑罚的轻重也有所区别。如对已满 14 周岁未满 18 周岁的未成年人犯罪主体,限制刑事责任能力的精神病人、聋哑人、盲人犯罪主体有从宽处理的规定;对于累犯、共同犯罪中的主犯等有从严处罚的规定。

2. 犯罪主体的分类。从理论上犯罪主体从不同角度可以作出不同的分类。下面进行分述:

(1)依照我国刑法的规定可分为自然人主体与单位主体。前者是指犯罪主体为自然人的情形,自然人成立犯罪需要具备一定条件,如刑事责任能力、达到刑事责任年龄、主观上有罪过等。自然人主体是包括单位犯罪在内的任何犯罪均不可或缺的,否则就无犯罪可言,但人之外的动物不是犯罪主体。我国《刑法》第 30 条规定:"公司、企业、事业单位、机关、团体实施的危害社会的行为,法律规定为单位犯罪的,应当负刑事责任。"可见,单位犯罪必须由《刑法》分则明文规定,否则不构成犯罪。虽然单位犯罪通常是以单位名义实施的,但盗用、冒用单位名义实施犯罪,违法所得由实施犯罪的个人私分的,或者单位内部成员未经单位决策机构批准、同意或者认可而实施犯罪的,或者单位内部成员实施与其职务活动无关的犯罪行为的,都不属于单位犯罪,而应当依照《刑法》有关自然人犯罪的规定定罪处罚。① 从国外对法人犯罪的处罚看,分单罚制和双罚制。前者是指只处罚单位直接责任人员或者单位一方,后者是指对单位直接责任人员与单位均处罚。根据我国《刑法》第 31 条的规定:"单位犯罪的,对单位判处罚金,并对其直接负责的主管人员和其他直接责任人员判处刑罚。本法分则和其他法律另有规定的,依照规定。"显然,对单位犯罪以双罚制为主、单罚制为辅。

(2)依据形成条件与来源可分为自然身份主体与法定身份主体(或身份)。前者是指人因自然或者本能的因素所形成的天然身份,通常不能改变,往往一经确定终生拥有或随着时间变迁而自然形成,如性别、成年与未成年人、75 周岁的老年人等。后者是指基于法律规定所形成的社会身份,如国家工作人员、司法人员、消防人员以及依法任命具有国家机关的职务,依法形成继父母子女等拟制的血缘关系等,都属于法定身份。与前者不同的是,后者是法律赋予的,因而在法律变更时会丧失其身份。本书主张后者的行为是身份行为,不应在此论,当然争论。学界也有将身份因素置于主体要件的主张,即将之作为主观要件内容。②

(3)依据犯罪主体用途与作用可分为定罪主体与量刑主体(或身份)。前者是指《刑法》规定的决定是否构成犯罪的主体身份,如不满 12 周岁的人不存在成立犯罪问

---

① 参见张明楷:《刑法学》(第 3 版),法律出版社 2007 年版,第 131-132 页。

② 参见高铭暄主编:《新编中国刑法学》(上),中国人民大学出版社 1998 年版,第 158 页。

题。后者是指《刑法》规定的不影响定罪但影响量刑的身份，具体有从重、加重、从轻、减轻、免除处罚的。如《刑法》第 238 条第 4 款规定，国家机关工作人员是非法拘禁罪“从重处罚”的量刑主体（或身份）。

（三）特殊主体与定罪量刑

如上犯罪主体除有一般主体外还有特殊主体，前者是指刑法对行为人是否构成犯罪及量刑的一般规定，后者是指刑法对行为人是否构成犯罪及量刑的特殊规定。在我国，基于预防、惩罚犯罪或者挽救、保护犯罪人的需要，刑法往往会对特殊主体加以特别处遇。如对于未成年人：一是从宽处罚。《刑法》第 17 条第 3 款规定，已满 12 周岁不满 18 周岁的人犯罪应当从轻或者减轻处罚。二是从宽适用缓刑。《刑法》第 72 条规定，不满 18 周岁的人犯罪应当宣告缓刑。三是不适用死刑。《刑法》第 49 条规定，犯罪时不满 18 周岁的人不适用死刑。四是不成立累犯。《刑法》第 65 条规定，不满 18 周岁的人犯罪的不成立累犯。五是免除一定的前科报告义务。《刑法》第 100 条规定，犯罪时不满 18 周岁被判处 5 年有期徒刑以下刑罚的人，免除前科报告义务。再如《刑法》第 49 条规定“审判的时候怀孕的妇女，不适用死刑”，《刑事诉讼法》第 65 条规定“怀孕或者正在哺乳自己婴儿的妇女”可以取保候审。《刑法》第 17 条之一和第 49 条还规定：“已满七十五周岁的人故意犯罪的，可以从轻或者减轻处罚；过失犯罪的，应当从轻或者减轻处罚。”“审判的时候已满七十五周岁的人，不适用死刑，但以特别残忍手段致人死亡的除外。”这些都是对特殊年龄与身份人的特殊规定。

当然，特殊主体不包括具有特殊身份的人，如“国家工作人员”“司法人员”等均不属于特殊主体的范畴，已在犯罪客观要件中讨论过，其属于“身份行为”。

二、刑事责任能力

犯罪主体必须具备刑事责任能力，而这种能力一是以一定的年龄为前提，二是以一定的生理、心理健康为依托，三是具有承担责任的权利能力和义务。达到刑事责任年龄并非必然具备刑事责任能力，如有精神病、生理缺陷等，也可能丧失刑事责任能力。

（一）刑事责任能力的定义和特征

古今中外对刑事责任能力可谓众说纷纭，如民国时期的学者王觐在《中华刑法论》中列举了多达 14 种刑事责任能力的定义。本书认为，刑事责任能力是指行为人达到刑事责任年龄，并具有成立犯罪和承担刑事责任所必须的辨认和控制自己行为的能力。其特征有：

其一，具有刑事责任能力的人必须达到刑事责任年龄，应符合《刑法》第 17 条的规定。当然，人的生长与成长是个复杂的过程，用年龄作为考察是否具有辨控能力或刑事责任能力的绝对标准,未必就一定科学。但法律的执行是要讲究操作性的,这也是无奈之举。

其二,刑事责任能力的内容包括辨认和控制能力。人的能力涵盖范围很广,如思维能力、行动能力、精神状态、生理缺陷等,均影响到刑事责任能力中的辨认能力和控制能力。

其三,刑事责任能力是对自己行为的辨认和控制能力。对别人的行为,行为人可能由于根本不清楚行为状况而无法辨认,对自己的行为就不存在这种情况,完全取决于自己的态度。

其四,承担刑事责任所必须的辨认和控制自己行为的能力。与民事和行政法律责任不同,年满 8 周岁人的辨控能力可能在民法上有意义,但对于承担刑事责任不具有决定意义。

具备了上述特征就等于具备了刑事责任能力。

(二)刑事责任能力的性质和地位

责任能力在责任结构中属于什么性质抑或处于何种地位,即它与责任是一种什么关系,也是刑法理论颇具争论的问题,主要有责任前提说与责任要素说之争。前者认为,责任能力是一种能够独立进行判断的人格能力,它不以犯罪行为为转移。它是把责任与责任能力分开的,责任以具有责任能力为前提,无责任能力则无责任。该说在逻辑上是成立的,其强调的是责任能力的独立性与先在性,由此将其与犯罪行为与主观罪过加以区分。后者认为,责任能力虽然是犯罪主体的一种人格属性,从生物学上为非难可能性奠定基础,但它不是与具体行为无关的责任前提,而是针对具体行为的责任要素。可见,该说着眼于责任能力与行为人的相关性。因为责任能力是实施有责行为之能力,对于行为的非难与有责任能力密切相关。

上述观点的对立十分明显,但各自的逻辑演绎也是成立的。本书认为,对于孰是孰非的判断可能不应局限在文字的理解上,而应从犯罪行为的实施过程和犯罪构成的体系特征上加以把握。从其实施过程看,先有责任能力之人,后有主观罪过支配下的犯罪行为。从时间顺序上看,责任能力在前,这是客观事实。但在这里,要解决的并非解决孰先孰后的问题,而是从构成要件结构上考虑应将责任能力置于什么地位的问题。故本书认为,责任要素说更为合理。首先,责任前提说之责任,只有在罪过的意义上理解才是成立的,即责任能力对于罪过具有先在性。但责任要素说之责任,并非仅指罪过,而是指主观归责性。因此,应当把责任能力囊括在责任概念之内而非之外。因为刑法上的责任是指有责性,即有责任能力者的主观罪过。故责任能力应是责任要素,而非责任前提。其次,责任前提说之所以将责任能力排除在责任要素之外,主要是基于责任能力是一种先在的生理事实,不是犯罪本身,而行为与罪过才是刑事责任根据,因而将责任能力排除在责任要素之外,进而否认责任能力是犯罪构成的因素。这种构想是以犯罪与刑事责任相分离为原则的,因而涉及一个难以解决的矛盾,即难道存在不能追究刑事责任的犯罪吗?如是就必须承认精神病人、未达到法定刑事责任年龄的人的犯罪,只是不追究其刑事责任。而这又与应受刑罚处罚性的犯罪特征相冲突,逻辑上有矛盾。故应将责任能力纳入罪责的构成要件之中,使之成为责任要素。①

(三)刑事责任能力的基本内容

刑事责任能力包括辨认能力和控制能力。前者是指行为人对自己的行为在刑法上的意义、性质、后果等的辨别、认识能力。如果能够辨别、认识自己的行为在刑法上的意义、性质、后果,就具有辨认能力;否则就不具有辨认能力。后者是指行为人对自己行为的掌控、支配和决定的能力。如果能够掌控、支配和决定行为,就具有控制能力;否则不具有控制能力。

辨认能力是从意识角度来考察的,控制能力则是从意志角度来考察的。毫无疑问,行为人在实施犯罪时,首先要对自己的行为在刑法上的意义能够辨别和认识,否则就谈不上控制自己的行为。因此,辨认能力是刑事责任能力的基础,不具备辨认能力就不可能存在刑事责任能力。在具有辨认能力的基础上,实施犯罪还有赖于行为人的意志。行为人如果决定不实施犯罪,即使有辨认能力也无法成立犯罪。因此,控制能力是刑事责任能力的重要内容。不难看出,如果不具有辨认能力,控制能力将无从谈起。但是,有辨认能力而没有控制能力的情形是客观存在的。如明知伤害是犯罪,单凭别人强行抓住自己的手就砍伤别人,就属于有辨认能力而无控制能力的情况。当然,如果具备控制能力,则肯定具备辨认能力。

在刑法上,必须同时具备辨认能力和控制能力,才能认为具有刑事责任能力。虽然有辨认能力,但不具备控制能力,也属于无刑事责任能力。故二者必须同时具备,缺一不可。

(四)刑事责任能力的等级划分

对刑事责任能力程度的划分主要有三分法和四分法。三分法认为,刑事责任能力分为完全有、完全无和减轻三种。四分法则是在此基础上加上相对无。本书主张通说的四分法。

1. 完全刑事责任能力,即行为人对自己行为在刑法的意义、性质、后果上具有完全的辨别、认识和掌控、支配及决定能力。表明行为人的辨控能力达到完整程度,因而对犯罪承担全部刑事责任。我国《刑法》第 17 条第 1 款规定:已满 16 周岁的人犯罪,应当负刑事责任。具体讲需要满足两个条件:一是年满 16 周岁;二是精神状态、智力发

① 参见陈兴良:《刑事责任能力研究》,载《浙江社会科学》1999 年第 6 期。

育正常、生理功能健全。

2. 完全无刑事责任能力,即行为人没有辨认能力和控制能力,无须对刑法规定的任何犯罪承担刑事责任。包括两种不同情形:一是没有辨认能力;二是有辨认能力但没有控制能力。根据《刑法》第 17 条的规定,完全无刑事责任能力的情形包括:一是未满 12 周岁;二是虽然年满 12 周岁,但因为精神状态或者智力发育不正常丧失辨认能力和控制能力。

3. 相对无刑事责任能力,即对刑法所规定的某些犯罪具有辨认能力和控制能力,需要对刑法规定的某些犯罪承担刑事责任。至于哪些犯罪需要承担刑事责任,取决于立法者的意愿,因而在某种程度上是拟制的。根据我国《刑法》第 17 条第 2 款规定:已满 14 周岁不满 16 周岁的人,犯故意杀人、故意伤害致人重伤或者死亡、强奸、抢劫、贩卖毒品、放火、爆炸、投毒罪的,应当负刑事责任。由此可见,实施这 8 种行为的人的能力就是相对刑事责任能力,而此年龄段的人同时也被认为是相对刑事责任年龄人。

4. 减轻刑事责任能力,亦称限定刑事责任能力或部分刑事责任能力,即行为人具有辨认能力和控制能力,但在一定程度上有所减弱,无须对犯罪承担全部刑事责任的情形。其特征是,“有”但“有所减弱”。“有”是相对于无刑事责任能力来说的,“有所减弱”是相对于完全刑事责任能力而言的。《刑法》第 17 条第 4 款规定:不满 18 周岁的人犯罪,应当从轻或者减轻处罚,且不适用死刑。《刑法》第 17 条之一规定:已满 75 周岁的人故意犯罪的,可以从轻或者减轻处罚;过失犯罪的,应当从轻或者减轻处罚,且一般不适用死刑。《刑法》第 19 条规定:又聋又哑的人或者盲人犯罪,可以从轻、减轻或者免除处罚。《刑法》第 18 条规定:尚未完全丧失辨控能力的精神病人犯罪的,应当负刑事责任,但是可以从轻或者减轻处罚。

(五)影响刑事责任能力的因素

影响刑事责任能力的因素有四类:一是年龄,二是精神状态,三是生理功能,四是醉酒。由于智力发育程度与年龄、精神状态等相关,故无须特别介绍。

1. 刑事责任年龄

刑事责任年龄,是指刑法规定的行为人应当承担刑事责任必须达到的年龄。人对事物的辨别、认识能力及决定自己行为的能力,与年龄是密切相关的。年龄越小,大脑发育程度越低,对知识的掌握、社会的了解就越浅,辨认和控制能力便越差。刚出生的婴儿几乎谈不上有多少辨控能力,其能力主要体现为条件反射运动等。如果要求婴幼儿承担刑事责任,显然没有实质意义,也不符合刑法的目的和任务要求。随着年龄的增长,人的智力发育程度越来越高,对社会的认识也就越来越清楚,辨控能力就会越来越强。人只有达到一定年龄,才会有足够的辨控能力,此时要求行为人承担刑事责任,才能达到惩罚、教育和预防的目的。

在唐代,就有“老小及疾有犯”的规定,其依据自然人的年龄及身体状况来决定处罚。当然,相关规定还可溯源至西周时期。据《周礼·秋官·司寇》所载:司刺“掌三刺、三宥、三赦之法,以赞司寇听狱讼。……一赦曰幼弱,再赦曰老旄,三赦曰蠢愚”;“凡有爵者与七十者,与未齿者,皆不为奴”。《礼记·曲礼上》更是规定:“八十、九十曰耄;七年曰悼。悼与耄虽有罪,不加刑焉。”无论自然人是“幼弱”“未齿者”“悼”,还是“老旄”“七十者”“耄”,均属于刑事责任能力有瑕疵者,理应受到法律的宽宥,体现了早期统治者“老小减刑”的恤刑思想。尽管“至于秦始皇,兼并战国,遂毁先王之法,灭礼谊之官,专任刑罚”,但“老小减刑”思想依然为大秦帝国所继受。汉承秦制,“老小减刑”思想在汉代立法中也有体现。汉惠帝在即位诏书中提到:“民年七十以上若不满十岁有罪当刑者,皆完之。”该诏书所表达的意思非常明确,年满七十或不满十岁的自然人犯罪时,应处肉刑者皆改处完刑。两晋时期法律规定,年满八十的老人、十岁以下的未成年人,以及妇女犯罪时,均可得到减免。至南北朝时期,有关刑事责任能力的规定有所变化,老年人有六十岁、七十岁、八十岁等三种刑事责任年龄,未成年人有八岁、九岁、十岁、十三岁、十四岁等五种刑事责任年龄,还有一些因自身特殊情况而影响认定刑事责任能力的状况。《隋书·食货志》载有隋文帝新令:“男女三岁以下为黄,十岁以下为小,十七以下为中,十八以上为丁。丁从课役。六十为老,乃免。”与现代刑事责任能力划分不同,唐代的划分实际上只有两种,即完全刑事责任能力和限制刑事责任能力,严格意义上的无刑事责任能力者在唐代是没有的。①

在古代英格兰和威尔士,刑事责任年龄经历了提高又降低的过程。13 世纪英格兰的普通法规定未满 12 周岁的人是未成年人,属法外之人,不负刑事责任。据 15 世纪的马修·黑尔大法官对适用于英格兰的罗马法的整理,一般未满 7 周岁为幼年,已满 7 周岁未满 14 周岁为临近成熟期,已满 14 周岁未满 18 周岁为成熟期,已满 18 周岁为完全成熟期。一般 14 周岁以下不负刑事责任,其中 10 周岁半以下视为不能犯罪,10 周岁半以上虽然视为可能犯罪,但是由法官裁量,仍不被视为常人。而根据 18 世纪布莱克斯通整理,罗马法上未满 21 周岁是未成年人。其中,未满 7 周岁为幼年,已满 7 周岁未满 14 周岁为童年,已满 14 周岁未满 21 周岁为成熟期。童年又分两阶段,已满 7 周岁未满 10 周岁半为临近幼年,已满 10 周岁半未满 14 周岁为临近成熟期。布莱克斯通发现,免予刑事处罚的年龄实际是 10 周岁半。但在中世纪,年满 4 周岁的儿童就可参加农业生产,而年满 7 周岁就可充当手工业者的学徒,这逐渐促使刑事责任年龄降低。工业革命之后,随着童工的推广,儿童参与社会生产实践更为广泛,因而法定刑事责任年龄从临近幼年降为幼年期末。1933 年《儿童和青年法》规定刑事责任年龄为 8 周岁,

---

① 参见穆中杰:《矜老恤幼:唐律认定刑事责任能力的基点》,载《理论月刊》2012 年第 5 期。

1963年提高到10周岁,1969年修改为14周岁,但因党争并未实施。因此,目前英格兰和威尔士的法定刑事责任年龄是10周岁。[①]

民国时期《三五刑法》总则关于刑事责任年龄的规定采取三分制,规定:“未满14岁人之行为,不罚。14岁以上未满18岁人之行为得减轻其刑。满80岁人之行为,得减轻其刑。”[②]另外,未满14周岁的人不承担刑事责任,并不等于不承担其他责任。我国《刑法》第17条第5款规定:“因不满十六周岁不予刑事处罚的,责令其父母或者其他监护人加以管教;在必要的时候,依法进行专门矫治教育。”

就刑事责任年龄起点而言,目前多数国家(地区)规定为14周岁,如日本、德国、意大利、奥地利、阿根廷、南斯拉夫、保加利亚等均是如此。但也有国家(地区)不同:规定刑事责任年龄起点最低的加拿大、新加坡、印度、泰国等为7周岁,马来西亚为10周岁,多哥为11周岁,土耳其为12周岁,美国的伊利诺伊州为13周岁等。规定刑事责任年龄起点较高的,捷克、丹麦、瑞典、格陵兰等为15周岁,西班牙、美国的纽约州为16周岁,波兰为17周岁,巴西为18周岁。[③]

有些国家对刑事责任年龄划分若干阶段,除规定绝对不负刑事责任的年龄外,还规定在一定年龄阶段,为相对的刑事责任年龄。大体有以下几种情况:①对某些严重的犯罪负责。如《蒙古刑法典》第6条第2款规定:“14岁以上16岁以下的犯罪人实施杀人、故意重伤和故意伤害他人而导致健康损害的行为,强奸、盗窃、抢劫……应当负刑事责任。”②减轻其刑。如《意大利刑法典》第98条规定:“在实施行为时已满14岁,但尚不满18岁的,如果具有理解和意思能力,则是可归罪的;但是,刑罚予以减轻。”③具备一定的条件时不构成犯罪。如《新加坡刑法典》第83条规定:“7岁以上12岁以下的儿童,在实施行为时对行为的性质和后果缺乏足够理解判断能力的,不构成犯罪。”

关于刑事责任年龄的计算。《刑法》中对年龄规定是以“已满”“不满”等表示的,其中“已满”包括本数,“不满”不包括本数。如已满14周岁包括14周岁,不满则不包括14周岁。另外,“已满”不是由生日当天起算,而是应当从生日的第二天开始起算。如行为人2000年1月1日出生,则已满14周岁是指从2014年1月2日开始起算,具体指从2014年1月2日0时0分0秒开始起算。如果是2014年1月1日,即使差1秒也不能算已满14周岁。

关于跨刑事责任年龄如何认定犯罪。是否成立犯罪要以行为时的刑事责任年龄标准认定该年龄实施的行为是否成立犯罪。如甲在13周岁实施了杀人行为,15周岁

---

① 参见华瑀欣:《英格兰和威尔士少年司法制度的发展》,载《中国刑事法杂志》2014年第5期。

② 罗旭南:《1935年〈中华民国刑法〉对中国传统法的继承》,载《社会科学家》2012年第1期。

③ 参见马克昌:《责任能力比较研究》,载《现代法学》2001年第3期。

实施了抢劫和盗窃(均达到《刑法》规定的入罪标准),16 周岁实施了诈骗和敲诈勒索(均达到《刑法》规定的入罪标准)。由于 13 周岁属于完全无刑事责任年龄,故不构成故意杀人罪;15 周岁符合抢劫罪的刑事责任年龄要求,但不符合盗窃罪的刑事责任年龄要求,因而构成抢劫罪而不构成盗窃罪;16 周岁属于完全刑事责任年龄,因而构成诈骗罪和敲诈勒索罪。

2. 精神状态

人对事物的辨别、认识能力以及决定自己行为的能力,与精神状态也是密切相关的。如果存在精神障碍,辨认与控制能力必然受到影响。精神病辩护制度源于 13 世纪中期之英格兰,在亨利三世统治时期,涉及刑事犯罪的精神病被告人只能通过国王赦免才能解除刑事责任。在 13 世纪晚期,在爱德华一世统治下,“完全疯狂”成为一项固定的抗辩,并且不再需要国王赦免。英美法有关精神异常(insanity)的定义,首见于 1265 年英国最高法院院长布列克顿(Bracton)对于心理丧失法律责任的评论:“所谓狂人(madman),乃不知自己身为何人,欠缺理性(mind and resean)因而不能理解所为何事,与野兽无异。”又说:“犯罪之先,行为人必须具有伤人的意思,行为之所以不法,系因其出于意思或者犯意,因此对于未成年而无行为能力及心神丧失者,可以说他们在法律之下,一则因为年龄的无辜不必负责;二则因为他们命运不佳才会有无法控制的行为。而在法律之下所要求的不法行为,系出自行为人的自由意思,而非以其外部行为的表征作为判断的基准。”①根据英国早期的刑事责任能力法则,被告人即使患有精神疾病,然而,如果其具有一位 14 岁儿童一样的理解力及行为表现,其仍应承担刑事责任。另外一个规则就是著名的野兽法则,该法则禁止法庭对在犯罪时形若野兽之人予以刑事判决。这是因为,这些人在犯罪时缺乏正常的理解力,此时其理解能力与一个未开化的、粗鲁的以及野蛮的野兽并无差异。但是,对于野兽法则而言,其实并没有明确的可以操作的标准,具体程序运作规则也比较混乱。这不仅是指在证人作证方面一般并不需要精神病专家出席,亲邻做出的被告人疯狂举止表现的陈述也可,而且法官也存在对“足够疯狂”这种笼统而含混不清的表述裁量方面的困难。当然,这并不意味着根据野兽法则证明精神病犯罪的标准就较低。因为“足够疯狂”并不是一个容易达到的标准。除 13 世纪布列克顿的野兽法则外,在该法则正式确立以前,还存在一个“二十便士法则”,即任何人只要能够数清二十便士且认识其父母,就应当因自己的犯罪行为承担刑事责任。在马克诺顿法则正式确立以前,“野兽法则”、“二十便士法则”以及“十四岁儿童法则”都是确立刑事责任能力有无的重要法则②。

① 宋远升:《精神病辩护:历史、社会与现实》,载《证据科学》2014 年第 5 期。

② 参见宋远升:《精神病辩护:历史、社会与现实》,载《证据科学》2014 年第 5 期。

(1)精神障碍的分类

通常，学界按照精神障碍程度的轻重，将之划分为三种类型。

第一，完全精神障碍，即完全不具有辨认能力和控制能力的精神状态。20世纪以前，由于心理学和精神医学尚不够发达，立法者对精神病与责任能力的关系尚未能全面、深入地把握，因而采用单纯的医学标准，即行为人患有精神病就确认为无责任能力，未考虑行为时辨认和控制行为的能力是否实际丧失。例如，1810年《法国刑法典》第64条规定，如果行为时患有精神病，则既不构成重罪亦不构成轻罪。现代各国刑法中，对精神病患者无责任能力的判定，普遍采用医学标准与心理学标准相结合的方式，即判定无责任能力，一是从医学（生物学）上看，行为人要患有精神病；二是从心理学（法学）上看，行为人行为时要因精神病丧失辨认或控制自己行为的能力。在心理学标准的具体内容上，少数国家采取须丧失辨认能力的单一说，即仅承认丧失辨认能力者为无责任能力，对仅丧失控制行为能力者则未予承认。如1984年修订的《印度刑法典》第84条规定，"一个人由于精神不健全，不能辨认自己行为的性质是否错误或违法的情况下所实施的行为，不构成犯罪"。多数国家则采取丧失辨认或控制能力的择一说，即丧失辨认能力或控制能力其中的一项的，即可判定为无责任能力。如1971年《瑞士联邦刑法典》、1975年《奥地利刑法典》、1976年《德国刑法典》等，均采取择一说。如日本刑法中所规定的"心神丧失"。我国《刑法》第18条第1款也规定：精神病人在不能辨认或者不能控制自己行为的时候造成危害结果，不负刑事责任。完全精神障碍人无须对自己的任何行为承担刑事责任。完全精神障碍包括两种情形：一是精神病人的精神状态；二是间歇性精神病人在发病期间的精神状态。完全精神障碍人虽然不需要承担刑事责任，但还是需要承担其他责任的。《刑法》第18条第1款规定：应当责令他的家属或者监护人严加看管和医疗；在必要的时候，由政府强制医疗。这表明行为人在没有辨认或者控制能力时实施的行为，不是犯罪行为。从正面来说，行为构成犯罪的前提是行为人必须具有辨认能力和控制能力。显然，我国刑法与多数国家（地区）的做法一样，采取了医学标准与心理标准相结合的方式，而在心理学标准的内容上则采取的是丧失辨认或者控制能力的择一说。①

第二，完全无精神障碍，即具有完全的辨认能力和控制能力的精神状态。由于具有完全的辨认能力和控制能力，因而这种精神状态的人需要对自己的行为承担完全的刑事责任。包括两种情形：一是健全的精神状态；二是间歇性精神病人在正常期间的精神状态。《刑法》第18条第2款规定：间歇性的精神病人在精神正常的时候犯罪，应

---

① 参见刘艳红：《无刑事责任能力精神病人的范围及认定》，载《中南民族大学学报（人文社会科学报）》2003年第6期。

当负刑事责任。有的国家立法例对于精神病人的刑事责任能力采用了二分法,但这些国家在实务中也承认限制刑事责任能力的精神病人的存在,对其处理时适当从宽。[①]

第三,限制精神障碍,即具有辨认能力和控制能力但有所减弱的精神状态。如日本刑法中的"心神耗弱"。《刑法》第18条规定:尚未完全丧失辨认或者控制自己行为能力的精神病人犯罪的,应当负刑事责任,但是可以从轻或者减轻处罚。限制精神障碍是介于完全精神障碍和完全无精神障碍之间的一种精神状态,因而对具有这种状态的人既不需要其承担完全刑事责任,也不是令其完全不承担刑事责任,而是可以从轻或者减轻处罚。

(2)精神障碍的认定标准

关于精神障碍的认定标准,在外国的立法例中,可以看到三种立法主义:①以行为人的精神障碍为基础的生物学的方法。例如旧《法国刑法典》第64条规定,"如被告实施犯罪时,有精神病……,既不构成重罪亦不构成轻罪",属之。《荷兰刑法典》第37条的规定亦同。②以行为人行为时不能作自由的意思决定即辨识能力与控制能力为根据的心理学的方法(没有立法例)。③并用生物学的方法与心理学的方法的混合的方法。如《瑞士联邦刑法典》第11条规定,"行为人在行为时因精神障碍、意识错乱、或智力发育低下,因而认识其行为不法性或以其认识而行为的能力减弱的,法官可自由裁量减轻处罚。……"属之。当代很多国家的刑法典采用这种立法例。日本刑法中的心神丧失、心神耗弱不是精神医学的概念,完全是法律的概念,并且因为对这一概念法律上没有明文规定,所以,其内容只能委之于解释。责任能力虽然必须基于生物学的基础,但是根据刑事"责任"的理念的观点,同时具体地理解其行为的意义,是否能够采取与其相应的行为之心理学的方面不能忽视,因而混合的方法是妥当的。[②] 当今世界各国大多兼采生物学标准和心理学标准,称混合标准。混合标准的内容为,行为人不仅必须具有刑法所规定的精神障碍,而且其所患精神疾病必须引起法定的心理状态或心理结果,方可被判定为无刑事责任能力或限制刑事责任能力。根据这种混合标准,首先判明行为人是否存在某种法定的精神障碍,然后进一步判明行为人是否由于这种精神障碍导致丧失了辨认能力和控制能力。[③]

目前世界上多数国家对于心理学要件的规定,都包括了辨认能力与控制能力,只不过选择的具体方式不同,大多数国家采取择一制。应该说,以欠缺辨认能力或者控制能力作为判定刑事责任能力心理学标准的择一制是比较符合实际的。从刑事责任能力的立法目的来看,其要表达的核心内容在于行为人是否欠缺辨认及控制行为的能

---

① 参见王政勋:《刑事责任能力比较研究》,载《宁夏社会科学》2004年第6期。

② 参见马克昌:《责任能力比较研究》,载《现代法学》2001年第3期。

③ 参见陈兴良:《刑事责任能力研究》,载《浙江社会科学》1999年第6期。

力，即心理学要件。但事实上，可能导致行为人丧失或减弱辨认及控制能力的原因很多。如果对这些原因没有限定，那么，任何犯罪人都有可能主张在行为时没有辨认控制能力，而事后又无法证明，这必然有损法的安定性。因而立法上规定了医学要件作为对刑事责任能力进行判断的基础，并以此限定行为人因丧失或减弱辨认控制能力而减免刑事责任的规定。所谓医学与心理学混合的立法方式，并不是规定在阻却刑事责任能力的相同层次上两个并行的条件，而是以生理学的事实去证明辨认能力或控制能力的缺陷，从而阻却或减轻行为人的刑事责任能力。可见，对于刑事责任能力的成立来说，辨认能力与控制能力缺一不可。

根据我国《刑法》第 18 条第 1 款的规定，是否具有精神障碍需要经法定程序鉴定确认。其鉴定标准有二：一是医学标准，即通过医学手段鉴定行为人是否具有刑法上的辨认能力和控制能力。能够通过医学标准鉴定的人，是实施了刑法所禁止的危害社会的行为的精神障碍人，且是在精神障碍病理的作用下实施的。由于医学标准要求鉴定的是刑法上的辨认能力和控制能力，这就需要将刑法上的精神障碍与日常生活中的某些所谓的精神障碍（非精神病性），如人格障碍、性变态、洁癖等，加以严格区分。辨别的关键在于行为人有无刑法上的辨认能力和控制能力。通常，具有人格障碍、性变态、洁癖等的人，虽然有某方面的心理缺陷，但对自己实施的犯罪行为，还是具有刑法上的辨认能力和控制能力的。二是心理学标准，亦称法学标准，是指从心理学、法学的角度来看，行为人实施刑法上的行为是其精神病理机制的作用直接引起的，而且这种病理作用使其行为时丧失辨认或控制自己的能力。

3. 生理功能

人的辨认能力和控制能力，与生理功能的是否完全也有直接关系。因为，生理功能不健全必将降低或者影响人对事物的辨别、认识能力和决策能力。如从小完全失明的人，对事物的辨别和控制能力往往较正常人要弱。我国《刑法》第 19 条规定：又聋又哑的人或者盲人犯罪，可以从轻、减轻或者免除处罚。需要注意的是，这里的“又聋又哑的人”是指既聋又哑的人，而不是只聋不哑或者哑而不聋；这里的“盲人”是指双目失明的人。

4. 醉酒

众所周知，醉酒会导致人的辨认能力和控制能力的适度减弱，故醉酒应当承担何种刑事责任也是需要刑法明确的。一般认为，属于完全责任能力人。多数国家在刑法中没有对醉酒人作特殊规定，个别国家如我国新旧刑法均明确规定了醉酒人的责任能力问题。在解释醉酒人负刑事责任的根据时，多采用原因上的自由行为的理论来予以说明。①

在大陆法系国家的刑法学理论中,醉酒、吸毒者犯罪被称为自陷精神障碍状态犯罪,在犯罪论体系中属于有责性判断中的责任能力问题。在英、美等国的刑法中,醉态并不是犯罪成立客观要件和主观要件中的问题,而是犯罪的辩护理由中的问题。现在英、美等国的刑法对醉态犯罪的处理分为三种情形:(1)行为人事先产生犯罪意图,然后自愿陷入醉态,再利用醉态实施犯罪行为。(2)行为人事先没有犯罪的意图,由于其他原因而自愿陷入醉态,又在醉态中产生犯罪意图进而实施犯罪行为。(3)行为人非自愿陷入醉态并在醉态中实施犯罪行为。对于第一种情形,由于行为人在醉态中实施的危害行为实际上还是受先前产生的犯罪意图支配的,因此不论行为人陷入醉态后是否完全丧失责任能力以及是否形成犯罪成立所要求的主观要素,其都要对犯罪的发生承担完全的责任,不得提出醉态辩护。这实际上是根据行为人醉态前产生的主观罪过追究其陷入醉态后实施的危害行为的刑事责任。英国有学者将这种责任形态称为"先前罪过",其责任原理与大陆法系国家刑法学中的原因自由行为理论是一样的。对于第三种情形,由于行为人对陷入醉态没有责任,因此不论醉态是达到无责任能力的程度还是达到限制责任能力的程度,也不论发生的犯罪是何种罪过形式的犯罪,只要行为人因为意识障碍而没有形成犯罪成立所要求的主观要素,醉态都可以成为辩护的理由,行为人的行为不构成犯罪。在现实生活中,大多数醉态犯罪属于第二种情形,第一种情形和第三种情形是极少数的。从理论上讲,第一种情形和第三种情形的归责、免责原理都较为简单,在刑法学界和司法实务界基本上没有争议。故在英、美等国的刑法中,关于醉态辩护规则的争议主要是围绕上述第二种情形展开的,"马耶夫斯基规则"也是针对该种情形创立的。

综上,醉酒分为生理性醉酒与病理性醉酒。一般认为,对于病理性醉酒,如果行为人不知道自己有病理醉酒的情况,偶尔饮酒导致辨认能力或者控制能力丧失,与精神病人的精神状态无异,因而不负刑事责任。当然,如果行为人明知自己有病理醉酒的情况,故意饮酒导致辨认能力或者控制能力丧失,借机犯罪,理当负刑事责任。

所谓生理性醉酒即日常生活中一般意义上的醉酒,属于急性酒精中毒,多发生于饮酒过量,不胜酒力而导致辨认能力或控制能力受到影响的情况。如果醉酒不存在辨控能力受到影响的情况,那么醉酒承担刑事责任按照通常情形处理便可。我国《刑法》第18条第4款规定:"醉酒的人犯罪,应当负刑事责任。"对于醉酒即使辨认能力或者控制能力受到影响还应承担刑事责任的理由,国外有原因自由行为理论:"是指行为时虽没有责任能力,但使之陷入这种无责任能力状况的原因行为是自由的,是在完全责

① 参见王政勋:《刑事责任能力比较研究》,载《宁夏社会科学》2004年第6期。

任能力状态下之所为。因此,行为人仍应负刑事责任。在醉酒的情况下,行为人由于酒精中毒而使其责任能力有所减弱甚至完全丧失,但醉酒状态是在行为人意志自由的情况下导致的,具有原因行为的自由性。在这种情况下,刑法规定醉酒的人仍应负刑事责任,我认为是具有正当根据的。"①

三、犯罪的故意和过失

具备刑事责任能力,就具备了犯罪主观要件的必备要素之一。在此基础上,还必须具备犯罪主观方面的要素才能成立犯罪,这便是罪过。不过,具备刑事责任能力无疑是具备罪过的前提和基础,没有刑事责任能力,罪过将无从谈起。可见,罪过与刑事责任能力是密切联系、相辅相成的。罪过包括故意和过失,以及与故意和过失直接相关的目的、动机等因素。其中,故意或者过失是任何犯罪都必须具备的,而犯罪目的(动机)则是某些犯罪成立需要具备的要件,此外对法规范的认识及其程度也是认定犯罪尤其是行政犯罪的主要考量因素。

(一)犯罪故意

1.犯罪故意的历史考察

(1)我国历史上的犯罪故意

我国最初,既不区分行为的结果和偶然现象,也不问犯人对于犯罪事实有无认识,只是按行为及行为后继起的现象来衡量犯人的责任,且不论精神正常与否和年龄大小,因而形成了所谓结果责任时代。后来逐渐认识到行为和结果在时间上是继起关系,但在内容上还有发展关系,和偶然现象纯属二事,于是有了因果关系概念。同时也逐渐了解到行为人主观上对于行为和结果存在知与不知、故意和过失、认识正确或误解的差异,遂有犯意责任原则的萌芽。于是对于某些犯罪分辨故意和过失;对于其他犯罪依然按结果处罚。唯对老幼和精神病人赦而不罚或减轻处罚,旨在着重非难明知故犯。所以在理论上的根据是道德的责任论。后来终于建立了以处罚精神正常的成年人故意为原则而以过失为例外的政策,对于精神病人及未成年人不予处罚。又因精神病人及未成年人犯罪行为在法道德上虽无可非难,但不利于维持社会秩序和统治者的利益,于是在理论上出现了社会责任论;制度上出现了和刑罚并行的保安处分制度。② 古代历史文献中,"谋""故""不识""过失""误""遗忘"等表示犯罪之人主观心理状态的法律术语,直至清末《大清新刑律》前始终只作为区分刑事责任程度的情节,

---

① 陈兴良:《规范刑法学》(上),中国人民大学出版社 2008 年版,第 182 页。

② 参见蔡枢衡:《中国刑法史》,中国法制出版社 2005 年版,第 173-174 页。

而不是区分刑事责任有无的主观要件。[①] 古代刑律中"故"字表示多种含义,有"故人""友人"之意,如周礼"八辟之制",以八辟丽邦法。真正指涉犯罪意图之"故",在概念上存有不同的含义:(1)知而犯之谓之"故"。《尚书蔡传》:"故者,知之而故犯也。过者不识而误犯。"故意和过失各自的含义,自春秋时期就已明确。故意是知之而犯,过失是不识误犯,后世律学家皆以此为注解。张斐《注律表》曰:"其知而犯之谓之故。"沈家本认为:张斐释"故",似系汉、魏以来法家相传之旧说张特揭其要于《表》中,"故"字之意,自当以此为定论。在现代刑法理论中,"知而犯之"即行为人已认识、预见到行为的违法性、危害性却仍然去实施该行为。古代刑法之"故",相当于今日刑法故意(直接故意和间接故意)和有认识过失相结合的概念。(2)"有意欲杀"曰"故杀"。《唐律·斗讼》规定:"斗故杀人条:诸斗殴杀人者,绞。以刃及故杀者,斩。虽因斗而用兵刃杀者,与故杀同。"此条即"斗杀"和"故杀"的规定。疏议各释斗杀和故杀:"斗殴者元无杀心,因相斗殴而杀人者绞。以刃及故杀者谓斗而用刃,即有害心,及非因斗争,无事而杀是名'故杀',各合斩罪。"故杀和斗杀的区别即在于前者有杀心,后者并无害心,而以刃相斗而杀,即推定行为人有害心。因而故杀之"故",在于有杀人的意欲。[②] 清《新刑律》第13条规定:"非故意之行为,不为罪。但应论以过失者,不在此限。"这是个划时期的条文。表明:①犯人心理分为故意、过失和无过失三种。②成立犯罪以故意为原则,过失为例外。③认识自己的行为、危害的对象和行为的结果是故意,由于不注意致未认识或误认,便是过失。④注意能力决定于各人的社会生活知识和经验。若因知识经验不够,即使充分注意,亦不可能认识,便是无过失,因而无犯罪。⑤故意和过失已从区别罪责轻重的条件,变为既是区别罪责轻重的条件,也是区别是否成立犯罪的条件。⑥故意和过失,学术上名为责任条件,又简称有责。[③]

民国初年的学者多将犯罪心理要素表述为"责任条件":如1913年版的《政法述义(刑法总论)》认为,犯罪是"科刑罚之有责不法行为",责任为犯罪成立的主观要件,责任的要件包括责任能力与责任条件,其中以犯意与过失为责任条件。[④] 近代意义上的犯罪故意的定义,最早确立于《二八刑法》。第26条规定:"犯人对于构成犯罪之事实,明知并有意使其发生者,为故意。犯人对于构成要件之事实,预见其发生,而其发生并

---

① 参见林亚刚:《我国古代刑法中的犯罪过失概念剖析》,载《武汉大学学报(人文社会科学版)》2000年第3期。

② 参见陈磊:《犯罪故意的古今流变——兼评方法论意义上故意与过失的界分》,载《环球法律评论》2014年第4期。

③ 参见蔡枢衡:《中国刑法史》,中国法制出版社2005年版,第177-178页。

④ 参见赵秉志、孙倩:《英美法系刑法中的"犯意"理论探源——兼与大陆法系刑法相关理论的比较》,载《中国刑事法杂志》2017年第1期。

不违背犯人本意者,以故意论。”第27条规定:“犯人虽非故意但按其情节,应注意并能注意而不注意者,为过失犯。犯人对于构成犯罪之事实,虽预见其发生,而确信其不发生者,以过失论。”此处的犯罪故意概念,显然采纳的是大陆法系刑法通说。明知并有意而为之,系直接故意;预见犯罪构成事实之发生而其发生不违背行为人本意,系间接故意。①

(2)西方国家历史上的犯罪故意

现代刑法的故意概念源于晚期罗马法,是罗马法的重大贡献之一。罗马法由于受到古希腊伦理学的影响,传统的团体责任、客观责任逐渐向个人责任、主观责任转变,客观事实和行为人之间的主观的、心理的联系就成为科处刑罚的前提,故意(dolus)的概念因此产生。在罗马法中并未找到“犯意”(mens rea)一词,但存在类似的词汇表示犯意,且已经很完备。其规定了过失(culpa)和故意来表示不同程度的过错。故意包括欺骗性的(fraudulent)、故意的(willful)、蓄意策划的(intentional)毁坏;而过失包括粗心大意(negligence)或者对法律要求的行为标准失于观察。过失同样有程度上的区分,即过失、轻微过失(culpa levis)、重大过失(culpa lata)。但该区分并非绝对,而是需要外部标准,故意、过失二者的意志状态都需要从外部的行为推断出来。② 犯意真正得到发展成为犯罪本质,是在12世纪罗马法和教会法双重影响下开始的。罗马法关于行为和犯罪意志因素的规定,教会法关于道德有罪的主张、对于罪孽的惩罚,直接影响英格兰犯意概念发展。中世纪的意大利法学家接受了罗马法中故意概念,并将之变成所有严重犯罪的先决条件。《加洛林纳刑法典》和正在形成中的德国刑法理论吸收意大利刑法的观点,将故意作为犯罪成立的重要因素而予以发展。故从整体上讲,故意概念是欧陆刑法制度不同争议的共同遗产。1115年前后成书的亨利律法书里明确规定了犯意格言,即除非有犯意,否则非法的行为也不受处罚。在13世纪时大多数重罪都包含了主观的意图,自卫杀人和灾难中杀人虽然仍属重罪,但不再受普通重罪死刑的惩罚。生活在13世纪的布列克顿较早地论述了动机与意图的问题,他认为杀人罪行必须具备明知、预谋杀害的意图,基于愤怒、憎恨或出于获利的目的去杀害一个人;如果一起杀人行为并非出于任何憎恨的考虑,那么这应是一起意外的杀人行为。在纵火罪中,他阐明“恶意”一词的目的是区分自然起火、失火与蓄意纵火。布列克顿关注了犯意的核心要素——意图,但未直接采用犯意用语,并且布列克顿所描述的意图是以道德有罪(moral guilt)的意义为核心。

---

① 参见陈磊:《犯罪故意的古今流变——兼评方法论意义上故意与过失的界分》,载《环球法律评论》2014年第4期。

② 参见赵秉志、孙倩:《英美法系刑法中的“犯意”理论探源——兼与大陆法系刑法相关理论的比较》,载《中国刑事法杂志》2017年第1期。

在以后的时代,犯意显现出从原始责任概念到一般道德谴责的转变,该转变是逐渐发生的。文艺复兴时期的犯意具备法律理性,科克爵士关注到了犯意的核心——邪恶意图;霍布斯将犯意转化为法律上的概念——犯意即良知义务的违反;黑格尔对道德上恶意进行法律上的界定,突出了行为意志的重要性,将注意力转移到行为上来。文艺复兴时期的犯意实现了法律上的转化,但有一点是没有变化的,即其法律上的犯意是以道德恶意为基础的,并非以法律规定为基础。① 现代刑法无不对犯罪故意作规定,明确指出刑法以处罚故意为原则,处罚过失为例外。如 1975 年《德国刑法典》第 15 条规定:"本法只处罚故意行为,但明文规定处罚过失行为的,不在此限。"1907 年《日本刑法典》第 38 条第 1 款规定:"无犯罪意思之行为不罚,但法律有特别规定时不在此限。"但关于故意的概念是什么,鲜有国家明文规定,德国旧刑法典没有规定故意定义,1962 年的修正草案虽然规定了故意概念,但 1975 年刑法典旋即删除了故意定义;日本现行刑法典以及改正刑法草案、法国 1994 年刑法典也没有规定故意概念,但"法律不规定正确的定义,而委任善良人裁量",以法规固定这些概念,会阻碍今后犯罪论的发展,对这样的概念下定义,不是立法者的任务,而是学说的任务。从学说史上考察,"故意"经历了从作为责任形态或责任种类的罪责要素,转而被定性为主观的构成要件要素兼具责任要素的性质,再到构成要件要素、违法要素、责任要素兼具的三重地位的变迁,但学说的主流一贯认为故意是实现构成要件的知与欲,包括对构成要件要素的认识与意欲。虽然不可能对故意作出一般准确的定义,但故意可以意味着一个惯用的通常的定义,故意,即认识、预见符合构成要件的客观事实及实现犯罪事实的意欲或容认。②

2. 犯罪故意的内涵

各国刑法体系对故意犯罪实施处罚的态度是一致的,但在立法中明确故意犯罪的概念却不是件容易的事情。一向强调法典化、成文化的大陆法系如德日刑法都没有把故意的定义明确其中。最大的困难来自间接故意的概念难以确定,如 1962 年《西德刑法修正草案》曾尝试定义间接故意,但在 8 天后却因为委员们在讨论上对"意欲要素"的用字相持不下,使得赞成票数急转直下,最终放弃对间接故意的规定。同样的情形发生在英国,最初也只将故意限制在直接故意。英国在 1989 年《刑法典草案》讨论中,

---

① 参见赵秉志、孙倩:《英美法系刑法中的"犯意"理论探源——兼与大陆法系刑法相关理论的比较》,载《中国刑事法杂志》2017 年第 1 期。

② 参见李晓龙:《论刑法中的故意理论——以大陆法系为视角》,载《厦门大学法律评论》2004 年第 7 期。

尝试给故意下定义,但最终也是因对故意的内涵把握不定而宣布失效。[①] 至今英国也未能完成刑法的法典化及故意规定。

何为犯罪故意,中外理论存在多种学说。主要有:一是认识说,即只要行为人对行为及其结果等犯罪客观事实存在认识,就是故意。根据该说,行为人如何决意以及对危害结果持何种态度,不影响成立故意。由于该说不考虑意志因素,使得犯罪故意的范畴非常宽泛,甚至会混淆故意与过于自信过失的界限。如行为人车技娴熟,但为完成单位任务不顾雨天路滑出车,导致翻车事故。由于行为人认识到雨天路滑可能会出现事故,因而成立故意。这显然不妥,毕竟行为人是不希望出现事故的。二是希望说,即行为人对行为及其结果等犯罪客观事实存在认识,且对行为引起的危害结果持希望态度,才是故意。该说有限缩故意范畴之嫌。因为行为人在认识到客观事实后,即使不希望危害结果发生,但有时也不是不希望,是容认危害结果的发生,不能成立故意是说不过去的。三是容忍说。该说属于认识说与希望说的折中,认为行为人在认识到客观事实后,希望危害结果发生固然成立故意,且如果容忍也应该成立故意。一般认为,容忍说是通说。我国《刑法》第 14 条规定:"明知自己的行为会发生危害社会的结果,并且希望或者放任这种结果发生,因而成立犯罪的,是故意犯罪。故意犯罪,应当负刑事责任。"可见,我国刑法主要打击的就是故意犯罪。

我国刑法根据意志内容的不同将犯罪故意分为直接故意和间接故意,是故意的法定分类。理论上故意还存在其他类型,如日本学者大谷实将故意划分为确定故意和不确定故意、事前故意和事后故意、侵害故意和危险故意及韦伯的概括故意。以确定故意和不确定故意为例,大谷实认为,所谓确定故意是指对意图发生或意图实现的犯罪事实有明确认识的情形。所谓不确定故意是指对所意图实现的犯罪事实没有确定认识的情况。[②] 即使是不确定故意也可分为:一是未必性故意。诸如汽车驾驶者想到也许伤害行人却认为伤害了也没关系而在行人的旁边高速驾驶,犯罪结果的发生本身虽然是不确实的。但表象也许发生,却作出如果其发生也没关系的容认。二是择一性故意。诸如以杀害甲、乙中一人的意思开枪,犯罪结果发生在数个客体中某一个上是确实的,但发生在哪一个上不明确。三是概括性故意。诸如表象了有谁会受伤而向群众中投掷炸弹,犯罪结果发生在一定范围内的某个客体上是确实的,但是,其个数和具体哪个客体不确实。[③]

---

① 参见李兰英:《探问"意欲"为何——对故意概念中希望和放任的新诠释》,载《法律科学(西北政法学院学报)》2005 年第 5 期。

② 参见[日]大谷实:《刑法讲义总论》(新编第 2 版),黎宏译,中国人民大学出版社 2008 年版,第 156-157 页。

③ 参见[日]大塚仁:《刑法概说》(总则),冯军译,中国人民大学出版社 2003 年版,第 184 页。

另外,犯罪故意在内容上包含认识因素与意志因素。根据《刑法》规定,犯罪故意的认识因素是明知自己的行为会发生危害社会的结果。在理解时需要注意:(1)明知的含义,是指知道或应当知道。知道是明确、清晰地知晓;应当知道是虽然不明确、清晰地知晓,但根据相关事实综合判断有充分理由推断知晓。(2)明知的内容。明知通常是指对危害行为、危害结果及行为对象等客观事实的知晓。一是行为人对自己行为的性质、意义是知晓的;二是既然如此那么对与行为相关的客观事实情况也应当是知晓的。根据《刑法》规定,对危害结果的认识是其中的核心内容。至于行为人本身的情况,如年龄、精神状态等,一般不需要行为人对此有认识。因为刑法对刑事责任年龄、精神状态的规定,表明只要行为人具有刑事责任能力就应当承担刑事责任,并非要求行为人必须对此有认识。且行为人如果具有刑事责任能力,对自己的相关情况是最清楚的,有认识在情理之中。因此,行为人本身的情况不属于故意认识的内容。根据《刑法》规定,犯罪故意的意志因素是希望或者放任危害结果发生。前者是指行为人主动、积极地追求危害结果发生,结果没有发生是违背其意愿的。希望危害结果发生意味着行为人会通过各种手段极力促使其发生,甚至会为发生提前做好充分准备。行为人既不是主动、积极地追求危害结果发生,也不是主动、积极地避免危害结果发生,而是对危害结果发生采取听之任之、无所谓的态度。危害结果无论是否发生,均不违反其意愿。

根据意志内容的不同,可将犯罪故意分为直接故意和间接故意,这是故意的法定分类。

3. 直接故意

《二八刑法》第26条规定,"犯人对于构成犯罪之事实,明知并有意使其发生者,为故意"。法国刑法理论中,罪过形式分为犯罪故意与刑事过失。前者是指行为人完成人们知道的为刑法禁止之行为或放弃完成人们知道的为法律所命令之行为的意志。德国刑法未规定罪过概念,刑法理论中犯罪主观构成要件(罪过)分为故意与过失两大类;故意又分为目的(亦称一级故意,是指直接努力追求作为该构成要件的结果,相当于希望故意)、直接放任(亦称二级故意,是指认识到危害结果发生的必然性但并非希望结果发生)与可能放任(指认识到结果发生的可能性而对此采取无所谓的态度,相当于我国刑法理论中的间接故意)三种。美国《模范刑法典》犯罪心态模式有四种:蓄意(指行为人自觉希望实施某种特定行为,或者自觉希望发生某种特定结果的心态)、明知(指行为人认识到行为的性质并且自觉去实施这种行为的心态明知)专指行为犯的心态。结果犯的心态有蓄意、轻率和疏忽。其中蓄意相当于有些国家刑法中的希望故意或直接故意。因此行为犯和结果犯共有四种心态。《匈牙利刑法典》第13条规定:

"犯罪故意,是指行为人对其行为所导致的结果持希望或者容认态度。"[①]《澳大利亚联邦刑法典》的犯罪要素分为行为要素和过错要素,后者分为蓄意、明知、轻率或者疏忽。蓄意指:(1)如果行为人意欲实施某行为,则其对于该行为就是蓄意的。(2)如果行为人想环境存在或者将会存在,则其对于该环境就是蓄意的。(3)如果行为人意欲使行为结果发生或者行为人意识到行为结果将在事件的通常过程中发生,则其对于该结果就是蓄意的。[②]《土耳其刑法典》第21条规定:犯罪行为由行为人故意实施。重罪故意是指行为人明知可能发生法律规定的犯罪法律后果而意图造成损害。[③]《古巴刑法典》第9条规定:犯罪故意是指行为人明知并且自愿地实施其具有社会危害性的作为或者不作为,而且希望结果发生或者容忍结果发生之危险的。[④]《巴西刑法典》第18条规定:行为人希望发生结果或冒发生结果的危险的是故意。[⑤]《越南刑法典》第9条第1款规定:行为人清楚自己的行为具有社会危害性,预见到自己行为的后果并希望这种结果发生。[⑥]

综上,直接故意是指行为人明知自己的行为会发生危害社会的结果,希望这种结果发生的心理态度。在直接故意中,认识程度是有所不同的,具体表现在:一是明知自己的行为必然会发生危害社会的结果。"必然会"是指明确、肯定地知道自己的行为能够导致危害结果发生。如用匕首猛刺他人的心脏部位,就明知必然会造成他人死亡结果。二是明知自己的行为可能会发生危害社会的结果。"可能会"是指知道自己的行为具有导致危害结果发生的可能性。如行为人在300米外射击他人,尽管他不能保证必然会射中对方致其死亡,但至少知道具有射死对方的可能性。直接故意的认识与意志因素表现在:

一是认识因素。①明知自己的行为必然会发生危害社会的结果。行为人在意志上便没有放任的余地,自然也不可能构成建立在意志放任基础之上的间接故意。正因如此,有学者断言:在认识与意志对立统一的矛盾关系中意志占主导地位,认识属辅助地位。[⑦] ②明知自己的行为可能会发生危害社会的结果。虽然行为人对危害行为、危害结果及行为对象等均有认识,但最终决定直接故意成立的是对危害结果的希望态度;对行为的希望态度,一般不影响直接故意的成立。不过,通过对危害行为的认识,有时可推断出对危害结果的态度。如果危害行为与危害结果具有一致性,那么对危害

---

① 《匈牙利刑法典》,陈志军译,中国人民公安大学出版社2008年版,第4-5页。
② 参见《澳大利亚联邦刑法典》,张旭等译,北京大学出版社2006年版,第5页。
③ 参见《土耳其刑法典》,陈志军译,中国人民公安大学出版社2008年版,第10页。
④ 参见《古巴刑法典》,陈志军译,中国人民公安大学出版社2010年版,第9页。
⑤ 参见《巴西刑法典》,陈志军译,中国人民公安大学出版社2009年版,第7页。
⑥ 参见《越南刑法典》,米良译,中国人民公安大学出版社2005年版,第6页。
⑦ 参见周光权:《刑法总论》,中国人民大学出版社2007年版,第159页。

行为的希望态度就等同于对危害结果的希望态度,也即成立直接故意。如果行为人对用枪射击他人大脑的行为持希望态度,就等同于行为人对他人死亡结果持希望态度,两者并无本质区别。

二是意志因素。直接故意是希望危害结果发生,刑法理论中几乎没有人怀疑"希望"是直接故意的意志因素。"希望"只是意志因素的单纯表白,而不是意欲因素的完整诠释。换言之,希望应该是直接故意意欲要素的代名词。它隐含着意志和情感的双重因素,肩负着情感和意志动态变化的双重使命。其中情绪是意志的内在动力,意志是情绪的外在表现。有了这样的诠释,就不难理解行为人希望危害结果的发生,其实就是内心强烈的冲动,激发了积极的、坚定的意志。而犹疑不决、意志薄弱的人,恰恰就是少了情绪的推动。可见,通说所讲的直接故意比间接故意的意志因素坚定,其真正的原因是直接故意表达的是更为强烈的"我想要"的情绪动力。有学者直击要害:"认知靠理性,行动靠情绪,意欲要素就是情绪要素,人不因认知而受责难,而因情绪决定而受责难。所以故意的可责难性在于有意欲,有犯罪的意欲。……意欲支配行动,作出了触犯法律的行为。而这种行为体现了行为人的法敌对意识和对法的背离。这也可以说是处罚意欲要素的根据。"①

三是直接故意与间接故意区别的国外考察。我国刑法理论向来认为,对犯罪故意的界定需要同时借助认识因素与意志因素。不过,仔细分析,意志因素无疑才是界定犯罪故意的关键。边沁曾论述过二者的区别。"一个结果,当它是故意引起的时候,既可以是直接故意,也可以是间接故意。当预期产生某种结果构成促使行为人决心实施其行为的因果锁链中的一个环节时,就可以说,行为人对这一结果的态度是直接故意或直接产生的故意。当结果虽然是预料之中的,并且是在行为的实施过程中很可能伴随出现的,但预期产生这种结果不构成上述因果锁链中的一个环节时,就可以说,行为人对该结果的态度是间接故意或伴随的故意"②。可见,直接故意是行为人对自己以一定行为所追求某种结果的态度,而间接故意是行为人对于并非自己所追求但将作为伴随现象而出现结果的态度。在直接故意的情况下,行为人对于构成要件结果的意志心理过程是直接的、单纯的。故意是指在心里有一个达到希望的目标的固定意图。被用于表示一个人不仅预见到而且想要达到自己的行为可能造成之结果的心理状态。③ 美国《模范刑法典》中四种犯罪心理要素分别采用"怀着目的地"、"故意地"或者"有计划

---

① 李兰英:《探问"意欲"为何——对故意概念中希望和放任的新诠释》,载《法律科学(西北政法学院学报)》2005年第5期。

② [英]鲁珀特·克罗斯、菲利普·A.琼斯:《英国刑法导论》,赵秉志等译,中国人民大学出版社1991年版,第30页。

③ 参见[英]J.W.塞西尔·特纳:《肯尼刑法原理》,华夏出版社1989年版,第40页。

地”等描述特定犯罪心理的专门法律术语,并将传统意义上的直接故意限制在“有目的地”(purposely)犯罪心理要素上。

在直接故意中,由于行为人对危害行为、危害结果以及行为对象等均有认识,但最终决定直接故意成立的是对危害结果的希望态度。至于对行为的希望态度,一般不影响直接故意的成立。当然,通过对危害行为的认识,有时可以推断出对危害结果的态度。如上所述,如果危害行为与危害结果具有一致性,那么对危害行为的希望态度就等同于对危害结果的希望态度,此时对行为的希望态度可以决定直接故意成立。如果对用枪射击他人大脑持希望态度,就等同于对他人死亡结果持希望态度,因为两者并无本质区别,因此有故意杀人的直接故意。

4. 间接故意

英国法哲学家约翰·菲尼斯(John Finnis)教授面对间接故意理论的神秘和繁杂,曾形象地将英国的间接故意理论讽刺为“伪色情受虐狂之故意理论”。意思是,预见自己的行为会给自己带来痛苦效果,就是对这种效果具有故意。而德国学者韦尔策尔则一针见血地指出:“意欲是一种原始的、终极的心理现象,它无法从其他感性或者知性的心理流程中探索出来,因而只能描述它,却无法定义它。”①德国和英国分别是大陆法系和英美法系的代表,它们的法律规范、法律制度有着鲜明的区别。但是在对待故意的定义以及对间接故意的立法态度上却惊人地相似,这愈加证明故意概念的界定是一个蕴含诸多烦恼的难题。

关于间接故意的含义,不仅学界的见解不尽相同,各国(地区)的刑事立法也不一致。仅有少数国家(地区)刑法中明确规定了间接故意的内容,如俄罗斯等;多数国家(地区)的刑事立法未作规定,但其中一些国家(地区)的刑法能够反映间接故意的内容,如《奥地利刑法典》第5条第1款规定:“行为人有意实现法定构成之事实且明知其可能实现而予以认许者,为故意。”《罗马尼亚刑法典》第19条规定的间接故意是:“预见到行为的结果,虽不追求其发生,却接受了该结果发生的可能性。”显然,这些规定并未对行为人的认识程度加以限制。英美法系的学者认为,故意既指希望结果发生的直接或目的之心理状态,也指间接故意。只要证明被告人预见到自己的行为是“事实上的必然”会造成这些结果,不管是否系故意的,均可成立或推定为“间接”故意。大陆法系多采用容认主义,普遍认为,凡在目的上实现犯罪事实之发生者,为直接故意;凡容认实现必然的伴随目的行为而发生之恶害者,为准直接故意;凡预见伴随目的之行为可能发生的结果,而予以容认者,为间接故意。苏联学者指出:行为人认识到产生结果的必然性,则不属于有意识地放任。这一结论为我国理论界间接故意的通说所承袭。

---

① 李兰英:《间接故意概念及其定位的新理念》,载《法学评论》2004年第4期。

至于立法者为何沿用1979年《刑法》第11条有关故意的内容而未作任何删改，考其原因在于，无论行为人主观上出于直接故意还是间接故意对其承担故意犯罪的刑事责任并无影响，所以立法者于刑法条文中没有对直接故意和间接故意的区分予以明定。①

综观世界各国（地区）的刑事立法和刑法理论，归纳起来间接故意有以下几种规定和主张。

一是放任说。间接故意是指行为人认识到自己的作为或不作为对社会的危害性，并预见到它对社会的危害结果，而且有意识地放任这种结果发生的行为。其概念由苏俄刑法典首创，以后为其他国家的刑事立法所承袭。如朝鲜、越南、捷克、斯洛伐克、蒙古、阿尔巴尼亚等国均采用该概念。1950年《朝鲜刑法典》第11条规定："故意行为，是指行为人预见到自己行为的结果具有危害社会的性质，却希望这种结果的发生，或者有意识地放任这种结果发生的行为。"《越南刑法典》第9条规定："故意犯罪，即下列犯罪是故意犯罪：①行为人清楚自己的行为具有社会危害性，预见到自己行为的后果并希望这种结果发生。②行为人清楚自己的行为具有社会危害性，并预见到自己的行为会发生危害结果，虽不希望结果发生但放任结果发生。"捷克现行《刑法》第15条规定："故意：即①如果行为人具有下列情形之一的，视为故意犯罪。a）希望以刑法所规定方式侵害或者危及刑法所保护的利益；或者b）明知其行为可能导致该侵害或者危险但放任其发生并且实际发生的。②放任是指行为人容许以刑法所规定方式侵害或者危及刑法所保护的利益。"《斯洛伐克刑法》第15条规定："如果行为人具有下列情形之一的，视为故意犯罪：a）希望以本法典所规定方式侵害或者危及刑法所保护的利益；或者b）明知其行为可能导致该侵害或者危险但放任其发生并且实际发生的。"《蒙古刑法典》第5条第1款规定："犯罪人认识到自己行为的社会危害性，并预见到它对社会的危害结果，而且希望或者有意识地放任这种结果发生的，是故意犯罪。"《阿尔巴尼亚刑法典》第15条规定："故意，即行为人预见到犯罪行为的结果并且希望结果发生，或者不是希望但是有意识地放任该结果发生的，视为故意地实施犯罪行为。"该学说认为间接故意的特征有三：①行为人认识到自己的作为或不作为对社会具有危害性；②行为人对自己行为所带来的危害结果有所预见；③行为人预见到危害结果还竟然有意识地放任这种后果的发生。其作为故意犯罪的形态之一，间接故意是以"有意识地放任后果发生"与其他犯罪形式相区别的。"放任"就是对危害结果的发生抱着听之任之、虽不希望结果发生但却没有加以阻止的态度。

此外，采用"放任说"的还有奥地利、加拿大等国。如《奥地利刑法》第5条规定："法律规定某种情况或结果的发生，以意图为条件者，如行为人对此情况或结果有意任

① 参见杜澎：《间接故意犯罪形态论》，载《法学家》2000年第2期。

其发生时，视为有意图。”加拿大刑法在理论上将罪过形式分为故意、放任和过失三种，其中放任就是指间接故意犯罪。具体解释是：“被告可能以这样一种方式行事。他清醒地意识到他的行为可能造成损害，但他却对是否导致损害而毫不在乎。”但凡采取“放任说”的国家，其意义都是相通的。

二是同意说。间接故意是指行为人意识到自己的作为或不作为可能产生为法律所禁止的结果，并同意这一结果发生的行为。如 1969 年《波兰刑法》第 7 条第 1 款规定：“如果某人意图实施被禁止的行为，即希望实施这种行为，或者预见到可能实施并同意实施这种行为。”《南斯拉夫刑法》第 13 条规定：“行为人意识到自己的行为并意欲实施这一行为，或者是意识到自己的作为或不作为可能产生法律所禁止的结果并同意这一结果发生的，为故意犯罪。”同意说的特征：①从认识因素来看，行为人意识到自己的行为可能产生法律所禁止的后果；②从意志因素来看，行为人的意志状态比较肯定，同意危害结果的发生。

三是容忍说。间接故意是行为人明知有危害结果发生的可能性，却对结果的发生采取了容忍的态度。日本在刑法典中没有明确故意犯罪的概念，在理论上普遍认为间接故意犯罪就是容忍危害结果的发生。如大谷实认为：“认识到结果的可能性，而且具有发生或不发生都无所谓的容忍态度时，就是故意，没有这种容忍时就是过失。”1987 年《古巴刑法典》第 9 条第 2 款规定：“犯罪故意，是指行为人明知并且自愿地实施其具有社会危害性的作为或者不作为，而且希望危害结果发生或者容忍可能发生结果之危险的。”1968 年《保加利亚刑法》第 11 条第 2 款规定：“行为人认识到行为的社会危险性，预见到行为可能导致社会危险的结果且希望或容忍该结果发生的，认定为故意。”与“容忍说”相近的还有“容许说”。如 1903 年《沙俄刑法》规定：“不仅在犯罪者意欲犯罪的时候，其犯罪行为被认为是故意，当犯罪者自觉容许犯罪结果发生时，亦认为是故意。”1919 年《苏俄刑法指导原则》第 6 条规定：“故意行为，预见到其行为结果之社会危险性，而希望其发生或自觉地容许其发生。”从以上有关故意犯罪的立法规定中可以看到，行为人希望结果发生的是直接故意犯罪，行为人自觉地容许危害结果发生的是间接故意犯罪。

四是不违背本意说。间接故意是指行为人对于构成犯罪之事实，预见其发生并不违背其本意的行为。如《二八刑法》第 26 条就规定：“行为人对于构成犯罪之事实，明知并有意使其发生者为故意。行为人对于构成犯罪之事实，预见其发生，而其发生并不违背其本意者，以故意论。”目前，我国台湾地区绝大多数刑法学者在给间接故意下定义时仍采用该学说，只有少数学者提出不同见解。如林山田认为，间接故意犯罪就是指“行为人虽预见构成犯罪事实之发生可能性，但仍实施其行为，听任其行为导致法定构成要件之实现者”。高仰止认为，“行为人预见结果有发生之可能，而间接听任其发生亦所意欲者,为间接故意”。褚剑鸿认为,间接故意“即行为人预见其行为有发生犯罪事实之可能,但无必生之确信,而间接允许其结果之发生者”。其主张与“容许说”有相近之处。此外,《罗马尼亚刑法典》也有关于间接故意的规定,与“不违背本意说”有异曲同工之妙。第19条规定:“预见到行为的结果,虽不追求其发生,但却接受了该结果发生的可能性。”其与不违背本意说基本上一致。

此外,还有明知说和冒险说等。明知说源于美国《模范刑法典》第2章第2条“行为之结果被定为犯罪基本要件时,行为者充分知道由自己之行为足以引起其结果者”。与其他国家相比,具有自身特色。冒险说源于《巴西刑法典》第15条:“行为人希望发生后果或者冒发生后果的危险的,是故意犯罪。”不难看出,行为人希望发生后果的是直接故意,而甘冒发生后果的危险的是间接故意。在我国,间接故意的概念基本借鉴了苏联的表述,不过在表述上略有差异而已。[①] 间接故意的认识与意志因素:

一是认识因素。由于间接故意的意志因素是放任,既不希望也不拒绝危害结果发生,因而在认识因素上包含明知自己的行为可能会发生危害社会的结果,是毋庸置疑的。值得探讨的是,明知自己的行为会发生危害社会的结果,是否能够成立间接故意?对此,理论上有肯定说与否定说。肯定说认为,明知自己的行为必然会发生危害社会的结果,也能成立间接故意;否定说则与肯定说相反。目前,学界的通行观点是否定说,因为行为人如果明知自己的行为会发生危害社会的结果,那么对危害结果的发生就不可能持放任态度,只能是希望态度。故间接故意是指明知自己的行为可能会发生危害社会的结果,并且放任这种结果发生的心理态度。表现在:①为追求某种犯罪目的而放任另一种危害结果的发生,对该危害结果的发生所持的心理态度就是放任。如甲意图杀乙而放火烧乙的房屋,放任在乙家的丙被烧死。②为追求某种非犯罪目的而放任另一种危害结果发生,对该危害结果的发生所持的心理态度是放任。如甲乱棍追打咬伤自己的乙家的狗,放任护狗的乙被打伤,甲对乙的受伤结果就是持放任态度。③在突发性事件中,针对某对象的侵害就属于放任态度,此时行为人对造成的危害结果持放任态度。如甲和乙殴打,甲掏出匕首突然向乙刺去,那么甲对造成乙受伤的结果便是持放任态度;如将乙刺成重伤则对重伤持放任态度;如将乙刺死则对死亡持放任态度。[②]

二是意志因素。间接故意的争议围绕意志因素“放任”一词展开。对于间接故意的成立标准,最有影响的是容忍说,它认为行为人放任结果发生时就成立间接故意。容忍说是对希望说的修正,它在承认认识因素是故意的心理前提下,认为故意的构成

---

① 参见李永升:《间接故意犯罪的概念新探》,载《河南大学学报(社会科学版)》2014年第3期。

② 参见李晓明:《刑法学总论》,北京大学出版社2016年版,第258-259页。

并非以希望结果发生为条件,只要行为人容忍危害结果发生同样可构成故意。容忍说在对意志因素的理解上持更宽泛的态度,不仅希望可以成为意志因素,容忍亦可以成为意志因素,从而在一定程度上扩大了故意的范围。意志论中容忍说的地位一直受到挑战,理论上对此的争论还在继续。但在实务上,自德国法院在一百多年以前采用容忍说以来,多数国家受其影响,在判决中根据这种理论处理案件。说明容忍说的合理性是客观存在的,根据容忍说解释"放任"的含义也是必要的。所谓容忍是指行为人虽然不是积极地希望发生其所预见的犯罪事实,但是具有它如果发生了也是没有办法的事情这种心理态度。容忍说是位于可能性说和认真说中间的见解。在今日,容忍说得到广泛支持。根据容忍主义立场,放任就是对于危害后果的消极容忍、包容、同意和接受。对此俄罗斯学者明确指出:"有意识地放任后果发生是主体不希望发生危害社会后果,但容忍其发生的思维过程。"[①]容忍说承认行为人是对已经预见的结果容忍其发生。早期容忍说以认识结果发生可能性和内心认可结果发生作为两个独立判断间接故意的标准,实务上一般强调认识结果发生可能性而容忍其发生,并非只是单纯的容忍,而是在内心同意并且认可结果的发生,所以比较强调行为人对结果发生的内在意愿。不过,如果行为人内心意愿明确到完全可以接受结果发生的程度,这种接受和直接故意中的希望,也就只有量的差别,而没有质的不同,认定为直接故意有时也可能不会有太大的问题。今天的容忍说认为,间接故意的根本问题在于行为人内心意愿的不明确。在确定间接故意的诸种见解中,容忍说基本是合理的。对于"放任"的含义需要结合三个层次进行递进式判断:①放任必须建立在对结果发生的"盖然性认识"上。在间接故意的场合,行为人预见到结果发生的可能性是相当高的,程度高于有认识过失的可能性,低于直接故意的必然性。②行为人必须"认真地"估算,而不是确信结果可以避免。没有进行认真的估算,并不真的认为结果会发生,就不应当成立间接故意,而应成立过失。③对结果发生采取"无所谓"态度,即毫不在意、漠不关心,但却认可、接受后果,使具体危险转化为具体实害后果。在间接故意中,危害后果是主体为实现自己在该犯罪构成以外的意图所付出的代价。[②] 可见,认定间接故意是极其复杂的。

直接故意与间接故意的相同点在于:在认识因素上,都存在认识到自己的行为可能会发生危害结果;在意志因素上,都不是不希望危害结果发生。两者的区别在于:

首先,在认识因素上,直接故意包含认识到自己的行为必然会发生危害结果,而间接故意则不存在这种认识。因此,在直接故意中,危害结果的发生既具有必然性,也具有可能性。在间接故意中,危害结果的发生只能具有可能性。

---

① [俄]库兹涅佐娃、佳日科娃主编:《俄罗斯刑法教程(总论)》(上卷),黄道秀译,中国法制出版社2002年版,第312页。

② 参见周光权:《论放任》,载《政法论坛》2005年第5期。

其次,在意志因素上,直接故意是希望危害结果发生,间接故意是放任危害结果发生。虽然两者都不是不希望危害结果发生,但直接故意却是希望,而间接故意则并非希望,而是无所谓。这种区别,使得直接故意的主观恶性较之间接故意要大,社会危害性也相对严重些。

最后,危害结果的发生与否对故意犯罪的成立不同。对直接故意,由于其积极地追求危害结果发生,使得行为人具有积极的侵犯性、危害性。这样,在发生危害结果的情形下成立故意犯罪自不待言。没有发生危害结果则是违背行为人的意愿的,也是与行为不相符合的,是由于意外原因或者其他因素造成的。因此,尽管危害结果没有发生,根据主客观相统一的原则仍然可以根据需要对行为人定罪,故直接故意犯罪的成立不需要危害结果发生。对间接故意,由于危害结果的发生与否都不违背行为人的意愿,行为本身不像直接故意那样具有积极的侵犯性、危害性。如果没有造成危害结果,行为本身难以称得上是危害行为。因此,间接故意犯罪的成立,必须要求发生危害结果。

(二)犯罪过失

我国《刑法》第15条规定:"应当预见自己的行为可能发生危害社会的结果,因为疏忽大意而没有预见,或者已经预见而轻信能够避免,以致发生这种结果的,是过失犯罪。过失犯罪,法律有规定的才负刑事责任。"显然,过失犯罪是指主观上存在过失的犯罪。故具体是指应当预见自己的行为可能发生危害社会的结果因疏忽大意没有预见,或者已经预见自己的行为可能发生危害社会的结果轻信能够避免,以致发生危害结果的心理态度。

1. 犯罪过失的历史考察

在法的发展历史上,犯罪过失是对应于犯罪故意而存在的概念,中外历史上的犯罪过失情况大致如下。

(1)我国刑律中的犯罪过失考察

据史学家的考证,罪过与"刑"的记载几乎是同时出现的。最早记载"过失"的文献,目前有不同的认识。有学者认为,《周礼・秋官・司刺》有"三宥"制度,"一宥曰不识,再宥曰过失,三宥曰遗忘"。也有认为,《尚书・舜典》中的"眚灾肆赦,怙终贼刑"是"过失"的最早记载。注云:"眚,过;灾,害;肆,缓;贼,杀也。过而有害,当缓赦之;怙奸自终,当刑杀之。"清代学者沈家本在其《历代刑法考》中考证说:"疏:《春秋》言肆眚者皆为缓纵过失之人。是肆为缓也,眚为过也。过而有害,虽具状合罪,而原心非故如此者,当缓赦之;小则恕之,大则宥之。"还有学者认为,《周礼》中的"三宥"制度并不是后世刑法中过失的渊源,而是臣僚因公犯罪、误失、遗忘的渊源。首次提出过失概念的,是西晋张斐《律注表》中的"不意误犯谓之过失"。根据《唐律》对臣僚犯罪分别规定不识、过失、遗忘的刑事责任推定,"三宥"制度在西周时期只适用于断卿大夫狱讼的邦法,而不适用于庶民狱讼的案件。但古文献中"眚"指"过失""过错"却是不争的事实。其至少说明在西周时期已存在对无犯意而危害社会的行为已有认识。"不识""过失""遗忘"无论是否专指臣僚因公犯罪,不可否认它包含现代刑法意义上的"过失"之含义。故记载"过失"心理态度最早的文献应在西周时期。张斐《律注表》提出的"不意误犯谓之过失"应看作对古人"眚""不识""误""过失""遗忘"等表示无犯罪动机心理的区分和阐释,不宜视为首次提出过失的概念。《唐律》是我国封建制刑法的集大成,其《名例律》中虽没有规定犯罪故意与犯罪过失的专条,但在具体罪中多有规定。在《唐律》中,非故意犯罪的规定有以下特点:表述非故意心理的立法例与用语进一步明确化、定型化。根据《唐律》规定,非故意心理态度称"失""误""过失""不觉""备虑不谨"等。但"过失"用语,只限定于过失杀伤人的场合,对于毁坏器物、杀伤牲畜等方面的过失行为,则不用"过失",而多以"误"表示。"失"则用以概括官吏公务的过失行为,"误"则作为"过失"中的一种,对官吏和庶民都适用。"不觉""备虑不谨"等,则是用于某种具体过失行为。此立法体例与政策,宋元明清各代的律典相沿,基本未变化。如《明律》对过失杀伤的注释:"初无害人之意而偶致杀、伤人者。"《清律》戏杀、误杀、过失杀伤人条:"若过失杀伤人者,较戏杀愈轻,各准斗杀、伤罪,依律收赎,给付其被杀伤之家。"其几乎与《唐律》相同。我国古代表示无犯罪意图的用语此外还有"不端"、"弗知"、"过"、"误"或"过误"等,比较混乱。

清政府在汲取西方立法经验的基础上,于 1910 年 10 月 25 日颁布《大清新刑律》。该律典除在失火罪中使用"失"外,对其余的过失犯罪均直接使用"过失",使过失心态成为区分刑事责任有无的主观要件。《大清新刑律》虽然未及实施,但立法上"过失"的规定标志着"过失"法律术语完成了从古代到现代意义上的重大变革。第一,古文献所载有关无犯罪意图的"不识""过失""误""遗忘""失""误"等法律术语,并非仅指现代刑法意义上的过失情况,有关的注释表明其中包含现代刑法意义上的"法律认识错误"、"事实认识错误"及"不可抗力",反映了古代刑法对无犯罪意图罪过内涵及外延在认识上的概括性。第二,我国古代刑律表述无犯罪意图过失的概念主要在于"无认识过失",强调对事实或结果"无本意"。如张斐和郑玄的注释都突出了"无本意""不意",为"过失",长孙无忌在注释"过失杀伤人"也为"耳目所不及,思虑所不到"。将对事实等有认识的"有认识过失"排斥在过失罪过之外,反映了在认识上的局限性。①

我国近代刑法中的过失概念从德日引进,民国刑法明确将过失分为无认识过失与有认识过失。并在此基础上展开对过失犯的研究,尤其在民国刑法学中,已不局限于

① 参见林亚刚:《我国古代刑法中的犯罪过失概念剖析》,载《武汉大学学报(人文社会科学版)》2000 年第 3 期。

对过失规定的简单注释，而是从法理上对过失本质进行探讨。关于过失形态的论述，基于民国刑法对过失的分类，无认识过失即应注意并能注意而不注意者，称为懈怠过失。有认识之过失即在预见其能发生而确信其不发生时，称为疏忽过失。显然此为例外规定，乃为过失之变态，学说上称曰有认识之过失。

我国刑法学中的过失论是从苏俄引入的，其特点是以法条关于过失犯罪的规定为中心进行注释性论述。苏俄刑法是在罪过类概念下讨论过失的，并把罪过看作刑事责任的主观根据。罪过，是苏俄刑法学概念术语中译为中文最为传神的一个概念。但当罪过被称为故意与过失的类概念时，“罪过”一词所具有的责任意蕴就消失殆尽。值得注意的是，苏俄刑法关于过失犯的规定，经历了一个从规定犯罪过失到规定过失犯罪的转变。1926 年《苏俄刑法典》第 10 条规定：“凡应当预见自己希望的结果，而竟没有预见，或者轻率地避免这种结果的发生，就是出于过失。”这是犯罪过失的定义，但 1960 年《苏俄刑法典》第 9 条规定：“如果犯罪人预见自己的作为或者不作为可能发生危害社会的后果，而轻信可以防止它的发生，或者虽然应当预见，并且可以预见发生这种结果的可能而没有预见的，都认为是过失犯罪。”显然，该法典以过失犯罪而非犯罪过失的形式对过失犯加以规定，这一立法模式对此后的我国刑法过失犯的规定影响重大。如此，对过失犯的讨论需要从过失犯罪的法律定义中转述犯罪过失的概念。值得关注的是，1950 年翻译的《苏联刑法总论》，译者采用的是民国刑法术语：疏忽过失与懈怠过失。疏忽过失是在于预见其行为之结果，而轻信不致发生者；懈怠过失是犯罪者对其行为之结果无预知，而按实际情况言，则他应该预知。而 1954 年翻译的《苏维埃刑法总则》，对犯罪过失的两种形式相应地译为过于自信与疏忽大意，指出：过于自信就是虽已预见自己行为的后果，但轻率地希望避免此种后果的发生。疏忽大意就是犯罪人未预见自己行为的后果，而按实际情况，他应该预见其行为的后果。此后，我国刑法学沿袭了关于过于自信过失与疏忽大意过失的称谓。对过失犯的内容从过失构成特征的法条分析到认识因素和意志因素的过失心理要素的内容描述，再到认识特征和意志特征的过失心理构造的法理阐述，这就是我国刑法学对过失犯认识的深化过程。

（2）西方刑法中的犯罪过失考察

西方的奴隶制、封建制刑法，均不及中国刑律发达。在刑法史研究中，近代以前由于盛行结果责任和团体责任，即使对过失犯的规定也是如此。大陆法系各国刑法中犯罪过失理论的萌芽及基础的确立，是随着资产阶级启蒙运动的结束，自由主义在刑法理论中占据优势后才实现的。自贝林格的犯罪构成要件的系统理论形成后，犯罪过失同犯罪故意虽然共同成为犯罪的主观心理要素，但依照古典学派的理论，过失与故意只专属责任论的范畴。在“违法是客观、外部的，责任是主观、内部的”传统命题下，行为只要引起对被保护法益侵害的结果或者危险，根据当时的理论，就认为行为具备了构成要件符合性、违法性。只是在责任阶段才有必要区别故意或过失,并根据不同的心理态度论责任。19 世纪末 20 世纪初,随着社会物质文明进步,过失犯罪在质与量上产生变化;在犯罪论体系中,由于责任论从心理责任向规范责任转变,过失理论也在犯罪论体系中发生巨大变化。德国首先意识到过失不仅仅是责任论的问题,不能无视过失犯的违法性因素,甚至在构成要件符合性阶段也必须加以讨论。对过失的违法性作正面论述,并将其与过失论体系联系在一起,以至于影响到犯罪论体系组成的,是以韦尔策尔为中心所提出的"目的行为论"。根据目的行为论的见解,因主观要素作为行为的本质要素,则其自然应归于构成要件或违法性领域内,特别是主张故意行为与过失行为在结构上也存在差异,具有完全不同的体系地位,因此而产生了对过失需考虑特有的构成要件符合性和违法性的问题。对过失而言,同样是基于意识行为,虽发生了行为人无法预期的结果,但违反了为避免发生结果应采取适当措施为内容的注意义务。如此,也就在犯罪论的体系构成上体现出过失的违法性。也就是说,过失违反客观注意义务,影响到行为违法性的有无及程度。过失是由于所实施的不适当错误行为致使结果发生,然而,其脱离社会相当性要求的程度,应在违法性阶段来认识、区别。故过失的违法性并非单纯侵害法益的结果,并应求之于行为违反客观的注意,即实行行为的不适当性,应评价为无价值。①

近代西方国家刑法中过失犯罪的立法,起源于古罗马法的规定与精神,但有关犯罪过失的概念,直至中世纪后期才产生于意大利注释法学中。与中国奴隶社会、封建社会刑法对罪过的规定相比,由于西方国家的统治者不同于我国古代统治者侧重于通过伦理规范来指导人们的行为,而是侧重于通过刑罚的惩罚作用来维护社会秩序,故其刑法显得较为落后和野蛮。对西方近代过失犯罪的刑事立法影响最深的,还是近代启蒙思想家的有关论述和思想。新兴资产阶级启蒙思想家,对实行罪刑擅断和滥罚无辜进行了猛烈的抨击,提出了"无罪过者无责任"的口号。贝卡里亚关于重视主观罪过避免客观归罪的思想,费尔巴哈关于将过失作为行为有责性要素,以及主张无责任则无刑罚的思想,对近代西方国家过失犯罪的立法均产生了直接的指导作用,并成为大陆法系国家过失犯罪刑事立法的理论基础。

(3)世界各国关于犯罪过失的立法模式

综观世界各国关于犯罪过失的立法模式,可以归纳为以下几种模式。

一是学理或判例模式,是指刑法总则中只规定处罚过失犯罪的一般原则,而犯罪过失的概念则通过学理或判例的解释来界定。1907 年《日本刑法典》第 38 条第 1 款规

① 参见林亚刚:《试论德日刑法中犯罪过失在犯罪论体系中的地位》,载《国家检察官学院学报》2000 年第 1 期。

定:“无犯罪意思之行为不罚,但法律有特别规定时不在此限。”这是近代西方国家在刑法总则中首次确立犯罪以处罚故意为原则、处罚过失为例外的立法例,为众多国家所效仿。1976 年《联邦德国刑法典》第 15 条第 1 款规定:“本法只处罚故意行为,但明文规定处罚过失行为的,不在此限。”

二是隐含模式,是指在刑法典中只规定过失犯罪的概念,而犯罪过失的概念则隐含于对过失犯罪的规定之中。如 1996 年《俄罗斯联邦刑法典》第 26 条规定:“因轻信或疏忽而实施的行为,被认为是过失犯罪。如果犯罪人预见到自己行为(不作为)可能发生危害社会的后果,但却没有足够理由地轻信可以防止这种后果的发生,则犯罪是因轻信而实施的犯罪。如果犯罪人在加以必要的注意和具有必要的预见性时本来应该可以预见自己的行为(不作为)可能发生危害社会的后果却未预见这种后果,则犯罪是因疏忽而实施的犯罪。”这被誉为刑法典中直接规定过失犯罪概念的典范,也是从本质上对过失犯罪所作的规定。但其中包含犯罪过失的两种形式,即轻信可以避免的过失和疏忽大意而导致的过失。

三是并列模式,是指在刑法典中既规定过失犯罪的概念,又规定犯罪过失的概念。如 1937 年《瑞士联邦刑法典》第 18 条第 3 款规定:“行为人由于违背义务过失地未考虑行为之结果,或者对行为之结果未加注意者,是过失犯罪。根据当时的情况和个人情况,行为人应当注意而未加注意的,即为过失。”前半段是过失犯罪,后半段则是关于过失的规定。

四是直接模式,是指刑法典中直接规定犯罪过失的概念。如 1974 年《奥地利刑法典》第 6 条第 1、2 款规定:“行为人依其情况应注意,且按其精神及身体状况能注意,而怠于注意,致发生其不知之法定构成事实者,为过失。”“认识该事实可能实现,而未希望其发生者,以过失论。”1953 年《韩国刑法典》第 14 条第 1 款规定:“由于疏忽大意,未认识到犯罪构成要件之事实的行为,其处罚以法律有特别规定者为限。”这些均是直接模式。

2. 犯罪过失的本质

理论上对犯罪过失本质的认识归有三种学说:无认识说、旧过失说和新过失说。

(1)无认识说

主要反映古代人类对过失犯罪早期的观察、认识与刑法思想。西方罗马法时期认为,“过失犯之处罚,在于行为人疏忽未认识行为之违法性,或由于行为人之错误,致未认识其行为之结果,凡此均可因有所需要之注意而得以避免”①。受其影响,大陆法系 12 世纪后在侵权责任的主观要素上开始关注,并将其分为故意、过失。凡是行为人明

---

① 蔡墩铭:《唐律与近世刑事立法之比较研究》,台北,商务印书馆 1972 年版,第 160 页。

知行为将损害他人利益而为之即为故意;对应加以注意的事情,怠于注意而为之则为过失。正是从这种与故意区别中,无认识说是从对犯罪故意的认识说中派生出来的。[①]该种过失的古老认识直到中世纪还存在广泛的传播。日耳曼法认为,“也和其他许多国家早期法律一样,在犯罪和民事侵权行为之间没有明显的界限”[②]。故针对这种过失犯罪,仍旧遵循“对于责任来说,是否认识结果,具有重要意义”[③]。在过失犯罪的发展史上,从“最初,既不分别行为的结果和偶然现象,也不问犯人对于犯罪事实有无认识,只知按行为及行为后继起的现象来衡量犯人的责任”[④],到考察行为人对行为事实有无清楚认识来区别刑事责任的程度,无疑是一个历史的巨大进步。如有学者早就指出的:“无认识说是立法者向犯罪过失理论化迈出的第一步,是人类对犯罪过失的第一次概括,反映着早期的法律文明。”[⑤]当然,该说也存在缺陷,如有学者指出的,“或者可将无法预见结果的意外事件纳入过失,或者可将虽认识到结果但自信可以避免结果发生的自信过失视为故意”[⑥]。

(2)旧过失说

学界在认识到了无认识说的缺陷之后,提出了过失的本质学说,并形成了旧过失说和新过失说。在近代刑法学说史上,责任论虽是因道义责任论和社会责任论的争论引起的,当然也就和主观认识发生了联系。心理事实说是刑事古典学派道义责任论的核心内容,它以哲学上的自由意思为理论基础,从行为与行为人间的心理关系上来解释责任的实质,认为刑事责任的实质在于行为人的心理事实。[⑦] 而从心理强制说的立场出发,却认为刑事责任的根据并不只是积极的恶的要素。费尔巴哈认为,过失虽然不是出于行为人的意图而引起对权利的侵害,但过失中包含积极的恶的要素。施求贝尔则认为,过失虽不具有使结果发生的意图,但是行为中具有使结果发生的危险性,在知道而实施行为的情况下的这种故意,就是处罚的依据。[⑧] 过失是故意的一种特殊类型,二者不甚相同的是,故意对具体的侵害事实具有明确的认知或意欲,而过失虽可能有认知但未终止其危害行为。显然,该说认为过失与故意相同,它们都具有积极的意思态度和责任而应受到处罚,这就使得所谓过失中积极的认知责任脱离了过失的范畴与边界。为纠正这些偏驳,同时代的克莱茵提出了“过失为消极的恶意”之观点。他认

---

① 参见林亚纲:《德、日刑法犯罪过失学说介评》,载《法律评论》2000年第2期。

② 储槐植:《美国刑法》(第2版),北京大学出版社1996年版,第82页。

③ [日]真锅毅:《现代刑事责任论序说》,法律出版社1983年版,第35页。

④ 蔡枢衡:《中国法史》,广西人民出版社1983年版,第185页。

⑤ 姜伟:《犯罪故意与犯罪过失》,群众出版社1992年版,第247页。

⑥ 林亚纲:《德、日刑法犯罪过失学说介评》,载《法律评论》2000年第2期。

⑦ 参见林亚纲:《德、日刑法犯罪过失学说介评》,载《法律评论》2000年第2期。

⑧ 参见[日]大谷实:《刑事责任论的展望》,成文堂1983年版,第7-8页。

为，为使某种行为成为可罚起见，必须具有值得非难的意思，对此，未必以积极的意思为必要，仅以消极的意思就可以了。[①] 可见，克莱茵的这种消极的恶，在心理事实上表现为欠缺必要的意思紧张和集中，对具有预见可能性违法结果的不注意，对法秩序的不关心，是过失犯负刑事责任的实质根据。[②] 在旧过失论中，对过失的非难可能性以注意能力的存在为前提条件，由于预见可能性是对具体结果发生的预见，故在具体结果发生能够预见的场合，对该种结果要求是应当预见的。如果有预见可能，注意力集中就应对其结果有预见。另外，在英国刑法学中犯罪过失概念的发展与大陆法系相反，即大陆法系刑法学中先有作为主观过失论的旧过失论，后有作为客观过失论的新过失论，而英国刑法学中则先有作为客观过失论的行为标准说，而后有作为主观过失论的注意义务说。[③]

（3）新过失说

如上所述，旧过失说及其纠正都将注意义务视为责任的中心，同时也推论出由结果预见义务转而为结果避免义务。从另一角度讲，其也使得过失犯罪的责任理论从“结果无价值”轻易地转向“行为无价值”。在理论界，这种以避免结果为注意义务核心的过失理论被称作“新过失论”，成为德日刑法的通说。新旧过失论的差别：①从形式上看，表现在过失行为在犯罪论体系中地位的不同。前者视过失为主要违法性要素，或者认为既是责任要素又是违法性要素。而后者只将过失视为责任要素，是与故意并列的责任种类或责任形式。②从实质上看，作为认定过失责任基础的注意义务内容不同。前者将结果回避义务视为独立或与结果预见义务共同视为注意义务的内容，而后者只以结果预见义务为注意义务的内容。[④] 显然，二者在要素结构与注意义务内容上均具有不同的主张。现代英国关于犯罪过失的观点也是混乱的，主要有客观主义的行为标准说与主观主义的注意义务说两大类。前者认为，如果一个人的行为不符合人们对一个平常而理性人在同等情况下所期望作出的行为标准，那么他就具有过失（negligent）。[⑤] 由此，其过失的行为标准接近大陆法系刑法学中的新过失论。后者认为，犯罪过失是对结果注意义务的违反，属于主观罪过形式。[⑥] 目前，新过失论是大陆法系刑法通说。它取折中的办法，在不否定心理事实仍属于归责要素的前提下主张由法律、法令及各

---

① 参见［日］藤木英雄：《过失犯的理论》，有信堂1969年版，第17页。

② 参见林亚纲：《德、日刑法犯罪过失学说介评》，载《法律评论》2000年第2期。

③ 参见李居全：《论英国刑法学中的犯罪过失概念——兼论犯罪过失的本质》，载《法学评论》2007年第1期。

④ 参见林亚纲：《德、日刑法犯罪过失学说介评》，载《法律评论》2000年第2期。

⑤ 参见陈碧红：《论犯罪过失的本质》，载《黑龙江教育学院学报》2009年第8期。

⑥ 参见李居全：《论英国刑法学中的犯罪过失概念——兼论犯罪过失的本质》，载《法学评论》2007年第1期。

种规章来限定危险发生的程度,这是社会所能忍受的范围内(被允许的危险)作为违法的评价标准。只有行为人由于不注意而违反该种规范,即社会所不容许的违反注意义务才具有可罚性。其无疑较旧过失论有巨大进步,不仅更科学合理,同时又拓宽了过失理论的范围。①

(4)最新过失论

其也称新新过失论,代表人物藤木英雄等。为适应日本20世纪六七十年代经济高速发展,公害现象已成为日益严重的社会问题而提出的。它以对预见可能性的"抽象判断"取代预见可能性的"具体判断"为主线,关键词是"危惧感"。该说认为,只要对危险发生具有危惧感,就产生了消除这种危惧感的结果回避义务。没有履行这种义务而致使结果发生的,就违反了注意义务而应负过失责任。② 德国学者许乃曼认为,面对现代工业社会中的危险,以侵犯了法律保护的法益、引发这种违法现象的行为以及行为人最终造成的客观危害结果这三个要素为中心的传统过失犯罪概念,呈现显而易见的缺陷。据此,存在从过失犯向危险犯演变的过程。基本思路是:过失犯以危险结果发生为可罚性根据,而其行为本身具有危险性,行为人也可预见将来事态发展的危险性。故此,根据公平原则和一般预防的要求,应将对过失犯罪处罚的时间提前到结果未发生时,只在结果出现时才对过失行为处罚似乎有些不公平。如果设置危险犯(具体危险犯和抽象危险犯),问题就会得到解决。因为如果疏忽行为导致危害的发生,那么具有相同危害程度的行为都会遭到相同方式的惩罚,行为人就不能排除接受惩罚的威胁而指望出现幸运结果。③

我国《刑法》第15条第2款规定:"过失犯罪,法律有规定的才负刑事责任。"立法目的在于明确过失犯的处罚范围。我国《刑法》分则中不少条文规定有过失犯罪,如《刑法》第115条第2款就有"过失犯前款罪的"的规定,从而明确了失火罪、过失决水罪、过失爆炸罪、过失投放危险物质罪和过失以危险方法危害公共安全罪五种过失犯罪。遗憾的是,《刑法》分则并没有明确全部过失犯罪的范畴,因此人们对其中的部分犯罪是过失犯罪还是故意犯罪存在争议。如《刑法》第133条并没有明确交通肇事罪为过失犯罪,但人们对之为过失犯罪并无争议。然而,对于《刑法》第129条规定的丢失枪支不报罪主观上是故意还是过失则存在争议。正是由于刑法并没有明确规定,认定过失犯时"人们对相同的用语可能得出不同的结论,分则条文的用语并非十分规范

① 参见林亚刚:《德、日刑法犯罪过失学说介评》,载《法律评论》2000年第2期。

② 参见陈兴良:《过失犯论的法理展开》,载《华东政法大学学报》2012年第4期。

③ 参见[德]许乃曼:《传统过失刑事责任观念在当代社会中的弊病——新的趋势与展望》,王秀梅译,载《法学家》2001年第3期。

(如《刑法》第 138 条、第 304 条)，仅从文理上不能得出合理的结论，需要更为实质的理由”①。所以对这种意思罪过复合说的情况应注意进行深入研究。

3. 疏忽大意的过失

英国法律委员会在其工作文件中对犯罪疏忽的定义：“如果某人没能像作为一个正常人在他的情况下那样，对其行为给予注意，发挥技能或者进行预见，那么，他就是疏忽的。”也就是说，疏忽是行为人有责任履行某种注意标准，但没能达到这种标准；以及行为人没能像正常人或者谨慎的人那样，在法律要求实施合理行为的情况下合理地实施其行为。因此，“疏忽是关于行为标准的要求，含有疏于思考、而非心理状态的内容，很少成为严重刑事犯罪的要素”。美国《模范刑法典》对疏忽的定义是：“就犯罪的构成要素而言，应该意识到犯罪要素中存在的实质的、非正当的危险，或者其行为会产生这种危险，而他却疏忽地实施了行为，考虑其行为的性质、目的以及他所认识到的条件，行为人没能意识到危险的实质和程度达到了作为正常人在其情形下会给予的注意标准的极度偏离。”从这些定义可以看出，英美对犯罪疏忽的检验标准属客观标准，尽管行为人没能意识到自己的行为存在危害社会或者他人的危险，但依照正常人、谨慎人实施行为的标准则可意识到这种危险，故此构成疏忽犯罪。该标准不以行为人的认识活动为依据，对于避免虚假口供，以无认识为辩解借口有着一定的意义。在极大的程度上提高了人们的注意力，以遵守法律所要求的，像正常人、谨慎的人那样从事社会活动。但全部采用客观标准也存在某种不足，有些行为人由于自己认识能力上的缺陷，导致他不可能像正常人、谨慎人那样去认识危险，因此容易客观归罪。与此同时也应该结合行为人的认识特点和能力去综合分析，会更正确地反映法律要求犯罪疏忽的实质。客观标准在一定程度上忽视了行为人的特点，因为刑罚的目的也要求行为人具有正常的能力、身体以及精神上的正常程度，而不能假设正常人、谨慎的人所具有的素质。因此，在坚持疏忽的客观标准这一重要特征的同时，也要适当地考虑行为人的自身特点和能力。②

(1) 疏忽大意的过失的概念和特征

疏忽大意的过失，是指应当预见自己的行为可能发生危害社会的结果，因为疏忽大意而没有预见，以致发生这种结果的心理态度。其成立条件有二：③

一是应当预见自己的行为可能发生危害社会的结果。

“应当预见”表明，行为人对自己的行为可能发生危害社会的结果具有预见义务。这种义务主要源于法律规定、职务和业务的要求以及知识、技能、生活常识和经验等。

---

① 张明楷：《刑法学》(第 3 版)，法律出版社 2007 年版，第 234 页。

② 参见李韧夫：《论英美刑法中的犯罪疏忽》，载《法制与社会发展》2003 年第 4 期。

③ 参见李晓明：《刑法学总论》，北京大学出版社 2016 年版，第 260-261 页。

如甲与乙是好朋友,甲知道乙患有血友病。一次甲在与乙的斗闹中将乙的手臂划伤,导致乙流血不止。乙因来不及送往医院抢救而死亡。此案中,甲主观上对乙的死亡存在疏忽大意的过失。

对于应当预见的判断标准,国外有三种不同学说:①客观标准说,即以行为时社会上一般人的预见能力为标准判断,一般人能预见则行为人亦能预见,否则视为不能预见。②主观标准说,即以行为时行为人的预见能力为标准,如果具体条件下行为人能预见则视为应当预见,否则为不能预见。③折中说,即以行为时行为人的预见能力为基础,并结合社会上一般人的预见能力综合判断。只有行为时行为人能预见,且社会上一般的人也能预见,则视为应当预见。折中说的支持者为多数,如果行为人具有特定的技能技巧,或者与被侵犯的对象具有特殊的关系,其预见能力与普通人是不同的。如对于先天性心脏病患者,患者的亲戚朋友、熟人以及专业医生等对其了解程度,无疑是普通人难以比拟的,故他们的预见能力较之普通人是要强些的。如果与先天性心脏病人相互嬉闹致其发病死亡,那么对于患者的亲戚朋友、熟人以及专业医生而言,认定他们应当预见是值得信任的。若是普通人能否预见就不能一概而论,甚至不能预见也有可能。这些因素在判断疏忽大意过失时是必须考虑的。[①]

二是疏忽大意而没有预见自己的行为可能发生危害社会的结果。

尽管行为人具有预见义务,但事实是他没有预见自己的行为可能发生危害社会的结果。所谓"没有预见",是指行为人对自己的行为可能造成的危害结果根本没有预知,这是成立犯疏忽大意的过失的核心要件。如果行为人预见到自己的行为可能发生危害社会的结果,就不可能成立疏忽大意的过失,极有可能成立犯罪故意。

(2)疏忽大意的过失与意外事件的异同

我国《刑法》第16条规定:"行为在客观上虽然造成了损害结果,但是不是出于故意或者过失,而是由于不能抗拒或者不能预见的原因所引起的,是意外事件。"疏忽大意的过失与意外事件的相同点:都没有预见到自己的行为可能会发生危害社会的结果,客观上都造成了危害结果的发生。两者的区别:对自己行为可能发生的危害结果是否具有预见义务。具有预见义务的是疏忽大意的过失,不具有预见义务的是意外事件。前者是应当预见而没有预见,后者是不能预见而没有预见。由于意外事件不属于故意或者过失,因而其不能成立犯罪。

4. 过于自信的过失

过于自信的过失是我国法定的过失种类,国外立法体例中亦有类似之规定,如1997年《俄罗斯联邦刑法典》第26条规定:"因轻信或疏忽而实施的行为,被认为是过

① 参见李晓明:《刑法学总论》,北京大学出版社2016年版,第261页。

失犯罪。”如果犯罪人预见到自己行为（不作为）可能发生危害社会的后果，但却没有足够理由地轻信可以防止这种后果的发生，则犯罪是因轻信而实施的犯罪。1974 年《奥地利刑法典》第 6 条第 2 款规定：“认识该事实可能实现，而未希望其发生者，以过失论。”我国有学者认为，国外刑事立法对犯罪过失类型的界定主要有普通过失和业务过失；通常过失与重过失；危险过失和实害过失；轻率与疏忽。从其立法类型看，我国刑法明确的疏忽大意过失与过于自信过失，与美国《模范刑法典》中的“疏忽”与轻率相似，而与德日等大陆法系国家的立法模式差异较大。①

英国刑法中有轻率（recklessness）的罪过形式，其基本含义是没有正当理由的冒险。所冒之险是否正当，取决于行为人所实施的行为的社会价值与可能引起的危害的严重性程度；在法庭上，其检验标准是客观的，即由法院或陪审团设定所需要的关注标准，而不能统而概之地说对于危害后果发生的可能性预见到达什么程度便可构成轻率。如果行为人的行为没有任何社会价值，比如武装抢劫，即使危害后果发生的可能性极小，也可构成轻率；如果其行为极具社会价值，比如实施外科手术，那么只有严重危害后果发生的可能性极高，才可能构成轻率。关于轻率的理解与认定有两种观点：假设某被告人实施了客观上有可能导致某危害后果发生的不正当冒险行为，行为时对其行为所包含的引起该危害后果发生的危险有三种主观心态可能性：（1）认识到了该危险的存在；（2）没有考虑是否存在危险；（3）认为没有危险。卡宁汉姆轻率观（Cunningham recklessness）要求行为人具备第一种心态，即“已经预见到其行为可能带来某种具体的危害，却仍然冒险实施该行为”。考德威尔轻率观（Caldwell recklessness）要求行为人或者具备第一种心态，或者在假如他停下来考虑一下，该危险对他来说是明显的情况下，却没有考虑是否存在危险，即具备第二种心态。易言之，前者将轻率仅限于有认识轻率（advertent recklessness），即只有当行为人实际认识到自己行为所包含的危险并有意冒险时才能构成。后者将“轻率”概念扩展至足以包容疏忽轻率（inadvertent recklessness）。在考德威尔案中迪普洛克勋爵认为，将轻率概念仅局限于有认识的冒险是对该概念的不正常的紧缩解释；在他看来“根本没有考虑行为所可能造成危险”并不必然比“有意冒险行为”具有更小的可责性；只要具备下列条件行为人便构成轻率：（1）客观上其行为使某财产处于被毁灭或损害的明显的危险之中；（2）主观上在实施此行为时他根本没有考虑该危险存在的可能性，或者已经认识到但仍继续实施其行为。②有学者认为，英美刑法中的轻率大体上涵盖了放任故意（间接故意）和轻信过失（有认识过失），实际上相当于我国刑法间接故意与轻信过失相加之和。考察法德美英刑法

① 参见高铭暄、赵秉志主编：《犯罪总论比较研究》，北京大学出版社 2008 年版，第 137 页。

② 参见储槐植、杨书文：《英国刑法中的“轻率”》，载《比较法研究》2000 年第 4 期。

(理论)中的罪过形式后笔者认为,上述国家都将相当于我国刑法中的直接故意与疏忽过失之间的"区域"作为一个相对独立的整体加以规定或研究,这一区域相当于我国刑法中的间接故意与轻信过失。原因是间接故意与轻信过失,无论是在理论上还是在实践中要进行明确的区分是极其困难的。故建议借鉴英国刑法的做法,将间接故意与轻信过失合二为一,作为一种特殊的罪过形式进行规定与研究。有的学者将该种特殊的"罪过形式"称为"复合罪过形式"。①

(1)过于自信过失的定义和特征

过于自信过失,是指已经预见自己的行为可能发生危害社会的结果而轻信能够避免,以致发生这种结果的心理态度。其属于有认识的过失,与间接故意之间的界限往往模糊。成立条件有二:

一是已经预见自己的行为可能发生危害社会的结果。已经预见是指行为人对自己的行为可能发生危害社会的结果有预知,即预感到自己的行为可能会导致危害社会的结果发生。这与疏忽大意的过失没有预见自己行为可能发生危害社会的结果完全不同。如果行为人没有预见自己行为可能发生危害社会的结果,则可能成立疏忽大意的过失或者属于意外事件。可见,犯罪过失既可以是缺乏认识,也可以是具备认识。在过于自信过失中,具备认识是这一过失的认识事实的特征。所谓具备认识,是指行为人对于危害结果的发生有所预见。也就是说,行为人料想到危害结果可能发生。犯罪故意的认识,也包括认识到危害结果发生的可能性,但这与犯罪过失的可能性认识有所区别。总之,所谓可能性认识是指行为人对于是否发生危害社会结果的判断,基于当时主观上(自己的生活经验)与客观上(作用于事态进程的一系列外部条件)的因素,在肯定与否定之间徘徊。行为人既认识到危害结果可能发生,也认识到危害结果可能不发生。在过失的可能性认识中,作为否定危害结果发生的一系列外部条件(包括行为人的客观能力与其他客观环境因素等),在行为人的心理上占据着较为充分的地位,所谓可能性是一种并非纯然的介于肯定与否定之间的判断,而是行为人更大程度地预见到危害结果发生的否定性可能。从而这种可能性认识对于事态发展趋势的预见是相对模糊的,对于危害结果发生可能性的预见是不够明确的。②

二是轻信能够避免发生危害社会的结果。所谓轻信能够避免是指行为人轻率地相信能够避免发生危害社会的结果。之所以说轻率是因为危害结果最终还是发生了,因而行为人的轻信是不可靠的。必须注意的是,过于自信的过失中的"轻信",并非纯粹的主观上感觉或者盲目自信,而是以特定的因素为依托的。否则,就称不上"过于自信"了。通常,行为人总是根据自己的知识、经验、技能、技巧、见识等特定事实,相信能

---

① 参见储槐植、杨书文:《复合罪过形式探析——刑法理论对现行刑法内含的新法律现象之解读》,载《法学研究》1999年第1期。

② 参见张小虎:《犯罪过失心理结构要素探究》,载《法学评论》2005年第2期。

够避免危害社会的结果发生。如行为人是驾驶能手,安全驾驶30万公里,受过多种安全驾驶表彰,也多次化险为夷。他接到单位紧急任务开车出差,尽管他前一天就感觉到刹车系统可能有故障,但还是怀着侥幸心理出车,最终因刹车失灵造成重大交通事故。本案中,行为人主观上存在过于自信的过失。如果行为人没有任何赖以令人相信的因素,则不能谓之过于自信的过失。如行为人对准别人的脑袋开枪,并认为相信被害人不会死亡,但导致被害人死亡,就不属于过于自信的过失。如果行为人相信一些不着边际、不能成立的因素,如迷信等,也不能成立过于自信的过失。

(2)过于自信的过失与不可抗力的异同

二者的相同点:都预见到自己的行为可能会发生危害社会的结果,客观上都造成了危害社会的结果。两者的区别:过于自信的过失是在可以避免危害结果发生的情形下,轻信可以避免而没有采取有效措施,导致危害结果发生。至于不可抗力,其对危害结果的发生则不存在可以避免的可能性,也无法采取有效措施。前者是能够避免而轻信可以避免最终没有避免,后者是无法避免最终没有避免。由于不可抗力不属于故意与过失,因而不能成立犯罪。

(3)过于自信的过失与间接故意的异同

二者的相同点:都预见到危害结果发生的可能性,都不是希望危害结果的发生,都要求发生危害结果。两者的区别:就认识因素来说,过于自信的过失只是预见到危害结果可能发生,主观认识比较模糊、不确定;而间接故意则是明知危害结果可能发生,主观认识比较清晰、确定。就意志因素而言,过于自信的过失根本不希望危害结果发生,故危害结果违背其本意;而间接故意对危害结果的发生既不是不希望也不是希望,而是听之任之无所谓,危害结果发生不违背其意愿。另外,过于自信的过失轻信危害结果不发生是有特定的事实依据的,不是盲目的相信;间接故意对危害结果的发生没有任何事实依据,也无需事实依据。

(三)主观罪过复合说

"一个罪名,一种罪过"是我国传统的定罪遵循,如有学者所说:"一个犯罪主观罪过形式或者是故意或者是过失,不可能二者兼有。"①这种传统认识并不契合极其复杂的刑事司法实践,以及罪过理论研究的现实。如《刑法》第133条规定的交通肇事罪,刑法并没有回答主观方面是故意还是过失。实际情况是,行为人往往出于故意"违反交通运输管理法规",而相对于"发生重大事故,致人重伤、死亡或者使公私财产遭受重大损失"的结果一般为过失(不能完全排除行为人就没有故意),故我国刑法通说一般从结果标准出发,认为本罪的罪过为过失。② 相反的情况也有,《刑法》第186条规定的

① 高铭暄、马克昌主编:《刑法学》,北京大学出版社、高等教育出版社2007年版,第93页。

② 参见高铭暄、马克昌主编:《刑法学》,北京大学出版社2017年版,第357页;张明楷:《刑法学》(第5版),法律出版社2016年版,第719-720页。

违法发放贷款罪,行为人也往往出于故意"违反国家规定发放贷款",但对于"造成重大损失"的结果或许是过失,而我国刑法通说却认为其罪过是故意。① 显然,面对两种相同情况却做出相反的选择,不仅没有一以贯之的标准,又在司法操作上非常随意,甚至很不严肃,故对于主观罪过的复合问题应引起重视。

所谓复合罪过形式,是指同一罪名的犯罪心态既有故意(限间接故意)也有过失的罪过形式。② 它是相对于单一罪过而言的,后者是指在同一罪名中其主观罪过要么故意、要么过失,总之故意和过失不会重复或交叉的罪名与罪过形式。复合罪过表现形式有三种:(1)或许出现行为人对基本结果的心态表现为故意,而对加重结果的心态则表现为过失的双重情形,即"双重罪过"。(2)或许会出现行为人对其行为内容的心态表现为故意,而对其行为结果的心态则表现为过失的双重情况,即"混合罪过"。(3)或许出现行为人对犯罪结果既持故意心态又持过失心态的双重情形,即"并合罪过"。实际中只有一部分犯罪的罪过形式同时存在故意和过失,或者既可能是故意也可能是过失,而大部分犯罪的罪过形式是单一的。

1. 混合罪过说,是指行为人对行为内容的罪过心态与对行为结果的罪过心态不一致。该说最早是费尔巴哈在1824年《巴伐利亚刑法典(草案)》中提出的。他反对在立法上保留非直接故意的概念,理由是,根据此概念只要危害结果是有意识的行为导致即可推定行为人具有故意并予以归责。他认为,犯罪人的故意包含有意识实施行为所造成的一切后果,并指出,往往犯罪人没有预见到危害结果的发生,而对于这种后果,只有在犯罪人应该并且可以预见时才能归罪。③ 费尔巴哈将故意与过失组合在同一犯罪中的现象称为"伴随故意而出现的过失",并首次建议将混合罪过作为独立形式载入刑法典,但令人遗憾的是,他的建议未被通过。20世纪60年代苏联学界认为,对某些犯罪构成的行为和后果可以规定不同的罪过形式,其中包括混合罪过。主张者认为,"犯罪人在违反交通工具行车安全时对违反交通工具行车安全是故意,而对因此而发生的后果则是过失"④。可见,在混合罪过中罪过是分别针对行为和后果而提出的。⑤ 混合罪过分别研究的是行为内容与行为结果间的冲突。

---

① 参见高铭暄、马克昌主编:《刑法学》,北京大学出版社2017年版,第412页;张明楷:《刑法学》(第5版),法律出版社2016年版,第719-720页。

② 参见欧锦雄:《复合罪过形式之否定——兼论具有双重危害结果之犯罪的罪过形式认定》,载《广西政法管理干部学院学报》2005年第4期。

③ 参见赵坦:《复杂罪过类型辨析》,2021年3月28日苏州大学法学院刑法研究生读书会"讲稿",第6页。

④ [俄]Н. Ф. 库兹涅佐娃、И. М. 佳日科娃主编:《俄罗斯刑法教程(总论)上卷·犯罪论》,黄道秀译,中国法制出版社2002年版,第332页。

⑤ 参见[俄]《苏维埃刑法教程总论》(第1卷),列宁格勒大学出版社1968年版,第436-437页。

2. 双重罪过说，是指行为人在客观方面直接结果的罪过与遥远结果之罪过的不一致。苏联学者强调，“不能把具有两种罪过形式的犯罪（双重罪过的犯罪）同具有一个后果和一种过失罪过形式的过失犯罪（混合罪过犯罪）混为一谈。一般当过失犯罪是不遵守或违反某些预防规则时就容易犯这样的错误”①。双重罪过有两种形式：（1）由法定的具有不同法律意义的两个危害结果所组成的犯罪，也即有加重形态的结果犯。一般情况下，犯罪人对前一个较轻危害结果表现为故意，对后一个较重危害结果持过失心理态度。其中后一个结果是前罪的加重要件，在总体上认为该犯罪是故意实施的犯罪。② 赵廷光教授在针对《刑法》第 234 条第 2 款指出：“这是故意伤害罪（基本罪）的更重罪，是结果加重犯……故意伤害他人身体是故意的心理态度，而行为人对于致人死亡的危害结果则持否定的态度，是过失的心理。这就是复合罪过形式。”③当然，赵廷光教授这里的“复合罪过形式”就是双重罪过形式。（2）在于行为人对于不以危害结果为成立要件的作为（不作为）和加重的结果持不同的心理态度。结果加重犯并不限于结果犯，行为犯中也存在结果加重犯，行为人对基本行为和加重结果持不同的心理态度，如非法拘禁致人死亡的情况。

3. 并合罪过说，又称复合罪过④、模糊罪过⑤、择一罪过⑥、二元罪过⑦、有型罪过⑧，是近年来广受学界关注的复合罪过类型。也就是说，对一个犯罪结果的罪过既可以是故意心态，也可以是过失心态的双重情形。如《刑法》第 338 条规定的污染环境罪在《刑法修正案（九）》之前是“污染环境事故罪”，当时的通说主张主观罪过是过失，如今的污染环境罪既可由故意也可由过失构成，显然是一种并合罪过。混合罪过与并合罪过也有共存的情况，如有学者指出，“从关于污染环境罪的理论现状来看，对该罪罪过形式的争议主要发生在两个层面，即单一罪过说与混合罪过说之争以及单一罪过说内部的故意说、过失说和择一罪过说之争”⑨。第一层面是说存在混合罪过，第二层面是说有并合罪过。类似情况还有滥用职权罪、交通肇事罪等。也有双重罪过与并合罪过的共存，如抢劫致人重伤，行为人对基本结果是故意对加重结果是过失时，就存在双重

---

① ［俄］Н. Ф. 库兹涅佐娃、И. М. 佳日科娃主编：《俄罗斯刑法教程（总论）上卷 · 犯罪论》，黄道秀译，中国法制出版社 2002 年版，第 334-335 页。

② 参见薛瑞麟：《俄罗斯刑法研究》，中国政法大学出版社 2000 年版，第 188 页。

③ 李兰英：《再议“合一论”与“复合罪过说”》，载《现代法学》2005 年第 4 期。

④ 杨书文：《复合罪过形式论纲》，中国法制出版社 2004 年版，第 7-10 页。

⑤ 陈洪兵：《模糊罪过说之提倡——以污染环境罪为切入点》，载《法律科学（西北政法大学学报）》2017 年第 6 期。

⑥ 苏永生：《我国刑法中的择一罪过立法反思》，载《法商研究》2018 年第 4 期。

⑦ 李梁：《污染环境罪的罪过形式：从择一到二元》，载《甘肃社会科学》2021 年第 1 期。

⑧ 皮勇、王刚：《我国刑法中“兼有型罪过”立法问题研究》，载《法商研究》2014 年第 2 期。

⑨ 李梁：《污染环境罪的罪过形式：从择一到二元》，载《甘肃社会科学》2021 年第 1 期。

罪过问题。又由于行为人对加重结果既可以是故意也可以是过失,故也存在共存罪过的问题。还有双重罪过、混合罪过、并合罪过的共存问题,以《刑法》第143条"生产、销售不符合安全标准的食品罪"为例。行为人对于"造成严重食物中毒事故或者其他严重食源性疾病"的罪过既可能是故意,也可能是过失,即并合罪过。由于行为人对"生产、销售不符合食品安全标准的食品"是故意,对"造成严重食物中毒事故或者其他严重食源性疾病"是过失时,也就出现混合罪过问题。当行为人对"造成严重食物中毒事故或者其他严重食源性疾病"是故意,对"对人体健康造成严重危害"的加重结果是过失时,也就出现了双重罪过的问题。①

四、犯罪目的与动机

(一)犯罪目的

犯罪目的,是指行为人通过实施危害行为希望达到某种危害结果的心理态度。如果具有犯罪目的,那么也就有犯罪的方向和指引了,客观上起着为犯罪定向的功能。甚至犯罪行为受犯罪目的的制约与支配,也为实现犯罪目的服务,故犯罪行为与犯罪目的是手段与追求关系。由于目的是希望实现某种结果的心理态度,因而凡不希望危害结果发生的心理态度是不可能存在犯罪目的的。这就不难理解间接故意和过失均不存在犯罪目的,因为两者的心理态度都不希望危害结果发生。只有在直接故意中才存在犯罪故意,故所有的直接故意犯罪均存在相应的犯罪目的,即有什么样的犯罪行为就会有什么样的犯罪目的。如故意伤害罪具有损害他人健康权的目的,贩卖毒品罪具有贩卖毒品的目的。具体直接故意犯罪均具有各自的犯罪目的,且这种犯罪目的可以通过犯罪行为清晰地判断出来,故研究犯罪目的并无实质意义。

值得注意的是,刑法会对特定的直接故意犯罪明确规定某种犯罪目的,这种犯罪目的与单纯决定行为方向的犯罪目的有所不同。如《刑法》第152条对走私淫秽物品罪明确规定"以牟利或者传播为目的",严格来讲,这与走私淫秽物品的目的是不相同的,但因为刑法将之规定为走私淫秽物品罪,进而认为其是该罪的一种特殊目的。其与一般犯罪目的的区别:前者是作为一种主观心理态度特别要求的,不会随着犯罪行为的实施而实现;后者虽然也是一种主观心理态度,但随着犯罪行为的实施通常会得到实现。同时,前者是否实现对犯罪没有影响,要想实现有赖于犯罪行为以外的其他行为;后者通过犯罪行为的实施便能得到实现。如以牟利或者传播为目的不会随着实施走私淫秽物品行为的实施得到实现,要想实现该目的有赖于其他行为,不过其能否

---

① 参见赵坦:《复杂罪过类型辨析》,2021年3月28日苏州大学法学院刑法研究生读书会"讲稿",第20页。

实现对成立走私淫秽物品罪并无影响，只要有这样的主观心理态度便可，而走私淫秽物品的目的随着实施走私淫秽物品行为便能得到实现。从实质上看，《刑法》明确规定的犯罪目的，更像是一种犯罪动机，只不过《刑法》将之拟制为犯罪目的。特定的犯罪目的是犯罪成立要件，无此目的犯罪不能成立。

（二）犯罪动机

犯罪动机，是指刺激和推动犯罪人通过实施犯罪行为达到一定的犯罪目的的内心动因。如行为人贪图享受，但苦于没钱又没有一技之长，于是想到通过犯罪劫取钱财，最终实施了抢劫行为。其中，贪图享受就是犯罪动机，在其推动下，行为人产生了抢劫目的。由于犯罪动机是犯罪目的的推动因素，是行为人滋生犯罪目的的原动力，因而不具有犯罪目的的犯罪通常也不具有犯罪动机，间接故意犯罪和过失犯罪不存在犯罪动机。犯罪动机不属于犯罪成立要件，但不同的犯罪动机揭示行为人具有不同的主观心理态度和恶性，因而能影响量刑。

犯罪动机与犯罪目的都是一种主观心理态度，但存在区别。表现在：首先，两者形成的先后顺序不同。犯罪动机总是滋生在前，犯罪目的则产生在后，犯罪动机是产生犯罪目的的源泉。其次，两者距离犯罪行为的远近不同。犯罪动机是表明行为人为什么要犯罪的内心起因，能够推动产生犯罪目的，距离危害行为较远。犯罪目的则是希望实施犯罪行为达到某种危害结果的主观心理，距离危害行为较近。因此，犯罪目的直接促进实施危害行为，而犯罪动机只是对选择某种犯罪行为起着推动作用。再次，在犯罪中的表现形式不同。同种犯罪具有的犯罪目的是相同的，不同犯罪其犯罪目的往往不同。而一种犯罪具有的犯罪动机却可以不相同，不同的犯罪其犯罪动机却可以相同。如抢劫罪的犯罪目的总是相同的，但动机可能不同。抢劫罪可以出于贪图享受的动机，也可以出于救死扶伤的动机，还可以出于报复的动机等。而走私淫秽物品罪与抢劫罪虽然目的不同，但动机却可能相同，如均出于贪图享受的动机。最后，两者在定罪量刑的地位不同。犯罪目的虽然一般影响量刑，但在有的犯罪中可以成为犯罪成立要件，犯罪动机任何时候都只是影响量刑。

五、意外事件

（一）意外事件的概念

根据我国《刑法》第16条的规定，行为在客观上虽然造成了损害结果，但行为人主观上无罪过，既不存在犯罪的故意，也不存在犯罪的过失，因而缺乏成立犯罪的主观根据。

不能抗拒是指行为人虽然认识到将会发生损害结果，并且有义务避免损害结果的发生，但由于主客观条件的限制，行为人无力排除或者防止损害结果的发生。如行为人赶马车时,马意外受惊后往人行道奔跑。行为人虽然认识到如控制不住受惊的马将会造成他人死伤的结果,但行为人没有能力控制马的奔跑,结果造成他人死伤,这就属于不能抗拒。

不能预见是指行为人对其行为损害结果不仅未预见,而且根据其实际认识能力和当时的具体条件,行为人也根本不可能预见。

(二)意外事件与疏忽大意过失

由于“不能预见的原因”所致的意外事件与疏忽大意的过失有相似之处,行为人都没有预见对自己行为的有害结果。但两者有着本质的区别:根据行为人的实际认识能力和当时的情况,意外事件是行为人对损害结果的发生不可能预见、不应当预见而没有预见;疏忽大意的过失则是行为人对行为发生危害结果的可能性能够预见、应当预见,只是由于其疏忽大意的心理而导致了未能实际预见。

因此,根据行为人的实际能力和当时的情况,结合法律要求认真考察其有没有预见的原因,对于区分意外事件与疏忽大意的过失犯罪至关重要,是罪与非罪的关键。如司机在雨夜行车,从一塑料布上驶过,压死塑料布下的一个精神病人。在当时情况下他不可能预见到有人在雨夜躲在公路的塑料布下,这就属于意外事件。

六、违法性认识与认识错误

对于违法性认识,有人将其放在故意认识内容中来讨论。如有学者将刑法中的认识错误划分为行为人对自己行为的法律意义或者构成事实的错误认识,并称前者是违法性认识错误,又称禁止错误①,后者是事实认识错误,包括具体的事实认识错误和抽象的事实认识错误。② 尤其在行政犯中,违法性认识错误被提到更高的位置上来研究。如在行政许可阻却违法性的案件中,行政相对人误以为取得行政许可或者行政许可继续有效时,则属于违法性认识错误中的阻却违法事由的认识错误,也被称为正当化事由的认识错误。③ 禁止错误是否必然阻却故意,与故意是否要求具有违法性认识存在直接关系,理论上存在不要说与必要说的争议,并且前者占据通说地位。有学者认为,由于德日三阶层理论的传入,违法性认识的不要说已经很难有立足之地,违法性认识的必要说在理论上更加充实,解决实践问题也更为妥当。④ 目前,违法性认识必要说占据主导地位。其有两种立场:一是依据故意理论,违法性认识包含故意的内容,会产生

① 参见屈学武:《中国刑法上的免责机制反思——从违法性认识错误切入》,载《法治研究》2018 年第 1 期。

② 参见刘明祥:《论具体的打击错误》,载《中外法学》2014 年第 2 期。

③ 参见张明楷:《刑法学》(第 5 版),法律出版社 2016 年版,第 279 页。

④ 参见徐翕明:《论刑法中的“法令行为”》,苏州大学 2020 年博士学位论文,第 9 页。

阻却故意的效果;二是依据责任理论,违法性认识是独立于故意之外的要素,因而不阻却故意的成立。[①] 也有学者认为,在违法性认识是否有必要的问题上,采用自然犯和行政犯区分说的立场。[②] 对此本书赞同,因为自然犯与行政犯在对法律和犯罪的认识上确实存在很大差别,前者完全可根据基本的伦理道德标准来判断,行政犯则不然,很难让一个不是法律专业的人员认为从外地拉来一车菜加上运费和人工出售会违法甚至犯罪,只有知道刑法中有"非法经营罪"的人才会知道如此违反了市场管理秩序。可见,专门研究违法性认识,尤其在行政刑法和行政犯中研究违法性认识具有重大意义。随着法定犯抑或行政犯时代的到来,必须高度重视对违法性认识的研究。

过去违法性认识解决的是故意的认识内容,也即是否包括行为的违法性或认识中的违法事实。如果不包括行为的违法性,就意味着不管对行为的违法性存在认识与否,都将成立故意;如果包括,则表明行为人没有认识行为违法就不成立故意。显然,目前对行政犯或法定犯的研究和认识,尤其在违法性认识上对自然犯和法定犯的区分,使得违法性的地位得以提升。当然,在刑法理论上,对违法性认识存在一个发展演变的过程,下面逐一进行分析。

(一)不知法不赦罪原则遭遇的挑战

违法性认识涉及一项古老的法律原则:不知法不赦罪原则。该原则起源于诺曼底时代的绝对原则,一直以来为各国普遍遵循。其基本含义是,违法性认识不能作为免责理由。这样的定理与原则应当说在历史上的确排除了许多试图以"不知者不为过"为习惯基础的人的脱罪,而且解决了如何认定一个行为人是否知晓证据难题和司法资源无形增加,也在极大程度上保持或保证了刑法执行的公正性,起到了良好的刑法效果。

然而随着社会的进步和科技的发展,不知法不赦罪原则遭遇到前所未有的挑战。其背景在于,在现代社会中,随着经济的发展,经济法规越来越多,且越来越复杂,而很多经济领域中的犯罪又恰恰是以违反某项经济法规为前提的,有些情况下行为人又确实很难了解如此复杂的法律变化,笼统地套用"不知法不赦罪"的古老法则有失公平与公正。有人便针对此提出了针锋相对的质疑,认为故意应当以违法性认识为必要,尤其是行政犯罪,强行推定或毫无根据先入为主地认定行为人知道是一种强加或不公,因为行政犯并不像自然犯有基本人类伦理那样容易判断。当然,这样的推论也许是为行为人以不知法为由逃避法律追究寻找根据和理由。面对两难境地,有人主张采取折

① 参见[日]松原芳博:《刑法总论重要问题》,王昭武译,中国政法大学出版社 2014 年版,第 198 页以下。

② 参见赵星:《再论违法性认识》,载《法学论坛》2016 年第 6 期。

中态度,即对情有可原的不法性错误可免除行为人的刑事责任。[①] 折中观点在德国、奥地利、美国等多国刑法中得到体现,日本等少数国家的刑法虽然坚持不知法不赦罪原则,但在审判实践中却早已动摇。

(二)国外有关违法性认识的学说

国外理论界对违法性认识是否阻却犯罪故意存有争论,如上述违法性意识不必要说、违法性意识必要说和违法性意识可能性必要说等。其中,不必要说秉承不知法不赦罪原则,过于绝对而支持者很少。必要说把违法性意识作为故意之必然要素,走向另一极端,批评者甚多。可能性必要说包括限制故意说和责任说。故意说如上述,责任说是指违法性意识及其可能性是别的责任要素,独立于事实的(犯罪构成要件)的故意,因此欠缺该要素时就阻却了责任。[②] 该说在大陆法系国家得到大多数人的认同。如《德国刑法典》第17条规定:"行为人行为时没有认识其违法性,如果错误认识不可避免,则对其行为不负责任。如果错误认识可以避免,则依第49条第1款减轻处罚。"[③]在国外刑事立法与审判实践中,对于法律认识错误是否阻却故意,绝对的肯定或者否定的观点已经很少见,而在学术界人们几乎一致认同不知法不赦罪原则已经过时。而责任说则受到两大法系许多国家的首肯,并成为理论上的通说。

尽管责任说相对来讲似乎更为科学和合理,但对其中的"可能性"的理解,却颇为难以界定。弄不好,就会同违法性意识必要说一样,为行为人以不知法律为理由逃避罪责提供借口,造成刑法实施上的障碍。对于何为"可能性"也是众说纷纭,主要有相当理由说、过失说和避免可能性说等。针对相当理由说,日本学者大谷实认为,在故意犯罪中,为了有违法性意识的可能性,需要:(1)基于犯罪事实的认识,行为人被给予检讨自己的行为在法律上是否有允许的机会;(2)由于这个机会使自己产生实施适法行为的动机,即形成反对动机是可能的。[④] 而以过失作为标准的学说,显然将可能性等同于过失犯罪中的注意义务的可能,其说服力令人怀疑。避免可能性说与德国刑法之规定大致相同。可见,需要结合我国的具体立法和法律文化对其进行深入研究。

需要指出的是,对"避免可能性"是难以客观量化的,必须依赖于对主客观的综合权衡。"在司法实践中,辨别不法性错误之产生究竟是'不可谴责'还是'可谴责',主要依赖于法官在综合分析案件各种情况的基础上进行理性的判断,尤其是要注意分析社会上一般人看法及行为人自身的认识能力"[⑤]。如在大义灭亲案件中,行为人认为灭

---

① 赵国强:《论澳门刑法中的事实错误与不法性错误规定》,载《行政》1998年第2期。

② 参见[日]野村稔:《刑法总论》,全理其等译,法律出版社2001年版,第308-313页。

③ 《德国刑法典》,徐久生译,中国法制出版社2000年版,第48页。

④ 参见马克昌:《比较刑法原理》,武汉大学出版社2002年版,第490-491页。

⑤ 赵国强:《论澳门刑法中的事实错误与不法性错误规定》,载《行政》1998年第2期。

亲是为民除害、益在他人,但即便是一般人也应该知道杀人是犯法的,故行为人的行为违法是显然的。即便是大义灭亲也要看杀人是否有据,否则也要承担刑事责任,只是可以从轻处罚。又如对于计算机犯罪,行为人是世代身处与外几乎隔绝的偏僻山村不识字的农民,进城偶尔敲击计算机键盘而触犯刑法,则其违法性认识可以避免。但对于该山村的大学生,同样的行为就难以免除违法性认识。对于避免可能性,《奥地利刑法典》第 9 条作了很好的示范:其一,对于行为人及一般人而言,如果很容易认识行为是不法的,则其法律上的认识错误就是应受指责的;其二,对于行为人及一般人而言,如果不是很容易认识行为是不法的,虽然行为人不了解有关法律规定,但根据其职业、工作或其他情况,行为人有义务认识该规定的,那么其法律上的认识错误也应受指责。[①] 而在首先出现不知法不赦罪原则作为例外情形的美国,对于违法性错误阻却故意的情形,则严格限制在基于相当理由完全不知法律存在的场合以及信赖有关权威机关的意见的场合。[②] 看来,作为违法性认识的研究还需要具体问题具体分析。

(三)违法性认识的基本立场

我国刑法对认识错误没有规定,也没有对法律错误的规范。就目前而言,对于违法性认识错误在犯罪成立体系上的地位,学者们通常将其认定为犯罪主观方面的内容。对于如何理解违法性认识,特别是违法性认识错误是否阻却故意犯罪,我国学术界也存在不同认识与观点,主要观点的立场与国外大体相同。

与对事实认识的一般辨认能力不同,违法性认识的确容易给行为人逃避法律追究提供借口,故从执法原则上讲必须加以严格限制,这也是绝大多数国家通行的做法。参照美德奥等大多数国家的经验,将违法性认识阻却犯罪的情形限定在认识错误不可避免时的边界上,是比较合理和可取的。这也就意味着违法性认识不像一般的认识能力那样,存在减轻的情形,凡是绝对不能认识到行为的违法性的,即只要不是违法性认识错误不可避免的,都被认为有违法性的辨认能力,应当承担刑事责任。

当然,对于何为"不可避免",应当从两个方面进行严格约束:一是不可避免的客观性。客观的不可避免受两个因素的限制,即一般人的认识水平和行为人自身的职业、经验、阅历等。在通常的场合,如果对于某一行为,普通人对其法律性质能够认识,则行为人的认识也就可以避免错误的产生。如对大熊猫,一般人都能够认识到伤害其的行为是违法的,则行为人以不认识大熊猫为理由主张伤害错误不可避免就不能成立,其行为当然成立犯罪。在某些知识性、专业性比较强的场合,除一般人的认识能力外,还要考察其经验、学识、专业、阅历等,才能判断是否可以避免错误的产生。一般来说,

---

① 参见《奥地利联邦共和国刑法典(2002 年修订)》,徐久生译,中国方正出版社 2004 年版,第 4-5 页。

② 参见张明楷:《刑法格言的展开》,法律出版社 1999 年版,第 211 页。

人们的经验、阅历越丰富,学识越广博,在某种程度上对错误的可避免性就越强,反之就越弱。二是不可避免的主观性。行为人的认识错误,不是因为可以认识而不认识或者应当认识而由于疏忽大意没有认识,而是由于客观情况和自身的认知水平,根本就不会认识到行为的违法性。这是不可避免的认识错误与过失的主要区别。例如,林业部门发文,认定以前不属于保护动物的某种动物为国家一级保护动物,而远在边陲的某猎户第二天就射杀了只此动物。根据该地区实际情况,由于交通闭塞等原因,该猎户不可能立即获知此文件信息,通常都要一周左右才能获悉最新文件。因此,该猎户是不可能认识到其行为是捕杀珍贵野生动物并具有违法性的,故其认识错误应阻却犯罪故意,不能以犯罪论处。但如果一周之内因该猎户本人不主动或疏忽大意,没有及时了解相关文件,则对捕杀珍贵野生动物的违法行为之性质的认识错误就是可以避免的,故这种错误认识就不能阻却其犯罪故意,应当追究刑事责任。

(四)违法性认识的认识错误

显然,违法性认识及认识错误均是犯罪主观要件的重要内容,应当注意系统研究。

1. 违法性认识中认识错误的概念

对法律的认识及认识错误与人的认识能力或专业知识有关,即行为人主观想象与客观情形发生全部或者部分不一致的情况。在刑法上,一般认为错误是与故意有关的概念,从故意的概念中产生出行为人错误的刑法意义。[①] 由于认识错误是与故意紧密联系在一起的,是否存在认识错误就必然对犯罪故意的成立产生直接影响。"在出现错误的场合,行为人主观上认识的事实是否能满足故意的要件,就成为错误论的研究课题。正是在这种意义上,一些学者认为,'错误论是反面的故意论',是对故意论加以延长或者展开的理论。错误论在犯罪论中的体系,自然也就与故意论联系在一起了"[②]。由于认识错误而阻却故意犯罪成立,那么犯罪主观心理就有可能表现为过失甚至无罪过,此时错误便决定此罪与彼罪、罪与非罪的界限。可见,错误是刑法理论中十分重要的概念,也是刑法规范需要重视的主观要素。

大陆法系国家刑法理论向来注重对认识错误及相关问题的探讨,并且在刑法规范中对认识错误的定性与处罚加以明确规定。如《日本刑法典》第 38 条、《意大利刑法典》第 47 条等,对认识错误作了相关规定。其中,以德国刑法对认识错误的规定最具代表性。德国刑法自 1952 年开始改革以来,经历过几次大的修订与完善,对认识错误及处断的明确规定就是其中的重要成果。就刑法上的认识错误而言,作为人的主观心理上的不正确认识,既有偶然性又有必然性,在现实生活中并非鲜见,因而在刑法上明

① 参见[德]李斯特:《德国刑法教科书》,徐久生译,法律出版社 2000 年版,第 295 页。

② 刘明祥:《错误论》,法律出版社 1996 年版,第 5 页。

确认识错误的定性及处罚,具有重要的实践意义。正如德国学者所言,“如果立法者由于对犯罪构成要件的不正确的理解,逃避作出自己的决定,将什么是应当处罚的,什么是不应当处罚的规定交给法官斟酌,可罚性和现有法律基础的保障,并不能从事实上提供法安全性(Rechtssicherheit),这样一种不确定的、只有通过司法予以限制的刑法规定在过去是严重的违法行为,现在,法律对此内容的规定与法律规定的确定性要相适应。两条关于认识错误的规定具有巨大的实践意义”①。

在我国,刑法没有规定认识错误,而如何认定刑法上的认识错误具有重要意义。通常,理论上将认识错误分为两类:事实认识错误和法律认识错误。

2. 违法认识中的事实认识错误

事实认识错误,是指行为人对自己行为的事实情况的错误认识,即行为、行为对象以及危害结果等本来是这样的,行为人却误认为是那样的,因而存在认识偏差。可见,其主要指行为人认识的事实与实际上发生的事实之间的偏差,与刑法如何规定没有关系。事实认识错误通常包括:

(1)行为性质的认识错误,即行为人对自己的行为性质的认识不正确。行为人认为自己的行为是该种性质的行为,实质上属另一性质的行为。如行为人对不法侵害人实施正当防卫,将其打成重伤,并认为自己的行为属于故意伤害行为,实质上属于刑法上的正当防卫。对于行为性质错误,应当按照行为的事实性质定罪处罚。

(2)行为对象的认识错误,即行为人对行为对象的不正确认识。包括以下几种情况:

其一,行为对象不存在,行为人却误以为存在。如行为人黑暗中对准被害人的床猛砍,实质上被害人不在家;行为人入室试图强奸某女,却发现床上躺的是男人(该女男朋友),实质上该女不在家。这种情形应当以犯罪未遂论处。

其二,误将犯罪对象当作非犯罪对象。如行为人试图将邻居家的狗砍死,某夜来到邻居家门前发现有黑影,举刀猛砍,却发现被砍死的是邻居家的小孩。这种情形不能认定存在故意杀人的故意,可能成立过失犯罪;如果行为人应当预见小孩有可能睡在门前,因疏忽大意没有预见并将其砍死,成立过失致人死亡罪。

其三,同为犯罪对象的认识错误。具体包括:一是同性质的犯罪对象认识错误。如将甲当成乙杀害,对此理论上一般认为不影响杀人故意的成立。二是将此犯罪对象误认为彼犯罪对象。如欲杀他人名贵的狗却误将人杀死,或者欲杀人而误杀他人名贵的狗。对此理论上存在不同观点。本书认为,欲杀他人名贵的狗而没有得逞,应以故意毁坏财物罪的未遂犯论处。至于误杀人的行为,看其是否具有预见义务,可成立过

① [德]耶赛克:《为德国刑法典序》,载《德国刑法典》,徐久生译,中国法制出版社2000年版,第12页。

失致人死亡罪,至于欲杀人而未得逞属于故意杀人罪的未遂。对于欲杀人而误杀他人名贵的狗,应以故意杀人罪的未遂犯论处。

(3)犯罪工具的认识错误,即行为人对使用的犯罪工具发生错误认识。如误把白糖当作砒霜试图杀害他人。对此,应当按照故意杀人罪的未遂犯论处。司法实践中还存在一种迷信犯,即将迷信手段作为犯罪工具的情形。如甲和乙有仇,便在家制作乙的稻草人,每天都要扎几针并念咒语,希望以此致乙于死地。迷信犯与工具错误的本质区别在于:迷信犯在行为人看来是犯罪手段,在一般人看来不可能产生任何危害,不管何种迷信手段都是如此;工具错误在行为人看来是犯罪手段,在一般人看来具有产生危害的现实可能性,因为一旦行为人没有发生错误就会危害社会。由于迷信犯不可能产生任何社会危害,因而不是犯罪。

(4)因果关系的认识错误。行为人对自己的危害行为与危害结果间是否存在因果关系及存在何种因果关系的错误认识。在危害结果没有发生而行为人误认为发生时,按照无罪处理。如行为人误认为自己将他人杀死,实质上他人死亡是另一因素造成的,对行为人只能以无罪或未遂犯论处。如行为人误认为自己已经砍死被害人,为了毁灭罪证而将被害人扔下山谷,实质上被害人的死亡是扔下山谷造成的,行为人构成故意杀人罪的既遂犯。

3. 违法认识中的法律认识错误

法律认识错误,是指行为人对自己的行为在法律上的意义、性质、后果,即是否成立犯罪、成立何种犯罪以及应当受到何种处罚的错误认识。法律认识错误包括三种情形:

(1)事实上不是犯罪却认为是犯罪的情形。这种情形亦称为假想犯罪,即根据《刑法》规定,行为人的行为不成立犯罪,但是行为人却认为成立犯罪,这样行为人的认识与刑法规定就存在偏差。如甲男和乙女通奸,甲认为构成强奸罪,实质上刑法并没有将通奸规定为强奸罪。即使行为人认为自己的行为成立犯罪,也不能以犯罪论处。

(2)事实上是犯罪却认为不是犯罪的情形。这种情形亦称假想不犯罪,根据《刑法》规定行为人的行为成立犯罪,但行为人却认为不成立犯罪,因而认识与刑法规定存在偏差的情形。如甲男强制猥亵乙女,甲认为只要没有强奸就不是犯罪,实质上强制猥亵妇女是强制猥亵妇女罪。对于这种错误,在认定上以《刑法》规定为根据,应当以成立犯罪论处。

(3)对行为处罚的认识错误。行为人对自己的行为在刑法上构成何种罪名、应受何种惩罚以及处罚轻重的不正确认识,包括罪名认识错误与处罚认识错误。前者是指对自己的行为在刑法上构成何种犯罪的错误认识,如将抢夺罪误认为是抢劫罪;后者是指对自己的行为在刑法上受到何种处罚的错误认识,如对过失致人死亡误认为应当判处死刑,实质上《刑法》并没有对过失致人死亡罪规定死刑。无论罪名还是处罚认识错误,都应当按《刑法》规定处理。

(五)行政犯罪的违法性认识

储槐植教授早在2007年就曾指出,“要正视法定犯时代的到来”。[①] 2016年北京大学出版社出版的《刑法学总论》中,在第10章“犯罪主观要件”设专节“第七节　违法性认识”,并系统讨论了违法性认识的国内外学说及其基本立场。如今有的学者进一步认识到,对一个欠缺法规范意识或误解的人仍然追究其刑事责任,显然既与现代刑法的责任主义相违背也起不到预防犯罪的效果。“本文坚持‘责任说(限制责任说)’的基本立场,赞同在违法性认识错误不可避免的情况下,不知法律或误解法律可成为责任阻却的一定事由”[②]。可见,在违法性认识进入犯罪主观要件评价似乎已成共识。

然而,在行政犯或行政违法性认识的主张及立场问题上似乎还存在争论。有学者认为,“行政犯违法性具有‘行政性违法和刑事性违法’的双重违法性特性,因此,行政犯违法性认识的对象应是‘包含前置性行政法律规范的刑事法律规范’;在行政犯违法性的本质方面主张承认部分主观违法要素的结果无价值论”[③]。但也有观点认为未必如此,如有学者指出,“即便认为客观不法应优先于主观不法,那也是客观不法论者一厢情愿而已,站在主观不法论的立场,既然主观不法才是决定因素,那么先从故意上加以考虑,反而是优先排除犯罪的成立”。又“由于行为无价值的含义是较为宽泛的。例如行为无价值是由客观的行为无价值与意图无价值构成的,因而行为无价值其实是一个主客观混合的概念。可见两者对立的焦点只是在于故意究竟系属违法要素还是责任要素。虽然其解决了主观要素的性质问题,但是却不能回答客观要件与主观要件,哪一个才是不法重心的问题。而我国学者基于对传统主观主义的‘畏惧’,一般都宣称客观要件的重要性,因此从实质上说,我国的行为无价值与结果无价值都只是客观不法论内部的争议而已,从未触及不法论的核心问题”[④]。尤其我国《刑法》第14条明确规定,“明知自己的行为会发生危害社会的结果,并且希望或者放任这种结果发生,因而构成犯罪的,是故意犯罪”。显然,“违法性认识对反对动机的形成确实有一定影响,但如果将其作为责任要素,从而接受构成要件故意与责任故意的区分,这不仅使得犯罪论体系过于烦琐,也会出现两种故意产生冲突时应如何处理的难题”[⑤]。

实事求是地讲,针对行为无价值与结果无价值的争论,或许在我国结果无价值暂

---

① 储槐植:《要正视法定犯时代的到来》,载《检察日报》2007年6月7日。

② 江金满:《责任主义视域下行政犯违法性认识研究》,苏州大学2020年博士学位论文,第1页。

③ 江金满:《责任主义视域下行政犯违法性认识研究》,苏州大学2020年博士学位论文,第23页。

④ 王俊:《主观不法论的体系化展开》,苏州大学2020年博士后出站报告,第59、72页。

⑤ 王俊:《主观不法论的体系化展开》,苏州大学2020年博士后出站报告,第59、73页。

时占领上风,但根据日本的经验,二者的争论实属一个反复的博弈过程,尤其在目前的德国刑法学界最终还是行为无价值占领了上风。所以有学者进一步指出,随着行政犯被大量规定在我国刑法之中,在法定犯时代早已来临的时代背景下,转变违法性认识的通说立场,重新激活故意理论,以控制行政犯易于入罪的倾向,具有重要的现实意义。"与其从主观主义激烈地回到德国那个已经消逝了的客观不法论的时代,再曲折地走向主观不法论,不如直接采主观不法论作为理论根基,在这个层面上,重新厘清主客观的关系,这才是符合我国刑法学现实的一个选择"①。可见,在我国行政犯到来的时代,深入研究违法性认识,无论是对于立法实践还是对于司法实践都是具有深远意义的,故本书坚持违法性认识内容研究的独立。

① 王俊:《主观不法论的体系化展开》,苏州大学2020年博士后出站报告,第87、203-204页。

第二十三章　犯罪量度要件：数额、情节、程度及其价值分析

犯罪量度要件也叫“罪量”要件，是揭示犯罪体量情况及其情节的状态、性质和侵害程度，而为成立犯罪必须具备的诸项数额、情节严重程度及程度事实的刑法规定。从犯罪数额、情节严重程度和侵害程度来认定犯罪成立的重要条件。其与传统理论相比，本书把排除犯罪行为等事由归并到犯罪量度要件之中，显然这是对传统刑法正当化事由完全正当性或合法性的颠覆。内容包括正当防卫、紧急避险、犯罪情节与构罪标准的最低限度等。根据我国《刑法》第13条的规定，量度要件是犯罪成立的关键内容，解决的是某犯罪入罪的“定量”化的标准问题，体现着国家对犯罪评价的特定需要，是揭示法益侵害的价值评判及核心要素。

一、犯罪量度要件的根据

犯罪量度要件作为一种综合国内外犯罪论体系和理论，具有坚实的理论与实践根据。

（一）哲理根据

犯罪客观要件和犯罪主观要件分别从客观事实和主观事实来判断犯罪，属于事实判断的范畴。而犯罪量度要件则是从价值论来判断犯罪，属于价值评价范畴。大陆法系犯罪论体系的发展演变过程，最初是根据事实与价值分割的二元论来建构犯罪论体系的。其特点是要么以行为及其相关事实为中心，以价值判断为辅助；要么以价值判断为中心，以事实判断为辅助。如古典犯罪论体系属于事实论价值判断，以自然主义哲学为基础，强调行为的纯粹因果性，认为行为是相对于

外部世界的任意举止。[①] 认为包含行为的构成要件只能是“客观的”和“无价值的”,不包含主观心理要素,从而将事实判断与价值评价割裂开来。而德国学者雅科布斯的规范论体系属于价值论体系。认为从法益保护立场来理解犯罪成立不妥,违背制度中应当负担的义务才是处罚根据。因为,人人都是社会的一员,为了使社会不是仅仅存在于观念中,而是真实存在的,就必须适用它的规范。[②] 出于维护社会规范的需要,应当承认规范的有效性,无效的规范是不利于维护社会秩序的。可见,其是将规范评价置于核心地位的。应当说,从事实判断到价值判断的犯罪论体系,本身是刑法理论的一大进步。

割裂事实与价值的二元论体系,无论是古典犯罪论体系还是规范论体系,都是存在缺陷的。德国学者指出:古典犯罪概念是从法律实证主义的法学思考方式出发的。自然主义理解的行为、客观—叙述性理解的构成要件、客观规范限制的违法性界限和主观—叙述性理解的罪责间应加以区分,在追求法的安全与公正和对法官的约束中实现法治国家思想。对此,人们基于被严格限制于制定法及其解释的见解,试图解决所有具有概念——体系论点的法问题,而哲学评价、心理学认识和社会学事实应当被排除在法解释论之外,这就产生了人的行为特征的一个极端形式的画面。[③] 在古典犯罪论体系中,构成要件与不法相互独立且不存在必然联系,故事实判断与价值评价只具有自然意义而非社会意义上的因果关系,这使得以构成要件事实为中心的犯罪评价体系确立了一个十分宽泛的犯罪观念形象。如甲与乙争吵导致乙失控,激怒之下将丙打成重伤。由于乙重伤丙是与甲争吵引起的,故甲应对丙的伤害负责?这显然不具有合理性。另外,由于构成要件是抽象的一般观念形象,是规范违反行为的类型化,[④]那么不包括价值评价的构成要件是无法解释不法与有责的价值问题的,这有可能导致客观归责。因此,在现代犯罪论体系中进行必要的价值判断显然是非常必要的。

当然,价值论体系也并非完美无缺。美国学者就曾指出,唯价值论“将不能避免下述结论:在很多(而不仅是在若干临界)案件,法官的价值判断会取代立法者的价值判断,对之亦无从依照客观标准做事后审查”。“其意味着:在许多案件中,法学只能在有限的范围内以‘科学的方法’做事后审查,一旦法官必须作价值判断,法学不能提供许多助力”[⑤]。另外,价值论体系的缺陷还在于:一是如果考虑行为事实,那么认为犯罪成

---

① 参见[德]李斯特:《德国刑法教科书》,徐久生译,法律出版社 2000 年版,第 176 页。

② 参见[德]雅科布斯:《刑法保护什么:法益还是规范适用》,王世洲译,载《比较法研究》2004 年第 1 期。

③ 参见[德]汉斯·海因里希·耶赛克、托马斯·魏根特:《德国刑法教科书(总论)》,徐久生译,中国法制出版社 2001 年版,第 251-252 页。

④ 参见马克昌:《比较刑法原理》,武汉大学出版社 2002 年版,第 110 页。

⑤ [美]希拉里·普特南:《事实与价值二分法的崩溃》,应奇译,东方出版社 2006 年版,第 2 页。

立是一种价值评价的论断就是矛盾的；二是如果不考虑行为事实，那么主体的认识便成为判断犯罪成立的唯一依据。由于不同主体的知识、经验、道德观念等不同，对相同的犯罪事实必然形成不同的评价结果，这自然会导致犯罪评价的随意性，容易滋生威权主义刑法观。所以，价值判断必须与事实判断相结合才能修成正果，从而体现价值判断的全面性与司法的公正性。

综上，割裂事实与价值的二元论体系由于无法诠释构成要件与违法性间的联系，已经证明自身存在难以克服的弊端。对此，事实论者与价值论者本应以此为鉴检讨事实论体系或价值论体系之不足。然而，他们并没有正视问题，而是在过去半个世纪与科学哲学的历史一道，在很大程度上试图逃避这个问题的历史。① 这显然是一种历史的局限性。

二元论在西方哲学史上曾盛行一时，但在现代哲学、法学领域已经崩溃。在西方，自奎因在1951年攻击分析与综合的二分法，并论证了科学陈述不可能整齐划一地分离成"惯例"和"事实"以来，人们广泛地承认事实与价值二元论已经崩溃了。② 在我国，人们对二元论也基本持否定态度。如有学者在评价罗素与瓦托夫斯基的事实与价值二元论时曾指出："这两位以逻辑和语言分析的严谨性见长的学者却犯了一个逻辑上和科学上十分不'严谨'的毛病：他们在说出了评价的语言'表达感情'或'传达情感状态'之后，立即断言这些是同任何客观事实毫不相干的。这里就暗含着一个前提：'凡是感情或表达感情的，就不传达任何客观事实的信息'。在我看来，恰恰是这个前提本身，是需要从头论证，而不是可以直观武断的。"③随着事实与价值二元论的崩溃，取而代之的是事实与价值一元论。

与二元论不同的是，一元论否认事实与价值相互独立，认为两者不存在谁主谁次的问题，亦非简单地承认对方存在，而是互为前提、辩证统一的。从两者发生的先后顺序看，事实发生在前，似乎是价值的前提和基础，也即脱离客观事实人们不可能进行准确的价值判断与评价；从人的主观判断需要出发，价值又是事实的基础和前提，没有人的主观认识标准以及评价需要，事实有时难以成为人们的关注目标和依据。"所谓价值不能从存在引申出来，只能从价值引申出来，是目的层面的方法论，而存在决定价值是手段层面的方法论；这两种方法论观点各有其正确性，并不互相对立，而是在不同层面同时存在，也就是互为辩证地存在。"④根据事实与价值一元论，犯罪成立的事实判断与价值评价应当是辩证统一的有机整体。

---

① 参见［美］希拉里·普特南：《事实与价值二分法的崩溃》，应奇译，东方出版社2006年版，第182页。

② 参见［美］希拉里·普特南：《事实与价值二分法的崩溃》，应奇译，东方出版社2006年版，第9页。

③ 李德顺：《价值论》，中国人民大学出版社2007年版，第235页。

④ 许玉秀：《当代刑法思潮》，中国民主法制出版社2005年版，第151页。

在我国,由犯罪客体、犯罪客观方面、犯罪主体和犯罪主观方面组成的传统四要件体系,能够充分考虑事实判断,并通过事实判断进行一定的价值评价,但由于缺乏能够进行充分体现主体评价的价值判断要素,其存在一定的不足,即无法合理解释正当防卫、紧急避险等正当事由为何不成立犯罪。虽然,综合四个要件能够予以价值判断,但其评价的前提是需要将行为事实分解成客观事实与主观事实,然后再综合予以价值判断。然而,正当防卫等正当事由本身虽然融主客观要素于一体,无法分解成客观要素与主观要素,这就导致无法将正当事由纳入犯罪成立的评价体系之内进行恰当评价。增设犯罪量度要件作为犯罪成立要件,正是为了弥补犯罪评价中的价值判断之不足。这样犯罪客观要件、犯罪主观要件分别作为客观事实判断与主观事实判断,完成犯罪的事实判断功能,犯罪量度要件则承担对犯罪量上的价值判断功能,从而使犯罪成立真正成为事实判断与价值判断的有机统一体。

(二)法律根据

我国《刑法》第 13 条的规定,充分体现了犯罪是事实判断与价值评价的有机统一。其中,对危害社会或侵害的描述,就属于事实描述。这与《刑法》分则规定的具体行为结合起来,使得作为犯罪的行为类型具有相对性与明确性。“依照法律应当受刑罚处罚的”则属于价值评价,是对前述行为加以整体分析后得出的评价后果,故才有“都是犯罪”之结论。至于“但书”则是在对行为事实分析后,得出的与“都是犯罪”相反结论的“不认为是犯罪”,所揭示的亦是社会危害性或侵害性的价值属性。当然有学者认为:“情节侧重说明行为人的主观恶性(当然也在一定程度上说明了行为的客观危害性),而危害侧重说明行为的客观后果,二者相结合就构成了社会危害性的全部内涵。因此,在适用刑法第 13 条但书时,必须同时具备情节显著轻微和危害不大这两个条件,仅有情节显著轻微或者危害不大是不能适用但书的。”①然而,“但书”体现的是主体对行为事实分析后的价值评价,即情节显著轻微危害不大的行为不构成犯罪。一定的行为事实只是客观现象,无法说明自身在刑法上的意义。只有经过主体的认识和价值分析,才能得到出罪与入罪的结论。在我国刑法中情节向来就不限于主观恶性,行为的时间、地点及方式等客观因素也是情节的当然内容。所谓“情节显著轻微”与“危害不大”,显然是建立在对但书前面行为事实基础上的价值判断。前者是对行为诸事实因素加以判断后的情状性评价,而后者是结论性评价,两者只是表述不同而已,不存在实质差异。如果说刑法规定的行为类型是犯罪的事实判断,是成立犯罪的必要条件的话,那么揭示行为的社会危害或者侵害程度的价值判断,则是成立犯罪的充分条件。

---

① 储槐植、张永红:《善待社会危害性观念——从我国〈刑法〉第 13 条但书说起》,载《法学研究》2002 年第 3 期。

行为只有具备刑法规定的必要条件和充分条件时才成立犯罪,这便是刑法中规定的犯罪本质特征。毫无疑问,我国刑法对犯罪的规定是比较合理的,与大陆法系国家刑法根据行为性质入罪不太一样。问题出在犯罪论体系如何排列或架构上,如果把四要件同德日刑法的"三阶层"机械对比显然不能对等,此外还有排除犯罪性行为的内容尚未纳入四要件犯罪论的评价体系之中。

二、犯罪量度要件的本质

犯罪量度要件作为价值判断,并非对单一行为事实的评价,而是在两种权益发生冲突时的权衡与取舍,是综合比拼、整体衡量的评价过程。主要根据是具有一定社会危害或法益侵害程度,并以此评价特定行为是否成立犯罪。如果结果达到一定程度即可成立犯罪,如防卫过当、避险过当即是如此。如果没能达到一定程度就不能成立犯罪,但不能成立犯罪未必就一定合法。在尚未达到犯罪程度的情形下,还是可能有轻微社会危害性的,故而进行一定的民事赔偿。问题是如何计算和衡量不法侵害人与防卫人行为及其危害程度的对等性?这是个纠结的问题,刑法的构罪标准是"明显超过必要限度",故本书认为民事违法或赔偿的标准应是"对等之外"多余的部分伤害。有学者认为,紧急避险"从整体上说,它是有益社会的行为,不仅不应承担刑事责任,而且应当受到国家法律的保护、鼓励和支持"①。包括正当防卫也是如此,即使具有一定的社会危害性,只要没有达到犯罪程度即成立刑法上的紧急避险。然而,超过的紧急避险部分也是对社会有害的,更谈不上"有益社会的行为",甚至不能一概"受到国家法律的保护、鼓励和支持"。只能说即使危害了社会,只要不超过一定的度就是刑法所允许的。故正当防卫、紧急避险充其量只能是刑法的一种特别授权行为,并非就一定是合法行为。刑法上的紧急避险,如果具有社会危害性,在民法上可能就不会被允许。事实上,不仅是紧急避险,凡是需要进行特别价值判断的行为,如正当防卫、法令行为、业务行为等,本质上都是刑法授权的行为,并非都是合法行为或者受国家法律保护。

(一)揭示对法益侵害行为的总体价值评判

犯罪之所以受处罚,关键在于其法益侵害程度的大小。如果侵害没能达到一定程度,是不能评价为犯罪的。即使德日刑法根据行为性质入罪,不考虑法益侵害程度,但在司法实践中从来都不处罚刑法规定的、危害轻微的法益侵害行为。因此,体现行为的法益侵害程度是犯罪量度要件的核心内容,也是犯罪价值判断的标准与灵魂。一般认为,犯罪客观要件与犯罪主观要件的有机结合,也能体现行为的整体法益侵害程度,如国外由于刑法之内有微罪体系建构,故一般罪名不大考量侵害程度即可追究犯罪责

---

① 高铭暄、马克昌主编:《刑法学》(第5版),北京大学出版社、高等教育出版社2011年版,第136页。

任。但这种“只定性不定量”的构罪标准与我国《刑法》第13条“但书”规定的“既定性又定量”构罪标准或称犯罪量度要件存在明显区别:首先,犯罪量度要件本身属于综合的一体化价值判断,由于犯罪客观要件或者犯罪主观要件只是单一的客观事实或者主观事实判断,因而不能通过犯罪量度要件来评价。这样,凡是那些融主客观要素于一体、需要通过价值判断进行评价的要素,就不能通过犯罪客观要件或者主观要件加以评价,但可以通过犯罪量度要件加以评价。其次,犯罪客观要件与犯罪主观要件属于事实因素,两者结合在一起虽然能体现价值判断,但仅限于主客观事实的价值判断,可以说也只是事实价值判断的内容。实际上,对犯罪的价值判断除了主观与客观事实价值外,侵害程度的价值判断更为重要。如足球运动因身体对抗有时会致人重伤甚至死亡,其中当然存在客观与主观要素。但足球运动的这种意外伤害结果,是发展该类运动过程中不可避免的。如果不允许身体对抗,那么足球运动就会名存实亡。因此,为发展足球运动,偶发的伤亡代价是可以接受的。当然需要进行综合价值判断就会得出结论:足球运动偶尔致人重伤或死亡(即使主观存在过失)应当允许,不能认定为犯罪。其中,伤害程度当然属于主观与客观事实之外的价值评价要素,但犯罪量度要件弥补了二者在价值判断上的不足。

(二)体现国家社会对犯罪评价的特殊需要

根据一定的客观事实和主观事实将某种行为规定为犯罪,也体现国家和社会对犯罪评价的需要。但犯罪量度要件与此不同:刑法之所以将某种行为规定为犯罪,是立足于该行为具有的主客观事实本身。而犯罪量度要件则主要是针对两种不同的行为事实或面对两种不同选择时,从国家和社会的特定需要出发对侵害程度的特别价值判断,而不是对单一行为事实进行重复评价。此外,折中国家和社会对犯罪评价的特定需要还表现在某种执法和医疗行为的价值衡量和选择上。如奉命执行枪决人犯的职务行为,就面对两个行为事实:一是枪毙人犯;二是职务命令。综合两种不同的事实因素并进行价值判断,就会得出执行命令是合法的,故意杀人(枪毙人犯)是允许的。这与根据主客观事实对一个杀人行为进行评价显然不同。当然,同样是面对死刑犯,普通人将其杀害就需要承担杀人罪的刑事责任。正是由于犯罪量度要件是在面对两种不同的行为事实或者两种不同的选择时的价值判断,与单纯根据主客观事实进行的价值判断不同,故谓之体现国家或者社会特定需要的价值判断。

也就是说,单纯的违法性或者违反法规范并不能完全概括犯罪的价值判断。在司法实践中,很多现象法律并没有特别规定,因而不存在违反法规范的问题,如果运用违法性将无法评价该类现象,其实它就是一种价值判断或权衡。如将被毒蛇咬伤右腿而致昏迷的人的右腿砍掉是否成立犯罪?法律就不可能对此有规定,违法性也就对此无法评价。对这种行为运用价值判断就能够合理解决,因为砍掉右腿是为了保全被害人的性命,显然性命和伤害也是一种价值判断和衡量,故推定该种行为是允许的,更是一种紧急避险行为。这显然不违背社会常理和常规,也为国家、社会及个人的价值衡量所认可。正因如此,《韩国刑法典》第20条规定:"依法令或者因业务的行为,以及其他不违背社会常规的行为,不予处罚。"根据社会常规判断行为性质的类似现象及其价值权衡,应当说在现实生活中还有很多。严格来讲,这类现象难以为法律面面俱到并规定,因而不可能完全通过违法性来评价,只能通过价值衡量来判断。

明白了犯罪量度要件的本质,就不难理解我国学界对相关术语称谓上的科学性与合理性。对于正当防卫、紧急避险等,学界在称呼上很不统一。有学者称正当行为①,有学者称排除社会危害性事由②,有学者称排除犯罪性事由③。如果考虑到刑法上的正当防卫、紧急避险等还包含一般违法行为,就会发现所谓的"正当行为""排除社会危害性事由"的称谓,是不恰当的。因为,其既然包含具有称为社会危害性的一般违法行为,当然不能再被称为"正当行为"或者"排除社会危害性事由"。可见,谓之"排除犯罪性事由"更为科学和合理。

综上,犯罪量度要件是与事实判断相对应的价值判断,在形式上融客观与主观要素于一体,是主客观一体化的价值评价,体现国家和社会惩罚和预防犯罪的特殊需要。在内涵上,犯罪量度要件表现为对社会危害或侵害程度的评判。因此,其不属于纯粹客观因素或者主观因素,因而不能归入犯罪客观要件或者犯罪主观要件。由于犯罪量度要件属于价值判断,因而其并不局限于刑法规范的特别规定。凡以某行为的主客观事实为一体的特定事由,尽管《刑法》没有规定,也可以运用犯罪量度要件加以评价,该特点使得其在内容上具有开放性。根据上述特征,同时结合国内外的法律规定、理论观点与司法实践,其评价内容主要包括犯罪数额、犯罪情节、危害程度、正当防卫、紧急避险、执行职务及其他执行职务的授权等价值判断。需要说明的是,正当防卫、紧急避险在德日刑法中通常做"正当行为"或"合法性行为"来判断,在中国刑法中属于"排除犯罪性行为"。然而本书认为,无论是"正当行为"或"合法件行为"还是"排除犯罪性行为"等,都无法诠释或周延性地说明这些行为在防卫程度、避险程度和不能绝对排除其犯罪性(防卫过当或避险过当)的问题。因此,国外及过去我国传统刑法理论在这些内容的归位或体系性设计中,或许有些问题,不能科学地诠释或周延其合理性。本书之所以将其放进"犯罪量度要件"中来考量,正是考虑到其需要从量度或程度的价值上来分析评判其归属,使犯罪论体系设计得更为科学或合理。正当防卫究竟是"合法行

① 参见高铭暄、马克昌主编:《刑法学》(第5版),北京大学出版社、高等教育出版社2011年版,第126页。

② 参见黎宏:《刑法学》,法律出版社2012年版,第125页。

③ 参见赵秉志主编:《新刑法教程》,中国人民大学出版社1997年版,第247页。

为"还是"刑法授权行为"在德日刑法中也未讨论得非常明确或透彻,故上述讨论与学界共勉。

三、犯罪数额

应当说,数额是认定犯罪最重要的量度因素或指标之一。而且在我国刑法中,以一定的数额标准作为犯罪成立要件的,被称为数额犯。如我国《刑法》第 173 条规定:"变造货币,数额较大的,处三年以下有期徒刑或者拘役,并处或者单处一万元以上十万元以下罚金。"其中的数额较大就是变造货币罪的成立条件,如果数额达不到较大的程度,就不认为是犯罪。

(一)犯罪数额的概念

犯罪数额,是指对应刑法分则条文中具体犯罪或罪名所规定的数额较大、数额巨大、数额特别巨大等量化等级控制,以及定罪所要求的违法所得数额、违法经营数额,包括某些犯罪或罪名所要求的特定数额等类型的划分与量级要求标准。犯罪所涉及的公私财物数量及其价值,包括量化等级控制也好类型划分的标准也好,都是定罪量刑的重要依据。我国刑法中之所以存在犯罪数额问题,主要是基于《刑法》第 13 条"既定性又定量"的"构罪标准",且《刑法》分则中大多数罪名均有犯罪数额的规定,尤其是财产型犯罪和经济类犯罪。

在财产犯罪和经济犯罪中,数额通常表现为一定的财产价值,因而具有可计量性。我国《刑法》第 264 条规定,盗窃公私财物,数额较大,或者多次盗窃、入户盗窃、携带凶器盗窃、扒窃的,处三年以下有期徒刑、拘役或者管制,并处或者单处罚金。第 266 条也规定:"诈骗公私财物,数额较大的,处三年以下有期徒刑、拘役或者管制,并处或者单处罚金。"正是这个"数额较大",在盗窃罪中经历了 40 元、80 元、500 元、500 元至 2000 元、1000 元至 3000 元等不同历史时期的定罪标准。也就是说,在其他条件都具备的情况下,达不到"犯罪数额"就不成立犯罪。甚至随着时间的变迁,不同的历史时期定罪的标准也发生如此大的变化,故"犯罪数额"非常重要。

(二)犯罪数额的类型

从我国《刑法》分则看,"犯罪数额"具有许多种类型:《刑法》第 140 条经营(销售)数额,第 153 条走私数额,第 175 条违法所得数额,第 176 条非法吸收公众存款数额,第 190 条逃汇数额,第 201 条逃税数额,第 205 条虚开数额,第 211 条持有数额,第 264 条盗窃数额,第 266 条诈骗数额,第 267 条抢夺数额,第 268 条哄抢数额,第 270,271 条侵占数额,第 272 条挪用数额,第 274 条敲诈数额,第 275 条毁坏数额,第 276 条之一拒不支付数额,第 382 条贪污数额,第 385 条受贿数额,第 389 条行贿数额,第 397 条损失数额等。据不完全统计,所谓"数额犯"涉及 46 款条文和 50 多个罪名。此外,《刑法》还规定了“特定数额”。如《刑法》第158条规定的“虚报数额”，第159条规定的“虚假出资数额”和“抽逃出资数额”，第160条规定的“欺诈数额”，第342条规定的“非占数额”，第348条规定的“非持毒品额”等。

毋庸置疑，数额作为犯罪成立的罪量要素对于认定犯罪具有重要意义。尤其在财产和经济犯罪中，犯罪所得数额和经营数额等直接反映侵害的程度，刑法以“犯罪数额”的大小作为区分罪与非罪或重罪与轻罪的标准。不同的犯罪不仅数额不同，且种类不同。

1. 违法所得数额，具体是指通过犯罪而实际得到的非法利益的数量及其价值。该种数额一般适用于财产和经济犯罪，从犯罪人的主观目的来说，大都是为了牟取非法利益，而犯罪所得数额的大小正是反映了这一目的的实现程度，因而对于定罪具有重要意义。而且，我国刑法中关于违法所得数额的规定，在大部分情况下规定为数额较大。如《刑法》第267条规定：“抢夺公私财物，数额较大的，或者多次抢夺的，处三年以下有期徒刑、拘役或者管制，并处或者单处罚金。”

2. 违法经营数额，是指违法经营类犯罪中的货币和物品的数量及价值数额可以直接表现出违法经营的规模及危害程度，它对确认法益侵害程度具有决定性作用，不仅对于定罪甚至量刑都具有重要意义。如《刑法》第140条规定：“生产者、销售者在产品中掺杂、掺假，以假充真，以次充好或者以不合格产品冒充合格产品，销售金额五万元以上不满二十万元的，处二年以下有期徒刑或者拘役，并处或者单处销售金额百分之五十以上二倍以下罚金。”

3. 违法特定数额，是指《刑法》规定的除犯罪所得数额和犯罪经营数额外的罪名特别规定数额。如《刑法》第158条规定的虚报注册资本的数额，《刑法》第159条规定的虚假出资、抽逃出资的数额，以及《刑法》第160条规定的欺诈发行股票、债券的具体数额，还有《刑法》第342条规定的非法占用耕地的数量，甚至《刑法》第348条规定的非法持有毒品数量等。

了解上述犯罪数额类型，对于我们准确认定犯罪具有重要意义。

（三）犯罪数额的认定

当然，我国构罪标准是否量化学界有不同认识。有人认为，“社会危害性是质的规定性，社会危害程度是在质的基础上的量的积累，如果在社会危害性这一质的范围内，以社会危害性的一定量作为质变的关节点即度，实际上是在量的积累过程中，人为地切断了量的积累过程，在不具备质变条件的情况下强行飞跃”。“社会危害性是犯罪的本质之一，与民事违法等一般违法行为的区别不在于社会危害性程度的不同，后者只具有个体危害性，并不具有危害性，更不存在其社会危害性达到一定程度构成犯罪的问题"[①]。也有人认为,"犯罪与一般违法行为的共性在于都具有社会危害性;两者的个性在于,社会危害性量的差别。犯罪本质特征的社会危害性是质和量的统一,犯罪概念中的定量因素即社会危害性的程度,是区分罪与非罪的重要标志"[②]。如上,"犯罪数额"的根源性因素——《刑法》第13条中的"但书"规定,可以说是犯罪概念量化的初始因素,由此导致《刑法》分则许多罪名也是定性与定量的统一。

本书认为,定性定量的单兼各有利弊,这与我国的法律和犯罪文化及司法体制与机制有关。只定性不定量,肯定能够使刑法更具威慑力,法网更加严密,对于规制社会秩序和打击犯罪或树立社会规则有利。但弊端是:(1)与"重罪"文化的价值理念不适应。(2)与体制机制和司法环境不适应。目前存在"案多人少"的情况,如果取消定量化要求,不知司法资源是否够用。但只定量不定性也有问题:(1)容易形成悖论让人费解。假如认定犯罪的标准是2000元,那么1999元就一定比2000元的危害性小吗?也未必。(2)容易形成机械执法。不仅不利于打造社会规则或树立良性的司法导向,甚至有失公平正义。(3)容易给司法腐败创造机会,可能使部分犯罪人规避和逃避法律追究,不利于社会的公平、和谐、稳定。本书主张,尽可能地减少用定量措施认定罪名,逐渐过渡到用司法手段决定是否构成犯罪,以增强刑法的威慑力和有效性。

四、犯罪情节

"犯罪情节"是刑法中的重要范畴,不仅是定罪的基本标准或根据,甚至是确定刑事责任或量刑的重要依据。有时候用"犯罪情节",有时候用"情节",无论是刑法总则还是刑法分则,许多条文规定都涉及这个范畴。但情节与犯罪情节有时指向相同,有时候并不完全一样。

(一)《刑法》总则第13条规定的定罪与出罪情节

《刑法》总则中涉及"情节"或"犯罪情节"主要有两个条文,一个是"犯罪"一章的《刑法》第13条,一个"刑罚的具体运用"一章的《刑法》第61条。严格来讲,后者是规定应否追究刑事责任或量刑的条文,故在这里我们重点讨论《刑法》第13条规定的"情节"。

根据《刑法》第13条的规定,以社会危害或侵害为标准,犯罪的认定是事实判断与价值评价的有机统一体。对各种"危害社会"的行为描述属于事实描述,而"情节"就是一种价值评判。这种描述与刑法分则规定的具体行为结合起来,就使得作为犯罪的行为类型具有相对性与明确性。"依照法律应当受刑罚处罚的",就是对应的刑法分则的

---

① 李居全:《犯罪概念论》,中国社会科学出版社2000年版,第146-172页。

② 尹东华、刘晓山:《犯罪数额的理论基础——犯罪概念的定量因素》,载《天津市政法管理干部学院学报》2008年第4期。

每一个具体行为与法定刑的规定，也属于整体进行价值判断后在法律上的综合性评价及其对前述行为的评价结果，故得出“都是犯罪”的最后结论。至于“但是情节显著轻微危害不大的”，则是在对行为事实的“具体情节”加以分析后，得出的与“都是犯罪”截然相反的结论：“不认为是犯罪”。显然，这一过程所揭示的是行为的社会危害或侵害程度，也即具体行为在刑法上的价值特征，因“情节显著轻微”故“不构成犯罪”。

显然，在这里“情节”起到了区分罪与非罪的功能。正如有学者指出的那样，“这里考察的主要是行为的社会危害性的大小。而一个行为的社会危害性的大小取决于行为侵犯的客体、行为方式、手段、目的、动机、主观罪过、数额、对象、结果、时间、地点等，并不涉及行为人实施行为前的一贯表现和实施行为后的认识态度等”[①]。对此也有学者明确指出，“刑法总则第十三条中的情节是指行为过程中影响行为的法益侵犯性与行为人主观罪过性的各种情况，如法益的性质、行为的方法、行为的对象、行为的结果、行为人的故意、过失内容、动机与目的等等，但不应包括行为前后的表现”[②]。因为行为人实施行为前后的表现只是行为人人身危险性的再现，加之我国并没有像西方国家那样在《刑法》中规定“保安处分”，故对人身危险性的评判并没有任何实质意义和价值。或许这就是《刑法》第13条的基本定位。

（二）刑法分则各罪名定罪情节的梳理与分析

在谈到“犯罪情节”时，理论上通常将之作为犯罪客观要件的内容。如有学者在论述《刑法》第215条“非法制造、销售非法制造的注册商标标识罪”时，认为“本罪的客观方面表现为违反国家商标管理法规，伪造、擅自制造注册商标标识或者销售伪造、擅自制造的注册商标标识，情节严重的行为”[③]。然而，“犯罪情节”既包含主观事实，又包含客观事实，并在理论上得以公认，只将其作为犯罪客观要件的内容是不现实的。本书认为，尽管犯罪情节包含具体的主客观事实，但我国《刑法》分则规定的“犯罪情节”主要属于特定的价值评价要素，既要在内容上融主客观事实于一体，更要对客观要件进行精准的价值评价。

《刑法》分则条文中涉及“情节”或“犯罪情节”的表述很多，但归纳起来主要有“情节严重”“情节特别严重”“情节较轻”等，如《刑法》第120条之一“帮助恐怖活动罪”和《刑法》第115条第2款“失火罪”等。此外还有“情节恶劣”“情节特别恶劣”“尚未造成严重后果”“造成严重后果”等，如《刑法》第133条之一“危险驾驶罪”、《刑法》第134条“重大责任事故罪”和《刑法》第114条“放火罪”等。《刑法》分则的这些“情节”，其主要功能就是作为区分罪与非罪的界限。当然，作为入罪功能的话主要表现在情节严

---

① 袁江华：《刑法中情节、犯罪情节的辨别与比较》，载《人民司法（应用）》2018年第7期。

② 张明楷：《刑法分则的解释原理》，中国人民大学出版社2004年版，第230页。

③ 高铭暄、马克昌主编：《刑法学》（第5版），北京大学出版社、高等教育出版社2011年版，第442页。

重、情节较轻或尚未造成严重后果等,而情节特别严重、情节恶劣、情节特别恶劣、造成严重后果等大都是加重处罚的"情节"。当然,这里主要是谈入罪功能,而不谈量刑功能。

如果以主客观事实为根据加以评价的话,"但书"具有两层含义:一是在能够通过区分个别的、具体的主客观事实进行评价的情形下,通过将这些主客观事实加以整合化考量,得出情节显著轻微、社会危害不大。这种情形主要表现在具备一般的主客观事实,但其中具有较为显著特征、而为成立犯罪起到明显识别作用的事实,因而只需要根据特定的主观事实或者客观事实,可以得出成立犯罪的结论。如行为人在具备一般犯罪成立要件的基础上盗窃2000元财物,在这里由于具备一般犯罪成立要件,2000元的盗窃数额足以使人们据此认定行为构成犯罪。二是在不能够通过区分个别的、具体的主客观事实进行评价的情形下,由于不存在较为显著特征、而为行为构成犯罪起到明显识别作用的事实,即使具备一般的主客观事实因素,由于不能根据特定的主观事实或者客观事实得出成立犯罪的结论,因而必须通过将主客观事实整合化、一体化价值判断,才能评价行为是否成立犯罪。如盗窃10元,从犯罪数额看无疑属于典型的情节轻微,难以得出成立犯罪的结论。不难看出,数额在这里作为一个客观因素,只有进行主客观事实整合化、一体化的价值判断才能构成具有实质意义的犯罪情节,才能以此为依据得出是否成立犯罪的结论。

在上述情形中,第二种情形显然不能像第一种情形那样通过对主客观事实加以个别化、整合化的判断,只有将主客观事实融于一体并进行一体化的价值判断,才能认定行为属性,其在性质上类似于对正当防卫、紧急避险的评价。因此,将犯罪情节作为犯罪量度要件的内容,既有法律根据又有事实需要,还能够避免将之客观化,因而具有其内在的合理性。

(三)"情节显著轻微"出罪与"情节轻微"免刑

《刑法》第13条规定的"但情节显著轻微危害不大的,不认为是犯罪",显然是出罪的功能。而《刑法》第37条"对于犯罪情节轻微不需要判处刑罚的,可以免予刑事处罚",显然是免除刑罚的功能。然而,有人或许说"免除刑罚"不就是出罪吗?其实不然。根据《刑法》第37条的规定,免除刑罚并不意味着无罪,而是作出有罪宣告,考虑到"犯罪情节轻微不需要判处刑罚"而免除刑罚,也即不免罪。根据《刑法》第37条的规定,免除刑罚后"可以根据案件的不同情况,予以训诫或者责令具结悔过、赔礼道歉、赔偿损失,或者由主管部门予以行政处罚或者行政处分"。围绕此进行三点分析:

一是对"犯罪情节轻微"的定罪分析。根据《刑法》第13条的规定,犯罪应是依照法律应当受到刑罚处罚的行为,如果情节显著轻微危害不大的,不认为是犯罪。但没有规定"情节轻微"是不是犯罪,依照《刑法》第37条规定,除了"犯罪情节轻微"外还要有“不需要判处刑罚的”才免刑，但不免罪。如此，“犯罪情节轻微”应指实施了危害社会的行为或侵犯了法益，该行为符合犯罪构成或成立犯罪，当然属于犯罪行为，这是毫无疑问的。但侵犯法益程度较轻，“犯罪情节轻微”，可能需要判处刑罚也可能不需要判处刑罚，或者不诉或者免刑。

二是对“犯罪情节轻微”的分层分析。《刑法》没有直接规定哪些行为属于“犯罪情节轻微”，但从《刑法》第13、37条来看，轻不到“显著”或只是“轻微”就是“犯罪情节轻微”。可见，犯罪情节轻微的范围属于基本的犯罪范围，但不包含结果加重犯。如《刑法》第115条第2款规定的“失火罪”：“情节较轻的，处三年以下有期徒刑或者拘役。”这就是入罪范围，属于基本犯罪。《刑法》第114条规定的“放火罪”：“尚未造成严重后果的，处三年以上十年以下有期徒刑。”也属于基本犯罪。《刑法》第115条规定的“放火罪”的“加重犯”：“使公私财产遭受重大损失的，处十年以上有期徒刑、无期徒刑或者死刑。”由此，结果加重犯不存在“犯罪情节轻微”的情形，它与“犯罪情节轻微”是不同的犯罪程度与层级。

三是对“犯罪情节轻微”状态的不同处理。严格来讲，“犯罪情节轻微”既包含犯罪的基本事实情节，也包含量刑或免刑的情节。其中犯罪的基本事实情节就是如上所说的，只属于基本犯罪或入罪。量刑或免刑情节既包括从轻、减轻的情节，也包括免除处罚的情节，亦包括酌定的“轻微犯罪情节”的不诉情节等。依照《刑法》规定，“犯罪情节轻微”的量刑情节有：应当免除处罚；可以免除处罚；应当减轻或免除处罚；可以减轻或免除处罚；应当从轻、减轻或免除处罚；可以从轻、减轻或免除处罚等。了解这些，可以比较基本入罪情节的程度。

五、危害程度或侵害程度

社会危害或侵害的衡量与研判，不仅是立法和入罪的重要门槛与条件，更是司法过程中把握犯罪认定的重要依据和标准，研究之意义十分重大。

（一）区分立法和司法的社会危害或侵害

学界社会危害性的文章很多，但专门讨论社会危害程度的文章甚少。原因是，长期以来社会危害性作为传统刑法犯罪定义的三大特征之一，一直是人们关注的对象。主要有肯定说和否定说。肯定说认为，“社会危害性的功能是双向的”，“对社会危害性大的行为固可入罪，对社会危害性小的行为亦可出罪”①。否定说提出了建立犯罪定义的“双重结构”理论，认为“新的具有双重结构的中国刑法理论的犯罪概念应当由‘立法

---

① 储槐植、张永红：《善待社会危害性观念——从我国刑法第13条但书说起》，载《法学研究》2002年第3期。

概念'与'司法概念'组成",且进一步指出"立法上的犯罪概念,是指具有严重的社会危害性、应当适用刑罚予以处罚的行为"[①]。甚至有学者认为,"社会危害性是一个抽象的、模糊的、不确定的定义,任何人在理解它的时候都可以有自己的不同标准。这主要是由于,形成具有'社会危害性'的认识,除客观标准外,还往往受到价值观念、心理感受、信息接受、主观选择等各种因素的影响"[②]。其实,犯罪的社会危害性指的是犯罪对社会关系或实际造成或可能造成的损害,犯罪的社会危害性是犯罪的本质属性或特征,这是传统刑法理论的通说。针对此,笔者曾区分过犯罪的立法与司法概念,认为"一个是规范意义上的犯罪定义,即我们所讲的司法定义;一个是实质意义上的犯罪定义,即我们所讲的立法定义。前者研究的是一种实然犯罪,即罪刑法定原则下的刑事违法性问题;后者研究的是一种应然犯罪,即法律应当根据什么标准来规定犯罪(也可以说就是我们所讲的'社会危害性')"[③]。那么,在司法意义上的犯罪概念真的就没有社会危害性大小或程度的评价意义吗?也不尽然。

正如有学者指出的,"肯定社会危害性在犯罪概念中的地位,并不意味着可以忽视其内涵的多变性。科学地量化社会危害性,为罪刑法定的正当化所必需"[④]。也有学者认为,"社会危害性不仅是犯罪行为的基本特征,而且也是其他违法行为的重要特征和实际内容,他们之间,只是社会危害程度不同而已。社会危害性用他的质(社会危害性)与非社会危害行为(不抵触法律的行为)相区别,用他的量(社会危害程度)把各种社会危害行为区别开来。社会危害性是社会危害行为的一种属性,从极小到极大,他本身没有质的区别,只有量的区别"[⑤]。"在一般意义上说,所有违法行为都具有社会危害性。除犯罪行为以外,民事违法行为、行政违法行为也都具有社会危害性。但这种社会危害性程度上具有一定的差别。因此,社会危害性不是刑法所特有的范畴。为了把犯罪的社会危害性和其他违法行为的社会危害性区别开来,必须从质和量统一上来阐述犯罪的社会危害性"[⑥]。也就是说,社会危害性并非完全与"罪刑法定原则"相冲突,一是作为立法犯罪概念中的"社会危害性"是一种价值恒定或立法决策的选择,二是作为司法犯罪概念中的"社会危害性"是一种程度判断或"当罚性"的衡量。也就是

---

① 王世洲:《中国刑法理论中犯罪概念的双重结构和功能》,载《法学研究》1998年第5期。

② 李晓明、陆岸:《社会危害性与刑事违法性辨析——重在从"罪刑法定"视角观之》,载《法律科学(西北政法学院学报)》2005年第6期。

③ 李晓明、陆岸:《社会危害性与刑事违法性辨析——重在从"罪刑法定"视角观之》,载《法律科学(西北政法学院学报)》2005年第6期。

④ 曾粤兴:《社会危害性的量化问题初探》,载《现代刑事法治问题探索》,法律出版社2004年版,第591页。

⑤ 高铭暄主编:《新中国刑法学研究综述(1949-1985)》,河南人民出版社1986年版,第98页。

⑥ 陈兴良:《刑法适用总论》(上卷),法律出版社1999年版,第83页。

说,“社会危害性”这一质的因素与“当罚性”量的因素完全可以是一种辩证统一。更何况,反映社会危害性的“当罚性”也与“刑事违法性”不无关系。一般认为,“当罚性”与“刑事违法性”是一个问题的两个方面,因为“当罚性”的行为必然是刑事违法行为,而刑事违法行为也必然是“当罚性”行为。只不过,立法阶段“当罚性”反映的社会危害性与司法阶段“当罚性”反映的社会危害性不是同一概念,二者不是同一层级。因此,“当罚性”在司法阶段实质上是限制社会危害性程度的概念,故“当罚性”也是对“刑事违法性”的反映,更是对社会危害性的一种程度认定或判定,但绝不是或不同于立法意义上“当罚性”的概念。正如有学者指出,“所谓当罚性,无非讲的是行为社会危害性的程度,是一个量的因素。这一术语既是在犯罪学意义上使用,也是在刑法学意义上使用”①。从犯罪与一般违法行为的比较来看,前者的社会危害性程度已远远超出民商法、经济法、行政法制裁措施的范围,所谓“严重社会危害性”反映的正是司法意义上的“当罚性”和“刑事违法性”,也即此时的社会危害性程度应当与刑法中规定的“当罚性”和“刑事违法性”的程度相契合或相一致。如果能够如此认识司法层面意义上的社会危害性及其程度,其也就具有了重要意义。

综上,立法意义上的“社会危害性”只是实质价值判断,司法意义上的“社会危害性”才是量化标准或程度上的判断。而且,在刑事司法活动中社会危害性的评价标准更是具体的和可操作的标准。“所谓量化,即数量化,是指采用可以计算、测量的标准判断社会危害性大小的过程。”②该概念基本决定了社会危害性的量化不可能是精细准确的,只能是粗放的、相对模糊即相对明确的。尤其对刑法意义上的行为而言,如何判断社会危害性的有无及程度,不仅关乎“当罚性”或“刑事违法性”,甚至关乎“自然犯罪”和“法定犯罪”,非常复杂。

(二)区分自然犯和行政犯的社会危害或法益侵害

自然犯罪,是指以违背人类本来具有的爱他感情中最本质的怜悯之情(如剥夺他人生命)和正直之情(或诚实之情,如抢劫他人财产)的行为;行政犯罪是指并非违反怜悯和正直这两种道德情感,而是由法律硬性规定的违反行政秩序的犯罪。前者是一切社会都拒绝并将其列为犯罪加以惩处的行为;后者是因时、因地、因国而由法律根据行政秩序管理的需要列为犯罪并加以惩处的行为。前者包括两类犯罪:一类是触犯正直之心的犯罪,如暴力侵犯他人财产罪、非暴力的诈骗罪、侵犯他人财产权或公民权罪;另一类是触犯人类怜悯之心的犯罪,如侵害他人生命或伤害他人身体罪、直接损害道

① 曾粤兴:《社会危害性的量化问题初探》,载中国人民大学刑事法律科学研究中心组织编写:《现代刑事法治问题探索》,法律出版社2004年版,第593页。

② 曾粤兴:《社会危害性的量化问题初探》,载中国人民大学刑事法律科学研究中心组织编写:《现代刑事法治问题探索》,法律出版社2004年版,第594页。

德的犯罪、违背道德而损害人的自由或身体犯罪等。① 后者是由特定法律规定被认为犯罪的危害社会行为。② 两类犯罪在多数国家的刑法中占比很高,且是属于相对稳定的犯罪类型,当然它也与一个国家的伦理道德、社会与文化背景密切相关。后者只需根据法律规定来判定是否构成犯罪,如非法经营、污染环境、擅自进口废物、非法处置进口废物、经济类犯罪、金融票据犯罪、酒后驾驶犯罪等。且这类犯罪属不稳定或急剧增加的类型。

尤其近现代以来,随着社会经济的发展,国家使用行政权力干预经济的力度越来越大,为此国家制定管理社会与经济的行政法律增多,尤其将那些较严重的行政违法行为规定为犯罪。也就是说,行政犯是在违反国家行政法律基础上确立的,相对而言行政法律制定得越多,违反行政法的行为也就越多,导致行政犯罪的数值也会相对增加。反之,面对急剧增加的行政违法与行政犯罪,国家为进一步加强社会行政秩序管理,便会出台更多的行政法律法规和行政刑法规范,最终也就必然会进一步推动国家行政法律法规更多的确立。当然,在一定的社会历史条件下,某些法定犯也会逐渐演变为自然犯。一般来说,对自然犯的社会危害性可以进行经验分析或者解释,因为它容易被感知。而法定犯的社会危害性不容易被感知,很难进行经验分析或解释。③ 因此,立法者对行政犯往往规定"数额""情节""危害程度"标准。当然,立法者对于自然犯也有类似规定。但从成立犯罪的性质来分析,自然犯中举动犯、行为犯较多,而行政犯中结果犯和程度犯较多。研究社会危害程度,重点要关注法定犯,通常有"数额较大"、"数额巨大"和"数额特别巨大"等标准,且这些标准大都通过立法和司法解释来实现。有的通过地方解释来实现,但必须坚持原则和底线,这就是刑事法律不搞地方立法和解释。鉴于我国幅员辽阔,各地经济发展并不平衡,立案标准可区分但需国家批准。

六、正当防卫与防卫过当

根据我国《刑法》的规定,为了保护合法权益免受正在进行的不法侵害,可以采取相应措施制止不法侵害行为,但不能"明显超过必要限度",这是关键。可见,正当防卫制度是符合犯罪量度要件要求的,因此应作为犯罪量度要件进行考量。但正当防卫究竟是合法与违法的判断还是危害或侵害"程度"的判断,学界一直存在争论。传统观点认为,其是一种正当或合法与非正当或违法的判断,包括德日"三阶层理论"的犯罪论

① 参见[意]拉斐尔·加罗法洛:《犯罪学》,耿伟、王新译,中国大百科全书出版社 1996 年版,第 5 页。

② 参见李晓明:《行政刑法学导论》,法律出版社 2003 年版,第 20 页。

③ 参见曾粤兴:《社会危害性的量化问题初探》,载中国人民大学刑事法律科学研究中心组织编写:《现代刑事法治问题探索》,法律出版社 2004 年版,第 594 页。

体系也是“合法性”与否的评价。然而，即便行为性质正当也具有危害性，是一个不争的事实。尤其救济自己不被侵害的权利依据是“私权救济”，且在事实上是以伤害对方为前提的，如果一味认为其正当或合法在接下来的“防卫过当”的逻辑上就似乎讲不通了。因此得出与传统观点相左的结论：正当防卫虽然具有一定的正当性，但其本身也具有一定的危害性，其合法与否的关键在于是否“明显超过必要限度”且“造成重大损害”，没超过正当免责，超过了非正当追责。

（一）中外正当防卫溯源

语言的出现与进化，思维能力的锻炼和提高，致使人类原始权利意识得以发挥，人们保护生命权、财产权的本能也就转化为防卫习惯和复仇习惯，这种习惯经原始社会秩序的认可，就成为防卫权和复仇权。个人之间、氏族之间的冲突便越来越多，利益不同的部落、阶级终于产生，大规模的复仇、战争使人类社会蒙受了巨大损失。在国家出现后，由国家统一行使保护公民权利的权力，即以公力救助的方式来保护权利。但公力救济往往只能在事后实施，对于正在发生的权利侵害往往无能为力，便赋予公民私权救济的权利。①

1. 中华法系正当防卫的历史考察

“正当防卫”概念由来已久，可溯至上古时代各民族间曾盛行的“报复”行为。虽然此理念尚有商榷空间，暂且不论该理念是否正确，而社会上人人皆无义务忍受他人之不法侵害，则为理所当然。所以，为了防制他人侵害或攻击，并施以有效反击，似为人类“自我防卫”之本能。当然，过分实施个人“防卫”权，又有“以暴易暴”或“以暴制暴”之虞。因而，国家有必要制定法令，来具体规定“正当防卫”。古代似乎没有此概念，直至清末制定的《大清新刑律》，才对阻却违法理由、正当防卫、紧急避险等有了明确规定。《大清新刑律草案》总则第 2 章（不论罪）首（总第 10 条）规定：“凡律例无正条者不论何种行为不得为罪。”并强调此为犯罪的普通成立要件。后文中的正当防卫制度即第 2 章“不论罪”的规则之一。西化的正当防卫制度被正式规定在法典第 15 条：“凡对于现在不正之侵害出于防卫自己或他人权利之行为不为罪；逾防卫程度之行为得减本刑一等至三等。”这也是我国刑法史上首次在刑法总则中对正当防卫制度作出基础性表态和总则化处理。② 以“正当防卫”思想而言，我国古代即有类似之规范，甚至可上溯至尧舜时代，然其具体制定为国家律文却又迟至唐代。易言之，我国固有律例关于“正当防卫”的相关法理思想，虽曰发轫自上古时代，唯直迄唐律，始有具体而完整之立法理念与法律条文，散见于《唐律》之“贼盗律”、“斗讼律”及“捕亡律”之中，并为日后

---

① 参见王政勋：《论正当防卫的本质》，载《法律科学（西北政法学院学报）》2000 年第 6 期。

② 参见李永伟、萧伯符：《近代中国刑法之正当防卫制度考析——以法典之文本规则为中心》，载《华中科技大学学报》2010 年第 4 期。

的宋元明清历代所沿袭。

(1)自我防卫及其亲属。首先,唐律允许百姓“自我防卫”,规定在《唐律·斗讼律》第9条“两相殴伤论如律”总第310条2项。律文第1项:“诸斗,两相殴伤者,各随轻重,两论如律。后下手理直者,减二等至死者,不减。”律文第2项:“后下手理直者,减二等。”这属于唐律中关于维护个人人身安全的“正当防卫”规定。《宋刑统》与唐律完全相同,见《宋刑统·斗讼律》:“诸斗两相殴伤者,各随轻重,两论如律。后下手理直者,减二等。至死者,不减。”其次,防卫直系血亲及亲属。唐律与今日“正当防卫”立法有相似之处,见为人子孙者为防卫自己直系血亲及亲属之安危而实施的行为。《唐律·斗讼律》第34条“祖父母为人殴击”总第335条,律文规定:“诸祖父母、父母为人所殴击,子孙即殴击之,非折伤者,勿论。折伤者,减凡斗折伤三等。至死者,依常律。谓子孙元非随从者。”当祖父母、父母为他人所殴击,其子孙限非原从者为保护或解救祖父母、父母之危难,因而出手还击他人。如果还击之后,对于原先意图伤害自己祖父母、父母的他人,仅造成肢体折伤以下及其他轻伤,则勿论其罪。若折伤他人肢体者,减凡斗伤三等论罪。若殴伤致死者,仍依一般杀人罪处分。

(2)防卫无故夜入民宅。通说将我国古代律中关于“防卫夜无故入人家者”的规定视为今日“正当防卫”的典型例证。此规定明确颁为国家律文,首见于《唐律·贼盗律》第22条的“夜无故入人家”总第269条,律文规定:“诸夜无故入人家者,笞四十。知非侵犯而杀伤者,减斗杀伤二等;主人登时杀者,勿论;若其已就拘执而杀伤者,各以斗杀伤论,至死者加流役。”凡人夜后无故进入他人宅院,在进入之时,主人登时将其格杀,则不论主人杀人之罪。通说认为,此即唐律类似于今日“正当防卫”的又一律文。在《唐律》中,正当防卫只是在局部范围内起减轻或者免除刑罚的作用。

2. 西方刑法正当防卫的综合梳理

在古罗马时代,为防卫生命与贞操所受侵害,必要时对加害者予以反击,如因此而杀害对方,仍可不受处罚。依照《十二铜表法》,当被害人之财产遭受攻击则认为对于被害人已有生命之危,尤以其攻击发生于夜间或加害者使用武器为然。即使非危及生命而使用单纯武力之攻击或伤害,仍得以武力相对抗。其攻击不必针对自己,即使是对第三人,也可代为防卫反击。如子女、父母、兄弟与监护人之间,需要互相代为防卫,士兵也要为其长官或奴隶也要为其主人防卫。这就是前贤认为的“正当防卫”起源,与“复仇行为”有着密切关系。

依据日耳曼法,被害人因加害人破坏和平而有权加以杀伤。另外,被害人不但可以实施防卫,还可以追捕逃逸的加害人,即“正当防卫”概念。有关德国中古时代的合法正当防卫,各地方法律规定不同。原则上攻击行为必须针对的是生命和身体,但亦有法律规定受侵害人须先退避或至少受伤,方得予以反击。若属于对名誉的侵害,受侵害人只能以口头反击。嗣后,无论是在法兰克时代,还是荷兰或英国的普通法,均有类似于此的规定。而近代法律规范关于“正当防卫”之渊源,当可溯至法国大革命后所制定的法国刑法,亦即当年所颁布的《法国刑法典》第6条的规定:防卫他人对于自己或他人之生命而为杀人之行为,不为罪。1810年法国刑法则将类似之情形规定于分则内,即《法国刑法典》第328条规定:为防卫自己或他人之必要而为杀伤或殴打者,不构成重罪或轻罪。至于现代世界各国的刑事立法,虽均有“正当防卫”的规定,唯其防卫权之范围、宽严与详略未必相同。其规定于总则编者,自然多为概括规定,适用范围较为宽大而规定于分则编者,则多限于一、二种罪名。

在英美法系刑法中,正当防卫是一种普遍规定的辩护理由,但在分类及各自构成条件的规定上不尽相同。在英国刑法中,正当防卫可分为私人防卫和制止犯罪、逮捕犯人过程中的正当防卫两大类。私人防卫又可分为保卫人身权利的防卫和保卫财产权利的防卫。美国刑法中的正当防卫有四种类型,即防卫自身、防卫第三人、防卫财产和执法防卫。加拿大刑法中的正当防卫有三种类型:执法防卫、人身保护、防卫财产。印度刑法的正当防卫有两种情形:人身防卫、财产防卫。新加坡刑法中的正当防卫有两种情形:人身防卫、财产防卫。

正当防卫的立法模式有三种:(1)在总则中规定正当防卫的概念及防卫过当的刑事责任。有两种形式:一是将正当防卫的概念与防卫过当的刑事责任均规定在犯罪与刑事责任部分,如我国刑法、日本刑法、泰国刑法、韩国刑法、瑞士刑法等。二是将正当防卫的作为违法阻却事由规定在刑法中的犯罪与刑事责任部分,而将防卫过当作为减轻处罚的情节,规定在刑法中的刑罚部分“减轻处罚”情节里,如西班牙刑法、俄罗斯刑法等。(2)在总则中规定正当防卫的概念、防卫过当的处罚原则,在分则中规定因防卫过当而杀人、伤人的法定刑,一般和过失杀人、过失致人重伤的法定刑相同。如1952年阿尔巴尼亚刑法、1942年蒙古刑法等。(3)将正当防卫规定在刑法分则中,如1810年法国刑法将正当防卫规定在第327条杀人、伤害和殴击罪之后,采用该种立法模式的还有《比利时刑法》(第416条)、《埃及刑法典》(第222条)、《暹罗刑法》(第501条)等。由于第三种模式与刑法理论中的违法性理论不对称,因此目前在世界上采用第三种模式的国家(地区)很少,如法国在修改其刑法典时已对正当防卫作了总则性规定。第二种模式将总则性规定与分则性规定结合起来,确实便于司法实践中对于防卫过当行为的执行。但如果在总则中规定防卫过当是从宽处罚的情节,在分则中对防卫过当的杀人、伤害犯罪又设置了较轻的法定刑,有重复适用之嫌。如果仅在该法定刑幅度内决定刑罚,则将防卫过当作为从宽处罚的情节纯属多余,蒙古刑法就出现了这样的失误。第一种立法模式简明、准确,便于司法实践操作,又与通行的违法性理论相适应,因而为世界上多数国家(地区)所采纳。另外,正当防卫包括一般正当防卫和特殊正当防卫。

(二)一般正当防卫的条件

一般正当防卫,是指为了使国家、公共利益、本人或者他人的人身、财产和其他权利免受正在进行的不法侵害,而采取的制止不法侵害的防卫行为。

1. 起因条件:必须有不法侵害行为发生

存在不法侵害,表明对合法行为不能进行正当防卫,故对依法执行职务,如司法人员执行逮捕、拘留人犯和执法人员执法行为等不能进行正当防卫。人身防卫和财产防卫是英美国家刑法中正当防卫的两种基本类型,其中普遍规定了人身防卫,这是最典型的正当防卫。如《美国刑法》规定,“防卫人或他人处在非法的身体侵害的紧迫危险之中”是正当防卫的前提条件。《加拿大刑事法典》第 34 条规定,“遭受非法攻击”是进行人身防卫的前提条件。①

2. 时间条件:必须是正在进行的不法侵害

英美法系国家大多将针对人身不法侵害正在实施作为人身防卫的成立条件,防卫不适时(包括事前和事后)不能成立正当防卫,但对防卫时间的起点和终点规定不一。美国刑法规定人身防卫的时间为侵害即将开始至侵害结束,对终止时间有具体规定,如果侵犯者有效地停止了攻击并告知被侵害者,被侵害者就不能继续防卫,否则不法侵害者有权自卫。加拿大刑法规定人身防卫的时间始于攻击将要发生,止于攻击结束,攻击虽已结束但有可能再次发生也允许防卫。如《加拿大刑事法典》第 37 条规定:“任何人如果使用武力系防止攻击之必要或防止攻击再发生之必要,其使用武力保护自己或受其保护者免遭攻击,应视为正当。”《印度刑法典》第 102 条规定:“人身防卫权,从实行犯罪的企图或威胁引起危害人身的恐惧时开始,即使该犯罪尚未实施;并且,只要这种危害人身的恐惧继续存在,这种防卫权也就继续存在。”可见,《印度刑法典》规定的人身防卫开始于加害人实行犯罪的企图或威胁引起防卫人危害其人身的恐惧时,持续于这种恐惧继续存在期间,止于其消失。要成立正当防卫,首先必须满足的前提条件是“紧迫的非法侵害”,否则没有成立正当防卫的余地。所谓“非法”是指违法的意思,不以侵害者对于侵害行为有责为必要,且不以“侵害”于该当构成要件为必要,一般认为只要是针对值得保护的利益侵害即可。作为正当防卫前提条件的“非法侵害”,必须是紧迫的,或者侵害现实存在或者已经迫近,并无暇求助于公权力的保护,为了保护正面临侵害之危险的法益,就有必要实施某种反击行为。可以说,在紧急状况之下例外地允许实施正当防卫的理由,正在于此。②《瑞士联邦刑法典》对该条件放得

① 参见赵秉志、陈志军:《英美法系刑法中正当防卫构成条件之比较研究》,载《法商研究》2003 年第 5 期。

② 参见[日]山口厚:《正当防卫论》,王昭武译,载《法学》2015 年第 11 期。

更宽，规定在“可能遭受直接攻击”时，也有权实施正当防卫。有的立法例明确出现“急迫”“迫切需要”字样，如《奥地利刑法典》第 3 条规定“对现在直接急迫之不法侵害”，《日本刑法典》第 36 条规定“对于急迫而不正当的侵害”等，有的没有规定文字，但字里行间充满此意。

3. 对象条件：必须针对不法侵害人实施

正当防卫是为了保护合法利益，而制止不法侵害的行为，且不能超过必要限度。英美法系大多规定人身防卫的对象只能是不法侵害者本人。在人身防卫对象的认定中，对无责任能力人能否进行防卫？英美法系有两种观点：(1)“肯定说”。《印度刑法典》第 98 条规定：“对本属犯罪的行为，因行为人年幼，认识能力不成熟，精神不健全或醉酒，或对行为的误解，而不认为是犯罪时，仍具有如同该行为是犯罪时一样的防卫权。”[①](2)“否定说”。该说认为只有在行为人对加害人属于无责任能力人无认识的情况下才成立正当防卫。如果已认识到加害人属于无责任能力人，则不能成立正当防卫。

4. 目的条件：具有防卫意识和防卫目的及动机

从国外立法和判例看，严格限定防卫意识的国家不多。在德国，尽管主流观点认为正当防卫需要具备主观要素，只有意识到正当防卫状况，在防卫意志支配下实施的行为才合法。但判例却认为，如果防卫行为事实上造成的后果是防卫人事先所不能预见或不可期待的，如防卫人本想用枪支击打侵害人，却意外地开了枪，这种行为仍然是在防卫意志支配下实施的，前提是该结果在客观上是允许的。在法国，只要客观上存在具备一定特征的不法加害行为，防卫人实施了必要的有限度防卫行为就可以了，似乎并未格外地要求防卫意识或目的。在意大利，因防卫本人和他人权利免受不法侵害的现实危险必要而被迫实施的行为就是正当防卫，其中“被迫”是成立防卫反击的重要条件。有人认为，“被迫”意味着危险不仅为行为人所认识，且直接决定行为人的动机。在日本，尽管过去的判例将防卫意识的内容理解为防卫动机、目的，但日本最高法院 1971 年 11 月 16 日的判决指出：“不能说因为是对对方出于激奋或者愤怒而实施的反击，就马上说行为人不具有防卫意识。”日本最高法院 1975 年 11 月 28 日的判决也指出：“只要能说是对于紧急不法的侵害，为了防卫自己或者他人的权利而实施的行为，即便该行为掺杂有对侵害者进行攻击的意思，也是正当防卫行为。”可见，判例并没有格外地强调行为人必须是出于防卫意图，而是采用了接近“认识说”的立场。同时日本学界主张不要求具有明确的防卫目的和动机，只要认识到自己的行为是防卫行为就足够了。“防卫意思不要说”和“防卫意思必要说”几乎平分秋色，且随着违法性判断中应

---

① 赵秉志、陈志军：《英美法系刑法中正当防卫构成条件之比较研究》，载《法商研究》2003 年第 5 期。

当排除主观要素的结果无价值论的勃兴,“防卫意思不要说”有占据上风之势。[①]

英美法系刑法大多要求以行为人主观上的正当防卫意图作为人身防卫的主观条件,要求行为人是在保护自己或他人人身权利免受不法侵害的正当目的下,对不法侵害人实施一定的加害行为。如《加拿大刑法》第35条规定:“行为人只有在自卫意图而不是意图故意导致死亡或严重人身伤害的意图支配下实施的行为才能成立正当防卫。否则,就属于防卫过当,防卫过当在性质上属于犯罪,而不是正当行为。”另外,成立防卫过当是以符合正当防卫条件为前提的,如果不符合正当防卫的条件就不可能成立防卫过当,这是防卫过当构成犯罪与普通犯罪的根本区别。关于防卫过当的罪过形式,学界有不同认识,如故意与过失说、纯粹过失说、疏忽大意的过失说等。通常认为,防卫过当因为出自防卫目的,故不可能存在其他目的,否则就因不能成立正当防卫而无法成立防卫过当。既然没有明确的犯罪目的,那么就不可能成立直接故意犯罪,成立间接故意犯罪、疏忽大意的过失犯罪、过于自信的过失犯罪等还是有可能的。由于防卫过当本身不是罪名,故对防卫过当的认定,应当按照行为本身符合《刑法》分则规定的罪名具体认定,且应当减轻或免除处罚。

5. 限度条件:没有超过必要限度

之所以如此规定,是因为正当防卫是对不法侵害的反击而不是报复,更不是对不法侵害人的惩罚。故对不法侵害人所采取的造成其一定人身和财产损害的暴力行为必须有一定限度,以防止正当权利被滥用。[②] 大陆法系国家规定有限度条件,如《德国刑法典》第32条规定:“(1)正当防卫不违法。(2)为使自己或他人免受正在发生的不法侵害而实施的必要的防卫行为,是正当防卫。”《日本刑法典》第36条规定:“为防卫自己或他人的权利,对于急迫而不正当的侵害所采取的不得已的行为,不处罚。超过防卫限度的行为,可以按其情节减轻或免除刑罚。”《法国刑法典》第122-5条规定,“在本人或他人面临不法侵害之当时,出于保护自己或他人正当防卫之必要,完成受此所迫之行为的人,不负刑事责任,但所采取的防卫手段与侵害之严重程度之间不相适应之情况除外”。对正当防卫的限度条件,围绕行为的必要性与相当性展开。

其一,必要性。《德国刑法典》明文规定正当防卫应当是“必要的防卫”,据此提出正当防卫的必要性;而《日本刑法典》规定正当防卫是“所采取的不得已的行为”,理论上毫无争议地将其解释为必要的行为。必要性有三种学说:一是指反击行为作为防卫权利的手段必须是在必要最小限度内的行为。该观点虽不主张像紧急避险那样严格,但仍然意在严格限定正当防卫。二是指只要能排除紧迫的不法侵害就是必要的。即

---

① 参见黎宏:《论正当防卫的主观条件》,载《法商研究》2007年第2期。

② 参见田宏杰:《中国内地与香港特区刑法中正当防卫概念之比较研究》,载《法商研究(中南政法学院学报)》2001年第5期。

使不进行防卫,有其他容易采取的方法避免侵害时实施正当防卫也是必要的。三是指防卫行为是为排除不法侵害所必要,必要性不一定要求没有其他避免方法,但要求尽量使用轻微的防卫手段。

其二,相当性。从大陆法系国家看,对正当防卫强度的限制不是靠行为的必要性,而是靠相当性。通常是指防卫人保护的法益与防卫行为所攻击的法益之间不存在明显的不均衡。与紧急避难不同,虽然不要求所损害的利益必须小于所保护的利益,但也不能差距过大。对其的限制主要是靠相当性,其次才靠必要性。首先,从结果上要求防卫所保护的法益与损害利益间的差距不能过分悬殊。其次,要求防卫的手段为排除不法侵害所必要。①

英美法系刑法普遍规定,不超出必要的限度是人身防卫的成立条件。在具体判断标准上,学界存在"主观说"和"客观说"之分。主观说认为,是否超出必要限度应以被告人的主观认识为准,只要行为人在当时条件下主观确信其所实施的暴力对防止自己或他人的人身遭受侵害是必需的,就没有超过必要限度(即使超过也不影响正当防卫的成立)。客观说认为,是否超出必要限度应以暴力使用在客观上是否超出防止人身免受不法侵害之必要为准,而不能以被告人主观上的认识为准。英美各国或地区,在此问题上大多采用主观说。

防卫财产与防卫人身在前提要件、主观要件、对象要件等方面具有相似之处,二者的差别在于防卫的限度条件,集中在财产防卫是否可以使用致命武力上。有两种不同主张:(1)绝对禁止论。《加拿大刑法》便是如此,根据防卫住宅(不动产)和防卫其他一般私人财产分别规定有不同限度。财产防卫的范围界定很窄,将包含暴力侵害财产都纳入防卫人身范围。财产防卫所针对的财产侵害都是非暴力的,自然要绝对禁止防卫人使用致命的暴力进行防卫。(2)特别允许论。一般情况下禁止在财产防卫中使用致命暴力,但在特别情况下允许使用致命暴力进行防卫。不过,允许使用的具体范围不尽相同。《英国刑法》规定,在防卫财产的过程中,一般不允许使用致命的武力,但也不排除在极少数的情况下允许使用致命武力的可能。②

(三)特殊正当防卫的条件

特殊的正当防卫,是指根据刑法规定对特定行为采取的防卫行为。与一般正当防卫相比有共同之处,主要表现为时间条件、对象条件、目的条件相同。

德国、瑞士、韩国、泰国等均规定有特殊正当防卫,英美刑法中也有无限防卫权的规定。具体有三种类型:(1)我国1997年《刑法》第20条第3款规定的无限防卫权,强

---

① 参见李金明:《论外国刑法中正当防卫的限度》,载《北京理工大学学报(社会科学版)》2008年第2期。

② 参见赵秉志、陈志军:《英美法系刑法中正当防卫构成条件之比较研究》,载《法商研究》2003年第5期。

调防卫人所面临的必须是“严重危及人身安全的暴力犯罪”,其中的一些术语如“行凶”“其他严重危及人身安全的暴力犯罪”的范围都不太确定。(2)在英美刑法中不法侵害的暴力程度可分为“致命暴力”和“非致命暴力”,前者一般属于重罪,后者则不属于重罪。如果防卫人面临的是重罪性质的致命暴力侵害,在防卫时有权杀死对方,且没有必要退让。英美刑法的无限防卫权也强调客观条件,但其标准比我国刑法的规定更为具体、准确。(3)《德国刑法典》规定:“由于惶恐、害怕、惊吓而过当者,不负刑事责任。”《韩国刑法典》规定:“过当行为系在夜间或其他不安的状况下,由于恐怖、惊愕、兴奋或者紧急而引起的,不予处罚。”

(四)我国刑法规定的一般正当防卫及完善

《刑法》第20条第1款规定:“为了使国家、公共利益、本人或者他人的人身、财产和其他权利免受正在进行的不法侵害,而采取的制止不法侵害的行为,对不法侵害人造成损害的,属于正当防卫,不负刑事责任。”一般正当防卫是指为了使国家、公共利益、本人或者他人的人身、财产和其他权利免受正在进行的不法侵害,而采取的制止不法侵害的行为,虽然对不法侵害人造成损害但没有明显超过必要限度造成重大损害。其成立条件如下。

1. 起因条件:必须存在不法侵害行为。这表明对合法行为不能进行正当防卫,包括对依法执行职务的行为和执法行为等不能进行正当防卫。理解时应注意:(1)不法侵害的范围。不法侵害不但包括犯罪行为,也包括违法行为。不法侵害要求具有侵害性,即暴力性、破坏性、毁灭性等体现侵犯、损害特点的不法行为,如抢劫、强奸、绑架等,当然针对静态的限制人身自由的侵害也可进行正当防卫。(2)一般是人的不法侵害。在刑法上,不是人的不法侵害,一般不使用正当防卫,而是使用紧急避险,但躲避不开的也可实施正当防卫。故适当控制以下防卫行为的使用:其一,对动物之侵袭的防卫。如果是动物自身发起的侵袭,如上所述可选用紧急避险,实在躲避不了的可实施正当防卫;如果是他人在现场指挥唆使动物侵袭,对动物和行为人均可实施正当防卫。其二,对精神病人之侵害的防卫。也可先躲避或紧急避险,实在躲避不了可以进行防卫。① (3)不法侵害具有客观现实性。不法侵害是真实存在而不是行为人主观想象或者猜测、推断的,否则属于假想防卫。对于假想防卫可以根据事实认识错误来定性,一般应承担刑事责任。

2. 时间条件:必须是正在进行的不法侵害,即不法侵害行为已经开始实施但尚未结束。在理解上还是要区分情况的,如暴力抢劫的,已经开始使用暴力即视为抢劫开

---

① 有观点认为,对动物、精神病人等的侵害如果不能进行紧急避险,又不能进行正当防卫,显然不公平。本书认为,确实迫不得已时可以对动物和精神病人反击,但这不属于正当防卫讨论的内容,属于常理。

始。不过,考虑到正当防卫的现实性与可能性,对于某些特定的行为,如果等到开始实施时就来不及或者难以防卫的,应当允许适当提前进行防卫。例如,对于他人的枪击行为,如果等到举枪的话,可能就来不及防卫,此时应允许在侵害人拔枪或者将手伸进口袋掏枪时即可防卫。又如,持刀抢劫的,只要行为人近距离有操刀的行为,就可以实施防卫。如果等到举刀砍杀,再防卫可能来不及,故可以适当提前。防卫不适时是指不法侵害尚未开始或者已经结束进行的防卫。有两种情形:(1)事前防卫,即不法侵害行为尚未开始便进行防卫。由于不法侵害尚未开始,不能成立正当防卫。(2)事后防卫,即在不法侵害已经结束进行的防卫。如甲入室强奸乙,被乙的大哥发现痛打一顿。后来乙的二哥回家,闻讯大怒,将躺在地上的甲打成重伤。乙的大哥的行为是在不法侵害时实施的,属于正当防卫。乙的二哥的行为是在不法侵害结束后实施的,不属于正当防卫。防卫不适时可能构成故意犯罪,要区分情况论处。

3. 对象条件:必须针对不法侵害人实施。正当防卫是为了保护合法利益而制止不法侵害的行为,当然不能允许对不法侵害人以外的其他人的合法权益造成损害,否则于情于法都是不妥的。《刑法》规定“对不法侵害人造成损害的”,在指明损害对象的情形下,并没有明确何种损害,这意味着只要是不法侵害人的损害均可以。实践中关系到不法侵害人的损害有两种:一是人身损害,即对不法侵害人的生命、健康、人格、名誉等造成损害。如为制止不法侵害,将不法侵害人举刀的手打断,或者将其腿打伤等。二是财产损害,即对不法侵害人的财产权已造成损害。如为制止不法侵害行为,将不法侵害人的汽车毁坏,或者将其名贵衣物损坏的。如果针对的是不法侵害人以外的第三人实施防卫,不管第三人与不法侵害人是何种关系,均不能成立正当防卫。在通过对不法侵害人进行防卫就足以保护合法权益的情形下,不应当允许对不法侵害人以外的其他人的合法权益造成损害,于情于法都是理所当然的。①

4. 目的条件:为了使国家、公共利益、本人或者他人的人身、财产和其他权利免受正在进行的不法侵害。防卫目的又称防卫意图,揭示了正当防卫人的主观心理态度,即必须是为了合法权益免受正在进行的不法侵害。理解上应注意:

一是防卫目的的内容。防卫目的具体包括认识因素和意志因素,是两者的有机统一。认识因素是指防卫人必须对不法侵害以及自己的防卫行为的性质、意义和后果有具体认识。防卫人应当认识到不法侵害是损害国家、公共利益、本人或者他人的人身、财产和其他权利的行为,还应当认识到自己的行为是为了制止不法侵害行为,甚至造成不法侵害人遭受损害,从而保护合法权益免受不法侵害。意志因素是指防卫人决意实施制止不法侵害的防卫行为。应注意的是,为保护非法利益能否进行正当防卫?一

---

① 参见李晓明:《刑法学总论》,北京大学出版社 2016 年版,第 284 页。

般来说,为保护非法利益是不能进行正当防卫的。而有些虽然表面上看来属于非法利益,但实际上属于国家或者公共利益,保护这些利益还是能够成立正当防卫的。如对抢劫毒品的行为能否进行防卫,就要具体分析。

二是不具备防卫目的的情形。如果不是为了国家、公共利益、本人或者他人的人身、财产和其他利益免受不法侵害,表明不具备防卫目的,不能成立正当防卫。通常被认为不具备防卫目的情形:(1)防卫挑拨,是指行为人以侵害对方为目的,刻意引起、诱导对方对自己进行不法侵害,然后以正当防卫的名义侵犯对方,实现自己的犯罪目的。(2)非法斗殴,是指双方相互出于侵害对方的非法意图,而发生的互殴行为。(3)偶然防卫,是指出于故意损害他人合法权益的目的实施侵害行为,恰好制止了他人的不法侵害行为的情形。如甲和乙有仇,甲持刀进入乙家,刚进家门便举刀砍向乙,将乙的右臂砍断,恰好此时乙正持刀砍妻,客观上甲救助了乙妻,甲的行为属偶然防卫。对此有学者认为不成立正当防卫,因为这类行为明显缺乏防卫意图的正当性。但也有学者主张偶然防卫不成立犯罪,认为"本书坚持结果无价值论,主张偶然防卫行为不成立犯罪。因为虽然行为人主观上具有犯罪故意,但其客观行为没有侵犯刑法所保护的法益,相反刑法还允许以造成损害的方式保护另一法益"①。学界对此争论很大,即便不符合防卫目的,但客观上的确避免了另外的非法侵害。其一,必须肯定偶然防卫是一种形式上的非法侵害行为,只是由于偶然因素保护了合法权益。其二,客观上保护了合法权益。孰是孰非,或许和主观主义与客观主义的刑法立场有关,本书倾向于定罪免罚。

5. 限度条件:没有明显超过必要限度而造成重大损害。限度条件有三种观点:②一是基本适应说。防卫和侵害行为必须基本相适应,这要根据侵害行为的性质和强度及防卫利益的性质等来定。二是客观需要说。防卫行为必须是制止不法侵害所必需的,或是与有效制止不法侵害之需的行为基本相当。三是基本适应与客观需要统一说。是否超过必要限度关键看是否为有效制止不法侵害行为所必需,必要限度也就是必需限度。但如何认定必不必需,脱离不了对侵害行为的强度、所保卫权益性质及防卫行为强度作综合判断研究。无论是基本适应还是客观必需,强调的是防卫行为制止不法侵害的有效性。客观地说,能够有效制止不法侵害而又不损害不必要的利益当然好。问题是在制止不法侵害过程中,受各种因素影响,防卫人通常不可能把握得如此精准、恰当。且对不法侵害人的损害,与相同性质的犯罪相比,其社会危害性要明显轻些。其出于良善的防卫目的,针对的是不法侵害人的损害,客观上保护了特定的合法利益。

---

① 张明楷:《刑法学》(第3版),法律出版社2007年版,第181页。

② 参见高铭暄主编:《新中国刑法学研究综述(1949-1985)》,河南人民出版社1986年版,第392-394页。

而普通犯罪既不存在防卫目的，也非针对不法侵害人的损害，客观上没有保护特定的合法利益，两相比较轻重不言自明。如果防卫行为过当并构成犯罪，其入罪标准理应比一般犯罪要高才恰当。故上述诸说还是有些许保守，无法鼓励正当防卫行为。

我国《刑法》第20条第2款规定："正当防卫明显超过必要限度造成重大损害的，应当负刑事责任，但是应当减轻或者免除处罚。"这意味着成立正当防卫，必须没有明显超过必要限度且没有造成重大损害。前者是指正当防卫对不法侵害人的损害，明确、显然地超过法律所允许的必要限度，尤其要考虑，为制止不法侵害所需要采取的实际措施是否明显超过必要限度。后者是指正当防卫对不法侵害人的损害与不法侵害所造成的损害相比造成了重大损害。需注意，不应当单纯就正当防卫对不法侵害人的损害来评价何为"重大损害"，而须将不法侵害人可能给被侵害人造成的损害及防卫人制止不法侵害人所需要防卫程度进行价值比较，综合评价是否损害重大。可见，二者的标准是相辅相成、协调统一的，但前者占主导地位。是否"明显超过必要限度"只能根据比较来衡量，"造成重大损害"必须与"明显超过必要限度"相分离，决不能认为"造成重大损害"（如重伤、死人）就一定是"明显超过必要限度"。具体判断时，需要根据防卫行为的性质、手段、强度、危害后果及防卫时的需要来定，并结合不法侵害的性质、手段、强度、可能造成的危害及不法侵害时的具体条件，进行综合比较、衡量，最终确定防卫行为是否明显超过必要限度，并造成了重大损害。[①]

（五）我国刑法规定的特殊防卫权及其完善

我国《刑法》第20条第3款规定："对正在进行行凶、杀人、抢劫、强奸、绑架以及其他严重危及人身安全的暴力犯罪，采取防卫行为，造成不法侵害人伤亡的，不属于防卫过当，不负刑事责任。"特殊正当防卫是指根据《刑法》规定，对特定的暴力侵害行为采取的导致对方伤亡而不负刑事责任的防卫行为。一般正当防卫和特殊正当防卫的共同之处为时间条件、对象条件、目的条件相同，即要求不法侵害正在发生、针对不法侵害人造成损害。二者的区别如下：

1. 起因条件：必须有行凶、杀人、抢劫、强奸、绑架以及其他严重威胁人身安全的暴力犯罪发生。特殊的正当防卫的起因条件具体包含两层含义：

首先，必须是行凶、杀人、抢劫、强奸、绑架以及其他严重威胁人身安全的犯罪。其中，明列的后四种危害人身安全的犯罪较好理解，且《刑法》分则中均有具体罪名。即便不是这四种犯罪，只要行为中有类似行为的即可认定，如暴力劫持航空器、武装暴乱等。而"行凶"严格来讲并非规范用语，是一种社会化用语，具有抽象性、模糊性特点，并不容易理解。不过，联系后四种的限定性犯罪，如杀人、抢劫、强奸、绑架等严重威胁

---

① 参见李晓明：《刑法学总论》，北京大学出版社2016年版，第287页。

人身安全的犯罪,就能够推知“行凶”也必须是与这些犯罪具有类似性质及程度的犯罪,主要是指严重危及人身安全的犯罪。“对‘行凶’必须做体系性解释,即这里的‘行凶’仅是指‘打人’,即法律意义上的‘故意伤害’,但不要求一定是用凶器进行伤害”①。

其次,必须是暴力犯罪。具体是指针对人的身体实施强力打击的手段,可以借助工具也可以利用身体进行,常见的有枪击、棍打、刀砍、斧劈、拳打脚踢等。严重危及人身安全并非就是暴力犯罪,许多严重危及人身安全的犯罪往往是通过非暴力手段实施的。如遗弃也会严重危及人身安全,却通常不是通过暴力实施的。即便是杀人、抢劫、强奸、绑架四种常见的严重危及人身安全的犯罪,也不一定是通过暴力实施。如杀人也可通过不作为或非暴力手段实施,强奸也可通过下药等手段实施。只有严重危及人身安全且用暴力才能动用特殊防卫。

2. 限度条件:特殊正当防卫没有任何限度。《刑法》第 20 条第 3 款规定,“造成不法侵害人伤亡的,不属于防卫过当,不负刑事责任”。这表明,特殊的正当防卫即使剥夺不法侵害人的生命,也属于正当防卫,不负刑事责任,因而又称为无限防卫权。不过对于造成财产权的损害,刑法没有规定。实践中防卫过当对不法侵害人造成财产损害的,可免除刑事责任但需承担民事责任。

尤其是 2018 年 8 月 27 日 21 时 30 分许发生在江苏昆山的于海明案,死者刘某龙醉酒驾驶皖 AP9G57 宝马轿车(血液酒精含量 87mg/100ml),载刘某某、刘某、唐某某沿昆山市震川路西行至顺帆路口,向右强行闯入非机动车道,与正常骑自行车的于海明险些擦碰,刘某某先下车与于海明争执,经宝马轿车同行人员劝解返回车辆时,刘某龙突然下车,上前推搡、踢打于海明。虽经劝架刘某龙仍持续追打,后返回宝马轿车取出一把砍刀(双面开刃,全长 59 厘米,刀身长 43 厘米、宽 5 厘米,系管制刀具),用刀连续击打于海明颈部、腰部、腿部。击打过程中砍刀甩脱,于海明抢到砍刀,并在争夺中捅刺刘某龙腹部、臀部,砍击右胸、左肩、左肘,刺砍过程持续 7 秒。刘某龙受伤后跑向宝马轿车,于海明继续追砍 2 刀均未砍中,其中 1 刀砍中汽车。刘某龙跑向宝马轿车东北侧,于海明返回宝马轿车,将车内刘某龙的手机取出放入自己口袋。民警到达后,于海明将手机和砍刀主动交给民警,并称拿走手机是为防止其打电话找人报复。② 该案初期在社会上持续发酵,引发业界和社会的极大关注,五天后昆山警方发布通报,认定于海明的行为系“正当防卫”,宣布撤销案件。案件了结,但本案引发的对“正当防卫”的争论并未平息。有人认为,其构成“正当防卫”;也有人认为,其系“防卫过当”。还有人认为,“追砍”过程既非“正当防卫”也非“防卫过当”,而是“故意伤害”。更有学者认

① 黎宏:《刑法学》,法律出版社 2012 年版,第 144 页。

② 2018 年 9 月 1 日昆山警方通报:《于海明的行为属于正当防卫,不负刑事责任》。

为，对于于海明案应冷静思考，主张需注意那些被忽略的细节，如“于海明是否知道刘某龙在打斗时处于醉酒状态”，“是需要进行正当防卫还是需要进行紧急避险”，“是否属于防卫过当”等。[①] 其中，主要围绕“无限防卫权”中的“行凶”和“严重危及人身安全”等展开争论和讨论。但是，最终办案机关果断地认定其系正当防卫。

七、紧急避险与避险过当

紧急避险的本质在于，在两个合法权益相冲突又只能保全其中之一的紧急状态下，法律允许为了保全较大权益而牺牲较小权益，但不能超过必要的限度才是关键。虽然造成了一定的权益损害，但从总体上说是有益于社会的，因此不应承担刑事责任。与正当防卫相同，紧急避险并非必然合法或无损害行为，因其造成他人、社会、国家的实际损害，故也是一种迫不得已的行为，甚至违法或侵害法益。但根据《刑法》规定，只要没有“超过必要限度造成不应有的损害”，即可不以犯罪论处，显然也是危害程度大小的问题，故放在量度要件。

（一）中外紧急避险溯源

紧急避险的渊源在大陆法系和英美法系也有不同，甚至前者早于后者，下面分别介绍。

1. 大陆法系的紧急避险

在罗马法或日耳曼法中只允许个别的避险行为。在加农法中虽有“紧急不听从法律”的法格言，但并不存在紧急避险的特别规定。即便在《加洛林纳刑法典》中也只规定，为了救助濒临饥饿的自己或妻子而盗窃食物则委于法律家的决定（第 166 条）。1810 年《法国刑法典》（第 64 条）与 1851 年《普鲁士刑法典》（第 40 条）只是对由于胁迫心理的强制情况作了规定。当年参考法国刑法制定的旧《日本刑法典》第 75 条之规定稍有扩大，即“遇不可抗拒之强制，非其意之行为，不论其罪。遇因天灾或意外之变不可避免之危险，防卫自己或亲属之身体实施之行为亦同”。1871 年《德国刑法典》对于强制场合（第 52 条）与由于紧急状态场合（第 54 条）承认不可罚，但并没有考虑所有的紧急状态。受德国刑法影响的日本 1907 年刑法扩大了紧急避险的范围，第 37 条第 1 款规定，“为了避免对自己或者他人的生命、身体、自由或者财产的现在的危险，不得已实施的行为，如由其行为产生的损害不超过其所欲避免的损害限度时，不处罚”。日本学者认为，这一规定很难说是充分的，为了弥补立法上的不足，学说上采用超法规紧急避险概念。现在世界各国刑法大多规定有紧急避险，如《法国刑法典》第 122-7 条，《德国刑法典》第 34、35 条，《瑞士联邦刑法典》第 34 条，《意大利刑法典》第 54 条，《俄

---

① 冯军：《昆山砍人案的冷思考，打捞那些被忽略的细节》，载《中国检察官》2018 年第 18 期。

罗斯联邦刑法典》第 39 条等,均为对紧急避险的规定,只是表述有所不同。[①]

2. 英美法系的紧急避险

紧急避险思想在英国普通法中已拥有 500 余年的历史。1551 年 Reniger 诉 Fogossa 一案的判决即已指出,即便行为人的行为在形式上与法律的表述相悖,但只要其仍然遵循了法律的目的,就不能认为其违反法律。行为人为避免更大恶害迫不得已实施行为时尤其如此。[②] 时至 17 世纪,紧急避险成为英国刑法中经常讨论的问题。在英国首次系统阐释紧急避险的,当属培根(Francis Bacon)。17 世纪培根著书试图阐释以拉丁语表述的 52 条普通法基本原则,其中第 5 条即与紧急避险相关:"紧急状态产生尊重私人权利的特权。"[③]在培根看来,紧急避险的这种特殊性质并不是任何功利主义权衡的产物,而是行为人在紧迫状态下无法自主进行意志决定的结果:行为人并非自愿选择实施行为时,法律不能对之予以谴责。培根虽然没有严格区分违法阻却与免责事由,但大体上赋予了紧急避险较宽泛的适用范围。其后的英国学者并未继承这种立场,转而对紧急避险加以严格限制。尤其在 17 世纪资产阶级革命的过程中,保障私人财产权利的观念日益深入人心,以至于在 18 世纪的英国,即便为了挽救自己生命窃取食物的行为都不能再构成紧急避险。19 世纪末,英国学者史蒂芬(Stephen)较为系统地论述了紧急避险。原则上否认受强制的紧急避险可以免除行为人的刑事责任,无论这里的强制是来源丈夫对妻子的欺凌还是来自他人对行为人生命、身体或财产的威胁。只有在极端案件中,行为人极其必要、别无选择地违反法律的行为才能例外地由于紧急避险合法化。可见,紧急避险虽然在英国普通法中并不陌生,但其适用范围却极为有限。此外,普通法中的紧急避险并未与正当防卫、职务行为、被迫行为等抗辩事由区分开来。最终导致部分英国学者甚至质疑在普通法中究竟是否存在现代意义或作为一般性抗辩事由的紧急避险。尽管在早期美国法中同样存在,但美国学者却普遍认为紧急避险是传统普通法的组成部分。毕竟在早期的美国司法判例中,紧急避险就已经被认定为免除行为人刑事责任的理由,尽管相应判例的数量不多。今天的美国法律体系,紧急避险几乎一致被认定为独立的抗辩事由。虽然全美司法体系都毫无例外地承认紧急避险,然而在联邦法律层面紧急避险并未被明文规定。当然,诸多联邦法院早已在判决中对此加以肯定,并在个案中详细探讨了紧急避险的成立条件。在美国各州,紧急避险也被认定为抗辩事由。尤其在《模范刑法典》的影响下,美国目前已有

---

① 参见马克昌:《紧急避险比较研究》,载《浙江社会科学》2001 年第 4 期。

② See Reniger v. Fogossa, 1 Pl. Com. 1, 18 (1551). 转引自王钢:《美国刑事立法与司法中的紧急避险——对功利主义模式的反思》,载《清华法学》2016 年第 2 期。

③ See William Blackstone, *Commentaries on the Laws of England*, Clarendon Press, 1769, p. 27-32. 转引自王钢:《美国刑事立法与司法中的紧急避险——对功利主义模式的反思》,载《清华法学》2016 年第 2 期。

许多州明文将“紧急避险”写入了刑法典。当然,有些州尊重《模范刑法典》第 3.02 条的建议,将紧急避险称为“choice of evils”,有些州则将紧急避险称为“necessity”“necessity defense”。并未在刑法典中明文规定紧急避险的州,司法判例原则上也认可紧急避险是抗辩事由。虽仍有争议,但美国的主流观点都将“紧急避险”视为正当化事由,司法判例也将“紧急避险”认定为正当化事由,部分法院判决甚至将“紧急避险”作为正当化事由的同义词加以使用。在美国,紧急避险一般表现为保护重大利益而损害其他法益,但并未形成对紧急避险的统一定义。①

3. 我国古代的紧急避险

据考证,《唐律》已有紧急避险精神的体现。《厩户律》第 203 条规定,“故杀官私马牛者,徒一年半”,且“各偿所减价”。第 204 条规定:“其畜产欲啮人而杀伤者,不坐,不偿。……疏曰:议曰,……其事定之后,然?杀伤者,皆以故杀伤之法,仍偿减价。”总体来说,古代中国还没有明确的紧急避险概念和立法体现,更没有深入细致的理论研究,而是笼统地将它作为一种排除犯罪成立的阻却事由。② 或者说,只是拥有了紧急避险的思想,甚至早于西方。

(二)紧急避险的本质阐释

关于紧急避险的本质阐释,大陆法系存有不同认识,代表性观点如下。

1. 违法阻却说。该说认为,紧急避险之所以不为罪,其法理上的根据在于违法性阻却。其理论基础是法益权衡说,认为在紧急避险情况下存在两种法益的冲突,为保全重要法益,而牺牲较小法益合乎法秩序的要求。可见,紧急避险尤其是避险度是其核心和问题的关键。

2. 责任阻却说。该说的理论基础是期待可能性说,认为在紧急情况下,由于不可能期待行为人实施合法行为而阻却其责任。是为排除违法性说之不足,而另辟蹊径提出的。基本意思是,紧急避险行为客观上是有社会危害性的,只是由于行为人当时除了实施避险行为之外,没有其他选择,即主观上不具有期待可能性,所以不超过必要限度不追究其责任而已。详言之,紧急避险是损害他人正当法益的行为,所以违法,但由于人在紧急情况下具有不顾一切地保护自己利益的本能,故这种本能下难以期待行为人实施合法行为,按照“法律不能强人所难”的原则,紧急避险行为人的责任应当被排除。该学说的基本特征是,“为了保护自己利益而牺牲他人利益的行为,是侵害权利的违法行为”,主张在同时受到法律保护的两个利益冲突的场合,任何人都不应当将降临

---

① 参见王钢:《美国刑事立法与司法中的紧急避险——对功利主义模式的反思》,载《清华法学》2016 年第 2 期。

② 参见刘文远、潘亚楠:《紧急避险制度的比较研究》,载《郑州航空工业管理学院学报(社会科学版)》2006 年第 2 期。

在自己头上的危险转嫁给他人,转嫁行为无论如何都是违法的,只是由于该行为是在紧急状态下实施的,行为人没有被期待不实施该种行为的可能性,所以排除其责任。在这些观点中,排除责任说在国外只是少数派。原因是:(1)忽视法益均衡要件的存在。按照排除责任说,紧急避险之所以不负刑事责任,仅仅是由于在当时情况下没有期待行为人实施合法行为的可能,仅仅将排除责任作为要求。按照这种思路就会得出结论:无论是利益价值同等的场合还是不同等的场合,所有的避险行为,都可以根据这个理由而说明其不成立犯罪,根本用不着考虑法益的均衡问题。但各国的紧急避险立法上,都有类似"由此而产生的损害不得超过意图避免的损害"之规定,即要求法益的均衡,这显然是将违法性要件作为紧急避险的成立条件。(2)这种理解难以贯彻到底。在各国不仅规定了为自己个人利益的紧急避险,也规定了为他人利益的紧急避险,但在为他人利益而实施紧急避险的场合,很难说行为人没有不实施避险行为的"期待可能性"。(3)会得出不合理的结论。按照排除责任说,紧急避险行为都是违法的,故被转嫁危险的第三人对避险者可以实施正当防卫,但对于为躲避歹徒的追赶而擅自闯入自己家里的避险者,认可房子的主人具有保护自己住宅安宁不受侵害而将其打成重伤的正当防卫权,这本身是否合适显然存在疑问。同时,在教唆或者帮助他人实施紧急避险的场合,由于在排除责任说看来,该避险行为本身是不合法的,因此与其有关的教唆或帮助行为就要成立犯罪,这样的结论无论如何难以令人接受。

责任阻却说主张,紧急避险侵害的是第三者的正当法益,难以否认其违法性,之所以不为罪其法理上的根据在于责任阻却。但紧急避险和正当防卫不同,其所侵害的完全是无辜第三者的合法利益,同时牺牲利益和保全利益常常价值同等,或根本就无法进行衡量比较,并不存在多少的比较。这些场合下还如何进行利益比较呢?如果允许保护自己利益而牺牲无辜的第三者的同等价值利益的话,岂不是在法律上正面认可了强者对弱者或者多数人对于少数人的特权了吗?这就是排除违法性说难以解决的问题。①

3. 二分说。上述学说的分歧在于:紧急避险是否具有违法性?违法阻却说否认其违法性。那么,不违法是否就是合法呢?违法阻却说似乎肯定该结论,其合法性来自法益权衡,为保护重大法益而牺牲较小法益,法益权衡似乎具有一定的合理性。然而,在保护法益与牺牲法益价值相同的情况下,法益权衡似乎就存在疑问。所以,违法阻却说需要修补。责任阻却说肯定紧急避险的违法性,系违法而不处罚,仅在于因缺乏期待可能性而阻却责任。但一概地将紧急避险视为违法,尤其将保护重要法益而牺牲较小法益的行为视为违法,则使违法与合法的区分过于机械。实际上,违法与合法的

---

① 参见黎宏:《紧急避险法律性质研究》,载《清华法学》2007 年第 1 期。

区分是相对的，并且是可以转化的。这里可引用一句法律格言为证，“紧急使不合法变成合法”（propter necessitatem illicitum efficitur licitum）[①]。因此，责任阻却说断言紧急避险为违法似有不妥。正是由于违法阻却说与责任阻却说各执一词，因而出现了两分说。该说认为，无论将紧急避险一味当作阻却违法性事由，还是将其一味视为阻却责任情形，都具有片面性。实际上，在某些场合紧急避险是阻却违法性事由；而在另一些场合则是责任阻却事由。李海东博士直接把紧急避险分为正当化紧急避险和免责性紧急避险。二者的根本区别在于：紧急避险正当化成立的理论根据是冲突说，也就是说，为了避免一个较重要的法益遭受损害而牺牲一个较轻微的法益。因此，避险所保护法益比避险所损害法益在质或量上有本质区别，是紧急避险作为正当化事由成立的关键。缺乏这一区别的避险行为，就缺乏行为的正当性，因而它也就是违法的。它的可罚性将通过责任论中是否构成免责的紧急避险来决定。[②] 正因如此，本书把紧急避险放入量度要件之中，不争论性质，只衡量程度。

二分说又称区别说，放弃寻找紧急避险性质界定的统一答案，是一种较为实际的解决办法，认为紧急避险，有的是没有社会危害性即排除违法，有的是没有期待可能性即排除责任。但上述区分是以刑法规定为根据的，在德国刑法中分别对作为违法性阻却事由的紧急避险和作为责任阻却事由的紧急避险作了规定。在其他国家大多没有这种规定，因而出现了超法规的紧急避险这一概念，将作为免责事由的紧急避险包括进去。[③]

（三）世界各国或地区紧急避险的成立条件

关于紧急避险的要件，理论上也存在不同的意见。

1. 大陆法系的紧急避险成立条件

德国刑法中将紧急避险区分为合法化紧急避险和阻却责任的紧急避险。

（1）合法化紧急避险。利益衡量是合法化的决定性依据，紧急避险成立条件：①出现紧急避险状况。②对于被威胁利益面临的危险，不能采用其他方法加以回避。③对立利益的整体衡量结果，应当表明被保护利益明显大于因紧急避险行为而遭到侵害的利益。④根据行为，即使被保护法益价值明显大于被牺牲法益价值，其行为也并非一定被合法化。可见，该说的自身底气并不足，由此避开争论，全部以不超过限度为准则，不失为一个思路。

（2）阻却责任的紧急避险。其成立条件被作了严格限定：①能够紧急避险的法益被限定在生命、身体、自由的范围内。②危险必须是正在发生，用其他方法不能够避免

① 参见张明楷：《刑法格言的展开》，法律出版社 1999 年版，第 245 页。
② 参见黎宏：《紧急避险法律性质研究》，载《清华法学》2007 年第 1 期。
③ 参见陈兴良：《正当化事由研究》，载《法商研究（中南政法学院学报）》2000 年第 3 期。

的。③并非仅对行为人本人存在危险而实施紧急避险行为才被免责,对其亲属或者与他有亲密关系的人存在危险所实施的紧急避险行为,也能够被免责。[①] 日本学者大谷实认为,紧急避险的成立条件有:①现实的危险,其中包括危险对象和现实的危险;②避险行为的相当性,第一避险行为是不得已而实施的,第二由于避险行为而产生的损害,不应超过所保全的利益;③避险意思;④避险行为的社会相当性。[②] 法国法学理论与法院判决都承认紧急避险具有证明行为合法性的效力,但同时又都认为紧急避险应当具备相当严格的条件。一是"取决于危险",二是"取决于行为人的过错",三是"取决于所完成的行为";此外,法律还要求,紧急避险所使用的手段与面临的危险的严重程度应当相适应。[③] 意大利学者杜里奥·帕多瓦尼认为,"紧急避险"的构成包括"引起必要的状态"和"必要的行动"两方面内容:前者实际上是一种"能对个人造成严重损害的现实危险",该种危险必须同时具有非本人有意造成,且尚不可用其他方法避免的性质。后者包括三个构成因素:①被迫。在相互冲突的利益面前,行为人处于必须选择的地位。②必要。除指行为必须与排除危险相称外,还意味着行为人在排除危险时只能选择损害最小的手段。③相适应。这是用来对冲突利益进行综合具体的评价。由于在紧急应对,故应当采取更严格的标准,包括在任何情况下被拯救的利益都必须等于或大于被损害的利益。[④] 可见就紧急避险的性质而言,争论甚大,需深入研究。

2. 英美法系紧急避险的成立条件

英美法系刑法一般认为紧急避险需具备五个条件:(1)必须在紧急情况下实施;(2)必须在不得已的情况下实施;(3)因自身引起的危难不能实施紧急避难;(4)行为人应具有避免更大损害的目的;(5)保全的利益应当大于牺牲的利益。可见,只有在客观上处于不得已的紧急情况下,主观上应具有避难的目的,且符合限度上的要求,才能成为合法辩护的事由,从而不成立犯罪和不承担刑事责任。[⑤]《美国模范刑法典》中紧急避险也有五个要件:①行为人必须合理相信避险行为对于避免危害结果发生是必要的;②相对于其违反的刑法条文所欲禁止的危害而言,行为人企图避免的恶害性更为

① 参见[德]汉斯·海因里希·耶塞克、托马斯·魏根特:《德国刑法教科书》,徐久生译,中国法制出版社 2001 年版,第 435-440、575-577 页。

② 参见[日]大谷实:《刑法讲义总论》(新编第 2 版),黎宏译,中国人民大学出版社 2008 年版,第 274-279 页。

③ 参见[法]卡斯东·斯特法尼等:《法国刑法总论精义》,罗结珍译,中国政法大学出版社 1998 年版,第 368 页。

④ 参见[意]杜里奥·帕多瓦尼:《意大利刑法学原理》,陈忠林译,中国人民大学出版社 2004 年版,第 158 页。

⑤ 参见储槐植、江溯:《美国刑法》(第 4 版),北京大学出版社 2012 年版,第 75-76 页。

重大;③恶害权衡由法官或者陪审团进行,行为人个人的价值判断在所不问;④立法者没有事先规定,在相应的冲突中哪种利益应当优先受到保护;⑤行为人过失地引起危险时,紧急避险不能排除其过失犯罪的可罚性。[①] 美国有程序因素介入,最终的避险程度与价值衡量交由陪审团处理;且其提出因行为人过失导致的危险出现,进而追究行为人过失犯罪刑事责任问题,这些很值得思考。

(四)我国刑法规定的紧急避险及成立要件

我国《刑法》第 21 条第 1 款规定:"为了使国家、公共利益、本人或者他人的人身、财产和其他权利免受正在发生的危险,不得已采取的紧急避险行为,造成损害的,不负刑事责任。"紧急避险是指为了使国家利益、公共利益、本人或者他人的人身、财产和其他利益免受正在发生的危险,不得已采取的损害其他合法权益的行为。我国刑法通说认为紧急避险的成立条件有:①主观条件,必须具有保护合法权益免遭损害的避险意图;②起因条件,只有合法权益遭受损害危险时才可实行紧急避险;③时间条件,危险必须是正在发生,即损害危险迫在眉睫且对合法权益直接造成威胁;④程度条件,必须是挽救或保护较大合法权益免遭损害的迫不得已的措施;⑤对象条件,损害的是第三者的合法权益。紧急避险不能超过必要限度,造成不应有的损害,紧急避险所损害的权益应该小于所要保护的权益。[②]

1. 起因条件:必须有危险发生

一是危险的本质。这是指能够对合法权益造成现实危害的紧迫事实状态。对于避险人而言,"危险"本质上是一种不可抗拒的力量,乃至于无法对危险本身作出对策。如此,才迫使避险人采取损害其他合法权益途径来避免危险的损害。如同样是人的犯罪行为,如果行为人能够制服犯罪人而不必损害其他合法权益就成立正当防卫,否则才能采取紧急避险措施。故并非任何事由都可以成为危险,只有对于避险人来说属于不可抗拒的事由才能称为危险。

二是危险的来源。①自然灾害,如火灾、水灾、山体坍塌、雪崩海啸、闪电雷雨等。②动物侵袭,如猛兽袭击、家畜侵害等。③人的违法犯罪行为,如抢劫、强奸等暴力伤害等。④人的生理、病理导致的危险,如精神病人的侵害等。和正当防卫不同,危险发生的原因如何在所不问。从而,自然现象、事故、人的行动、组织的行动、动物的行动、社会经济的混乱或穷困等由于何者产生均无不可。人的行动即使是适当行为也可以,然而在有忍受侵害的义务时则不允许。如受刑罚执行时,因为有忍受义务,不能对之紧急避险。对人来说,以对其生命或身体加害的威胁命令其实行符合构成要件的行为

① 参见王钢:《美国刑事立法与司法中的紧急避险——对功利主义模式的反思》,载《清华法学》2016 年第 2 期。

② 高铭暄主编:《刑法学原理》(第 2 卷),中国人民大学出版社 1993 年版,第 241-246 页。

时,也是危险。由于社会关系或者社会状况的危险,称为"社会的危险",这样的情况也能够成为这里所说的危险。

在美国,任何为社会所认可或者说未被法秩序所否定的利益受到危险时,均可通过紧急避险加以救助,无论其是公共利益、私人财产还是他人权益。相反,如果行为人所欲避免的"损害"是法秩序所认可的结果,就不存在紧迫恶害。因此,在将堕胎视为孕妇基本权利的州,扰乱医院秩序反对堕胎的行为人不能援引紧急避险使自己的行为合法化。类似地,宪法或者政府政策的存在本身也并不构成紧急避险意义上的危险或者恶害。①

三是现实性。危险的发生是不以人的意志为转移的客观事实,是现实存在而非想象、猜测的。如果不存在现实危险,行为人误认为危险出现,乃至造成他人合法权益损害的便是假想避险。假想避险不是紧急避险,可以按照过失犯罪或者意外事件论处。所谓现实危险,是指法益侵害的状态现实存在或法益侵害危险正在迫近的情况。同于正当防卫的"急迫"。

2. 时间条件:危险正在发生

危险正在发生,是指已经发生的危险正在损害合法利益且尚未结束。如果危险尚未出现或已经结束,就不能实施紧急避险,否则将成立避险不适时,具体分为事前避险和事后避险。前者指危险尚未出现便实施紧急避险,即危险处于潜伏状态,公民仍有条件采取其他防范措施,因而法律不允许实施紧急避险。后者指危险已经结束才实施的紧急避险,即避险已失去时间条件,损害已经造成,避险已无保全合法权益的意义。避险不适时造成严重损害,如果行为人主观上放任则成立间接故意犯罪,如果行为人存在过失则成立过失犯罪。

3. 对象条件:一般损害第三者的合法权益

与危险本质相关联,即避险人只能通过损害危险来源之外的其他合法权益才能避免危险造成损害。这意味着,紧急避险是将本来造成一方的损害转嫁给另一方。如果损害避险人自己的利益,性质上不属于紧急避险。因其损害自身利益是自己完全有权处理的,是放弃自身利益的行为,通常无需承担任何责任。损害第三者合法权益只是一般情形,特殊情况下,避险人也可以损害施加危险方的利益。例如,"如果为了避险不得已破门闯入持枪歹徒的住宅,不使歹徒进入的,视为紧急避险较为合理"②。

4. 目的条件:为了使国家、公共利益、本人或者他人的人身、财产和其他利益免遭损害

---

① 参见王钢:《美国刑事立法与司法中的紧急避险——对功利主义模式的反思》,载《清华法学》2016年第2期。

② 张明楷:《刑法学》(第3版),法律出版社2007年版,第191页。

这似乎与防卫的意思相同,存在争论。通说虽然是必要说(木村龟二、大仁、吉川经夫、大谷实、川端博等),但不要说(平野龙一、香川达夫、中山研一、曾根威彦、前田雅英等)也是有力的。立于不要说,避险行为能够由过失行为实施是明确的,然而根据必要说,由过失行为的避险行为也被肯定(大仁、川端博、野村稔等)。关于过失犯紧急避险成为问题的事例有两种类型:一是虽然认识紧急状态抱有避险意思实施避险行为,但对避险行为的结果没有认识。二是没有认识紧急避险状况本身由于过失偶然避险的事例。没有避险意思出于过失行为偶然处于紧急避险状况的场合属之。对这种事例,根据必要说,就不能承认紧急避险。①

根据我国《刑法》的规定,紧急避险需要避险的意图,其目的条件即避险意图,包括避险认识和避险意志。前者是指对正在发生的危险的性质、意义和后果等存在认识,认识到危险会造成何种性质、意义和后果的损害,同时还认识到自己的行为是对第三者的合法权益造成损害。后者是指在认识到自己的避险行为是在防止危险侵害的情况下,决意实施损害第三者合法权益的行为。目的条件是紧急避险区别于犯罪的重要特征之一。在紧急避险时,避险人是具有损害第三者合法权益的故意的。在这种故意支配下损害他人合法权益,对于一般犯罪是需要承担刑事责任的,而紧急避险之所以不承担刑事责任,原因之一是为了使国家利益、公共利益、本人或者他人的人身、财产和其他利益免受正在发生的危险。从这一点来看,紧急避险具有双重目的,即损害合法权益的目的与避险目的。

5. 限度条件:没有超过必要限度造成不应有的损害

(1)关于紧急避险限度的理论争议

我国《刑法》第 21 条第 2 款规定:“紧急避险超过必要限度造成不应有的损害的,应当负刑事责任。”换言之,成立紧急避险,必须是没有超过必要限度造成不应有的损害。

对此学界有两种不同观点:(1)小于说。紧急避险的必要限度是紧急避险造成的损害小于所避免的损害。② 因为在客观后果上,紧急避险虽然损害了一定的合法利益,但保护了更大的合法利益,客观上对社会有益;在主观上,紧急避险造成较小的合法利益的损害乃迫不得已,目的是保护更大的合法利益。因此,紧急避险在主客观上对社会有益,为我国法律所认可和提倡。③ 另外,我国刑法规定的紧急避险要求行为人在面临危险时,牺牲局部、较小的利益以保护整体、较大的利益,使合法权益免受损害或减少损害。我国刑法绝不允许牺牲他人生命来保全自己的生命,不允许为保全局部、较

---

① 参见马克昌:《紧急避险比较研究》,载《浙江社会科学》2001 年第 4 期。

② 参见高铭暄、马克昌主编:《刑法学》,北京大学出版社、高等教育出版 2007 年版,第 151 页。

③ 参见高铭暄、马克昌主编:《刑法学》(上编),中国法制出版社 1999 年版,第 245 页。

小的利益而去牺牲整体、较大的利益。[①] (2)不超过且必要说。“紧急避险的必要限度,是指在所造成的损害不超过所避免的损害的前提下,足以排除危险所必要的限度”[②]。其与小于说的不同:①前者认为,紧急避险“在不得已的情况下损害同等法益的,也不一定超过了必要限度”[③],理论依据为零损害理论和期待可能性理论。前者是在需要保护的两种利益完全等同且必然牺牲其中一种利益时,牺牲何种利益无实质区别,不能要求避险人对任何一种利益优先保护。因为从法益衡量角度来看,保护法益和牺牲法益等价就意味着二者之间的冲突结果为“0”。既然是“0”,就意味着没有出现必须作为刑法处罚对象的法益受到严重侵害的负面结果。[④] 后者是在保护法益与牺牲法益价值相同的情况下,应当考察是否存在期待可能性。[⑤] ②前者认为,即使所造成的损害不超过所避免的损害,但损害不必要且超出足以排除危险的限度,则成立避险过当。“当紧急避险只需要损失微小的合法权益就可以避免危险时,如果损失了较大的合法权益,尽管损失的合法权益仍然小于保护的合法权益,避险行为也超过了必要限度,构成避险过当”[⑥]。因为紧急避险是两种合法利益之间的冲突与权衡,应当用尽可能小的损害去保全较大的合法利益,紧急避险行为所引起的损害小于所避免的损害的,不一定都属于必要限度之内。[⑦] 后者认为,“刑法理论界与司法实践对紧急避险的必要限度的认识极为一致”[⑧]的学说,是通说。本书认为,小于说并未揭示“超过必要限度造成不应有的损害”的真实含义,自身也存在许多缺陷与不足。主要表现在:

首先,小于说的立论依据不充分,且与民法、刑法等相关规定不协调。小于说认为,紧急避险的本质是为了保全较大的权益而牺牲较小的权益,故其限度取决于紧急避险造成的损害与所避免的损害之比较,但这种理解不确切。刑法规定紧急避险制度,本质上是为了防止合法利益免受危险损害、避免造成不应有的损害,这与“保全较大的权益而牺牲较小的权益”并不等同。小于说还认为,我国刑法不允许为保全局部的、较小的利益去牺牲整体的、较大的利益,也值得商榷。我国《民法典》第182条规定,“因紧急避险造成损害的,由引起险情发生的人承担民事责任”“紧急避险采取措施不当或者超过必要的限度,造成不应有的损害的,紧急避险人应当承担适当的民事责任”。这表明,民法上的避险过当需要承担民事责任。民法上的避险过当包含为保全

① 参见马克昌主编:《犯罪通论》,武汉大学出版社1999年版,第801页。
② 张明楷:《刑法学》(第2版),法律出版社2003年版,第274页。
③ 张明楷:《法益初论》,中国政法大学出版社2000年版,第411页。
④ 参见黎宏:《刑法总论问题思考》,中国人民大学出版社2007年版,第356页。
⑤ 参见陈兴良:《本体刑法学》,商务印书馆2001年版,第463页。
⑥ 王作富主编:《刑法学》(第2版),中国人民大学出版社2004年版,第111页。
⑦ 参见张明楷:《犯罪论原理》,武汉大学出版社1991年版,第343页。
⑧ 马克昌主编:《犯罪通论》,武汉大学出版社1999年版,第801页。

局部的、较小的利益去牺牲整体的、较大的利益的行为，但在性质上与刑法上的避险过当具有本质不同。前者是民事违法行为，后者是犯罪。在刑法上，行为只要不构成犯罪，都是允许的。为保全局部的、较小的利益去牺牲整体的、较大的利益只要不构成犯罪，即使是民事违法行为也是刑法所允许的。事实上，在阐释法律时，恰恰应当摆脱逻辑的机械规则之束缚，去探求立法者于制定法律时衡量各种利益所谓之取舍。[①] 小于说对紧急避险限度的理解恰恰是机械的，没有顾及刑法的相关规定，这样必然会造成规范之间的矛盾与冲突。另外，根据我国《刑法》第13条"但书"的规定，情节显著轻微危害不大的不以犯罪论。这意味着，紧急避险即使造成的损害等于或大于所避免的损害，只要情节显著轻微危害不大，是不能以犯罪论处的。可见，小于说与刑法规定的犯罪概念并不协调。

其次，小于说在本质上属于客观判断，无法解决某些具体问题。小于说所指的损害，注重的是法益性质，是一种确定损害大小轻重的客观标准。[②] 在日本，评价紧急避险造成的损害与避免的损害之大小，依据的是法益权衡性。"法益衡量依据着客观的标准，即所考虑的两个法益同是属于一个人而行为人又是通常人时，哪一个法益更重要按照经验法则来决定，行为人的特殊兴趣、倾向等都不是决定问题的标准"[③]。法益权衡原则根据客观损害结果进行比较，可操作性强，判断时相对比较容易。但该原则也遭到许多质疑，如"法益权衡说是从'所有的法益都可以计量价值'的前提出发的，为了大利益而牺牲小利益时，还把保留相差的利益看作是文化秩序的要求，这完全是商人的观点，代表着资本主义社会的思想倾向，所以这种立场是私法部门发展起来的原因"[④]。刑法保护的法益具有多样性和复杂性，倘若仅仅根据客观标准，有时很难权衡，因此需要对小于说进行深入研究。

(2)"超过必要限度造成不应有的损害"的真实含义

从我国刑法的相关规定来看，"超过必要限度造成不应有的损害"应分两部分来理解：

其一，"超过必要限度"。一般而言，应当指避险行为超过必要限度。紧急避险的目的是通过避免危险发生而保护合法利益，评价其超过必要限度的立足点，只能是为了避免危险发生而对第三者的合法利益造成的损害上。由于"超过必要限度"后还有"不应有的损害"之规定，故"超过必要限度"只能指为了避免危险发生而实施的行为限度。如制止动物侵袭的危险，本来行为人只需将动物打伤就行，却将之打死，造成动物

---

① 参见杨仁寿：《法学方法论》，中国政法大学出版社1999年版，第234页。

② 参见王瑾：《中华刑法论》，中国方正出版社2005年版，第232-233页。

③ [日]泷川幸辰：《犯罪论序说》，王泰译，法律出版社2005年版，第105页。

④ [日]泷川幸辰：《犯罪论序说》，王泰译，法律出版社2005年版，第102页。

死亡的行为就属于超过必要限度。因此,“超过必要限度”是相对于避险行为而言的,是对避险行为的要求。

其二,“不应有的损害”。与“超过必要限度”相对应,是针对行为后果而言的,即对其他合法利益造成不必要、不恰当的损害。二者既密切相关又有所不同:后者是前者的前提和基础,是前者发生的原因,没有“超过必要限度”就不存在“造成不应有的损害”。但“不应有的损害”毕竟是行为后果,与避险行为存在性质上的不同,避险行为超过必要限度后造成何种不应有的损害,存在巨大的差异。“不应有的损害”的含义:①造成其他合法利益的损害与危险将要造成的损害相比,超过了一定程度,乃至于“不应有”。这是小于说所主张的,为保船只和人员安全,即使舍弃全部货物也没有造成“不应有的损害”。②造成的其他合法利益的损害“不应有”,即对其他合法利益的损害可以更小,却造成较大损害,那么,较大的损害显然属于“不应有”。这是不超过且必要说所主张的,如果舍弃部分货物就足以避免灾害发生,那么舍弃全部货物显然造成了“不应有的损害”。二者的区别在于:前者立足于两种损害的对比,并不考虑所造成的损害是否合适;后者侧重于“造成的其他合法利益的损害”本身,并不涉及两种损害的对比。立足于刑法规范,“不应有的损害”是决定避险行为成立犯罪的损害。因此,即便所造成的损害大于危险将要造成的损害或者造成了不必要的损害,只要法益侵害未达到一定程度,避险行为也不构成犯罪,这是“不应有的损害”的法律含义。不难看出,小于说与不超过且必要说的共同缺陷,均在于判断紧急避险的限度时没有充分考虑到我国刑法设定的入罪条件,即具有一定的社会危害程度。

综上,成立紧急避险首先必须遵循适当性原则,即最轻微侵害手段或尽可能微小限制的原则,意指为保护某种较为优越的法价值须侵及一种法益时,不得逾达此目的所必要的程度。[①] 根据该原则,如果能将损害控制在最小限度,那么基于功利主义的立场,行为人即使不能将利益最大化,至少应当将损失最小化;否则,就可能成为国家发动刑罚权的理由。“生活中充满了两难选择,不论做什么,总会产生某种不希望的结果。如果我们不能将利益最大化,那么功利主义的原则告诉我们必须将损失最小化”[②]。适当性原则作为紧急避险合法化的根据,是判断紧急避险是否超过限度的首要标准。其只是揭示紧急避险造成损害的不适当,至于避险行为人是否因不适当损害构成犯罪,则取决于一国刑法如何定义犯罪,这是判断紧急避险是否超过限度的规范标准。紧急避险行为只有不具备“犯罪的社会危害性”,才能在刑法上排除犯罪性。即使在保护法益价值小于牺牲法益价值的场合,并不总是符合《刑法》第 21 条第 2 款规定

① 参见[德]卡尔·拉伦茨:《法学方法论》,陈爱娥译,商务印书馆 2003 年版,第 285 页。

② [美]哈伯特·L. 帕克:《刑事制裁的界限》,梁根林等译,法律出版社 2008 年版,第 114 页。

的避险过当的条件——超过必要限度且造成不应有损害。[①] 立足于我国刑法规定,紧急避险合法化的根据包括:一是事实标准,即避险所造成的损害必须适当;二是规范标准,即避险所造成的不适当损害没有达到一定的社会危害程度。相应地,紧急避险限度判断的标准,在于避险行为造成的损害是否适当,且不适当的损害是否达到一定的社会危害程度。如果避险行为造成的损害适当,或者虽然不适当但社会危害程度不严重,则成立紧急避险;如果避险行为造成的损害不适当且社会危害程度严重,则成立避险过当。

6. 限制条件:迫不得已

迫不得已,是指除损害第三者合法权益之外,没有其他方法可以有效避免危险的损害。规定"迫不得已"作为紧急避险的条件,是很有必要的。否则,既不利于保护他人的合法权益,也会纵容权利滥用。世界各国莫不以"不得已"作为成立紧急避险的客观条件之一,如《日本刑法典》第 37 条规定"而不得已实施的行为",《德国刑法典》第 34、35 条规定"在现时,别无他法可以避免的对生命、身体、自由、名誉、财产或者其他法益的危险中""在现时,别无他法可以避免的对生命、身体或者自由的危险中"等。刑法之所以对紧急避险限于"不得已",是由紧急避险的性质决定的。紧急避险和正当防卫不同,后者损害的是不法侵害者本人的利益,是"正对不正"的关系。前者损害的却是无辜的第三者的利益,是"正对正"的关系,对法律来说也是一种"痛苦的择"。如果危险发生时,除紧急避险的方法外,还有其他的方法可以避免或排除危险,就不是"不得已",但何为"不得已",在理解上存有很大的分歧。一般认为,紧急避险具有唯一性,在能采取的避险措施中,其是唯一能选择的,此外无其他合理方法可选择。或者在客观上存在其他合理的方法,但行为人主观上在当时不可能认识到。

7. 禁止条件:不适用职务上、业务上负有特定责任之人

我国《刑法》第 21 条第 3 款规定,紧急避险不适用于职务上、业务上负有特定责任的人。这表明行为人有义务防止危险发生,而不是通过损害他人的合法权益避免危险发生。问题在于,不能通过损害第三者的合法权益避免危险,行为人又不能有效防止危险造成损害,那么如何防止危险造成损害?这就需要联系职务或者业务赋予的义务展开讨论。如银行安保人员在遇到歹徒抢劫银行时,只能竭尽全力与歹徒抗争以避免银行受到损失,即使付出生命代价也应在所不惜;反之,如果为了保护自己的生命健康而任由歹徒抢劫银行钱款,则可能构成犯罪。在这种情形下,职务、业务上的义务要求行为人只能舍己忘身,而不能紧急避险。[②]

---

① 参见黎宏:《紧急避险法律性质研究》,载《清华法学》2007 年第 1 期。

② 参见李晓明:《刑法学总论》,北京大学出版社 2016 年版,第 295-296 页。

当然达不到上述标准就是避险过当,也即要承担刑事责任。根据《刑法》第 21 条第 2 款规定,避险行为超过必要限度造成不应有的损害的,应当承担刑事责任,但是应当减轻或者免除处罚。避险过当的成立,除限度条件外,必须符合紧急避险的其他条件。至于避险过当构成犯罪的,主观上可以是间接故意、疏忽大意的过失或者过于自信的过失。

(五)我国刑法紧急避险与正当防卫的区别

1. 起因不同。前者的危险来源除人的不法侵害外,还包括自然灾害、动物侵袭、人的违法犯罪行为及人的生理、病理行为等。后者的侵害源于人,极其个别情况下来自动物。

2. 损害对象不同。前者一般是损害第三者的合法权益,即使在特殊情形下可以损害危险来源人的利益,也只是其他利益而非人身利益。后者只能损害不法侵害者的利益,包括人身利益和财产利益。

3. 限制条件不同。前者只能在迫不得已的情况下才能实施,这意味着没有任何其他有效手段排除危险即将造成的损害,故紧急避险是没有选择地损害其他合法权益。后者无迫不得已限制,即使行为人有条件采取其他方法避免不法侵害,也可以对正在进行的不法侵害实施正当防卫,故正当防卫是在有选择权的情形下选择损害不法侵害人的利益。

4. 限度条件不同。前者的限度是没有超过必要限度造成不应有的损害,即损害要适当,不能达到一定的社会危害程度。后者的必要限度,是没有明显超过必要限度且没有造成重大损害,判断时应当综合防卫行为与不法侵害行为的性质、强度以及其他条件等加以整体评价。

5. 禁止条件不同。紧急避险不适用于职务上、业务上负有特定责任的人;正当防卫则无此限制,即使是职务上、业务上负有特定责任的人也可以进行正当防卫。

第二十四章 “罪”的类型划分：以“罚”的性质为标准

如上，“罪”应以“罚”为前提，“罚”才是罪的本质。我国传统刑法理论的“罪”具有三个特征，即社会危害性、刑事违法性和应受刑罚处罚性。尤其1979年《刑法》，由于有“类推原则”的规定，更是以“社会危害性”为罪的核心特征。1997年《刑法》确立“罪刑法定原则”后，“应受刑罚处罚性”更具生命力，加之法益概念的介入和客体概念的淡出，罪的性质和类型发生巨变。

一、“罪”的传统分类：以犯罪客体为标准

罪名研究是刑法分则的重要内容，它不仅影响对犯罪的认定，甚至影响对刑事责任的裁量。在刑法分则中，犯罪具体表现为罪名，实质是罪质、罪征的高度概括。通常情况下罪名以罪状为基础，而罪状中包含罪名，在简单罪状下对罪状的表述即为罪名。刑法分则条文一般由罪状加法定刑构成，前者含罪名，后者即法定刑。

(一)以犯罪客体为标准的传统分类

我国1979年《刑法》的罪名体系由八大类罪组成，1997年《刑法》的罪名体系由十大类罪组成。与国外不同，我国刑法分则的罪名体系基本按“同类客体”性质的严重程度排列。根据1997年最高人民法院《关于执行〈中华人民共和国刑法〉确定罪名的规定》，以及1998年全国人大常委会《关于惩治骗购外汇、逃汇和非法买卖外汇犯罪的决定》、全国人大常委会刑法修正案(一至十一)和相关罪名等司法解释的规定，综合我国刑法的罪名分类如下：

第一章，危害国家安全罪。

第二章,危害公共安全罪。

第三章,破坏社会主义市场经济秩序罪。包括生产、销售伪劣商品罪,走私罪,妨害对公司、企业的管理秩序罪,破坏金融管理秩序罪,金融诈骗罪,危害税收征管罪,侵犯知识产权罪,扰乱市场秩序罪等 8 类罪名。

第四章,侵犯公民人身权利、民主权利罪。

第五章,侵犯财产罪。

第六章,妨害社会管理秩序罪。包括扰乱公共秩序罪,妨害司法罪,妨害国(边)境管理罪,妨害文物管理罪,危害公共卫生罪,破坏环境资源保护罪,走私、贩卖、运输、制造毒品罪,组织、强迫、引诱、容留、介绍卖淫罪,制作、贩卖、传播淫秽物品罪 9 类罪名。

第七章,危害国防利益罪。

第八章,贪污贿赂罪。

第九章,渎职罪。

第十章,军人违反职责罪。

显然,上述十大类罪名体系基本依据传统刑法理论"犯罪客体"①的观点进行分类。当然,重婚罪和破坏军婚罪无论如何不应放入侵犯公民人身权利、民主权利罪中。可见,刑法中类罪名的划分并不科学,有待未来刑法修订或刑法典制定时再行调整。

(二)刑法罪名的基本构成及其功能

虽然罪名即犯罪的名称,但它不仅仅起一种称谓作用,且有内在功能与作用。

1. 概括功能。罪名将千姿百态的犯罪征象进行高度概括,使人们通过罪名来把握各种罪征,从而正确区分罪与非罪、此罪与彼罪。表现在:一是将犯罪学上的犯罪类型概括为刑法罪名,如拦路抢劫、入室抢劫等,刑法上用一个"抢劫罪"予以概括;二是在罪状基础上概括罪名,如《刑法》第 116 条规定:"破坏火车、汽车、电车、船只、航空器,足以使火车、汽车、电车、船只、航空器发生倾覆、毁坏危险,尚未造成严重后果的,处三年以上十年以下有期徒刑。"在罪名中将其概括为"破坏交通工具罪。"

2. 个别化功能。罪名将形形色色的罪行概括成一罪,并使各个罪名产生独特的含义,即使罪与罪有严格区别。这就是罪名的个别化功能,如伤害罪不能表明是故意伤害还是过失伤害,故在确定罪名时表述为故意伤害罪与过失重伤罪,即可区分此罪彼罪、一罪数罪。

3. 评价功能。罪名不仅能起到个别化作用,还能起到评价功用,如"非法剥夺人身自由罪"就是国家对非法拘禁他人或以其他方法非法剥夺他人人身自由行为的否定性

---

① 我国犯罪客体理论直接源于苏联,并逐渐将犯罪客体划分为一般客体、同类客体和直接客体三类。由此决定,犯罪类型也主要依据犯罪同类客体来进行划分。

评价。

4. 威慑功能。由罪名的评价功能还可引申出其威慑功能。也就是说,国家对某种犯罪的否定评价,即警示人们要避免触犯这种罪名,因而起到了一般预防与特殊预防的作用。

(三)刑法罪名分类的意义及其类型

刑法罪名从不同角度可有不同分类,有理论分类、刑法典分类和教科书分类等。当然,对罪名分类的研究直接涉及犯罪类型,是指按照犯罪的某些共同特征,并依据一定的标准或原则对犯罪进行系统归类的一种方法。罪名分类的意义:一是有助于科学把握犯罪的类型和规律;二是有助于对不同犯罪进行分层研究;三是有助于为立法提供论证根据和方案;四是有助于对不同犯罪的起诉和审判;五是有助于对不同种犯罪进行有针对性的防控;六是有助于完善刑法分则学科体系,以促进刑法理论的发展。

1. 类罪名与具体罪名。类罪名是某类犯罪的总名称,如危害国家安全罪、危害公共安全罪等。具体罪名是各具体犯罪的名称,如抢劫罪、故意杀人罪、故意伤害罪等。现实生活中犯罪都是具体的,故类罪名不能成为定罪根据,定罪只能以具体罪名为根据。

2. 单一罪名、选择罪名与概括罪名。单一罪名是指包含的犯罪成立内容单一,只能反映一个犯罪行为,不能拆解使用的罪名。如故意杀人罪、故意伤害罪等不能拆解。选择罪名是指包含的犯罪成立内容复杂,反映出各种不同的犯罪行为,既可整体使用也可拆解使用的罪名。如拐卖妇女、儿童罪可拆解为“拐卖儿童罪”“拐卖妇女罪”,也可整体使用“拐卖妇女、儿童罪”。概括罪名是指包含的犯罪成立内容复杂,反映出多种犯罪行为,但只能概括使用,不能拆解使用的罪名。如信用卡诈骗罪包括了使用伪装的信用卡、作废的信用卡、冒用他人的信用卡、恶意透支等四种行为,无论行为人实际实施几种行为均定信用卡诈骗罪。

3. 确定罪名与不确定罪名。确定罪名是指法律有明确特定表述的罪名,如偷税罪、受贿罪等都是确定罪名。不确定罪名是指法律没有明确特定的表述,定罪时可根据行为的具体情况来确定罪名。如《刑法》第 114 条规定的“以危险方法危害公共安全罪”,其性质与基本成立要件是明确的,但适用时不能笼统定以危险方法危害公共安全罪。如行为人在公共场所开车撞人危害了公共安全时,就要定“以驾车撞人的方法危害公共安全罪”。

了解刑法罪名的基本分类,对于深入研究和执行罪名具有重要意义。

二、“罪”的现代分类:以侵害法益为标准

受刑法分则罪名体系的影响,我国刑法教材基本采用刑法分则的原有体系对罪名

进行排列。有学者认为,这种理论体系不科学。首先,在逻辑上缺乏一致性,显得过于混乱;其次,排列方式反映不出各类罪侵犯法益的重要程度;最后,体系安排不利于合理突出教学重点。[①] 本书赞同这些意见,且认为我国的罪名体系应重新整合和排列。

世界各国刑法及教科书的罪名分类也不完全相同。大陆法系基本以法益为标准对罪名进行划分,包括三分法(国家法益、社会法益和个人法益)和两分法(公法益和私法益)等,以法国最为典型,一般按照法益受害说理论[②]进行。英美法系基本按行为性质和规则进行排列,如英国刑法主要包括杀人罪,非致命人身侵害罪,性犯罪,道路交通犯罪,盗窃罪及相关犯罪,伪造罪,损害财产罪,计算机滥用犯罪,诽谤罪和相关犯罪,危害公共秩序罪等。俄罗斯刑法主要包括侵犯人身犯罪,经济领域犯罪,危害公共安全和社会秩序犯罪,危害国家政权犯罪等。从排列顺序看,有的国家是先公益后私益,如德国、日本和印度等;有的国家是先私益后公益,如法国、瑞士和俄罗斯等,后者系世界各国的趋势和普遍做法。

据此也可对我国刑法罪名进行重新分类,包括侵犯个人法益的犯罪、侵犯社会法益的犯罪和侵犯国家法益的犯罪三大类。

(一)侵犯个人法益的犯罪

侵犯个人法益的犯罪,是指以个人为直接法益保有人的法益类型。应当说,个人法益是最基本、最大量的法益。有人认为,个人法益不是纯为个人所享有而与社会、国家无关的法益,侵犯个人法益行为也必然侵害社会与国家法益秩序。在我国刑法中,侵犯个人法益的犯罪集中反映在两大类罪上,一类是侵犯公民人身权利、民主权利的犯罪;另一类是侵犯个人财产的犯罪。

(二)侵犯社会法益的犯罪

侵犯社会法益的犯罪,是指以作为人类生活总体社会秩序为法益保有人的法益类型。通常认为,社会法益是社会不特定多数人所公有的超越个人利益的法益。[③] 其可分为社会安宁及安全的法益、公众信用的法益、公众健康的法益、社会善良风俗的法益、社会资源保护及环境保护的法益等。在我国刑法中,侵犯社会法益的犯罪集中反映在三大类罪名上,一类是危害公共安全的犯罪,一类是破坏社会主义市场经济秩序的犯罪,还有一类是妨碍社会管理秩序的犯罪。

(三)侵犯国家法益的犯罪

侵犯国家法益的犯罪,是指以作为政治组织国家为法益保有人的法益类型。实际

---

① 参见陈兴良主编:《刑法学》,复旦大学出版社 2003 年版,第 340-341 页。

② 也叫侵害法益说,产生于 18 世纪末和 19 世纪初,代表人物德国的贝尔鲍姆(Birnbaum,1792—1872 年)。其在分析了费尔巴哈“权利侵害说”难以涵盖所有犯罪侵害内容基础上提出,受宾丁、李斯特等的支持。他们将法益视为刑法保护的客体,并通过将法益侵害理解为犯罪的基础,进一步明确了犯罪的实质内容。

③ 参见杨春洗主编:《刑法基础理论研究》,北京大学出版社 1999 年版,第 267 页。

上国家法益是一个国家最重要的法益,没有国家哪有家庭和个人,当然它还可具体划分为国家生存法益、国家职能法益、国家外交法益和国家财产法益等。在我国刑法中侵犯国家法益的犯罪集中反映在九大类罪上,一是危害国家安全的犯罪,二是走私犯罪,三是危害税收征管的犯罪,四是妨害司法的犯罪,五是妨害国(边)境管理的犯罪,六是危害国防利益的犯罪,七是贪污贿赂的犯罪,八是渎职的犯罪,九是军人违反职责的犯罪。

当然,罪名确定有两个含义:一是司法机关对已发生的犯罪如何定罪或确定罪名;二是如何根据刑法分则来确定罪名。无论谁来定罪,都应注意罪名的合法性、科学性与概括性。

合法性,是指确定罪名要以刑法规定为依据,符合立法精神。具体要求:(1)刑法条文规定的是简单罪状时,由于它并没有超出罪名的范围,故应将该罪状作为罪名使用,不可另定罪名;(2)凡叙明罪状、引证罪状、空白罪状中提示了罪名的就要使用其提示的罪名;(3)不将类罪名作为具体罪名使用;(4)不把刑法总则中规定的某些情况当作罪名使用;(5)刑法分则条文有些规定的是单一罪名,有些规定的是选择性罪名,有些规定的是数个罪名。

科学性,是指罪名必须鲜明地反映具体罪的性质与基本特征,反映此罪与彼罪的区别。这需要对具体犯罪的成立要件进行认真分析,找出其本质特征,科学概括其罪名。应注意,除法律有特别规定外,犯罪情节轻重只影响定罪量刑而不能作为区分或确定罪名的根据。

概括性,是指罪名必须高度概括具体罪的所有表现形式,且须精炼简明,不能烦琐冗长。

三、“罪”的未来分类:不同平台下的多元标准

犯罪从不同角度有不同的分类,从客体上我国刑法分为十大类犯罪,从法益上学界分为三大类犯罪,从处罚轻重上中外刑法有重罪、轻罪、微罪(违警罪)分类,从违法性质上有自然犯和行政犯(法定犯)的划分。此外从不同平台上还可进行以下犯罪分类。

(一)类推与罪刑法定不同平台下的犯罪

1979年《刑法》在第10条规定“社会危害性”与“刑事违法性”兼有的犯罪定义的同时,又在第79条规定了“类推原则”相配套的制度。可以说,这两个条文的内容是相辅相成、缺一不可的。如果没有《刑法》第79条的类推原则,也就不可能有《刑法》第10条以“社会危害性”为核心的犯罪定义;反之如果没有以“社会危害性”为核心的犯罪定义,也就不可能落实“类推原则”下的制度设计。因此,学界当时一再评价“这个定

义是对我国社会上形形色色犯罪所作的科学概括"①。"这是一个完整、精辟的犯罪定义,它从实质上回答了为什么某些行为被规定为犯罪","指出犯罪是危害社会的,是依照法律应当受到刑罚惩罚的行为,从而划清了犯罪和非犯罪的原则界限,充分体现了这一定义的完整性和科学性"②。我们不仅赞同当时学术界对 1979 年《刑法》犯罪定义的这些评价,同时还认为,1979 年《刑法》中回答的形式定义与实质定义相结合的技术处理具有极大的社会必要性和纲领性刑法的必须性,因为"如果不那样表述,将无法与其规定的类推原则相适应"③。然而,1997 年《刑法》在第 3 条明确规定了"罪刑法定原则",又在第 13 条继续规定了与 1979 年《刑法》没有任何区别的犯罪定义。也就是说,在刑法基本原则彻底改变,即评判犯罪标准与平台完全不同的情况下,又继续使用相同的犯罪定义。有学者认为,"我国 1979 年《刑法》第 10 条规定犯罪概念的同时,也承认了罪刑法定原则。因为第 10 条中'依照法律应当受刑罚处罚'已蕴含了罪刑法定原则的基本思想"④。但蕴含了罪刑法定原则思想与明确规定罪刑法定原则毕竟是两回事,不然的话就不会再在第 79 条规定"类推原则"了。

在 1997 年修订《刑法》时,"类推"与"罪刑法定"两个原则的取舍与确立产生了争议。严格来讲,"罪刑法定"与"类推"是格格不入的,两者只能择其一,不可能出现所谓"罪刑法定原则下的类推"制度。退一步讲,即便像有的学者所说的,1979 年《刑法》中蕴含了罪刑法定原则的思想,然而将社会危害性与刑事违法性作比,前者较后者在 1979 年《刑法》的犯罪定义中明显占据核心和优势地位。也就是说,由于"类推"原则的规定,一旦出现社会危害性与刑事违法性的尖锐对立与冲突,国家便会主动放弃与罪刑法定原则相对应的刑事违法性犯罪特征,而完全依据社会危害性来对行为人定罪量刑,这在 1979 年《刑法》执行中也是十分明显的。当然,这种实际做法和司法依据相对于 1979 年《刑法》来讲,是完全正当的、合理合法的,也是无可挑剔的。因为当时的刑法中有"类推原则",所以在执行中也只能如此。

随着法治现代化和司法文明的发展,类推原则被世界绝大多数国家(包括我国)所放弃。然而,与之相对应的"社会危害性"却仍然留存。在 1997 年《刑法》规定了罪刑法定原则的情况下,刑事违法性由原来的劣势地位上升为优势地位,这当然是"罪刑法定原则"在起作用,使得社会危害性失去了原有的核心地位和威力。也有学者认为,"社会危害性的功能是双向的","对社会危害性大的行为固可入罪,对社会危害性小的

---

① 高铭暄主编:《刑法学》(修订版),法律出版社 1984 年版,第 66 页。

② 杨春洗等:《刑法总论》,北京大学出版社 1981 年版,第 88 页。

③ 李晓明:《罪刑法定原则的确立与刑法观念的变革》,载《东吴法学》2001 年第 1 期。

④ 李立众、柯赛龙:《为现行犯罪概念辩护》,载《法律科学(西北政法学院学报)》1999 年第 2 期。

行为亦可出罪”[①]。《刑法》第13条犯罪定义中的社会危害性实际在起着“出罪”的功能,而不再是1979年《刑法》的“入罪”功能。但1997年《刑法》颁布至今已二十余年,未曾见到就《刑法》第13条“社会危害性”的理解作过任何立法解释,也未曾见到作过任何“出罪”的司法解释。也就是说,单凭“社会危害性”定罪是“罪刑法定”绝对不能允许的。

(二)刑事立法与司法不同平台下的犯罪

在罪刑法定原则下,学界对“社会危害性”提出了质疑。更有学者本着辨明是非、解决问题的宗旨,广泛深入地寻找争执根源,甚至积极研究和探讨解决问题的方案。其中我国学者王世洲教授早在1998年就提出了建立犯罪定义的“双重结构”理论,并认为“新的具有双重结构的中国刑法理论的犯罪概念应当由‘立法概念’与‘司法概念’组成”,且进一步指出“立法上的犯罪概念,是指具有严重的社会危害性、应当适用刑罚予以处罚的行为”[②]。这一主张得到学界的赞同。其实,划分立法与司法的犯罪定义并非当今首创,早在刑事古典学派那里,就有了这种思想启蒙和理论。英国学者边沁就明确指出:“根据讨论的题目不同,这个词的意义也有所区别。如果这个概念指的是已经建立的法律制度,那么不论基于何种理由,犯罪都是被立法者所禁止的行为。如果这个概念指的是为创建一部尽可能好的法典而进行的理论研究,根据功利主义的原则,犯罪是指一切基于可以产生或者可能产生某种罪恶的理由而人们认为应当禁止的行为。”[③]可见,边沁构建的是两个层次或意义上的犯罪定义:一是规范意义上的犯罪定义,即犯罪的司法定义;二是实质意义上的犯罪定义,即犯罪的立法定义。前者研究的是实然犯罪,即罪刑法定原则下的刑事违法性;后者研究的是应然犯罪,即法律应依据什么标准来规定犯罪(当然是“社会危害性”)。如此划分不仅科学地解决了罪刑法定原则下犯罪的界定,而且完全符合法学方法论的科学规则。不仅可以清楚地划分应然和实然,且还能够起到规范研究者的作用。另外从现实状况看,刑事立法的关键是应当把握犯罪认定的规格与标准,此时的刑事违法性特征对其毫无意义,因为法还没有制定何谈违反;对于刑事司法来讲,尤其在罪刑法定原则下,根本不需要把握“社会危害性”,相信立法者绝不会把“做好事行为”认定为犯罪,关键是依据法律标准严格执法与司法。凡是违反刑法规定的,符合犯罪认定标准的,即犯罪无疑。即便法律规定错了,将不应定罪的行为规定为犯罪,作为司法工作者,尤其在罪刑法定原则下,又能怎么样呢?破坏法律或不执行法律吗?不能。对此也只能通过修改立法使问题得以

---

① 储槐植、张永红:《善待社会危害性观念——从我国〈刑法〉第13条但书说起》,载《法学研究》2002年第3期。

② 王世洲:《中国刑法理论中犯罪概念的双重结构和功能》,载《法学研究》1998年第5期。

③ [英]边沁:《立法理论——刑法典原理》,孙力等译,中国人民公安大学出版社1993年版,第1页。

解决。否则,莫大国家的法律秩序又怎么维护？国家法律之权威性又将何在？可见,罪刑法定原则下划分立法与司法的犯罪定义才能解决问题。

(三)刑法与刑法学不同平台下的犯罪

之所以产生社会危害性与刑事违法性的纷争,关键是由于罪刑法定原则的介入,那么除犯罪的立法定义与司法定义外,还有无其他划分标准呢？回答是否定的,因为还有刑法和刑法学的不同平台问题,也即在刑法学中研究犯罪定义,基于立法需要的原因,有可能就不再受罪刑法定与刑事违法性的限制,更多考虑的是社会危害性或法益侵害性。刑事立法中的犯罪定义当然要以社会危害性或法益侵害为基本特征,刑事司法中的犯罪定义当然要以刑事违法性或应受刑罚处罚性为基本特征,两者合而为一就是刑法学上的犯罪定义。连同主张社会危害性与罪刑法定原则不冲突的学者,也赞同"在立法意义上,社会危害性与罪刑法定原则并不矛盾"①。当然,在犯罪定义和犯罪构成理论中,究竟是使用"社会危害性"的范畴好,还是使用"法益侵害"的范畴好？在争论社会危害性与刑事违法性时,常常为双方学者所提出并展开讨论。赞同使用社会危害性范畴者,当然主张"我国刑法中的犯罪概念是科学的,社会危害性理论是经得起推敲的"②。赞同使用法益侵害范畴者,当然主张"将刑法法益纳入犯罪概念,以法益侵害作为犯罪的本质特征,由此取代社会危害性概念"③。虽然两种主张在阐述各自观点时都引用了著名学者韦伯的"合理性"理论,却得出截然不同的结论。

为何如此呢？主要原因还是没能在同一个平台上或价值取向上来讨论问题。

(四)刑事违法性与应受刑罚处罚性不同平台下的犯罪

随着思维的推进,下面讨论刑事违法性与应受刑罚惩罚性的犯罪定义。原因有二:

首先,刑事违法性的犯罪特征也是个不太准确的认定犯罪的标准。一是违反了什么？违反了总则还是分则,这些内容并不十分明确。这也涉及犯罪论体系是理论问题还是立法问题的思考。说是理论问题,却发现所有的要件要素都可在刑法中找到其影子。说是立法问题,却发现犯罪论体系又在刑法立法中找不到整体的设计。由此得出结论,它既是一个立法问题也是一个理论问题,说其是立法问题是由于它的每个要件要素都可在刑法总则或分则中找到具体规定,说它是理论问题是由于任何刑法典都没有现成的犯罪论体系的法定模式,都是刑法理论的整合。故它是立法与司法及其理论逻辑的总结或整合,既不纯属于理论也不纯属于立法,是二者的有机结合。二是违反了刑法就一定是犯罪或要受到刑法的处罚吗？未必如此,比如违反了刑法的时效或管

---

① 李立众、柯赛龙:《为现行犯罪概念辩护》,载《法律科学(西北政法学院学报)》1998年第3期。

② 刘艳红:《社会危害性理论之辨正》,载《中国法学》2002年第2期。

③ 陈兴良:《社会危害性理论》,载《法学研究》2001年第1期。

辖的规定并不一定构成或成立犯罪,包括违反了刑法的基本原则是否就必然成立犯罪呢？显然也不能如此认为,故刑事违法性是个十分宽泛的概念。当然,按照德国学者家郭特希密特(J. Goldschmidt)的观点,违反传统刑法的是刑事不法,违反行政刑法的是行政不法,并由此产生了自然犯和行政犯(或法定犯)的分类。

其次,比较而言,应受刑罚处罚性具有明确的认定犯罪的刑法规定。根据《刑法》第13条“犯罪定义”的规定,一切“危害社会的行为,依照法律应当受到刑罚处罚的,都是犯罪”。其中并未提到“刑事违法性”,而强调的是“应受刑罚处罚性”。可见,“应受刑罚处罚性”才是犯罪定义的正宗和核心,且是界定犯罪的标志性特征和根据。诚然,对“应受刑罚处罚性”在理解上也应深入,不仅针对刑法分则某罪名的条文,即客观行为特征,也应对刑法总则中的犯罪主观要件、犯罪量度要件以及时效、管辖等视为重要内容。因为,不符合这些条件也达不到“应受刑罚处罚性”的具体要求,最终也不得评价或认定为犯罪。当然,按照传统刑法需罚性的等级可将犯罪分为实害犯、具体危险犯和抽象危险犯,这样的分类和法益理论又是直接相关的。① 然而,适格犯、累积犯、预备犯和无法益犯又对其形成新的冲击与挑战,尤其是无法益犯罪又与自然犯与行政犯又是一个怎样的关系等,都是犯罪分类里的新理论。

综上,“刑事违法性”下和“应受刑罚处罚性”下的犯罪定义是不同的,这不仅表现在犯罪根据上,也表现在认定犯罪的内容上。区别两种不同前提下的犯罪,不仅在理论上对于准确寻找认定犯罪依据十分重要,且在实践上对准确认定犯罪和公正司法意义也十分重大。

四、自然犯:以“人身自由刑”为主

自然犯来自自然法,是指自人类社会产生以降延续至今的传统犯罪,如盗窃、放火、杀人、抢劫等违背人类基本伦理道德的犯罪。当然,按照刑法的传统,对此类犯罪大都处以自由刑。

(一)自然犯的最早渊源及其界定

刑法中的“自然犯”可追溯至古罗马法,其将古希腊伦理学中的恶性理论适用于对犯罪的解释,并确立了自体恶(mala in se)和禁止恶(mala prohibita)两种不同的犯罪类型。1885年加罗法洛在《犯罪学》一书中,从建立犯罪学的犯罪概念入手深入研究了“自然犯罪”和“法定犯罪”两个基本范畴。加罗法洛认为,自然犯罪是指以违背人类本来具有的爱他感情中最本质的怜悯之情(如剥夺他人生命)和正直之情(或诚实之情,

① 参见[德]洛塔尔·库伦:《法益理论与新形式犯罪类型》,唐志威译,载《苏州大学学报(法学版)》2021年第2期。

如抢劫他人财产)的行为;法定犯罪是指并非违反怜悯和正直这两种道德情感,而是由法律硬性规定的犯罪。[①] "在一个行为被公众认为是犯罪前所必须的不道德因素是对道德的伤害,而这种伤害又绝对表现为对怜悯和正直这两种基本利他情感的伤害。而且,对这些情感的伤害不是在较高级和较优良的层次上,而是在全社会都具有的平常程度上,而这种程度对于个人适应社会来说是必不可少的。我们可以确切地把伤害以上两种情感之一的行为称为'自然犯罪'"[②]。

在《犯罪学》中加罗法洛分析指出,自然犯罪是由人体的遗传因素和反常特质决定的,不受客观条件或某一时期特殊情况影响的违背道德观念的犯罪行为。包括两类:一类是触犯正直之心的犯罪,如暴力侵犯他人财产罪、非暴力的诈骗罪、侵犯他人财产权或公民权罪;另一类是触犯人类怜悯之心的犯罪,如侵害他人生命或伤害他人身体罪、直接损害道德的犯罪、违背道德而损害人的自由或身体犯罪等。而法定犯罪是由特定法律规定被认为犯罪的危害社会行为。哪些行为属于犯罪行为,因不同国家和不同时期的法律规定的不同而有所差异。同一种行为在此国或此时被法律规定为犯罪,但在彼国或彼时则被视为合法行为,这一被认定为犯罪的行为就为"法定犯罪",而非诸如杀人等永恒被视为自然犯罪的行为。[③] 在法国,有学者将犯罪划分为暴力犯罪(Criminalité violenté)和智力犯罪(Criminalité astucieuse)。前者如杀人、伤害、强奸、抢劫、纵火、暴动和暴乱等,后者如卖淫、欺诈、诈骗、空头支票、伪造公文印章、贿赂公务人员、伪证、诬告、敲诈勒索等。在英美国家,也有学者将犯罪划分为本身邪恶的犯罪(malum in se)和法规禁止的犯罪(Crime prohibitel by the law)。前者是指受到传统道德谴责的犯罪,如杀人、放火、强盗、强奸、盗窃等。此类犯罪是违反一般人所共有的道德感情行为,因而在任何社会都被视为犯罪。后者是指并非为传统道德所不容的犯罪,如经营赌具、酒后开车等。故有学者认为,法定犯之所以成为犯罪,仅仅是由于法规的禁止,且依国家法律的变化而变化,不同社会、不同国家其内容也不尽相同。[④] 可见,虽然各个国家对于犯罪的分类并不完全一样,但对于自然犯的认定似乎比较一致。

(二)自然犯与行政犯的实质界分

长期以来,学界包括司法实务部门不大注意区分自然犯和行政犯(法定犯)及自然犯罪和行政犯罪,其实二者具有本质的不同。《中华法学大辞典》指出:自然犯又称"刑事犯",是"法定犯"的对称。具体是指违反社会伦理道德,危害国家安宁和社会秩序,侵犯《宪法》赋予公民的人身、自由、财产等权利或利益的犯罪。这种犯罪的性质比较

---

① 参见[意]拉斐尔·加罗法洛:《犯罪学》,英译本,利特和布朗公司 1911 年版,第 5 页。

② [意]加罗法洛:《犯罪学》,耿伟等译,中国大百科全书出版社 1996 年版,第 29-50 页。

③ 参见邹瑜等主编:《法学大辞典》,中国政法大学出版社 1991 年版,第 554、1035 页。

④ 参见李晓明:《行政刑法学导论》,法律出版社 2003 年版,第 21 页。

严重，行为本身具有明显的反社会性和反道义性，无须依据刑法规范加以评价，仅凭一般人的道德观念即可作出正确判断。因为这种行为本身就自然蕴含犯罪性，如故意杀人、故意伤害、强奸、盗窃、抢劫等，即属于自然犯的适例。自然犯的观念源于自然法。意大利犯罪学家加罗法洛曾详尽阐述了自然犯和法定犯的关系，称自然犯是违反人类同情心、怜悯心和正直感的犯罪，任何人都知道这种行为是一种罪恶。① 如上，加罗法洛将自然犯罪分为两类：(1)违反同情心、怜悯心的犯罪，如故意杀人罪和故意伤害罪；(2)违反正直感的犯罪，如抢劫罪和盗窃罪。自然犯一般都要受到严厉的刑事制裁，且通常都规定在刑法典或单行刑法中。法定犯又称“行政犯”，是“自然犯”的对称。具体是指行为本身并没有明显违反传统的道德伦理观念，只是由于法律禁止而成为犯罪。进一步讲，法定犯之不法，系出于法律的禁止性规定，而非与生俱来的或行为本身所具有的；自然犯之不法，则是与生俱来的，它不待法律之规定，即已存在于行为本质之中，仅自伦理道德的角度来看，就应给予否定的评价及非难。法定犯之不法，国家通常是以一定的行政法规或条例加以规定的。② 当然也有人认为，法定犯也叫人定犯，具体是指行为本身并不一定具有反社会性、反道义性，仅因为法律规定其必须受到一定的刑事处罚，因而成为犯罪的行为。如政治性犯罪、违反税法的犯罪等。③ 显然，这些解释都没有清晰地区分法定犯与自然犯同法定犯罪与自然犯罪。

本书认为，行政犯与自然犯同法定犯罪与自然犯罪还是应当严格区分的。如上所述，后一对范畴是指的犯罪本身，具体是指犯罪行为或犯罪构成；而前一对范畴是指实施犯罪的人，即实施犯罪行为或构成犯罪或承担刑事责任的人。具体来讲，法定犯是指实施了那些只有根据国家法律规定才能够判断其是否构成犯罪的犯罪行为人。与此相反，自然犯是指实施了那些不需要根据国家法律规定就能够判断其是否构成犯罪的犯罪行为人。尤其在欧洲，法定犯是指国家行政目的发生矛盾的事态有待于制定法律规范后才能作为违法行为加以处理；自然犯本身在社会道德观念上已被认定是违法的，系指不待法律规定即具有反社会性与反道德性的犯罪(如杀人罪、盗窃罪等)。④ 也就是说，自然犯是指古今中外或任何社会制度都公认是犯罪的犯罪类型。

(三)对自然犯以“人身自由罚”为主

由于自然犯的普遍反人类性或反社会性，包括其缺少对于人之同类的怜悯之心和社会相处与交往中的正直之心，一方面其犯罪行为是十分凶狠和残暴的，如杀人、放火；另一方面其犯罪行为没有正义规矩和做人的准则，不仅缺乏善良之心，甚至缺乏同

---

① 参见王铁崖主编：《中华法学大辞典》，中国检察出版社 1996 年版，第 108、805 页。

② 参见王铁崖主编：《中华法学大辞典》，中国检察出版社 1996 年版，第 108、805 页。

③ 参见邹瑜等主编：《法学大辞典》，中国政法大学出版社 1991 年版，第 21 页。

④ 参见［日］我妻荣等：《新华法律学大辞典》，中国政法大学出版社 1991 年版，第 404 页。

情之心,如抢劫、盗窃或掠夺他人财富。因此在刑罚反应上,为了体现正义,也为了让其记住给他人造成痛苦的教训,定要罪罚其身,让其身体受苦,进而体验他人之苦,最终改掉恶习。这当然就要对其实施人身自由罚,如有期徒刑、无期徒刑或终身监禁,甚至死刑。

人身自由罚不仅仅是为了对自然犯的惩罚,也不仅仅是为了体现公平正义,更有预防犯罪的功利追求,这就是在最大限度上预防犯罪的再次发生。

五、行政犯:以"罚金刑"为主

1989年10月2日至7日在维也纳召开的第14届国际刑法大会"决议"中提出了区分刑法和行政刑法的基本标准。"决议"认为,刑法和行政刑法之差异主要表现在制裁方法上,适用行政刑法对制裁的种类和严厉程度应作限制,"剥夺和限制个人自由不应该被作为主要制裁和执行措施",制裁的量"不应该超过刑法所规定的最高量"①。可见,在刑法的犯罪定义研究中,应更多地关注"罚"的概念。因为,刑法与行政刑法或称自然犯与法定犯的根本区别,就在于"罚"的不同,应引起研究者的高度关注。

(一)行政犯的最早渊源及其界定

如上所述,行政犯或称法定犯与自然犯同样源起于罗马法时代,后经加罗法洛在《犯罪学》中系统论述,区分了自然犯与行政犯。学界对这两个概念争论了一百多年,随着社会的迅猛发展,人们的道德观、价值观、伦理观等均在发生着裂变,如今几乎难以分清所谓的"道德"、"伦理"、"怜悯"和"正直"等的具体内容和标准。因为价值标准是相对的,没有绝对的价值标准,很难找出不同社会及时期绝对的道德标准,在此时期可能受到非难的道德标准,在彼时期就可能不受到非难,也即道德本身的标准是游离不定的,此时彼时此地彼地是千变万化的。甚至有学者将"行政犯的认定"称为"一个令法学家陷入绝望的问题。"②

德国学者郭特希密特是"行政刑法"理论的首创者,该理论的根本出发点在于司法与行政的并立,认为"司法刑法"为了保护法益和人的意思领域,采取持续的宣示与法律的规定之强制手段;行政刑法则是从行政行为来促进社会的福利,仍属行政法领域。认为违反司法刑法的行为即刑事犯,也称自然犯,包括对法益与法律的破坏;违反行政刑法的行为即行政犯,也称行政犯,只是因违反行政法律及规章而应受处罚的行为,并非一定要造成什么损害。

在古代法律中,法律是从道德或习惯中分离出来的,因而带有伦理因素是不可避

---

① 《国际刑法大会决议》,赵秉志、卢建平、王志祥主译,中国法制出版社2011年版,第91-92页。

② [日]中川佑夫:《行政刑法序说》,《犯罪与刑罚(上)》,有斐阁1968年版,第169页。

免的。那么,在现代法律中,伦理因素到底能占多大比重?法律与道德不仅在性质和内容上不同,而且还担负着不同的任务。道德不仅要求范围广,而且标准也高,但人人都成圣贤的社会是不可能的。法律只是对人们的最低义务要求。在现代刑法中,有些行为确实是反伦理、不道德的,但这只是法律与道德的竞合,刑罚权的动用也不因为它不道德,而是为了保证人们履行最基本的义务,保持最低的秩序标准。另外,伦理道德本身也是一个不断变动、多视角的标准体系,它会因实体法所规定的内容而发生变化。如违反交通法规的行为在最初显然是一种"禁止恶",但随着道路交通在现代生活中重要性的不断增强,已不能再把违反交通的行政犯视为伦理道德上无关紧要的不法行为,于是出现一部分转化为"自体恶",从而成为交通犯罪行为。当然,由于其是行政犯或法定犯,故与普通的或传统的刑事犯罪相区别。

(二)行政犯的"双违性"及其分析

行政犯罪的双重处罚是否同"一事不再理"原则相矛盾呢?众所周知,"一事不再理"原则最早源自古罗马法。在罗马共和国时期,法院实行一审终审制,因而实行一事不再理原则,其内涵是指对于已发生法律效力的案件,除法律另有规定的以外,不得再行起诉和处理。该原则普遍适用于民事案件的审判,同时也适用于刑事案件。[①] 适用于刑事案件时,一事不再理与英美国家的"防止重复定罪和刑罚的危险"(protection against double jepopardy)原则相类似,它是指禁止使一个人因其同一罪行在第一次审判后,再次处于被定罪和处罚的危险中,亦即在同一罪被起诉和审判后,不得因同一罪行对他再次进行起诉和审判。[②] 由此,所谓"一事不再理"是指对同一犯罪不得重复定罪并予以刑罚处罚,它所指的两次处分,当然是指性质相同的两次处分。但是,刑罚处罚和行政处罚是两种性质不同的处罚,甚至在处罚内容上也不完全一样,因此他们是各自独立存在的,不存在违反"一事不再理"原则的情况。[③] 可见,对于行政犯罪的双重处罚必须具体问题具体分析,尤其从罚的内容与性质进行区别,似乎是区分二者的核心标准。

行政犯罪的定义远比自然犯罪的定义复杂得多,一般认为行政犯罪具有"双违性",即既违反行政法又违反刑法。[④] 这种观点从原理上讲似乎没问题,但按照传统的自然犯和行政犯的认定标准,尤其针对我国现实的法律体系及规范而言,还是有其特殊性的。例如,一般的盗窃、抢劫行为,本应属于自然犯,但在我国治安管理处罚法中也有规定。众所周知,治安管理处罚法显然是行政罚,所以如果一味地按"双违性"标

---

① 参见周枏等:《罗马法》,群众出版社 1983 年版,第 334 页。

② 参见孙膺杰、吴振兴主编:《刑事法学大辞典》,延边大学出版社 1989 年版,第 466 页。

③ 参见张明楷主编:《行政刑法概论》,中国政法大学出版社 1991 年版,第 176 页。

④ 参见李晓明:《行政刑法学导论》,法律出版社 2003 年版,第 289 页。

准来衡量,就出现了自然犯与行政犯划分上的混乱。[①] 又如,分裂国家罪、背叛国家罪等,显然都是法定犯,从性质上看其应当属于行政犯罪。但涉及这方面的法律规定,除刑法外还有我国国家安全法。问题是,我国国家安全法是专门法还是行政法?如果视为专门法的话,显然也在"双违性"的认定标准上有所歧义;如果视之为行政法的话,虽然符合"双违性"的认定标准,但也存在与国事罪的冲突问题,因为一般国家都将国事罪排除在行政犯罪之外。因此,除"双违性"标准外,行政犯罪似乎还需要其他标准。故笔者主张在行政犯罪定义中加进实质性侵犯行政秩序的标准,以作为行政犯罪"双违性"标准的补充,甚至干脆取消区分刑事犯罪和行政犯罪的所谓"伦理道德"标准,直接以违反行政法律法规的形式为标准。[②] 因为随着社会的发展,这些所谓"伦理道德"标准都在悄然地发生着变化,如今很难把握这些标准。

当然,如同上面的犯罪定义,也应划分行政犯的立法与司法概念。应当说,这样不仅平息了学界关于法定犯定义上的分歧,也比较切合我国现行法律体系的特殊规定和司法实际。

(三)对行政犯以"罚金刑"为主

其实,行政犯是后来产物,与之相对应的自然犯,也即私犯及其刑罚后果有个渐变过程,在这一点上《十二铜表法》完成了从早期的同态复仇到罚金赔偿的过渡。如第八表中伤害身体的后果也有罚金赔偿的替代。之后,财产刑变成"私犯"的主要后果,而"公犯"的后果仍停留在报复刑之中。沿着两种不同后果的发展,"公犯"和"私犯"的距离越来越远,刑法与侵权行为法的分离才逐步完成。后来的"行政犯"也以罚金为主,即大致的行政犯后果。

1986 年修订的《德国继续简化经济刑法的法律》是典型的德国行政刑法内容,主要规定法定犯的处罚。在德国,对经济犯罪也即行政犯,主要规定了罚金。[③] 这一观点还影响了苏联、奥地利、瑞士、法国等国。1984 年颁布的《苏联行政违法行为法典》也规定,可动用罚款、警告、征收没收、劳动改造、行政拘留等措施来处罚行政违法行为。[④] 美国虽无行政刑法之名,但也有相似制度。如美国的《普查法》也是行政性质的法律,按其规定,对官员蓄意和故意提供任何虚假陈述或报告的,应处以 2000 美元以下罚金

---

① 追其渊源,自然犯在行政法中规定其实是个债的问题。如有学者就将盗窃与民法的债及诉权讨论得深入细致,如此也就不难理解我国治安管理处罚条例中有关盗窃、伤害等的规定了。《债 · 私犯之债(Ⅱ)和犯罪》,徐国栋译,中国政法大学出版社 1998 年版,第 54-76 页。

② 参见李晓明:《行政刑法学导论》,法律出版社 2003 年版,第 292 页。

③ 参见储槐植主编:《美国德国惩治经济犯罪和职务犯罪法律选编》,北京大学出版社 1994 年版,第 341 页。

④ 《苏俄行政违法行为法典》,李来南译,西南政法学院 1986 年印行。

和5年以下监禁，对此由法院按诉讼程序追诉。至于秩序罚，范围极小，仅限一定数额的罚金。

如上所述，第14届国际刑法大会在讨论刑法和行政刑法之间区别时明确指出，二者区别主要表现在制裁方法上，即“罚”上，包括少用人身自由罚和降低“罚”的量。体现在对自然犯主要是“人身自由罚”，对行政犯主要是”财产罚”。可见，“罚”尤其是针对法定犯的“行政刑罚”关注的是财产罚或罚金。在我国刑法之内主要的财产罚包括罚金和没收财产；在我国刑法之外主要是罚款、没收、赔偿损失、销毁等；当然此外还有资格罚，包括剥夺人身和民事等相关权利的资格刑、剥夺实施相关行为的资格、剥夺公职及职业资格、剥夺荣誉资格等；甚至申诫罚，包括警告、训诫、责令具结悔过、责令改正等；以及名誉罚，包括赔礼道歉、惩罚性通告、驱除出境、刑事违法宣告等。

第二十五章 “罪”的形态划分：既未遂、共犯、单位犯罪与罪数

犯罪形态在刑法理论中是个颇具争议的问题，经历了漫长的历史演进过程。在20世纪50年代，我国虽然研究共同犯罪和罪数，但对之并未上升至犯罪形态来认识，而是进行各自独立的研究。1979年《刑法》公布后的教材中，也没有使用“犯罪形态”的概念，只是表述“犯罪的预备、未遂和中止”①或“故意犯罪的阶段”②。1985年有学者将“故意犯罪的阶段”提法改称“故意犯罪过程中的犯罪形态”③。另外，我国早期的刑法理论一直把“罪数”放在数罪并罚中介绍。④ 后来将“罪数”和“共同犯罪”逐步纳入“犯罪形态”概念。⑤ 进入20世纪90年代，我国学者进一步推进“犯罪形态”理论研究，形成“犯罪形态”的概念，以姜伟博士的《犯罪形态通论》为标志。他认为，“犯罪形态是现实存在的犯罪现象在法律上的反映……从某种意义上讲，犯罪形态就是犯罪的同义语……”但“犯罪形态也不能与犯罪概念混为一谈。犯罪概念将一切犯罪作为整体，将揭示其共有特征，界定罪与非罪的基本标志。而犯罪形态是形形色色的犯罪现象，强调某一类犯罪的具体特征，说明某种犯罪的危害社会的性质及程度，主要厘定此罪与彼罪、轻罪与重罪、一罪与数罪、单人犯罪与共同犯罪的界

---

① 杨春洗、甘雨沛、杨敦先、杨殿升等：《刑法总论》，北京大学出版社1981年版，第179-192页。

② 高铭暄主编：《刑法学》，法律出版社1982年版，第172页。

③ 马克昌：《刑法理论探索》，法律出版社1995年版，第82页。

④ 高铭暄主编：《刑法学》，法律出版社1982年版，第276-282页。

⑤ 参见高铭暄主编：《刑法学研究综述（1949-1985）》，河南人民出版社1986年版，第374页。

限”①。当然，也有学者以犯罪构成为中心来认识犯罪形态，“认为犯罪形态是与定罪量刑有关的犯罪构成特定特征的类型化，它既不是刑法分则规定的个罪，也不是类罪；而是根据一定的标准对具有特定共性的犯罪进行相应分类形成的形态”②。进入21世纪有学者指出：“单位犯罪，在刑法理论上一般称为法人犯罪，是一种为单位利益或者以单位名义而实施的特殊犯罪形态，具有不同于个人犯罪的特征。”③甚至在教材中将“单位犯罪”直接列入“犯罪形态”的章节④，使得该刑法理论的内容与范围进一步扩大。本书认为，犯罪形态是指犯罪所表现出的各种样态，而且从不同角度可以做出不同的分类。可见，它是个十分宽泛的概念，如图25-1所示。只不过从不同的标准或者角度所划分出犯罪形态的意义不同而已，甚至对有些犯罪形态研究更加迫切。

犯罪形态
- 罪性形态：罪名形态
- 罪状形态：完成形态（既遂形态）与未完成形态（未遂形态）
- 罪数形态：一罪与数罪形态及交叉形态
- 罪体形态：自然人与法人（单位犯罪）；独犯与共犯（共同犯罪）
- 罪行形态：单一行为与交叉行为（交叉犯）

图25-1　犯罪形态分类

图25-1中的“罪性形态”是根据犯罪性质所划分的“罪名形态”。在我国刑法中具体是指刑法分则中规定的罪名，以及10章大的类罪名和第三、六章分别规定的8节、9节小的类罪名，刑法分则对其进行研究。“罪状形态”是根据故意犯罪行为的完成状态所划分出的完成形态（既遂形态）与未完成形态（未遂形态）。其中完成形态（既遂形态）是刑法分则中规定的每一个罪名最典型的状态，如上所述刑法分论将进行全面研究；而未完成形态（未遂形态）及其各个不同的发展阶段却是犯罪形态所要研究的核心内容，历来是刑法学教材研究的重点。“罪数形态”是根据犯罪行为的数量及其行为所触及的罪名数量对犯罪形态进行的分类。“罪体形态”是根据犯罪主体的不同对犯罪形态进行的分类，显然现代刑法在自然人犯罪的基础上开始研究法人犯罪，在我国刑法中被称为“单位犯罪”。另外，就参与犯罪主体的数量而言，刑法中称独犯与共犯（共同犯罪），在我国刑法理论中“共同犯罪”也是重要概念。“罪行形态”是根据犯罪行为的状态而对犯罪形态所进行的分类，一般犯罪均是由单一行为构成，故构成单一罪名，但有时犯罪行为非常复杂，也可能由多个不同性质的行为构成，故会形成交叉的犯罪性质，在日本称“交叉犯”，如抢劫杀人罪等。

---

① 参见姜伟：《犯罪形态通论》，法律出版社1994年版，第1-3页。

② 吴振兴、邓斌、范德繁：《犯罪形态研究纲要》，载《社会与法制发展》2002年第4期。

③ 陈兴良主编：《刑法学》，复旦大学出版社2003年版，第222页。

④ 参见李晓明主编：《刑法学（上）》，法律出版社2001年版，第483-450页。

一、未完成形态:预备、未遂和中止

犯罪的完成形态是刑法规定的犯罪成立的基本形态,而未完成形态是犯罪成立的特殊形态,也即在向完成形态发展的过程中由于某种原因而停止下来所表现出的形态。根据犯罪停止的动因或停止时与犯罪完成的距离等,未完成形态可具体分为预备形态、未遂形态和中止形态。可见,未完成犯罪形态是指由于主客观方面的原因致使刑法所保护的法益在被侵害过程中停止了下来或者犯罪结果未能发生,以致最终行为人未能实现其初始目的的犯罪形态。当然,其存在反映了立法者对秩序的价值取向,我国刑法规定追究预备犯的刑事责任,同时也受犯罪既遂形态类型的影响与制约,如行为犯或结果犯。从法理上讲,任何犯罪成立无论是故意还是过失,其发展过程都可能出现不同的犯罪形态,然而刑法却以"严重危害结果"作为过失犯罪成立的最基础性条件,故过失犯罪被排除在未完成犯罪形态之外。因此,我国刑法涉及的未完成形态是特指故意犯罪的未完成形态。一般认为,故意犯罪形态可分为完成形态与未完成形态,具体有犯罪预备、犯罪未遂、犯罪中止、犯罪既遂四种,其中前三种是未完成形态,最后一种是完成形态。且未完成形态是一个点,而不是一段时间。此点与停顿紧密相连,有停顿才有点,有停顿才有形态。一个行为只有一个点,一个行为只有一个形态,不能把主体的完整行为人为分割。也有学者认为,与其称完成形态与未完成形态,不如称既遂形态与未遂形态。[①] 因为"行为之全体,只算一个行为。所谓自开始至终了,不过形容行为之过程;过程如何,并不影响行为本身之价值。故严格言之,行为之价值,于着手(开始)时即已确定。并无所谓行为完成未完成之问题"[②]。虽然犯罪形态的行为状态是否应以事实效果为准认定仍有商榷的余地,但完成形态与未完成形态毕竟不至于造成大的偏颇,且也在很久以来获得学界共识,故本书仍采用这种划分。

众所周知,在英美刑法中未完成犯罪(inchoate crime)是源于普通法的传统观念,它除包括犯罪的未遂与中止外,还包括犯罪的教唆和共谋。[③] 在大陆法系中,也鲜有在犯罪未遂、犯罪中止等概念上另设上位概念的,一般只规定未遂犯,未完成罪在未遂犯的名目下讨论。[④] 苏联刑法将未完成罪的处罚范围扩展至犯罪预备,将犯罪预备、犯罪未遂称为故意犯罪发展的阶段,而将犯罪中止认为是在犯罪预备或犯罪未遂阶段可能出现的特殊犯罪情况,从而将犯罪预备、犯罪未遂和犯罪中止概括为犯罪过程中的未

---

① 参见张明楷:《刑法学》(第3版),法律出版社2007年版,第278页。

② 郑健才:《刑法总则》,台北,三民书局1982年修订再版,第133页。

③ 参见陈兴良:《本体刑法学》,商务印书馆2001年版,第472页。

④ 在大陆法系中,未遂犯有广狭两义,广义未遂犯包括中止未遂和障碍未遂,狭义未遂犯仅指障碍未遂。

完成阶段。[①] 由于历史原因,我国与苏联的刑法理论体系相同,将犯罪预备、犯罪未遂和犯罪中止概括为故意犯罪的阶段,并成为刑法通说。有学者认为,"故意犯罪的阶段是故意犯罪在活动过程中可能停顿的阶段。这就是犯罪的预备、未遂和既遂,以及与此直接相关的犯罪中止"[②]。更有学者揭示了故意犯罪阶段的特点"是前后不具有连续性,其前一阶段不能转入后一阶段,即已构成犯罪预备,不可能转为犯罪未遂;已构成犯罪未遂,不可能再转为犯罪既遂"[③]。也有学者认为,故意犯罪的发展阶段是表明故意犯罪发展程度的不同过程,其发展一般要经过犯意形成、犯罪预备、犯罪实行、犯罪结果发生这四个阶段,犯罪未遂和中止都不是犯罪阶段,犯罪未遂是处于实行阶段的一种被迫中断状态,犯罪中止是基于犯罪人自愿的一种中断状态。[④] 随着研究的深入,学界愈加认识到,犯罪阶段与犯罪形态虽有联系但更有区别,将犯罪预备、未遂和中止的性质界定为故意犯罪过程中的阶段确有不妥。如有学者认为,犯罪预备、未遂和中止,只是表明犯罪行为不同于危害程度已经停顿、静止的状态,把这些故意犯罪过程中出现的、具有不同危害程度且已经停顿的行为状态概括为故意犯罪发展阶段或故意犯罪阶段都是不适当的,因而这种理论也是难以成立的。[⑤] 在否定犯罪阶段说的基础上,学界提出了故意过程中的犯罪形态说,从而将犯罪预备、未遂和中止界定为故意过程中的未完成形态。由于犯罪阶段和形态都存在于犯罪过程中,根据刑法原理在讨论犯罪过程、犯罪阶段、犯罪形态及其相互关系的基础上,来阐明未完成犯罪的概念、性质和基本界定。

犯罪过程是指犯罪发生、发展直至完成所经过的阶段的总和,它是上述三概念中最为概括的,犯罪过程无论在空间还是时间上都表现了犯罪变化、发展的连续性。犯罪过程有广义和狭义之分。狭义上的犯罪过程是指犯罪行为的实施过程。犯罪行为是一条主线,犯罪过程是犯罪行为从开始到中止的整个过程。广义上的犯罪过程还可向前和向后延伸:向前延伸,有一个犯意产生的问题;向后延伸,有一个结果发生的问题。[⑥] 犯罪过程又划分为若干个阶段,这些阶段具有前后连接并发展变化的特征,即也具有时间和空间性。关于犯罪阶段的划分,由于划分方法和着眼点不同,学界存在不

---

① 参见[苏]贝斯特罗娃:《苏维埃刑法总则》,中国人民大学刑法教研室译,中国人民大学出版社 1954 年版,第 8 页。

② 高铭暄主编:《刑法学》,法律出版社 1982 年版,第 172 页。

③ 马克昌:《关于故意犯罪阶段的几个问题》,载《法学学刊》1985 年第 1 期。

④ 周珏:《犯罪未遂问题》,载《政法研究》1957 年第 2 期。

⑤ 参见徐逸仁:《对"故意犯罪阶段"的再认识》,载《法学研究》1984 年第 5 期。

⑥ 参见陈兴良:《本体刑法学》,商务印书馆 2001 年版,第 467 页。

同的主张。概括起来，主要有两阶段说[①]、三阶段说[②]、四阶段说[③]、五阶段说[④]、六阶段说[⑤]。其中，犯罪预备和实行被各种学说所公认，纳入犯罪阶段已无疑义。犯意作为犯罪阶段之一没有必要，因为有些犯罪是临时起意，甚至不存在犯意的产生。犯罪成立必须以某种行为为前提，刑法只能处罚侵害法益的行为，思想罪已被各国刑法所抛弃。研究犯罪阶段的目的是确定行为人的刑事责任，而犯意的表示根本没有纳入刑法所调整的范围，所以将其作为刑法的犯罪阶段实在多余。而预谋实际上是在共同犯罪中为了实施犯罪而勾结共同犯罪人、交流犯罪思想的行为，已然超越了犯意的范围，应当归结到犯罪预备阶段，更何况预谋杀人和临时起意杀人显然是不同的。至于着手和结果发生，前者是实行行为的起点，结果发生是犯罪实行的终点，两者都是实行行为阶段中的点，不具有连续性的属性，应当将其包括在实行行为中。有学者提出的实行后阶段和预备后阶段，本书认为值得商榷。因为未遂、守候一般应视为着手前的预备，而犯罪行为实施后结果发生前该阶段更应视为实行行为的延续，其属于实行阶段，没有必要再将其划分为独立阶段。显然，犯罪过程应当划分为犯罪预备和犯罪实行两个阶段。故未完成犯罪是指在犯罪发展过程中，因为各种主客观因素影响而形成的未完成的犯罪形态，其包括犯罪预备、犯罪未遂、犯罪中止三种犯罪形态。

未完成罪在刑法中具有举足轻重的地位，研究其不仅可以促进刑法理论发展，且对刑事立法和司法具有重要意义。首先，它是刑法理论体系中不可或缺的内容，它与犯罪成立、罪责相适应等有着内在联系，研究它不但有助于其自身理论的提高，同时对于整个刑法体系的科学建构也具重要价值。其次，研究它可以促进刑法立法的完善。刑法中有许多关于未完成罪的规定，如何从立法完善这些规定，需要未完成罪研究提供支撑。最后，研究它有助于刑事司法定罪量刑准确性的落实。从定罪出发，未完成形态往往涉及罪与非罪、此罪与彼罪的区分，如故意杀人未遂与故意伤害罪的区分；从

---

① 两阶段说认为，犯罪过程包括两个发展阶段：一是犯罪预备阶段，其时空范围从行为人开始实施犯罪预备行为之时为起点，至行为人完成犯罪预备行为而尚未着手犯罪实行行为之时为终点；二是犯罪实行阶段，其时空范围从行为人着手犯罪实行行为之时为起点，至行为人完成犯罪即达到犯罪既遂为终点。高铭暄主编：《刑法专论》，高等教育出版社 2002 年版，第 287 页。

② 三阶段说认为，犯罪过程可分为三个阶段，即犯罪预备阶段、犯罪实行阶段和实行后阶段。马克昌主编：《犯罪通论》，武汉大学出版社 1999 年版，第 410 页。

③ 四阶段说认为，由于某些情况下，预备行为已经结束，但尚未进入犯罪的实行阶段，如预备后的尾随行为，所以犯罪过程除了犯罪预备阶段、犯罪实行阶段和实行后阶段，还应该加上预备后阶段。陈兴良：《本体刑法学》，商务印书馆 2001 年版，第 471 页。

④ 五阶段说认为，犯罪过程可以分为决议（包括阴谋）、预备、着手、实行、犯罪结果的发生五个阶段。郗朝俊：《刑法原理》，商务印书馆 1930 年版，第 228 页。

⑤ 六阶段说认为，犯罪过程可以划分为决意、阴谋、预备、着手进行、完成行为、发生结果六个阶段。熊选国：《刑法中行为论》，人民法院出版社 1992 年版，第 237 页。

量刑出发,不同的未完成形态承担的刑事责任也不同,犯罪预备要比犯罪未遂承担的刑事责任轻,犯罪未遂要比既遂的刑事责任要轻,犯罪中止要比前几者轻。要准确定罪量刑,就必须认真研究未完成罪的理论和实践。

通说认为,并非所有的犯罪都存在未完成形态,其只存在于直接故意犯罪当中,过失和间接故意犯罪过程中不存在未完成形态。然而,也有学者提出不同的观点。因此,这里我们从过失犯罪、间接故意犯罪和直接故意犯罪三个方面来讨论未完成罪的范围。

一是过失犯罪与未完成犯罪。一般认为,过失犯罪中不存在未完成形态,因为过失犯罪人在主观心理上要么疏忽大意要么过于自信。不存在行为人主动追求或希望的心理,故在过失犯罪中不可能出现预备、未遂和中止形态。过失犯罪人在客观上虽然造成损害,但我国刑法又规定只有发生严重危害结果的过失才成立犯罪,故也不可能出现犯罪预备、未遂和中止形态。然而,有些罪名是行为犯还是结果犯很值得思考。如交通肇事罪,《刑法》第 133 条既没有说是过失也没有说是故意,但教科书将其主观方面定为过失。显然,这是从结果中倒推出来的,因为一般而言司机是不愿意发生交通事故的。然而,即便是不愿意让交通事故发生,但却依然故意违反交通规则,尤其针对违反交通管理规则的行为来说又是故意。因此,过失犯罪究竟针对的是犯罪结果还是犯罪行为,都是需要认真讨论的。所以认为一切过失犯罪都不具有阶段性,也是值得反思的。而且从《刑法》第 133 条的文字表述看,其并没有完全排除交通肇事罪主观方面是故意的可能性,因此更值得深入反思和研究。

二是间接故意犯罪与未完成罪。通说认为,间接故意犯罪中也不存在未完成形态。如有学者指出,间接故意犯罪由主客观特征所决定,不可能存在未完成犯罪形态。[①] 从犯罪主观要件看,间接故意持放任态度,不存在对完成犯罪的追求,而犯罪预备形态和未遂形态原本都存在事实和完成犯罪意志和追求的心理,对犯罪中止而言则是行为人自动放弃原先完成犯罪的意图,所以间接故意犯罪主观上的放任心理不符合未完成罪的主观特征,因而长期以来间接故意犯罪被认为不可能存在未完成形态。[②] 从犯罪客观要件看,间接故意是在主观放任心理支配下客观出现的此种或彼种状况都是放任。因此,该案是以实际结局来决定行为性质的,如此间接故意就失去了未完成犯罪形态存在的前提和基础。也有学者提出不同观点,认为间接故意也可能存在未完成形态。如果行为人主观上是对某危害结果和另一危害结果的间接故意并存,可能由于主观或客观的原因犯罪未完成,最后任何后果都没有发生,这样的犯罪未遂和犯罪

① 参见高铭暄主编:《新编中国刑法学》,中国人民大学出版社 1998 年版,第 201-202 页。

② 参见赵辉:《论间接故意犯罪的未完成形态》,载《电子科技大学学报(社科版)》2005 年第 1 期。

中止也不能把间接故意完全排除。如甲以杀妻的直接故意在妻子饭菜中下毒,适逢妻的朋友乙来共餐。甲以间接故意的心态让乙进餐。二人中毒,后经医院抢救才挽救了生命。甲是故意杀人罪未遂(对其妻是直接故意,对乙是间接故意)。[①] 也有人认为,此案并非该理论的有力明证。因为甲明知乙吃后会致死且放任这种结果发生,其认识因素是必然而非可能发生死亡的结果,故甲主观上不是间接故意而是直接故意,因而不存在间接故意犯罪的未完成形态。[②] 也有人举出更典型的例子来说明间接故意中是不存在未完成犯罪形态的。如甲欲射杀乙,而乙与丙距离很近,甲明知可能会击中丙但还是开了枪,结果击中丙并造成丙的重伤。本案甲对丙是否构成间接故意杀人未遂?需要对甲的主观心理状态进行分析。甲在明知可能会击中丙的情况下开枪,并且放任危害结果的发生,因而应认定为间接故意,但此间接故意的认识因素不仅包括明知自己的行为可能会造成丙的死亡,同时还包括明知自己的行为可能会造成对丙的伤害,故客观上出现死亡和伤害的结果都是符合其放任心理的。在定罪的过程中无法直接判断甲的心理状态是放任杀人或放任伤害,只能根据实际结局来定罪。因此该学者认为,甲对丙构成间接故意伤害既遂,而非间接故意杀人未遂。[③] 表面上看这似乎有些道理,但实际上由结果来决定人的主观方面的做法也有缺陷。的确间接故意的认识因素是明知自己的行为可能发生危害社会的结果,其具有多样性和不固定性,在定罪过程中无法直接对行为人的认识因素内容进行认定,只能根据客观上出现的此种状况和彼种结局来推断其认识因素。但像交通肇事罪的针对结果是过失,针对行为是故意的复杂情况,以及根据结局得出间接故意既遂的做法,无论如何也不能令人完全信服。

三是直接故意犯罪和未完成犯罪。直接故意犯罪中存在未完成形态在刑法理论界已成定论,但这并非意味着所有的直接故意犯罪中都存在未完成形态或者停止形态。根据犯罪既遂的行为要素和结果要素的要求程度[④],直接故意犯罪可分为举动犯、行为犯、危险犯、结果犯等。

(1)举动犯,是指只要行为人着手实施刑法规定的行为就构成犯罪既遂。包括:①法律将预备行为提升为实行行为的犯罪,如《刑法》第 120 条组织、领导、参加恐怖活动组织罪,第 294 条组织、领导、参加黑社会性质组织罪等。②教唆煽动性犯罪,如《刑法》第 249 条煽动民族仇恨、民族歧视罪,第 295 条传授犯罪方法罪等。[⑤] 有学者认为,

---

① 参见何秉松主编:《刑法教科书(上)》,中国法制出版社 2000 年版,第 417 页。

② 参见李晓明主编:《中国刑法基本原理》(第 2 版),法律出版社 2007 年版,第 338 页。

③ 参见李晓明主编:《中国刑法基本原理》(第 2 版),法律出版社 2007 年版,第 338 页。

④ 也有学者根据犯罪构成对行为要素与结果要素的要求程度对犯罪进行分类。陈兴良:《本体刑法学》,商务印书馆 2001 年版,第 477-478 页。不同的标准必然会造成分类的不同,如故意杀人罪采取构成标准是行为犯,采取既遂标准是结果犯,两者相混淆会产生概念上的混乱。通说采取既遂标准。

⑤ 参见高铭暄主编:《新编中国刑法学(上)》,中国人民大学出版社 1998 年版,第 208-209 页。

由于举动犯着手实施犯罪即构成既遂,因而在举动犯的情况下不存在犯罪的未完成形态。① 也有学者认为,举动犯存在预备和中止两种未完成形态,当然举动犯的中止只限于预备阶段的中止。② 似乎后一种观点更为合理,如在煽动民族仇恨、民族歧视罪中,行为人为实施犯罪而准备煽动的文字材料、工具等,应视为着手前的预备行为,主动放弃犯罪是预备阶段中的犯罪中止。

(2)行为犯,是指行为人实施刑法规定的行为,并达到法律规定的程度即构成犯罪既遂。其不要求发生物质性的、有形的实际后果,也非行为人着手实施就构成犯罪既遂,它要求行为必须达到法律规定的程度,如诬告陷害罪、刑讯逼供罪、强奸罪、脱逃罪等。一般认为,行为犯有未完成形态,且相对比较复杂,如上述交通肇事罪。

(3)危险犯,也叫阴谋犯,是指行为人实施危害行为造成一定的危险状态为既遂标准。通说将其分为具体危险犯和抽象危险犯,前者中的危险是一种现实危险,该危险的判断需要根据案情进行司法认定,如破坏交通工具罪;后者的危险是一种推定危险,行为人只要实行法定行为,便视为造成一定的危险。③ 有学者认为,我国刑法只存在具体危险犯,不存在抽象危险犯。因为刑法中设置危险犯,不仅需实施自然意义上的实行行为,且要求该行为导致特定物质性实害结果可能发生的危险状态,才给予既遂的否定性评价。而且,抽象危险犯容易混淆与举动犯的界限,是不足取的。④ 可见,抽象危险犯的提法或许扩大了危险犯的范围,且与我国传统的危险犯概念相矛盾,故危险犯包不包括抽象危险犯值得反思。危险犯以一定的危险状态为既遂标准,而该种危险状态并不是犯罪的实行行为一着手就会发生,在危险状态发生前,行为人的行为受到主观和客观的影响,应当存在犯罪预备、犯罪未遂与犯罪中止。

(4)结果犯,是指行为人不仅要实施法定的犯罪行为,而且必须发生法定的犯罪结果才成立既遂,结果加重犯中的结果是物质性的可以具体测量确定的有形损害结果。⑤ 结果犯也存在犯罪预备、未遂与中止三种未完成形态,当然分析起来较为复杂。如抢劫致人重伤或死亡的,只有造成重伤死亡结果才成立结果加重犯。这种结果加重犯的构成特征,是在具备了基本犯罪成立要件基础上,又出现其所不能包括且为加重条款

① 参见陈兴良:《本体刑法学》,商务印书馆 2001 年版,第 479 页。

② 参见姜伟:《犯罪形态通论》,法律出版社 1994 年版,第 135 页;赵秉志主编:《犯罪总论问题探索》,法律出版社 2003 年版,第 420 页。

③ 参见李海东:《刑法原理入门——犯罪论基础》,法律出版社 1998 年版,第 133-134 页;马克昌主编:《犯罪通论》,武汉大学出版社 1999 年版,第 501 页;陈兴良:《本体刑法学》,商务印书馆 2001 年版,第 473 页。

④ 参见刘树德:《行为犯研究》,中国政法大学出版社 2000 年版,第 96 页;姜伟:《犯罪形态通论》,法律出版社 1994 年版,第 118 页。

⑤ 参见赵秉志主编:《犯罪总论问题探索》,法律出版社 2003 年版,第 419 页。

特别规定的严重结果或者严重情节,此加重结果或者情节的有无,决定了加重构成是否成立,故此种情况下不存在犯罪的未完成形态,也即其只有犯罪是否成立之分,而无犯罪的完成与未完成形态之别。但加重结果没有既未遂之分,并不意味着基本构成部分没有既未遂之分,由于法条规定的明确性不充分,完全可以有基本犯罪形态未遂,但发生加重结果的情形。再以第 236 条强奸罪第 3 款第 5 项致使被害人重伤、死亡或者造成其他严重后果的为例,如行为人实施暴力掐昏被害人后,才发现被害人同为男性,行为人遂放弃实施奸淫的行为,离开现场时将厚重棉被铺于被害人全身,结果被害人窒息死亡。在此案中,强奸罪的基本犯罪形态为未遂,但仍然发生加重结果,成立结果加重犯。① 可见,结果犯在未完成犯罪上是极其复杂的,均需要深入研究。

未完成形态成立犯罪,这是毋庸置疑的,否则也将没有未完成罪的称谓了。但未完成的犯罪成立到底是什么,它与完成罪(犯罪既遂)的关系又是什么,一直是理论界争论的焦点。通说认为,未完成的犯罪成立是对完成的修正,即"修正的犯罪构成说",但存在争议。

在未完成犯罪中,行为人尚未完成犯罪,甚至尚未着手进行犯罪。那么,其对这些行为是否应当承担刑事责任?如是其根据又该如何确定?马克昌教授于 1984 年提出"修正的犯罪构成理论"②,并逐步成为通说③。主要观点:①刑法分则所规定的犯罪以既遂犯为模式。正是在此前提下,才有讨论未完成犯罪的犯罪成立问题之余地。②修正的犯罪成立是要件完整的犯罪成立。缺少任何要件,犯罪成立都不存在。③基本的犯罪成立与修正的犯罪成立在要件的具体内容上有所不同。后者既然是在刑法分则关于基本的犯罪成立基础上,结合刑法总则的相关规定加以修正和变更而确定下来的,那么它自然不可能也不需要具备前者的全部要件。④区别犯罪完成与未完成形态的标志是犯罪实行行为是否具备了犯罪成立的全部要件,具备的是犯罪完成形态,不具备的是犯罪未完成形态。④ 虽然犯罪未完成形态不具备完成形态犯罪成立的全部要件,但各未完成形态都具备了法律规定的犯罪成立全部要件。

随着研究的深入,越来越多的学者开始质疑"修正的犯罪构成理论"。有学者认为,一个犯罪只能有一个犯罪成立。作为区分罪与非罪的标准,犯罪成立是不会具有双重性的。⑤ 一个犯罪不可能有几个犯罪成立,将一个犯罪的成立要件分为预备的、未

---

① 参见李晓明、李洪欣、陈珊珊:《中国刑法基本原理》(第 4 版),法律出版社 2013 年版,第 417 页。

② 马克昌:《犯罪构成的分类》,载《法学》1984 年第 10 期。

③ 参见赵秉志、吴振兴主编:《刑法学通论》,高等教育出版社 1993 年版,第 185 页;陈兴良:《本体刑法学》,商务印书馆 2001 年版,第 476 页;王勇:《定罪导论》,中国人民大学出版社 1990 年版,第 93-107 页。

④ 参见王志祥、曾粤兴:《修正的犯罪构成理论之辨正》,载《法商研究》2003 年第 1 期。

⑤ 参见肖中华:《犯罪构成及其关系论》,中国人民大学出版社 2000 年版,第 271 页。

遂的、既遂的、中止的犯罪成立要件的做法，混淆了犯罪构成与犯罪形态的关系。[①] 更有学者认为，犯罪成立与犯罪既遂是两个没有直接联系的概念。犯罪成立立足于犯罪的要件成立，而犯罪既遂立足于犯罪的完成。当行为具备犯罪成立也就具备了负刑事责任的依据。属于何种犯罪状态，不是犯罪成立本身或者说定罪所解决的问题，而是量刑所解决的问题。[②] 故犯罪成立与犯罪形态是性质不同的两回事：前者讲的是行为成为犯罪所需要的法定事实条件，不涉及行为成立犯罪后呈现何种状态；后者是指行为成为犯罪后的状况与样态；犯罪成立理论和犯罪形态理论前后相继、紧密相连，成立理论在先，形态理论在后，只有行为成为犯罪才有犯罪形态可言。他们各自有其适用范围，超出其范围就失去作用；研究犯罪成立理论是为了定罪，研究犯罪形态理论是为了量刑。[③] 那么，两者间的区别到底何在？一种观点认为，未完成罪与既遂罪的区别在于符合犯罪成立事实的区别。[④] 另一种观点认为，预备、未遂和既遂状态，表明行为处于不同的进程中，使得彼此相同的犯罪成立在具体内容上有所不同。犯罪预备、未遂和既遂一样，都是具备犯罪成立全部要件的，只是犯罪成立要件的具体内容不同而已。而犯罪成立要件的不同内容，也正是划分犯罪预备、未遂和既遂的根据。[⑤] 还有观点认为，未完成罪与既遂罪的犯罪成立要件均相同，区别仅在于犯罪成立要件的要素结构有所不同。[⑥]

其实，“修正的犯罪构成理论”确有值得商榷之处，其采取的犯罪成立双重标准存在逻辑上的漏洞。一个行为，根据基本的犯罪成立要件可以判断其是否成立犯罪，从而可以得出成立和不成立犯罪的两种情况，这是第一层面上的判断。如果该行为在第一层面上不成立犯罪，根据“修正的犯罪构成理论”，再判断其是否成立犯罪，从而也可得出成立和不成立犯罪两种情况，这是第二层面上的判断。在第一层面上该行为如果成立犯罪，即既遂罪；在第二层面上该行为如果成立犯罪，即未完成罪。表面上看，按照“修正的犯罪构成理论”的定罪过程具有合理性和可操作性，深入分析就会发现其中不可调和的矛盾。造成此混乱的原因在于，该理论在定罪过程的第一层面上将犯罪既遂等同于犯罪成立。如此不可避免带来犯罪范围的缩小，为解决此矛盾提出“修正的犯罪构成要件”，必然导致犯罪成立要件混乱。

既然未完成罪与既遂罪的成立具有同一性，那么两者的区别到底如何？犯罪事实

---

① 参见张明楷：《刑法学》（上），法律出版社1997年版，第248页。
② 参见李晓明主编：《刑法学》（上），法律出版社2001年版，第293页。
③ 参见胡家贵、陈瑞兰：《关于犯罪形态的几个问题》，载《政法论坛》1997年第6期。
④ 参见张明楷：《刑法学》（上），法律出版社1997年版，第248页。
⑤ 参见曾宪信等：《犯罪构成论》，武汉大学出版社1988年版，第149页。
⑥ 参见肖中华：《犯罪构成及其关系论》，中国人民大学出版社2000年版，第256页。

不同说、犯罪成立内容不同说、犯罪成立要素不同说等,从不同的角度阐述了其区别,但还是没能走出犯罪成立区别说的窠臼。未完成罪与既遂罪的犯罪事实、犯罪成立内容、犯罪成立要素不同,其犯罪成立能相同吗?这显然又违背了犯罪成立唯一性的原则。故本书主张,未完成罪与既遂罪的区别与犯罪成立没有关系,此两者对行为要素和结果要素的要求不同而已。从实然性角度看我国刑法应以处罚犯罪预备为原则,犯罪成立方面应以犯罪预备行为为标准;从应然性角度讲我国刑法应建立处罚犯罪预备为例外的立法模式,犯罪成立应以着手为标准。

(一)犯罪预备

犯罪预备是直接故意犯罪过程中未完成罪的典型暂时形态,我国刑法总则中规定了犯罪预备处罚的一般原则,这里就犯罪预备的定义、特征、分类及刑事责任作些阐述。

1. 犯罪预备的定义和特征

我国《刑法》第 22 条第 1 款规定,"为了犯罪,准备工具、制造条件的,是犯罪预备"。揭示出犯罪预备从主观到客观的两个特征,但该条款并非对犯罪预备进行界定,而是对犯罪预备行为的表述。本书认为,犯罪预备是行为人为实施犯罪而准备工具、创造条件的行为,它是整个犯罪过程的一个暂时状态。其特征有三个:

(1)客观上实施了为犯罪做准备的行为

具体是指为着手实行犯罪而创造便利条件的行为,由于它处于犯罪的准备阶段,所以不可能造成实行行为所要造成的危害结果。但该行为一旦继续发展,就会形成实行行为,从而导致对法益的侵害,因此犯罪预备已造成刑法法益遭受侵害的严重威胁,犹如劫机、绑架等严重犯罪更是如此,这正是犯罪预备承担刑事责任的客观基础。

由于犯罪预备行为与犯意表示有相同之处,故往往容易将二者混为一谈。后者是指行为人通过一定口头、书面或其他形式将自己的犯罪意图表露于外的一种活动。二者有原则区别。

首先,二者的性质不同。犯罪预备对刑法法益具有严重威胁,原则上作为犯罪行为来处理;而犯意表示仅仅是犯罪意图的流露,对现实法益不存在任何威胁和危害,非犯罪行为。

其次,二者的方式不同。犯罪预备已然从思想转化为行动,并且为着手犯罪准备工具、创造条件;犯意表示仅仅表露犯罪的意图,并无犯罪行为,尚属思想范畴。

最后,二者的进程不同。犯罪预备已经为着手犯罪而准备工具、创造条件;犯意表示仅仅以口头、书面或其他方式流露犯罪意图,停留在思想和意思表示阶段,而没有行为。

可见,着手实行犯罪则是犯罪预备阶段和犯罪实行阶段区分的主要标志。

(2)主观上为实施犯罪进行了心理准备和谋划

最终实行犯罪是犯罪预备的目的,犯罪预备行为的发动、进行与完成,都受此种目的支配。犯罪预备主观上体现为直接故意,行为人在实施犯罪预备时已认识到自己的行为是为犯罪实行而做准备。因此,犯罪预备无论对实施犯罪的作用大小,其为实施犯罪的目的是一定的,这一点充分体现了犯罪预备的主观恶性,也正是犯罪预备承担刑事责任的主观基础。如果在不知情的情况下,客观上为犯罪准备了工具,其行为就不应视为犯罪预备。

刑法中规定的“为了犯罪”,应作狭义理解。广义的“为了犯罪”包括为了犯罪预备和为了实行犯罪,狭义的“为了犯罪”是指为了实行犯罪而不包括为了犯罪预备。如为杀人而购买毒药的行为是预备行为,但为了购买毒药而打工挣钱的行为就不是犯罪预备。①

(3)未能实行犯罪是由于时机未到、尚未准备好或行为人意志以外的原因无法实施

在犯罪预备阶段,未能着手实行犯罪可能有多种因素。一是由于时机未到或实施犯罪的条件尚未成熟,也极有可能此时已被发现或因案件已经破获,使整个案件停留在犯罪预备阶段而无法完成。二是虽然已经开始进行犯罪准备或预备实行犯罪,但尚未完全准备好,行为人还不打算如此早地实施犯罪,也就在此时案件得以破获。三是行为人开始着手实行犯罪,但由于意志以外的原因无法进行下去,抑或虽然犯罪行为已经进行到底,但由于意志以外的原因犯罪未能得逞。如有学者指出,行为人本欲继续实施预备行为,进而着手实行犯罪,但由于违背行为人意志的原因,使得行为人客观上不可能继续实施预备行为,或者客观上不可能着手实行犯罪,或者使得行为人认识到自己客观上已经不可能继续实施预备行为与着手实行犯罪。② 还有学者认为,意志以外的原因包括如因作案条件不成熟而未继续着手实行犯罪,由于被害人闻讯逃避、不在现场或防范措施严密而难以着手实行犯罪,由于司法机关及时行动或被群众抓获而未能着手实行犯罪等。③ 当然,“意志以外的原因”不仅是犯罪预备和犯罪中止区别的标志,也是犯罪未遂与犯罪中止区别的关键所在。

2. 犯罪预备的类型

根据我国《刑法》第 22 条的规定,犯罪预备有以下两种类型:

(1)准备工具的预备

为着手实行犯罪准备工具是一种常见的预备行为,这里的犯罪工具是指实行犯罪

---

① 参见张明楷:《刑法学(上)》,法律出版社 1997 年版,第 249 页。

② 参见张明楷:《刑法学》(第 4 版),法律出版社 2011 年版,第 312 页。

③ 参见李晓明、李洪欣、陈珊珊:《中国刑法基本原理》(第 4 版),法律出版社 2013 年版,第 423 页。

所使用的一切物品。包括:①用以杀伤被害人或者排除被害人反抗的器械物品;②用以破坏、分离犯罪对象物品或者破坏、排除犯罪障碍物的器械物品;③专用为到达或逃离犯罪现场或进行犯罪活动的交通工具;④用以排除障碍、接近犯罪对象的物品;⑤用以掩护犯罪实施或者湮灭罪证的物品。[①] 当然,现代犯罪不只是局限于这些,如网络、计算机等也均可。

(2)制造条件的预备

制造条件是指除准备工具外的一切为着手实行犯罪而制造条件的行为。包括:①拟订犯罪计划;②事先进行调查;③排除实施犯罪的障碍;④追踪或守候;⑤勾引其他犯罪人;⑥练习犯罪技能。同理,现代犯罪不只局限于这些,如通过网络和视频监控等均可。

3. 犯罪预备的处罚

由于各国立法不同,对犯罪预备的处罚也不尽相同,多数国家以不处罚为原则以处罚为例外。一般在刑法分则中具体规定应受处罚的预备行为,如果没有明文规定则不追究刑事责任。如日本刑法中,只有内乱、外患、私战、放火、伪造货币、杀人、绑架与抢劫罪八种特别严重的犯罪预备行为,才具有刑事可罚性。苏联将追究范围扩充至所有的犯罪预备行为,故在刑法总则中规定有处罚的一般原则。如 1919 年《苏俄刑法指导原则》第 19 条规定:“预备实施犯罪的人所实施的寻求、购置为实施犯罪所用的工具和手段或者这种工具和手段适合于犯罪目的的犯罪,认为是预备罪。”1978 年《苏俄刑法典》第 15 条规定:“为实施犯罪而寻求和准备手段或工具,或者故意创造其他便利条件的,都认为是预备犯罪。”我国也在刑法总则中规定有处罚犯罪预备的一般原则,对此学界有不同意见。

有学者认为,“将所有的犯罪预备行为宣告为刑事可罚,不仅违反刑罚的经济性原则于实践中无法实行,而且也是没有理论根据的。因为,预备行为对于法益损害的危险本质上是抽象的、间接的,只有在具备特殊原因的情况下,才可以把它宣告为刑事可罚”[②]。更有学者认为,“在司法实践中,犯罪预备行为多为情节轻微,即使已形成了犯罪预备状态即具备了应受刑罚惩罚性,也多为犯罪既遂或犯罪未遂吸收”[③],也有学者认为,我国刑法对预备犯虽然规定了一般性的处罚原则,但根据刑法总则中关于犯罪概念的但书,已经将情节轻微社会危害性不大的预备行为排除出犯罪的视野。[④] 本书认为,虽然在司法实践中一般也只对性质严重的犯罪预备行为追究刑事责任,但在刑

---

① 参见赵秉志主编:《犯罪总论问题探索》,法律出版社 2003 年版,第 423 页。

② 李海东:《刑法原理入门——犯罪论基础》,法律出版社 1998 年版,第 139 页。

③ 赵秉志主编:《海峡两岸刑法总论比较研究(下)》,中国人民大学出版社 1999 年版,第 32 页。

④ 参见陈兴良:《刑法适用总论(上)》,法律出版社 1999 年版,第 410 页。

法总则中规定处罚犯罪预备的一般原则,还是有无限扩大追究犯罪预备犯之虞的,故应采取刑法总则概括规定加刑法分则具体规定的结合模式更为合理。[①]

关于犯罪预备的处罚原则有:(1)同等原则,即犯罪预备与犯罪既遂承担同等责任。这是历史上立法不发达时期的一种预备犯处罚原则,目前已被废弃。(2)必减原则,即对犯罪预备必须按照同一犯罪既遂从轻、减轻或免除处罚。如日本、泰国等国均规定对犯罪预备从轻、减轻处罚。(3)得减原则,即对犯罪预备可以按照犯罪既遂从轻、减轻,或免除处罚。(4)独立原则,即将预备形态从既遂形态中独立出来,冠以独立罪名的形式加以惩罚。为了与一般不处罚的预备形态相区别,此种类型的预备形态又被称为实质的犯罪预备。[②] (5)加重原则,是指为了实现加重的犯罪构成,则应适用加重的法定刑。如为了入户抢劫而实施了预备行为,但未能着手实行的则应适用加重的法定刑。[③] 该观点虽然有一定道理,但对预备犯的处罚还是应当慎之又慎的,一是因为预备犯在认定上具有极大的难处;二是一般犯罪类型的预备犯并未造成被害人的实际损害;三是过早地介入预备犯容易导致社会矛盾的加剧。故本书主张,即便是对于上述加重犯的预备行为也应按照基本犯的法定刑加以认定。当然,均按基本犯的法定刑认定,并不是对于不同情况不加区别,如对量刑规则性质的加重犯可减轻处罚,对于实现加重犯罪构成的预备犯可从轻处罚。

(二)犯罪未遂

犯罪未遂是未完成罪的形态之一,是一种特殊形态。其危害程度接近于犯罪既遂,各国刑法均有规定,但又各不相同。有广狭两义:(1)狭义说由1810年《法国刑法典》首创,是指行为人已经着手实施犯罪,但由于行为人意志以外的原因而未能得逞。《法国刑法典》第121-5条规定:“仅仅由于罪犯意思以外的情事而中止或未能得逞,即构成未遂。”(2)广义说由1871年《德国刑法典》首创,是指行为人已经着手实施犯罪但未达到犯罪既遂的未完成罪,其中包括障碍未遂和中止未遂。[④] 如《日本刑法典》第43条规定:“已经着手实行犯罪而未遂的,可以减轻其刑,但基于自己的意志而中止犯罪的,应当减轻或免除处罚。”着手实施犯罪后只要没有达到既遂状态,都是未遂,我国1979年和1997年《刑法》均采用狭义说。

1. 犯罪未遂的定义及特征

一般认为,犯罪未遂最早由贝卡里亚提出。“法律不惩罚意图。根据这一点还不能得出这样的结论:以某种行为——它暴露出将行为进行到底的意图——着手进行犯

① 参见李晓明主编:《中国刑法基本原理》(第3版),法律出版社2010年版,第345页。
② 参见李晓明、李洪欣、陈珊珊:《中国刑法基本原理》(第4版),法律出版社2013年版,第423页。
③ 参见张明楷:《刑法学》(第4版),法律出版社2011年版,第314页。
④ 参见李晓明主编:《中国刑法基本原理》(第3版),法律出版社2010年版,第350页。

罪,还不应当受到刑罚,即或这种刑罚是比已遂罪的处罚较轻的。预防这种未遂的行为的重要性证明,对犯罪未遂给予处罚是正确的。既然在未遂和已遂之间可能相隔一定的时间,对已遂行为判处较重刑罚,能使已着手犯罪的人悔悟”①。在客观主义犯罪未遂理论的影响下,1810年《法国刑法典》首次确认了犯罪未遂的概念和处罚原则,后逐步被各国立法所接受。为扩大刑罚机能,社会学派提出主观主义犯罪未遂理论。其抛开犯罪未遂的客观属性,从行为人主观恶性来界定犯罪未遂。该学派认为,只要行为人之行为表现出犯罪的主观恶性即成立犯罪未遂。如此,片面地从行为人主观恶性一点出发,不考虑客观上行为人行为对法益的实际危险,显然扩大了犯罪未遂的边界,实不足取。由于受到学界批判,于是折中主义犯罪未遂理论应运而生。其从主客观相统一的基础上提出犯罪未遂的概念,认为犯罪未遂已着手实施犯罪,既存在对现实法益侵害的危险,又存在外化为行为的主观恶性。可见,仅仅从主观或客观上考虑犯罪未遂的概念显然具有片面性,只有从主客观相统一的角度出发来论证犯罪未遂的概念,才具有全面性和科学性。②

我国《刑法》第23条第1款规定,“已经着手实行犯罪,由于犯罪分子意志以外的原因而未得逞的,是犯罪未遂”。具体是指行为人已经着手实行犯罪,由于行为人意志以外的原因而未得逞的一种未完成罪。犯罪未遂的特征如下。

(1)行为人已经着手实行犯罪

刑法中的“着手”一词也是贝卡里亚在《论犯罪与刑罚》中最早使用,并把它与犯罪未遂紧密联系起来。1810年《法国刑法典》首次在立法上将“着手”作为犯罪未遂发生的前提,从此将“着手”从一般意义上的行为特征上升为具有特定法律含义的概念。此后,大陆法系在制定刑法时都采用了“着手”的概念,并将其作为犯罪未遂的特征之一。

所谓着手即动手,开始做某事的意思。着手实行犯罪是指行为人已开始实行刑法分则所禁止的犯罪行为。如《刑法》第263条规定:“以暴力、胁迫或者其他方法抢劫公私财物的……”行为人开始实施上述暴力、胁迫劫取公私财物行为时,就认为是“已着手实行”抢劫。它是实行行为的起点,是区分预备行为与实行行为的显著标志。另外,着手标志着预备阶段已结束,但并不等同于预备的终点,有时预备行为已结束但仍然没有开始实行行为。

关于着手的具体认定,刑法理论中存在不同学说。包括:①主观说。认为犯罪是行为人危险性的表现,行为人的主观恶性和危险性是刑事责任的基础,行为本身只具有表现行为人危险性的意义,因此,不能仅从客观方面来考察实行行为,而应从行为人

---

① [意]贝卡里亚:《论犯罪与刑罚》,黄风译,中国法制出版社2010年版,第84页。

② 参见李晓明主编:《中国刑法基本原理》(第3版),法律出版社2010年版,第350页。

的主观方面考察实行行为。因此,行为人犯罪意志表现出来就是犯罪实行的着手。主观说又可分为极端的主观说和变通的主观说。① ②客观说。认为认定着手应当根据行为人所实施的行为,具体分为形式客观说和实质客观说。前者认为,只要行为人实施部分符合犯罪构成要件的行为就应当认定为着手。后者主张从客观危险的角度来认定着手,认为行为人开始实施具有实现犯罪结果的现实危险性的行为就是犯罪的着手。② ③折中说。认为认定着手应当将主观犯意和客观行为结合起来,当行为和犯意相互印证时即为犯罪的着手。主观说将客观行为仅仅看作证实主观犯意的手段,将行为人危险性的有无作为认定犯罪着手的标准,容易导致主观归罪,不当地扩大犯罪实行行为的犯罪,严重混淆了犯罪预备与犯罪未遂的界限。从逻辑角度看,主观说在认定行为人危险性时要根据行为人实施的行为去认定犯意是否成立,这本身就与主观主义的观点不协调。形式客观说认为,实施刑法分则规定的某一犯罪构成要件的行为就是着手,但关键什么是符合刑法分则规定的犯罪构成要件的行为。形式客观说并未作出解释,这就直接导致该学说在认定着手上具有模糊性和不确定性。实质的客观说虽然从客观危险角度出发来界定着手,但脱离了行为人心理状况,往往会导致客观归罪,将着手时期过于提前。如在放火烧毁财物来诈骗保险金的案例中,如果仅从客观危险的角度出发来界定着手,很容易得出放火时就是诈骗的着手的结论,这就是实质客观说脱离主观意志的认识而带来的错误。折中说主张从主观和客观相统一的立场来认定着手,从方法上来看具有科学性,是刑法理论的一大突破,但折中说只是主观说和客观说的简单混同,而不是两者的有机结合,因而不可避免地带来主观说和客观说的弊端,也不能科学地解决着手的标准问题。

本书认为,故意犯罪本身就是主观意志支配下的恶性行为,是一种主观意志和客观行为的统一,而着手是主观上的犯罪意图转化为犯罪行为的开始,所以认定着手必须从主客观两方面入手,只有将主客观有机地结合起来,才能科学地界定着手的标准。主观上,犯罪人形成了明确的犯意,且行为人明确的犯意已直接支配客观实行行为,并通过后者开始充分表现出来。客观上,行为人已开始直接实行具体犯罪构成客观方面的行为,这种行为已不再属于为犯罪的实行创造便利条件的预备犯罪的性质,而是实

① 极端的主观说认为,凡是行为人根据其犯罪意图或计划,认为自己的行为是犯罪实行行为的开始时,即使在他人看来不是实行行为的起点,也应当认为是犯罪的着手。变通的主观说认为,只有从行为人的行为本身能够识别其犯罪意图时,才能认定是犯罪的着手。陈兴良:《本体刑法学》,商务印书馆 2001 年版,第 495 页;马克昌:《犯罪通论》,武汉大学出版社 1999 年版,第 440 页。

② 有学者将实质的客观说分为行为说和结果说。前者认为,开始事实具有实现犯罪现实危险性的行为时就是实行着手;后者认为,发生了作为未遂犯的结果危险性时才是犯罪着手。在该理论的划分中,前者考虑的是行为本身的危险,后者考虑的是结果的危险。通常情况下,区分行为和结果的危险性几乎不可能,故划分两者没有实质意义。张明楷:《未遂犯论》,法律出版社 1997 年版,第 60-73 页。

行犯罪的性质。① 显然,通说观点是建立在犯罪预备与犯罪未遂的犯罪构成不同基础上的,但一个犯罪只有一个犯罪构成,不可能由于犯罪形态的不同而出现犯罪构成的不同,既然犯罪预备与犯罪未遂具有相同的犯罪构成,还能用符合构成要件的行为来认定着手吗?显然不行。在客观上认定着手只能根据行为是否具有发生行为人所追求的危害结果危险性来认定。犯罪预备行为是为犯罪做准备,不可能导致危险结果的发生,而犯罪着手行为则直接导致犯罪结果的发生。

(2)犯罪未得逞

犯罪未得逞,是指犯罪行为尚未符合刑法分则所禁止的某种罪的完成形态,即没有达到既遂。如张三在李四杯子里投毒(已着手实行杀人),而李四喝下有毒的茶水后并未中毒死亡(犯罪未得逞)。显然,我国刑法中规定的犯罪未得逞,是犯罪未遂与犯罪既遂的区分标志。犯罪未得逞有三种表现形式:一是法定的犯罪结果没有发生。如故意杀人罪,刑法分则规定以死亡发生作为既遂的标志。行为人实施了杀人行为却未造成死亡结果就是未得逞。二是确定的犯罪行为没有完成。如已经对妇女实施暴力和胁迫,但未能完成性交行为就是未得逞。三是法定的危险状态没有具备。如破坏交通工具罪,行为人刚动手开始破坏就被当场抓获,尚未造成足以使交通工具发生倾覆、毁坏危险的就可认定为犯罪未得逞。

关于"犯罪未得逞"如何界定,理论界存在不同主张:①犯罪目的说。认为应当以犯罪目的的达到作为犯罪既遂与犯罪未遂的区分标准,犯罪目的达到的是犯罪既遂,犯罪目的达不到的是犯罪的未遂。犯罪目的应当理解为行为人希望通过实施犯罪行为,达到某种危害结果的心理态度。②犯罪结果说。认为应当以犯罪结果是否发生作为犯罪既遂与犯罪未遂的区分标准,发生了犯罪结果就是犯罪既遂,没有发生犯罪结果就是犯罪未遂。应注意的是,犯罪结果是法律所规定的结果,而不是行为人的目的结果,否则犯罪结果说就实际上等同于犯罪目的说。③犯罪构成要件说。认为犯罪既遂就是行为具备了刑法分则具体犯罪构成的全部要件,故行为人着手实行犯罪后,违背其意志而使犯罪未能具备刑法分则具体犯罪构成全部要件的即为犯罪未遂。如果从犯罪未遂构成的角度来研究未遂形态区别于既遂形态的特征,可以发现,既遂形态的构成是基本的构成,而未遂形态的构成是经刑法总则修正的具有一定特殊性的构成。未遂构成区别于既遂构成的显著标志,就是既遂构成的犯罪达到了完成的终点,而未遂构成的犯罪没有完成也不可能完成。②

犯罪目的是个主观意识的范畴,不同的人实施同一个行为可能有不同的犯罪目

---

① 参见高铭暄主编:《新编中国刑法学(上)》,中国人民大学出版社 1998 年版,第 215 页。

② 参见赵秉志主编:《犯罪总论问题探索》,法律出版社 2003 年版,第 439 页。

的，如果以犯罪目的作为未遂的标准，可能就会导致主观归罪，从而出现与立法相矛盾的情况，如在对象认识错误中，行为人误将甲当成乙杀死，按照犯罪目的论来判断，行为人的行为构成犯罪未遂，而事实上行为人的行为构成杀人罪既遂。犯罪结果说认为犯罪未遂是没有发生犯罪结果，但我国刑法中规定的犯罪有些不以发生结果为既遂的条件，如诬告陷害罪不需要发生危害结果，只要行为达到一定程度即构成既遂，可见犯罪结果说也不能科学准确地界定未遂的标准。犯罪构成说是我国的刑法通说，如上所述，犯罪构成说以犯罪既遂的构成要件为基础，以犯罪未遂的构成要件为补充，在两者作比较得出差异的前提下，界定既遂和未遂的标准，似乎具有合理性和可操作性，但深入分析就会发现，一个犯罪只有一个犯罪构成，不可能由于犯罪形态的不同而出现两个不同的犯罪构成。如杀人罪不能以将人杀死作为犯罪构成要件，杀人未遂与既遂的构成要件应是同一的。既然犯罪既遂构成要件与犯罪未遂构成要件具有同一性，就不可能根据犯罪构成来区别犯罪既遂与未遂。

应当指出的是，犯罪未得逞并不是说没有发生任何危害结果，只是指未发生刑法分则作为某种犯罪完成形态要求的危害结果。如盗窃银行未能打开保险柜，或者打开保险柜是空的，属于盗窃未遂。还有，犯罪未得逞也不同于没有达到犯罪目的和没有发生犯罪结果，因为犯罪目的未达到也可构成犯罪既遂。有些犯罪既遂的成立法律并没有要求实际危害结果的发生，如行为犯、危险犯等。故在刑法分则以犯罪既遂模式设计前提下，应当以刑法分则中规定的具体犯罪既遂对行为要素和结果要求为标准，准确界定"犯罪未得逞"，从而达到科学区分犯罪未遂与既遂的标准。如果采取此标准来区分犯罪未遂与既遂，首先要解决的是刑法分则是否以既遂为设计模式的理论前提。有人认为，间接故意犯罪和过失犯罪中不存在未完成形态，而完成与未完成形态是相比较而存在的概念，没有未完成形态就不应当有既遂形态，也不存在未遂形态。刑法分则中显然规定了过失犯罪和间接故意犯罪，因此规定具体犯罪的刑法分则条文不是针对犯罪既遂，而是犯罪成立。如果说刑法分则条文以既遂为模式，其法定刑自然就只能是既遂犯的法定刑。如果刑法分则只有犯罪的成立没有规定犯罪预备、未遂、中止的法定刑，那么，对它们的量刑就失去了依据。① 本书认为，过失犯罪和间接故意犯罪中虽然不存在未完成形态，但其只有犯罪成立一种状态，为了研究的需要，完全可以将过失犯罪和间接故意犯罪中的犯罪成立视为犯罪既遂。从刑法分则条文规定模式的理论可能性、刑法分则条文规定模式及刑法分则规定既遂模式的可行性来看，

---

① 参见高铭暄主编：《刑法学原理》（第2卷），中国人民大学出版社1993年版，第270-274页；张明楷：《犯罪论原理》，武汉大学出版社1991年版，第466-468页；曾宪信等：《犯罪构成论》，武汉大学出版社1988年版，第145页。

刑法分则中直接故意犯罪以既遂为模式这一命题也具有合理性。① 故以刑法分则中过失犯罪和间接故意犯罪中只有犯罪成立来扩张到整个刑法分则中,认为刑法分则直接故意犯罪中也是以犯罪成立为模式的,显然是不合适的。至于否定论者所提出的如果刑法分则以既遂为模式将会导致未完成形态的量刑失去依据,显然这种担心是多余的。刑法分则虽未规定未完成形态的量刑依据,但刑法总则对各种未完成罪的处罚作出补充规定,弥补了刑法分则的不足。在确定了刑法分则以犯罪既遂为模式后,由于犯罪既遂和未遂存在对行为要素和结果要素要求的程度不同,就可以根据其具体规定来区分犯罪既遂和未遂。符合刑法分则规定的行为要素和结果要素的要求就是犯罪既遂,不符合就是犯罪未遂,仅此而已。

(3)犯罪未得逞是由于行为人意志以外的原因

意志以外的原因是指违背行为人本意的原因或行为人自身无法控制的原因。犯罪未得逞不是出于行为人的自身意愿,而是出于其意志以外的原因。如张三意图强奸某女,使用暴力将其按倒,但未能性交即被赶来的警察抓获。因此,这就成为犯罪未遂与犯罪中止相区分的标志。要准确界定"行为人意志以外的原因",必须先正确理解"意志"和"原因"的含义。首先,根据《辞海》的解释,意志是指决定达到某种目的而产生的心理状态,往往由语言和行动表现出来,是人的意识能动作用的表现。② 意志可分为完成犯罪的意志和未完成犯罪的意志。显然,"意志以外的原因"不应当包括以上两类。其次,"意志以外的原因"中的"原因"应当是阻碍犯罪意志的原因,且该"原因"应该能起到足以阻止犯罪意志的作用。只有阻碍犯罪意志的原因,才能对犯罪意志产生障碍、削弱的作用,从而使犯罪意志支配下的犯罪行为停止在犯罪预备阶段;也只有阻碍犯罪意志的原因达到阻碍犯罪意志的程度,才能阻止犯罪行为的进一步发展。

意志以外的原因有三类:一是犯罪本人以外的原因。包括被害人、第三人、自然力、物质障碍、环境时机等方面对完成犯罪具有不利影响的因素。二是行为人自身对完成犯罪有不利影响的因素,如其能力、力量、身体状况、常识、技巧等的缺乏或不佳情况。三是行为人主观上对犯罪对象情况、犯罪工具性能以及犯罪结果是否已发生或必然发生等的错误认识。③ 那么,如何来确定"意志以外的原因"呢?学界普遍认为,应当从质和量两个方面进行分析,从质上讲只有那些违背行为人本意的原因才能成为行为人意志以外的原因,从量上讲那些违背行为人本意的原因必须达到足以阻碍行为人继续实施犯罪的程度。造成犯罪未遂的原因包括:①行为人自身的条件或能力的限制。

---

① 参见李洁:《犯罪既遂形态研究》,吉林大学出版社 1999 年版,第 62-72 页。

② 参见徐逸仁:《故意犯罪阶段形态论》,复旦大学出版社 1992 年版,第 42-43 页。

③ 参见高铭暄主编:《新编中国刑法学(上)》,中国人民大学出版社 1998 年版,第 218 页。

包括行为人自身能力的欠缺,如盗窃过程中突然休克;想尽办法却打不开保险柜等。②行为人主观认识的错误或错觉。如将人打成昏迷而误认为打死了,误把白糖作砒霜杀人等。③行为人以外的客观障碍。如被害人的躲避反抗,第三人的出现阻止,执法部门的干预以及自然界力量等。

可见,意志以外的原因是形形色色、多种多样的,其对犯罪意图的阻止也是个心理活动过程,所以在认定“意志以外的原因”达到阻碍犯罪意志的程度上具有复杂性。相同的影响因素对不同的人可能会产生不同的影响。有的人会因此被迫放弃犯罪而形成犯罪预备和犯罪未遂;有的人则不会因此而受到影响,在此情况下行为人停止犯罪则构成犯罪中止。那么,如何准确界定犯罪预备、犯罪未遂与犯罪中止呢?本书认为,应当从影响因素和行为人的主观感受出发,准确界定犯罪预备和犯罪未遂的“被迫性”与犯罪中止的“主动性”。当不利因素从客观上考察足以阻止犯罪意志的,一般情况下,不管行为人认为是否达到阻止犯罪意志的程度,原则上应推定行为人未能着手犯罪或未能完成犯罪是由于“意志以外的原因”,除非有证据证明行为人在不知道犯罪目的已无法实现的情况下主动放弃犯罪。当不利因素从客观上考察不足以阻止犯罪意志但行为人主观上认为已达到足以阻止其犯罪意志的情况下,原则上也认为行为人未能着手犯罪或未能完成犯罪是由于“意志以外的原因”。如强奸犯因遇有月经妇女而放弃犯罪争论很大,定未遂还是中止要具体分析,本书倾向于犯罪中止。

总之,犯罪未得逞是否出于行为人的意志,这是犯罪未遂与中止的根本区别。实践中,有时准确区分两者是非常困难的,特别是当外界的环境正好与行为人的心理一起作用时,就更难以区别。如由于被害人的要求、哭泣而生怜悯之心,由于第三人的劝告斥责而停止,由于听到室外有脚步声而自动放弃犯罪等。在遇到这类情况时,可以以德国刑法学者提出的“欲达目的而不能”是犯罪未遂,“能达目的而不欲”是犯罪中止为参考,再具体分析。

2. 犯罪未遂的类型

由于主客观情况的复杂性,犯罪未遂的情况也多种多样,因此根据一定的标准对犯罪未遂进行种类划分,可以进一步认识犯罪未遂的性质,了解犯罪未遂状态的多样性。犯罪未遂可以根据标准的不同分为不同类型,科学的分类方法对理论和实践都有重大的价值。在刑法理论中,科学的分类有助于深入研究犯罪未遂的特点和范围,建立完善的犯罪未遂体系。在司法实践中,由于各种犯罪未遂的社会危害性大小不同,科学的分类方法有助于准确判断各种犯罪未遂的社会危害性,从而为处罚犯罪未遂提供科学依据。大陆法系一般将犯罪未遂分为:实行终了的未遂与未实行终了的未遂、能犯未遂与不能犯未遂、障碍未遂与中止未遂,由于我国刑法中将犯罪中止区别于犯罪未遂，所以我国刑法理论一般采取前两种分类。① 本书认为除第一种分类标准无甚争议外，将能犯未遂与不能犯未遂区分于障碍未遂与中止未遂的分类标准极易造成概念混淆。换言之，在能犯未遂的情形中其实就是障碍未遂，而不能犯未遂其实是认识错误。具体情形有二，一是障碍未遂；二是完全无害的不能犯。故能犯未遂与不能犯未遂只能造成概念混乱，不益于理论澄清，故本书不采用此种分类。

（1）实行终了的犯罪未遂与未实行终了的犯罪未遂

根据犯罪行为是否实行终了，可将犯罪未遂分为实行终了的犯罪未遂和未实行终了的犯罪未遂。但何为“实行终了”理论界存在不同主张：①主观说。可分为绝对主观说和修正主观说。前者认为，应当完全以行为人的主观认识为标准区分是否实行终了。后者认为，行为人的主观认识应当受到法定犯罪构成要件的限制。②客观说。可分为客观认识说和法律规定说。前者认为，应当以一般人对犯罪行为发展程度的客观认识为标准以确定是否实行终了；后者认为，应当以犯罪人已经实施刑法所规定某罪客观方面的全部行为为标准确定是否实行终了。③折中说。认为应当从主观和客观两个方面来认定实行终了。②

本书认为，应当以修正的主观说作为确定实行终了的区分标准，其他几种学说都存在不同的弊端。绝对的主观说脱离了客观法律评价，仅仅以行为人的主观认识作为区分实行终了的标准，会导致标准的不确定性，因为不同的人对实行终了的主观认识是不一致的。客观认识说的界定标准也具有不确定性。一般人的认识应如何界定？如果以法律的规定作为一般的认识，客观认识说与法律规定说也就没有什么区别了。法律规定说表面上为界定实行终了提供了一个确定的标准，但刑法分则中规定的实行行为只有定性的规定而没有定量的规定，根据刑法分则的规定根本无法界定实行终了。如行为人在实行杀人的过程中，第一刀由于被害人的挣扎没有刺中要害，就被其他人制止，该行为是否实行终了，实则无法进行判断，只能根据行为人的主观意志判断行为人没有将他认为实现犯罪意图所必要的全部行为实行终了。折中说貌似合理，但它以主客观相一致为前提，如果两者发生冲突折中说则陷入两难境地。只有考虑行为人的主观认识，才能提供行为量的标准，但这种认识必须受到法律规定的限制，如行为人盗窃后放火毁灭现场，应当不包括在行为人盗窃的主观认识中。

在确定了实行终了的标准后，就可以据此对实行终了的未遂和未实行终了的未遂进行准确界定。前者是行为人已经将他认为实现犯罪意图所必要的全部行为实行完

---

① 参见高铭暄、马克昌主编：《刑法学》（第4版），北京大学出版社、高等教育出版社2010年版，第168页；李晓明主编：《中国刑法基本原理》（第3版），法律出版社2010年版，第357页。

② 参见马克昌主编：《犯罪通论》，武汉大学出版社1999年版，第452页；陈兴良：《本体刑法学》，商务印书馆2001年版，第504页；徐逸仁：《故意犯罪阶段形态论》，复旦大学出版社1992年版，第128页。

毕,但由于意志以外的原因而未得逞的情况。后者是由于意志以外的原因,行为人尚未将他认为实现犯罪意图所必要的全部行为实行完毕,因而未能达到既遂状态的情况。二者相比,前者犯罪意图的实现程度要高,客观上离犯罪既遂较近;后者犯罪意图的实现程度要低,客观上离犯罪既遂也较远。故前者的社会危害性要严重得多,在司法实践中处罚犯罪未遂时要予以区别。

(2)普通未遂、中止未遂与不能未遂

普通未遂又称为障碍未遂或失败未遂,系指行为人已经着手实行犯罪,且该实行行为实际上有可能达到既遂状态,由于行为人意志以外的原因而未得逞犯罪。中止未遂系指行为人因己意中止实行行为或防止结果发生而成立的未遂形态。不能未遂又称不能犯,是实行行为本质上无法达到既遂的犯罪类型。具体是指行为人已着手实行犯罪,但由于其行为不可能达到既遂状态或不可能发生犯罪结果。如行为人想用石头打下民航班机,请人喝凉茶欲使之流产。这种完全无知的行为不会动摇大众的法信赖感,也不会破坏法秩序,因此处罚理由仅限法的敌对意识,刑法不罚思想,因此这种不能未遂才不罚。[①] 传统刑法理论将不能未遂分为工具不能犯与对象不能犯。前者是指由于行为人认识错误使用了按其客观性质不能实现行为人犯罪意图,不能构成既遂工具,以致形成犯罪未遂的情况,如用白糖去投毒杀人,用木制手枪去射击杀人等。后者是指由于行为人的错误认识,使犯罪行为所指向的犯罪对象不在犯罪行为的有效作用范围内,或者具有某种属性使犯罪不能既遂只能未遂,如对尸体开枪,并不具有可罚性。但是误把白糖作砒霜投毒,黑暗中对空被窝砍杀,就具有可罚性。

另外,不能未遂还需注意与迷信犯的区别。迷信犯系行为人基于迷信希望通过灵异等超自然手段来实现刑法的构成要件。如念咒施巫术等,只能说是一种行为人的愿望,迷信犯因欠缺构成要件而根本不成立未遂犯,因此也就不成立犯罪。

3. 未遂犯的刑事责任

欧陆刑法以处罚既遂犯为常态,处罚未遂犯为例外。前者在刑法理论及实务中不具有争议性,但后者在理论上争议甚大。处罚根据有三:①客观未遂理论。其认为,未遂犯处罚的根据在于行为侵害法益的危险性,也即行为实现不法构成要件结果之高度盖然性。因为故意在各个行为阶段中皆为相同并无差异,既遂犯、未遂犯及预备犯仅能就行为的客观面加以区别,所以未遂犯的行为由于引起结果不法的高概率而受到刑罚制裁。客观的未遂理论导致两个结论:一是不能未遂犯欠缺可罚性,因为这种未遂犯的实行行为根本不可能造成结果的发生。二是既然重点在客观的结果不法,而既遂犯是造成结果不法的实际损害,未遂犯仅是实现结果不法的危险性,因此两者处罚必

---

① 参见李晓明、李洪欣、陈珊珊:《中国刑法基本原理》(第4版),法律出版社2013年版,第438页。

须区别，简言之，未遂犯必须按照既遂犯的刑罚减轻而非“可以减轻”而已。[①] ②主观未遂理论。其认为，未遂犯的刑罚理由在于行为人以其未遂行为显露其主观上的敌对意思，因此处罚未遂行为的关键不在于未遂行为对于构成要件所保护行为客体的事实危险，而强调的是行为不法，也就是在未遂的实行行为中，所显露的行为人主观上之法敌对意识，也就是行为人应就其法敌对意思的实行而受处罚。[②] 主观未遂理论的结论：一是不能未遂犯应该处罚，因为尽管其在客观上造成法益侵害的危险性，与普通未遂有天壤之别，但就行为人主观上法的敌对意思而言，则无任何区别可言；二是基于同样的道理，未遂犯的处罚也应等同于既遂犯，不是可以减轻或必须减轻的问题，而是原则上应予以相同的刑罚。③混合理论，或称印象理论，是以主观未遂理论为骨干但兼采客观未遂理论立场的混合说，是德国学界的通说观点。[③] 其认为未遂犯处罚的根据在于：行为人基于法的敌对意思而着手实行行为，足以震撼大众的法意识及法信赖，并且破坏法秩序的安定与和平。换言之，能够表征主观犯意的客观行为，足以令社会大众感到不安，法律若对其不加以制裁，则足以危害法律的安定性与法律秩序，因此需加以制裁。[④] 这似乎限制了未遂犯的成立范围，因为其既要考虑行为的客观方面又要斟酌行为的主观犯意，相对于客观未遂理论与主观未遂理论，在同样处理不能未遂犯及未遂犯是否需要与既遂犯处罚际遇上作区分。其实际效果是：即便是不能犯未遂，行为人在其未遂行为中显露了法的敌对意思，如果这也足以震惊社会大众的法信赖且动摇法秩序安定与和平，还是具有可罚性。为了填补此漏洞，德国刑法认为，如果出于重大无知的不能未遂，由于根本不会或仅是轻微动摇法秩序，因此可施以刑罚优惠或不予以处罚。[⑤] 对未遂与既遂的处罚应有区别，虽二者主观法的敌对意思无实质差异，但结果未发生犯罪行为对社会大众所造成的震惊与动摇程度是不同的。

《刑法》第 23 条第 2 款规定：“对于未遂犯，可以比照既遂犯从轻或者减轻处罚。”可见，我国采取的是得减主义原则。但对于《刑法》第 23 条的理解要注意：对未遂犯的从轻、减轻处罚是相对于既遂犯而言的；对未遂犯可以比照既遂犯从轻、减轻处罚是指在一般情况下。世界各国对于未遂犯的处罚，主要有等同主义、必减主义和得减主义。在司法实践中适用该规定时要考虑的因素：(1)属于何种性质的犯罪未遂；(2)属于何

---

① 参见李晓明、李洪欣、陈珊珊：《中国刑法基本原理》(第 4 版)，法律出版社 2013 年版，第 428-429 页。

② 参见林山田：《刑法通论(上)》，北京大学出版社 2012 年版，第 303 页。

③ Bernd Heinrich , Strafrecht Allgemeiner Teil , 3. Aufl. 2012 , S. 285. 转引自李晓明、李洪欣、陈珊珊：《中国刑法基本原理》(第 4 版)，法律出版社 2013 年版，第 430 页。

④ 参见林山田：《刑法通论(上)》，北京大学出版社 2012 年版，第 303 页。

⑤ 参见李晓明、李洪欣、陈珊珊：《中国刑法基本原理》(第 4 版)，法律出版社 2013 年版，第 430 页。

种类型的未遂犯;(3)距离犯罪既遂的远近;(4)属于何种罪名的犯罪未遂;(5)未遂犯本身所造成结果的轻重。应当根据犯罪的性质,行为人的主观恶性,行为的社会危害性,犯罪未遂的类型等具体情况,决定是否可以给予从轻或减轻,以及究竟是从轻还是减轻。

(三)犯罪中止

犯罪中止是未完成罪的形态之一,它既可存在于犯罪预备阶段,构成犯罪预备阶段中的犯罪中止,也可存在于犯罪实行阶段,构成犯罪实行阶段中的犯罪中止。犯罪中止制度由于具有鼓励犯罪分子及时中止犯罪的刑事政策作用,各国刑法对此都予以了高度的重视,建立了不同的犯罪中止理论和立法体系。①

1. 犯罪中止的定义和特征

我国《刑法》第24条第1款规定:“在犯罪过程中,自动放弃犯罪或者自动有效地防止犯罪结果发生的,是犯罪中止。”其指在犯罪过程中,行为人自动中止犯罪或者自动有效地防止犯罪结果发生的犯罪未完成形态。李斯特指出:“在跨越不可罚的预备行为和可罚的实行行为的界限的瞬间,为未遂所规定的刑罚就具体化了。这种事实已经不能变更,也不允许废弃与抹杀。但是,立法基于刑事政策的理由,可以为应当被科处刑罚的行为人架设返回的金桥。事实上,立法承认对任意中止免除刑法。”②犯罪中止制度的设立可鼓励犯罪人及时悔悟,自动放弃犯罪或有效地防止犯罪结果的发生,从而起到预防犯罪和保护法益的作用。正是由于犯罪中止能够发挥这种作用,各国对犯罪中止高度重视,并根据不同的立法精神建立了各种犯罪中止体系。综观犯罪中止和犯罪未遂的关系,世界上各国观点各异。主要有:(1)将犯罪中止与犯罪既遂分别规定,从定罪到处罚原则均加以区分。如法国、西班牙、荷兰、比利时等少数国家。(2)将犯罪中止规定为广义未遂犯的一种,即犯罪未遂包括障碍未遂和中止未遂。如德国、日本、意大利、瑞士等多数国家。

关于犯罪中止的特征,学界有二特征说、三特征说、四特征说。③ 本书认为,根据刑法中对犯罪中止的规定,犯罪中止应当具有时间性、主动性、有效性三个特征。

(1)时间性条件:必须发生在犯罪过程中

这是犯罪中止的前提条件。犯罪过程包括:①一个完整的犯罪过程是从实施犯罪预备到犯罪既遂,二者是犯罪过程的两个分界点。在实施犯罪预备前行为人产生了犯意,但尚未实行任何犯罪行为不属于犯罪,故不可能成立犯罪中止。如果犯罪已经既

---

① 参见李晓明主编:《中国刑法基本原理》(第3版),法律出版社2010年版,第358页。

② [德]李斯特:《德国刑法教科书》,徐久生译,法律出版社2000年版,第349页。

③ 参见徐逸仁:《故意犯罪阶段形态论》,复旦大学出版社1992年版,第169页;高明暄主编:《新中国刑法学研究综述(1949-1985)》,河南人民出版社1986年版,第333-334页。

遂,已然形成了一种结局,所以也不可能成立犯罪中止。②在实施犯罪预备到犯罪既遂期间,如果犯罪行为由于意志以外的原因停止下来,形成了犯罪预备和犯罪未遂,也不可能成立犯罪中止。但也有学者对犯罪过程的界定提出不同的见解。如有学者认为,犯罪预备阶段不应当存在犯罪中止。还有学者认为,犯罪过程的终点应当界定为犯罪结果发生前而不是犯罪既遂。由于犯罪过程的界定涉及犯罪中止成立的范围,故这里作些分析。

有学者针对通说中的犯罪预备阶段存在犯罪中止提出不同的主张。其认为,根据我国《刑法》规定,犯罪中止须以犯罪预备阶段为起始阶段,这是刑事司法实践中不应动摇的。然而从刑法完善的角度来看,犯罪预备阶段的中止不宜再作为犯罪中止处理了,并且从我国刑法对犯罪预备的立法方式的弊端、在犯罪预备阶段中成立犯罪中止的现实可能性以及犯罪预备阶段中成立犯罪中止的理论合理性三方面作出详尽的论述。[①] 本书赞同这种主张,犯罪预备阶段的社会危害性本来就相对较小,行为人又自动中止了预备行为,其主观恶性和客观危害性就更为轻微,因此,无论从现实可能性还是理论合理性来看,犯罪预备中成立犯罪中止实在没有必要。至于有学者提出的,无论何种犯罪,只要存在发生犯罪结果的可能性,在结果尚未发生之前,都应当给予行为人自动有效地防止犯罪结果发生的权利,即在结果发生之前都可以成立犯罪中止,否则将不利于鼓励犯罪人自动中止犯罪,[②]显然,这里所谓的犯罪结果是一种有形实害结果,结果犯的既遂以发生法定实害结果为条件,结果发生之前可以存在犯罪中止的理论对于结果犯而言是正确的,但危险犯、行为犯的既遂并不以发生实害结果为前提,危险犯只要造成一定危险状态即构成既遂,行为犯只要行为达到一定程度即构成既遂,显然以实害结果作为犯罪中止的终点对于行为犯和危险犯是不合适的。行为人的行为已然达到既遂状态,即使行为人有效地防止犯罪结果的发生,也不能认为是犯罪中止,只能视为一种既遂以后恢复原状的悔罪行为,在量刑时作为悔罪情节予以考虑。

(2)主动性条件:必须是行为人自动中止

这是犯罪中止的主观条件,也是犯罪中止与犯罪预备和犯罪未遂的根本区别。关于此学界存在争论:①主观说。认为行为人中止的动机是基于对外部障碍的认识时就是障碍未遂;此外的场合就是犯罪中止。②限定主观说。认为只有基于悔悟、同情等广义的放弃犯罪才是犯罪中止。③客观说。认为对没有既遂原因应根据社会的一般观念进行评价,外界原因对一般人不会产生强制性影响,即一般人处于该种情况下不会中止而行为人中止时即自动中止;如果外界原因对一般人产生强制性影响,行为人

① 参见赵秉志主编:《犯罪总论问题探索》,法律出版社 2003 年版,第 460-462 页。

② 参见马克昌主编:《犯罪通论》,武汉大学出版社 1999 年版,第 465-466 页。

放弃犯罪的即未遂。④折中说。认为认定自动中止必须考察行为人对外部事实是如何认识的,再根据客观标准判断行为人的认识,探讨外部事实对行为人的意志是否产生了强制性影响。①

本书认为,相同的外部客观因素对不同的行为人会产生不同的影响,所以只能根据行为人的主观认识和意志来判断是否自动中止,在此意义上主观说是可取的。限定主观说过分强调后悔等伦理因素,不适当地缩小了犯罪中止成立的范围。而客观说以社会的一般观念进行评价,本身就存在方法上的谬误,因为每个行为主体的主观心理活动对外界的感受是不同的,仅以一般经验来代替行为人的主观认识和意志,必然会发生认定上的错误。折中说从主观和客观两方面入手,看上去似乎合理,但其也是用客观标准来代替行为人的主观认识和意志,实质上是客观说的修正,不可避免也带有客观说的弊端。

德国学者弗兰克提出了主观说的基准:“能达目的而不欲”是中止,“欲达目的而不能”是未遂。其中“能”不应当理解为客观上的“能”,也不应理解为一般观念上的“能”,而应当理解为行为人自己心理上的能,不管客观上的影响因素是否足以阻止犯罪意志,只要行为人认为自己的犯罪行为可以达到目的就可以认为“能”。弗克兰公式虽然从理论上区分了犯罪未遂和犯罪中止,但在司法实践中,要认定行为人心理上的“能”或“不能”,还要结合案件的具体客观情况。根据具体客观情况的不同分为客观说和折中说,其是用一般经验和客观标准来代替行为人的主观认识来认定犯罪未遂和犯罪中止的区别的,而结合案件的具体客观情况是站在行为人的立场上推断行为人的心理状况,从而以行为人的主观认识和意志来认定是犯罪中止还是犯罪未遂,两者存在方法论上的本质区别,不可混为一谈。②

(3)有效性条件:必须是行为人的有效中止

我国《刑法》规定,犯罪中止必须自动中止犯罪或自动有效地防止犯罪结果的发生,这是犯罪中止的客观条件。具体分两种情况:

自动中止犯罪,是指在行为人的犯罪行为未实行终了的情况下彻底放弃了原来的犯罪。应注意的是,这种彻底性是相对意义上的,而不具有绝对意义,即行为人所彻底放弃的只是正在进行的某个具体的犯罪,而不是指行为人在以后任何时候都不再犯此种罪。③ 但如果行为人虽然主动停止了犯罪行为的实施,但并不是真正出于悔悟而停止该种犯罪,只是等待更好的时机再继续实施原犯罪,就不能认为行为人的行为成立

---

① 参见张明楷:《刑法学(上)》,法律出版社 1997 年版,第 264 页;张明楷:《未遂犯论》,法律出版社、成文堂联合出版 1997 年版,第 356-375 页。

② 参见李晓明主编:《中国刑法基本原理》(第 3 版),法律出版社 2010 年版,第 363 页。

③ 参见高铭暄主编:《刑法学原理》(第 2 卷),中国人民大学出版社 1993 年版,第 336-337 页。

犯罪中止。

自动有效地防止犯罪结果的发生,是指在行为人的犯罪行为已经实施终了,但犯罪结果尚未发生的情况下,采取积极的作为形式来防止犯罪结果的发生,并且实际避免了犯罪结果发生。[①] 这里的危害结果是指行为人追求的犯罪结果,而不是所有的犯罪结果。如杀人后悔悟,将被害人送到医院抢救,被害人虽未死亡,但造成了一定的伤害。此案中虽然发生了伤害的危害结果,但它不是行为人追求的犯罪结果,行为人的行为还是构成犯罪中止。

2. 犯罪中止的类型

根据不同的标准,我们可以将犯罪中止分为以下几种类型:

(1)根据是否实际发生行为人追求的危害结果可将犯罪中止划分为未发生危害结果的中止和发生危害结果的中止。前者是指行为人自动放弃犯罪或自动有效地防止追求的犯罪结果的发生,并且没有发生任何危害结果的一种犯罪中止情况。后者是指行为人自动放弃犯罪或自动有效地防止犯罪结果的发生,但发生了犯罪人追求之外的其他危害结果的犯罪中止。前者行为人的主观恶性和客观危害性比后者要小得多,故在量刑时应区别对待。

(2)根据行为人中止行为的不同形式可将犯罪中止划分为消极中止和积极中止。前者是行为人以不作为形式在犯罪未实行终了的情况下自动停止犯罪的中止。后者即自动中止犯罪的中止,是犯罪中止的典型形式。后者是行为人不但需要自动停止犯罪的继续实施,还必须以作为形式去积极有效地防止结果的发生。可以说,积极中止是犯罪中止的特殊形式。

消极中止是在犯罪未实行终了的情况下主动停止犯罪,一般也不会发生一定的危害结果,距离犯罪既遂较远;而积极中止距离犯罪既遂较近,一般还会发生实际的危害结果,其社会危害性要比消极中止大得多,因此在司法实践中量刑时应当区别对待。

3. 中止犯的刑事责任

对于中止犯的处罚,各国刑法大多实行减免处罚的原则,但犯罪中止减免处罚的依据,刑法理论中存在不同的主张。刑事政策说认为,对中止犯减免刑罚是为了给走上犯罪道路的人架设一道返回的金桥。违法性减少说认为,由于中止行为使其犯罪行为的客观危害减少,故应减免刑罚。责任减少说认为,由于放弃犯意使对其行为的非难可能性减小,故应减免刑罚。[②] 三种学说从不同方面阐述了对犯罪中止减免处罚的理由,但都失之偏颇,应当将以上学说有机地结合起来,才能全面地说明对犯罪中止提

---

① 参见朱蔚云:《本案犯罪停止形态是否犯罪中止》,载《人民法院报》2006年4月12日。

② 参见张明楷:《刑法学(上)》,法律出版社1997年版,第268页。

供减免处罚的依据。①

我国《刑法》第 24 条第 2 款规定,“对于中止犯,没有造成损害的,应当免除处罚;造成损害的,应当减轻处罚”。该条规定以损害结果作为对中止犯的减免处罚标准,为司法实践提供了具体化、明确化的依据。这里的“没有造成损害”,应当理解为不仅没有发生行为人开始追求的犯罪结果,也没有发生其他的危害结果;“造成损害”应当理解为虽没有造成行为人开始追求的犯罪结果,但发生了其他危害结果。必须指出的是,对没有造成损害的犯罪中止免除处罚,并不表示该行为不构成犯罪,免除处罚其实也是其承担刑事责任的一种方式。只有行为符合《刑法》第 13 条但书时,才可认为不属于犯罪,此情况下也就不存在犯罪中止了。

二、共同犯罪:共犯形式、犯罪人分类及刑事责任

社会上的犯罪可谓形形色色,有的犯罪一人独立完成,也有的犯罪多人共同实施。显然,多人参与的犯罪对社会法秩序有更大的破坏力,故刑法对多人共同犯罪在处遇上多严于单个人犯罪,且在多数人的犯罪中还存有刑事责任的区分问题。因此,为加强对共同犯罪的深入研究,都把共同犯罪列为犯罪形态之一。我们曾认为,共同犯罪只是刑事责任的区分问题,故作为刑事责任的特殊形态进行研究。② 本书认为,就刑事责任的裁量而言,共同犯罪及其分工或不同类型表现的是量刑情节及其轻重,但如果从对社会秩序的破坏力和所表现出的犯罪类型而言它还是一种犯罪形态。因此,把共同犯罪作为一种犯罪形态研究是有其道理的,并且也符合我国刑法体系的内容归属与基本结构。

大陆法系刑法中的共同犯罪理论,一般是以正犯(Tterschaft)和共犯(Teilnahme)为框架建立起来的,广义上的共犯包括共同正犯、教唆犯和帮助犯,而狭义上的共犯是除正犯外的教唆犯和帮助犯。英美法系刑法中既没有共同犯罪的明确概念,也没有共同犯罪成立条件的明确规定。苏联 1919 年《苏俄刑法指导准则》首次提出了“共同犯罪”的立法定义,虽然 1922 年和 1926 年《苏俄刑法典》中均未设立共同犯罪的概念,但在其中规定了实行犯、教唆犯和帮助犯,并增加了组织犯和团伙犯罪。我国刑法在借鉴苏联刑法的基础上,创立了自己的共同犯罪制度,显然沿袭了苏联的实行犯、教唆犯和帮助犯之说,并未吸纳德日刑法中的正犯和共犯概念,更没有片面正犯和片面共犯之说。下面就共同犯罪的概念、共同犯罪中各个犯罪人间的关系、共同犯罪的成立要件等作些讨论。

---

① 参见李晓明主编:《中国刑法基本原理》(第 3 版),法律出版社 2010 年版,第 365-366 页。

② 参见李晓明主编:《刑法学(上)》,法律出版社 2001 年版,第 492-495 页。

我国《刑法》第25条第1款规定:“共同犯罪是指二人以上共同故意犯罪。”在此界定中,何谓犯罪的共同性,是准确界定共同犯罪的关键,国外存在犯罪共同说与行为共同说之争。

犯罪共同说主张,二人以上共同实施特定的犯罪才成立共同犯罪;如果具有不同犯罪事实和不同的成立要件,则无共同犯罪存在的前提。该说是客观主义学派倡导的共犯理论,其理论依据是按照成立要件的理论,犯罪首先是符合成立要件的行为,成立要件是犯罪的类型,共犯就必须是相同犯罪类型的共犯。故共同犯罪的成立,要求二人以上的行为均符合某罪成立要件。① 该说又可分为完全犯罪共同说和部分犯罪共同说。前者主张,所有二人以上共同实施的行为在罪名上完全相同才成立共同犯罪。后者主张,二人以上虽然共同实施了不同的犯罪,但当这些不同的犯罪之间具有重合性质时,则在重合的限度内成立共同犯罪。② 如甲以杀人故意,乙以伤害故意,二人共同对丙实施暴力导致丙死亡。按完全犯罪共同说,甲乙的行为触犯不同罪名,故不能成立共同犯罪,分别对甲和乙以杀人罪和伤害罪来论处。此结论说明,完全犯罪共同说要求罪名完全相同才成立共同犯罪。按部分犯罪共同说,二人虽共同实施了不同的犯罪,但当此些罪名之间有重合时,则在重合的限度内成立共同犯罪。③ 上述案例中,虽然各自在主观方面存在不同或差异,但其共同实施对丙的伤害是确定无疑的,按部分犯罪共同说的主张,甲乙在故意伤害罪的范围内成立共同犯罪。实际上该认识也是片面的,按照犯罪学原理,共同犯罪具有交互效应,因此容易使犯罪扩大化,如果机械性地认为只有部分重合就会对犯罪共同行为的危害性认识不足。

行为共同说是主观主义学派提出的共犯理论,其理论依据在于犯罪是行为人危险性格的外在表现,共同的行为就表现出行为人的危险性格,所以共同犯罪的成立,不需要以同样的成立要件为前提,只要二人以上具有共同行为而实施其犯罪的,皆系共同犯罪。应注意的是,这里的共同行为仅仅是指一般意义上的纯客观事实性的行为,而不是成立要件意义上的行为,否则就与犯罪共同说混为一谈了。④ 行为共同说仅仅根据纯客观事实性的行为相同作为确立共同犯罪的依据,而不考虑各个行为人之间是否存在共同故意,就确定各行为人之间成立共同犯罪,不可避免地扩大了共同犯罪的范围。当然也有的学者认为,此处共同行为依以往的主观主义者的行为共同说,是指前构成要件的或前法律的自然的行为相同,但当今的行为共同说所称的行为共同,是指

---

① 参见肖中华:《论共同犯罪成立是否以符合同一犯罪构成为前提》,载《中国刑事法杂志》1999年第6期。

② 参见张明楷:《外国刑法纲要》,清华大学出版社1999年版,第293-294页。

③ 参见张明楷:《刑法学》(第4版),法律出版社2011年版,第358页。

④ 参见陈兴良:《本体刑法学》,商务印书馆2001年版,第517页。

违法的构成要件该当行为相同。①

可见，部分犯罪共同说将符合同一犯罪成立为前提作为原则，主张在不同的犯罪成立之间不存在共同犯罪，但如果二人以上实施的行为具有主客观方面的重合部分时，各行为在重合部分成立共同犯罪，如此就不排除不同罪名之间存在共同犯罪的可能性。如甲教唆乙伤害丙，结果乙将丙杀死，此案中乙实施了过限行为将丙杀死，应定故意杀人罪，那么对甲应如何定罪量刑呢？如果根据完全犯罪共同说，甲只对教唆伤害承担刑事责任，应定为故意伤害罪，甲乙不构成共同犯罪，那么就应当将甲乙的行为作为单独犯罪看待，甲的教唆就属于被教唆人没有犯被教唆罪的情节，根据我国《刑法》规定，可以从轻或减轻处罚，这显然不合理。而部分共同犯罪说则很好地解决了该问题，乙的杀人行为中包含伤害的行为，杀人行为与伤害行为在客观上存在重合部分，杀人的故意中包括伤害的故意，故甲乙在伤害的限度内存在共同故意和行为，成立共同犯罪。而乙的杀人行为超越了甲教唆伤害的限度，应由其单独承担杀人的罪责。可见，采用部分犯罪共同说，不仅具有理论上的合理性，而且为解决司法实践中的“重合限度内共同犯罪”问题提供了解决方案。

因此，数人行为可以视为一个整体，不仅有共同行为，更为重要的是主观故意的联合。只有主观故意的共同性，才可以将不同表现形式的行为视为共同。很显然，部分犯罪共同说将符合同一犯罪成立为前提作为一个原则，主张在不同的犯罪成立之间不存在共同犯罪，但如果二人以上实施的行为具有主客观方面的重合部分时，各行为在重合部分成立共同犯罪，如此就不排除不同罪名之间存在共同犯罪的可能性。当然，这里有主观故意认定问题，如果甲乙分别持有故意杀人和故意伤害在一起共同对丙施暴，且行为互不排斥甚至心照不宣，那么他们没有共同伤害的故意吗？即便其中一人正在实施着比伤害更重的杀人的行为，杀人必然是以伤害为前提的，所以认定共同犯罪也是完全符合逻辑的。

大陆法系国家一般以正犯和共犯为框架建立共同犯罪理论，且将共同犯罪中的实行犯称正犯，将帮助犯和教唆犯称共犯。共同犯罪人间的关系即为共犯与正犯的关系。但主谋者并未亲自执行或实行又算什么犯呢？这种观点显然也是有缺陷的。我国刑法的共犯理论借鉴了苏联的刑法体系，不承认共犯与正犯的理论格局，建立了统一的共同故意和行为的共犯理论，将共同犯罪人按照作用区分为主犯、从犯、胁从犯，当然还有准共犯的教唆犯理论，似乎逻辑上更加完善。显然，既未承认胁迫犯为共犯，也未规定胁迫犯是否承担刑事责任。本书认为，既然未排除胁迫犯的刑事责任，那么胁迫犯也就必须承担刑事责任。因此，结合大陆法系理论进一步揭示我国刑法共同犯

① 参见张明楷：《刑法学》(第4版)，法律出版社2011年版，第358页下注。

罪人间的关系,从而为准确认识共同犯罪的性质,建立起科学的共同犯罪理论提供前提性基础,也就显得尤为必要。

一般认为,大陆法系刑法理论对正犯和共犯的关系存在共犯从属说和共犯独立说的争论。前者认为,共犯对于正犯具有从属性,共犯的成立及可罚性以存在一定的实行行为为必要前提,如果有人实施了教唆、帮助行为,但对方并没有着手实行犯罪,则教唆、帮助行为不构成犯罪。后者认为,犯罪乃行为人恶性表现,共犯的教唆行为或帮助行为,系行为人表现其固有的反社会的危险性,并对结果具有原因力,即为独立实现自己的犯罪,并非从属于正犯的犯罪,应依据本人的行为而受处罚。① 因此,在二人以上参与共同犯罪的场合,不应认为存在从属于他人犯罪的情形。教唆与帮助行为本身应认定为独立构成犯罪,均可独立予以处罚。我国《刑法》第 29 条第 2 款规定:“如果被教唆的人没有犯被教唆的罪,对于教唆犯,可以从轻或者减轻处罚。”显然不是不处罚,而是从轻或者减轻处罚,这完全符合上述大陆法系的共犯独立说。然而,我国刑法并不承认大陆法系的正犯与共犯理论,因为在立法者看来,正犯和其他共犯都属于共犯的成员,即都是共犯,也即实行犯。

大陆法系的共犯从属说从客观主义出发,以正犯的行为为中心,指出共犯的从属性,在一定程度上揭示了正犯和共犯的关系,但共犯从属说无视行为人的主观恶性,将共犯依附于正犯,在一定程度上有可能放纵犯罪。与此相反的是,共犯独立说从主观主义出发,将共犯可罚性建立在本人行为基础上,充分关注了行为人的主观恶性,从而严密了刑事法网。但也有学者认为,共犯独立说割裂了主观与客观的联系,无视共犯对主犯的从属性,可能导致主观归罪。② 可见,共犯从属说和共犯独立说都具有一定的局限性,无法正确解释刑法中实行犯与非实行犯间的关系。于是,有人便提出了共犯从属性与独立性统一说,在主观和客观相统一的原则下,对实行犯与非实行犯的关系作理论诠释。该说认为,共犯从属性是指共犯所构成的具体犯罪和罪名,取决于实行犯所实施的特定犯罪,没有抽象的脱离具体犯罪的共犯;共犯的独立性是指共犯具备独立的主客观相统一的承担刑事责任的根据,因而其构成犯罪并不取决于实行犯是否实行犯罪。③ 本书认为,共犯从属性与独立性统一说从主客观相统一的立场出发,准确界定了我国刑法中实行犯和非实行犯间的关系,极具说服力。我国《刑法》在第 29 条第 2 款规定教唆犯独立构罪,依据在于其已经实施教唆行为,并给社会造成极大损害,据此完全应当追究其刑事责任,而并非被教唆人实施才追究刑事责任。

---

① 参见张明楷:《刑法学(上)》,法律出版社 1997 年版,第 278 页;陈兴良:《本体刑法学》,商务印书馆 2001 年版,第 530 页。

② 参见蔡墩铭:《刑法精义》,台北,翰芦图书出版公司 2005 年版,第 321 页。

③ 参见陈兴良:《刑法适用总论(上)》,法律出版社 1999 年版,第 465 页。

根据我国《刑法》第25条第1款的规定，只要具备了主观方面的“共同故意”和客观方面的“共同行为”，就成立共同犯罪。也就是说在多人参与的共同犯罪中，如果数人间在主客观方面均有重合，或将每个人的行为均视为统一故意整体，即成立我国刑法意义上的共同犯罪。根据本书的犯罪成立新三要件说，显然量度要件在共同犯罪研究中是不需要讨论的，如此只剩下犯罪客观要件和犯罪主观要件。在共同犯罪中犯罪主观要件是要优先考虑的，因为只有有了犯罪主体的刑事责任能力和主观故意的内容推动，才可能产生客观的共同犯罪行为。

（1）共同犯罪的客观要件

根据《刑法》第25条第1款的规定，必须具有二人以上的“共同行为”才构成共同犯罪。“共同行为”不是各个行为人行为的简单相加，而是各行为人实施了属于同一犯罪构成的行为，且这些行为相互联系、相互配合，形成有机的犯罪活动整体。每个人的行为都是共同犯罪整体不可缺少的部分，在发生犯罪结果的情况下，共同的行为整体与犯罪结果存在因果关系，所以作为行为整体一部分的每个人的行为都与犯罪结果间存在因果关系。当然，就共同行为的表现形式而言可以有多种分类，一是依据行为的性质分为共同作为、共同不作为、不作为和作为的结合；二是依据行为的表现分为无分工行为、有分工行为。无分工行为中，每一个共同犯罪人都实施了特定犯罪的实行行为，都是实行犯。有分工的情形指犯罪的共同行为中，有的实施了实行行为，有的实施了教唆、帮助或者组织等非实行行为。

首先，根据行为在共同犯罪中的分工和作用可分为：①实行行为，即直接实施刑法分则规定的导致犯罪结果发生的行为；②组织行为，即在犯罪集团中组织、策划、指挥的行为；③教唆行为，即引起他人实施犯罪决意的行为；④帮助行为，即在共同犯罪中起辅助作用的行为。共同犯罪行为可能是共同实施实行行为，也可能是实行行为与组织行为、教唆行为、帮助行为间的结合，而不能将共同犯罪行为仅仅理解为共同实施实行行为。

其次，根据共同犯罪中共同行为的表现形式可分为：①共同作为，即各行为人的行为均为作为形式；②共同不作为，即各行为人的形式均为不作为形式；③作为与不作为相混合，即一部分行为人的行为为作为形式，另一部分行为人的行为为不作为形式。无论上述哪一种行为的配对，都可能构成共同犯罪。

最后，根据共同犯罪行为形态的不同可分为：①共同实行行为，即行为人的行为都是实行行为；②共同预备行为，即行为人的行为都是预备行为；③预备行为与实行行为相混合，即一部分人实施了预备行为，另一部分人实施了实行行为。

综上，共同犯罪的客观要件核心表现在行为本身上，无论是作为还是不作为，预备未遂还是既遂等，只要有共同意志支配下的共同行为，均可认定为共同犯罪。

(2)共同犯罪的主观要件

共同犯罪完全是犯罪形态的一种,尤其在主观方面也必须适用本书所主张的犯罪成立主观要件的全部内容,也即犯罪的主体和主观罪过。根据《刑法》第25条第1款的规定,"共同故意"是共同犯罪的主观条件,当然,这里的故意也必须是符合犯罪主体和刑事责任年龄及刑事责任能力的故意。故共同犯罪的主观要件也就必须从犯罪主体和主观故意的内容来讨论。

(3)共同犯罪的主体要件

根据我国《刑法》第25条第1款的规定,共同犯罪的主体必须为二人以上,这是共同犯罪的前提性条件,如果犯罪主体为一人,则"共同犯罪"无从谈起。故准确认定共同犯罪的关键是正确理解"二人以上"的内涵和外延,当然也包括行为人责任能力人的考量。

首先,"二人以上"既包括个人也包括单位。我国《刑法》第30条规定单位也可以成为犯罪的主体,故作为共同犯罪主体的"人"不仅包括参与犯罪的自然人也包括单位。因此,自然人与自然人、自然人与单位、单位与单位间都有可能构成共同犯罪。另外,如果涉及单位共同参与的罪名没有规定单位犯罪的,是否认定共同犯罪呢?我国刑法没有规定。本书认为,应认定为共同犯罪,而不能认为该罪名不符合单位犯罪主体就不认定共同犯罪。其法理根据有二:一是虽然该罪名没有规定单位犯罪,但肯定有自然人犯罪,因此由自然人参与的犯罪无法否定另一参与主体构成共同犯罪;二是同自然人一样,虽然不具有刑事责任能力(如超过8周岁接近刑事责任年龄的儿童),但其的参与也的确给另一参与人以实际帮助和精神支持的,另一方参与人不应当不认定共同犯罪。同理,单位不追究刑事责任的,也不应当不给另一方参与人不认定共同犯罪。当然,这种情况下就或许引发出片面共犯的问题。

其次,"二人以上"的"人"既包括达到刑事责任年龄的自然人也包括8周岁以上尚未达到刑事责任能力的自然人。我国刑法通说认为,当共同犯罪的主体是自然人时,其必须达到刑事责任年龄,具有刑事责任能力。无刑事责任能力人与有刑事责任能力人共同实施犯罪不构成共同犯罪,如已满14周岁未满16周岁的人和已满16周岁的人共同实施盗窃,由于前者尚未达到盗窃罪的刑事责任年龄,故在此情况下不构成共同犯罪。但根据我国《民法典》的规定,8周岁以上的未成年人是限制民事行为能力人,可以进行与他的年龄、智力相适应的民事活动。虽然这一人群尚未达到刑事责任年龄,根据刑法规定不追究其本人的刑事责任,但其已经具有一定的行为能力,有极大可能被犯罪人所利用从事违法甚至犯罪活动。因此从法理上讲,对于利用这一人群从事犯罪活动的人不应当做出有利于他们的判断,而应当认定为共同犯罪。[①] 也就是说,通常二人以上均达到刑事责任年龄并具有责任能力,二人都应承担共同犯罪刑事责任。但如果存在二人以上仅有一部分人达到刑事责任年龄并具有责任能力,另一部分人尚未达到刑事责任年龄,也应当对达到刑事责任年龄并具有责任能力的那部分人认定共同犯罪。换言之,现实中的确存在尚未达到刑事责任年龄的人与达到刑事责任年龄的人共同故意实施犯罪行为的现象。此情况下,虽然没有达到刑事责任年龄的人具有责任阻却事由,但仍应认定已达到刑事责任年龄的人为共同犯罪。如 13 周岁的人与 16 周岁的人共同轮奸妇女的,应认定为强奸罪的共同犯罪,对 16 周岁的人应适用轮奸的法定刑。[②]

综上所述,无论自然人还是单位,无论另一方是否构成犯罪或是否规定为单位犯罪,对于共同犯罪来讲主要从其所从事的刑事违法性来判断,只要有一方达到刑事责任年龄或具有刑事责任能力,而另一方具有一定的民事行为能力,且可能为犯罪人所利用,就应认定已达到刑事责任年龄人一方为共同犯罪,从而追究其共同犯罪的刑事责任。

(4)共同犯罪的故意内容

根据我国《刑法》第 25 条第 2 款的规定:“二人以上共同过失犯罪,不以共同犯罪论处;应当负刑事责任的,按照他们所犯的罪分别处罚。”“共同故意”是共同犯罪的主观条件,而“共同过失”不是共同犯罪的主观条件。诚然,犯罪故意是明知自己的行为会发生危害社会的结果,并希望或者放任这种结果发生。由两个因素构成:一是认识因素,即明知自己的行为会发生危害社会的结果;二是意志因素,即希望或者放任犯罪结果的发生,两者缺一不可。可见,共同犯罪的主观故意内容是两个以上行为人的共同故意,很明显这在认识因素和意志因素方面与单独故意犯罪存在较大差异。具体表现在:

第一,在认识因素上,各行为人认识到不是自己一个人单独实施犯罪;第二,在于他人相互配合共同实施犯罪,且认识到这种相互配合的犯罪行为会发生危害社会的结果。具体内容:①认识到不是自己一个人单独实施犯罪,而是和其他人一起共同实施犯罪;②认识到自己的行为会发生危害结果,且认识到其他人的行为也会引起危害结果;③预见到各共同犯罪人的行为已经结成一个整体,将会共同导致危害结果的发生。[③] 对于认识因素在司法实践中的认定,应当根据认识因素的内容,把握好意思联络

---

① 这在德日刑法理论中称间接正犯,包括利用未达刑事责任年龄的人和精神病人实施犯罪;利用他人不可抗力或意外事件及合法行为实施犯罪;利用他人过失行为实施犯罪;利用有故意的工具实施的犯罪六种类型。转引自林维:《间接正犯研究》,中国政法大学出版社 1998 年版,第 76-108 页。

② 参见张明楷:《刑法学》(第 3 版),法律出版社 2007 年版,第 322 页。

③ 参见李晓明、李洪欣、陈珊珊:《中国刑法基本原理》(第 4 版),法律出版社 2013 年版,第 454 页。

和共同认识两个方面。一是意思联络要求行为人有主观上的沟通和联络,否则不构成共同犯罪。如果部分行为人认识到自己在和其他人共同犯罪,但其他人并没有认识到有他人与自己在进行共同犯罪,此种情况下是否构成共同犯罪?理论上称其为片面共犯,在此不作详述。依据认识因素中意思联络的要求,如下情况不构成共同犯罪:①二人以上同时或者先后实施某种犯罪行为,但缺乏主观上的联络不构成共同犯罪。如甲盗窃仓库后,乙见仓库门大开也实施了盗窃。在此案中甲乙彼此之间没有犯罪的意思联络,不构成共同犯罪。②事后的窝藏、包庇、窝赃、销赃等行为,如果事先缺乏意思联络也不构成共同犯罪。二是共同认识要求行为人对行为和结果有相同的认识,行为人的行为超过共同认识的范围不构成共同犯罪。应注意的是,在司法实践中有时共同认识的内容和范围比较难以确定,如聚众斗殴中行为人的认识是致人伤害还是致人死亡是不明确的,在此情况下应如何认定?有学者指出,共同犯罪人只要认识到危害结果的范围,即可能发生的危害结果,也可以形成共同认识,对此概括的、抽象的危害结果之认识及意志,均视为共同认识之范围。[①] 本书认为,该观点对共同认识的界定是妥当的。

在意志因素方面,各行为人对危害结果的发生采取希望或者放任的态度,即就故意的形式而言,全部行为人均为直接故意,部分行为人为直接故意,部分行为人为间接故意或全部行为人均为间接故意,都可成立共同犯罪。可见共同犯罪的意志因素包括:①行为人在认识到上述因素的基础上,通过自己自由意志的选择决意参加共同犯罪;②希望或放任包括自己行为在内的共同犯罪行为共同导致危害结果的发生。[②] 据此如下情况不构成共同犯罪:①共同过失犯罪,即各行为人的过失行为造成一个危害结果的不构成共同犯罪,因为根据共同犯罪主观方面意志因素的要求,必须要求行为人的主观心理是直接故意或者间接故意。②故意犯罪行为与过失行为不构成共同犯罪,因为共同犯罪中行为人对危害结果的发生抱希望或者放任的态度,而过失犯罪中行为人对危害结果持疏忽大意或者过于自信的态度。③超出共同犯罪故意的行为不属于共同犯罪。超出共同犯罪故意的行为同样不具备共同犯罪所要求"相同且合意"的主观标准,因此也不构成犯罪。

综上,共同犯罪的故意主要是指各共同犯罪人通过意思联络,认识到他们的行为会发生危害社会的结果,并且希望或者放任该种结果的发生。需要特别强调的是,这种意思联络是相互的和双向的,不是单一或片面的。共同不仅有"相同"的含义,而且还有"合意"的含义。具体而言共同故意的内容包括认识因素和意志因素,各共同犯罪

---

① 参见赵秉志主编:《犯罪总论问题探索》,法律出版社 2003 年版,第 493 页。

② 参见李晓明、李洪欣、陈珊珊:《中国刑法基本原理》(第 4 版),法律出版社 2013 年版,第 454 页。

人均有相同的犯罪故意，且具有意思联络。而共同过失犯罪不构成共同犯罪，但问题是何为“共同过失犯罪”，这里“过失”是针对行为结果而言还是针对行为内容而言？可谓其中的关键，需要具体分析。

(一)共同犯罪的形式

共同犯罪的形式也称为共同犯罪的结构，是指共同犯罪人的各犯罪行为间的作用和结合方式。可以说，准确地划分共同犯罪的形式，十分有助于全面深入地认识共同犯罪这一特殊形态。另外，准确界定共犯和独犯界限对于正确定罪量刑也十分有益。我国刑法通说从立法和理论两个层面对共同犯罪进行了分类。就立法层面来讲，《刑法》第26、27、28、29条分别规定了主犯、从犯、胁从犯和教唆犯。当然，此外在《刑法》总则第26条第3款和第74、97条，以及《刑法》分则第103、104、105、170、240、242、268、289、290、291、292、301、317、318、328、347、377条中均规定了首要分子。就刑法理论而言，依据不同的标准也将共同犯罪进行了分类。主要包括：(1)从共同犯罪能否任意形成分为任意的共同犯罪和必要的共同犯罪；(2)从共同犯罪故意形成的时间不同分为事前无通谋的共同犯罪和事前通谋的共同犯罪；(3)从共同犯罪行为的分工不同分为简单的共同犯罪和复杂的共同犯罪；(4)从共同犯罪的有无组织性分为一般的共同犯罪和特殊的共同犯罪。[①] 理论上分类的多样性固然可以加深人们对共同犯罪的认识，但也决定了其不可克服的片面性。有的分类只是立足于某一角度，不能反映事物的全貌，有的分类并没有反映事物的特有属性。如任意的共同犯罪和必要的共同犯罪可以帮助人们认识到有些犯罪只能表现为共同犯罪这唯一形态，但是任意共同犯罪的内部结构如何、如何量刑却没有反映，能否任意形成也不能认为是共同犯罪的特有属性。[②] 再如甲乙共同教唆丙抢劫他人财物，但丙根本没有接受教唆，甲乙构成共同犯罪，但其犯罪既不是简单共同犯罪，也难说是复杂共同犯罪。[③] 还有，简单共同犯罪和复杂共同犯罪也值得推敲。本书赞同从法律角度，将共同犯罪分为一般共同犯罪、聚众共同犯罪和集团共同犯罪。

1. 一般共同犯罪

一般共同犯罪系共同犯罪中最为常见的形式，是指二人以上没有组织的共同犯罪，或称松散型的共同犯罪。特点是：(1)二人以上的共同犯罪即可构成一般共同犯罪，这也是区别于集团共同犯罪的特征之一。(2)没有固定的特殊组织，没有首要分子

---

① 参见徐安住、陶涛：《论共同犯罪形式的法定分类》，载《河海大学学报(社会科学版)》1999年第2期。

② 参见徐安住、陶涛：《论共同犯罪形式的法定分类》，载《河海大学学报(社会科学版)》1999年第2期。

③ 参见张明楷：《刑法学(上)》，法律出版社1997年版，第293页。

和犯罪纲领,一般是犯罪后就自动解散。(3)不存在众人随时参与状态,这也是区别于聚众共同犯罪的特征之一。

2. 聚众共同犯罪

聚众共同犯罪系首要分子组织聚集众人实施的共同犯罪。聚众共同犯罪与聚众犯罪不同,两者有着不同的内涵和外延,同时又具有一定的联系。需深入分析,以便对聚众共同犯罪作准确界定。

对聚众犯罪学界有三种观点:(1)聚众犯罪是指聚集特定或不特定的多人实施犯罪,这些众多的人之所以能够聚集在一起实施犯罪,是由于其中的首要分子进行组织、策划或指挥的结果。① (2)聚众犯罪是指法律规定以聚众作为构成犯罪必要条件的犯罪。② (3)聚众犯罪是我国刑法明文规定的以聚众的行为方式实施的犯罪。③ 第一种从最广义来理解聚众犯罪,其法律界限很难准确界定。第二种观点将聚众理解为聚众犯罪的构成要件,这对于大多数聚众犯罪是合适的,但对把聚众行为作为犯罪构成选择性要件之一的聚众犯罪,该定义是不准确的。根据《刑法》第 303 条的规定赌博罪有三种行为:聚众赌博、开设赌场或以赌博为业,这里的聚众赌博行为只是三种行为之一。④ 第三种观点从聚众犯罪的法律规定和行为实质的角度对聚众犯罪进行界定,本书认为是科学和准确的。

聚众犯罪的基本特点:(1)定罪的法定性。聚众犯罪必须是刑法分则明确规定的犯罪行为,只要没有冠以“聚众”二字都不是聚众犯罪。(2)行为的多样性。由于参与人复杂,使得聚众犯罪行为表现为多样性的特点。(3)主体的特定性(非固定性)。聚众犯罪的主体必须有首要分子,且有三个以上参与人。我国《刑法》第 97 条明确规定了“首要分子”:“本法所称首要分子,是指在犯罪集团或者聚众犯罪中起组织、策划、指挥作用的犯罪分子。”当然,在聚众共同犯罪中,并非所有的参与人都构成犯罪,而只有《刑法》分则规定的“积极参加者”“使用暴力、威胁方法的参与者”才构成犯罪。所以,聚众犯罪的主体具有刑法明确界定的特定性。⑤ 同时,聚众犯罪的参与者可能随时增加或者减少,而处于非固定状态。如上,并非所有的聚众犯罪都是共同犯罪,有的表现为共同犯罪,有的只能表现为单独犯罪。根据聚众犯罪与共同犯罪的关系,可以将聚众犯罪分为必要聚众共同犯罪和任意的聚众犯罪。前者是指其在任何情况下只能表

---

① 参见高铭暄主编:《中国刑法学》,中国人民大学出版社 1989 年版,第 196 页。

② 参见姜伟:《犯罪形态通论》,法律出版社 1994 年版,第 240 页。

③ 参见张正新、金泽刚:《论我国刑法中的聚众犯罪》,载《法商研究(中南政法学院学报)》1997 年第 5 期。

④ 参见邵维国:《论聚众犯罪》,载《中国青年政治学院学报》1999 年第 3 期。

⑤ 参见邵维国:《论聚众犯罪》,载《中国青年政治学院学报》1999 年第 3 期。

现为共同犯罪的形式，不可能表现为单独犯罪的形式，这种聚众犯罪就是聚众共同犯罪。如《刑法》第 317 条规定的聚众持械劫狱罪。后者是指其既可以表现为共同犯罪的形式，也可以表现为单独犯罪的形式。当聚众犯罪只有一个首要分子，不存在构成犯罪的“积极参加者”“多次参加者”“使用暴力、威胁方法的参与者”，该种聚众犯罪就是单独犯罪；当两个以上首要分子构成共同犯罪或者首要分子与“积极参加者”“多次参加者”“使用暴力、威胁方法的参与者”构成共同犯罪，就是聚众共同犯罪。

3. 集团共同犯罪

集团共同犯罪，是指三人以上有组织地实施的共同犯罪，也即通说讲的集团犯罪。集团共同犯罪和犯罪集团不同。前者是共同犯罪的一种形式，后者是实施集团共同犯罪的主体，二者不可混淆。在认定中犯罪集团是关键，下面本文就犯罪集团的定义、特征及认定作详细分析。

（1）犯罪集团的定义和特征

我国《刑法》第 26 条第 2 款规定了犯罪集团的定义：“三人以上为共同实施犯罪而组成的较为固定的犯罪组织，是犯罪集团。”基本特征如下。

①集团成员在三人以上甚至更多。这是犯罪集团在组成人员数量上的要求，即成员必须在三人以上，这也是犯罪集团不同于一般共同犯罪主体的特点。事实上，现实生活中存在的犯罪集团的成员多数都不止三人，有的甚至达到数百人乃至上千人。

②集团犯罪的目的较为明确。这是犯罪集团在主观目的方面的重要特征，也是它与其他非法组织相区别的重要标志。立法定义也明确为“共同实施犯罪”，即犯罪集团在主观上是为了共同实施犯罪而组织起来的，具有鲜明的犯罪目的性。犯罪集团在主观上所具有的犯罪目的性，可通过集团成员之间口头或者书面约定，也可通过共同犯罪活动而逐渐形成，并不要求具有书面的犯罪纲领，也不要求在实际上反复多次实施了某种或某几种犯罪。[①]

③集团犯罪具有较强的组织性。犯罪集团一般要求成员相对固定，内部之间具有领导与被领导的关系，其中有首要分子，有骨干分子，有一般成员，首要分子组织、领导、指挥其他成员进行集团犯罪活动。犯罪集团的组织者和领导者主要是策划、指挥、监督和操纵犯罪集团的犯罪活动，其他犯罪集团的成员在组织者和指挥者的统一指挥下有组织地进行犯罪活动。他们的分工不同，行为之间的配合和联系的具体情况也不同，但他们都是统一的犯罪活动的共同实施者和完成者，他们之间形成一个完整严密的整体。当然，不同的犯罪集团在组织严密程度上各有不同，有的组织性很强，而有的

---

① 参见魏东、郭理蓉：《犯罪集团的司法认定问题研究》，载《四川警官高等专科学校学报》2000 年第 2 期。

组织性较弱。总之,犯罪集团内部都具有较强的组织性,这是构成犯罪集团的前提性条件,缺少它就不能构成犯罪集团。①

④集团犯罪的组织较为稳固。犯罪集团是三人以上为实施某种或某几种犯罪而组织起来的,其组织机构和活动计划都出于长远考虑,不是为了实施一次犯罪而临时结伙,在实施一次犯罪后,该组织或联合体仍继续存在。正如有学者所指出的,所谓稳固性是指以实施多次犯罪为目的而联合,联合体准备长期存在,而不以事实上实施了多次犯罪为必要。② 故只要各共同犯罪人是为了实施多次或不定次数犯罪为目的而联合起来的,即使他们只实施了一次犯罪或根本没有来得及实施任何犯罪,都不影响犯罪集团的成立。犯罪集团之所以成为打击的重点,就在于它是一种犯罪组织,是以经常性、专门性地从事犯罪活动为前提的。如果三人以上只是为了实施某种具体犯罪而结合在一起,该种犯罪一实施完毕,其犯罪的联合即行解体,则这种犯罪的联合或是普通的共同犯罪或是聚众共同犯罪,而不能认定为犯罪集团。③ 对于犯罪集团的稳固性特征的理解可把握两个方面:一是犯罪心理的一致性和实施犯罪目的的坚定性。犯罪集团内各成员犯罪心理的一致性也即团体意识,形成集团犯罪的心理环境。正是在这种团体意识的支配下,集团成员臭味相投,结合成一个反社会的团体,从事犯罪活动。这种团体意识较之单个人实施犯罪时的犯罪心理,具有很强的稳定性。二是犯罪集团组织上的稳固性,即指核心人员基本固定且长期稳定,有的犯罪集团内部还形成多层次的体系,具有严格的等级性。这是犯罪集团长期、稳固存在的前提和基础。④ 当然,这样理解并不意味着犯罪集团稳固性特征涵括了其组织性和犯罪目的性特征,而是从另一方面反映了犯罪集团诸特征之间相互联系、不可分割的关系。只有将几个特征作为一个有机的整体加以把握,才能准确地理解犯罪集团的概念。

(2)犯罪集团与犯罪团伙

犯罪集团与犯罪团伙二者不同,犯罪团伙不是刑法概念,但被我国司法机关在文件和实践中运用。对犯罪团伙的界定,法律没有明文规定,故存在争议。有学者认为,犯罪团伙就是犯罪集团。有学者认为,犯罪团伙是介于一般共同犯罪与犯罪集团之间的共同犯罪形式。也有学者认为,犯罪团伙包括犯罪集团和一般共同犯罪,是犯罪集团和一般共同犯罪的总称。⑤

---

① 参见魏东、郭理蓉:《犯罪集团的司法认定问题研究》,载《四川警官高等专科学校学报》2000 年第 2 期。

② 参见马克昌:《论犯罪集团与犯罪团伙》,载《法学杂志》1984 年第 6 期。

③ 参见魏东、郭理蓉:《犯罪集团的司法认定问题研究》,载《四川警官高等专科学校学报》2000 年第 2 期。

④ 参见魏东、郭理蓉:《论犯罪集团及其司法认定》,载《犯罪与改造研究》2000 年第 7 期。

⑤ 参见赵秉志主编:《刑法争议问题研究》(上卷),河南人民出版社 1996 年版,第 441-442 页。

我国刑法只规定了一般共同犯罪、聚众共同犯罪、集团共同犯罪，并无犯罪团伙的中间形式。司法机关往往在没有确定共同犯罪的形式和性质时，为了需要而采取犯罪团伙这一模糊用语。其认定的犯罪团伙可分为一般共同犯罪和犯罪集团。如果只是结伙，成员不完全固定，只有一个或者几个核心成员，没有形成稳固的组织，则应当认定为一般共同犯罪。如果犯罪团伙中既有组织者、指挥者，又有固定的成员，且形成了稳固的组织，则应当认定为犯罪集团。简言之，犯罪团伙不是一个明确的法律用语，完全可以根据实际情况将其准确定位为一般共同犯罪和犯罪集团，其在司法实践和刑法理论中没有什么存在价值。

(3)犯罪集团与黑社会性质组织

所谓黑社会性质组织是指以暴力、威胁或者其他手段，有组织地进行违法犯罪活动，称霸一方，为非作恶，欺压群众，严重破坏经济、社会生活秩序的组织。[①] 该内容规定在《刑法》第294条。其实，黑社会性质组织犯罪并非独立的共同犯罪形式，它只是集团共同犯罪中的一种。从我国黑社会性质组织发展的轨迹看，一般犯罪集团发展到一定程度，往往会朝着黑社会性质组织的方向发展。其虽然也是一种犯罪集团，但它与一般的犯罪集团也存在一定的区别。

根据《刑法》规定，一般的犯罪集团与黑社会性质组织并不完全相同。区别表现在：①组织的严密程度不同。尽管两者都具有固定的组织，但黑社会性质组织作为一种较高层次的犯罪集团，其组织程度比一般的犯罪集团更高，不仅有明确的组织者、领导者、骨干成员，而且还有严格的组织纪律维系组织内部的协调统一。②犯罪的目的不同。黑社会性质组织的目的在于在一定区域或一定行业内形成非法控制，而一般的犯罪集团只是为了共同实施某种犯罪或某几种犯罪而组织起来的，具有鲜明的犯罪目的性。③行为方式不同。黑社会性质组织往往采用暴力、威胁等手段，半公开地称霸一方，欺压残害群众，实现对社会的非法控制。而一般的犯罪集团则通常是秘密地进行犯罪活动，且没有地域和行为的限制。④政治渗透力不同。黑社会性质组织一般采取贿赂、威胁等手段引诱国家工作人员参加其活动，或者直接由其组织成员直接渗透到国家机关中，为其组织提供政治上的保护和支持，一般的犯罪集团则不存在这一特点。另外，注意研究《刑法》第294条第5款规定的黑社会性质组织特征。

(二)共同犯罪人及其刑事责任

共同犯罪人及其刑事责任是研究共同犯罪的重要内容，但如何对共同犯罪人进行分类，却是一个非常复杂的问题。因其直接涉及共同犯罪人的刑事责任分配，所以意义重大。

---

① 参见李文燕、田宏杰：《黑社会性质组织特征辨析》，载《中国人民公安大学学报》2001年第3期。

1. 共同犯罪人的分类标准

各国刑法共同犯罪人的分类标准不外乎三类,一是作用分类法;二是分工分类法;三是混合分类法。作用分类法是指依照犯罪人在共同犯罪中所起的作用为标准来确定各共同犯罪人在犯罪中所处的具体地位的一种分类方法。分工分类法是指依照犯罪人在共同犯罪中的具体分工为标准来确定各共同犯罪人在犯罪中所处身份的一种分类方法。混合分类法是指依照犯罪人在共同犯罪中所发挥的作用为基础,并以犯罪人在共同犯罪中的分工作为补充标准来确定各共同犯罪人具体地位的分类法。当然,各种分类方法各有利弊,也各有千秋。

有学者提出,对共同犯罪人进行分类的目的在于正确确定刑事责任的大小,当然有其合理性,但不容忽视的是,刑事责任大小的确定须以刑事责任的有无、具有何种犯罪之刑事责任之确定为前提。况且定罪在前量刑在后,以为作用分类法能解决量刑问题,就是正确地解决了刑事责任的问题,明显地忽视了定罪在刑事责任中这一重要环节,不免有以偏概全之嫌。① 也有学者认为,共同犯罪人的分类不是共同犯罪的分类。前者是在解决了共同犯罪的基础上,确定各共同犯罪人如何承担共同犯罪中各自的刑事责任问题,它与如何定罪不发生内在联系。② 定罪量刑是解决刑事责任的两个既有联系又有区别的重要环节,定罪是解决刑事责任有无的问题,量刑是解决刑事责任大小的问题。不否认两者有着严格的时间顺序,即定罪在先量刑在后。但共同犯罪的定罪是通过犯罪故意内容和行为内容两者有机结合为一体的犯罪成立标准解决的。事实上,先有共同犯罪事实存在,才有共同犯罪人的认定问题,先有共同犯罪的行为性质确定,才有共同犯罪人刑事责任的承担。既然共同犯罪人的多寡并不影响犯罪性质的确定,那么将定罪纳入共同犯罪人的分类依据就毫无必要。③ 而分工分类法以犯罪人在共同犯罪中的分工为标准进行分类(如实行犯、组织犯、教唆犯和帮助犯等)可以一举解决共同犯罪定罪问题的所谓最大优点也就失去了实际意义。同时,作用分类法的目的明确,依据充足,应当成为共同犯罪人的正确分类依据。故后者的观点更为合理,所以本书对共同犯罪人进行分类是在已然定罪的前提下进行的,分类的直接和根本目的还是在于确定各共同犯罪人刑事责任的大小,而且更加切合实际。

作用分类法是以犯罪人在共同犯罪中所起的作用为标准来确定各共同犯罪人的地位,直接反映各共同犯罪人社会危害性的大小,所以能正确解决共同犯罪人的刑事

---

① 参见陈兴良:《共同犯罪论》,中国社会科学出版社 1992 年版,第 176 页。

② 参见杨兴培:《论共同犯罪人的分类依据与立法完善》,载《法律科学(西北政法学院学报)》1996 年第 5 期。

③ 参见杨兴培:《论共同犯罪人的分类依据与立法完善》,载《法律科学(西北政法学院学报)》1996 年第 5 期。

责任问题。显然,这是一种比较科学和具有实际操作性的分类方法。分工分类法是一种形式主义的分类方法,它能直观地反映犯罪人在共同犯罪中实际分工和彼此间的联系,在刑法理论中如果采取该种分类方法对共同犯罪人进行分类,可从另一侧面反映各共同犯罪人的属性,也能对准确认识和理解各共同犯罪人有所裨益,但仅凭分工不能明确地说明共同犯罪人的社会危害性大小,所以很难准确解决犯罪人的刑事责任问题,故不具有更大的科学合理性。

混合标准说系我国刑法通说。该说认为,我国刑法采取了作用分类和分工分类相结合的混合分类法,将共同犯罪人分为主犯、从犯、胁从犯和教唆犯。这种分类方法主要是以犯罪人在共同犯罪中的作用作为分类标准,同时也照顾到共同犯罪人的分工情况,并把教唆犯这一类纳入以"在共同犯罪中所起的作用"为分类标准的分类体系中,从而获得了分类的统一性。[①] 该观点值得商榷,因为从逻辑规则角度出发,按分工分类与按作用分类是标准不同的两种分类方法,形式逻辑的分类标准之一是分类标准必须统一,将以不同标准划分出来的共同犯罪人混合在一起,必然会出现某种犯罪同时具有双重身份的逻辑错误。[②] 从立法角度看,我国刑法规定了教唆犯,并不等于将教唆犯和主犯、从犯、胁从犯相并立,只是由于教唆犯的情况比较复杂,不宜简单地列入主犯和从犯,因而在刑法中作出了特殊规定。从司法实践看,对教唆犯也是依据实际案情分别按主犯、从犯、胁从犯论处的。因此从逻辑规则、刑事立法及司法实践三方面考察,教唆犯都不是刑法中的法定共犯人,我国刑法仅将共同犯罪人分为主犯、从犯、胁从犯。故要研究各共同犯罪人的刑事责任,须重视这些类型。

2. 主犯、从犯、胁从犯的刑事责任

《刑法》第26、27、28条分别规定了共同犯罪中的主犯、从犯、胁从犯,而且严格区分了这三类共同犯罪人各自相应的刑事责任,非常值得认真研究和思考。

(1)主犯

《刑法》第26条第1款规定:"组织、领导犯罪集团进行犯罪活动的或者在共同犯罪中起主要作用的,是主犯。"

①主犯的分类

a. 犯罪集团中的主犯,是指在集团犯罪中起组织、策划、指挥作用的犯罪分子。犯罪集团中的主犯特征:以犯罪集团的存在为前提;在犯罪集团中起组织、策划、指挥作用。

b. 其他共同犯罪中起主要作用的犯罪分子,是指犯罪集团首要分子以外的在共同犯罪中起主要作用的犯罪分子。主要包括:犯罪集团的骨干分子,这类犯罪分子虽然

---

① 参见高铭暄主编:《刑法学》,法律出版社1982年版,第195页。

② 参见张明楷:《犯罪论原理》,武汉大学出版社1991年版,第570-572页。

不起组织、策划、指挥的作用,但是积极参加犯罪集团的活动,应属于主犯;聚众犯罪中起组织、策划、指挥的首要分子及其他起重要作用的应属于主犯;一般共同犯罪中起主要作用的犯罪分子。

c. 犯罪集团中的首要分子。《刑法》第 26 条第 2 款规定:“三人以上为共同实施犯罪而组成的较为固定的犯罪组织,是犯罪集团。”第 3 款规定:“对组织、领导犯罪集团的首要分子,按照集团所犯的全部罪行处罚。”而且《刑法》第 97 条规定:“本法所称首要分子,是指在犯罪集团或者聚众犯罪中起组织、策划、指挥作用的犯罪分子。”可见,首要分子与主犯的关系极为密切,所以准确理解两者究竟是一种什么关系就成为认定主犯的一个重要问题。

在犯罪集团中起组织、策划、指挥作用的犯罪分子是首要分子,也即主犯,这是毫无疑问的。但在聚众犯罪中起组织、策划、指挥作用的首要分子也能等同于主犯吗?不能简单视之。如前所述,有的聚众犯罪是共同犯罪,有的聚众犯罪是单独犯罪,在这两种聚众犯罪中,首要分子的内涵及意义是不相同的。规定前种聚众犯罪的首要分子是为了量刑的需要,该种情况下的首要分子就是主犯;规定后种聚众犯罪的首要分子是定罪的需要,不成立主犯的问题,即在该种情况下只有首要分子构成犯罪,其他参与人不构成犯罪,也就谈不上主犯问题。

②主犯的刑事责任

《刑法》第 26 条第 3 款规定,“对组织、领导犯罪集团的首要分子,按照集团所犯的全部罪行处罚”。必须注意的是,这里的“集团所犯的全部罪行”应当理解为首要分子组织、指挥的全部罪行,如果集团内成员所实施的犯罪超过了首要分子组织、指挥的罪行的范围,不能令首要分子对此承担刑事责任。

《刑法》第 26 条第 4 款规定:“对于第三款规定以外的主犯,应当按照其所参与的或者组织、指挥的全部罪行处罚。”这正是对主犯刑事责任的明确规定,司法实践中应认真贯彻执行。

(2)从犯

《刑法》第 27 条规定:“在共同犯罪中起次要或者辅助作用的,是从犯。”

①从犯的种类

a. 在共同犯罪中起次要作用的共同犯罪人,也即次要的实行犯。这种从犯直接实施了具体犯罪构成要件的行为,但在整个犯罪过程中较之主犯所起的作用小。

b. 在共同犯罪中起辅助作用的共同犯罪人,也即帮助犯或教唆犯。[①] 这种从犯不

---

① 教唆犯是犯罪意图的发起者,没有教唆犯的教唆,可能就不会发生犯罪,所以对教唆犯一般按主犯处罚,但在一些情况下,教唆犯也可能是起次要辅助作用,如教唆他人帮助别人犯罪,这类教唆犯就属于从犯。

直接实施具体犯罪构成客观要件的行为，而是为共同犯罪的实施创造条件。[①]

②从犯的刑事责任

《刑法》第27条第2款规定，“对于从犯，应当从轻、减轻处罚或者免除处罚”。至于在具体的案件中，对于从犯是从轻处罚、减轻处罚，或是免除处罚，则应当根据案件的实际情况，综合考虑案件的性质和从犯对犯罪结果所起的作用等具体因素。显然，对于从犯是可以从轻、减轻或免除处罚的，这充分体现了我国刑事政策中的区别对待原则。

(3)胁从犯

《刑法》第28条规定：“对于被胁迫参加犯罪的，应当按照他的犯罪情节减轻处罚或者免除处罚。”可见，胁从犯是被胁迫参加犯罪的共同犯罪人。

①胁从犯的特征及其认定

特征表现为：a.行为人是因为受到他人胁迫而参加犯罪的，这是胁迫犯不同于其他共同犯罪人的特征之一。主犯和从犯从主观上来说都是自觉自愿地参加犯罪，而胁从犯参加犯罪具有一定的不得已性。b.行为人客观上实施了犯罪行为。c.行为人在共同犯罪中所起的作用比较小。我国刑法对共同犯罪人的分类以作用为标准，主犯、从犯、胁从犯应当在共同犯罪中的作用呈现递减趋势，如果胁从犯在共同犯罪中的作用不是较小而是较大，甚至等同于主犯，对于这样的共同犯罪人仍按胁从犯论处，显然有悖于刑法的立法精神。[②]

胁从犯的认定：a.关键在于“被胁迫”的界定。胁迫，是指以剥夺生命、损害健康、揭发隐私、毁损财物等对行为人进行精神上的强制。[③] 在此情况下，被胁迫人虽然认识到自己的行为会造成危害社会的结果，但其意志受到他人的强制，从而实施了犯罪行为。必须注意的是，行为人的意志虽然受到他人的强制，但是没有完全丧失意志的自由。否则，如果行为人的身体或者意志受到他人的强制，并且完全丧失了意志的自由，即使行为造成了危害社会的结果，其也不应当承担刑事责任，该种情况只能认定为不可抗力。b.当行为人所受胁迫是一种正在发生直接威胁到国家、公共利益、本人或者他人人身权利、财产权利安全的危险，在此状态下，如果行为人为了保护较大的利益而被迫实施损害较小的利益的行为，应当认定为紧急避险，而不能按胁从犯处理。[④] c.在司法实践中，胁从犯可能在犯罪过程中思想发生转变，由消极转为自愿或者积极参加

---

① 参见陈欢水、马俊峰：《我国从犯概念辨析——基于对刑法第二十七条第一款的理解》，载《中共贵州省委党校学报》2012年第4期。

② 参见陈兴良：《刑法适用总论》(上卷)，法律出版社1999年版，第551页。

③ 参见赵秉志主编：《犯罪总论问题探索》，法律出版社2003年版，第513页。

④ 参见赵秉志主编：《犯罪总论问题探索》，法律出版社2003年版，第513页。

犯罪活动,甚至成为骨干分子,对该种共同犯罪人不能再以胁从犯论处,而应当按照其在共同犯罪中的实际作用确定刑事责任。如果是起主要作用的,应当以主犯论处,如果是起次要作用或者辅助作用的,则应当以从犯论处。

②胁从犯的刑事责任

《刑法》第28条规定:"对于被胁迫参加犯罪的,应当按照他的犯罪情节减轻处罚或者免除处罚。"之所以如此规定,是因为胁从犯是被胁迫实施犯罪的,其主观恶性较小,在共同犯罪中的作用小于从犯。至于对于胁从犯是减轻或是免除处罚,则应根据案件的实际情况,综合考虑犯罪人所受胁迫程度、所实施犯罪性质及其行为对危害结果所起的作用等因素。

3. 教唆犯的刑事责任

教唆犯不是我国刑法中的法定共同犯罪人中的一种,刑法之所以单独对教唆犯作出规定,是因为教唆犯具有一定的特殊性,因而在此对教唆犯进行单独研究和讨论。

(1)教唆犯的定义及其特征

《刑法》第29条规定:"教唆他人犯罪的,应当按照他在共同犯罪中所起的作用处罚。教唆不满十八周岁的人犯罪的,应当从重处罚。"可见,教唆犯是教唆他人犯罪的人。特征有:

a. 在客观要件上表现为行为人必须有教唆他人犯罪的行为。如果教唆他人实施违反道德的行为或者一般违法行为,则不构成教唆罪。教唆方法和手段,可以是口头、文字、动作进行教唆,可以是明示或暗示方式进行教唆,可以是煽动、利诱、请求、指示、怂恿、刺激、利用迷信手段进行教唆。在直接故意教唆他人犯罪的情况下,只要行为人实施了教唆他人犯罪的行为就成立教唆罪。在间接故意教唆他人犯罪的情况下,不仅要求行为人实施了教唆行为,而且要求被教唆人实施了被教唆的行为,才成立教唆罪。

b. 教唆犯在主观要件上,一是表现为责任主体必须达到刑事责任年龄;二是必须有教唆他人犯罪的直接故意。也就是说,不存在过失教唆犯。[①] 在教唆犯的刑事责任年龄上法律规定不明,《刑法》第17条第1、2款规定:"已满十六周岁的人犯罪,应当负刑事责任。""已满十四周岁不满十六周岁的人,犯故意杀人、故意伤害致人重伤或者死亡、强奸、抢劫、贩卖毒品、放火、爆炸、投放危险物质罪的,应当负刑事责任。"显然,对于教唆第1款规定的一般犯罪来讲似乎没问题,教唆人必须达到16周岁。那么,对于教唆第2款规定的严重犯罪,教唆人是否必须达到16周岁,还是达到14周岁就可以追究刑事责任?从法理上讲,对于教唆第2款规定的严重犯罪,教唆人只要达到14周岁

---

① 对于过失教唆犯是否成立,学者们有着不同的见解。日本刑法学者牧野英一、宫本英修、木村龟二等持肯定态度;我国大多学者持否定态度。我们认为,共同犯罪中不存在过失犯罪,所以不存在过失教唆犯。

就可以追究刑事责任。然而,根据罪责法定原则,既然刑法没有作出明确规定,那么司法实践中就不能够追究已满 14 周岁教唆人的刑事责任。从认识因素角度出发,行为人必须认识到自己是在实施教唆他人犯罪的行为,即认识到自己的教唆行为将引起被教唆人产生某种犯罪故意并实施该罪。否则,行为人只是信口开河,结果出现“说者无意,听者有心”,他人因此而产生某种犯意并进而实施该种犯罪情况,行为人缺乏教唆故意,就不能成立教唆犯。对于教唆犯罪的意志因素,学术界认识不一。观点有三:一是教唆犯的意志因素只能是“希望”,即教唆犯只能是直接故意;二是教唆犯的意志因素包括“希望”和“放任”,即教唆犯可以是直接故意或者间接故意;三是成立《刑法》第 29 条第 2 款规定的教唆犯只能出于直接故意,成立《刑法》第 29 条第 1 款规定的教唆犯通常出于直接故意,但也可以出于间接故意。[①] 第三种意见较妥。对于间接故意犯罪而言,如果没有出现危害结果,是无法或者很难考证行为人在主观意志上的“放任”问题的。[②] 承认无危害结果场合下间接故意的存在并且可以成立教唆犯,有扩大行为人刑事责任范围、加重行为人刑事责任程度的危险。

(2)教唆犯的认定

教唆犯不仅在理论上非常复杂,且在实践中也存在问题。一般认为,认定教唆犯的根据主要从教唆犯的主客观特征来进行。主要区分如下。

一是教唆犯与造意犯的区别。前者是指首先提出倡议,并且与他人在倡议下共同实施犯罪的人。后者也是犯意的制造者,其他共同犯罪人正是在其教唆之下实施了共同犯罪,故造意犯与教唆犯存在相同之处。但二者的区别在于:教唆犯不直接实施犯罪行为,而造意犯不仅教唆他人犯罪,而且直接实施犯罪行为,一个是教唆犯,另一个是实行犯,不可混淆。

二是教唆犯与传授犯罪方法的区别。根据《刑法》第 295 条的规定,传授犯罪方法罪是指故意用言辞、文字、动作或其他方法向他人传授犯罪技术、步骤、方法的行为。实践中,有时教唆人使用传授犯罪方法方式教唆他人犯罪又应如何认定呢?本书认为,在以传授犯罪方法的方式教唆他人犯罪的情况下,虽然只有一个行为,但该行为同时触犯了两个法条罪名的应当属于想象竞合犯。根据想象竞合犯的处理规则,在竞合的两个罪名中应以重罪名论处。故如果教唆人不仅教唆被教唆人犯罪,还传授犯罪的方法,应对其以传授犯罪方法罪论处。

三是教唆犯与间接正犯的区别。有刑事责任能力人利用不为罪或不发生共犯关系的第三人实行犯罪,理论上称其为间接正犯。如果教唆人教唆未满 14 周岁或教唆

---

① 参见马克昌:《论教唆犯》,载《法律学习与研究》1987 年第 5 期。

② 参见杜巧阁、孙振挺:《教唆犯的概念及成立要件问题之我见》,载《开封教育学院学报》2004 年第 1 期。

已满14周岁不满16周岁的人犯故意杀人、故意伤害致人重伤或者死亡、强奸、抢劫、贩卖毒品、放火、爆炸、投毒罪以外犯罪的应认定为教唆犯还是间接正犯?在该种情况下,被教唆人实质上等同于教唆人实施犯罪的工具,被教唆人无相应的行为能力和意志自由,故应认定为间接正犯,而不能将其以教唆犯论处。区别二者对于准确认定教唆犯是十分必要的,且是十分有益的。

(3)教唆犯的刑事责任

《刑法》第29条规定:"教唆他人犯罪的,应当按照他在共同犯罪中所起的作用处罚。"确定教唆犯在共同犯罪中所起的作用,应当根据案件的实际情况,从所教唆犯罪的性质、教唆情节、既未遂情况以及危害结果的大小来综合考虑。通常情况下,教唆犯在共同犯罪中起主要作用,特别是以胁迫方式教唆他人犯罪的,更是如此。所以,对教唆犯一般按主犯论处。当然,在一些共同犯罪中,教唆犯也有可能是起次要作用的,如教唆他人帮助他人犯罪,或因受第三人胁迫而教唆他人犯罪的,在此情况下,应当以从犯论处。

《刑法》第29条还规定:"教唆不满十八周岁的人犯罪的,应当从重处罚。"因为未满18周岁的人属于未成年人,容易受到教唆而走上犯罪道路,故该种教唆行为的社会危害性较大,应当从重处罚。应注意的是,这里从重是建立在确立教唆犯在共同犯罪中作用基础上的从重,即先必须确立教唆人是主犯还是从犯,然后才能确定是主犯的从重还是从犯的从重。

《刑法》第29条第2款规定:"如果被教唆的人没有犯被教唆的罪,对于教唆犯,可以从轻或者减轻处罚。"应注意的是"可以"一词的运用,即在此情况下可以不从轻或减轻,甚至可以从重处罚。该教唆行为如果达到教唆目的,将会带来巨大的不可挽回的损失时,或在教唆他人犯罪时的手段特别恶劣时,即使被教唆人没有犯被教唆之罪也不能从轻或减轻处罚。

(三)共同犯罪认定中的特殊性

司法实践中,在对共同犯罪定罪量刑时往往会遇到些难题,如共同犯罪中的未完成形态、共同犯罪中的片面共犯、共同犯罪中的实行过限、共同犯罪中的身份等。这些不仅是共同犯罪中的难点,更是其重点,对共同犯罪的认定和处罚具有重要意义,这里就此作些讨论。

1. 共同犯罪中的未完成形态

共同犯罪像通常的犯罪一样也存在犯罪预备、犯罪未遂和犯罪中止,犯罪既遂虽不属于未完成犯罪形态,但也是犯罪认定中不可缺少的重要阶段或停止形态,同样是一个较为复杂的问题。当然,根据犯罪人在共同犯罪中的分工不同,也可以将共同犯罪人分为实行犯、组织犯、教唆犯和帮助犯等。由于犯罪人在共同犯罪中的分工和作用不同，其犯罪形态也不尽相同，其应承担的刑事责任也不尽一致，所以准确认定未完成犯罪的形态具有重要意义。

（1）共同犯罪中实行犯的未完成形态。在共同犯罪中，实行犯直接决定着共同犯罪的进程，所以实行犯与其他共同犯罪人相比具有最大的自主性，即实行犯的犯罪形态往往只取决于他自身的作用终结时所处的阶段和终结的原因，而一般不受其他共同犯罪人的犯罪行为的影响。[①] 其表现为：由于意志以外的原因未能着手实行犯罪的，即为犯罪预备；在实行过程中由于其意志以外的原因未能得逞的，即为犯罪未遂；如果其实行行为完成了犯罪的，即为犯罪既遂；行为人自动放弃犯罪或者自动有效地防止犯罪结果的发生，即为犯罪中止。然而，如果存在两个以上的实行犯，各共同犯罪人在犯罪中止上就不具有绝对的自主性，必须具体情况具体分析。有四种情况：①如果某一实行犯自动放弃犯罪而其实行行为没有为其他实行犯完成犯罪创造条件的，无论其他实行犯是否完成犯罪，该实行犯的行为都属于犯罪中止；②如果某一实行犯自动放弃犯罪但其实行行为已经为其他实行犯完成犯罪创造了条件，其他实行犯继续实施犯罪但由于意志以外的原因未能得逞的，该实行犯的行为属于犯罪未遂而不是中止；③如果某一实行犯自动放弃犯罪但其实行行为已经为其他实行犯完成犯罪创造了条件，其他实行犯继续犯罪直至完成，该实行犯的行为属于犯罪既遂而不是中止；④如果某一实行犯自动放弃犯罪但其实行行为已经为其他实行犯完成犯罪创造了条件，但该实行犯有效地消除了自己的行为为其他人创造的条件或者有效地阻止了其他实行犯继续完成犯罪，该实行犯的行为属于犯罪中止。[②] 如此划分才更加合理。

（2）共同犯罪中组织犯的未完成形态。组织犯的组织行为在共同犯罪中起着主导作用，但由于其不直接着手实施犯罪，其行为不直接决定共同犯罪的进程，因而其犯罪的犯罪形态一般情况下具有较大的从属性，其犯罪预备、犯罪未遂、犯罪既遂的成立一般等同于实行犯的犯罪形态。但组织犯的犯罪形态在有些情况下也具有一定的独立性，主要表现在：如果实行犯在着手实行犯罪之前自动放弃犯罪，实行犯属于中止犯，而组织犯应定为预备犯；如果实行犯在实行犯罪阶段中止犯罪的，实行犯属于中止犯，而组织犯应定为未遂犯；如果组织犯自动放弃犯罪并有效地防止犯罪结果的发生时，可以成立独立的犯罪中止。了解这些组织犯的样态，对于准确认定共同犯罪中的组织犯也是十分有益的，更是不可缺少的。

（3）共同犯罪中帮助犯的未完成形态。帮助犯的帮助行为在共同犯罪中起着辅助作用，所以其犯罪形态一般情况下也具有较大的从属性，等同于实行犯的犯罪形态。

---

① 参见岳启杰：《浅论共同犯罪的中止》，载《山西省政法管理干部学院学报》2006 年第 2 期。

② 参见刘之雄：《共同犯罪中的犯罪终结形态辨析》，载《政法学刊》1998 年第 3 期。

但帮助犯在有些情况下也具有独立性,表现在:实行犯在预备阶段或实行阶段自动放弃犯罪或自动有效地防止犯罪结果的发生,构成中止犯,而帮助犯应定为预备犯或未遂犯。如果组织犯自动放弃犯罪没有完成帮助行为或自动有效地防止犯罪结果的发生,可以成立独立的犯罪中止,而不受实行犯的影响。了解这些帮助犯的样态,对于准确认定共同犯罪中的组织犯是十分有益的。

(4)共同犯罪中教唆犯的未完成形态。教唆犯之教唆行为在共同犯罪中起着"起意"作用,其犯罪形态具有从属性,等同于实行犯的犯罪形态。然而,教唆犯也具有独立性,主要体现为同实行犯在犯罪中止、预备及未遂的关系上,内容与组织犯相同,不再赘述。

2. 共同犯罪中的片面共犯

片面共犯是德日刑法共犯理论的概念,一般是指共同行为人的一方有与他人共同实施犯罪的意思,并协力于他人的犯罪行为,但他人却不知道其给予协力,因而缺乏共同故意的情况。[①] 对于片面共犯是否构成共同犯罪,在我国的刑法理论和司法实践中一直存有争议,争论的焦点在于"如何理解共同犯罪的主观联系"。[②] 否定说认为,"共犯关系之发生以实施犯罪以前,共犯者须有共通之故意,若事前无互相加功之认识时,各成立单独犯,而不发生共犯关系"。[③] 肯定说认为,"从哲学角度上讲,联系是关系的一种。而关系又是相互的,但这并不是说在任何意义上都不存在非相互关系中的一个方面或一种特殊情况,从而使它包括在关系的相互性中。结合刑法而言,相互间的联络是共同行为人主观方面的共同故意;非相互间的联络,虽是共同行为人各自单方面的故意,但二者侵犯的客体一致,同样存在主观上的关系。全面共同故意犯罪与片面共同故意犯罪,并不是主观联系有无区别,只是主观联系形式不同,即二者是量的区别而不是质的差异"[④]。可见,片面共犯还是比较复杂的,关键在于对"主观联系"的认识。

我国刑法没有正犯和共犯的规定,更没有片面正犯的规定。片面共犯的确只有单的意思表现,而无双的共同意思联络,而普通的共犯要求共同犯罪人之间必须存在意思上的联络,依此标准片面共犯根本不属于共同犯罪的范围。但片面共犯又的确在共犯中存在,是一种特殊的共犯情形,故不能用普通的共犯理论与标准来衡量它。片面共犯虽然缺乏与他人主观上的联络,但其主观上的确存在与他人共同犯罪的故意,客观上片面共犯的行为也与他人的犯罪行为融为一体,且对犯罪结果的发生起到了重要

---

① 马克昌主编:《犯罪通论》,武汉大学出版社 1999 年版,第 514 页。

② 陈兴良:《共同犯罪论》,中国社会科学出版社 1992 年版,第 115 页。

③ 郗朝俊:《刑法原理》,商务出版社 1930 年版,第 260 页。

④ 许立颖:《片面共犯问题的思考》,载《泉州师范学院学报》2000 年第 5 期。

的作用，因此可以将其视为共同犯罪的一种特殊形式。其中的关键问题是，如何区分片面共犯与利用他人或帮助他人实施犯罪的情形？当然，片面共犯有三个要素，一是双方都在犯罪；二是双方之间没有主观沟通或联络；三是双方的行为有交互或者互助。利用他人犯罪不仅没有沟通，且只是一个单方行为。而帮助他人实施犯罪似乎本身就是片面共犯了，但需要澄清的是，假如帮助和被帮助人实施的不是一个犯罪，或是一方错误地理解二人实施的是一个犯罪，还能否认为其是片面共犯吗？这是片面共犯必须弄清的问题。如果将帮助与被帮助的人实施的并非一个犯罪的情况认定为片面共犯，是否可能出现背离共同犯罪的初衷，或者在客观上有将共同犯罪扩大化的嫌疑。如果不认定为片面共犯，是否可能放纵犯罪。此情况下认定帮助犯似乎更合适，包括一方错误地理解二人实施的是一个犯罪的情况，实际上也是一种帮助行为。当然，帮助犯也是共同犯罪，但通常的帮助犯是双方具有意思联络和沟通的，而此帮助犯属“片面帮助”。

综上，如果不承认片面共犯构成共同犯罪，不仅在理论上说不过去，且在司法实践上要么放纵犯罪要么重罪轻判。如甲乙与丙有仇，甲得知乙正在寻刀杀丙，就暗中故意将刀放在显眼处，结果乙拿此刀将丙杀死，此案例中如果不承认甲乙共同犯罪，甲的行为无法定性，最终将放纵罪犯。然而，即便承认片面共犯的合理性，也要通过立法来进行确认，决不能毫无立法根据地乱用，更不能违背罪责法定原则，甚至把上述提出片面共犯理论上存在的问题彻底解决掉。之后，我们完全可以将片面共犯与普通共犯作为共同犯罪的两种形式，且通过立法将其中容易模糊或产生问题的地方予以明确，最终满足社会对片面共犯的需要。

3. 共同犯罪中的实行过限

这是指实行犯实施了超过共同犯罪故意的行为。其实这不完全是一个犯罪认定问题，更像是一个区分共同犯罪中的刑事责任问题。且这个问题极为复杂，在德日刑法学者共犯理论的主张者中，大都主张共同犯罪的核心是“行为共同说”，但又无法彻底解释被教唆人将犯罪行为或触犯罪名的转化。故对共同犯罪中实施实行过限犯罪行为的行为人要承担过限行为的刑事责任，是毫无疑问的，但没有实行过限行为的其他共同犯罪人是否应当承担刑事责任？

在研究共同犯罪中实行过限的认定时，主要考虑实行犯对其他共同犯罪人实施的超过共同犯罪故意的行为是否知情？如果根本不知情，该行为就是过限行为。按照通说，该实行犯对超过共同故意的犯罪行为主观上没有罪过，其不应当承担刑事责任。如果实行犯对其他共同犯罪人实施的超过共同犯罪故意的行为知情的，其主观上对该犯罪行为是放任态度，该行为就不是过限行为，该实行犯应当承担相应的刑事责任。然而，实行过限问题极为复杂，如甲教唆乙入室抢劫，但乙进屋后发现没人随手实行了盗窃,那么能否认为甲没有教唆乙盗窃而不给甲定罪呢?显然,如果不给甲定罪是不合理的。故此认为,给甲定盗窃共犯是没问题的,因为盗窃和抢劫都是为了财物,不需要抢劫直接盗窃更符合其本意,所以并不违背其意志。当然,这些都需要由刑法立法予以明确规定。

同理,在组织犯罪的情况下,如果行为人实施了超过犯罪组织活动预谋的犯罪行为,该行为应当属于过限行为,组织犯对此不承担刑事责任。但有些组织性犯罪也是非常复杂的,且不能一概而论。尤其是犯罪组织在客观上已经为实施过限者提供了极大方便、物质保障,甚至心理上的巨大支持与支撑时,毫无责任无论如何也是说不过去的,故很值得深入研究。

同样,在教唆犯罪中认定行为过限时,也是考虑被教唆人的犯罪行为是否超过了教唆的范围,如果被教唆人的犯罪行为超过了教唆犯的教唆范围,该行为属于过限行为,教唆者对此不承担刑事责任。如上所述,教唆抢劫而盗窃,难道真的违背教唆者的意愿吗?然而教唆范围应如何确定?这也是司法实践中的难点。在刑法理论中,一般根据教唆内容的确定程度将教唆分为确定性教唆、选择性教唆和盖然性教唆。盖然性教唆是指教唆内容较为概括的教唆。选择性教唆是指教唆犯的教唆具有让被教唆的人在几种犯罪之间进行选择的性质。① 确定性教唆的情况比较简单,在此不作详述。盖然性教唆的教唆内容比较概括,只要被教唆人在盖然性教唆下产生犯意而实施犯罪,都不属于过限行为。而在选择性教唆的情况下,被教唆人实施了教唆数罪中的一罪或数罪,都不属于过限行为。②

还有在帮助犯罪中,如果被帮助的犯罪行为超过了帮助范围,无论被帮助人是否利用了帮助人的帮助,都属于过限行为,帮助犯对此不承担刑事责任。上述提及的"片面帮助犯"问题也与此有关,因此不仅需要对帮助犯在理论上进行深入研究,更需要在立法上对帮助犯进行进一步的明确,只有如此才能使我们的刑法立法更加完善、刑事司法更加公正。

4. 共同犯罪中的身份

刑法中的身份,是指行为人终身或者一定期间所具有影响犯罪成立或刑罚轻重的特定资格和特定人身关系。③ 有特定身份者与无特定身份者共同实施犯罪是否构成共

---

① 参见陈兴良:《本体刑法学》,商务印书馆 2001 年版,第 505 页。

② 有学者认为,在选择性教唆情况下,教唆犯意图并非教唆他人犯数罪,而是让被教唆人在数罪中选择一罪,如果被教唆人在供选择的范围中实施数种就是实行过限。陈兴良:《本体刑法学》,商务印书馆 2001 年版,第 505 页。所谓选择性教唆,其意图是让被教唆人在所提供的数罪中进行选择,而并非让被教唆人在所提供的数罪中进行择一,被教唆人选择一罪或数罪都没有超越教唆的范围,不属于实行过限。

③ 参见肖介清:《浅论刑法中的身份与共同犯罪》,载《法律适用》1997 年第 3 期。

同犯罪,应当如何定性,是我们接下来要研究的重点内容,这也与共同犯罪有着密切的联系。

无身份者可以成为有身份者实施犯罪的组织犯、教唆犯、帮助犯,这在刑法理论中均没有争议。但对于有无特定身份者共同实施犯罪能否构成共同实行犯,刑法理论中存在肯定说、否定说、折中说之争。肯定说认为,无身份者与有身份者可以构成共同犯罪,比较典型的例子就是女子可以和男子成立强奸罪的共同实行犯。① 否定说认为,具有特定身份的人与没有特定身份的人之所以不能成立法律要求犯罪主体具有特定身份的犯罪共同实行犯,就在于没有特定身份的人不可能实施法律要求犯罪主体具有特定身份的犯罪实行行为。② 折中说认为,无身份者与有身份者能否构成真正身份犯的共同实行犯,应区别对待。凡无身份者能够参与真正身份犯的部分实行行为的,可以与有身份者构成共同实行犯;凡无身份者根本不能参与真正身份犯的实行行为的,即不能与有身份者构成共同实行犯。③ 显然,围绕此的争论还是很大的。本书认为,肯定说和否定说没有考虑司法实践中的特殊情况,具有片面性,而折中说符合司法实践中的实际情况及刑法理论的要求,不失为一种可取的主张。

对于有特定身份与无特定身份者共同犯罪如何定性的问题,无论是刑法理论还是司法实践均存有争议。有人认为,应当以主犯的身份特征作为定性的依据;也有人认为,应当以实行犯的身份作为定性的依据;还有人认为,应当分别定罪与量刑。而本书认为,三种观点均有其合理性,但其缺陷也极为明显,不能全面准确地解决有无身份共同实施犯罪的定性问题。如果共同犯罪中有两个以上不同身份的主犯或实行犯,应该以哪一个主犯或实行犯的身份特征定性呢? 此时,主犯决定说和实行犯决定说或许都无法解决。如果分别定罪科刑,不仅有悖于共同犯罪理论,而且也会导致各共同犯罪人处刑悬殊,有失罪刑均衡或司法公正。故本书认为,有无身份共同实施犯罪的定性,应当根据该共同犯罪是否利用有身份者的特定身份为标准,如果利用了有身份者的特定身份而实施的犯罪,就应当以有身份者的特征作为定罪的依据,反之则应以无身份要求的犯罪论处。需要明确:一是无特定身份者与有特定身份者共同实施法定特殊主体才能成立的犯罪,对于无特定身份者应视其是否利用了有特定身份者的身份而犯罪,从而予以定罪和量刑。二是无特定身份者教唆、帮助有特定身份者实施只有该特定身份者才成立的犯罪,对无特定身份者应按有特定身份者所实施之罪的共犯定罪与量刑。三是有特定身份者教唆、帮助无特定身份者利用其特定身份实施的犯罪,均应按照特定身份者的主体特征定罪量刑。如此,是为了充分体现和考虑定罪量刑的公正

---

① 参见赵庭光主编:《中国刑法原理》(各论卷),武汉大学出版社 1992 年版,第 515 页。

② 参见陈兴良:《共同犯罪论》,中国社会科学出版社 1992 年版,第 356-357 页。

③ 参见马克昌主编:《犯罪通论》,武汉大学出版社 1999 年版,第 582 页。

性与合理性,以排除一切社会矛盾。

三、单位犯罪或法人犯罪:认定条件及其刑事责任

国外没有单位犯罪之说,一般称法人犯罪,是与自然人犯罪相对应的基本范畴。通常是指法人以组织的名义,实施侵犯刑法法益而成为犯罪主体的法人组织。法人可否成为犯罪主体在西方时有争论,英美法系大都赞同法人犯罪之说,而大陆法系基本否认法人犯罪,近些年也有持赞同意见的学者。我国之所以称单位犯罪,则是由行政体制以及单位文化所决定的。学界对法人犯罪或单位犯罪有肯定说和否定说,前者赞同法人或单位成为犯罪主体,后者反对法人或单位成为犯罪主体。

(一)单位犯罪的渊源及其分类

1842年英国有了第一个法人负刑事责任的判例①,随之在英美法系出现了法人犯罪的概念与理论。在我国,对于单位犯罪经历了否定期(1949—1979年)、过渡期(1979—1987年)与肯定期(1987年至今)三个阶段。② 1979年之前的《刑法》没有单位犯罪,且1979年《刑法》也未涉及单位犯罪。这是由当时的计划经济体制所决定的,当时的单位不享有权利能力和行为能力,各个单位都附属于国家,政企不分是当时社会的现实。那个时期单位没有实施犯罪的可能性,所以刑法中没有单位犯罪。改革开放后,商品经济和市场经济发展迅速,企业、事业单位逐步获得了经营自主权,直接面对市场,自我管理、自负盈亏。像有学者指出的:"法人犯罪之所以存在,究其实质即在于现阶段社会生活中局部利益之间的冲突,正日益超出原有的个人利益与社会利益直接冲突的模式,而更多地代之以特定团体与社会整体的利益矛盾。"③所以,单位犯罪的大量出现是我国社会转型发展的必然产物。1985年7月18日"两高"《关于当前办理经济犯罪案件中具体应用法律的若干问题的解答(试行)》和1986年6月27日《关于依法严肃惩处国家机关、企业事业单位走私犯罪活动的通知》均明确:"应依法追究其主管人员和直接责任人员的刑事责任。"学界也开始关注法人犯罪,肯定说和否定说都各有缘由,这就是单位犯罪的过渡期。1987年《海关法》首次将单位规定为走私罪主体,以立法的形式肯定了单位犯罪。1987年《海关法》第47条第4款规定:"企业事业单位、国家机关、社会团体犯走私罪的,由司法机关对其主管人员和直接责任人员依法追究刑事责任;对该单位判处罚金,判处没收走私货物、物品、走私运输工具和违法所得。"这是我国第一个单位犯罪立法,之后进入单位犯罪肯定期,尤其在1997年《刑法》中正式确立。

---

① 参见《1842年英国判例报告》第152卷(第402页)。转引自《国外法学》1986年第6期。

② 参见黎宏:《单位刑事责任论》,清华大学出版社2001年版,第156页。

③ 陈兴良主编:《刑法学》,复旦大学出版社2003年版,第206页。

在1997年《刑法》中,单位犯罪共涉及120多个罪名。而在历次的刑法修正案中,也增加了很多单位犯罪。《刑法修正案》和《刑法修正案(三)》各增加了1个罪名,《刑法修正案(六)》增加了5个罪名,《刑法修正案(七)》增加了3个罪名,《刑法修正案(八)》增加了13个罪名,《刑法修正案(九)》增加了16个罪名,《刑法修正案(十一)》增加了2个罪名。这些修正案关于单位犯罪的增加,充分表明单位犯罪已经越来越受到立法者的重视。

1. 单位犯罪的概念

1997年《刑法》第30条规定:“公司、企业、事业单位、机关、团体实施的危害社会的行为,法律规定为单位犯罪的,应当负刑事责任。”这一规定虽然不是单位犯罪的概念,但它确立了单位犯罪的定罪原则。由此,“在相当短的时间内,我国刑法完成了从个人一元主体到个人与法人二元主体的刑法嬗变,使我国刑法成为个人与法人刑事责任一体化的刑法”①。

对于单位犯罪的立法模式及其实质,在1997年《刑法》修改时有四种观点:(1)总则说。主张将单位犯罪放在总则里进行规定,不仅具有一定的指导作用,还可以避免立法的重复。关于单位犯罪在刑法总论的具体位置有三种主张:一是把单位犯罪放在犯罪主体部分,解决的是单位能否成为犯罪主体。二是把单位犯罪归属到共同犯罪一章,认为单位犯罪是单位内部自然人之间的共同犯罪。三是把单位犯罪放在“其他规定”部分,认为单位犯罪是对犯罪主体的解释。(2)分则说。主张单位犯罪并非对所有的犯罪适用,单位犯罪只适用于分则中明文规定的几个罪名。(3)二元刑法说。主张将单位犯罪单独出来,制定一部关于单位犯罪的单行刑法,构建我国刑法的二元体系。(4)总则分则结合说。主张总则和分则分别规定,首先将单位犯罪的基本原则规定在总则,其次将追究单位犯罪刑事责任的罪名规定在分则。1997年《刑法》采用的正是这一方案,而且将单位犯罪并列在未完成犯罪形态和共同犯罪形态之后,成为独立的犯罪形态,这绝非偶然或巧合,说明我国刑法对单位犯罪的基本定位。

更有学者指出:“单位犯罪,在刑法理论上一般称为法人犯罪,是一种为单位利益或者以单位名义而实施的特殊犯罪形态,具有不同于个人犯罪的特征。”②可见,单位犯罪不仅是犯罪主体问题,还包括对其处罚的特殊性,故只把单位犯罪视为犯罪主体是不准确的。严格来讲,单位犯罪是一种特殊的犯罪形态,应该进行单独规定。此外,将单位犯罪放入共同犯罪也是不合理的,如此也就只把单位犯罪视为单位中相关负责人间的共同犯罪,这样未免太狭隘,如是规定单位犯罪不就多此一举吗?像有学者指出

① 陈兴良主编:《刑法学》,复旦大学出版社2003年版,第206页。

② 陈兴良主编:《刑法学》,复旦大学出版社2003年版,第222页。

的,“犯罪未完成形态相对于既遂形态,属于非典型形态;共同犯罪相对于单个人犯罪,属于非典型形态;而单位犯罪相对于自然人犯罪也属于非典型形态。刑法分则正是以单个自然人犯罪的既遂模式来构建的,所以,对于犯罪未完成形态、共同犯罪和单位犯罪,自然要在总则中规定,并且要相邻并列规定”①。可见,刑法中单个自然人犯罪既遂是常态,而未完成形态和共同犯罪及单位犯罪是例外。其法理根据是:犯罪与犯罪形态是实质内容与表现形式、共性与个性、抽象与特殊的关系,单位主体实施的犯罪已远远超出仅仅是犯罪主体变化的意义,其在主观方面的形成、客观方面的表现以及责任和处罚上的特殊性等,都决定了单位不能简单地适用自然人有关犯罪主体的规定,也不应当视为对犯罪主体的解释,而应当单独列出。另外,参考外国诸如美国、荷兰等,将法人犯罪规定进共犯,且不同于通常的一罪数罪形态,更是研究时必须关注的。

根据我国《刑法》第30条的规定,单位犯罪是由公司、企业、事业单位、机关、团体等为犯罪主体的情形或罪名。应注意的是,单位犯罪主体的实质条件是必须具有独立对外承担义务和享有权利能力的单位。当然,《刑法》第30条的规定并不是对于单位犯罪的定义,只是规定单位犯罪的定罪原则,故并非单位犯罪的法定概念。所以,需要在法理上来定义单位犯罪。

(1)“单位犯罪是由刑法所规定的,由单位代表或者机关成员在有关单位的业务上所决定实施的危害社会的行为,以及由于单位代表或机关成员的监督不力或者说单位体制方面的原因而使单位组成人员在业务过程中所引起的危害社会的行为。”②

(2)“单位犯罪,一般是指公司、企业、事业单位、机关、团体为本单位或本单位全体成员谋取非法利益,经单位的决策机构按照单位的决策程序决定,由单位直接负责人员具体实施的犯罪。”③

(3)“单位犯罪是指公司、企业、事业单位、机关、团体为本单位谋取非法利益,经单位集体决定或者主要负责人决定,故意或者过失实施依照法律应当受刑罚处罚的行为。”④

(4)“单位犯罪是指公司、企业、事业单位、机关、团体为本单位谋取利益,经单位集体、负责人员决定或者单位疏于管理、违反法定义务的,由单位人员在业务过程中,实施的严重危害社会、违反刑法且依法应负刑事责任的行为。”⑤

(5)“公司、企业、事业单位、机关、团体实施的,危害社会的,违反刑法且依照法律

---

① 周洪波:《论单位犯罪立法完善中的几个问题》,载《河南师范大学学报》2008年第1期。

② 黎宏:《单位刑事责任论》,清华大学出版社2001年版,第224页。

③ 张明楷:《刑法学》(第2版),法律出版社2003年版,第204页。

④ 周振想:《单位犯罪若干问题研究》,载《华东政法学院学报》1999年第1期。

⑤ 赵秉志主编:《单位犯罪比较研究》,法律出版社2004年版,第86页。

规定应当负刑事责任的行为。"①

(6)"单位犯罪,是指公司、企业、事业单位、机关、团体为单位谋取非法利益或者以单位名义,经单位集体研究决定或者由负责人员决定,故意或者过失实施的犯罪。"②

(7)"单位犯罪是指公司、企业、事业单位、机关、团体实施的,严重违反行政法规范并具有严重的社会危害性和高度的人身危险性,在承担行政法律责任的同时,应当承担刑事责任的行为。"③

上述概念基本反映出了单位犯罪的名义说、利益说、决定说、实施说、引起说等观点,本书赞同引起说。首先,单位犯罪的主体我国《刑法》有明确规定,即公司、企业、事业单位、机关、团体。其次,单位犯罪是由单位行为引起的危害社会的行为,至于以单位的名义、为单位的利益、由单位决定、由单位实施等并非最重要的,这是因为单位犯罪中既有故意犯罪也有过失犯罪,甚至有危害环境的绝对刑事责任问题,除引起说之外的其他学说都不能完全涵盖这些内容。所以,本书对单位犯罪的定义是:由公司、企业、事业单位、机关、团体等的行为引起的,侵犯法益应依照刑法追究刑事责任的行为。这一定义既涵盖了以单位的名义、为单位的利益、由单位决定、由单位实施等以其人与单位犯罪有关的行为内容,又包括了污染环境等绝对刑事责任问题,可谓是相对比较全面和完善。

2. 单位犯罪的理论依据

关于单位犯罪的理论依据,存在四种学说:(1)同一理论。其认为法人刑事责任的基础是自然人的行为。自然人的行为实际上就是法人的行为。自然人被限定在法人的代表人范围之内,法人代表可理解为负直接责任的主管和其他直接责任人员,故同一理论强调,只有那些法人代表的行为才能为法人带来刑事责任。(2)归罪理论。其实质是替代责任,其渊源是17世纪产生的"仆人有过,主人负责"的民事侵权行为原则。归罪原则引入刑法领域,最初只是在严格责任犯罪才准许把行为归属于法人,后来允许将雇员的特定犯罪归属于法人。(3)认可和容许理论。其认为法人对犯罪行为的反应是法人承担刑事责任的基础。具体分为认可与容许两种方式:认可是指对代理人行为的事后同意;容许是指明知雇员的活动性质类型并默许其继续进行,但并未明确同意。该理论认为,法人最高管理机构对雇员犯罪作出认可或容许表示,就应当对该犯罪行为承担刑事责任。(4)证实理论。其认为被视为体现某机构人格的某些职务较高人员的意志和行为,就是法人的意志和行为。④

---

① 沙君俊:《单位犯罪的定罪与量刑》,人民法院出版社2002年版,第28页。

② 陈兴良主编:《刑法学》,复旦大学出版社2009年版,第205页。

③ 李晓明、陈平:《论单位犯罪中行政违法的普遍性》,载《山东警察学院学报》2007年第4期。

④ 参见陈兴良:《陈兴良刑法学教科书之规范刑法学》,中国政法大学出版社2003年版,第165页。

我国传统刑法理论是无法人犯罪一说的,法人犯罪的出现和发展是商品经济发展的必然产物。凡是商品经济发达的国家,无论是英美法系还是大陆法系,无论是资本主义制度还是社会主义制度,都无法回避法人犯罪的现象和事实。在理论界,对于非自然人的有关社会组织犯罪究竟是用"单位犯罪"还是"法人犯罪"有很大争议。主张应当使用"法人犯罪"名称的,认为"单位"并非法律术语,容易造成理解上的歧义,不利于法治的统一,会造成对罪刑法定原则的破坏和法官自由裁量权的滥用。① 此外,"单位"的外延较宽,不能准确地反映犯罪的本质,而"法人"是约定俗成的法律术语,有一定的专业性。主张使用"单位犯罪"名称的学者认为,在非自然人社会组织的犯罪中,其主体不仅仅存在法人组织,很多非法人组织也可以实施该类犯罪,用法人犯罪概念可能会使其他非法人组织逃避法律制裁。当然,英美法系更多使用的是"公司、企业"名称,从而排除了国家机关在法人犯罪中的主体地位。

3. 单位犯罪的分类

单位犯罪是具有中国特色的法律概念。刑法并没有使用法人犯罪概念,而是直接规定了单位犯罪。我国刑法所规定的单位犯罪实际上是对法人犯罪的不同叫法,他们的本质是相同的。单位犯罪有两种类型。

(1)纯正的单位犯罪,是指只能由单位构成而不能由个人构成的犯罪。我国《刑法》中纯正的单位犯罪有 17 个:第 126 条违规制造、销售枪支罪,第 135 条重大劳动安全事故罪;第 135 条之一大型群众性活动重大安全事故罪,第 137 条工程重大安全事故罪,第 161 条违规披露、不披露重要信息罪,第 162 条妨害清算罪,第 162 条之二虚假破产罪,第 185 条之一背信运用受托财产罪和违法运用资金罪,第 190 条逃汇罪,第 327 条非法出售、私赠文物藏品罪,第 334 条非法采集、供应血液、制作、供应血液制品事故罪,第 380 条战时拒绝、故意延误军事订货罪,第 387 条单位受贿罪,第 393 条单位行贿罪,第 396 条私分国有资产罪和私分罚没财物罪等。

(2)不纯正的单位犯罪,是指可由单位构成也可由个人构成的犯罪。我国《刑法》中不纯正的单位犯罪有 150 多个:第 120 条之一帮助恐怖活动罪,第 125 条非法制造、买卖、运输、邮寄、储存枪支、弹药、爆炸物罪,非法制造、买卖、运输、储存危险物质罪,第 128 条非法出租、出借枪支罪,第 150 条单位犯第 140 条至第 148 条之罪(生产、销售伪劣产品罪;生产、销售、提供假药罪;生产、销售、提供劣药罪;生产、销售不符合安全标准的食品罪;生产、销售有毒、有害食品罪;生产、销售不符合标准的医用器材罪;生产、销售不符合安全标准的产品罪;生产、销售伪劣农药、兽药、化肥、种子罪;生产、销售不符合卫生标准的化妆品罪),第 151 条走私武器、弹药罪,走私核材料罪,走私假币

① 参见赵国强主编:《中国内地与澳门刑法总则之比较研究》,澳门基金会 2000 年版,第 95 页。

罪;走私文物罪、走私贵重金属罪、走私珍贵动物罪、走私珍贵动物制品罪;走私国家禁止进出口的货物、物品罪,第152条走私淫秽物品罪;走私废物罪,第153条走私普通货物、物品罪,第158条虚报注册资本罪,第159条虚假出资、抽逃出资罪,第160条欺诈发行证券罪,第162条之一隐匿、故意销毁会计凭证、会计账簿、财务会计报告罪,第164条对非国家工作人员行贿罪等。

(二)单位犯罪刑事责任的承担

单位所实施的犯罪行为当然由单位本身来负责,单位所负的责任就是单位犯罪的刑事责任。单位犯罪的刑事责任是因单位的犯罪行为而产生,只能由单位本身来承担犯罪后果,而这种犯罪后果是由国家司法机关根据国家的刑事法律确认的,而且刑事责任的实质是国家对犯罪行为的否定性评价和对犯罪人的责难。张明楷教授认为,“刑事责任的承担,是指代表国家的司法机关,依法使对犯罪行为的否定评价和对犯罪人的谴责成为事实”。在单位犯罪中,单位犯罪刑事责任的承担有单罚制和双罚制,而且单位犯罪的承担者也包括单位本身和自然人,自然人主要就是直接负责的主管人员和其他直接责任人员。

1. 单位犯罪刑事责任承担的理论根据

我国虽规定了单位犯罪,但在理论上有关其刑事责任的承担还有所欠缺,且观点分歧严重。主要包括:连带刑事责任论、人格化社会系统责任论、双层犯罪机制论、复合主体论、双重性论、一个犯罪两个犯罪构成论、一个主体责任论、一体化刑事责任论、共同犯罪理论、社会独立主体论、整体责任论等。其中,人格化社会系统责任论、双层犯罪机制论和整体责任论最具代表性。

(1)人格化社会系统责任论认为,单位是一个人格化的社会系统,单位刑事责任的本质是整体责任。法人作为一个人格化的社会系统,它有自己的意志,有自己的行为能力和责任能力。但是单位的犯罪行为是由自然人做出来的,所以应该对自然人进行处罚。这一理论认为,单位的刑事责任实际上是由一个犯罪行为(单位整体的犯罪),两个犯罪主体(单位和单位内部的自然人)和两个处罚对象(双罚制)或者一个处罚对象(单罚制)共同组成的。人格化社会系统责任论确认了单位的整体责任,把单位作为一个整体来认定单位犯罪,这一点笔者比较赞同。但该理论所主张的两个犯罪主体,笔者持不同意见。本书认为,单位犯罪的主体只能是一个,即单位,对于单位中的相关责任人员的认定,笔者认为他们并不是犯罪主体,他们只是依附于单位的行为者,并不具有主体资格。

(2)双层犯罪机制论认为,在单位犯罪中单位犯罪的主体分为两层,表层是单位,深层是自然人,他们共同成为犯罪主体。该理论主张,单位存在双层机制是由于在单位犯罪中,虽然是以单位的名义做出的犯罪行为,但只是形式上的,其实质还是由单位内部的相关自然人作出的决定,单位的名义和自然人的行为出现了分层。这一理论同时也为双罚制提供理论基础。但该理论将犯罪主体分为单位和自然人两个,笔者也不赞同。两个犯罪主体说明了单位有其意志的同时,自然人也有其意志,这就不能解释单位犯罪是以单位名义实施的,由单位内部自然人决定的主张,忽视了单位犯罪的整体性。

(3)整体责任论认为,单位犯罪的刑事责任是一个整体的犯罪,一个犯罪,一个犯罪主体,一个处罚对象。这一理论认为,单位犯罪只包括一个犯罪主体即单位,而处罚的对象也只有一个即单位。这一理论认为,在单位犯罪中,处罚的对象只有一个即单位,只是单位犯罪中的刑罚承担者有两个,即单位和相关负责人。笔者比较赞同这一解释。

2. 单位犯罪中单位与自然人责任的分配

在单位犯罪中,刑事责任的承担者有两个,即单位以及负直接责任的主管人员和其他直接责任人员。也就是说,单位犯罪的刑罚总量是由单位和相关责任人员分担的。对单位犯罪的定性是“一个犯罪行为,一个犯罪主体,一个或者两个责任承担者”。单位中的自然人是依附于单位的,一旦这个自然人从事单位的工作,他就丧失了自己主体人格。单位中的自然人承担刑事责任,是作为单位主体的一个部分去分担单位犯罪所受的刑事责任而受刑罚的。

单位犯罪中,在对单位的犯罪主体进行处罚时,其刑罚总量应该和自然人犯该罪的刑罚总量大体相当。但是考虑到单位犯罪的社会危害性较之自然人犯罪会较大,所以单位犯罪的刑罚总量可以比自然人犯罪高。[①]

(1)对单位的罚金刑不影响相关责任人员的主刑

单位是特殊的犯罪主体,无法适用主刑,所以对单位只能适用附加刑,而对单位中相关责任人员适用主刑。在单位犯罪中,对单位判处罚金,无论罚金的多少都不能影响相关人员的主刑轻重,应与其他自然人犯该罪的主刑轻重大体相当。如我国刑法中对单位犯罪的规定大多是“单位犯前款罪的,对单位判处罚金,并对其直接负责的主管人员和其他直接责任人员,依照前款规定处罚”。当然,也有对单位犯罪中直接负责的主管人员和其他责任人员法定刑的规定轻于自然人犯罪的。如《刑法》第180条规定,证券、期货交易内幕信息的知情人员或者非法获取证券、期货交易内幕信息的人员,在涉及证券的发行、交易或者其他对证券的价格有重大影响的信息尚未公开前,买入或者卖出该证券,或者泄露该信息,情节严重的,处5年以下有期徒刑或者拘役,并处或者单处违法所得1倍以上5倍以下罚金;情节特别严重的,处5年以上10年以下有期

① 参见王联合:《论单位犯罪的复合主体》,载《中国刑事法杂志》2012年第6期。

徒刑，并处违法所得1倍以上5倍以下罚金。单位犯前款罪的，对单位判处罚金，并对其直接负责的主管人员和其他责任人员，处5年以下有期徒刑或者拘役。

(2)对单位的罚金影响相关责任人员的罚金刑

对单位犯罪所配置和判处的刑罚总量是由单位和相关责任人员分担的，在对单位规定罚金刑的情况下，对相关责任人员的罚金刑就应该有所考量，否则就会造成重复处罚。此种情况有三类：一是对相关责任人员所设置的罚金与自然人犯罪所设置的罚金完全相同。如《刑法》第187条规定，“银行或者其他金融机构的工作人员吸收客户资金不入账，数额巨大或者造成重大损失的，处五年以下有期徒刑或者拘役，并处二万元以上二十万元以下罚金；数额特别巨大或者造成特别重大损失的，处五年以上有期徒刑，并处五万元以上五十万元以下罚金。单位犯前款罪的，对单位判处罚金，并对其直接负责的主管人员和其他直接责任人员，依照前款规定处罚”。二是对相关责任人员所配置的罚金与自然人犯罪所设置的罚金不同。如集资诈骗罪，我国《刑法》规定自然人犯集资诈骗罪的并处罚金数额有具体规定，而对单位犯罪并没有数额规定，只规定了并处罚金。三是只对自然人犯罪设置了罚金刑，对单位犯罪的相关责任人员没有设置罚金刑。如我国《刑法》第179条规定，“未经国家有关主管部门批准，擅自发行股票或者公司、企业债券，数额巨大、后果严重或者有其他严重情节的，处五年以下有期徒刑或者拘役，并处或者单处非法募集资金金额百分之一以上百分之五以下的罚金。单位犯前款规定的，对单位判处罚金，并对其直接负责的主管人员和其他直接责任人员，处五年以下有期徒刑或者拘役”。

3. 单位犯罪刑事责任承担的模式

承担模式有双罚制和单罚制。前者是指对单位犯罪进行认定时对单位和相关责任人员都进行处罚。后者是指对单位进行认定时只对单位的相关责任人员进行处罚而不处罚单位。

(1)双罚制

我国刑法对于单位犯罪采用“双罚制为主，单罚制为辅”的模式。双罚制即对单位是判处罚金，且没有规定罚金的数额。对直接负责的主管人员和直接责任人员是判处刑罚，包括自由刑与罚金，主要是自由刑。对个人判处自由刑的又有两种情况：一是判处与自然人犯罪相同的刑罚。如《刑法》第286条(破坏计算机信息系统罪)第4款规定，“对单位判处罚金，并对其直接负责的主管人员和其他直接责任人员，依照第一款的规定处罚”。这里所谓依照第1款的规定处罚，是指依照对个人犯罪的规定处罚。二是判处低于自然人犯罪的刑罚。如《刑法》第387条规定：“国家机关、国有公司、企业、事业单位、人民团体，索取、非法收受他人财物，为他人谋取利益，情节严重的，对单位判处罚金，并对其直接负责的主管人员和其他直接责任人员，处五年以下有期徒刑或者拘役。”对于个人受贿罪的处罚,有可能对个人判处死缓,且死缓减为无期徒刑后实行终身监禁,不得减刑假释。故单位犯受贿的罪刑要轻于个人犯受贿罪。

关于“直接负责的主管人员”和“其他直接责任人员”,根据2000年1月21日最高人民法院《关于全国法院审理金融犯罪案件工作座谈会议纪要》的规定:“直接负责的主管人员,是在单位实施的犯罪中起决定、批准、授意、纵容、指挥等作用的人员,一般是单位的主管负责人,包括法定代表人。其他直接责任人员,是在单位中具体实施犯罪并起较大作用的人员,既可以是单位的经营管理人员,也可以是单位的职工,包括聘任、雇佣的人员。应当注意的是,在单位犯罪中,对于受单位领导指派或奉命而参与实施了一定犯罪行为的人员,一般不宜作为直接责任人员追究刑事责任。”这一规定界定了直接负责的主管人员和其他直接责任人员的范围。此外在2000年9月28日最高人民法院《关于审理单位犯罪案件对其直接负责的主管人员和其他直接责任人员是否区分主犯、从犯问题的批复》规定:“在审理单位故意犯罪案件时,对其直接负责的主管人员和其他直接责任人员,可不区分主犯、从犯,按照其在单位犯罪中所起的作用判处刑罚。”从理论上说,“直接负责的主管人员”承担刑事责任是基于其法定职责与犯罪行为间具有的因果关系,他虽然没有直接地参与犯罪,但有义务阻止犯罪的发生;而“其他直接责任人员”承担刑事责任是基于其本身是实施犯罪行为的行为人。

(2)单罚制

《刑法》也规定了单位犯罪的单罚制,即只处罚自然人而不处罚单位。如《刑法》第185条之一第2款规定:“社会保障基金管理机构、住房公积金管理机构等公众资金管理机构,以及保险公司、保险资产管理公司、证券投资基金管理公司,违反国家规定运用资金的,对其直接负责的主管人员和其他直接责任人员,依照前款的规定处罚。”这里《刑法》规定的犯罪主体是社会保障基金管理机构、住房公积金管理机构等公众资金管理机构,以及保险公司、保险资产管理公司、证券投资基金管理公司,但只处罚直接负责的主管人员和其他直接责任人员,而不处罚单位。又如《刑法》第161条规定,公司向股东和社会公众提供虚假的或者隐瞒重要事实的财务会计报告,严重损害股东或者其他人利益的,对其直接负责的主管人员和其他直接责任人员,处5年以下有期徒刑或者拘役,并处或者单处罚金。对单位犯罪实行单罚制是少部分罪名,主要包括重大劳动安全事故罪,大型群众性活动重大安全事故罪,工程重大安全事故罪,违规披露、不披露重要信息罪,妨害清算罪,虚假破产罪,违法运用资金罪,私分国有资产罪,私分罚没财物罪,滥用管理公司、证券职权罪。

4. 单位对单位犯罪刑事责任的承担:罚金

单位并非自然人,它有自己独立的人格,由于单位主体的特殊性,对单位犯罪中单位的刑法处罚不能适用生命刑、自由刑以及资格刑等相关的刑罚,而只能适用罚金刑。

罚金刑是指强制犯罪人向国家缴纳一定数量金钱的一种刑罚方法。在单位犯罪中,一般单位对单位刑事责任的承担都是罚金刑,具体表现在,刑法法条一般都规定了单位犯某某罪的对单位判处罚金。关于罚金的执行问题,我国《刑法》第 53 条规定了罚金的缴纳和减免,即“罚金在判决指定的期限内一次或者分期缴纳。期满不缴纳的,强制缴纳。对于不能全部缴纳罚金的,人民法院在任何时候发现被执行人有可执行的财产,应当随时缴纳。由于遭遇不能抗拒的灾祸等原因缴纳确实困难的,经人民法院裁定,可以延期缴纳、酌情减少或者免除”。

5. 自然人对单位犯罪刑事责任的承担:主刑、附加刑及其他

自然人对单位犯罪刑事责任的承担一般都是按照自然人犯该罪所承担的责任进行处罚的,主要包括主刑、附加刑及其他。主刑是对犯罪人适用的主要刑罚方法,包括管制、拘役、有期徒刑、无期徒刑和死刑五种刑罚方法。所以单位的刑事责任承担不能适用主刑,但对负直接责任的主管人员和其他直接责任人员可适用主刑。此外,主刑只能独立适用而不能附加适用,对于一个犯罪人只能适用一个主刑,不能同时适用两个或两个以上的主刑。附加刑是补充主刑适用的刑罚种类,包括财产刑和资格刑两个部分,财产刑有罚金和没收财产;资格刑有剥夺政治权利、驱逐出境。附加刑可以独立适用,可以附加适用,对一个犯罪人可以适用两种以上的附加刑。《刑法》第 137 条规定:“建设单位、设计单位、施工单位、工程监理单位违反国家规定,降低工程质量标准,造成重大安全事故,对直接责任人员,处五年以下有期徒刑或者拘役;后果特别严重的,处五年以上十年以下有期徒刑,并处罚金。”在单位犯罪中,对自然人适用主刑和附加刑的处罚。

自然人对单位犯罪刑事责任的承担不仅仅体现在适用主刑和附加刑上,还体现在可以对自然人适用非刑罚处罚和有罪宣告。非刑罚处罚是指人民法院对犯罪情节轻微的犯罪分子免予刑事处罚,但根据犯罪人的具体情况予以训诫或责令具结悔过、赔礼道歉、赔偿损失,或者由主管部门予以行政处罚或者行政处分等处理刑事案件的各种法定方法的总称。有罪宣告可以称为定罪免刑,指人民法院对情节轻微的犯罪行为人通过判决仅宣告其有罪,并记录犯罪,但既免除刑罚处罚也不给予非刑罚处罚的司法活动。

(三)单位犯罪刑事责任的适用

在自然人犯罪中,在适用刑罚的时候,往往会出现很多量刑情节,如累犯、自首、立功等,影响对被告人的量刑。而单位犯罪是否适用与自然人相同的量刑情节,理论上有很多争议,下面从累犯和自首的认定探讨其刑事责任适用,也即其刑事责任的裁量。

1. 累犯与单位犯罪刑事责任

我国《刑法》第 65 条第 1 款规定:“被判处有期徒刑以上刑罚的犯罪分子,刑罚执

行完毕或者赦免以后,在五年内再犯应当判处有期徒刑以上刑罚之罪的,是累犯,应当从重处罚,但是过失犯罪和不满十八周岁的人犯罪的除外。"在学界,单位是否构成累犯一直存在争议。否定说认为,单位犯罪不能构成累犯。首先,我国累犯要求是被判处有期徒刑以上刑罚的犯罪主体,而单位不能被判处有期徒刑,单位累犯没有立法支持。其次,单位犯罪中的自然人之前并没有犯罪或者自然人已被更换,单位犯前后两个罪时其单位意志的产生分属于不同的自然人,根据罪责自负原则,虽然行为后果都归属同一单位,但也不能构成累犯。肯定说认为,首先,单位能够成为犯罪主体是法人能够成为累犯的前提。单位在第一次犯罪之后,就完全可能再次犯罪。其次,单位是有意志的活动,所以与自然人累犯一样,也可能出现不知悔改的情况,也可能具有相当的社会危险性。再次,即使同一单位在第二次犯罪时,其负直接责任的主管人员和其他直接责任人员是初次犯罪也改变不了单位是第二次实施犯罪的事实。最后,如果一个单位在受刑之后的短时期内再次犯罪,可见其主观恶性和社会危害性。①

诚然,也应在实然和应然层面讨论单位累犯的问题。在实然层面,实际上我国《刑法》规定了适用累犯的前提是被判处有期徒刑以上的被告,也即否定了单位犯罪成立累犯。在应然层面,单位犯罪是可以构成累犯的,虽然在单位犯罪中,单位实施前后犯罪的决策者和实施者并不是同一个,但是单位是一个组织体,是一个整体,单位进行犯罪时的前后是一个犯罪主体,而单位中自然人的变更并不影响单位整体的犯罪意志,且单位前后两次犯罪说明了其具有社会危险性,应对其进行加重处罚,这样能够有效地制止和预防单位犯罪。如果未来立法对单位犯罪作出累犯规定,认定单位累犯也是顺理成章的,需要今后立法做出调整。

2. 自首与单位犯罪刑事责任

我国《刑法》第 67 条规定,"犯罪以后自动投案,如实供述自己的罪行的,是自首。对于自首的犯罪分子,可以从轻或者减轻处罚。其中,犯罪较轻的,可以免除处罚。""被采取强制措施的犯罪嫌疑人、被告人和正在服刑的罪犯,如实供述司法机关还未掌握的本人其他罪行的,以自首论。"但是,单位是否成立自首在理论界却有很大的争议。

(1)单位犯罪是否成立自首

根据我国《刑法》第 67 条的规定,自首可分为一般自首和特别自首。犯罪以后自动投案,如实供述自己罪行的是自首,即一般自首。被采取强制措施或正在服刑的罪犯,如实供述司法机关还未掌握的本人其他罪行的,以自首论,即特别自首。自首制度是坦白从宽、抗拒从严、惩办与宽大相结合的刑事政策在量刑活动中的具体体现。② 对

① 参见李文伟:《法人刑事责任比较研究》,中国检察出版社 2006 年版,第 196-197 页。

② 参见何秉松主编:《刑法教科书》(上编),中国法制出版社 2000 年版,第 582 页。

于单位犯罪中的自首,理论界有两种观点,即肯定说和否定说。否定说又分为两种,全面否定说认为,自首是为自然人犯罪设立的,单位是无生命的组织体,既不可能自动投案,也不能如实供述自己的罪行,因此单位自首根本不存在。部分否定说认为,成立一般自首而不能成立特殊自首。因为对于单位主管人员在被控制后主动交代其他罪行的,其在控制阶段就已脱离了单位,就不能被认定为单位中的相关负责人了,所以单位的特别自首不能成立。① 笔者支持肯定说,《刑法》第67条规定的自首制度同样适用于单位犯罪。一是自首的主体是指实施犯罪的主体,单位也是实施犯罪的主体,符合自首的主体要件。二是自首单位的从轻处罚能够鼓励犯罪单位认罪服法,节约司法成本。三是承认单位自首符合适用刑法人人平等原则,与现代法治精神相一致。

2002年8月最高人民法院、最高人民检察院、海关总署《关于办理走私刑事案件适用法律若干问题的意见》第21条规定:"在办理单位走私犯罪案件中,对单位集体决定自首的,或者单位直接负责的主管人员自首的,应当认定单位自首。认定单位自首后,如实交代主要犯罪事实的单位负责的其他主管人员和其他直接责任人员,可视为自首,但对拒不交代主要犯罪事实或逃避法律追究的人员,不以自首论。"故认定单位自首是有法律依据的。

2009年3月最高人民法院、最高人民检察院《关于办理职务犯罪案件认定自首、立功等量刑情节若干问题的意见》规定:"单位犯罪案件中,单位集体决定或者单位负责人决定而自动投案,如实交代单位犯罪事实的,或者单位直接负责的主管人员自动投案,如实交代单位犯罪事实的,应当认定为单位自首。单位自首的,直接负责的主管人员和直接责任人员未自动投案,但如实交代自己知道的犯罪事实的,可以视为自首;拒不交代自己知道的犯罪事实或者逃避法律追究的,不应当认定为自首。单位没有自首,直接责任人员自动投案并如实交代自己知道的犯罪事实的,对该直接责任人员应当认定为自首。"这也直接认定了单位犯罪可以成立自首。

(2)单位自首的认定

首先,单位自首应当是单位组织体的自首,而不是单位中某个自然人的自首或者某些自然人自首的叠加。其次,单位自首是基于单位意志,单位意志表现为单位的整体意志,包括单位决策机关的决定以及直接负责的主管人员的决定。在单位犯罪中,如果相关责任人员如实交代了自己的罪行,可以成立自首;如果拒不交代或逃避法律追究的,不是自首。

在单位自首的认定中,如果认定为单位自首,且自首是在单位集体决定或者单位负责人决定而自动投案的情况下,应该也认定该直接负责的主管人员自首。如果认定

① 参见蒋熙辉:《单位犯罪刑事责任探究与认定》,人民法院出版社2005年版,第311页。

单位没有自首,而其直接责任人员自动投案并如实交代自己知道的犯罪事实的,对该直接责任人员应当认定为自首。所以单位自首与否并不影响自然人自首的认定。

(3)单位自首的处罚

根据《刑法》第 67 条的规定,对于自首的犯罪分子,可以从轻或者减轻处罚。其中,犯罪较轻的可以免除处罚。对于单位犯罪,在单罚制情况下,直接适用于单位直接负责的主管人员和其他责任人员;在双罚制情况下,应同时适用于犯罪的单位和其直接负责的主管人员以及其他责任人员。在单罚制单位犯罪中,对单位有自首情节的,对该相关负责人进行从轻或者减轻处罚,但是如有部分相关负责人没有自首情节或者不配合交代罪行的,可以不适用从轻或减轻处罚。在双罚制的单位犯罪中,从轻或减轻情节应该同时适用单位和单位中的自然人,当然自然人没有自首情节或拒不交代罪行的除外。

3. 立功与单位犯罪刑事责任

我国《刑法》第 68 条规定,"犯罪分子有揭发他人犯罪行为,查证属实的,或者提供重要线索,从而得以侦破其他案件等立功表现的,可以从轻或者减轻处罚;有重大立功表现的,可以减轻或者免除处罚"。立功分一般立功和重大立功。1998 年 4 月 6 日,最高人民法院《关于处理自首和立功具体应用法律若干问题的解释》规定:"犯罪分子有检举、揭发他人重大犯罪行为,经查证属实;提供侦破其他重大案件的重要线索,经查证属实;阻止他人重大犯罪活动;协助司法机关抓捕其他重大犯罪嫌疑人(包括同案犯);对国家和社会有其他重大贡献等表现的,应当认定为有重大立功表现。"但单位犯罪能否成立立功,我国学界时有争论。

本书认为,单位犯罪可以成立立功。第一,单位是实施犯罪的主体,符合立功的主体要件。第二,对有立功的单位从轻处罚,一方面能够鼓励犯罪分子积极悔过,另一方面有利于打击犯罪、维护社会的和谐与稳定。第三,从法治上讲,承认单位犯罪的立功符合适用刑法人人平等的基本原则。对于单位犯罪立功的认定,具体表现为单位集体决定的立功和直接负责的主管人员的立功。对于直接负责的主管人员的立功,若能够得到犯罪单位的积极配合和协助,对该单位也可以认定为单位立功。

四、一罪数罪

一罪数罪也称单复数罪,是犯罪形态的核心内容,也是刑法理论与实践的重点难点。其实质是正确评判一个行为触犯几个罪名,也即划分一罪与数罪的基本标准或界限。当然,确定罪数形态不仅对定罪有重要意义,也决定量刑的轻重与公平公正。之所以存在一罪与数罪,是因为犯罪人的行为有时触犯一罪名,有时触犯数罪名。对于一行为触犯数罪名的情形,究竟是将所触犯的罪名逐一罗列而进行并罚,还是依据一个标准选择其中一个罪进行处罚,是数罪竞合需要解决的问题。行为人触犯数罪的"数罪竞合"与数人参与一罪的"数人竞合",恰好形成对比,故称其为特殊的犯罪样态。数罪竞合在刑法理论上的定位可谓是犯罪论与刑事责任论的交界或衔接之处。[①] 其也是刑法理论中的核心和重中之重,很有必要深入研究。

众所周知,一罪是指一个犯罪,数罪是指数个犯罪。应当说,刑法分则的犯罪成立要件通常是以一人实行一罪为基本原型进行设计的,但在犯罪认定中被告人的行为究竟成立一罪还是数罪,情况非常复杂,甚至会产生定罪认识上的分歧。因此,研究一罪与数罪,不仅具有刑法学上的理论意义,且具有重要的刑事司法实践意义。表现在:一是有利于更加准确地定罪。二是有利于更加合理地量刑。总之,只有正确区分了一罪与数罪,以及决定何罪才能真正做到定罪和量刑准确。当然,正确区分一罪与数罪除影响定罪量刑外,还可能影响刑法的空间效力、时间效力、追诉时效等制度的正确适用。

如果行为人的行为成立一罪,那么只能依照刑法分则对该罪名设立的法定刑定罪量刑。如果行为人的行为成立数罪,那么需要依照刑法分则对数个罪名设立的法定刑分别定罪量刑,并按照数罪并罚原则对行为人进行处罚。然而,有时候会出现特殊情况,如果一个人的行为同时触犯数个罪名,或者虽然是数个行为触犯数个罪名,但这些罪名之间具有"特殊"关联或关系,则需要根据法律规定或者犯罪成立理论弄清楚这些罪名间的相互关系,最终确定一罪还是数罪。当然,也就需要确立一个划分一罪与数罪的具体标准。

(1)法益标准说,也叫结果标准说,认为犯罪在实质上是侵害了刑法所保护的利益,而刑法追究犯罪人刑事责任的根据也在于犯罪人的行为侵害了刑法的什么法益。因此,应将行为人侵害刑法法益的个数作为判断一罪、数罪或何种罪的标准。在对法益确定中又因法益性质不同而区分一罪与数罪:①个人专属法益又称人格法益,即个人的生命、身体、名誉、自由等与人身紧密不可分的法益。侵犯个人专属法益以法益所有人计算一罪数罪。②个人非专属法益又称财产法益,即不以法益所有权个数为标准。侵犯个人非专属法益以侵犯财产监督权个数来计算一罪数罪。③国家、社会法益也称公共法益,即国家、政府及其权力、社会秩序、社会风尚等不属于个人的法益。由于是公共法益,故只成立一罪。[②]

(2)行为标准说,认为行为才是一罪得以成立的客观事实,仅有犯意而无行为不成立犯罪。也就是说,必须是先有行为才可能发生法益侵害的后果,包括刑法分则的各

---

① Claus Roxin, Strafrecht Allgemeiner Teil, Band Ⅱ, C. H. Beck 2003, § 33 Rn. 6. 转引自李晓明、李洪欣、陈珊珊:《中国刑法基本原理》(第4版),法律出版社2013年版,第498-499页。

② 参见李晓明、李洪欣、陈珊珊:《中国刑法基本原理》(第4版),法律出版社2013年版,第500页。

罪名都是针对具体犯罪行为所作出的规定。故区分一罪与数罪应该以犯罪行为的个数为标准,即一个行为是一罪,数个行为是数罪。在行为标准中又分为自然行为说和法律行为说,前者以生理上的自然动作为一罪与数罪的标准,后者以法律观念上的行为作为一罪与数罪的标准。司法实践中,这两种学说在具体适用上会产生冲突,事实上是自然的数个行为或许在法律上仅仅是一个行为。所以,事实上的一行为在法律上也视为一行为的可成立一罪,事实上的数个行为法律上视为一行为的成立一罪,法律上视为数个行为的成立数罪。

(3)罪过标准说也称犯意标准说,认为犯罪行为是在犯意支配下实施的,是犯意的外部表现。行为人实施犯罪是为了实现其一定的犯罪意图,而犯罪行为只是达到其犯意的一种手段,包括犯罪结果也是其犯意追求的目标。当然,这里的犯意不仅包括故意也包括过失。故区分一罪与数罪应当以犯意的数量为标准,具有一个犯意为一罪,具有数个犯意为数罪。像想象竞合犯、牵连犯、连续犯等,虽然都有数个行为,但由于是基于一个犯意故均属一罪。

(4)犯罪成立标准说,认为犯罪是符合犯罪成立要件的行为,区分一罪与数罪应当以犯罪成立要件的数量为标准。行为符合一个犯罪成立的为一罪,行为符合数个犯罪成立的为数罪,行为不具备成立要件就不成立犯罪。但有一前提需要说明,根据犯罪成立的基本原理,一个行为只能成立一个犯罪,而不能成立数个犯罪。也就是说,一个行为只能为一个犯罪成立要件所使用,而不能为两个犯罪成立要件所使用。故判断一行为是一罪还是数罪,虽然是以成立要件事实的数量为标准,但前提是一个行为只能评价一次,而不能评价两次。

(5)法定标准说,认为应以犯罪行为触犯刑法罪名条文的个数为判断一罪与数罪的标准。也就是说,一罪与数罪的区别关键是看行为人实施犯罪行为所触犯刑法所规定的罪名多少来确定,当行为人一次或二次以上行为触犯同一罪名就是一罪,当行为人二次以上行为触犯二个以上罪名就是数罪。显然,该标准解决的是两个以上行为定一罪还是数罪的问题,因为一行为触犯一罪名只能定一罪。如果刑法对一行为或数行为所触犯的罪名有明确规定,那么就须按照规定定罪量刑,这也是法定标准的应有之义或解决问题的基本原则。

此外,还有因果关系标准说和不同分类个别进行说等。前者认为,应以犯罪成立中因果关系个数来决定犯罪的个数,因为犯罪行为与结果间的因果关系是犯罪成立不可缺少的重要因素。一般认为,一个因果关系的为一罪,数个因果关系的为数罪。虽然有数个行为或数个结果,但只有一个因果关系的只成立一罪。后者认为,在罪数中也有许多不同的分类,用某个单一标准对所有种类的罪数进行区分极为困难,也难以做到,故应根据不同的种类采取不同的区分标准,从而认定究竟是一罪还是数罪。如在区分是否单纯一罪时,应以犯罪成立标准说来判断一罪数罪。在连续犯、吸收犯的情况下,应以行为标准说和法益标准说的结合来判断一罪数罪。在想象竞合犯、牵连犯的情况下,应以行为标准说来判断一罪数罪。

上述标准都有其合理性,但也都有局限,甚至存在冲突和争论。法益标准说、行为标准说、罪过标准说、因果关系标准说等,都是犯罪的法益、主观、客观或某一单一因素的展现,并不十分全面。一般认为,犯罪是主客观相统一的违反刑法行为,故主流观点更加倾向于以主客观相统一的标准来判定一罪数罪,即行为人的行为成立一次犯罪为一罪,成立数次犯罪为数罪,这也是我国罪数形态理论的通说。然而,犯罪成立标准只是为区分一罪数罪提供基本框架,犯罪形态的罪数是极其复杂的,并非一个标准治百病。包括犯罪成立标准对区分行为是否单纯一罪较为合适,但对行为数次符合同一犯罪成立而作为一罪处理的连续犯、集合犯等类型,以及行为尽管形式上符合数个犯罪成立而仍作为一罪处理的牵连犯、吸收犯、想象竞合犯的区别来说意义不大。因此正确的做法是,在使用犯罪成立标准的基础上,结合法律规定和犯罪形态的实际情况,加之其他标准的切合与适用,从而作出具体评价。

一罪与数罪分类是个十分复杂的问题,基于不同的理论观点、司法实践和分类方式,世界各国存在不同的主张。法国学者承认实在竞合、观念竞合、连续犯、继续犯、集合犯的概念,除实在竞合数罪外,其余都视为一罪。意大利学者将罪数形态分为实在竞合、观念竞合、法条竞合与连续犯,观念竞合仍是数罪。在日本,对于一罪的分类有三种不同方法:①二分法,即分为单纯一罪与处断一罪;②三分法,即分为单纯一罪、包括一罪、处断一罪;③四分法,即把一罪分为单纯一罪、特种一罪(吸收犯、结合犯、继续犯),处断上的一罪(想象竞合犯、连续犯、牵连犯)、包括的一罪(常业犯、惯犯)。[①] 显然,这些分类方法对于我国一罪数罪的理论研究具有重要意义。我国通说理论是对一罪、数罪分别进行分类。

(1)关于一罪的分类。一罪是指一个犯罪。看似很简单,其实很复杂,其实与数罪相互交叉和渗透。我国对一罪的分类观点有两种。①二分法。把一罪分为单纯的一罪和理论的一罪,或者分为单纯的一罪、处断的一罪。[②] ②三分法。把一罪分为一行为在刑法上规定为一罪或处理时作为一罪的情况;数行为在刑法上规定为一罪或数行为在处理时作为一罪的情况;[③]或者分为典型一罪、典型数罪、罪数不典型(不典型的一罪

---

① 参见李晓明、李洪欣、陈珊珊:《中国刑法基本原理》(第4版),法律出版社2013年版,第502页。

② 参见顾肖荣:《刑法中的一罪与数罪问题》,学林出版社1986年版,第11页。

③ 参见高铭暄、马克昌主编:《中国刑法学》,中国人民大学出版社1989年版,第210-225页。

或数罪);[①]或者分为单纯一罪、实质一罪、裁判上的一罪。[②] 通说认为,一罪可分为实质的一罪、法定的一罪、处断的一罪。不可否认,在刑法理论中一罪的分类至今还是个尚未解决的难题。即便是我国通说,也存在缺陷,如牵连犯原则上作为处断的一罪,而刑法条文却规定以数罪论处,故理论上对一罪的分类只是为了掌握判断原则,实践中不能仅靠理论处理,也应靠刑法规定。

根据刑法通说,在一罪认定中有三个种类:①实质的一罪,是指一行为形式上具有某些数罪特征,但刑法规定为一罪或者处理时作为一罪的情况,如继续犯、想象竞合犯、结果加重犯等。②法定的一罪,是指数行为本来可成立数罪,但刑法将其规定为一罪的情形,如结合犯、惯犯、转化犯等。③处断的一罪,是指行为人实施数个犯罪行为,且具备数个犯罪成立要件,但按照司法习惯作为一罪处分的情况,如连续犯、吸收犯、牵连犯等。

(2)关于数罪的分类。数罪是指数个犯罪。罪数种类包括一罪的种类与数罪的种类。刑法通说有四种分类法:①以行为人符合数个犯罪成立要件的个数为标准,可分为实质的数罪与想象的数罪。前者是指行为人实施数个行为,并符合数个成立要件,最终触犯了数个独立罪名。后者是指行为人实施一个行为,但符合数个成立要件,并最终触犯了数个独立罪名。②以行为人的数个行为符合数个成立要件的性质是否相同为标准,可分为异种数罪与同种数罪。前者是指行为人出于数个不同的犯意,并实施数个行为,符合数个性质不同的基本成立要件,最终触犯数个不同罪名。后者是指行为人出于数个相同的犯意,并实施数个行为,符合数个性质相同的成立要件,最终触犯数个相同罪名。③以数个犯罪是否并罚为标准,可分为并罚的数罪和非并罚的数罪。前者是指依照法律规定应当予以并罚的实质数罪。后者是指无须予以并罚,而应对其适用相应处断原则的实质数罪。④以判决生效前后为标准,可分为判决宣告前的数罪与刑罚执行期间的数罪。刑罚执行期间的数罪有两种:一是因犯罪受刑罚执行,在刑罚执行期间发现漏罪而成立的数罪;二是因犯罪受刑罚执行,在刑罚执行期间又犯新罪而成立的数罪。

根据我国刑法通说,本书将在数罪认定中重点讨论异种数罪与同种数罪,以及综合问题。

(一)一罪的认定

如上所述,刑法通说将一罪分为实质的一罪、法定的一罪和处断的一罪三类,这里分别探讨。

---

① 参见杨春洗、杨墩先主编:《中国刑法论》,北京大学出版社 1994 年版,第 144-158 页。

② 参见马克昌:《犯罪通论》,武汉大学出版社 1991 年版,第 592-593 页。

1. 实质的一罪

实质的一罪,是指从本质上判断这种犯罪只有一个行为,侵害了一个法益,实质上就是一个犯罪,不可能也不应当被评价为数罪。① 其包括继续犯、想象竞合犯、结果加重犯。但由于有些实质一罪行为的持续性,或法条的包容交叉关系导致其在罪数认定上有难度,故不再研究。严格来讲,单一罪也属于实质的一罪,然而单一罪指明显地只成立一罪的情况,故不再单列。

(1)继续犯,或称持续犯,是指一个已经实现犯罪既遂的行为,在既遂后的相当时间里持续侵犯同一法益的犯罪形态。也就是说,这是一种行为从着手实行到由于某种原因终止以前一直处于持续状态的犯罪。这种犯罪行为在犯罪状态改变以前,始终处于持续状态。然而,不论其持续多久,其仍然是一罪的犯罪状态。如非法拘禁罪就是典型的继续犯,即行为人从着手实施犯罪到犯罪结束,始终处于非法剥夺他人人身自由行为的持续状态。还有窝藏罪和非法持有、私藏枪支、弹药罪等,也都是典型的继续犯。其特征为:①必须是一个主客观相统一的犯罪行为,且主观方面是直接故意。具有支配行为的犯意,且是直接故意。间接故意或者过失不能成为继续犯的主观要件,因为间接故意犯罪、过失犯罪通常都以发生特定危害结果为成立条件,而继续犯不追求危害结果的发生。在客观要件上无论行为持续多长时间都是同一个犯罪行为,不会因行为的持续、行为地的转移等而成立数个犯罪。②必须是犯罪行为与不法状态同时持续存在,而不仅仅是不法状态的持续。继续犯是犯罪达到既遂后,犯罪行为与不法状态均在持续进行中。表现在:一是继续犯的不法行为始终在一定时间内持续。一天、半个月或更长时间,持续时间长短不影响继续犯的成立,但瞬间行为不可能构成继续犯。二是由于犯罪实行行为导致法益受到侵害的状态必须从未间断,即从开始到结束一直处于持续状态。三是犯罪行为与不法状态同时处于持续之中,二者缺一不可。③侵犯的必须是同一法益,而继续犯是持续作用于同一对象。继续犯自始至终侵犯的是同一合法权益,如果数行为侵犯同一合法权益,或者一行为侵犯数种合法权益则不是继续犯。另外,继续犯必须持续作用于同一对象,如果对象不同,且不是出于同一概括故意,则不是继续犯。

应注意的是,继续犯与状态犯有很大区别。后者是指犯罪达到既遂后,其行为所造成的不法状态仍然处于持续的犯罪状态。学界有人对状态犯持否定态度,认为状态犯仅指不法状态继续的情形,应属于事后不可罚行为。像幻觉犯那样,虽然状态犯缀以“犯”字,但并非犯罪形态,是一种事后行为。本书认为,状态犯可分为本罪行为与不法状态,二者紧密关联、缺一不可,本罪行为造成了不法状态的发生,不法状态是本罪

① 李晓明、李洪欣、陈珊珊:《中国刑法基本原理》(第4版),法律出版社2013年版,第504页。

行为对法益侵害状态的延续。二者都存在不法状态的继续,有相似之处但也有区别。表现在:①从不法状态发生和存在的时间上看,继续犯中不法状态始自犯罪行为实行中至犯罪行为的终止,发生和存在于整个犯罪过程中;状态犯中的不法状态发生于本罪终止以后,而继续存在的时间长短具有不定性。②从不法状态的形式看,继续犯中除了有不法状态的继续,还有犯罪行为的继续,是犯罪行为与不法状态双项同时继续;状态犯则没有犯罪行为的继续,只有不法状态的继续,是不法状态的单项继续。③从不法状态继续的内容看,继续犯中不法状态自始至终是伴随犯罪行为而继续,中间没有其他行为介入。如有其他行为的介入成立犯罪的,应按数罪实行并罚;在状态犯的不法状态继续过程中,往往有事后不可罚行为的介入。后者是指一种犯罪既遂后,不法状态仍然继续存在,其持续不法状态的行为不予单独处罚,如行为人盗窃既遂后的藏匿赃物行为、贩卖赃物行为、毁坏赃物行为等,都属于事后不可罚行为。之所以不予单独处罚,是因为行为人实施盗窃行为窃得财物之后,对赃物的非法使用、支配和占有乃是盗窃罪的题中应有之义,不宜对窝赃、销赃、毁坏财物行为另行处罚,应按盗窃罪一罪处理。

属于继续犯形态的犯罪,在我国刑法分则中有专条规定,属于实质一罪中法律规定为一罪的情况,且有相应的法定刑,如虐待罪、遗弃罪、非法拘禁罪等。当然,继续犯的行为终了时间与既遂时间有时并不同一,因此在继续犯的行为持续期间参与犯罪的可成立共同正犯或帮助犯。根据《刑法》第 89 条的规定,对继续犯的追诉期限从犯罪终了之日起计算,这也进一步说明了对继续犯只能以一罪论处。此外,在继续犯的持续时间跨越新旧两法时,应适用新法。① 另外,由于持续行为仅针对同一对象并侵犯同一法益,虽然不论其持续时间长短均应以一罪论处,但犯罪行为与不法状态继续的时间长短可在量刑时予以酌情考虑。

(2)想象竞合犯,也称观念竞合犯或想象的数罪,是指出于一个故意或过失实施一个犯罪行为,同时触犯数个罪名的犯罪形态。例如,甲开枪杀乙,结果乙死亡的同时还致丙重伤,同时触犯杀人罪与伤害罪。又如,甲毁损乙的豪华轿车,用球棒击打车窗玻璃,结果玻璃碎片致乙死亡并致丙重伤,同时涉及故意毁坏财物罪、过失致人死亡罪和过失致人重伤罪。我国刑法没有明确规定想象竞合犯,但在刑法理论上一直承认并为司法实践所接受。其特征为:①行为人只实施了一个犯罪行为。该行为可以是故意也可以是过失,出于故意而实施犯罪,因同一行为过失地造成另一犯罪结果,也只是一个行为。由于其只实施了一个行为,如果触犯同种罪名,实际上还是一罪。②该行为必须同时触犯数个罪名。触犯数个罪名是指一个行为同时在外观上或形式上符合刑法

---

① 参见张明楷:《刑法学》(上),法律出版社 2011 年版,第 417 页。

规定的数个犯罪特征。之所以如此，是因为该行为具有多重属性或造成多个结果。至于罪名是指同种罪名还是异种罪名在学界有争议，一种观点认为，只能触犯不同罪名；另一种观点认为，一行为既可以触犯不同罪名（异种类的想象竞合犯），也可以触犯相同罪名（同种类的想象竞合犯）。本书认为，一个行为触犯数个同种罪名，虽然造成了数个结果，侵犯了不同的法益，但还是一个行为，在定罪上还是一个罪名，不存在想象竞合犯“择一重处”的必要，故认定同种数罪名构成想象竞合犯并无意义。

关于想象竞合犯的定性及其本质，刑法理论上有实质的数罪竞合说与想象的数罪竞合说之争。前者认为想象竞合犯实质上是数罪，只是在法律上作为一罪处理而已。理由是：行为人有一个或数个罪过，虽只实施一个罪行，但产生了数个危害结果，触犯数个罪名。如果该行为与结果分别联系，就可能构成数个犯罪。后者认为想象竞合犯只是形式上、想象上的数罪，实质上还是一罪。理由是：行为成立一罪还是数罪，关键看犯罪要件的成立次数。想象竞合犯虽有数个结果，但行为只有一个，不能对一个行为进行重复评价，故只成立一罪。故遵循刑法中“禁止一行为重复评价”原则，想象竞合犯只是观念上的数罪，实质上的一罪。

另外，要注意想象竞合犯与法条竞合犯的区别。后者是指一个犯罪行为同时触犯数个具有包容关系的法律条文的情况。二者的相似之处在于，均是一个犯罪行为同时触犯数个法律条文而发生竞合，均属于一罪的范畴，都按一个法规并受一罪。有学者认为，“法条竞合犯与想象竞合犯的区分标准，是刑法理论尚未完全解决的问题”①。也有学者认为，法条竞合与想象竞合的差异是一种表象，主张不必区分。② 本书认为，法条竞合是一种立法现象的评价，想象竞合是一种行为样态的判断，因此仍遵循通说对两者加以区别。二者的区别：①就犯罪的性质而言，两者都是一罪，但想象竞合是一个行为，外观上触犯数罪名，犯罪本身是形式上的数罪；而法条竞合是一个犯罪行为，犯罪自身是单纯的一罪。②在行为与结果关系上，想象竞合犯是一行为导致数个结果，造成数罪名的竞合；法条竞合是一个行为造成一个后果，只是适用的法规上有竞合。③在条文竞合关系上，想象竞合犯所触犯的法律条文间并无包容关系，而法条竞合犯触犯的法律条文间有包容关系。④在处理原则上，想象竞合犯从一重处；而法条竞合犯是单纯的一罪，只能按照特别法优于普通法及重法优于轻法处理。

对于想象竞合犯的处罚，我国刑法没有作出明文规定，但理论与实践上都认为应采取“从一重处”的原则，即按其一行为同时触犯数个罪名中较重的罪适用刑罚。近年来，随着对想象竞合犯理论的深入研究，有学者进一步深化了“从一重处”原则的含义，

---

① 张明楷：《刑法分则的解释原理》，中国人民大学出版社 2004 年版，第 284 页。

② 参见陈洪兵：《不必严格区分法条竞合与想象竞合：大竞合论之提倡》，载《清华法学》2012 年第 1 期。

认为应除按数罪名中较重的一个罪定罪外,还应在该罪的法定刑的量刑幅度内,选择判处与最重之罪的情节和危害程度相应的刑罚,同时将所触犯的其他轻罪作为量刑的情节考虑。

(3)结果加重犯,又称加重结果犯,是指故意实施刑法规定的一个基本犯罪行为,发生了基本成立犯罪结果以外的重结果,刑法对重结果规定了加重的法定刑的犯罪形态。也就是说,结果加重犯的加重结果是由法律规定的、超出基本罪质范围的结果,也可以说是他罪的结果。如甲与乙系邻居,两家素有隔阂,某日又因琐事争吵。争吵中甲的情绪非常激动,难以控制,突然萌生伤害乙的念头,遂拔出随身携带的尖刀向乙刺去,导致乙动脉大量失血,送往医院后两小时死亡。可见,结果加重犯的加重结果是相对于基本犯罪的结果而言的,可以是重合的关系,也可以是非重合的关系,即当加重结果包含基本结果(如故意伤害致人死亡)时,基本结果与加重结果是重合关系;而当加重结果独立于基本结果(如抢劫致人死亡)时,基本结果与加重结果是非重合关系。

在我国刑法中结果加重犯的基本结构是:基本的犯罪构成+加重结果+重于基本犯罪的加重的法定刑。可见结果加重犯是一种特殊的犯罪形态,它包含了基本的和加重的两个部分。但就本质而言,结果加重犯还是一罪,而非数罪,它不是两个罪的简单复合,也不是单纯的一罪,而是由于法律的规定,一个犯罪行为造成他罪的结果而规定为一罪,所以结果加重犯应是法定的一罪。虽然由于犯罪结果的变化造成了法律规定上对法定刑的升格,但犯罪行为还是一个,故罪数上也应是一罪。其特征:①行为人实施基本的犯罪行为,但造成了加重的后果。且加重结果是刑法专门规定的,行为人在实施某种基本犯罪行为时发生的基本犯罪成立以外的重结果。当然,在基本犯罪行为与加重结果间具有因果关系,也即它虽然在基本的犯罪行为以外发生,但又和基本的犯罪行为联系紧密,具有客观上的因果性和依附性。如果加重结果不是由于基本犯罪行为所致,则不能成立结果加重犯。②行为人基本犯罪的主观上是故意。学界普遍认为,过失实施基本犯罪行为的不成立结果加重犯。根据我国《刑法》的规定,结果加重犯的基本犯罪行为只能是故意。如强奸致人重伤、死亡,抢劫致人重伤、死亡等。但在外国刑法中却有结果加重犯的基本犯罪行为可由过失成立的规定,如《德国刑法典》第309条失火致人死亡罪、第314条过失溢水致死罪、第326条过失损坏水事工作致死罪等。③行为人在对加重结果的主观上至少是过失。行为人对加重结果连过失都不存在时,对加重结果不负责任,因而也不成立结果加重犯。至于行为人对加重结果持故意态度时,能否成立结果加重犯,刑法学界尚存在争论。一般认为,在有的结果加重犯中,行为人对加重结果只能是过失,如故意伤害致死,行为人对死亡只能是过失的态度,如果持故意则应是故意杀人罪,而不是伤害罪的结果加重犯;在有的结果加重犯中,行为人对加重结果既可以是过失也可以是故意,如放火致人重伤、死亡的属于结果加重犯,行为人对重伤、死亡既可能是过失也可能是故意。这需要根据犯罪的性质及法定刑与犯罪间的关系进行具体分析。④刑法规定了比基本犯罪较重的法定刑。加重了法定刑,是相对于基本犯罪的法定刑而言的,即结果加重犯的法定刑要重于基本犯的法定刑。如果刑法没有加重法定刑,结果再严重也不成立结果加重犯。关于较重的法定刑有两种不同的方式,一种是规定从重处罚,另一种是规定更高的法定刑。在我国刑法中,大都采用后一种方式,这显示出打击犯罪的决心和惩治力度。

根据我国《刑法》的规定,结果加重犯不构成新的罪名,定罪时仍以基本犯罪的罪名定性;量刑时适用刑法中对结果加重犯处刑的条款,不适用基本犯罪的处刑。

2. 法定的一罪

所谓法定的一罪,是指原本数行为可能会成立数罪,但刑法将其规定为一罪的情况,包括结合犯、集合犯和转化犯等。

(1)结合犯,是指数个原本独立的犯罪行为,根据《刑法》的明文规定,被合并为另一种新的独立罪名的犯罪形态。如上,我国刑法中没有结合犯的规定,但司法实践中不可避免地遇到了结合犯的情况。如以杀人手段抢劫的或者抢劫过程中杀人的,完全可以在刑法中规定“抢劫杀人罪”。但我国是通过司法解释解决的:“行为人为劫取财物而预谋故意杀人,或者在劫取财物过程中,为制服被害人反抗而故意杀人的,以抢劫罪定罪处罚。”“行为人实施抢劫后,为灭口而故意杀人的,以抢劫罪和故意杀人罪定罪,实行数罪并罚。”①类似情况,《日本刑法典》有“抢劫杀人罪”的规定,且在第241条还规定有“强盗强奸、强盗强奸致死罪”:“犯强盗罪,而又强奸妇女的,处无期或七年以上惩役。因而致妇女于死的,处死刑或无期惩役。”可见,结合犯分两部分,即原罪与新罪,其中原罪是结合要素,新罪是合成产物。“作为结合要素的原罪须是两个以上原本各自独立的犯罪行为,这是结合犯与想象竞合犯的重要区别;作为合成物的新罪必须有刑法的明文规定,这是结合犯与牵连犯的重要区别。”②结合犯的特征:①结合犯所结合的数罪必须是刑法上原有的独立罪名。所谓独立罪名,是指不依附于其他任何罪名,而各自独立符合犯罪成立要件行为的罪名。当然,数个独立罪名必须是数个不同的犯罪,而不是数个相同的犯罪。如《日本刑法典》中的抢劫杀人罪、强奸杀人罪,结合的均是数个不同犯罪间的罪名。②结合犯是将数个原本独立的罪名结合成一个新的独立罪名,表示公式:甲罪+乙罪=丙罪,丙罪便是结合犯。如果刑法将数个独立的犯罪结合成为一罪,则不是结合犯。如绑架并杀害他人的,刑法仍然规定按绑架罪论处,故不属于结合犯。③数个独立的犯罪被结合为另一独立的新罪后,数个原罪则失去原有

---

① 2001年5月23日最高人民法院《关于抢劫过程中故意杀人案件如何定罪问题的批复》。

② 高铭暄主编:《新编中国刑法学》,中国人民大学出版社1998年版,第259-260页。

的独立犯罪的意义,成为新罪的一部分。如抢劫杀人罪、抢劫强奸罪、强奸杀人罪等结合犯,均是数个不同犯罪间的新罪名,而不是原来数罪的旧罪名。④数个原本独立的罪名结合成为另一独立罪名,必须是基于刑法的明文规定。刑法之所以将数个原本独立的罪名规定为一个独立的新罪名,是因为原本独立的数罪名之间或者存在时空上的密切联系容易同时发生,或者数罪的实施条件相同容易彼此相连。如果刑法没有明文规定,就不能任意将数个独立罪名结合为另一独立的新罪名。另外,结合犯的规定在较大程度上减少了罪名之间的争论,以及在认定罪名上的困难,从而其节省了司法资源。

注意结合犯与结果加重犯的区别:一是在原行为的数量上,结合犯是数个独立犯罪的结合,所以必须要有两个以上的犯罪行为;而结果加重犯只有一个犯罪行为,只是由于导致了加重的结果,才有了罪数形态的问题。这也导致了在既未遂问题上,结合犯有未遂犯,而结果加重犯是以加重的结果为成立的必要条件,所以一般认为不存在未遂犯。二是在处罚方式上,结合犯按结合而成的新罪定罪,按刑法的规定以新罪的法定刑或某个原罪的法定刑适用刑罚。而结果加重犯只能按照基本犯罪定罪,其加重后果只是提高法定刑的条件。

由于结合犯是将数个原本独立的犯罪组合成为另一独立的新罪,自然以所结合的犯罪一罪论处,而不能以数罪论处。但考虑到两罪的集合,在处刑上或许会比各自单一的罪名要重。

(2)集合犯,是指行为人实施数次同目的和同行为的犯罪,但根据刑法规定不作为数罪处理,而作为一罪处理的犯罪形态。也就是说,依照一定的犯罪意向反复实施同一种犯罪行为,依照刑法规定仅成立一罪的犯罪。其特征为:①在客观上实施了数个同种侵犯刑法法益的行为。数个同种行为或许均不独立成罪,但集合在一起就能成立犯罪,如以赌博为业者或许每次赌博并不独立成罪,但长期赌博的集合起来即成立赌博罪。实践中往往在一个罪名中有普通犯和集合犯的混同,如盗窃达不到犯罪数额的一般三次以上才成立犯罪,非法行医通常也是多次才构成犯罪。但盗窃一次达到数额或入室盗窃等都不受三次的限制,非法行医一次就造成问诊人身体健康受到严重损害的也成立非法行医罪。当然,前者要求必须达到三次的为集合犯,后者不要求达到三次的为普通犯。②在主观上必须是实施了数次同种目的的犯罪。也就是说,行为人不是偶尔一次意图实施某种行为,而是数次实施同一种犯罪目的才成立集合犯。如上,偶尔娱乐或赌博不成立赌博罪,只有行为人反复实施以赌博为目的的行为才能成立赌博罪,才是真正的集合犯。③集合犯是刑法明文规定的犯罪。也就是说,只有在刑法将可能实施的数个同种行为规定为一罪的情况下,才可能成立集合犯。如非法行医罪在《刑法》第336条有明确规定,无论行为人实施多少次非法行医行为,都只成立一罪。

当然，从数个同种行为成立一罪看，集合犯与连续犯有相似性。二者的区别：集合犯是刑法明文规定的数次同种行为为一罪，所以是法定的一罪；而连续犯是连续实施的数次同种行为均独立成罪，是数次犯罪而作为一罪处理，故是处断的一罪。另外，从犯罪在时间上可能存在的过程来看，集合犯又与继续犯相近，但两者也有区别：集合犯是由数个同种犯罪行为组成，且行为间存在时间间隔。简言之，它是数个行为，而继续犯则是一行为处于不间断的持续之中，是一个行为。① 集合犯理论上的分类：一种是将集合犯分为常习犯和营业犯，另一种是将集合犯分为常习犯、营业犯和职业犯。我国通说分为常业犯和营业犯。

一是常业犯，是指以一定行为为常业的集合型犯罪。也就是说，行为人多次实施同一种常态犯罪行为，而法律规定以反复多次实施同一种行为为成立要件的犯罪。如我国《刑法》第 303 条规定：“以营利为目的，聚众赌博或者以赌博为业的，……”这就是常业犯。另外，常业犯与惯犯有一定的关联，我国 1979 年《刑法》规定有惯犯，1997 年《刑法》没有规定惯犯。所谓惯犯，是指以某种犯罪为常业或者以犯罪所得为生活来源，或者犯罪已成习性，在较长时间内反复多次实施多种犯罪的情况。其中，以某种犯罪为常业或者以犯罪所得为主要生活来源的叫常业惯犯；犯罪已成习性，在较长时间内反复多次实施多种犯罪的叫常习惯犯。

二是营业犯，是指以营利为目的，通过营业手段（或反复一定行为）实施刑法所规定之犯罪的。营业犯与常业犯的区别在于：对于常业犯来说，实施一次某种行为不成立犯罪，必须数次反复实施同一种行为才成立犯罪。而对于营业犯来说，通过营业手段实施一次某种行为可能成立某种犯罪，但反复实施同一种行为可能仍然只成立该种犯罪。如《刑法》第 363 条第 1 款规定：“以牟利为目的，制作、复制、出版、贩卖、传播淫秽物品的……”虽然制作、复制、出版、贩卖、传播一次淫秽物品的可能成立犯罪，但多次制作、复制、出版、贩卖、传播淫秽物品的仍只成立一罪，这就是典型的营业犯特征。

对于集合犯，根据刑法的明文规定，不论行为人实施了多少次犯罪行为，都只能以一罪论处，而不能进行数罪并罚。如甲非法行医 3 年多，导致 1 人死亡、1 人身体残疾。甲的行为既是常业犯，也是结果加重犯。

（3）转化犯，是指行为人在实施一个犯罪的过程中，由于发生了某种特定的原因或行为人行为的改变，使其犯罪行为符合了另一种犯罪的犯罪成立要件，从而依照刑法规定以新转化的罪定罪处刑的犯罪形态。如行为人在实施盗窃的过程中被事主发现，搏斗中行为人抽出匕首威胁事主，从而由盗窃罪转化为抢劫罪。可见，所谓犯罪转化，是指具体犯罪行为性质间的转化，并不包括罪与非罪间的转化，也不包括重罪向轻罪

---

① 参见李晓明、李洪欣、陈珊珊：《中国刑法基本原理》（第 4 版），法律出版社 2013 年版，第 513 页。

的转化。犯罪转化的特征[①]:①犯罪转化的异质性。只有存在前后两个不同性质或罪名的犯罪,才能称得上是犯罪转化。其前提是一定的犯罪行为存在,即本罪的实施。而转化的过程则是原犯罪行为向另一犯罪转变。对其两个不同罪质的行为(本罪与转化罪),虽然其罪质各异,但在犯罪成立要件上必须具有重合性和延展性。本罪的成立要件向另一罪的成立要件转化;转化罪的成立要件可以吸收、包含本罪的成立要件。从而犯罪成立要件或要素的重合性和延展性,是本罪转化为转化罪的法律条件。[②]②犯罪转化的原因性,也即本罪向转化罪的转变是事实存在的,是由于发生了某种法定的原因才进行的转化。转化原因的出现使得原犯罪行为在某些方面超出了本罪的成立要件,并使得对犯罪行为本身难以再用本罪的犯罪成立要件进行评价,只能进行罪行评价的变迁。[③] 对犯罪转化的众多原因,可以分为客观原因(或称法定原因)和主观原因(犯意转化)两类。在客观原因中又有三种情况,即以特定结果、特定的行为方式及特定行为和特定目的为犯罪转化的条件。在犯意转化中又可分为:行为人在犯罪的预备行为与实行行为间犯意的转化、行为人在犯罪实施过程中犯意的改变,以及过失转化为故意的犯意改变。[④] ③转化在定罪量刑上的单一性。转化犯是实质上的数罪、法律上以一罪论的罪数形态,[⑤]在犯罪转化中行为人的主观罪过、犯罪的成立要件、行为成立的罪名、犯罪行为的社会危害性等都发生了变化,故应按照转化后的犯罪定罪量刑,这是其结果特征。

在我国刑法中,转化犯及典型条款很多。主要有:①非法拘禁罪转化为故意伤害罪或杀人罪。《刑法》第 238 条第 2 款规定,非法拘禁他人使用暴力致人伤残、死亡的,依照本法第 234 条、第 232 条的规定定罪处罚。据此,在非法拘禁中使用暴力致人伤残的,则转化为故意伤害罪,对行为人以故意伤害罪一罪定罪处罚;或者使用暴力致人死亡的,则转化为故意杀人罪,对行为人以故意杀人罪一罪定罪处罚。②收买被拐卖的妇女、儿童罪转化为拐卖妇女、儿童罪。《刑法》第 241 条第 5 款规定,收买被拐卖的妇女、儿童又出卖的,依照本法第 240 条的规定定罪处罚。据此,行为人在实施收买被拐卖的妇女、儿童(即便当时并不具有出卖的目的)后,又出卖妇女、儿童的,先前的收买被拐卖的妇女、儿童罪也就转化成为拐卖妇女、儿童罪。③刑讯逼供罪或暴力取证罪就转化成为故意伤害罪或杀人罪。《刑法》第 247 条规定,司法工作人员对犯罪嫌疑人、被告人实行刑讯逼供或者使用暴力逼取证人证言致人伤残、死亡的,依照本法第

---

① 参见李晓明主编:《中国刑法基本原理》(第 2 版),法律出版社 2007 年版,第 412 页。

② 参见肖中:《论转化犯》,载《浙江社会科学》2000 年第 3 期。

③ 参见强昌文、范德繁:《犯罪转化论要》,载《吉林大学社会科学学报》2002 年第 6 期。

④ 参见李晓明主编:《刑法学》,法律出版社 2001 年版,第 564-566 页。

⑤ 参见肖中:《论转化犯》,载《浙江社会科学》2000 年第 3 期。

234条、第232条的规定定罪从重处罚。据此，刑讯逼供罪或暴力取证罪就转化成为故意伤害罪，则对行为人以故意伤害罪一罪定罪从重处罚；故意致人死亡的，刑讯逼供罪或暴力取证罪就转化为故意杀人罪，对行为人以故意杀人罪一罪定罪从重处罚。④虐待被监管人罪转化为故意伤害罪或杀人罪。《刑法》第248条规定，监狱、拘留所、看守所等监管机构的监管人员对被监管人进行殴打或者体罚虐待，致人伤残、死亡的，依照本法第234条、第232条的规定定罪从重处罚。据此，虐待被监管人罪转化为故意伤害罪，对行为人以故意伤害罪一罪定罪从重处罚；故意致人死亡的，虐待被监管人罪转化为故意杀人罪，对行为人以故意杀人罪一罪定罪从重处罚。⑤私自开拆或者隐匿、毁弃邮件、电报罪转化为盗窃罪。《刑法》第253条第2款规定，邮政工作人员私自开拆或者隐匿、毁弃邮件、电报的，犯前款罪而窃取财物的，依照本法第264条的规定定罪从重处罚。据此，不再以私自开拆或者隐匿、毁弃邮件、电报罪定罪处罚，而是转化为盗窃罪，对行为人以盗窃罪一罪从重处罚。⑥盗窃、诈骗、抢夺罪转化为抢劫罪。《刑法》第269条规定："犯盗窃、诈骗、抢夺罪，为窝藏赃物、抗拒抓捕或者毁灭罪证而当场使用暴力或者以暴力相威胁的，依照本法第二百六十三条的规定定罪处罚。"据此，行为人为窝藏赃物、抗拒抓捕或者毁灭罪证而当场使用暴力或者以暴力相威胁的，盗窃、诈骗、抢夺罪转化为抢劫罪，对行为人以抢劫罪一罪定罪处罚。⑦聚众斗殴罪转化为故意伤害罪、杀人罪。《刑法》第292条第2款规定："聚众斗殴，致人重伤、死亡的，依照本法第二百三十四条、第二百三十二条的规定定罪处罚。"据此，聚众斗殴罪转化为故意伤害罪，对行为人以故意伤害罪一罪定罪从重处罚；故意致人死亡的，聚众斗殴罪转化为故意杀人罪，对行为人以故意杀人罪一罪定罪从重处罚。

根据我国《刑法》规定，转化犯只能以新转化的犯罪一罪处罚，而不能进行数罪并罚。

3. 处断的一罪

处断的一罪，是指数行为虽然符合数个犯罪成立要件或者几次符合同一个犯罪成立要件，但司法实践中只认定为一罪的情形。处断的一罪主要包括吸收犯、牵连犯和连续犯三种。

(1)吸收犯

吸收犯，是指数个犯罪行为应该成立数罪，但最终被其中一个主要犯罪行为所吸收，从而仅成立一个吸收行为的犯罪形态。如私藏枪支的行为就被盗窃枪支的行为所吸收，仅成立盗窃枪支罪一罪；非法侵入他人住宅的行为被强奸妇女的行为所吸收，仅成立强奸妇女罪一罪；掩饰隐瞒犯罪所得行为被盗窃行为所吸收，仅成立盗窃罪一罪。吸收犯有三个特征。

一是具有数个独立的犯罪行为，且每个行为都符合一个独立的成立要件。可以说这是成立吸收犯的前提,因为其特点就是一个行为吸收其他行为,非数个行为谈不上吸收与被吸收的问题,也就不成立吸收犯了。包括只有一个行为符合犯罪成立要件的,也不成立吸收犯。

二是数个独立的犯罪行为必须触犯数个不同的罪名,数行为触犯同一罪名的不成立吸收犯。也就是说,吸收犯的数个行为都要求独立成罪,如果数个行为中只触犯一个罪名,或者只有一个行为成立犯罪,其余都是违法行为,则也不能成立吸收犯。同时,吸收犯是数行为触犯数罪名,可以说这也是吸收犯与想象竞合犯的重要区别。

三是数行为之间具有吸收关系,后行为是前行为发展的当然结果。可以说,这是吸收犯的核心特征。我国刑法理论通说对吸收关系的描述有三种情形:①重行为吸收轻行为;②实行行为吸收预备行为;③主行为吸收从行为。[①] 也有学者描述为:①高度行为吸收低度行为。如运输毒品罪或者贩卖毒品罪吸收非法持有毒品罪。②主行为吸收从行为。如盗窃罪吸收掩饰隐瞒犯罪所得罪。③实行行为吸收非实行行为。如杀人的实行行为吸收其预备行为。[②] 也有学者提出两种情况:①一般经验上的吸收关系,即依照一般经验法则,一罪是另一罪的当然实行方法或当然实行结果,前行为是后行为的当然发展阶段或者后行为是前行为的当然发展结果;如运输毒品以持有毒品为前提,运输毒品罪吸收持有毒品罪。②法条内容上的吸收关系,即按照法律规定,一罪的犯罪成立为他罪所包括。[③] 甚至有学者将吸收犯理解成狭义的包括的一罪,而不是处断的一罪。[④] 司法实践中,重行为吸收轻行为、主行为吸收附随行为等被采用的较多。所谓重行为吸收轻行为,是指罪质重、危害大、法定刑重的犯罪行为吸收罪质轻、危害小、法定刑轻的犯罪行为。[⑤] 至于行为轻重,依照法定刑的轻重来区分,法定刑重者为重行为,法定刑轻者为轻行为。所谓主行为吸收附随行为,是指犯罪中的主题或主要行为吸收附属或跟随的行为。如上所述,盗窃行为完成以后,必然附属或者跟随而来的掩饰隐瞒犯罪所得行为,也即隐匿、窝藏赃物。当然,就实行行为吸收预备行为而言,以及主行为吸收从行为而言等,实践中均存在争议[⑥],值得深入思考。

显然,吸收犯与牵连犯都是数个行为,都成立数罪,且理论上都不实行并罚。二者的不同之处主要表现在数个行为之间的相互关系不同:①牵连犯的数个行为之间是相互牵连的,而吸收犯则一行为是另一行为发展的所经阶段或者当然结果。②牵连犯的

---

① 参见高铭暄、马克昌主编:《刑法学》(第4版),北京大学出版社、高等教育出版社2010年版,第212-213页。

② 参见陈兴良:《本体刑法学》,商务印书馆2001年版,第418-419页。

③ 参见李晓明、李洪欣、陈珊珊:《中国刑法基本原理》(第4版),法律出版社2013年版,第520页。

④ 参见张明楷:《刑法学》(第4版),法律出版社2011年版,第432页。

⑤ 参见李晓明主编:《中国刑法总论》,清华大学出版社2013年版,第224页。

⑥ 参见张明楷:《刑法学》(第4版),法律出版社2011年版,第377-378页。

行为相互之间是平等的,而吸收犯的行为之间是轻重、主次和附随关系。因此,二者具有明显的区分。

对于吸收犯,应依照吸收行为所构成的犯罪进行处罚,不实行数罪并罚。而且,吸收关系多表现为重行为吸收轻行为,因此一般而言对吸收犯以重罪论处,轻罪则被重罪吸收。所以,在我国司法实践中基本遵循处罚吸收罪名,而不处罚被吸收罪名的原则。

(2)牵连犯

牵连犯,是指为实施某种直接故意犯罪,其方法行为或结果行为又触犯其他罪名,因而导致两个罪名相互牵连的犯罪形态。牵连的方式主要表现在:一是手段行为与目的行为的牵连,如甲为了诈骗财物采取了伪造证件的方法,然而其分别触犯了伪造证件罪与诈骗罪两个罪名,而伪造证件的方法行为与诈骗的目的行为构成了牵连关系。二是原因行为与结果行为的牵连。如为防身而窃取枪支系原因行为,得逞后又伪造持枪证系结果行为,因而成立盗窃枪支罪与伪造国家机关证件罪的牵连犯。其特征为:

一是主观方面必须是直接故意。因此,过失犯罪与间接故意犯罪不能成立牵连犯,因为它们没有犯罪的直接故意或目的。传统观点认为,牵连犯具有唯一目的性,也就是说具有两个以上犯罪目的时不成立牵连犯。[①] 现在看来这一主张不具有合理性,因为唯一目的性显然将牵连犯限制在目的犯中,这意味着只有目的犯才存在牵连犯。而事实上并非如此,除目的犯外,其他故意犯罪照样可以成立牵连犯。如伪造国家机关证件诈骗财物的人,既有伪造国家机关证件罪的故意,也有诈骗罪的故意,而前者并非目的犯。因此,把牵连犯的特征固定为直接故意较为合适,而且一般的牵连犯大都具有两个直接故意。

二是客观方面具有两个以上的行为。且这两个以上的行为都必须独立成罪,两个以上行为如果有一个不能独立成罪,则不成立牵连犯。如窝藏自己所诈骗来的赃物行为,虽然诈骗罪独立成罪,但窝藏行为属于不可罚的事后附随行为,因此不能成立牵连犯,如上所述此乃吸收犯。也就是说,原因行为与结果行为、手段行为与目的行为,都必须是独立的犯罪行为。

三是两个以上行为之间必须存在牵连关系。可以说,这是牵连犯的本质特征。关于牵连关系的判断标准,刑法理论上存在主观说、客观说、折中说等不同观点,[②]争论的核心在于这种牵连关系是一种客观上的联系还是应当包含主观上的关联。笔者赞同以主观与客观的统一为标准,即以牵连意图为主观形式,以因果关系为客观内容组成

---

① 参见李晓明主编:《中国刑法基本原理》(第 2 版),法律出版社 2007 年版,第 416 页。

② 参见吴振兴:《罪数形态论》,中国检察出版社 1996 年版,第 277 页以下。

一个有机统一的评价体系。[①] 具体而言,从主观上看行为人是否为了一个最终的犯罪目的而实施方法行为或结果行为,即方法行为与结果行为是否是在最终目的的支配下实施的;从客观上看目的行为与方法行为、结果行为之间有无原因与结果的牵连关系。

关于牵连关系的判断,刑法理论上存在四种学说:其一是客观说。该说认为,只要客观上两种行为之间具有手段行为与目的行为、原因行为与结果行为之间的关系,就具有牵连关系。其二是主观说。该说认为,只要行为人主观上具有将某种行为作为手段行为或者作为结果行为进行牵连的意思,就存在牵连关系。其三是折中说。该说认为,只有行为人主观上具有牵连意思,客观上数行为具有手段与方法、原因与结果的关系的,才具有牵连关系。[②] 其四是类型说。该说认为,只有具有类型化的手段与目的、原因与结果的关系时,才存在牵连关系。从实质而言,类型说其实是一种客观说。[③] 可见,牵连犯在司法实践中是一个极其复杂的关系,尚需要深入研究。

牵连犯与吸收犯是罪数论中两个最易混淆的概念。如有学者认为,所谓的实行行为、主行为、重行为、目的行为、方法行为、结果行为等概念其实都是从不同标准做出的区分。例如,目的行为难道不是主行为,如为诈骗而伪造国家机关公文的,诈骗行为既是目的行为也是主要行为。[④] 又如,结果行为亦可以是从行为,比如盗窃他人提包,发现提包中有手枪和弹药然后加以隐藏,通说认为这是牵连犯,原因行为是盗窃,结果行为是私藏枪支弹药。[⑤] 然而从吸收犯的角度讲,盗窃行为是主行为,私藏枪支弹药的行为是从行为,又何尝不可?所以该学者认为,牵连犯与吸收犯的区别实在牵强,如果一定要在理论上加以区别的话,可否认为牵连犯中的两罪之间不存在当然的关系,如为诈骗而伪造国家公文证件构成牵连犯,但伪造国家公文证件并不是诈骗当然的方法行为,为了诈骗完全可以有其他更多的方法行为可以选择,因此伪造国家公文证件的行为与诈骗行为并不具有想当然的联系。而吸收犯的两罪之间存在一般生活经验上的当然关系,如非法制造枪支弹药罪与私藏枪支弹药罪,非法制造之后,私藏几乎是自然的结果,在一般生活经验上顺理成章。[⑥] 或许这样区分二者的关系才较为清晰,也更符合刑事司法实践。

从刑法理论上讲,牵连犯虽然触犯了数个罪名,但不宜进行数罪并罚。就法律规

---

① 参见陈兴良:《本体刑法学》,商务印书馆 2001 年版,第 614-615 页。

② 参见吴振兴:《罪数形态论》,中国检察出版社 2006 年版,第 289-290 页。

③ 参见张明楷:《刑法学》(第 4 版),法律出版社 2011 年版,第 439 页。

④ 参见李晓明、李洪欣、陈珊珊:《中国刑法基本原理》(第 4 版),法律出版社 2013 年版,第 521 页。

⑤ 参见高铭暄、马克昌主编:《刑法学》(第 4 版),北京大学出版社、高等教育出版社 2010 年版,第 210 页。

⑥ 参见李晓明、李洪欣、陈珊珊:《中国刑法基本原理》(第 4 版),法律出版社 2013 年版,第 522 页。

定而言,刑法总则没有规定牵连犯的处罚原则,故一般认为,对牵连犯应从一重罪处罚或者从一重罪从重处罚。而刑法分则因罪名不同对牵连犯表现出不同的处罚规定:

一是有对牵连犯从一重罪处罚的规定。如《刑法》第 399 条第 4 款规定:“司法工作人员收受贿赂,有前三款行为的,同时又构成本法第三百八十五条规定之罪的,依照处罚较重的规定定罪处罚。”由此可见,司法工作人员收受贿赂而徇私枉法的依照较重的规定处罚。

二是有对牵连犯从一重罪从重处罚的规定。如《刑法》第 253 条第 2 款规定:“犯前款罪而窃取财物的,依照本法第二百六十四条的规定定罪从重处罚。”可见,邮政工作人员在私自开拆、隐匿、毁弃邮件、电报行为中盗窃财物的,应依照盗窃罪从重处罚。

三是有对牵连犯适用较重法定刑的规定。《刑法》第 347 条第 2 款规定,在走私毒品的过程中暴力抗拒检查的,处 15 年有期徒刑、无期徒刑或者死刑,并处没收财产。这就是处以独立的而且是加重的法定刑。

四是有对牵连犯实行数罪并罚的规定。如《刑法》第 198 条规定:“……;(四)投保人、被保险人故意造成财产损失的保险事故,骗取保险金的;(五)投保人、受益人故意造成被保险人死亡、伤残或者疾病,骗取保险金的。”“有前款第四项、第五项所列行为,同时构成其他犯罪的,依照数罪并罚的规定处罚。”再如《刑法》第 157 条第 2 款规定,以暴力、威胁方法抗拒缉私的,应以走私罪和妨害公务罪并罚。可见,刑法分则中有对牵连犯数罪并罚的规定。

上述刑法分则的规定展示了对牵连犯的不同态度,从中也不难发现,对牵连犯的处理差别较大,甚至也很难找出之所以区别对待的实质理由及基本规律。因此,也有学者主张取消牵连犯概念,将原有的牵连犯所包含的犯罪现象分别作为想象竞合犯、不可罚的事前(事后)行为与数罪处理。[①] 这说明,我国刑法理论及其立法实践对牵连犯的研究是不够的,应该加强对其的进一步深入研究。

(3)连续犯

连续犯是指行为人基于相同的犯罪故意,连续实施性质相同的数个行为,且触犯同一罪名的犯罪形态。如甲发现某小区管理不善便起盗窃之念,并连续三天夜间乘人们熟睡之机,先后三次分别窃得 5000 元现金、高档笔记本电脑以及价值不菲的金项链一条。显然,此些案件便是盗窃罪的连续犯适例。虽然我国《刑法》未明文规定连续犯,但承认连续犯的存在,如《刑法》第 89 条的“犯罪行为有连续状态……”便是。连续犯有三个特征。

一是行为人基于相同的犯罪故意。相同的犯罪故意是指行为人具有数次实施相

① 参见周光权:《刑法总论》(第 2 版),中国人民大学出版社 2011 年版,第 264 页。

同犯罪的故意。可以说,相同的故意是连续犯存在的前提之一,也即故意是相同的而不是多种的,从第一次行为到最后一次行为都包括在一个犯意之内,并未另起新的犯意,如出于相同犯意而多次杀人或多次强奸等。关于过失犯罪是否能构成连续犯的问题,学界有较大的争论。有人认为,过失犯罪照样可以成立连续犯,如肇事司机违章驾驶多次造成他人伤亡事故等。但通说对此持否定观点,认为连续犯的主观要件之所以而且也只能是故意,是因为故意才是数个犯罪行为具有连续性不可缺少的前提条件,而连续数次过失犯罪并没有犯意使它们具有连续性,不宜认定构成连续犯。① 本书认为,此乃我国交通肇事罪是结果犯的传统认识造成的困惑,实质而言,交通肇事行为中的违反交通规则完全可能由故意行为导致,因此如果交通肇事罪能够是行为犯,当然存在连续犯。

二是行为人连续实施数个独立的犯罪行为。是否具有连续性,应从主客观两个方面综合进行判断。首先,必须实施了数次独立行为,或数次实施了某种行为。其次,每次或每个行为都能成立独立的犯罪。最后,从主客观两个方面来判断,数个或数次行为之间具有犯意和行为上的连续性,也即既要看行为人有无连续实施某种犯罪行为的故意,又要通过分析客观行为的性质、对象、方式、环境、结果等来判断是否具有连续性。

三是数个独立的犯罪行为触犯相同罪名。相同罪名是指刑法分则规定的同一个具体罪名,而不包括触犯同一类罪名的情况。由于连续犯只触犯相同具体罪名,故只能侵害相同的法益。但对相同法益的判断,要根据是否个人专属法益区别对待。对此有学者认为,对于侵犯个人专属法益的,不具有同一性。例如,对于连续故意造成三个不同人轻伤的行为,宜认定为同种数罪且实行并罚,而不宜认定为连续犯,否则会造成罪刑不均衡。对于侵犯非专属法益的犯罪,则具有同一性。如连续诈骗不同被害人的财物的,可认定为连续犯,以一罪论处。② 此外,数个行为中,有的符合基本构成,有的符合加重构成,有的既遂,有的未遂,也都属于触犯同一罪名。

然而也有学者认为,如果一个条文规定了不同的具体犯罪的,不等于触犯同一罪名,不能成立连续犯。例如,行为人先犯暴力取证罪,后犯刑讯逼供罪的,虽然只触犯了《刑法》第 247 条,但成立两个独立的犯罪,应当数罪并罚,而不是作为连续犯一罪论处。③

可以说,继续犯是一个犯罪行为既遂后,行为继续较长时间而完成犯罪目的的犯

① 参见高铭暄、马克昌主编:《刑法学》(第 4 版),北京大学出版社、高等教育出版社 2010 年版,第 208 页。

② 参见黎宏:《刑法学》,法律出版社 2012 年版,第 321 页。

③ 参见李晓明主编:《中国刑法总论》,清华大学出版社 2013 年版,第 221 页。

罪。显然，继续犯与连续犯在行为的连续与继续意思上有相似。二者区别为：①在行为的个数上，连续犯是数个独立犯罪行为的连续，继续犯是一个犯罪行为在既遂后的持续。②在主观要件上，连续犯是数个行为有相同犯意或故意，而继续犯只是一个故意的持续。③在犯罪对象上，继续犯要求必须是持续地侵害同一对象，而连续犯则并无此要求的必要。④在处罚上，连续犯是处断的一罪，即对数个行为只认定一罪，一般是从重处罚；而继续犯是单纯的一罪，一般不从重处罚，只是在犯罪行为继续的时间过长导致更加严重后果时才从重处罚。

由于连续犯是处断的一罪，所以对其不能实行数罪并罚。如上，我国《刑法》第89条只规定了连续犯“诉讼期限”的计算，对连续犯的处罚并无明文规定。然而，我国司法实践中都遵循对连续犯从重处罚的原则，即将连续犯作为量刑的从重情节，在法定刑的幅度内从重判处。鉴于此，笔者曾研究了连续犯的处理原则：①刑法规定只有一个量刑档次，或者虽有两个量刑档次但无加重犯的量刑档次的，应按照一个罪名从重处罚。如《刑法》第262条规定的拐骗儿童罪就只有一个量刑档次，因此拐骗儿童罪的连续犯只能在这个量刑幅度内从重处罚。②刑法对多次实施某种犯罪规定了加重的量刑幅度的，应在该加重犯的量刑幅度内处罚。如《刑法》第263条规定了“多次抢劫”的加重刑，连续实施三次以上抢劫的即应在该加重刑的量刑幅度内处罚。③刑法对多次实施某种犯罪虽然没有明文规定相应量刑幅度，但对其中“情节严重”或“情节特别严重”的情形分别规定了不同的加重量刑幅度的，在这种情况下，对连续犯应依照相对应的量刑幅度处罚。如《刑法》第266条对诈骗罪按照基本犯罪、情节严重、情节特别严重分别规定了三个量刑幅度，诈骗罪的连续犯应根据连续实施诈骗次数的多少按照相应的量刑幅度处罚。[①]

（二）数罪的认定

在罪数理论中，有一罪的形态，也就有数罪的形态。数罪即复数犯罪，是指一人犯有刑法所规定的数种犯罪的情形。数罪又可分为同种数罪和异种数罪。另外，一个犯罪行为同时触犯数个罪名的现象不仅客观存在，而且在刑法分则中有明确规定。如《刑法》第235条规定：“过失伤害他人致人重伤的，处三年以下有期徒刑或拘役。本法另有规定的，依照规定。”显然该规定载明，某种行为虽然符合过失致人重伤罪的成立要件，但又符合其他法条规定的犯罪成立要件的，则应依其他法条论处，不再适用《刑法》第235条。[②] 可见，复杂的犯罪情况导致刑事立法错综复杂的不同规定，包括法条与法条之间时常发生冲突与交叉，该现象在法理上称法条竞合。法条竞合虽不属于罪

① 参见李晓明主编：《中国刑法总论》，清华大学出版社2013年版，第222页。

② 参见张明楷：《刑法分则的解释原理》，中国人民大学出版社2004年版，第282页。

数形态,但不仅和罪数形态非常相关,而且内容也十分近似,因此这里也将其放入罪数论中加以讨论。

1.同种数罪

所谓同种数罪,指行为人以二次以上的相同性质的行为,而且均符合犯罪成立要件,最终触犯的是同一个罪名的情形。换言之,是指行为人实施的数个行为均可独立成罪,但属于性质相同、罪名相同的数罪。表现在法律特征上,就是行为人实施的数个犯罪行为所触犯的罪名是相同罪名。例如,甲 2015 年 1 月抢劫一次,2016 年 2 月又抢劫一次。两次抢劫均可独立成罪,但因罪名相同,应为同种数罪。同种数罪的特征表现在:(1)二次及其以上行为性质相同,且均符合犯罪成立要件。(2)最终触犯的是同一个罪名,也即一个罪名数次触犯。

通说认为,连续犯实质上是同种数罪。但如上所述,连续犯又是处断的一罪,所以连续犯与同种数罪的关系非常复杂。针对通说有学者指出,连续犯并不必然归于同种数罪。甚至认为,同种数罪与连续犯之间是涵盖关系,即前者包括后者。二者的不同表现在:(1)罪过形式不同。连续犯在主观上是基于相同的故意;同种数罪的各个罪过形式并不要求均为相同故意,且各个罪过之间不具有连续关系。(2)犯罪行为之间的关系不同。连续犯实施的数个行为之间具有连续性,而同种数罪之间不具有连续性。(3)处断的原则不同。对于连续犯不数罪并罚,同种数罪不完全排除数罪并罚。① 一般而言,在大陆法系刑法理论中往往把连续犯视为一个行为。② 而我国学者认为,连续犯属于罪数不典型范畴和例外判断系统范畴。也就是说,在连续犯这种特殊罪数形态上采用"社会行为说",对于"处断的一罪"实质为数罪的要求应该是非强制性的、非绝对必要性的。假如依据连续犯不完全按照同种数罪进行并罚的观点,也即区分个人专属法益的犯罪和非专属法益的犯罪(尤其在法定刑较低的犯罪中),就可能出现不同的情况。比如,连续故意造成三个不同人轻伤的行为,宜认定为同种数罪(侵犯多个法益);而对于侵犯非专属法益的犯罪(如侵犯财产罪),就要认定为连续犯(侵犯同种法益)。③ 当然,要注意"种罪"与"个罪"的区别,因为既可能侵犯多个法益也可能只侵犯一种法益。另外,根据《刑法》第 153 条第 3 款规定:"对多次走私未经处理的,按照累计走私货物、物品的偷逃应缴税额处罚。"第 383 条第 2 款规定:"对多次贪污未经处理的,按照累计贪污数额处罚。"这些连续犯只能按刑法解释论,以"处断的一罪"认定。但如果这些一罪具有了刑法上的明文规定,也就成为了"法定的一罪"。

---

① 参见蔡桂生:《论连续犯与同种数罪的区分及刑事处罚》,载《福建法学》2007 年第 2 期。

② 参见[德]弗兰茨·冯·李斯特:《德国刑法教科书》,徐久生译,法律出版社 2000 年版,第 389-390 页。

③ 参见蔡桂生:《论连续犯与同种数罪的区分及刑事处罚》,载《福建法学》2007 年第 2 期。

基于上述分析,有学者指出:“同种数罪与连续犯并非涵盖关系,而是交叉关系。”而交叉关系下连续犯与同种数罪的区分标准就可能是:(1)侵犯专属法益多个但性质同一则不属于连续犯的同种数罪,非专属的则为连续犯。(2)数个犯罪行为中,只有一个犯罪行为完全符合犯罪构成,则必不是同种数罪。法定为一罪的数个犯罪行为之总和,不是连续犯。按照该学者的主张,涵盖关系下二者的区分标准依然可以适用,而交叉关系下的区分标准只是对涵盖关系下区分标准的一种限制和附加,并非完全的取代或否定。区分连续犯中属于同种数罪的部分与不属于同种数罪的部分的标准为:数个犯罪行为中,只有一个犯罪行为完全符合犯罪成立的并非同种数罪,符合两个及以上犯罪成立的才是同种数罪。① 比较符合实际。

关于同种数罪的处罚问题,刑法学界有三种学说:(1)一罚说。该学说认为,同种数罪不应并罚,而应按照一罪的从重或加重情节处理。理由是:一是从中华人民共和国成立以来的有关刑事法律、法令以及某些国家的刑事立法例看,数罪并罚的都是异种数罪,而不是同种数罪。二是我国刑法分则的大部分条文对于犯同种罪的,因犯罪数额、情节、后果等的不同,都规定了轻重不同的量刑幅度。此种情况下,依照有关的条文定罪量刑,既有法律依据又完全可以做到罪刑均衡,没有必要实行并罚。三是一人犯同种数罪和一人犯异种数罪,按不同的数额、情节、后果来量刑,比较好掌握,轻重也比较恰当。四是刑法理论认为,对结合犯、牵连犯、持续犯、连续犯、惯犯,不适用数罪并罚。这是因为结合犯、牵连犯都属于数个行为侵犯数个罪名而定为一罪。连续犯、持续犯、惯犯一般都属于犯有同种数罪,依照我国刑法也都按一罪从重处罚或处以较重的法定刑。如此基本上没有什么对犯同种数罪要适用数罪并罚的问题。五是如果对犯同种数罪适用数罪并罚,判决势必会拖沓冗长。(2)并罚说。该学说认为,同种数罪与异种数罪一样,也应实行并罚。(3)折中说。该学说认为,同种数罪应否并罚,不能一概而论,应区别对待。② 如上笔者赞同折中说,也即原则性与灵活性相结合的原则。一般情况下可以不数罪并罚,而作为一罪从重处罚。这是因为刑法上多数条文都有两个以上的量刑幅度,此情况下对数罪从重处罚不会导致重罪轻判,且比较简便易行。但如果某种罪只有一个量刑幅度,不并罚就不能体现数罪从重的精神,此时就应实行数罪并罚。然而,折中说没能正确提出一罚与并罚的操作标准。故原则上对同种数罪应当并罚,但对判决宣告以前一人犯同种数罪的既可实行并罚也可以一罪论处,也即坚持以并罚为原则的折中说。③ 如此需要区分实行并罚和以一罪论处的基本标准,并明确其处罚的具体原则。

---

① 参见蔡桂生:《论连续犯与同种数罪的区分及刑事处罚》,载《福建法学》2007 年第 2 期。

② 参见高铭暄主编:《新编中国刑法学》,中国人民大学出版社 1998 年版,第 270 页。

③ 参见张明楷:《论同种数罪的并罚》,载《法学》2011 年第 1 期。

司法实践中有两种特殊情况:一是案件审理期间即发现同种漏罪的。对此《刑法》第70条中似乎并没有相应规定,故此时是撤回起诉还是部分判决后再进行数罪并罚?对此司法实践做法不一,理论界也存有争议,需要立法予以明确。二是刑罚执行完毕以前又新发现的漏罪。根据《刑法》第70条的规定,此漏罪应当是新发现的罪,而不应是原案件或原审判已经发现的罪,由于种种原因而没有判决的罪。虽然1979年《刑法》执行期间最高人民法院于1993年4月16日在《关于判决宣告后又发现被判刑的犯罪在分子的同种漏罪是否实行数罪并罚问题的批复》中指出,人民法院的判决宣告并已发生法律效力以后,刑罚还没执行完毕以前,发现被判刑的犯罪分子在判决宣告以前还有其他罪没有判决的,不论新发现的罪与原判决的罪是否属于同种罪,都应当实行数罪并罚。但在1997年《刑法》生效后,同种数罪是否并罚不应一概而论,而应根据罪刑相适应原则区别对待,做到罚当其罪。尤其是对于不是新发现的罪更不能进行二次起诉,否则违背"一事不再理"原则,对于此刑事诉讼法也应尽快确立"一事不再理"的基本原则,以便与刑法的这些具体问题相互配合。

2. 异种数罪

所谓异种数罪,是指行为人犯有性质不同,罪名不同的数个犯罪的情形,也即数个犯罪行为触犯数个不同罪名,就是异种数罪。如甲在入室盗窃中又强奸妇女,属于典型的异种数罪。异种犯罪是实质上的数罪,也是并合罪。[①] 此外,结合犯、牵连犯、吸收犯在某种意义上都具有异种数罪的特点,但结合犯是法定的一罪,牵连犯、吸收犯是处断的一罪。这些属于相对的异种数罪,也即从本来意义上看是异种数罪,但从法律规定为一罪或实际按一罪处断看,又非数罪类型,而是一罪类型。也有学者认为,异种数罪可划分为牵连异种数罪与非牵连异种数罪两种。牵连异种数罪(牵连犯)处罚原则的通说观点应予否定,对其应当实行数罪并罚,而不应按一罪从重处罚。[②] 异种数罪的特征有:(1)二次及以上行为性质不同,且均符合各自独立的犯罪成立要件。(2)最终触犯的是数个罪名,也即一人的数次行为触犯数个罪名。

异种数罪与同种数罪的区分是以犯罪人的数个行为是触犯一个罪名还是触犯数个罪名为标准,对数罪所进行的分类。表现在法律特征上,就是行为人实施的数个犯罪行为所触犯的罪名是否相同。数个犯罪行为触犯数个不同罪名就是异种数罪;数个犯罪行为触犯相同罪名就是同种数罪。二者区分的意义:(1)二者都是实质数罪的基本形式,不能因为数罪的性质有别而否认其中任何一种数罪作为实质数罪的法律地位。(2)无论是异种数罪还是同种数罪,均有可能被分为并罚的数罪和非并罚的数罪。

---

① 参见陈兴良:《本体刑法学》,商务印书馆2001年版,第620页。

② 参见孟庆华:《异种数罪应当实行数罪并罚》,载《法学论坛》2008年第5期。

(3)尽管作为实质数罪的部分异种数罪和同种数罪会引起对其予以并罚的法律后果，但在相同法律条件下异种数罪和同种数罪被纳入并罚范围的机会不均等。也就是说，在一定法律条件下对于异种数罪必须予以数罪并罚，而对于同种数罪则无须也没有必要实行数罪并罚。无论同种还是异种数罪通常遇到较多的情况有：

一是行为触犯刑法分则一个条文实为数罪。从条文的内容看，在多数情况下一个分则条文只规定一罪，因而触犯一个条文只构成一罪。但刑法分则条文的规定并非全然如此，也存在一个分则条文规定数罪的情况。如《刑法》分则第 127 条第 1 款规定了盗窃、抢夺枪支、弹药、爆炸物罪，第 2 款规定了抢劫枪支、弹药、爆炸物罪与盗窃、抢夺国家机关、军警人员、民兵的枪支、弹药、爆炸物罪。又如，《刑法》第 277 条规定了四个罪名。故当行为触犯了数罪的条文，符合数个犯罪成立要件时应以数罪论处，不能因为只触犯了一个条文而以一罪论处。

二是行为侵害同一对象形似一罪实为数罪。行为侵害同一对象常常成立一罪，但许多情况下行为虽然侵害同一对象，却最终成立数罪。显然，这同一罪与数罪的区分标准并不矛盾。区分一罪与数罪原则上以行为符合几个犯罪成立要件为标准，而不以行为侵害了几个对象为标准。对于同一对象，行为人可以在不同罪过心理支配下实施不同性质的犯罪行为。如对于同一妇女，行为人可以先强奸再杀人，从而成立两罪。即使对同一对象实施相似行为，也未必以一罪论处。如对同一女性，在其不满 14 周岁时进行奸淫，待其已满 14 周岁后又动用暴力发生性关系，在存在奸淫幼女罪罪名时，其行为同时成立奸淫幼女罪与强奸罪。

三是着手实行犯罪后另起犯意成立数罪。行为人在着手实施犯罪后，由于某种原因而另起犯意实施另一犯罪行为，也就符合两个犯罪成立要件系成立数罪。如被告人孙某将一名赶路妇女拦路拖到树林欲进行强奸，此时发现被害人正来月经感到不吉利，便没有对其实施强奸，趁妇女昏迷将其手表与钱包窃走。孙某的行为成立强奸罪未遂或中止强奸犯罪和盗窃罪。也就是说，行为人在着手实施犯罪后，行为已处于既遂或未遂状态，而又另起犯意实施另一犯罪行为，即成立数罪。当然，如果行为人改变犯意(或称犯意转移)则不成立数罪，如行为人预备抢劫，到现场因情况变化临时变为盗窃，则只能认定一罪。

四是在犯罪过程中超出原犯罪的范围成立数罪。通常情况下，犯罪行为是一个过程，对一个犯罪过程中的行为一般应认定为一罪。但如果行为人在犯罪中超出了原犯罪的范围，另成立其他独立罪名，对此应认定为数罪。如行为人长期虐待被害人情节恶劣，但最后一次实施虐待行为时造成被害人重伤，显然已经超出虐待罪的范围，故应认定为虐待罪与故意伤害罪。又如收买被拐卖的妇女后又强奸的，由于超出了收买被拐卖妇女罪的范围，成立数罪。

对于异种数罪,应基于一罪一罚、数罪并罚的原则,实行并罚。至于如何数罪并罚,参见刑事责任中"数罪并罚"部分。另外,异种数罪还有并罚数罪与非并罚数罪,以及判决宣告以前的数罪与刑罚执行期间的数罪等许多区分,具体实施时一定要具体问题具体分析。

3. 法条竞合

现实社会中包罗万象的犯罪现象,最终导致刑法立法上的错综复杂性,尤其是法条与法条间时有冲突与交叉,在法学上叫法条竞合。也就是说,一个犯罪行为可能同时符合数个法条的犯罪成立,使得在法条选择与适用上发生冲突。如盗窃枪支既符合《刑法》第127条的盗窃枪支罪,也符合《刑法》第264条的盗窃罪,显然存在法条竞合。如《刑法》第233、234、235、266、397条均规定:"本法另有规定的,依照规定。"这表明,如果某行为虽然符合这些罪的成立要件,但又符合其他法条规定的犯罪成立要件的,则应依其他法条论处,不再适用这些条文。当然,法条竞合不属于数罪,表面上却有数罪的相似内容,故这里将其放在数罪中介绍。

法条竞合,是指一个行为同时触犯数个具有包容关系的法律条文,但根据法律规定和法律适用的规则,只能在数个法条中选择其一从而排斥其他条文使用的情形。刑法中的法条竞合通常是指一个行为触犯数个罪名,但只能依其中一个法条定罪量刑的情况。其特征有:

一是行为人只实施了一个行为,这是成立法条竞合的前提性条件。所谓"一个行为"指行为人基于一个犯意实施的一次违法或犯罪行为,衡量一个行为的标准是考量其属于某一个违法或犯罪的成立要件,也即只有一个犯意。

二是一行为同时符合数个法条所规定的违法或犯罪成立要件,这是成立法条竞合的原理性条件。当然,只符合一个违法或成立要件自然就不存在法条竞合了。但符合数个违法或成立要件的未必就是法条竞合,还必须要求所符合的数个行为在性质或罪名上都应是不同的,甚至允许对该行为进行重复性使用。另外,修正的要件、加重或减轻的要件不属于法条竞合。

三是数个违法或成立要件间存在逻辑上的重合关系,也即包含或交叉的关系。可以说犯罪成立间存在逻辑上从属或交叉关系是法条竞合的逻辑本质,这种关系既可能表现在所侵犯的法益上也可能表现在主观方面及主体上,甚至在客观上及行为上,总之有重合、包含或交叉。

四是根据法律规定或犯罪成立原理只有一个犯罪成立可以恰当地评价该行为,从而排除其他违法或犯罪成立的可能性。法条竞合是因法律错综复杂的规定形成的,故对其只能选择一个违法或犯罪成立来认定。至于如何定罪量刑则需要结合竞合情况,并根据立法予以解决。

如上所述,法条竞合的本质是单纯的一罪,而想象竞合则是观念上的数罪、实质的一罪。然而,二者有四个共性特征:①均系一个犯罪行为;②均触犯了不同罪名的数个法条;③法律本质都是一罪,而非数罪;④最终都适用一个法条且按照一罪予以处罚。二者区别如下:

其一,在数个法律条文竞合的关系上,法条竞合犯所触犯的法律条文内容具有包容关系,而想象竞合犯所触犯的法律条文内容不具有包容关系。可以说,这是两者的关键或根本区别。所谓包容关系具体表现为两种情形:一是全部包容关系,即数个法律条文内容具有重合关系或称法条重合;二是部分包容关系,即数个法律条文内容具有交叉关系或称法条交叉。

其二,在处罚原则上,想象竞合犯从一重罪处罚,也即在行为所触犯的数罪中以法定刑较重的罪名论处;法条竞合则或按照特别法优于普通法原则处罚,或按照重法优于轻法原则处罚。

大陆法系国家通常将法条竞合分为四种类型:一是特别关系,即一个行为既符合普通法条规定的犯罪成立又符合特别法条规定的犯罪成立,其适用的原则是特别法条优先于普通法条。二是补充关系,即一个犯罪成立具有补充另一犯罪成立的作用或者一个行为同时符合这两个犯罪成立的情况,其适用的原则是基本法优于补充法。三是吸收关系,即一个行为所符合的数个犯罪成立要件之间,其中一个犯罪成立包含了其他犯罪成立的内容。因此出现一个犯罪成立吸收其他犯罪成立的情形,其适用的原则是完全法优于不完全法。四是择一关系,即一个行为所符合的数个犯罪成立要件之间在理论上存在不可两立的排他关系的情形,对此还没有明确的适用原则。[①]

本书认为,所谓法条竞合一定是以成立要件要素中的部分要素有重叠为前提,因此上述择一关系应该不属于法条竞合的类型,但法条竞合是否如有学者指出的那样,其实只有特别关系这一种情况,[②]本书不完全苟同。这是因为,法条竞合的类型应以本国刑法实践所出现的情形进行分析,因此我国刑法中的竞合关系一般只有两种情形:

①全包容关系的法条竞合,即一个法条的全部内容为另一法条的一部分,如我国《刑法》第 238 条的非法拘禁罪与第 239 条的绑架罪,对于非法拘禁罪中人身自由被剥夺的内容完全由绑架罪所包括,即甲法条包含 A、B、C、D 四项要素,乙法条包含 A、B、C 三项要素,那么乙法条即为甲法条所包容。显然,这是典型的全包容关系的法条竞合。

②两个法条各有一部分成立要件互相重叠的法条竞合,即一个法条内容的一部分

① 参见张明楷:《刑法学》,法律出版社 2011 年版,第 419 页。

② 参见张明楷:《刑法学》,法律出版社 2011 年版,第 422 页。

是另一法条内容的一部分。如我国《刑法》第258条重婚罪与第259条破坏军婚罪,前者的要素是"自己有配偶,再与他人结婚;或明知他人有配偶而与之结婚"。后者的要素是,"明知他人有配偶而与之结婚或同居"。显然,二者在基本要素上有交叉关系。另外,由于法条的特殊规定导致某些法条间的成立要素既有包容关系又有交叉关系。如我国《刑法》第149条规定:"生产、销售本节第一百四十一条至第一百四十八条所列产品,不构成各该条规定的犯罪,但是销售金额在五万元以上的,依照本节第一百四十条的规定定罪处罚。""生产、销售本节第一百四十一条至第一百四十八条所列产品,构成各该条规定的犯罪,同时又构成本节第一百四十条规定之罪的,依照处罚较重的规定定罪处罚。"显然,《刑法》第140条与该节其他各条的关系也是如此。当然这种立法现象是比较少见,是由于人为的立法因素而例外导致的特殊法条竞合情况,这种法条竞合处理不需要理论上进行阐释,直接根据法条的特别规定即可。

另有观点认为,法条竞合不仅存在普通法条与特别法条的竞合,在特别法条与特别法条之间也可能发生竞合。如相对于第266条普通诈骗罪,第193条贷款诈骗罪与第224条合同诈骗罪都是特别法条,后二者之间也有一定程度的竞合,即特别法条之间的竞合。"具体表现在,利用合同骗取金融机构贷款时,同时符合第193条与第224条规定的构成要件。这是因为贷款诈骗都要利用贷款合同,金融机构的贷款属于对方当事人的财物,于是二者之间具有重叠关系"①。显然,这种观点与上述分类并无矛盾,是属于上述第二种类型的方式之一。

对于法条竞合的法律适用,通说认为,在包容式法条竞合中是特别法优于普通法的原则,而在交叉式法条竞合中则是重法优于轻法。本书认可在包容式法条竞合中特别法优于一般法的观点,但在交叉式法条竞合中是否一律重法优于轻法则持商榷态度。本书认为,概言之,法条竞合的逻辑结构从理论上包括:(1)甲法条包含A、B、C、D四项要素,乙法条包含A、B、C三项要素;(2)甲法条包含A、B、C、D四项要素,乙法条包含A^1、B、C、D三项要素,即A要素包含A^1、A^2、A^3要素;(3)甲法条包含A、B、C、D四项要素,乙法条包含B、C、D、E四项要素;(4)甲法条包含A、B、C、D四项要素,乙法条包含A^1、B、C、D、E五项要素。在法条竞合的情况下,无论是特别法还是重法,标准只能是与犯罪事实最精确符合的法条才能得到适用。通说的特别法优于普通法的观点其实也是指更精确地契合法条,至于重法优于轻法的表述并不是理论上的一般规律而是特别立法现象的归纳。

当然有学者认为,"法条竞合,不是构成要件符合性判断的问题,而是犯罪成立后

① 张明楷:《刑法分则的解释原理》,中国人民大学出版社2004年版,第288页。

的刑罚法规(法条)的适用问题”[①]。本书认为,法条竞合正因为是成立要件符合性的判断问题才影响犯罪成立后的刑罚适用,如果没有成立要件符合性的判断就失去了刑罚适用的前提。这里举例说明,如我国《刑法》第266条诈骗罪与第192条、第194条及第196条至第198条的金融诈骗罪的规定,由于金融诈骗罪的数额较大标准远高于诈骗罪,如果客观上金融诈骗行为没有达到金融诈骗罪的数额标准但达到了诈骗罪的数额标准,就可以按诈骗罪追究刑事责任。但是,在我国《刑法》第266条诈骗罪与第279条招摇撞骗罪中,如果冒充国家机关工作人员招摇撞骗,即使骗取财物数额特别巨大的也只能按招摇撞骗罪进行处罚,而不可因其不法内涵过高适用诈骗罪追究刑事责任。由此可见,法条竞合不完全是犯罪成立后的刑罚适用问题,其首先是定罪的合理性问题,所以这些问题还需要认真深入地进行研究。

(三)法条竞合与想象竞合的区别及“实质标准”的确立

如上所述,罪名竞合属于刑法学中的罪数理论,不仅关乎刑法适用和定罪,而且关乎准确量刑和公正。罪数问题理论性很强,也是司法中的重大实践和难题。传统意义上的罪名竞合有法条竞合和想象竞合之分,是通过研究法条关系将二者类型化的。一般认为,法条竞合是指一个行为同时触犯具有包容或交叉关系的数个罪名,最终选择一个法条来定罪量刑的罪数形式。想象竞合是指一个行为同时触犯多个罪名抑或满足两个以上犯罪构成,最终选择其中较重刑罚的罪名进行处罚的罪数形式。二者的共同点是犯罪行为单一,但触犯的法条却是多个,但实际上法条竞合并非真正意义上的竞合,故又被称为“法条一罪”。故有人指出,“法条竞合实际上是与法条本身和罪数有关的法律解释问题,是属于形式上的竞合”[②]。区分二者的最重要意义在于法律后果不同,抑或罪名的选择不同,抑或刑罚的轻重选择不同。一方面,在法条竞合情形下,法益被侵犯的数量是单一的,为避免重复评价最终只能选用一个法条对犯罪事实进行评价。另一方面,在想象竞合情形下,法益被侵犯的数量是多个,为避免评价的遗漏,需要对多个法条或罪名中的犯罪事实进行评价,由于犯罪行为只有一个,最后只能选择一个量刑较重的法条进行适用。当然从理论上讲,在特别关系类型的法条竞合中,处理的原则遵从特殊法条优先适用,并且排除了一般法条的适用,而想象竞合处理的原则遵从重法优先适用,但并不排除其他法条的适用。[③] 可见,区分二者的意义在于如何适用罪名、法条或刑罚,最终目的也是兼顾罪刑法定原则与罪刑相适应原则,并最终达

---

① [日]井田良:《讲义刑法学·总论》,有斐阁2008年版,第524页。转引自张明楷:《刑法学》,法律出版社2011年版,第426页。

② 吕英杰:《刑法法条竞合理论的比较研究》,载《刑事法评论》2008年第2期。

③ 参见付倩:《法条竞合特别关系法律适用原则的悖论与归位》,载《江西警察学院学报》2019年第5期。

到二者的平衡。

1. 二者区分的传统形式标准:法益被侵害的法条是包容关系抑或交叉关系

传统的刑法竞合理论是从形式出发,通过研究法条间的逻辑关系进而区分法条竞合与想象竞合,长期以来这种思维虽然存在诸多缺陷,但其逻辑上的合理性也是毋庸置疑的。也就是说,在研究二者的关系时首先要解决刑法中究竟都有哪些法条关系?当明晰了这些关系后,才能具体分析区分法条竞合和想象竞合的标准。

我国刑法学界一般将法条关系具体划分为对立关系、包容关系、交叉关系和中立关系等。对立关系是指一行为触犯某法条便不会再触犯有对立关系的另一法条。包容关系是从属关系,也即行为或者法条之间是一种包含和被包含的关系。交叉关系是指两个法条的犯罪构成要件有交叉,换句话说,交叉关系犹如两个圆有部分重合,由此导致触犯其中一个罪并不必然触犯另一罪。① 中立关系是不属于上述三种法条关系的另一种特殊法条关系,也即一个犯罪行为或许触犯两个相互独立的法条。如在杀人行为中同时毁坏了财物,两个罪名或法条之间就是一种中立的关系。通常认为,对立关系法条或罪名不可能形成法条竞合,法条之间存在包容或者交叉时才是法条竞合关系。而想象竞合中,一个犯罪行为触犯了数个法条,甚至数个独立法益抑或构成数个独立罪名,但这些法条之间一般没有包容或者交叉关系的。但在此问题上学界争论很大,有人认为,交叉关系应当作为想象竞合来处理,只要重视想象竞合的明示机能,那么就会否认交叉关系属于法条竞合。② 但反对的人坚持认为这种观点有待商榷,以我国刑法中的招摇撞骗罪和诈骗罪为例,如当行为人冒充国家工作人员招摇撞骗,骗得财物时,其行为既触犯了招摇撞骗罪,又触犯了诈骗罪,二罪在外延上成立交叉竞合的法条竞合关系。③ 笔者赞同后一种观点,虽然主张法条竞合属于想象竞合的观点具有充分评价的目的,也更能体现明示机能的公平作用,但如此会使问题更加复杂,还是选用其他方法平衡这些特殊问题为好,以保持我国刑法传统理论中将交叉关系作为法条竞合标准的稳定性。至于中立关系有无可能形成法条竞合的问题,学界历来争论甚大。德国学者贝林格认为,两个法条处于中立关系时,这两个构成中立关系的法条既可能形成法条竞合,也可能形成想象竞合。④ 但上述观点中的故意杀人罪和故意毁坏财物罪如果构成法条竞合,显然其逻辑难以被我国大部分学者所接受。故本书认为,

---

① 参见陈洪兵:《竞合处断原则探究——兼与周光权、张明楷二位教授商榷》,载《中外法学》2016 年第 3 期。

② 参见张明楷:《法条竞合与想象竞合的区分》,载《法学研究》2016 年第 1 期。

③ 参见陈小平:《想象竞合与法条竞合之厘清——形式标准与实质标准“双阶层”判断路径的提倡》,载《郑州大学学报(哲学社会科学版)》2018 年第 3 期。

④ 参见[日]山火正则:《法条竞合的诸问题(一)》,《神奈川法学》第 7 卷(1971)第 1 号,第 8 页。

当一个杀人行为同时毁坏了价值较大的财物时,毁坏财物行为通常情况下会被杀人行为所吸收,显然不应当成立法条竞合。

总之,我国传统刑法理论一直重视法条间的梳理及其逻辑关系,认为满足包容关系抑或交叉关系就是法条竞合。但随着德日刑法理论的引入,也有学者认为,此种分类方法不甚严密,甚至过于呆板,试图将部分想象竞合纳入法条竞合的讨论之中,还有学者提出了解决这些问题新的因素与标准。如张明楷教授认为,两个法条之间存在包容或交叉关系,是法条竞合的形式标准。但是形式标准仅仅是需要在第一步作出的前提性判断,如果不满足该前提,自然不构成法条竞合,如果满足了该前提,还是需要进一步满足实质标准上的要求,才能构成法条竞合。① 显然,该种观点兼顾了形式标准与实质标准的并列要求,试图做到更高层次的罪和刑的相适应,比上单一的形式标准似乎实质标准更显合理和严谨,也使刑法竞合理论更具发展和完善,下面我们就讨论这一实质标准的加入及其合理性论证。

2. 二者区分的现代实质标准:法益被侵害的同一性和不法行为的包容性

如上所述,也有人主张在分析法条关系的基础上应充分考虑“满足实质标准上的要求”②,也即“必须进一步判断该数个法条是否保护的是同一法益”③,并以此来区分法条竞合和想象竞合,只有这样才能最终判断是否属于法条竞合或想象竞合。按照上述传统观点,法条间的包容或者交叉关系是通过对于刑法罪名中构成要件的解析确认的,仅仅通过此种形式标准容易停滞在形式层面,其结果是即使被侵害的两个法益不同也可能通过此种形式解释认定法条交叉从而得出法条竞合的结论。如寻衅滋事罪和扰乱法庭秩序罪,前者是“随意殴打他人”,后者是“殴打司法工作人员”,由于司法人员是特殊主体,按照法条竞合“特别法优于普通法”的原则,必然优先适用扰乱法庭秩序罪。但寻衅滋事罪的法定刑明显高于扰乱法庭秩序罪,如此殴打司法人员的量刑反而轻于殴打大众的量刑,似乎并不合理。故仅仅考虑形式标准,似乎缺少了实质上的合理性,因此在坚持形式标准的基础上应当考虑法益的实质判断。

实际上,德国有学者早就提出了在法条竞合犯的认定中增加实质标准。有人认为,一个构成要件能够充分评价犯罪内容的违法性,而其他构成要件的违法内容可被该构成要件所包容,那么就应当排除其他法条的适用。因此,将不法的包容性作为区分法条竞合与想象竞合的另一实质标准,进入了一些学者的视野。④ 如有人指出,法条

---

① 参见张明楷:《法条竞合与想象竞合的区分》,载《法学研究》2016 年第 1 期。

② 张明楷:《法条竞合与想象竞合的区分》,载《法学研究》2016 年第 1 期。

③ [日]山火正则:《法条竞合的诸问题(一)》,《神奈川法学》第 7 卷(1971)第 1 号,第 42 页。

④ 参见左坚卫:《法条竞合与想象竞合区分标准之评析与重建》,载《华南师范大学学报(社会科学报)》2009 年第 6 期。

之间具备包容或者交叉关系只是认定法条竞合的第一阶段，并且必须进一步判断该数个法条是否保护的是同一法益，如果是，才能认定其构成法条竞合，然后通过优先适用某一法条而排除其他法条的适用，从而避免双重评价问题。[①] 由此，"法益的同一性"是区分法条竞合和想象竞合一个重要的不可缺少的实质标准，即引进法益侵犯的同一性和不法的包容性作为区分法条竞合与想象竞合的实质标准极具合理性，即只有在一个行为侵犯了一个法条可包含的保护法益，且该法条可完全评价该行为的不法内容时才能认定为法条竞合，否则只能认定想象竞合。本书认为，除坚持上述法条的"形式标准"和法益的"实质标准"外，或许也应考虑法益被侵犯及被包容的"程度"。像有人指出的，"只有当该犯罪行为的不法程度可以被一个法条所包容时，才可以认定为是法条竞合"[②]。

虽然"法益的同一性"实质标准在法条分析中的介入多数情况下是可以准确区分法条竞合与想象竞合的，但在特殊情形下也未必绝对合理，尤其在处理"特别关系"法条竞合中，争论最大的还是适用特别法抑或适用重法。主要观点：(1)严格遵循特别法优先适用原则。(2)一般条件下适用特别法条，但同时也有条件地采用重法优先于轻法。[③] 显然，前者认为，既然立法者确立了"特殊法条优于普通法条"，就应该不折不扣地贯彻执行，而不应过多地考虑"罪刑相适应"问题，否则将破坏刑法的严肃性规定，也即不应当设立例外情况。后者认为，遵守"特殊法条优于普通法条"是常态，而少量适用"重法优先于轻法"是例外，以切实贯彻刑法"罪刑相适应"的基本原则。张明楷教授认为，只有当该犯罪行为的不法程度可以被一个法条所包容时，才可以认定为是法条竞合。[④] 由此得出：当一行为同时触犯两罪名时，只有适用一个罪名足以评价该行为时，才可认定为法条竞合，否则只能认定为想象竞合，但也要注意严格把握二者区分的界限。做到严格按照"处理想象竞合的三种特殊情况要求"对想象竞合犯的适用进行限制：(1)一行为同时侵犯较重此罪的未遂与较轻彼罪的既遂。(2)两罪的基本条款是法条竞合时，此罪彼罪的加重部分是想象竞合。(3)结果加重犯与基本犯是法条竞合，但与加重结果所触犯的罪之间是想象竞合。[⑤] 故要具体问题具体分析。

---

① 参见［日］山火正则：《法条竞合的诸问题（一）》，《神奈川法学》第7卷（1971）第1号，第42页。
② 张明楷：《法条竞合与想象竞合的区分》，载《法学研究》2016年第1期。
③ 参见王强：《法条竞合特别关系及其处理》，载《法学研究》2012年第1期。
④ 参见张明楷：《法条竞合与想象竞合的区分》，载《法学研究》2016年第1期。
⑤ 参见张明楷：《法条竞合与想象竞合的区分》，载《法学研究》2016年第1期。

第六编　罪责原理:刑罚种类及其他承担方式

一般认为,法律责任有三种,即刑事责任、民事责任和行政责任。刑事责任是指违反刑事法律规范而应当承担的法律责任,主要有主刑和附加刑等,以及其他非刑罚方法。如《刑法》总则第三章规定的“刑罚”,即主刑和附加刑(第32、33、34条),以及驱除出境、赔偿经济损失、非刑罚性处置措施、禁业规定(第35、36、37条和第37条之一)等。但第二章还专门规定有“犯罪与刑事责任”一节,有犯罪的概念(第13条)、故意犯罪(第14条)、过失犯罪(第15条)、不可抗力和意外事件(第16条)、刑事责任年龄(第17条)、特殊人员的刑事责任能力(第18条)、又聋又哑的人或盲人的刑事责任(第19条)、正当防卫(第20条)、紧急避险(第21条)等。那么,刑事责任究竟指的是第二章第一节的内容还是第三章的内容呢?依据上述概念,显然指的是第三章的内容。但在认定犯罪过程中,“刑罚”是“犯罪”的“后果”,而“罪”和“刑”又是怎样的关系呢?对此本编都要讨论,如对“罪责刑相适应”的解释都与“刑事责任”的概念有关。

第二十六章　“罚”与“责”的关系：刑事责任基础理论

任何一个正常的社会人都要对自己的行为负责，不同性质的行为产生不同的责任。犯罪行为是社会行为的一种，其也会产生与之对应的责任，即刑事责任。它是刑法明文规定的犯罪后果。我国《刑法》中有 29 处使用了“刑事责任”一词，如第 18 条共 4 款每 1 款都有“刑事责任”的表述。

一、“罚”与“责”的关系范畴

我国《刑法》总则第二章规定的是犯罪，第三章规定的是刑罚，刑罚是刑事责任的主要承担方式。那么，“罚”(刑罚)与“责”(刑事责任)究竟是怎样的关系呢？下面分析这对关系范畴。

(一)古今中外刑罚体系的梳理

自人类以降或者群落氏族与国家的产生以来，就有了社会规则与律法，也逐步产生了刑罚体系。为了叙述上的方便，以下对古今中外的刑罚体系进行梳理和探讨。

1. 国外古代的刑罚体系

国外尤其是西方国家历史，经历了从原始社会向奴隶社会的过渡，在刑罚上同样留下了同仇敌忾的烙印。首先是以德国和意大利为代表的国家的刑罚体系，可以看到欧洲早期刑罚主要是以财产刑为主，而不是以死刑或者肉刑为主，在《萨利克法典》《十二铜表法》等著作中都能得出此结论。在 18 世纪的欧洲大陆就已经系统地提出了废除死刑的思想并落实到实践。而监禁刑的出现时间要到 16 世纪左右，远比中国来得晚。①

英国在中世纪时期,刑罚也极为残酷。不仅刑罚的种类丰富,而且涉及规定死刑的法律及其罪名中包括绞刑、分尸、车裂和焚刑等,“除死刑外,英国的刑法还有两种野蛮得无以复加的刑罚:苦役流刑和单独监禁”②。19世纪后受到欧洲刑罚人道化的影响,死刑受到限制,财产刑被广泛适用。“二战”后英国彻底废除死刑,并进行了自由刑适用的刑罚改革,大力发展非监禁类刑罚或刑罚执行方法。③ 可见,英国近代也十分重视对刑罚体系的改造,并逐步走向文明和进步。

俄罗斯的刑罚史可追溯到9世纪,时处奴隶制社会末期,法典《罗斯真理》规定的刑罚充满了同态复仇色彩。11世纪末俄罗斯的刑罚已渐渐废除血亲复仇,财产刑的适用范围扩大。苏联解体后,1996年俄罗斯制定了《俄罗斯联邦刑法典》,才建立了现代刑罚体系。④

2. 国外近现代的刑罚体系

在法国,刑罚体系规定在《法国刑法典》的第三编第1章“刑罚之性质”中,法典根据自然人和法人主体不同分别作了规定,对轻罪、重罪和违警罪量刑幅度和刑罚种类作了规定。包括主刑(如徒刑、拘押、罚金刑和监禁刑)、附加刑,以及轻罪、违警罪等替代刑(多为附加刑)。法国取消了死刑,刑罚种类多、条文细和可操作性强,如“刑罚之性质”下设“法人适用之刑罚”和“适用自然人之刑罚”,共57个条文。

在《德国刑法典》中,自由刑是整个刑罚体系的支柱,1999年生效的刑法典中增加了罚金刑的比例。《德国刑法典》具有条目清晰和结构严谨的特征,与法国相同也取消了死刑,刑罚包括自由刑、财产刑、罚金刑、附加刑和附随后果四个部分,自由刑包括有期徒刑和无期徒刑。

此后一些国家建立了资产阶级政权,明确资产阶级的法制体系和刑罚体系。1791年美国宪法修正案中就有“未经正当法律手续不得剥夺任何人的生命、自由或财产”,明确了罪刑法定原则。

3. 我国古代的刑罚体系

我国的刑罚源于原始社会,奴隶制五刑在西周时期形成制度化,西汉文、景二帝对肉刑的改革和武帝时期法律儒家化,使我国古代的刑罚制度从野蛮向人性化方面发展。封建制五刑在三国两晋南北朝不断完善,在隋唐时期达到顶峰,虽然宋、元、明、清都对刑罚制度进行过修改,但基本还是围绕封建五刑体系的模式进行设计。

---

① 参见龙腾云:《刑罚进化研究》,法律出版社2014年版,第90-91页。

② 《马克思恩格斯全集》(第1卷),人民出版社2001年版,第701页。

③ 参见龙腾云:《刑罚进化研究》,法律出版社2014年版,第102-103页。

④ 龙腾云:《刑罚进化研究》,法律出版社2014年版,第121-122页。

“五刑”作为刑罚体系的概称,伴随中国三千多年的历史。从其内容上看,经历了从肉刑为主到废除肉刑的过渡,奴隶制五刑主要是为震慑被统治阶级。但到战国秦汉时期已经逐渐打破,汉代废除肉刑拉开帷幕,当时儒家思想开始渗透入法律。汉朝、魏晋南北朝时期,社会文明获得了飞速发展,废除肉刑成为必然选择,新的“五刑”正是在此环境下出现和确立的,在《唐律疏议》中,新五刑思想和制度的结合臻于完美,标志着中国古代刑罚制度的完善和最终确立,一方面它遵循了“礼律合一”的儒家思想,另一方面也说明刑罚体系在实质和客观上都获得很大进步。

4. 我国近现代的刑罚体系

清朝末年,借鉴欧美和日本等西方国家刑法经验的《大清新刑律》问世,其废除了“十恶”“八议”,规定有“罪刑法定主义”等现代文明的内容,成为我国历史上第一部近代意义上的刑法典。但由于清政府企图以修律来缓解社会矛盾,并非真正变革,故君主专制制度的性质并未改变。①

辛亥革命时期,君主专制制度被推翻。当时袁世凯虽未制定统一刑法典,暂时沿用前清法令,但对《大清新刑律》中带有封建帝制的词汇进行了修改,更名为《中华民国暂行新刑律》。该法本质上仍旧是一部带有封建色彩的法典,尤其是封建刑罚的内容,同时加重了刑罚。国民政府时期,在《暂行新刑律》的基础上颁布了《中华民国刑法》。之后中西方刑法文化交流日趋频繁,吸收了西方的刑罚人道主义和罪刑法定主义等维护人权的刑法原则。但为了维护统治权,本质上当时的刑法仍作为统治工具存在。刑罚从野蛮走向文明的进程虽然缓慢,但相比封建社会,近代刑罚体系还是体现出人道化的进步,残酷严厉的刑罚也慢慢淡出历史舞台。

5. 我国刑罚体系的时代命运与改革趋势

我国刑罚体系虽然随着时代的进程不断完善,但总体水平仍有待提高。如何重新设计刑罚体系的结构,使之与惩罚犯罪和社会发展相适应,在起到足够威慑力预防犯罪的同时保障人权,成为我国刑罚改革的新趋势。随着社会文明的不断推进,我国的刑罚体系必然面对新的改造与改革。

首先是变重刑结构为轻刑结构,刑罚的轻缓化已成为刑罚制度发展的必然趋势。社区矫正属非监禁刑综合措施的一种称谓,加强社区矫正制度的推进,通过社会力量对犯罪人改造是社会文明的一种大趋势,能够节约司法成本,缓解监狱压力。

其次是提升罚金刑的地位,在我国罚金刑一直处于附加刑的地位,如果要提升罚金刑的地位将其作为主刑的内容,就意味着罚金刑和自由刑、生命刑一样,这不仅能够实现刑罚的轻缓化,且可以解决单位犯罪无法使用主刑的尴尬局面。同时为了保证罚

① 参见曾宪义主编:《中国法制史》,中国人民大学出版社 2006 年版,第 252 页。

金刑的执行,应规定罚金易科制度,对于无法缴纳罚金的犯罪人易科自由刑或者其他刑罚。

最后是加快资格刑的完善,在我国刑法中资格刑只是剥夺政治权利的刑种,即出版、言论和结社等权利,只有在涉及对国家和政权产生重大负面影响时,才能予以剥夺。在立法完善上,应该细化资格刑,对没有剥夺必要的权利不再剥夺,以保障人权,维护法律严肃性。

(二)刑罚的本质及其价值蕴含

不同的国家与社会有不同的刑罚体系,而与刑罚体系相伴的刑罚本质又是怎样的呢?这里依然按照中西方不同的社会和阶段探讨刑罚的本质及其价值蕴含。

1. 西方刑事古典学派刑罚的本质及价值蕴含

西方刑事古典学派可分为两种类型:一种是从德国古典哲学的古典理性主义出发,称为"旧派的绝对主义",以黑格尔和康德为代表,主张以报应主义的刑罚理论;另一种是以理性和功利主义为基础的,主张一般预防的理论,被称作"旧派的相对主义"以贝卡里亚和边沁为代表。

刑事古典学派认为,犯罪出于个人意志,故罪犯应当为犯罪承担责任。以康德为代表的旧派绝对主义学者提倡报应刑理论,主张道义责任原则,认为人具有自由意志和理性,道德规范是以自由意志为基础的,是国家立法需要遵守的根据,犯罪在违反法律的同时也对国家造成损害,同时其内心必然违背道德准则。其系列行为均是在罪犯自由意志前提下完成,当然就应当受到道义的非难。该学派在价值取向上以"善有善报,恶有恶报"的正义观来解释刑罚的目的和本质,认为犯罪是对社会的恶害,刑罚是对犯罪者的恶害,犯罪同刑罚间是一种因果报应关系,犯罪是因刑罚是果,国家通过对犯罪人适用刑罚,对犯罪的恶害进行均衡,实现"恶有恶报"的报应论。

以贝卡里亚为代表的旧派相对主义则认为,责任的本质在于罪犯不顾法律规定执意违法,故必须承担刑事责任。其指出:"道德的政治如果不以不可磨灭的人类感性为基础的话,就别想建立起任何特定的优势。"①该学派以功利主义哲学为指导思想,认为人是"趋利避害"的,避免痛苦追求快乐是人的本性,之所以存在犯罪,是因为所犯之罪能够给其带来快乐,法律的目的应该是追求整个社会利益最大化,国家对罪犯处以刑罚并不是为了"以牙还牙",而是通过刑罚的痛苦阻止其他人犯罪,实现对未然犯的预防。

总之,刑罚的机能或功能表现为二元性,相对于已然之罪表现为惩罚或正义,而相对于未然之罪则表现为预防或教育。从刑罚功能再推出刑罚目的,惩罚的目的为报

---

① [意]切萨雷·贝卡里亚:《论犯罪与刑罚》,黄风译,北京大学出版社2008年版,第8页。

应,教育的目的为预防。[①] 可见刑罚的目的应该是报应和预防两者的辩证统一,因此出现了后来的并合主义观念。

2. 西方刑事实证学派刑罚的本质及价值蕴含

在19世纪末,龙勃罗梭受达尔文进化论的影响,开创了刑事实证学派。此前刑事古典学派更注重对刑罚的理论思辨,使研究无法与实践相结合,成为空洞的学科理论哲学。龙勃罗梭认为犯罪都是一种自然现象,他及其追随者从人类学出发,利用自然科学的方法和观点研究刑罚,并指出:“意志自由这是哲学家的虚构,在现实生活中,一个人根本没有意志自由可言,人的行为是受遗传、种族等先天因素制约的,对于这些人而言,犯罪是必然的,是命中注定的。”[②]刑事实证学派在古典学派基础上,将探索范围扩大到之前刑法学家从未涉及的领域,在对犯罪进一步研究的基础上,得出新的刑罚相关理论。

龙勃罗梭在本质上颠覆了贝卡里亚的刑罚基础,“天生犯罪人”理论的提出是对自由意志传统信念的否定,甚至否定了刑罚和犯罪这一法律形式的概念。在刑事古典学派看来,刑罚的基础建立在道德的恶上,刑事实证学派则从人的生物性出发,得出犯罪人的病理性特征,从而在价值取向上否定了道德的因素,将犯罪看成是病理现象,古典学派的两个分支对人性善恶进行争辩,但实证学派直接肯定了善恶的存在。加洛法罗认为,犯罪异常来自史前人类的生活,来自兽性,这种兽性本质上是一种病理,必须运用刑罚进行惩治和预防,“如果这样一种犯罪,它由道德情感健全的人实施,并且仅仅是由于外界环境的压力,则是不可想象的”[③]。

3. 我国学界对刑罚本质的不同立场及评价

我国学界对刑罚本质的定义,一般是指刑罚本身所固有的,决定刑罚性质、面貌和发展的根本属性。[④] 关于刑法的本质,我国学者主要有以下几种观点。

一是惩罚说。刑罚的本质是对犯罪的惩罚性,因为对犯罪的惩罚性是任何刑罚都具有的内在属性,同时,它也是刑罚所特有的、区别于其他强制方法的内在属性。[⑤] 惩罚是所有刑罚的共同特征或共性,而严厉性又是刑罚区别于其他制裁措施的重要特征与属性。

二是制裁说。不同于行政和民事制裁,刑罚的本质是痛苦和严厉的,其本质在于对犯罪人权利的剥夺,有学者指出,刑罚的本质是剥夺(受刑人的权利),刑罚的本质功

---

① 参见陈兴良:《刑罚哲学》,中国政法大学出版社1997年版,第354-355页。

② 陈兴良:《基因的奴隶——龙勃罗梭论》,载《比较法研究》1994年第1期。

③ 马克昌编:《近代西方刑法学说史略》,中国检察出版社1996年版,第161页。

④ 参见马克昌主编:《犯罪通论》,武汉大学出版社1999年版,第38页。

⑤ 参见曲伶俐主编:《刑罚学》,中国民主法制出版社2009年版,第13-18页。

能是威慑(受刑人不愿再犯和潜在犯人不敢以身试法),古往今来各国刑法概莫能外。[①]

三是手段说。动用刑罚对犯罪行为进行惩罚,是对未然之人的教育和预防,刑罚的惩罚性是刑法的根基,也是完成刑法任务的根本保证。教育和预防是刑法追求的价值目标,"是刑罚进化的必然结果"[②]。该说既有工具论的影子,又有目的论的追求,但尚需要实现论的提升。

当然,刑罚的本质应该不是一元的,而是有若干类别或价值多元,其是一个全面的系统或系统工程。刑罚在本质上是对权利的剥夺,除了惩罚本身给予的痛苦性,还需要从人性、阶级、哲学和法律等不同层面予以解读和诠释。刑罚的人性本质是善与恶的对立统一,哲学本质是延自古老学派的报应说,阶级本质揭露了刑罚是维护统治秩序的工具,法律本质是其惩罚性的形式。应该说刑罚的本质是动态的,根据刑罚的发展变化规律和历史,刑罚的本质也在与社会发展中相匹配。

4. 我国理性主义刑罚观及价值认知

刑罚是社会进化的产物,在此进化过程中与社会相匹配刑罚的质、量和度都有所区别,只有量恰到好处才能催生有益于法律和社会发展的质变,这就是刑罚的进化过程。从宏观层面讲,刑罚是所有惩罚措施的总和;从微观层面看,刑罚又是刑法规定的各种具体惩罚措施的汇聚。

宏观刑罚的本质是其惩罚性,这种惩罚性必须是由国家赋予的、严厉的,因此在宏观层面,其本质描述为"严厉的国家惩罚性",这三项特征是刑罚区别于其他惩罚措施、保持其自身特性的根本特征,只要有刑罚的存在,惩罚性、严厉性和国家性就始终存在。

微观刑罚本质上是以权利的剥夺或限制为内容,刑罚的种类由被剥夺的权利内容、权利剥夺或限制方式决定,并且微观刑罚本质的进化是刑罚进化的最集中、最突出表现。刑罚种类的发展、产生和转化等一系列表现是刑罚进化的进程,在短时间内,刑罚在量上发生变更,减少或者增加,当达到一定量时超过了度,刑罚的种类就发生质变,旧的刑罚消亡、新的刑罚产生,不仅是历史的必然路径,也是法律发展史的选择。

(三)刑罚的上位概念:刑事责任

古今中外的刑法无一例外都是以规定刑事责任为核心,而西方各国刑法典除刑罚外还有保安处分等,我国《刑法》除规定有主刑和附加刑外还在第 35 条至第 37 条和第 37 条之一规定有驱逐出境、赔偿经济损失、非刑罚性处罚措施和职业禁止等内容。也就是说中外刑法除刑罚外均有其他承担刑事责任的方式,只是我国还没有类似国外保

---

① 参见储槐植:《议论刑法现代化》,载《中外法学》2000 年第 5 期。

② 高铭暄主编:《刑法学原理》,中国人民大学出版社 1993 年版,第 27 页。

安处分等承担刑事责任的方式。"因此,既不可据此得出犯罪与刑罚就一定是并列关系的结论,也不可得出犯罪的法律后果仅是刑罚的结论,更不能得出刑事责任就是指刑罚的必然结论。"①作为犯罪的直接法律后果,除刑罚外还有其他承担刑事责任的方式,这也是各国刑法典殊路同归的事实。应当说,作为承担或实现刑事责任方式的集合群,有必要概括出"刑罚等承担刑事责任方式"上位概念的"刑事责任",来最终涵盖或统领承担刑事责任的不同方式。尤其不能因为"刑罚"是承担刑事责任的主要方式或核心内容,而忽视其他承担刑事责任方式的存在,以及"刑事责任"上位概念的必要。

另外,我国的刑法体系本身也是需要进一步完善和发展的。所以,仅以刑法暂时规定的多与少,以及司法适用的频率来论证和定论刑罚与刑事责任的关系与地位是不科学的,二者的关系和地位是否平等应当取决于它们内在的逻辑体系和本质联系,而非取决于司法适用的频率和条文规定的多少。从犯罪所能产生的否定性刑事法律后果来看,刑罚与其他实现刑事责任的方式在逻辑关系上应当是平等的。②

由此推论,刑罚和犯罪、刑事责任与刑罚不可能是并列关系。虽然"责罪刑说"在阐述犯罪成立时有一定道理,但其认为刑事责任与刑罚是并列、平行关系,这在逻辑上是讲不通的。该说虽然也肯定刑事责任是与犯罪、刑罚有区别的独立实体,③但其将刑事责任视为犯罪与刑罚的中介或桥梁,更加使刑事责任失去了实质性的内容。更不要说罪责刑相适应与罪刑相适应中的"罪"根本不是一个概念或层级,具有两个不同的边界。故比较二者的重要性与价值作用,显然刑事责任的实质内容及立法地位比中介或桥梁的定位更重要。

二、刑事责任的渊源及其演变

刑事责任作为犯罪后果的法律效应,不仅与犯罪论、刑罚论、立法论等相伴而生,而且在人类史上源远流长。其也与法律产生、演变和发展息息相关,刑事立法与司法都围绕刑事责任展开,其在整个刑法中的地位不言而喻,或曰"半壁江山"甚至"核心概念"。作为贯穿于整个刑事立法与司法的主线,刑事责任具有显著的位置及实体性和独立性。当然,其理论也并非始步于独立,而是经历了从诸责合一到民刑分离,而后才有自身独立发展的位置。

(一)西方国家刑事责任的理论渊源

在法制史上,刑事责任与民事责任源于同一社会基础,一开始并无差别。英国法学家杰克伯(F. Jacobs)在其《刑事责任》一书中写道:"早先的法律是不区分民事违法

① 李晓明:《刑法学总论》,北京大学出版社 2016 年版,第 417 页。

② 参见李晓明:《刑法学总论》,北京大学出版社 2016 年版,第 417 页。

③ 参见赵秉志、吴振兴主编:《刑法学通论》,高等教育出版社 1993 年版,第 316 页。

与刑事犯罪的。任何对人身的伤害都会引起血亲复仇,当时法律的主要作用就是用提供血亲复仇的方法去维护和平,它保持了复仇的正确性。因此,民刑结合,轻民重刑,对民事伤害等也适用于刑事制裁。"①在古代,有些民事问题也需处刑。如古罗马《十二铜表法》第三表规定,"债务人在规定期限不清偿债务的,债权人可以拘捕,可以予以拘禁,直至处以死刑或售之于国外"②。诸法合体是法律发展过程中的初始状态,我国刑事责任经历了与民事责任合一的阶段。古代对债务不履行者也实行"以身做奴、抵偿债务"和"责令以力折酬"的责任形式。③

西方国家在19世纪后半叶进入经济腾飞期,随着商品经济的发达,民事财产关系越发复杂,民众对社会矛盾的解决也从原本的理性思辨转换为功利性追求的实证考察,民刑不分、诸法合体、诉实不一的法律结构已无法与社会发展相匹配,立法上逐渐将维护秩序与损害赔偿相区分,前者演变为民事责任,后者分化为刑事责任,适用于惩罚犯罪。在刑法史中,近代以前盛行的是"结果责任"和"团体责任",18世纪末19世纪初,以贝卡里亚为代表的刑事古典学派开始全面否定苛酷的制度,并试图建立平等、公正的刑事责任制度。然而,刑事古典学派以"社会契约论"为根据,认为个人都是自由且平等的,刑事责任的根据是个人的合意,刑事责任的成立以法律的明确规定为限。④ 故这才是刑事立法的基础。

(二)刑事责任理论在我国的传入

刑法中首次使用"刑事责任"范畴,是1922年的《苏俄刑法典》。它既是联系犯罪和刑罚的独立领域,也是刑法基本原则和理论的重要组成部分。显然,此时其是作为"罪责"意义上解释的,被认为是犯罪和刑罚的"桥梁",1949年此观点传入我国,即"罪责刑相适应"原则。

我国的刑事责任理论借鉴了20世纪50年代苏联的刑法学体系。在20世纪80年代,我国刑事责任的概念、性质、地位等研究出现了百家争鸣现象,李光灿、罗平发表《论犯罪和刑事责任》(《吉林大学学报(社会科学版)》1979年第5期),揭开了我国刑法学界对于刑事责任的研究序幕。此后,张智辉发表《试论过失犯罪负刑事责任的理论根据》(《法学研究》1982年第2期);王希仁发表《刑事责任论》(《河北法学》1984年第4期);张令杰发表《论刑事责任》(《法学研究》1986年第5期);张京婴发表《也论刑事责任——兼与张令杰同志商榷》(《法学研究》1987年第2期);徐斌发表《论刑事责任的概念和特征》(《吉林大学社会科学学报》1987年第3期);余淦才发表《刑事责任

---

① 李志敏:《中国古代民法》,法律出版社1988年版,第188页。

② 法学教材编辑部:《外国法制史资料选编》,北京大学出版社1982年版,第146-147页。

③ 参见李志敏:《中国古代民法》,法律出版社1988年版,第138-139页。

④ 马克昌:《刑法理论探索》,法律出版社1995年版,第388-419页。

理论试析》(《法学研究》1987年第5期);曲新久发表《论刑事责任的根据》(《河北法学》1987年第4期);周其华发表《刑事责任若干问题的研究》(《政法丛刊》1988年第1期)等。[①] 20世纪90年代诸多刑事责任理论学术专著问世,如张明楷著《刑事责任论》(中国政法大学出版社1992年版),张智辉著《刑事责任通论》(警官教育出版社1995年版),冯军著《刑事责任论》(法律出版社1996年版),王晨著《刑事责任的一般理论》(武汉大学出版社1998年版)等,又将这一研究引向更深层次。

(三)刑事责任理论在我国的发展

综上所述,许多国家的刑事责任研究早于我国。虽然在20世纪初德日等国就纷纷将目光投向刑事责任根据研究,但这些著作并未引起我国学者的关注,此期间我国学界对刑事责任研究尚处于起步阶段。1976年苏联学者巴格里-沙赫马托夫著的《刑事责任与刑罚》经韦政强等人翻译出版,激起学界对刑事责任理论的强烈关注。但其概念、本质、根据和功能等涉及刑事责任理论的根本问题,“还没有一种学说或观点论述得既系统深入又令人信服的程度,也就是说,关于刑事责任基本原理的研究还处于逐步深入的探索之中”[②]。

在早期,我国传统观点一直认为刑罚是犯罪必然的法律后果,犯罪与刑罚是一一对应的关系。实际上,对许多犯罪并非处以刑罚制裁,即刑事责任的根据并非都具有犯罪的客观危害性,包括刑事责任的实现方式也不都是刑罚,而是呈现多元化的态势。经过多年的发展和探索,刑事责任理论发展已卓有成效。随着犯罪行为的行政处置化,刑罚与犯罪之间必然的逻辑结构已经被打破,承担刑事责任的方式呈现多样化的趋势。在体系上融合借鉴他国优秀成果,国际化和全球化中西方交流愈加紧密与深入,法律上的互相借鉴越来越频繁和广泛,我国刑事责任体系同样呈现中西互相吸收的变化,并在此基础上得以发展,也即从评价说到后果说的发展过程。

三、刑事责任的概念及其界定

刑事责任的范畴及其界定是整个理论体系的基石,要对该理论体系有个完整、准确的理解和认识,就要对其基本范畴有个清晰的界定与分析。

(一)域外刑事责任范畴的梳理

1. 德日刑法中刑事责任的基本范畴

大陆法系较少使用“刑事责任”的概念,即便使用也系“有责性”的代名词,即将其作为继构成要件该当性、违法性之后犯罪成立的又一要件。[③] 德国学者认为,责任即意

---

① 参见陈兴良:《从刑事责任理论到责任主义——一个学术史的考察》,载《清华法学》2009年第2期。

② 陈兴良:《从刑事责任理论到责任主义——一个学术史的考察》,载《清华法学》2009年第2期。

③ 参见徐立:《刑事责任根据论》,中国法制出版社2006年版,第9页。

志形成的非难可能性,可具体划分为责任原则、构成刑罚基础的责任及量刑责任。"责任原则是指刑事处罚中应当根据行为人的行为进行非难,进而意味着刑罚只能够在其责任范畴内进行非难;构成刑罚基础的责任是指刑罚的制定建立在对行为非难可能性基础之上,且是对否定要件的整体评价;所谓量刑责任是指综合量刑上应当考虑的诸因素,是行为人应当承担责任的总体评价。"①

在日本,刑法理论中对刑事责任有三种理解,"狭义上,它被理解为犯罪成立要件之一的'有责性'(非难可能性);广义上,它被理解为必须接受刑罚处罚的法律地位;最广义上,它被理解为必须接受与刑法相关联的一定负担的法律地位"②。大塚仁在《犯罪论的基本问题》中写道:实际上在立法阶段存在评价优先于命令的问题,即在进行刑罚法规立法时,之所以要将某种行为规定为犯罪,是因为从社会伦理的角度看难以允许该行为,有必要用刑罚制裁加以抑制,或虽然在社会伦理上无须特别非难,但为维持社会秩序的特定政策目的,有必要科以刑罚来加以取缔。只有先作出当罚性行为评价后,才能作为犯罪在法律中规定。其中"当罚性行为的评价"即是"违法性判断"和"责任判断"。③ 据此,一种行为作为犯罪规定在刑法中,是立法者对该行为"当罚性"即责任要素的评价。

在德日两国,刑事责任指的是主观归责上的可能性,是对行为主体主观态度上予以的伦理评价与谴责,是符合构成要件的违法行为与行为主体的主观意思的联合。按照德日的犯罪论体系,责任的实质是实施合法行为的期待可能性,因此成为责任判断对象的实施,首先是符合构成要件的违法行为,上述事实之外的和期待可能性有关的所有事实,是责任要素。德日刑法通说认为,责任要素包含了责任能力、故意、过失和期待可能性。由于犯罪论体系不同,我国与德日刑事责任的概念大相径庭。张智辉教授指出,相较于我国刑法中的刑事责任,德日的刑事责任(有责性)只说明了刑事责任产生的原因,无以说明其本身含义,"把它称作刑事责任实际上是混淆了事物本身与其产生的原因之间的界限,因而应当排除在刑事责任的概念之外"④。故我国学者认为,德日两国关于刑事责任概念的规定对我国有一定的借鉴意义,但借鉴意义不大。

2. 苏联及俄罗斯的刑事责任概念

我国对刑事责任根据的研究,借鉴了苏联刑事责任根据的模式,在刑事责任根据

---

① [德]汉斯·海因里希·耶赛克、托马斯·魏根特:《德国刑法教科书》,徐久生译,中国法制出版社2001年版,第490页。

② 冯军:《刑事责任论》,法律出版社1996年版,第22页。

③ [日]大塚仁:《犯罪论的基本问题》,冯军译,中国政法大学出版社1993年版,第46-48页。

④ 张智辉:《刑事责任通论》,警官教育出版社1995年版,第70页。

的种类上也将其分为哲学理论根据和法学根据。[①] 苏联所创立的社会主义刑法学体系与西方资本主义刑法学的刑事责任观有着很大差别,不仅在语言上采用了“刑事责任”一词,且将其置于刑法概论中进行论述,刑事责任也不属于刑罚论的构成内容,其与刑罚和犯罪是相对独立的概念和理论范畴。在苏联与俄罗斯,刑事责任是作为犯罪的法律后果、行为人承担刑罚处罚前提存在的。该概念在苏联刑事立法和法律著作中都得到了公认。这些立法和法律著作经常使用该概念来说明相应的法律制度,“说明刑事责任的根据、追究及免除,刑事责任的大小、范围和阶段等”[②]。苏联早期关于刑事责任的研究存在一定缺陷,当时把刑事责任的责任仅局限在定罪与刑罚上,忽视了对刑事责任这一独立的实体概念进行研究。如 Б. С. 乌捷夫斯基认为,以刑事惩罚相威胁——这就是刑事责任同其他刑事责任的不同之处。[③] 在进一步认识刑事责任后,包括其概念在内的研究有了质的飞跃,丰富的成果也极其深厚。

在苏联和俄罗斯刑法中,学界虽众说纷纭,但有一点极为明确,即刑事责任是独立于刑罚和犯罪的概念。理论界通过对刑事责任各个方面进行探讨,在许多问题上得出了一致看法。表现在:(1)刑事责任是法律责任的一种类型,从而具备法律责任的一切特征。(2)刑事责任是苏联法律最严厉的国家强制方法。(3)刑事责任要求犯罪人承担根据法律规定的程序对自己的行为向国家负责的义务。(4)刑事责任还在不同程度上规定了犯罪人的权利。[④]

3. 英美国家与刑事责任的相关概念

英美国家对“刑事责任”(criminal liability 或 criminal responsibility)并未进行系统性研究,其主要研究刑事责任的构成要素。[⑤] 由于受到普通法传统的影响,英美法系的法学著作中未提及刑事责任,刑法理论上并没有将其作为一个独立的概念进行研究,而是作为犯罪构成要件的同义词。从《刑法的原则》一书中可知,“刑事责任是指犯罪人应该为自己的犯罪行为接受刑法的处罚,除此之外并没有其他的意义”[⑥]。在英美刑法中,刑事责任理论并未受到应有重视,对其进行广义理解,关于犯罪成立涉及的要素,也在类似“刑事责任的基本原则”下进行论述。美国学者胡萨克在其《刑法哲学》中将刑事责任原则归结为:(1)合法性——“刑事责任的承担必须永远参照所违反的刑法

---

① 参见赵秉志、吴振兴主编:《刑法学通论》,高等教育出版社 1993 年版,第 319 页。

② [苏]Л. В. 巴格里-沙赫马托夫:《刑事责任与刑罚》,韦政强等译,法律出版社 1984 年版,第 11 页。

③ [苏]Л. В. 巴格里-沙赫马托夫:《刑事责任与刑罚》,韦政强等译,法律出版社 1984 年版,第 12 页。

④ 参见[苏]Л. В. 巴格里-沙赫马托夫:《刑事责任与刑罚》,韦政强等译,法律出版社 1984 年版,第 12 页。

⑤ 参见李居全:《刑事责任比较研究》,载《法学评论》2000 年第 2 期。

⑥ Harvey Wallace, Cliff Roberson, *Principle of Criminal Law*, second edition, Allyn & Bacon Press, 2011, p. 5.

来确定";(2)犯罪行为——"刑事责任要求被告人的举动包含犯罪行为";(3)犯罪意图——"无犯意之行为不为罪";(4)同时发生——"刑事责任要求单个犯罪的犯罪行为和犯罪意图同时具备或同时发生";(5)危害性——"刑事责任以具有危害性为先决条件";(6)因果性——"许多犯罪在追究行为先决刑事责任之前,必须要有一定结果,触犯此类犯罪,被告人的行为必须是引起这种特定结果的原因";(7)辩护——"刑事责任还要求被告人没有有效的辩护理由";(8)证据——刑事责任要求证明被告人的构成犯罪的每一必要事实超过合理怀疑的程度。① 在英美法系,刑事责任就是因触犯刑法而应受到刑事处罚的责任。《牛津法律大辞典》中,是指因触犯刑法而应受刑事处罚或处理的责任。刑事责任取决于犯人的公认或法院或陪审团认定有罪,即该人的行为属于明显的犯罪,且具有故意或过失等构成犯罪的要素。刑事责任一旦为某人承担,该责任的范围则取决于各种不同的因素。② 可见,英美法系的刑事责任只是一个泛泛的概念,不像大陆法系对刑事责任研究得那么精细。

(二)我国刑事责任概念的厘定

1. 刑事责任概念的论争

作为社会主义大国,中华人民共和国成立初借鉴和学习苏联的刑法观,而与西方的刑事责任理论构架存在相对较大的差异。③ 对其的研究始于改革开放后,随后在概念界定上展开激烈争论。有如下几种不同的观点。

(1)法律后果说。传统观点认为,刑事责任是犯罪人因犯罪行为所引起的法律后果。在《中国大百科全书法学》中,刑事责任被定义为:"犯罪主体实施刑事法律禁止的行为所必须承担的法律后果。"④也有人认为,指"依照刑事法律规定,行为人实施刑事法律禁止的行为所必须承担的法律后果"⑤。还有人认为,"刑事责任是犯罪主体因给社会造成严重危害,而必须承受的由法院确定的一种否定性法律后果"⑥。换言之,刑事责任是行为人实施刑法所禁止的行为后必须承担的法律后果。但单纯将刑事责任理解为强制性的负担,将其定义为行为人因实施刑法所禁止行为承受刑法上的负担,便在无形中扩大了其外延,也模糊了刑事制裁与刑事责任间的差异。

(2)法律责任说。该学说从犯罪人角度分析刑事责任,认为其是犯罪人因实施犯罪而承担的法律责任。如有人认为,刑事责任是指"国家司法机关依照法律规定,根据

---

① 参见[美]道格拉斯·胡萨克:《刑法哲学》,姜敏译,中国法制出版社 2015 年版,第 12-32 页。

② 参见[英]戴维·M. 沃克编:《牛津法律大辞典》,邓正来等译,光明日报出版社 1988 年版,第 228 页。

③ 高勇等:《论刑事责任》,载《武汉理工大学学报(社会科学版)》2001 年第 1 期。

④ 王希仁:《刑事责任论》,载《河北法学》1984 年第 4 期。

⑤ 张令杰:《论刑事责任》,载《法学研究》1986 年第 5 期。

⑥ 刘德法:《论刑事责任的范围》,载《郑州大学学报》1988 年第 5 期。

犯罪行为以及其他能说明犯罪的社会危害性的事实,强制犯罪人担负的法律责任"①。也有人认为,"刑事责任作为一种消极责任,是由于负有某种义务的人没有履行应该履行的义务或违反了禁止性的义务而应当承担的社会强加给他的一种法律责任"②。该观点明确刑事责任是法律责任的一项类别,是国家机关按照法律规定,根据犯罪行为及其他能说明犯罪的社会危害性的行为的实施,强制犯罪人承担的责任。此观点的缺陷在于,并没有从实质意义上完成对刑事责任概念的确切界定。

(3)否定评价说,又称谴责说、责难说。其认为刑事责任是社会和国家对犯罪人及其犯罪行为的否定性评价和谴责。有人认为,"刑事责任是指犯罪人因实施刑法禁止的行为而应当承担的、代表国家的司法机关依照刑事法律对其犯罪行为及其本人的否定性评价和谴责"③。也有人认为:"所谓刑事责任是指行为人因其犯罪行为所应承受的、代表国家的司法机关根据刑事法律对该行为所作的否定性评价和对行为人进行的谴责的责任。"④还有人认为,是指"国家对犯罪人及其犯罪行为的否定评价或谴责"⑤,并指出,刑事责任是指犯罪人应当承担的国家(通过法院)依照刑事法律规定,根据其符合法定犯罪构成行为对其提出的相应谴责、限制和剥夺等刑事法律后果的地位或状态。谴责和否定性评价古往今来都是刑事责任的核心内容,但这一学说的缺陷在于,模糊了刑事责任的内容和刑事责任本身,应该说刑事责任的概念包括但不仅限于否定性评价。

(4)法律关系说。其认为,刑事责任是指国家与犯罪人间存在的一种法律关系。"刑事责任实质上是一种刑事法律关系,这种刑事法律关系是犯罪人与国家之间形成的权利和义务关系"⑥。但正如苏联学者马茨涅夫批判该观点时所言,将刑事法律关系作为刑事责任定义总和并不合理。首先,缺点是把刑事责任同犯罪后法律关系的总和混为一谈。对于犯罪者施予重刑并不总是同劳动改造的法律关系相联系。其次,对刑事责任的这种理解,不是从当时有效的刑事立法出发的,这种定义不仅包括刑事责任的概念,还包罗了法律关于刑罚的概念,这是不正确的。他认为:"刑事责任是以刑事法律为根据的,并在法院的有罪判决中体现以国家名义对犯罪人的斥责。"⑦

---

① 吴宗宪:《刑事责任基本问题研究》,载中国法学会刑法学研究会组织编写:《全国刑法硕士论文荟萃(1981届—1988届)》,中国人民公安大学出版社1989年版,第23页。

② 杨敦先主编:《刑法运用问题探讨》,法律出版社1992年版,第23页。

③ 曲新久:《刑事责任的一般理论》,载中国法学会刑法学研究会组织编写:《全国刑法硕士论文荟萃(1981届—1988届)》,中国人民公安大学出版社1989年版,第40页。

④ 张明楷:《刑事责任论》,中国政法大学出版社1992年版,第27页。

⑤ 何秉松:《建立具有中国特色的犯罪构成理论新体系》,载《法学研究》1986年第1期。

⑥ 周其华:《刑事责任若干问题的研究》,载《政法丛刊》1988年第1期。

⑦ 《苏联刑法论文选》(第1辑),西南政法学院刑法研究室1983年版,第183-185页。

(5)刑事责任义务说。其认为,刑事责任是国家赋予犯罪人处罚的刑事义务。具体是指“行为人对违反刑事法律义务的行为(犯罪)所引起的刑事法律后果(刑罚)能够提供衡量标准的、体现国家对行为人否定评价的刑事实体性义务”①。也有人认为,刑事责任是“犯罪人因实施严重危害社会的犯罪而产生的依法承担刑事法律后果的义务”②。还有人认为,“犯罪分子因其犯罪行为而负有的承受国家依法给予的刑事处罚的特殊义务”③。该学说的缺陷在于,从某种意义上混淆和模糊了刑事义务和刑事责任的内涵,客观地说责任义务只是刑事责任其中一环。

纵观上述观点各有利弊,皆从不同角度论述了刑事责任的属性,但有时以偏概全,对概念理解不够清晰,对其作用、本质和地位的认识不够全面。

法律后果说揭示其性质,即刑事责任是一种法律后果,且由犯罪行为引起,明确了行为与后果间的关系。但实施犯罪后承担的法律后果不仅是刑事责任,还有行政和民事责任。换言之,笼统地将其作为实施犯罪后的后果无形中扩大了刑事责任的外延。法律责任说较片面,仅从犯罪人角度进行刑事责任解释,不能揭示与其他法律责任的区别。否定评价说从社会与国家对犯罪人的客观评价处罚,片面强调其道德、伦理等义务,没有提及其他义务。法律关系说存在将法律关系涵盖为刑事责任的整体定义,有以偏概全的缺陷。刑事责任义务说深入探索了国家和犯罪人间产生的刑事法律关系内部特征,对探究其本质有一定帮助,但仍旧不能概括其内涵。

2. 刑事责任概念的梳理

虽然观点众说纷纭,但也从不同角度论述了其内容、特征和本质,并在不同程度上进行了揭示。然而,缺陷也是十分明显的,如曲新久教授所言,“我国刑法学界关于刑事责任概念的分歧,并非根本性的,各种观点之间的差异,被有意无意地夸张了”④。一般认为刑法学中“责任”有两种含义:一是主观归责的可能性。德日学者认为,刑法上的所谓责任即有责性,是指能够对行为人客观上符合犯罪构成要件的违法行为进行伦理上的非难和谴责。⑤ 二是犯罪行为人应受制裁和惩罚的可能性。据此,刑事责任是犯罪行为所引起的一种法律责任。刑事责任成立是双层模式,一是表现为犯罪本体要件——犯罪行为和犯罪心态,二是表现为责任充足要件——诸种合法辩护的排除。“犯罪本体要件,是种种具体罪行的抽象,形成行为形态,体现国家意志和权力,发挥规范行为和保护公共利益的刑法功能。责任充足条件,是诉讼中辩护理由的总结,上升

---

① 高铭暄、马克昌主编:《刑法学》(上编),中国法制出版社 1999 年版,第 382 页。

② 杨春洗、苗生明:《论刑事责任的概念和根据》,载《中外法学》1991 年第 1 期。

③ 张京婴:《也论刑事责任——兼与张令杰同志商榷》,载《法学研究》1987 年第 2 期。

④ 曲新久:《刑法的精神与范畴》,中国政法大学出版社 2000 年版,第 253 页。

⑤ 参见曲新久:《刑事责任理论及其刑法建构》,载《刑事法评论》1998 年第 1 期。

为实体范畴,体现国家权力自我约束机制和保护公民权利的刑法功能。”①曲新久教授也认为,“所谓刑事责任是指实施犯罪行为的人应当承担的人民法院依照刑事法律对其犯罪行为及其本人所做的否定性评价和谴责”②。还有人认为,是指“行为人对其犯罪行为引起的法律后果的承担,这种承担从国家方面看,表现为主要由国家审判机关依据刑法及其他刑事法律规范对犯罪人及其行为的制裁”③。当然,要对该定义进行辨析,就要明确刑事责任与其他法律责任的区别。

可见,刑事责任作为法律责任的一种,揭示其本质特征对其定义有着极大帮助,更能做到科学界定。存在争议的原因:一是在现代汉语中“责任”具有多重含义,既指职责、义务、过错,又指处罚、后果。因此,这决定了人们对刑事责任下位概念理解上的分歧。二是学界基于对犯罪论体系的不同观点,如认为在犯罪论体系上我国与德日有明显区别,导致在刑事责任上我国与德日并非同指。所以对刑事责任作出不同理解实属必然,但一定要从刑法规定或法典出发进行研究。

我国《刑法》第5条规定:“刑罚的轻重,应当与犯罪分子所犯罪行和承担的刑事责任相适应。”以及第14、15、17、18、20、21条所表述的“刑事责任”都是指应承担的“犯罪责任”。包括上述学界各自不同的观点虽然都有一定道理,但不可否认在理解和认识上并不一致或统一。必须承认,有些概念存在缺陷或不足。以学界普遍认可的主流观点“义务说”为例,该定义指出刑事责任因犯罪而生,刑罚轻重以刑事责任大小来决定,实质是国家对犯罪人的否定性评价。但一味地将犯罪所引起的刑事法律后果与刑罚画等号,显然无法对应犯罪人犯罪后可能受到的非刑罚处罚及有罪宣告等处罚措施。另外,义务是当为状态,义务人可履行也可不履行。而责任是必为状态,尤其是刑事责任犯罪人必须承担。可见,义务和责任不可互相替代。而义务说把刑事责任定位于犯罪与刑罚的中介,认为其扮演的是决定犯罪和刑罚的角色,显然不是刑事责任的应有地位。更何况,刑事责任实际上是由一个从应然状态(应负刑事责任)到实然状态(实际承担刑事责任)的转化过程,显然义务说也没能客观地反映这一动态过程。故义务说没能真实地界定出其实质含义,并在客观上抹杀了其独立实体地位。

法理上义务是因,责任是果,由于有义务才可能产生责任。而在刑法中,犯罪行为是因,刑事责任是果,只有犯罪行为发生才可能产生刑事责任。且从因果关系上来看,将刑事责任理解为犯罪行为所产生的法律后果,容易为人所理解和接受。从国外立法例看,1975年《联邦德国刑法典》和1998年《德国刑法典》等,在其总则第2章规定“犯罪”后,第3章一定是“犯罪的法律后果”之规定。从其内容规定看,就是有关刑事责任

① 储槐植:《美国刑法》,北京大学出版社1996年版,第3页。

② 曲新久:《刑事责任理论及其刑法建构》,载《刑事法评论》1998年第1期。

③ 马克昌等主编:《刑法学全书》,上海科学技术文献出版社1993年版,第53页。

的规定。包括法国的刑法学者也认为,“刑事责任并不是犯罪的构成要件,而是犯罪的效果及其在法律上的后果”①。可见,在刑法中刑事责任是指“犯罪所产生的法律后果”。故有学者坚持认为,刑事责任是指因犯罪行为而产生犯罪人本人必须承担的,由司法机关依据刑事法律加以确认的,以刑罚为主要实现方式的,并与犯罪行为的客观危害和犯罪人人身危险程度相当的刑事法律后果。其体现了国家对犯罪行为的否定性评价和对犯罪人的责难。②

至于谴责说或心理状态说,并没有抓住刑事责任的核心和根本,因为对于其他违法行为甚至违反道德的行为也可进行否定性评价或谴责,并非只有对犯罪行为才进行否定性评价或者谴责。且如上述,否定性评价或谴责或许更适合对于一行为是否构成犯罪及构成什么样的犯罪进行评估。在犯罪成立理论中,将犯罪类型具体划分为刑法对其否定性评价的犯罪和刑法对其可罚性评价的犯罪。这里虽然说犯罪的可罚性评价与刑事责任有关,但绝不是刑事责任的核心内容,而是对行为是否真正成立犯罪的客观表述。当然,或许这涉及犯罪定义究竟是否以“可罚性”为前提,本书认为,也只有刑法分则规定有对某行为的“可罚性”内容,该行为才可能构成犯罪,刑法分则没有规定对其的“可罚性”内容,其也不是刑法意义上的犯罪。

还有刑事制裁说和责任说,虽然都提及对犯罪行为引起法律后果的承担或强制犯罪人承负法律责任,但两学说更多强调的是对法律后果的承担过程,且重在强调责任,而非后果实质性内容。这就必然涉及刑事责任与大陆法系犯罪成立中“有责性”的关系,显然二者不是一回事儿,“有责性”强调的是犯罪主观上是否真正有“罪过”,以及犯罪主体是否真正“有能力”承担责任的情形,故根本不是指犯罪行为后果。因为,刑事责任需要回答的是在犯罪行为产生后作为犯罪人究竟应该或需承担什么法律后果,而非分责或回答应不应当承担责任,说到底是承担什么样的法律责任的问题。显然,刑事制裁说和责任说没能很好地解释问题,故这两个学说还是值得商榷的。

3. 刑事责任概念的界定

义务说曾把刑事责任视为犯罪和刑罚的中间过渡或桥梁,甚至把《刑法》第 5 条规定的“罪刑相适应”表述为“罪责刑相适应”。③ 这并非毫无根据,一是《刑法》第 5 条明确规定:“刑罚的轻重,应当与犯罪分子所犯罪行和承担的刑事责任相适应。”后又在其他条文,甚至在许多附属刑法中规定“追究刑事责任”。显然,多个地方使用不同含义的“刑事责任”,也就相对混淆了刑事责任的真正含义。二是就一般意义上的刑事责任

---

① [法]卡斯东·斯特法尼等:《法国刑法总论精义》,罗结珍译,中国政法大学出版社 1998 年版,第 336 页。

② 参见李晓明主编:《刑法学》(上),法律出版社 2001 年版,第 425 页。

③ 高铭暄、马克昌主编:《刑法学》(第 6 版),北京大学出版社、高等教育出版社 2014 年版,目录。

而言,也是指追究犯罪责任。至于《刑法》第5条所说的“和承担的刑事责任相适应”,也是泛指由于年龄或精神、身体等相应承担的不同或较轻的刑事责任,绝非实体意义上以刑罚为主的法律后果意义上的刑事责任。如上,犯罪后果意义上的刑事责任,才是真正实体意义上的刑事责任。故这里再次把刑事责任界定为:因犯罪行为产生,而由司法机关确认并由犯罪人承担的,以刑罚为主要实现方式的最为严厉的法律后果。当然,这种法律后果体现着国家对犯罪行为的否定性评价和对犯罪人的责难,按照我国刑法规定,承担这种后果的基本方式包括刑罚、驱逐出境、赔偿经济损失、非刑罚性处罚措施、有罪宣告、责令家长管教或专门矫治教育等,且其又可分为应然性刑事责任(法定刑)和实然性刑事责任(宣告刑)。

当然,刑事责任只是法律责任中的一种,此外还有行政责任、民事责任、宪法责任等。包括道义责任在内的非刑事责任,与刑事责任显然有着明显的区别。进一步认识或区别不同类型的责任,不仅可以加深对刑事责任含义的理解,且对刑事责任正确适用大有益处。其特征表现在以下五点:①

第一,刑事责任产生的前提是犯罪行为的发生。至于什么行为是犯罪?完全取决于一个国家的刑法规定,即只有在刑法中被明确规定为犯罪的行为才是犯罪。像定义中所阐明的那样,刑事责任是行为人实施犯罪的一种法律后果,因此只有犯罪行为发生才会产生刑事责任,也才能够最终让犯罪人承担这些责任。且根据法律规定,无论任何人实施了犯罪都必然产生刑事责任。刑事责任的大小轻重还必须与犯罪行为的轻重相适应,重罪重责,轻罪轻责,无罪无责,罪责相当。

第二,刑事责任是一种专属于犯罪人的责任。罪责自负是现代刑事法治的基本原则,刑事责任作为一种法律责任只能由实施犯罪的人承担,而不能够由他人替代。显然,这一点完全不同于民事责任可以由他人代替偿还债务,刑事责任不仅不能替代或转嫁,且某些替代或转嫁行为也是构成犯罪的。我国古代刑法实行株连,殃及无辜。甚至谋反罪十恶不赦,可以株连九族,一人犯罪全家承担。自近现代刑法确立了罪责自负原则后,一人犯罪一人当,不能株连无辜。

第三,刑事责任是由司法机关依据刑法加以确认的责任。如上,刑事责任不同于其他法律责任,是不能由当事人自行决定或者其他人代替决定的,必须由司法机关依据刑事法律予以确认。当然,刑事责任的确认是由司法机关严格依照法定程序进行的,即是说也只有负责案件的法官、检察官或者办案人员才能够决定一个犯罪人的刑事责任,其他任何人都不得确认。

---

① 参见李晓明、李洪欣、陈珊珊:《中国刑法基本原理》(第4版),法律出版社2013年版,第534-536页。

第四,刑事责任是一切法律责任中最严厉的责任。如上,刑事责任的承担方式以刑罚为主,既可剥夺人身自由也可剥夺财产、金钱,甚至生命,远比其他法律责任重得多。当然,刑事责任轻重要与犯罪行为的客观危害性和犯罪人的人身危险性程度相当,以体现报应与预防兼顾。

第五,刑事责任体现着国家对犯罪行为的否定性评价和对犯罪人的责难。如上,刑事责任是因犯罪行为而产生的,且由犯罪人承担的法律后果,在该过程中很显然体现的是国家对犯罪行为的否定性评价,以及对犯罪人的责难。如此,犯罪人和被害人就不能自行变更这种责任,即不能私了。包括刑事自诉案件,一旦法院作出判决就不能私了,体现着刑事责任与其他责任不同。

所谓特征当然是指一事物区别于他事物的特殊征象或标志。① 深刻认识上述刑事责任的特征,以及其与其他法律责任,包括道义责任在特征上的区别,对于深入理解刑事责任的概念无疑是十分有益的,因此需要深入理解和认识这些特征,以达到对刑事责任的精准理解。

四、刑事责任的根据及其原理

刑法的核心就是追究刑事责任,那么国家依据什么来规定对一个行为追究刑事责任,以及在追究一个人的刑事责任时应遵循什么样的法律原则等,其涉及刑事责任的制定根据。

(一)近现代西方的刑事责任理论

关于刑事责任理论评析,不同时期西方学者提出过各种不同的学说,归纳起来主要有四种。

1. 行为责任论。基于刑事古典学派自由意志论提出,认为无责任即无刑罚,强调刑事责任是行为人与国家间形成的法律关系的一种体现,即可以成为非难对象的是各个具体符合构成要件的违法行为。只有行为人基于自由意志作出行为决定,其危害社会的行为和结果才能归责于行为人。

2. 性格责任论。基于社会责任论提出,极力倡导者菲利、社会责任论体系化的主张者李斯特等,都反对自由意志论,提倡刑罚的个别化。认为犯罪存在人类学的原因、物理原因、社会原因,强调是犯罪人自身的危险性,具有对社会造成危险的性格才是刑事责任的根源。针对“危险性”日本木村龟二教授指出:“第一,应受非难的性格的危险性与责任能力的有无没有关系,只是非难的方法可以依其是否为普通人而有所区别,刑罚是对普通人的普通处分,保安处分是对其他人的处分。第二,危险性是性格的危

① 参见罗竹风主编:《现代汉语大词典》,上海辞书出版社 2009 年版,第 2290 页。

险性,不以行为的发生为必要。但是,危险性的认定却要有待于行为,只有根据行为才能予以确实的认定。责任是行为中所表现的危险性,危险性是责任的实质。第三,责任是危险性的表现、是刑罚的根据,但是,决定刑罚分量的是危险性的强弱大小。在这个意义上,可以说危险性是刑的量定标准。危险性的强弱大小要以行为的情况、遗传、经历、犯罪的实害、犯罪后的情况等为基础来认定。”①该理论强调对性格危险性进行社会防卫,这会导致刑罚权的过早介入和对犯罪的无限制追求。

3. 规范责任论。由德国刑法学家弗朗克(Reinhard Frank,1860—1934年)在1907年提出,其认为责任是非难可能性,只有在能够期待行为人实施其他合法行为时,才可对该行为进行非难。责任并非仅是心理学乃至生物学的事实奉身,其本质是从规范立场对事实进行非难可能性的评价,作为非难可能性内容的合法行为的期待可能性是责任的规范要素。

4. 人格责任论。由德国学者毕克迈尔(Adoff Merkel,1836—1896年)首创,在日本得到大塚仁、安平政吉、团腾重光等人的支持而发展的学说。② 其为克服性格责任论与行为责任论的缺陷而提出,认为刑事责任的成立,行为责任为第一性,人格责任为第二性,即行为是判断责任的直接对象,不以犯罪行为作为刑事责任的直接评价对象便无刑法;决定刑罚“质”与“量”的最重要基准是危害大小;但在行为既受素质和环境的制约,也受犯罪行为人的人格影响,因而刑事责任的确定,须将犯罪行为与犯罪人的人格相联系,对其人格作出评价和谴责。

(二)近现代我国的刑事责任理论

我国从刑法规定出发,对刑事责任的概念、根据、实现方式等进行探索。随着研究的深入,学者们开始论证刑事责任在刑法学体系中的地位。深入到该层次论及刑事责任极具意义,它促成对刑事责任实体的终极性探索,但讨论大都基于犯罪论体系进行。

1. 罪责刑平行说

在传统刑法学中,犯罪——刑罚长期占据着主导地位,在该体系中刑事责任不具有独立地位。随着中西方法律文化的相互渗透,刑事责任引起学界关注,学者们认识到刑事责任具有重大的功能,有其独立存在的意义,即成为刑法理论中的重大课题。“传统的罪刑结构受到空前冲击,一元结构得到多元发展,进而产生罪责刑结构、罪责结构和责罪刑结构等三种罪刑关系模式”③。

针对此,我国学者有两种观点。一种观点认为刑事责任介入犯罪和刑罚之间,对

① [日]大塚仁:《刑法中新旧两派的理论》,日本评论新社昭和三十七年日本版,第105页。
② 参见曲新久:《刑事责任理论及其刑法构建》,载《刑事法评论》1998年第1期。
③ 陈兴良:《刑法的价值构造》,中国人民大学出版社1998年版,第625页。

犯罪和刑罚的关系起着调节作用,刑法的理论体系应该是罪责刑体系;①另一种观点认为刑事责任是对行为的否定性评价,这种否定性评价首先体现在对行为性质的确认上(定罪),其次体现在对该行为程度的裁量上(量刑),因此刑事责任并不是联结犯罪与刑罚的中介器,而是包括犯罪与刑罚在内并以之为其核心内容的一个刑法的全局性概念,刑法的理论体系应该是责罪刑的体系。② 目前第一种观点系我国通说,有人认为,罪责刑的逻辑结构,是整个刑法内容的缩影。③

本书认为,刑事责任在刑法学科体系中的地位实质上是由其功能决定的,人们对其功能的认识制约着对刑事责任地位的认识。要解决其定位,首先应明确其功能问题。而要明确其功能定位更需从其构造谈起,因为其特定构造规定着其性质和功能。而构造是刑事责任的实体问题,其阐释了其功能,且通过其功能决定着刑事责任在刑法学体系中的地位。马克昌教授主张罪责刑平行说,认为刑事责任是联结犯罪与刑罚的纽带,三者各自独立又相互联系,主张建立犯罪论—刑事责任论—刑罚论的体系,基本上符合现行刑法的规定。从理论上看,刑事责任确实是联结犯罪与刑罚的纽带,这可以从刑事责任与两者的关系上得到说明。④ 张明楷教授主张犯罪论平行说,在刑法学体系中采取“犯罪—刑事责任”的模式,即刑事责任论在体系中的地位与犯罪论是平行的。“犯罪是刑事责任的前提,刑事责任是犯罪的法律后果;刑罚只是刑事责任的基本实现方式,而不是刑事责任的唯一实现方式,刑事责任还有其他实现方式,刑罚与非刑罚处罚方法一样,是刑事责任的下位概念,因此,犯罪—刑罚的体系,应改变为犯罪—刑事责任的体系,这样才能澄清犯罪与刑事责任的关系。”⑤当然,应当指出的是,两位学者使用的“刑事责任”的概念具有内涵上的差异,马克昌教授所说的“刑事责任”是主体责任或主观罪过,而张明楷教授所说的“刑事责任”显然是相对于犯罪而言所承担的法律后果或犯罪后果。由此可见,要统一认识,首先要统一或定位刑事责任的概念与含义。

2. 统领地位说

在刑法学界,除罪责刑平行说外,还有统领地位说。该说认为,刑法理论主要围绕刑事责任展开,其也是整个刑法学的学科主线,在其价值功能上具有基础理论意义,甚至认为犯罪论、刑罚论和罪刑各论都是刑事责任内容的具体化。如有学者指出,刑事责任理论所揭示的是刑法的基本原理,它的具体内容应当由犯罪论、刑罚论和罪刑各

① 参见高铭暄:《新中国刑法科学简史》,中国人民公安大学出版社 1993 年版,第 82 页。
② 参见杨敦先:《刑法运用问题探讨》,法律出版社 1992 年版,第 22-30 页。
③ 参见高铭暄、马克昌主编:《刑法学》,中国法制出版社 1999 年版,第 384 页。
④ 参见马克昌:《刑事责任的若干问题》,载《郑州大学学报(哲学社会科学版)》1999 年第 9 期。
⑤ 张明楷:《刑事责任论》,中国政法大学出版社 1992 年版,第 149-150 页。

论来丰富。因此在体系上不能把刑事责任论作为犯罪之后果和刑罚之先导而插入犯罪论和刑罚论之间，而应将之作为刑法学的基础理论置于犯罪论之前，并作为刑法的基本原理来把握。① 还有学者认为，“从刑法立法角度看，总是刑事责任在先，犯罪在后；刑事责任又是刑罚的前提，所以应当按照‘责罪刑’的逻辑结构建立刑法学体系，包括建立刑法典总则体系”②。但其概念仍没能超越主体责任或主观罪过的范畴。本书认为，刑事责任的确是整个刑法学大厦的支撑，包括犯罪论体系，没有刑事责任的“可罚性”连犯罪都难以认定，至于刑事责任的追求、实现、承担方式，更是离不开刑事责任理论的支撑。

（三）刑事责任的立法根据与司法根据

对于任何事物的分析，从不同的角度就会得出不同结论。从立法的角度看，所谓刑事责任的根据就是国家制定刑事责任的根据，回答的是国家为什么对某行为设定刑事责任及其正当性。而从司法的角度看，就是某犯罪人之所以承担刑事责任的依据，回答的是为什么犯罪人应对其行为承担刑事责任及司法机关追究其刑事责任的正当性。可见，刑事责任从法律的设定到最终的执行，是一个动态的运行过程，这体现或反映了刑事责任制度从制定到执行的可变性和复杂性。当然，研究其根据就是为了合理地设置与确认刑事责任，以防止国家滥用刑罚权侵犯公民权益。

1. 刑事责任的立法根据

刑事责任是一种必为义务，承担刑事责任并不以犯罪人的意志为转移。另外，其是以刑罚为主要实现方式，涉及人身自由的限制，甚至生命的剥夺、财产的没收、资格的限制以及训诫或责令具结悔过等。可见，刑事责任本身也是一种恶害，甚至是血淋淋的。故国家也不能轻易发动，其设立、制定与执行必须有正当化根据。尤其在民主社会，法律不应以国家强制力强迫公民去遵守，而应以其正当性得到公民认同，从而自觉地维护和遵守。古今中外，其正当化根据的学说主要有以下几种。

一是神意论，也即假借神意，给刑事责任披上正当化的外衣。中华民族五千年历史，古代的夏、商王朝常以“受命于天”“恭行天罚”自居。如夏启在讨伐有扈氏时宣称：“有扈氏威侮五行，怠弃三正，天用于剿绝其命。今予维恭行天之罚。”③成汤攻打夏桀时说：“有夏多罪，天命殛之……夏氏有罪，余畏上帝，不敢不正……尔尚辅予一人，致天之罚。”④古代西方社会也认为，犯罪是对上帝的“罪过”，世俗国王或君主是秉承上帝的旨意设定刑事责任，从而使神所确定的绝对正义在世俗社会中得到体现。如英王

① 参见张智辉：《刑事责任通论》，警察教育出版社 1995 年版，第 15 页。

② 杨敦先主编：《刑法运用问题探讨》，法律出版社 1992 年版，第 26-28 页。

③ 《尚书·甘誓》。

④ 《尚书·汤誓》。

詹姆士一世曾认为,国王受命于上帝,权力无限,是国王创造法律,而非法律制造国王。① 显然,神意论是统治阶级编制的谎言。

二是报应刑论。常言道,善有善报,恶有恶报。古老的因果报应论在人们的心目中深深扎根,古今中外均是如此。报应刑论认为,刑事责任是对犯罪行为的报应,由此就为国家通过法律设定其制度获得了正当化根据。荀子曾认为:"凡刑人之本,禁暴恶恶。……凡爵列官职,庆赏刑罚,毕报也,以类相从者也。一物失称,乱之端也。夫德不称位,能不称官,赏不当功,刑不当罪,不详莫大焉。"②在荀子看来,刑罚是对犯罪的报应,如同庆赏是对功绩的回报一样。然而,我国古代的这种朴素认识并未能够形成完整的报应刑论理论,报应刑论是近代西方社会由刑事古典学派提出的。他们认为,对犯罪科处刑罚是基于一种报应原理:犯罪虽然是一种恶害,但刑罚也是一种痛苦或恶害,对犯罪科处刑罚,就是以恶害报应恶害。在报应刑论看来,对犯罪以恶害进行报应就是刑事责任的正当化根据。可见,刑事古典学派是从刑罚功能上来回答刑事责任正当化根据的。③ 报应刑论分绝对报应与相对报应。前者认为,报应是刑罚赖以存在的唯一根据,报应刑自身不具有其他目的。故其根据是正义的要求和道义的必然,"因为有犯罪而科处刑罚"是绝对报应刑论的经典口号。④ 后者认为,刑罚虽然是一种报应,但同时又具有预防犯罪的目的与功能,包括一般预防功能与特别预防功能。故其正当化根据是正义与合目的性,"为了没有犯罪而科处刑罚"是相对报应刑论的经典口号。这又与目的刑论有近似之处。

三是目的刑论,也称功利刑论,是刑事实证学派的主张。认为刑事责任并非对犯罪的报应,而是预防犯罪和保护社会的手段,正因为设立其能够防卫社会,所以国家制定其是正当的。该种理论是从刑罚目的的正当性来论证其正当化根据的,这与上述相对报应刑论有契合。故目的刑论中必然存在一般预防论与特别预防论的对立。前者认为对犯罪人科处刑罚是为了威慑、警戒社会上的一般人,最终达到防止他人将来犯罪的目的。后者针对19世纪后期欧洲不断上升的犯罪率(怀疑一般预防论),认为刑罚不应以恶害、痛苦为内容,而是教育改善犯罪人,最终使之重返社会。

四是并合主义,其认为刑事责任正当化的根据既体现为满足恶有恶报的正义要求,也体现为实现防卫犯罪更加有效的最终目的,也即应当在报应刑的范围内实现犯罪的一般预防与特殊预防。可见,并合主义是刑事责任根据的一种折中观点,"因为有犯罪并为了没有犯罪而科处刑罚"是并合主义的经典口号。在其看来,单纯的报应并

---

① 参见李晓明主编:《刑法学》(上),法律出版社2001年版,第450页。

② 《荀子·正论》。

③ 参见张明楷:《外国刑法纲要》,清华大学出版社1999年版,第43-44页。

④ 参见李晓明主编:《刑法学》(上),法律出版社2001年版,第451页。

不能够全部表明刑事责任的正当根据，一个国家设定刑事责任绝不仅仅是为了报应，还在于更好地预防犯罪以维护社会秩序，从而保障每个公民能够正常地生活。正因如此，其才在极大程度上获得了被规定或制定的正当化根据。如上，犯罪是刑事责任的前提，没有犯罪就没有刑事责任。据此去认识刑事责任是对犯罪的报应并没有错，且有利于抑制国家刑罚权的轻易发动，甚至也有利于保障无罪的人不受刑事追究。但即便追究其刑事责任也并不能消除其已犯下的罪行，甚至单纯地对侵害（犯罪）作出反击（报应）只是本能反应，并不能取得更多地抑制或者防止新犯罪的发生。故单纯的报应还不能完整地表明刑事责任的正当性，必须加上预防犯罪的目的才能使其制定根据的正当性显得更加完整和严密。再者，为了生存人们希望生活在一个有秩序的社会里。如果有人去犯罪，必然就会有人成为他人犯罪的牺牲品，甚至人人自危，社会秩序将无法存续。当然，即便有人约束自己不去犯罪，也并不能保证其他公民不去犯罪。为了保证守法公民不受犯罪的侵害，并在违法公民犯罪后使其品尝恶害从而不能、不敢或不愿再去犯罪，国家设定刑事责任是必要的，也是正当的。可以说，这是如今学界达成的基本共识。但并合主义有“和稀泥”之嫌，有必要深入研究。

五是规制刑论。“规制刑法”是相对于“预防刑法”的功利主义及防卫价值观之追求而言的，相对于后者，前者坚守的是理性主义及其立法与司法导向价值观之追求。具体是指通过立法的指引和司法的导向之双向强化，使得国民对业已颁布实施的刑事法律规范产生认识、接受和遵守，并认同据此作出司法判决的公正性。其立足点在于立法程序的正当性维护国家立场上刑法对于社会生活的正面干预，与此同时，司法过程中通过公正的判决维护这一行为准则，强化国民立场上对行为规范的认同和遵守。[①]最早研究规制刑法肇始于刑法机能与刑法功能，日本学者认为，刑法的机能是规制机能，这种规制机能同时起着两种作用，一是保护法益机能，二是保障自由机能。[②]传统的机能考察方法又被称为刑法的规范考察方法，是以德国的观念论哲学为基础的“刑法教义学”的考察方法，具有形式地重视规范的倾向。与如今讨论的规制刑法并不完全属于同一个概念，故仍需要深入探讨。

2. 刑事责任的司法根据

司法机关为什么可以追究犯罪人的刑事责任，以及依据什么追究犯罪人的刑事责任等。在专制社会，根本不考虑刑事责任的司法正当根据，一切以国王、皇帝等的专权意志为转移，根本不问行为人的主观罪过和行为危害，动辄追究无辜人的刑事责任。且追究时抑或刑讯逼供抑或主观判断与秘密审判，根本不考虑客观证据与正当程序。

---

① 参见李晓明、储础：《论“风险社会”中的预防刑法与规制刑法——兼论我国刑法颁布40周年的立法理念变迁》，载《武汉科技大学学报（社会科学版）》2019年第2期。

② 参见黎宏：《平野龙一及其机能主义刑法观——〈刑法的基础〉读后》，载《清华法学》2015年第6期。

资产阶级革命后才出现了罪刑法定和正当程序,如今在民主社会里必须讲究承担刑事责任的正当化根据。

(1)原理性根据:道义责任、社会责任与并合责任

所谓原理性根据,是指从追究刑事责任的司法原理上探究刑事责任的正当化根据,也即行为人凭什么承担刑事责任,以及承担刑事责任的基本原理及正当化根据。对此,西方刑法理论中主要存在道义责任论与社会责任论的学说争论。①

一般认为,道义责任论为刑事古典学派的刑事责任理论。该学说以哲学上的“非决定论”为基础,以人的自由意志为前提,将行为人承担刑事责任的正当性与合理性基础归结于人的自由意志。认为行为人是意志自由的主体,凡达到一定年龄的人(除精神病患者),都具有根据理性而行动的自由。如果行为人基于自由意志的决定,而实施危害社会的行为,其就应该对该行为及结果承受道义的非难而负责任。可见,道义责任论重视的是行为人的自由意志,并以行为人的危害行为为非难对象。诚然,这在一定程度上限制了封建社会司法专横和刑罚滥用的专权,具有进步意义。但作为社会人,从来都不可能享有绝对的自由意志,而道义责任论则以绝对的自由意志为前提显然是不全面,也是不科学的。正因如此,最初的绝对道义责任论后期逐步发展成为相对道义责任论,并面对犯罪的增多和累犯、惯犯、常习犯的出现于19世纪后半期愈加显得无能为力了,于是社会责任论便应运而生。

而社会责任论是刑事实证学派的产物。该学说以哲学上的“决定论”为根基,着眼于社会防卫的理论建树。以犯罪人为本位,运用实证的研究方法,认为人之意志为其个人与社会原因所决定,受自然法则支配的人的意志并非完全自由;犯罪行为是犯罪人危险性格的集中表现,这种危险性格是由个人原因和社会原因互相作用而形成的。社会为了防卫自身安全,必然要求具有危险性格的人对其所实施的危害行为承担刑事责任;行为人的危险性格是行为人承担刑事责任的合理基础。“人为什么要对犯罪负责的唯一实证解答,即由于人生活在社会之中,在此范围内,他对所做的一切违反法律的行为总是有责任的,这是社会责任代替道义责任的根本原则。根据实证的责任论,人的行为能够归属于他,为此,他就负有责任,其理由在于‘他生活在社会中’。而且这一责任对他来说是能够认识到他的违法行为的。因此,就能够对他科以作为社会防卫的刑罚。”②可见,社会责任论是从防卫社会角度来解释行为人承担刑事责任的正当化根据的,应该说其揭示出刑事责任的事物本质。然而社会责任论却走向道义责任论的另一极端,完全否认人的自由意志,片面强调人的主观危险性。显然,这也是极其不妥

① 参见洪福增:《刑事责任之理论》,台北,台湾刑事法杂志社1982年版,第7页以下。
② 马克昌主编:《近代西方刑法学说史略》,中国检察出版社1996年版,第176-177页。

的,因为这又为司法专权与专横打开了方便之门,留下了漏洞可钻。

实际上,在分别经历道义责任论与社会责任论之后,学界进行了二者的纠偏,产生了并合责任论。该理论以哲学上的“唯物辩证法”为根基,着眼于物质决定意识在刑事责任理论中的应用。不仅认为社会物质生活条件决定人们的认识与意志,而且充分肯定人的主观能动性,并由此肯定了相对意志自由理论。显然,并合责任论不仅肯定了社会责任论的社会环境与社会防卫理论,同时肯定了道义责任论中的自由意志与人之行为选择,甚至抛弃了二者在该问题上的极端与偏激,从而解决了同样社会环境下为什么有人犯罪而有人不犯罪的问题。正是在这种相对意志自由理论支配下,对于犯罪行为人既可以选择实施也可以选择不实施,既可以选择这样实施也可以选择那样实施,甚至可以选择实施此行为也可以选择实施彼行为。也正因为有了相对意志自由的驱使与指导,行为人也才有了选择与不选择实施犯罪的可能性。故有学者指出,在具有相对意志自由的情况下,如果行为人选择实施了犯罪行为,其自由意志就体现出了主观恶性,并且该行为侵害了社会,因而行为人应当对此承担刑事责任。[①] 由此推论,行为人的意志自由程度愈大,其危害社会的主观恶性愈重,则其应承担的刑事责任愈大,反之行为人则承担的刑事责任愈小。不仅如此,也正是由于并合责任论,也才深入讨论了人们不具有意志自由的特殊状况,即在一定条件下人可能丧失意志自由,如在他人强制或强迫犯罪的情况下,虽然实施了犯罪行为,但行为人没有主观恶性,完全是外力的胁迫或受他人的逼迫,此种情况下是否可能要求行为人承担刑事责任。对此,国外有些国家的刑法作出回应,但我国现行刑法对此没有回应,留待未来法律予以明确。但其难点在于,一是该种情形的确难以认定,二是有法律规定但究竟应该如何认定,尤其在程度上更是认定的难点,因为法律就是要讲究其操作性。

综上,假如行为人具有相对意志自由,并在相对意志自由支配之下选择了犯罪行为,社会为了维护其秩序就应要求行为人承担刑事责任,这是正当的也是合理的。

(2)法律性根据:证据证明、犯罪成立与正当程序

原理性根据已回答了为什么要追究行为人刑事责任及其正当性,接下来讨论司法机关依据什么追究行为人的刑事责任,也即司法正当性的法律根据。为确保司法机关追究犯罪人刑事责任的正当性,必须对司法机关的刑事司法活动从法律上作出限制。其法律性根据内容有三。

①有足够的证据证明力证明犯罪事实的存在。只有如此,司法机关才能发动刑事司法程序去追究犯罪人的刑事责任。常言道,证据系诉讼之王。一个人的行为是否构成犯罪主要靠证据,所以证据是确定刑事责任的核心证明力。不管立案还是侦查,以

---

① 参见李晓明主编:《刑法学》(上),法律出版社 2001 年版,第 454 页。

及起诉和审判,都必须在客观上充分地证明有犯罪发生,且有明确的犯罪嫌疑人或被告人,司法机关发动刑事司法程序才正当。

②行为人的行为具备了全部的犯罪成立条件。只有行为人的行为具备了法律规定的某罪名的全部犯罪成立要件,司法机关才能确认行为人应负刑事责任。如上,成立犯罪是追究刑事责任的唯一前提,刑事责任是犯罪所引起的法律后果。因此,司法机关最终确认行为人是否应当承担刑事责任,必须以行为人的行为是否成立犯罪为依据,否则行为人就不应当承担刑事责任。行为人的行为是否成立犯罪的唯一标准就是刑法关于某个罪名全部要件的法律规定,除此之外不存在其他任何标准。在法治社会里,孤立的犯意或危害行为都不是判断行为是否成立犯罪的标准。

③司法机关追究刑事责任必须具备正当程序。正当程序(due process)虽然最初只是英美法系的一条重要宪法原则,但如今已得到国际社会尤其各国司法的普遍认可,法律程序的正当性内容所包含的价值主要是程序中立、理性、排他、可操作、平等参与、自治、及时终结和公开等,通过正当程序不仅达到宪法的至信、至尊、至上从而实现宪法权威,而且使各种司法纠纷包括刑事案件的审理趋于公平和公正。不仅打击了犯罪,且保障了无罪人不受法律追究。

综上,司法机关追究犯罪人的刑事责任,不仅需要司法正当性的原理性根据,尤其需要法律性根据,否则不能够充分体现司法机关追究刑事责任的正当性。而且,刑事责任的大小应当与犯罪行为的客观危害和犯罪人的人身危险程度相适应,只有如此才能够充分、完整和彻底地显示出司法机关追究犯罪人刑事责任的正当性根据。

(四)刑事责任根据的统一及原理

刑事责任应该是社会性和伦理性的有机统一。其社会性表现在国家能够对违反刑法规范的行为人进行非难,最终达到调节社会秩序的目的。同时其也源于社会,人以群体方式进行生活和生存,在获取集体带来的便利的同时,也要对不利后果承担相应责任。法律规范告诉社会集体中的民众,什么是可为或不可为的,一旦发生越轨行为必然要受国家的否定性评价。“法律作为社会共同意志面向社会成员,并告诉他们何为正确,何为错误,而这种共同意志是由个人意志组成。”①

同时,人又是具有自由意志的个体,因此从犯罪人个人角度出发,可以把犯罪行为视为行为人个人意志的选择。刑事责任的伦理性既包括了人的行为中蕴含的价值判断的因素,也包括了行为和人之间存在意志上的因果关系。列宁认为:“决定论的思想确定人类行为的必然性,推翻了所谓自由意志的荒唐神话,但丝毫不消灭人的理性、人的良心以及对人的行为的评价。恰巧相反,只有根据决定论的观点,才能做出严格正

---

① [德]弗兰茨·冯·李斯特:《德国刑法教科书》,许久生译,法律出版社2000年版,第252页。

确的评价,而不至把一切推到自由意志的身上。”①一个人是否犯罪要根据其是否进行有判断意识的选择,其选择越轨造成对社会的危害,就必须接受国家法律的制裁。

刑事责任的原理必定构建在社会性和伦理性的对立统一之上。首先因为人是构成社会的个体,是形成社会关系的综合,人的本质在于其具有社会属性;其次社会由个体组成,社会以个人为基础,没有一个社会能够离得开作为构成必要要素的个人。马克思指出:“应当避免重新把‘社会’当做抽象的东西同个人对立起来,个人是社会的存在物。”②刑法规范人的行为,目的在于维护社会秩序,这也是刑事责任社会性的最终目标。而人又具有自由意志特征,能够对其行为进行价值判断,故人对在其自由意志支配下行使的行为应承担相应刑事责任。人具有社会性和社会具有的人性,决定了刑事责任伦理性和社会性的有机统一的本质。③

五、刑事责任的定位及未来发展

(一)定位的梳理:刑事责任的主流学说

在传统刑法理论中,刑事责任被定位成犯罪和刑罚间的桥梁,“其功能在于对犯罪和刑罚的关系起着调节作用,刑事责任既是犯罪的后果,又是刑罚的先导,罪责刑的逻辑结构乃是整个刑法内容的缩影”④。随着刑法理论的发展,传统的罪责刑理论正在受到挑战,不仅对于刑事责任的概念有新的认识,甚至在学说与观点上也是众说纷纭,不断触摸或揭示刑事责任的实质内容。

一是罪过说。该学说的提出受到苏联有关学说影响,其认为,任何具有刑法意义上的行为都必须是受到行为人自由意志的支配,刑事责任的承担者必须是出于主观的罪过。“罪过是把行为和行为人融为一体并贯穿于犯罪和刑罚始终的核心,是行为人承担刑事责任的根据。”⑤罪过说将罪过本身设立在整个刑事责任中最重要的地位,就是说没有罪过犯罪就不成立,行为人也就没有刑事责任。但在我国犯罪构成理论中,犯罪主体、客体和主观方面、客观方面是缺一不可的,罪过作为主观方面是刑事责任产生的必要条件,但只有罪过不能成为刑事责任的充分条件。

二是犯罪构成说。该学说将犯罪构成作为划分罪与非罪的唯一条件,“没有犯罪构成,就意味着该人没有犯罪,不是有罪的人,从而也就不负刑事责任,不受刑事处

---

① 《列宁选集》(第1卷),人民出版社2012年版,第26页。
② 《马克思恩格斯全集》(第42卷),人民出版社2012年版,第122页。
③ 参见曲新久:《刑法的精神与范畴》,中国政法大学出版社2000年版,第240页。
④ 高铭暄主编:《刑法专论》(第2版),高等教育出版社2006年版,第460页。
⑤ 余淦才:《刑事责任理论试析》,载《法学研究》1987年第2期。

罚"[①]。但犯罪构成在我国只是作为理论概念存在,是衡量犯罪人的行为是否构成犯罪的标准,应该说其仅仅是个衡量标准,无法引起刑事责任的产生。故其被认为是认定刑事责任的唯一依据,未必就一定正确。由此,犯罪构成与刑事责任的关系非常微妙,需要深入探讨和研究。

三是社会危害说。社会危害性体现出刑事责任的内在性质,刑法规范是以社会危害性为基础,如果一个行为不构成社会危害性,则不应追究行为人的刑事责任。但是社会危害性只是表明犯罪人行为的客观属性,忽视了犯罪人的主观可谴责性,仅仅从社会危害性理解刑事责任存在片面性。

然而,在性质上,刑事责任是具有法律特性的一种后果。首先,刑事责任是国家对犯罪人的否定性评价,而且其是建立在由主客观因素构成的犯罪事实基础之上的评价,"任何一方面要素的缺失都会阻却刑事责任的产生和形成"[②]。其次,刑事责任应该是主客观要素的有机统一,东西方都认为要构成刑事责任需要主客观两方面的要素,二者紧密相连、缺一不可。最后,刑事责任应具有法律意义的犯罪构成事实,"由相互联系、相互作用的诸要件组成的具有特定的犯罪性质和社会危害性的有机整体"[③]。因此能够引起国家与犯罪人之间刑事责任的依据,应该是由客观性要素和主观性要素、法定犯罪构成评价互相作用而形成的犯罪构成要素。

(二)定位的论证:"罪责关系说"的提出

传统理论中,要么是"罪刑关系",要么是"罪责刑关系"。甚至刑事责任是介于犯罪和刑罚之间的桥梁与纽带,其功能在于对犯罪和刑罚的关系起着调节作用,刑事责任既是犯罪的后果,又是刑罚的先导,罪责刑的逻辑结构乃是整个刑法内容的缩影。[④]我国《刑法》第5条也规定:"刑罚的轻重,应当与犯罪分子所犯罪行和承担的刑事责任相适应。"这就奠定了"罪责刑相适应"的法律根据,也透射着犯罪是刑罚的唯一根据,"无犯罪则无刑罚""无法律规定的刑罚则无犯罪"。然而,这些理论正在受到挑战,不仅对于刑事责任的概念有新的突破,甚至在学说与观点上也众说纷纭,不断触摸或揭示刑事责任的实质内容。包括"罪刑说"结构和"罪责刑说"结构也在向"罪责说"结构转换,最大的争议发生在"罪刑说"、"罪责刑说"和"罪责说"之间。

传统的"罪刑说"结构强调刑罚和犯罪之间的关系,犯罪与刑罚存在一一对应关系,这种结构是刑法理论中相当古老的结构,从贝卡里亚"犯罪的分类"可略见一斑。

---

① 高铭暄主编:《刑法学》,法律出版社1982年版,第100页。

② 苗生明:《刑事责任归责要素与阻却事由初探》,载《烟台大学学报(哲学社会科学版)》1998年第3期。

③ 何秉松:《犯罪构成系统论》,中国法制出版社1995年版,第102页。

④ 参见高铭暄主编:《刑法专论》(第2版),高等教育出版社2006年版,第460页。

这种相互依存的关系让刑事责任似乎更像是犯罪的下位概念,缺乏其独立性。

“罪责刑说”认为犯罪、刑罚和刑事责任是相互联系又各自独立的三个领域,刑事责任起到了联结犯罪和刑罚的桥梁作用。犯罪是刑事责任的前提,刑事责任是犯罪引起的后果;同时刑事责任又是刑罚的前提,刑罚是实现刑事责任的基本方式。① 出现该结构体系的重要原因,是随着刑罚个别化理论的加强,人身危险性在量刑中的作用和地位被确定下来,但人身危险性又不能被认为是犯罪的内容,故出现了罪和刑间的失衡情况,在实践中出现了同罪不同刑的情况,由此可推出刑罚的轻重还应该考量刑事责任的大小。② 然而,这里的刑事责任与刑罚的关系并没有被厘清。

“罪责说”结构是以犯罪为前提,而刑事责任是犯罪的后果,刑罚和其他非刑罚处置措施都是刑事责任的承担方式,也即刑罚只是刑事责任的实现方式之一。因此,罪刑关系中“刑”应理解为刑事责任③,改为“犯罪论—刑事责任论”体系,才能摆正二者的关系。④ 显然,这与“罪责刑”中刑事责任的概念不同,应当说“罪责说”开启了刑事责任实体后果承担的研究。如同在前述学科主线中论证的那样,未来的刑事责任定位一定会按照“罪责关系说”来定位。

当然,理论界关于刑事责任范式理论还存在争议,尚未达成统一,原因还是关于刑事责任的定位不清、结构不明确,故厘清刑事责任内部结构及体系定位便成为刑事责任论的重要目标。

(三)未来的发展:刑事责任体系化的建构

刑事责任体系发展至今,不应是缺乏实质性内容的理论空壳,而应具有实体内容。“行为人负刑事责任的哲学依据是马克思主义的意志决定论,其刑事责任的法律基础是刑法具体规定的犯罪构成”⑤。关于刑事责任论的发展和建立,有必要与其他相关学科(如心理学、社会学、犯罪学、刑事政策学等)相联系,进而吸收其成果充实刑法学研究。“刑事责任理论作为刑法学与社会学的桥梁,通过刑事责任理论,在刑法中把社会学材料同法学材料结合起来。因为法律不是没有任何实际社会内容的抽象的武断,刑法也一样,作为刑法的问题,完全能够利用社会学的材料,运用社会学的方法来解释和论证,从而弄清传统概念的更深刻的含意。”⑥

刑事责任本质是区别于其他法律责任的关键点,对其理解不能仅停留在认识层

---

① 参见高铭暄、马克昌主编:《刑法学》,北京大学出版社2016年版,第210页。

② 参见陈元、浦钢:《论刑事责任的定位》,载《湖南公安高等专科学校学报》2010年第6期。

③ 参见李永升:《罪刑相适应原则的内涵解读》,载《甘肃社会科学》2005年第4期。

④ 参见张明楷:《刑事责任论》,中国政法大学出版社1992年版,第152页。

⑤ 高铭暄主编:《刑法学原理》(第1卷),中国人民大学出版社2005年版,第407、410-412页。

⑥ 曲新久:《开展刑事责任理论研究刍议》,载《河北法学》1990年第4期。

面,在未来发展过程中还应把握刑事责任本质的价值判断、逻辑功能和认识结构。首先在价值判断上,其本质应该是社会责任与主体意识相互结合,强调的是社会责任与道义责任的联结。其次在逻辑功能上是罪刑关系,在刑事责任体系中罪刑关系是刑事法律关系的核心,犯罪本质是法益侵害性,刑法的本质是刑事责任承担,因此不能只作为刑罚和犯罪的桥梁,而是刑罚和其他刑事责任实现方式的统一。最后在认识层面上,刑事责任的本质是整个理论体系的一部分,与特征、概念和实现方式相关联。关于其任务,理论界认为应该是担责,并有担责的原则、实现方式等系列理论作支持。

透过刑事责任的本质,可以发现刑事责任体系转型发展的关键在于从刑事责任根据论转换到刑事责任担责论。就目前刑事责任还在面对的"形式空洞化"问题,很多学者提出了自己的看法:"我国刑法中的刑事责任,除了具有'犯罪的法律后果'之外,还应当具有'主观谴责'的内容。'主观谴责'意义上的刑事责任,作为认定行为人的危险行为构成犯罪并要承担相应责任的前提具有重要意义。"①"刑事责任的归责要素指具体刑事责任认定的事实和法律要素,决定了刑事责任的构成及其程度。"②然而,担责基础也即刑事责任的根据,是指刑事责任产生和存在的最根本原因,也即所应具有的社会责任性。区分归责与担责要素十分必要,随着刑事责任理论体系构建的日益成熟,将犯罪成立与刑事责任完全分开是十分必要的,应该说刑事责任体系与犯罪成立体系是不存在交集的,两者是相互独立和对价对等的,应该说犯罪成立决定了刑事责任的成立,刑事责任体系也应该以犯罪成立为前提。

(四)最终的结论:刑事责任及其承担方式

纵观我国刑法学界对刑事责任概念的分析,一些观点将刑事责任视为形同虚设的抽象概念,即刑事责任仅是对犯罪人的否定性评价,或仅作为犯罪与刑罚间的纽带或桥梁存在。如有学者认为,"把责任等同于法律后果或刑罚处罚是不正确的。责任是一种社会关系而不是某种实体,它是关系范畴而不是实体范畴,不能把责任等同于责任者实际受到的制裁或惩罚。不能等同于死刑、无期徒刑等"③。然而也有学者指出,"刑事责任是具有实体意义的范畴,刑事责任同犯罪和刑罚一样,是一个具有实在意义的法律问题,在法律上具有实体性。这种实体性不仅表现为刑事责任本身是独立的实际存在的,而且表现为刑事责任具有独立的性质、范围和程度。刑事责任概念的实存,也应当建立在刑事责任实体性的基础上"④。还有学者认为,"刑事责任是关系范畴和

---

① 黎宏:《关于"刑事责任"的另一种理解》,载《清华法学》2009年第2期。

② 张文等:《刑事责任要义》,北京大学出版社1997年版,第147页。

③ 何秉松:《刑事责任论》,载《政法论坛》1995年第4期。

④ 敬大力:《刑事责任一般理论研究》,载中国法学会刑法学研究会组织编写:《全国刑法硕士论文荟萃》,中国人民公安大学出版社1989年版。

实体范畴的有机结合,是指基于行为人(包括自然人和单位)因其所实施的严重危害社会的犯罪行为所引起的,由代表国家的司法机关根据刑事法律的规定对其追究一种法律责任”①。20世纪初李斯特认为,“刑罚应该是属于国家的,他希望在不遥远的将来国家权力在没有任何合理目标或目的下,使毁灭了国家成员的法律权利的现象作为一个理性的宿命论而被取消。该学说改变了刑罚是实现刑事责任唯一方式的报复性观点,开始将教育性措施作为刑事责任实现的重要方式,并将国家对犯罪者的挽救和辅助加入其中,帮助犯罪者能够实现回归社会的权利”。日本学者草野豹一郎认为,“当今之世无论是司法实践还是公民的法律意识,都与报应思想有着不可分割的联系,但刑罚的本质并非仅在报应,刑罚的目的应视为目的刑论与报应刑论的结合,因为目的刑论的真正实现有赖于刑罚给犯罪人造成一定痛苦,反过来只有给犯罪人造成一定痛苦才能发挥刑罚改造犯罪人的作用”②。也就是说,刑事责任是一种实体责任的承担,而非只是一种谴责和过渡。

另外,刑罚的内涵在社会进步中也获得扩展,“刑事制裁”的概念被学界频繁运用,应当说其与刑事责任是因果关系,刑事责任的实现方式就是刑事制裁,而承担刑事制裁的前提或内容即为刑事责任。在刑事制裁中,刑罚只是承担刑事责任的途径之一。目前我国承担刑事责任的方式有三:一是通过刑罚来承担;二是通过非刑罚处罚来承担;三是通过宣告有罪来承担。

当然,刑罚的承担是实现刑事责任最主要也是最严厉的方式,它通过剥夺犯罪人的自由或生命的方式来实现刑事责任的承担。诚然,刑罚适用于性质恶劣、情节严重的犯罪,而非刑罚适用于情节轻微的犯罪,二者的功能是相同的,都具有预防和惩治犯罪,维护社会秩序的作用。区别在于二者的严厉程度不同。刑罚作为法律体系中最严厉的法律制裁,可以剥夺自由甚至生命权,而非刑罚更多是采取行政性教育措施。依照刑法规定,被判处刑罚的犯罪人在执行完刑事处罚后再犯罪,如果符合《刑法》第65条再犯规定,应当从重处罚,非刑罚处罚不存在再犯。

综上所述,“罪责说”必然要求刑事责任具有一定的承担方式,刑罚就是让犯罪人承担刑事责任的法定主导方式之一,是刑法规范的核心内容,这是罪责法定原则、罪责相适应原则的法定化和具体化。但除此之外还有非刑罚方法和有罪宣告,和刑罚一样都是刑事责任的承担方式。

---

① 徐立:《刑事责任根据论》,中国法制出版社2006年版,第46页。

② 李海东主编:《日本刑事法学者》(上),中国法律出版社与日本国成文堂联合出版1995年版,第117页。

六、我国刑事责任中的刑罚体系

“罪责说”要求,有罪必有责,有责必承担。如上,刑罚是国家责令犯罪人承担刑事责任的主要方式。当然,为防止刑罚权的滥用,有必要对刑罚权进行规范限制,使其保持理性。

(一)刑罚的概念与特性

刑罚是最高权力机关在刑法中规定的,用于强制剥夺犯罪人的人身自由、财产、生命或者其他权利,用以惩罚、矫正或改造犯罪人,而由法院依法判处,由特定机构依法执行的强制制裁方法。[①] 刑罚是国家刑罚权的基本表现形式,具有如下特征。[②]

(1)刑罚是最高权力机关在刑法中规定的制裁方法。以犯罪与刑罚为立法内容的刑法属于国家的基本法律。在我国,刑法及刑罚只有全国人大及其常委会才有权制定、修改,其他任何国家机关都无权制定、修改。因为刑罚是最严厉的制裁方法,需采取慎重的态度严密规范。

(2)刑罚是以剥夺一定权益为内容的制裁方法。其严厉性表现为对犯罪人特定权益的剥夺,如死刑使其丧失生命,自由刑使其丧失人身自由或受到限制,财产刑使其丧失部分或全部财产所有权,资格刑使其丧失从事某种活动的权利;同时,还表现为对其政治上、人格上的否定和贬责。

(3)刑罚是用以惩罚、矫正或改造犯罪人的制裁方法。它是犯罪的法律后果,无犯罪即无刑罚。刑罚的运作对象必须是犯罪人,由犯罪人来承受刑罚的惩罚、矫正或改造作用。由此,就必须把刑罚和与刑罚最相似的刑事诉讼过程中采取的拘留、逮捕等强制方法区别开来,因为拘留、逮捕等强制方法仅是刑事诉讼正常运行的保障措施,而不是惩罚、矫正或改造犯罪人的制裁方法。

(4)刑罚是由法院依法判处的制裁方法。刑罚只能由法院裁判量定,其他任何国家机关都无权适用,任何个人私自采取惩罚他人的行为都是违法犯罪。法院必须严格依照《刑法》《刑事诉讼法》适用刑罚,法院适用的刑罚必须是《刑法》明文规定的,必须严格按照《刑事诉讼法》规定的程序进行。

(5)刑罚是由特定机关依法执行的制裁方法。只有特定机关才能行使刑罚执行权,否则刑罚的制定、裁判毫无意义。刑罚的执行主要有法院、监狱、看守所和社区矫正机构及公安机关等。

刑罚的内在属性表现为惩罚性与改造性,这是现代刑罚的根本特性。表现在:

---

① 参见李晓明:《刑法学总论》,北京大学出版社2016年版,第425页。

② 参见李晓明:《刑法学总论》,北京大学出版社2016年版。

①刑罚的惩罚性。主要是通过对犯罪人的某种合法权益的剥夺或限制而造成某种痛苦,这是刑罚之所以为刑罚的基础,惩罚意味着痛苦。可见,刑罚与惩罚具有不可分离的联系,惩罚是刑罚的概念的应有之义,没有惩罚,也就没有刑罚。②刑罚的改造性。刑罚与改造具有不可分离的联系,改造是刑罚概念的现代内容,表明了刑罚的目的性,没有改造刑罚就会沦为机械的惩罚和报应。③惩罚性与改造性的辩证统一。刑罚的内在属性中,惩罚与改造是有机的整体。惩罚离开改造,只能是法律的“恶害”,难以收到刑罚的效果。改造离开惩罚也就不称其为刑罚了,如果说惩罚是一种法律强制,那么改造就是一种法律善导。

刑罚的外在属性,包括适用对象特定性与制裁程度严厉性,也即刑罚的内在属性必然通过一定适用形式表现在外在上,这就是外在属性。据此可以把刑罚与其他法律制裁方法加以区别:①适用情况的特定性。刑罚只适用于犯罪人,无罪的人绝对不受刑事追究,这是一条铁则。②制裁程度的严厉性。刑罚剥夺犯罪人的人身自由、政治权利和财产,甚至生命。而其他制裁措施,或不涉及人的生命、自由、政治权利,或不会产生刑罚的法律后果,严厉程度小于刑罚。

(二)刑罚权及其种类

刑罚权是国家基于独立主权对犯罪人实行刑事制裁的权力,它不仅是一种适用刑罚的权力,实际上也是决定、支配整个刑罚权的权力。刑罚权是刑法哲学中的重要理论,也是重要的司法实践。一是刑罚权源于国家统治的需要。它建立在一定社会物质基础上并受其制约,国家自产生起就从未放弃过刑罚权。刑罚权不是先由法律规范确认的,而是位于法律之上并支配之的一种权力范畴。刑罚权首先是一种客观事实,而不是法律现象,这个事实的标志就是国家的存在。刑罚实际上是社会对付犯罪的自卫手段,故刑罚权实质上是社会防卫权。二是国家需要绝对的支配权利——主权。其中就包含了对犯罪人处罚的刑罚权,是国家统治权的一种。刑罚权具有强制性,但并不意味着国家借此就可为所欲为。它的行使应具有国家的自律性,从国家整体而言,国家结构形式的架构及国家机关的配置表明国家的自我约束与自我控制,对违反社会共同利益的人实行合理合法的强制。它的行使还具有社会他律性,包括种类、期限与量定及其执行方式的选定。

刑罚权种类是对刑罚权的运作过程进行的分类,包括制刑权、求刑权、量刑权、行刑权。它们是刑罚权的有机构成部分,共同构成了刑罚权的完整结构体系。[①]

1. 制刑权,是指创制刑罚的权力,国家把制刑权赋予立法机关行使。制刑权的运作表现为立、改、废,立是指确立某种刑罚制度,改是指修改某种刑罚制度,废是指废除

① 参见李晓明:《刑法学总论》,北京大学出版社 2016 年版。

某种刑罚制度。

2. 求刑权,是指请求对犯罪人予以刑罚处罚的权力,国家把求刑权授予检察机关行使。求刑权的运作表现为公诉的形式;少数情况下,求刑权属于个人(一般为被害人)行为,以自诉的形式出现。显然,自诉案件中的求刑属于公民的个人权利,不属于国家刑罚权的范畴。

3. 量刑权,是指根据求刑而决定科处刑罚的权力,量刑权由国家授权审判机关行使。量刑权的运作表现为,刑罚种类的判定,刑罚期限的量定,执行方式的选定。

4. 行刑权,是指对犯罪人执行刑罚的权力,由国家授权行刑机关行使。行刑权并非量刑权的消极延伸或附属,具有独立性内容。行刑权的运作表现为将裁判的刑罚付诸实施,发挥刑罚的惩罚、矫正和改造作用。

(三)刑罚体系的建构

为保证刑罚功能的有效发挥,防止国家刑罚权的滥用、泛用,世界各国都对刑罚权进行了严格规范和限制,尽可能理性地构架刑罚体系。刑罚体系的构建必须考虑诸多因素,诸如刑罚的历史传统、刑罚的外部因素、刑罚的内部因素、刑罚体系的本体因素等。在我国的立法上,刑罚体系是由主刑和附加刑所构成的,主刑和附加刑配合,轻重衔接,疏而不漏,反映出刑罚种类的多样性、层次性和体系结构的完整性、合理性。①

1. 刑罚体系的概念及种类

刑罚体系是指国家的刑事立法以有利于发挥刑罚的积极功能、更好地实现刑罚目的为指导原则,由刑法所规定的并按照一定次序排列的各种刑罚方法的总和。要正确理解刑罚体系,一是应清楚一个国家刑罚体系中的刑罚方法;二是应明白不同的刑罚方法在其体系中所处的地位和作用。

在各国刑罚体系中根据不同的标准,刑罚种类有两种分类方法。一是按照刑罚方法严厉性的轻重程度进行划分,先把刑罚分为主刑和附加刑,再把主刑和附加刑各自的刑罚方法依其轻重或重轻进行排列划分,在我国主刑种类依次为管制、拘役、有期徒刑、无期徒刑、死刑,附加刑种类依次为罚金、剥夺政治权利、没收财产,以及对犯罪的外国人驱逐出境等。二是以刑罚方法所针对的对象为标准进行划分,可分为生命刑、肉体刑、自由刑、财产刑、资格刑等。

(1)刑罚体系是由所有的刑罚种类按其严厉程度有序排列组合而成的。社会上发生的形形色色的犯罪,不仅在侵害对象上有着质的不同而体现犯罪侵害质的区别,而且在危害程度上有着度的不同而反映犯罪危害量的差别,犯罪的复杂性决定适用犯罪的刑罚种类、刑罚方法的多元化。各种刑罚方法是人类在与犯罪作斗争的漫长过程中

---

① 参见李晓明:《刑法学总论》,北京大学出版社 2016 年版。

逐步形成并丰富起来的，且众多的刑罚种类依其严厉程度排列起来，生命刑、肉体刑、自由刑、耻辱刑、财产刑、资格刑构成了刑罚家族的全部成员。古今中外的刑罚体系概莫能外，只是存在各国根据自己国情具有不同选择的细微差别。

（2）刑罚体系是由刑法明文规定的。① 国家对刑罚体系的确定，包括刑罚体系内部各刑罚种类的排序、各刑罚方法的自然归类，是由刑事实体法即刑法典所规定的，这是近现代刑法的罪刑法定原则的必然要求，也是罪刑相适应的当然要求。毫无疑问，刑罚方法的归类、刑罚种类的排列、刑罚体系的确立，不仅体现了刑法立法的技术水平，更重要的是蕴含着刑法立法的价值追求，即通过罪刑法定、罪刑相适应给犯罪行为一个公正的决断，从刑法规定的刑罚体系中能绝对排他性地找出公正对应于犯罪的刑罚方法，从而杜绝以言代罚、法外用刑的出现。当然，排除其他诸如民商法律、行政法律对刑罚体系和方法的规定，也是“刑罚体系由刑法明文规定”的应有之义。

（3）刑罚体系以充分发挥刑罚功能、充分实现刑罚目的为架构指导。刑罚体系不是所有刑罚种类、所有刑罚方法毫无目的杂乱无序的堆积，而必须建立在一定的指导基础之上，这个指导基础就是有利于充分发挥刑罚功能、充分实现刑罚目的。翻开刑罚发展的浩繁巨史不难看出，复仇时期的刑罚体系以生命刑、肉刑、酷刑为主，威慑时期的刑罚体系以生命刑、肉刑、自由刑为主，教育时期的刑罚体系以自由刑、财产刑为主。原因就在于此种排列而成的刑罚体系，分别有利于发挥并实现报复、威慑、教育的刑罚职能和目的。

2. 我国的刑罚体系

根据我国《刑法》第32条的规定，刑罚体系由主刑和附加刑所构成。且第35条还规定：“对于犯罪的外国人，可以独立适用或者附加适用驱逐出境。”传统观点认为，驱逐出境是一种附加刑。

（1）我国刑罚体系的确立思想

从现实国情出发，考虑国民的心理承受力、顺应现阶段人们的平均价值观念，来选定刑种，构建刑罚体系。当然，这并不排除我国历史上刑罚体系的合理性，古为今用；也不拒绝借鉴国外刑罚体系的合理成分，洋为中用；同时，应避免不合理地排除传统的刑罚种类、盲目照搬外国刑罚种类的倾向。刑罚体系必须贯彻惩罚与改造相结合的方针，刑罚种类以及刑罚幅度的确定符合惩罚与改造相结合的刑事政策需要，每一种刑罚的内容将符合这一政策机制。另外，应体现社会主义人道主义精神，把罪犯作为人来对待，对于一切侮辱罪犯人格尊严，残害罪犯肉体的残酷、野蛮的刑罚，都必须拒之于我国刑罚体系之外。

---

① 参见高铭暄、马克昌主编：《刑法学》（上编），中国法制出版社1999年版，第422页。

(2)我国刑罚体系的架构内容

根据我国1997年《刑法》总则第三章第一节"刑罚的种类"和《刑法》第33、34条的规定,主刑是指对犯罪人依其犯罪性质、情节、危害程度及认罪态度,依照《刑法》规定适用的主要刑罚方法。主刑只能独立适用而不能附加适用,即对于犯罪人实施的一个犯罪只能适用一个主刑,不能同时适用两个或两个以上的主刑。附加刑包括罚金、剥夺政治权利、没收财产三种。在理论上,附加刑是主刑的对称,亦称从刑,是对主刑进行补充的刑罚种类。特点是既能独立适用又能附加适用。当附加适用时,附加于已适用的主刑,且对于同一犯罪和同一犯罪人可以同时适用两种以上的附加刑。《刑法》第35、36、37条还规定有驱逐出境(外国人)、赔偿经济损失、非刑罚处罚方法等措施。

根据我国刑罚体系的特点,主刑与附加刑既相互独立又相互配合,既有重刑又有轻刑,排列顺序由轻到重、相互衔接,每一刑种都有自己特定的内容和作用,充分体现了我国刑罚体系的特色。

第一,体系完整、结构严谨。由主刑和附加刑构成一个完整体系,主刑包括生命刑、自由刑,附加刑包括财产刑、资格刑等,既保持了主刑的独立性又体现了附加刑的灵活性,主刑与附加刑相互补充、相得益彰,避免了单一刑罚的局限性。且主刑与附加刑均按照严厉程度由轻到重的顺序排列,不论是主刑还是附加刑,各种刑罚相互之间轻重衔接、限度适当、依次递进、结构严谨。

第二,内容合理、目标统一。刑罚体系的内容符合国情,也符合惩罚与教育改造的需要;各刑种都蕴含着惩罚与改造的机制;由轻到重的排列符合刑罚的发展方向;以自由刑为核心扩大罚金刑适用符合当代刑法立法趋势。目标是通过贯彻惩罚与教育相结合的方针,收到预防犯罪实效。

第三,宽严相济、方法人道。刑罚体系由严厉程度轻重不同的各种刑罚方法构成,如主刑中的管制只限制犯罪人一定的人身自由,而死刑则剥夺犯罪人的生命,主刑与附加刑中都各有严厉程度轻重不同的刑罚方法,这表明刑罚体系中的刑罚方法有宽有严、所有的刑罚方法都体现了社会主义人道主义精神,各种刑罚方法都不包含侮辱人格、损害尊严、摧残肉体和精神的内容,虽然都会使犯罪人感受到惩罚的痛苦,但并不以追求犯罪人的痛苦为最终目的。

第四,体现了罪责相适应原则。犯罪是一种极其复杂的社会法律现象,其所造成的社会危害和人身危险性各不相同,由此决定了刑事责任的轻重有别。如此,也就必然要求有相应的刑事责任的实现方式。刑罚作为刑事责任实现的主导方式,由轻及重、宽严相济,主附并存、结构严谨,构架了合理的刑罚体系,对应社会危害性、人身危险性各不相同的犯罪。

(3)我国刑罚体系的品格

刑罚体系品格的逻辑组合有四种可能性,即不严不厉、厉而不严、又严又厉、严而不厉,根据刑罚体系的发展实践看,不严不厉由于失去了刑罚的特性而不可能被选择,厉而不严是报复刑刑罚体系追求的品格,又严又厉则是威慑刑刑罚体系追求的品格,严而不厉是教育刑刑罚体系追求的品格。当然,刑罚体系厉与不厉并非绝对,不仅要与纵向历史上的刑罚体系相比较,而且要与横向各国的刑罚体系相比较,更重要的是要看符不符合国情,社会大众接受程度。我国刑罚体系在品格追求上应以严而不厉为特征,表现为刑事法网严密、刑事责任严格、刑罚不严厉,讲求罪刑相应、刑罚适度。

(4)刑罚的立法体系和刑罚的理论体系

古今中外各种品格刑罚体系的运作实践证明,刑罚的预防效应并不单纯取决于刑罚的严厉性,而更多取决于刑罚的必要性、确定性和公正性。因为,严而不厉的刑事法网能够产生强大的心理威慑效应,从而有效地降低犯罪人逃脱刑罚制裁的概率,为一般预防和特殊预防奠定基础。故该刑罚体系可通过定罪率和刑罚的公正性加强刑罚的预防作用,通过公正适度的刑罚适用给犯罪人以相应的制裁,在节省刑罚资源的同时提高刑罚的预防效果,以小投入谋取大效益。

为了研究上的方便,本书的刑罚内容不完全按照我国刑法规定的主刑和附加刑的体系进行阐述,而是按照生命刑、自由刑、财产刑、资格刑、申诫刑、名誉刑等分类进行理论上的梳理和介绍,这样也就将驱逐出境、训诫、责令具结悔过、赔礼道歉、剥夺军衔勋章等内容囊括在相应的资格刑、申诫刑和名誉刑之中,以扩大理论视野,有利于我国刑罚体系未来的研究、完善与发展。

七、我国刑事责任的其他承担方式

我国《刑法》总则第三章第一节“刑罚的种类”不仅包括“刑罚”,即“主刑和附加刑”8种承担刑事责任的方式,而且包括其他“刑罚种类”,即“驱逐出境”“赔偿经济损失”“非刑罚处罚措施”“职业禁止”等其他承担刑事责任的方式。当然,从理论上讲这些规定都属于申诫罚、名誉罚、赔偿经济损失、行政处罚与行政处分、保安处分及相似措施等,均有专章进行讨论。

第二十七章　刑事责任的刑罚承担方式(一):生命刑

生命刑,即死刑(death penalty),也称为极刑、处决、消灭刑等,是世界上最古老的刑罚之一,源于原始社会的"复仇"习俗,是对人之生命的一种剥夺。具体是指拥有剥夺生命权的法庭判处剥夺一个罪犯生命的刑罚,或者行刑者基于法律所赋予的权力结束一个犯人的生命。

一、关于生命刑(死刑)的概念

根据我国《刑法》第48条的规定,死刑或称生命刑是剥夺犯罪人生命的刑罚方法,具体包括死刑立即执行和缓期2年执行。因其是最严厉的一种刑罚方法,故也称极刑。我国刑法总则把死刑规定为主刑之一。在刑法分则中死刑是作为选择刑来规定的,也即并非绝对确定的法定刑。

(一)死刑严厉程度的终极性

死刑严厉程度的终极性也称不可恢复性,这是其他刑种无法比拟的,可谓严厉程度最高或终极。生命对于人来讲最为宝贵,没有生命一切财产和资格都没有意义。在刑罚体系中,对于犯罪人生命的剥夺,在本质上不同于对其自由、财产和资格的剥夺。生命对于人来讲只有一次,剥夺生命等于终极剥夺。

(二)死刑适用方面的严格性

由于死刑执行后具有不可恢复性,因此必须严格限制死刑的适用,尤其不能滥用。一是严格限制死刑的适用对象,死刑只适用于那些罪行极其严重的犯罪人,对未成年人、怀孕的妇女甚至老年人一般不适用死刑;二是严格限制死刑的适用及执行程序,以体现对死刑适用与执行的慎重性。我国《刑法》第48条第2款规定:“死刑除依法由最高人民法院判决的以外,都应当报请最高人民法院核准。死刑缓期执行的,可以由高级人民法院判决或者核准。”包括执行前后的“验明正身”以及“是否真正处死”等,均是死刑适用和执行的重要内容。

(三)死刑的立即执行和缓期执行

如上,死刑既包括立即执行也包括死刑缓期2年执行。前者即通常所说的死刑,当然它是一种死刑的执行制度,并非比死缓更严厉的刑罚。根据我国《刑法》第48条第1款规定:“死刑只适用于罪行极其严重的犯罪分子。对于应当判处死刑的犯罪分子,如果不是必须立即执行的,可以判处死刑同时宣告缓期二年执行。”当然,死刑执行是一项非常复杂的司法工作,加之各地的法律文化或死刑文化不同,具体执行起来也不完全一样。有些国家和地区也有死刑制度,但有的多年不用,有的虽然判处了死刑,但并不立即执行。

二、中外生命刑(死刑)的立法模式

(一)美国生命刑的立法

美国宪法中涉及死刑适用的限制条件有两类:一是“权利法案”,二是美国《宪法》第14条。1971年为了弥补美国宪法在权利保障上的缺漏,故第一至第十修正案被纳入宪法,这十项修正案主要包括了“大宪章”“权利请愿书”“权利法案”,最初添加这些条文是为了联邦公民抗衡联邦权利而设置①,这意味着作为传统联邦主义观念产物的“权利法案”仅能够限制联邦权力。② 在“权利法案”中也没有直接和死刑相关的规定,只有两条与死刑间接相连的规定。一是第五修正案,规定了任何人不得不经由法律正当程序剥夺生命,该规定其实只是对死刑适用作出程序的限制,只要联邦政府遵守正当法律程序要求,对生命权的剥夺即为宪法所许可。③ 二是第八修正案“酷刑条款”,同样不包含对死刑的直接限制,条文规定政府不得加以残酷与非常的惩罚,据此可以对死刑进行是否正当的判断。

宪法第十四修正案也被称为平等保护条款,共有5款,但仅在第一款涉及了生命权保护的内容,强调案件必须经过正当法律程序,若程序上存在瑕疵,则被告人不得被判处死刑。④ 但由于该表述过于原则性,阻碍了其扩大适用,直到1908年特文宁诉新

---

① 参见魏昌东:《美国宪法修正案与其死刑制度改革》,载《法学评论》2014年第1期。

② 参见[美]史蒂芬·R.奥顿:《从马伯里诉麦迪逊案到布什诉戈尔案看美国司法审查制度的两百年》,郭树理译,载《法学评论》2002年第3期。

③ 参见[美]欧内斯特·范·登·哈格、约翰·P.康拉德:《死刑论辩》,方鹏、吕亚萍译,中国政法大学出版社2005年版,第158页。

④ 参见陈永鸿:《一个理论的误区:死刑侵犯人权——从宪法学的角度看待死刑问题》,载《法学评论》2006年第6期。

泽西案开始有所转变,联邦最高法院提出不吸收整个权利法案,只会在必要时作个案考虑。直到1930年宪法革命后,在逐步吸纳《权利法案》罗列的诸多公众自由和公民权利后,第十四修正案才真正成为保障每个人权利的首要宪法条款。① 由此可见,在美国对死刑的限制也是极其的艰难和缓进。

(二)日本生命刑的立法

《日本刑法典》共有12个条文规定有死刑,19个条文涉及死刑,包括抢劫致死罪、杀人罪等,除了外患罪和内乱罪,其他的死刑罪名侵害的都是生命法益,造成死亡结果。可见在规范层面,日本对死刑的适用非常谨慎,日本最高法院认为,法院可以选择适用死刑的场合只限于都同意选择死刑程度的情节且极为恶劣的场合。② 在适用条件上,日本刑罚并没有给出明确规定,但《日本少年法》第51条规定,犯罪时未满18周岁不判处死刑。日本最高法院在"永山事件"中关于死刑的看法几乎成为司法实践中死刑裁量的标准,"在保留死刑制度的现行刑法之下,在综合考虑了犯罪行为的性质、动机、形态,特别是杀害手段、方法的执拗性、残酷性,结果的重大性,特别是被害人的人数、被害人家属被害感情、社会影响、犯人的年龄、前科、犯罪后的情节等各种情况之后,认为该犯罪性质确实恶劣,无论是从罪刑均衡还是从一般预防的角度出发,都必须处以极刑的时候,可以选择死刑"③。包括轰动全球的降格案,最终也为判处死刑。

(三)俄罗斯生命刑的立法

1997年生效的《俄罗斯联邦刑法典》第59条对死刑作了重大修改,在适用上给出了极为严格的限制。该法典第59条第1款规定,死刑作为极刑只能对侵害生命特别严重的犯罪适用。由此可以得出经济犯罪不适用死刑,只对侵害他人生命权并达到特别严重的罪犯才适用死刑。第59条第2款规定有不适用死刑的几种情况:怀孕的妇女;犯罪时不满18周岁的人;法院作出判决时已满65周岁的男子。这在死刑适用上大大缩小了范围。法典规定了死刑只有在分则有明文规定的情况下予以判处,并规定死刑可以通过特赦程序改判为终身或25年剥夺自由的自由刑。

(四)沙特阿拉伯、苏丹、丹麦等国生命刑的立法

沙特阿拉伯和埃及等国家的刑法到目前为止仍保留伊斯兰法痕迹,具有浓厚的伊斯兰宗教色彩。伊斯兰法在7世纪至8世纪形成,8世纪中叶至11世纪中叶达到了全盛,之后经历了停滞和衰落。伊斯兰刑罚分为经定刑、复仇刑和酌定刑3种,种类涵盖

---

① 参见胡晓进:《每个人的权利——美国宪法第十四条修正案与美国民权的历史演变》,载公丕祥主编:《法制现代化研究》(第10卷),南京师范大学出版社2006年版。

② 参见黎宏:《日本判例中的死刑裁量标准考察》,载《法学杂志》2004年第5期。

③ 黎宏:《日本判例中的死刑裁量标准考察》,载《法学杂志》2004年第5期。

了死刑、肉刑、鞭笞、放逐、罚款和训诫等。[1] 在这一法律背景下,沙特阿拉伯、埃及等国家刑罚相对严厉,也是世界上严格执行死刑制度的国家。丹麦作为已废除死刑的国家,同样也采取相应的替代措施,用终身监禁代替死刑,《丹麦刑法典》规定出卖、分裂国家罪,破坏、中断生产或者交通罪,侵害国家独立罪,非法变更宪法或者使之不起作用罪,妨碍议会工作罪,恐怖主义犯罪,纵火罪等犯罪的最高刑为终身监禁。

(五)我国生命刑的立法演变及其理性思考

以刑律所规定的刑罚看,秦朝之后至清朝灭亡,我国的刑罚经历了从残酷性和随意性向人道性和慎重性发展的过程,如在唐律《名例律》中,能够明确找到的两种死刑是斩和绞,这两种方式又被宋、明承袭。从整个死刑立法演变过程可以看出,刑罚存在的理念不是报应,而是为了预防和威吓。死刑理念在从"穷极的肉刑"向"生命的剥夺"转变的同时,经历两千余年依旧坚持着,这种理念作为维护秩序的稳定器发挥着安定社会的作用。在中国奴隶社会和封建社会,死刑都是被广泛适用的,商纣时期死刑的残酷性达到空前,秦始皇统一封建国家后,规定了多种生命刑,大力推行严刑峻法,直到隋朝生命刑变为绞和斩两种,之后的唐、宋、明、清刑律都继承了这一制度。到了清朝末年,清政府引进西方资本主义刑罚思想,只规定了绞一种死刑执行方式,1928 年的国民政府将死刑的执行方式改为枪决。

当然,17 世纪随着人类社会发展和历史文明推进,自由和人权思想逐渐流行,民众开始不再受封建统治思想的控制,死刑制度也在这场人权大潮中逐渐受到限制。第一次世界性的死刑废除高潮出现在 19 世纪末,哥伦比亚等成为废除死刑的第一波国家,荷兰、墨西哥等国家紧随其后,各国也都开始逐渐缩小对死刑的适用范围。虽然根据我国国情,现在我国还是一个存在死刑的国家,但是在保留死刑的基础上坚持谨慎态度是我国的基本态度。

三、我国生命刑(死刑)的本体内容

鉴于生命刑(死刑)本身的严厉性和不可逆转性,在司法实践中必须严格贯彻"坚持少杀、防止错杀"的刑事政策,严格限制死刑的适用。根据《刑法》第 48 条至第 51 条的规定,死刑的内容包括:

(一)死刑的具体适用对象

根据现行《刑法》第 48 条第 1 款的规定,死刑只适用于"罪行极其严重"的犯罪人,而 1979 年《刑法》判处死刑的标准是"罪大恶极"。另外,《刑法》第 49 条规定:"犯罪的时候不满十八周岁的人和审判的时候怀孕的妇女,不适用死刑。审判的时候已满七

---

① 参见龙腾云:《刑罚进化研究》,法律出版社 2014 年版,第 122 页。

十五周岁的人,不适用死刑,但以特别残忍手段致人死亡的除外。"充分体现了刑法对特殊群体的关爱和照顾,同时也贯彻执行了相关国际公约的规定。

(二)死刑立即执行的适用

死刑立即执行是指国家审判机关对犯罪人判处死刑的判决生效后,由最高人民法院核准即执行死刑,不再拖延死刑执行的时间。当然,死刑除依法由最高人民法院判决的以外都应报请最高人民法院核准。

(三)死刑缓期 2 年执行的适用

死刑缓期 2 年执行也称死缓,是指对犯罪人判处死刑的同时宣告缓期 2 年执行惩罚改造,以观后效。死缓制度是我国在死刑执行制度上的独创,对于促进罪犯改造重新做人,打击分化瓦解罪犯,具有重要作用。我国《刑法》第 50 条规定:"判处死刑缓期执行的,在死刑缓期执行期间,如果没有故意犯罪,二年期满以后,减为无期徒刑;如果确有重大立功表现,二年期满以后,减为二十五年有期徒刑;如果故意犯罪,情节恶劣的,报请最高人民法院核准后执行死刑;对于故意犯罪未执行死刑的,死刑缓期执行的期间重新计算,并报最高人民法院备案。"死缓的适用必须同时具备两个条件:一是罪该处死,二是不必立即执行。

关于死刑的存废学界一直争论不断,而且各执一词。本书认为,我国死刑的完善可以从严格限制死刑到逐步废除死刑为努力方向。首先,维持现有死刑立法的现状,不再增加死刑立法,慎重对待死刑的适用;其次,条件允许时逐步减少死刑的适用,只对故意杀人罪、抢劫罪、放火罪、投放危险物质罪等最为严重的犯罪和部分军职罪适用死刑。

四、中西方生命刑(死刑)的适用限制

生命刑虽然是威慑或震慑犯罪的有效手段,但自从其开始使用就受到全人类的高度关注,包括从最初的"同态复仇""血亲复仇"发展到国家统一行使刑罚权,包括对生命刑或死刑权的国家控制和使用,都充分体现了世界各国或全人类对生命刑或死刑权的限制。

(一)生命刑适用限制的价值论

生命刑的存废与限制一直是理论界争议的焦点,废除死刑是国际大趋势,我国由于国情现在还无法完全废除死刑,但严格限制死刑的适用已经是非常紧迫的任务。无论是限制还是废止死刑,其目标都是保障人权,关于生命刑的存废研究不应该脱离物质生活条件成为空中楼阁,在我国应该取决于社会意识和社会存在两个因素。首先是社会意识,这是死刑存废的社会思想基础,在精神文明高度发展的今天,残酷的报应观念已经淡出历史舞台。但对于生命刑废除的前提需要更高的文明支持,民众文化水平

的提升,使其意识到刑罚的轻缓化不仅能够遏制犯罪,同时也能很好地践行人道主义精神,因此死刑废除的精神条件较为具备。[①] 其次是社会存在,这也是生命刑废除的物质条件。社会存在包括社会物质生活水平和物质文明程度两个方面,要达到废除死刑的前提是社会物质文明和生活水平达到一定的高度,人民更加重视生命的价值。

(二)中西方生命刑的适用范围

首先是未成年人是否适用死刑。就目前而言禁止未成年人适用死刑已经是国家和地区之间的通例。根据联合国《公民权利和政治权利国际公约》以及其他区域性公约规定,禁止对18周岁以下的未成年人适用死刑,1984年通过的《关于保护面对死刑的人的权利的保障措施》也明确对未满18周岁的未成年人禁止判处死刑。[②] 即便是没有签署公约的国家,也会根据未成年人的发育特征和犯罪情况,确定一定年龄段以下的人不适用死刑的原则,其中大多数国家规定为18周岁,也有的国家超过18周岁,比如古巴、保加利亚和匈牙利是20周岁,希腊为21周岁,有的国家低于18周岁,比如越南为16周岁、尼日利亚为17周岁等。[③]

其次是对妇女是否适用死刑。当然,问题主要集中在对怀孕的妇女是否适用死刑。国际社会对此有明确规定,对怀孕的妇女不得适用死刑。联合国《公民权利与政治权利国际公约》明确,对孕妇被判死刑,不得执行死刑,充分体现了对怀孕妇女的人道主义精神。[④]

最后是老年人是否适用死刑。对于老年人是否适用死刑,全世界尚未形成统一标准,对老年人的年龄界定各国的标准也不同。《俄罗斯联邦刑法典》规定对法院作出判决时已满65周岁的男子,不得判处死刑。我国《刑法》规定对审判时已满75周岁的人,一般不得适用死刑,以特别残忍手段致人死亡的除外,这些都是国际上尊老的体现。[⑤]

(三)我国生命刑适用限制及相关制度

我国在适用生命刑过程中面临着种种限制。

首先是适用条件的限制。1997年《刑法》第48条对死刑适用的总体条件进行规范,根据法律规定,死刑只适用于罪行极其严重的犯罪分子。但就法律条文中的"罪行极其严重"存在不完善之处,给予法官很大的自由裁量权,这不仅让生命刑在适用过程中受到了限制,同时也不符合刑法的"明确性原则"。

---

① 参见陈兴良:《刑法哲学》,中国政法大学出版社2000年版,第455页。

② 参见高铭暄、赵秉志主编:《刑罚总论比较研究》,北京大学出版社2008年版,第208-209页。

③ 参见胡云腾:《死刑通论》,中国政法大学出版社1995年版,第98-99页。

④ 参见高铭暄、赵秉志主编:《刑罚总论比较研究》,北京大学出版社2008年版,第212页。

⑤ 参见高铭暄、赵秉志主编:《刑罚总论比较研究》,北京大学出版社2008年版,第214页。

其次是适用对象上的严格限制。我国《刑法》第 49 条规定:犯罪时不满 18 周岁的人和审判的时候怀孕的妇女不适用死刑,审判时已满 75 周岁的人一般不得适用死刑。联合国《公民权利和政治权利国际公约》已将不适用死刑的对象扩大到新生婴儿的母亲和智力障碍者、精神病患者,甚至提倡对超过一定年龄的老年人不适用死刑。① 我国愈加重视人权保护,故也在减少和限制死刑适用。

最后是适用罪种的限制。《公民权利和政治权利国际公约》第 6 条第 2 款规定:在未废除死刑的国家,判处死刑只能作为对最严重的罪行的惩罚。按照联合国经济与社会理事会《关于保证面对死刑的人的权利的保障措施》的标准,"最严重的罪行"是指"有致死或者其他极其严重之后果的故意犯罪"②。我国已于 1998 年 10 月 5 日签署该公约,故需在该方面做出更大努力。

(四)我国未来生命刑的合理设置

我国对未来生命刑的设置应该保留死刑,但在范围上应该缩小适用对象的范围、减少适用罪种的数量,从而有效应对当前死刑制度所面临的挑战。

首先是限制生命刑适用对象范围。现行刑法中关于犯罪时未满 18 周岁的未成年人和受审时正在怀孕的妇女以及审判时已满 75 周岁的人一般不得适用死刑,但法律并没有对新生儿的母亲进行不得处以死刑的规定,所以为了贯彻人道主义精神,应该将免除死刑的适用范围或执行对象的范围进一步扩大。

其次是限制生命刑适用的罪种范围。在立法上,应该对《刑法》第 48 条规定的"罪行极其严重"作进一步限制,对该法律用语进一步具体化和明确化。另外也要进一步减少分则中适用死刑的罪名。犯罪原因是多元化的,因此遏制犯罪不能靠死刑,为与国际社会相协调,应进一步限制死刑。

最后是建立好生命刑减刑和赦免制度。参考国际社会通行做法,任何被判处死刑的人都存在请求减刑或赦免的权利,当然国家应该建立好对应的法律程序。死刑制度改革是一项任重道远的任务,是一项多管齐下综合性的法治工程,随着社会的文明进步,中国关于生命刑的立法和思考也会越来越成熟,最后实现与国际社会生命刑制度的接轨。

五、各国生命刑(死刑)的核准

由于生命刑或死刑的残酷性和严肃性,以及不可恢复性,所以世界各国对生命刑的使用或动用是十分慎重的,大都规定了严格的适用原则和核准程序。

---

① 参见赵秉志:《中国刑法改革新思考——以〈刑法修正案(八)(草案)〉为主要视角》,载《北京师范大学学报(社会科学版)》2011 年第 1 期。

② 乐欣:《四位刑法学家视野中的死刑改革》,载《检察日报》2005 年 12 月 27 日。

(一)美国生命刑的核准与批准

在美国,州长批准执行死刑,死刑案件是由州法院作出一审判决,但该判决会自动上诉到州最高法院,罪犯如果对宣判不服,可以在州法院和联邦法院系统就宪法问题提出进一步的上诉,而且上诉期没有限制,因而死刑判决的决定权最终掌握在联邦最高法院的手中,因此在美国死刑犯的上诉权是法定的,无论其是否提出上诉,作为法院必须按照法律的规定,在执行死刑前,要有针对性地且详尽地审查上诉法院。①

(二)日本生命刑的核准与批准

在日本死刑的执行需要有法务大臣的批准和命令。日本实行的是四级三审制度,一般案件经历三审终审,而最低审级的简易裁判所对可能判处死刑的案件没有一审审判权,同时日本的法律要求所有的死刑判决均需要上一级法院复审,因此死刑案件的终审权仍然在最高法院。被告人的上诉权也不是自动的,如果囚犯不行使上诉权或者撤销上诉的话,上诉法院就不会审理此案件。与日本做法相类似的还有黎巴嫩、白俄罗斯和尼泊尔等国家。②

(三)伊朗生命刑的核准与批准

伊朗关于生命刑的核准在1998年的政府申明中有所体现,按照该申明可知被判处死刑的罪犯,都有向包括最高法院在内的更高一级管辖法院提出上诉的权利,但是也排除了三种情况,一是最高法院确认的裁决,二是未在30天法定期限内突出抗议或者上诉的,三是上诉请求权被驳回或者在最终审判中驳回上诉。

(四)我国生命刑的核准与批准

如上,我国《刑法》第48条第2款规定死刑除依法由最高人民法院判决的以外,应该报请最高人民法院审核,死刑缓期执行可以由高级人民法院判决或核准。根据我国1979年《刑法》、1979年《刑事诉讼法》和1979年《人民法院组织法》的规定,死刑除依法由最高人民法院判决的以外,都应当报请最高人民法院核准。2007年最高人民法院发布了《关于复核死刑案件若干问题的规定》,改变了以往对于死刑复核案件可以作出核准、改判或者发回重审裁判的传统做法,规定对于各地报请复核的死刑案件,最高人民法院原则上只能作出核准死刑或者不核准死刑的裁定;只有在少数特定情况下可以依法改判,这有助于确保复核案件审理质量,获得更好的社会效果。

死刑复核程序是专门对死刑案件进行审查监督的特别程序,是最高人民法院在审查核准死刑案件时必须遵循的步骤和方式。法院为了保证死刑案件的质量,即使在案件已经经过了一审和二审,诉讼双方已经过质证和辩论的过程,已经基本能够实现案

---

① 参见高铭暄、赵秉志主编:《刑罚总论比较研究》,北京大学出版社2008年版,第216页。

② 参见高铭暄、赵秉志主编:《刑罚总论比较研究》,北京大学出版社2008年版,第216页。

件的实体与程序公正的情况下,给予被判死刑者特别的救济程序,也是给被告人最后的救济途径。死刑复核程序是由最高人民法院通过书面审查和提讯被告人进行的内部审核,它不具备诉讼程序的特性也不是依靠被告人的上诉或检察院抗诉才启动,具有行使主体的特定性和最后裁决结果的权威性等特征。

六、古今中外生命刑(死刑)的执行

生命刑或死刑的执行也是国家慎重对待死刑或使用死刑的重要环节,包括死刑的执行手续、执行过程、执行方式、执行结果等都是死刑执行的重要内容。

(一)我国古代生命刑的执行

我国古代死刑执行最早记载于黄帝时期,黄帝斩杀蚩尤,拉开了斩刑的帷幕。根据可靠的文字记载,死刑可能是从夏朝开始,“夏有乱政,而作禹刑”,《禹刑》记载中的“五刑”即存在了死刑,方式主要以斩杀为主。我国古代的刑罚具有恣意性和残酷性等特征,在历史的变迁中商朝在死刑执行上是一个重要的时期,其残酷和严厉性超越了想象,有挖、炮烙等十多种执行方式,秦王朝时期死刑执行种类呈现增加的趋势,包括腰斩、戮尸、车裂等一系列突破想象的死刑执行方式。但大多数的朝代并不提倡酷刑,自汉以后,《历代刑法考》中所列的大多数极刑都被废止。在程树德的《九朝律考》记载中,汉律中死刑的执行方式已经减至三种,即枭首、腰斩和弃市。到了南北朝时死刑减少至两种,隋文帝杨坚建立隋朝后,废除了酷刑,《隋书·刑法志》中杨坚将枭首等酷刑取消,保留了绞和斩两种死刑执行方式。唐朝继承了隋朝的立法思想,进一步减轻刑罚的严厉性,根据《资治通鉴·唐纪九》记载贞观三年(629 年)全国被执行死刑的人才 29 人。在隋唐时期,中国刑法立法基本上已经确立了“少杀”和“慎杀”原则,对死刑控制很严格。

(二)域外启蒙思想对生命刑执行的影响

死刑执行方式的重大改革是在人类进入资本主义社会后。18 世纪以来,启蒙思想的发展令个人主义和自由主义哲学与封建专制的严峻刑罚相冲突,其强调刑法应该民主和自由,应该保障人权。在资产阶级的刑法理论中,教育刑论逐渐取代了威吓主义的报应刑论。黑格尔观念辩证法的变化和发展为教育刑提供了支持,以报应论为核心的刑罚观念慢慢在瓦解,在新思想的影响下,刑罚被看作保全社会和教育犯罪者的法律方法。在经济和文明不断进步的社会中,法制进程快速推进,教育刑论代替了报应刑论,现代文明国家也渐渐失去了仅强调法的镇压作用,人道主义融入刑罚中,对罪犯的教育和为其提供复归社会可能性被纳入考虑范围内,社会强调法在创造文化和发展文化等方面的作用。反映在死刑执行上就是反对非人道执行方法,反对残酷的执行方法,强调和提倡文明,降低痛苦的执行方式,在文明进一步发展的今天,全球关于废除死刑的呼声也越来越高。在启蒙思想的影响与指导下,死刑执行方式发生了彻底改革,在历史进程中出现了枪决、电椅、煤气室等执行方法。

(三)各国(地区)生命刑执行方式的种类

世界上200多个国家(地区)中,现在约有58个国家(地区)仍然保留了死刑,约有34个国家(地区)在近20年没有真正执行过死刑。对于这项刑罚中最严厉的惩罚手段,各国(地区)在适用中极为谨慎,就现代社会保留的死刑执行方式约为6种。一是电刑和毒气室,源自美国,目前也仅有美国采用。在适用过程中死刑执行人将湿润的铜电极贴在罪犯的头部和脚部,这种方式相对残酷。二是斩首,阿拉伯国家比较常用这种执行方式。根据毛里塔尼亚法令规定,死刑公开执行,由国家元首决定死刑执行是用犯罪者使用的凶器斩首还是枪决。三是石击,阿拉伯联合酋长国和沙特阿拉伯等国采用这种极其残忍的刑罚。执行时候罪犯被埋入预先挖掘好的坑内,颈部以上部分暴露,用石块砸击罪犯的头部和身体直至死亡。四是枪决,俄罗斯、智利和古巴等45个国家采用此种方式。枪决是唯一死刑执行方式,被大多数保留死刑的国家所采纳。五是注射,主要被中国、美国、菲律宾和危地马拉等国家和地区采纳。六是绞刑,孟加拉国、埃及、日本、韩国、印度和伊朗等国家采用。以上的死刑执行方法都存在局限性,无法真正比较出哪一种更为人性化,从本质上而言,死刑本身就是残酷的,任何一种方式都存在缺陷。

(四)我国生命刑执行方式的考量

死刑是一种历史悠久的刑罚,它剥夺了人的生命权,在历史演变过程中死刑的适用,以及死刑的适用方式都经历了由随意到谨慎的过程。自意大利著名刑法学家贝卡里亚在《论犯罪与刑罚》中首次倡导废除死刑后,人们对死刑的价值以及功能进行了深刻思考,文化的繁盛促使刑罚人道主义和刑罚轻缓化深入人心,对死刑也进行了重新的价值评价。我国《刑事诉讼法》第263条对死州的方式作了规定:死刑采用枪决或者注射等方法执行。从法条表述上可见,我国死刑执行方式并不是唯一性的。“等方法执行”应该是指比枪决、注射更为人道、科学和文明的方法,绝不是野蛮封建式的行刑方法。我国采用注射的方法执行死刑,已经取得良好的效果,通过注射致命药物,使被执行死刑的人迅速地、在尽可能减少其生理和心理痛苦的情况下死亡。① 对使用的药物名称、种类和数量等,刘仁文研究员建议要作出明确规定:药物的剂量足以致人死

---

① 参见陈列平:《昆明中院披露注射执行死刑内情》,载《河南省政法管理干部学院学报》2000年第3期。

亡,而不必考虑补注,药物由法院法医保管并由法医到执行现场实施穿刺和观测。最高人民法院要求各级人民法院推广实施注射方法执行死刑,力求保障人权和行刑文明化。采用注射方式执行死刑,是我国法治建设逐步健全和完善的具体体现,是死刑执行制度向文明化、人道化方向发展的重要标志。注射方法执行死刑不仅是一种死刑执行方法的改变,同时也是国家法治和社会文明的进步。①

① 参见官晋东:《我国全面开展注射方法执行死刑》,载《人民法院报》2001年9月14日。

第二十八章　刑事责任的刑罚承担方式(二):自由刑

自由刑是仅次于生命刑的较为严厉的刑罚,通常是指以剥夺或限制犯罪人人身自由为重要内容的刑罚方法。[①] 在我国刑法中包括无期徒刑、有期徒刑、拘役、管制等。我国刑法之外也存在剥夺人身自由的处罚,如行政拘留、司法拘留、强制医疗(或强制戒毒)、特殊矫治教育等。理论上自由刑包括长期自由刑、短期自由刑、拘役、拘留、管制等。

一、长期自由刑(无期徒刑、终身监禁、三年以上有期徒刑)

长期自由刑是长期羁押剥夺人身自由刑的一种简称,但多长时间为长期,世界各国规定不一。

(一)长期自由刑的制度及理性定位

剥夺自由刑伸缩性的特点,决定了其可适用于各种轻重程度不同的犯罪,这也意味着剥夺自由刑中期限有长期和短期之分。长期自由刑和短期自由刑是一对相对范畴,短期和长期究竟是多长,中外学者可谓众说纷纭,并无统一的划分标准。

国内外专门针对长期自由刑的系统研究不多,主要的研究方向是短期自由刑,国外对短期自由刑之界定主要有 30 日说、6 周说、3 个月说、4 个月说、6 个月说、1 年说等六种主张。在我国,对于短期自由刑之界定主要有 6 个月说、3 年说、5 年

---

① 参见马克昌主编:《刑罚通论》,武汉大学出版社 1999 年版,第 125 页。

说、10年说四种主张。[①] 在国外占多数的是6个月说,尤其是从1959年联合国在斯特拉斯堡召开的预防犯罪及罪犯处遇欧洲会议的决议,主张6个月以下的宣告刑为短期自由刑,此后6个月成为西方各国短期自由刑的通说。[②] 我国的四种主张中,3年以下为通说。关于长期自由刑的界定,国内外学者的看法有所不同,国内大多数学者认为长期自由刑为3年以上,国外大多数学者认为长期自由刑时间界限为6个月以上。

自由刑是刑事责任中适用最为广泛的一类,在各国的刑事责任中占据核心位置。目前各国的刑罚种类主要是自由刑、财产刑、资格刑和生命刑等,自由刑包括管制、拘役、有期徒刑、无期徒刑四种,死刑因其固有的属性并不是实现刑罚目的预防犯罪的主要手段,具有教育与再改造功能的自由刑才是实现刑罚目的的主要手段。从刑罚惩治犯罪与教育再改造两种属性相结合的要求来看,没有其他刑罚执行方式能够取代自由刑在刑事责任体系中的核心位置。随着观念的进步和死刑罪名适用的减少,尤其缓刑转为无期或有期徒刑后,会给刑罚执行机关带来新压力,长期自由刑在押犯数量必然会有所增加,固有的用隔离方式改造罪犯的方式与回归社会的矛盾可能更加突出。

(二)我国长期自由刑中的有期徒刑

根据我国《刑法》第45、46条的规定,有期徒刑是剥夺犯罪人一定期限的人身自由,实行强制劳动和教育改造的刑罚方法。[③] 有期徒刑在我国刑罚体系中居于核心地位,在排列顺序上介于拘役与无期徒刑之间,在严厉程度上重于拘役轻于无期。有期徒刑为主刑之一,在分则中普遍适用。

有期徒刑具有广泛的适用性,向下与拘役相接,往上与无期徒刑相接,刑种之间的刑期跨度很大,既可以作为重刑适用于危害性严重的犯罪,又可作为中度刑罚适用于危害性居中的犯罪,还可以作为轻刑适用于危害性较小的犯罪。同时,有期徒刑克服了短期自由刑的弊端,有利于实现罪责相适应原则和刑罚个别化的要求。我国《刑法》分则条文规定的大部分犯罪后果都有有期徒刑,司法实践中有期徒刑也是适用率最高的一种刑罚方法,故其在我国刑罚体系中具有十分重要的作用,是名副其实的主刑。根据我国《刑法》第45条至第47条的规定,有期徒刑的内容有三个方面。[④]

第一,有期徒刑的刑罚效力。剥夺犯罪人的人身自由,将犯罪人羁押于特定的设施或者场所,包括监狱、少年犯管教所、看守所等,凡有劳动能力的,都应当参加劳动,接受教育和改造。

---

① 参见赵秉志、陈志军:《短期自由刑改革方式比较研究》,载《政法论坛》2003年第5期。

② 参见陈志军:《短期自由刑比较研究》,载《刑法论丛》2003年第6卷,法律出版社2004年版,第301页。

③ 参见李晓明:《刑法学总论》,北京大学出版社2016年版,第438页。

④ 参见李晓明:《刑法学总论》,北京大学出版社2016年版,第438-439页。

第二,有期徒刑的期限及起算。《刑法》第45条规定,有期徒刑的刑期为6个月以上15年以下。《刑法》第50条规定,被判处死刑缓期执行的犯罪分子,在死刑缓期执行期间,如果确有重大立功表现,2年期满以后,减为25年有期徒刑。根据《刑法》第69条的规定,数罪并罚时有期徒刑最高不能超过25年。《刑法》第78条规定,减刑后实际执行的刑期不得少于原判刑期的1/2。

第三,有期徒刑刑期的计算和折抵。《刑法》第47条规定:"有期徒刑的刑期,从判决执行之日起计算;判决执行以前先行羁押的,羁押一日折抵刑期一日。"羁押与刑期同抵。

第四,有期徒刑的执行。被判处有期徒刑的犯罪人在监狱、少年犯管教所和看守所等场所执行。《刑法》第46条规定,被判处有期徒刑、无期徒刑的犯罪分子,无论在何种场所执行,凡有劳动能力的,都应当参加劳动,接受教育和改造。体现了把罪犯改造成为"新人"的精神。

有期徒刑与拘役虽然同属于剥夺自由刑,但两者之间有明显的区别。表现在:(1)在适用对象上,前者既可以适用于罪行较轻者也可以适用于罪行较重者,后者只能适用于罪行较轻者。(2)在执行场所上,前者在监狱或少年犯管教所等场所执行,后者由公安机关在就近的拘役所或看守所等场所执行。(3)在刑期幅度上,前者刑期长、起点高、幅度大,后者刑期短、起点低、幅度小。(4)在刑罚效力上,前者但凡有劳动能力的必须从事强制性劳动,且不享有每月回家探亲的待遇,后者参加劳动的可以酌量发给劳动报酬,每月可以回家1天至2天。(5)在法律后果上,前者刑罚执行完毕或者赦免后再犯罪的有可能构成累犯,后者除非符合危害国家安全犯罪、恐怖活动犯罪、黑社会性质组织犯罪等特殊累犯的条件一般不存在成立累犯的可能性。

当然,有期徒刑同样存在自身难以克服的弊端。主要表现在:(1)较长时间的关押容易使罪犯在未来回归社会时不适应,甚至可能使罪犯产生悲观情绪,不利于教育和改造。(2)各种犯罪人混同关押在一起容易产生交叉感染。为克服这些弊端,使有期徒刑更好地发挥打击犯罪、惩罚教育和改造罪犯的作用,需进一步完善该种刑罚方法。一是在立法上适当延长有期徒刑的法定最高刑期。目前我国有期徒刑的刑期为6个月至15年,最高期限有些偏低,与无期徒刑间隔太大。因此,应将有期徒刑的最高刑期延长到20年,以更好地体现罪刑相适应原则。二是在刑度设置上适当缩小有期徒刑的法定幅度。目前我国《刑法》分则对一些犯罪配置有期徒刑的法定幅度过宽,如3年以上10年以下法定幅度为7年,有的相差10年,有的相差5年,应在未来予以改进。

(三)我国长期自由刑中的无期徒刑

根据我国《刑法》第46条的规定,无期徒刑是对犯罪人剥夺终身自由并强制劳动、改造接受教育的刑罚方法。[①] 无期徒刑在我国刑罚体系中居于中心地位,在惩罚程度上严厉性重于有期徒刑而轻于死刑。无期徒刑为主刑在分则中广泛适用,除第九章渎职罪之外,其余各章均有规定。其内涵有:(1)无期徒刑本身的严厉性。多数条文把无期徒刑与死刑并列供选择使用,少数条文把无期徒刑作为最高刑种与有期徒刑并列选用,体现出无期徒刑限制死刑适用的作用,同时也映衬出其严厉性。(2)无期徒刑适用的严格性。无期徒刑的适用均为故意犯罪,且多数对应于"情节加重犯""结果加重犯""数额加重犯"等的法定加重刑,从而显示出其适用的严格性。(3)无期徒刑作用的改造性。被判处无期徒刑的罪犯,虽然被剥夺了终身自由,但并没有完全断绝重新做人的可能,故我国刑法规定了减刑、假释等宽恕制度。只要罪犯在服刑期间真诚悔过、积极改造、重新做人,是能够通过减刑、假释等宽恕制度获得自由重返社会的。

司法实践中无期徒刑的适用率较高,是名副其实的主刑。具体内容包括两个方面:

第一,无期徒刑的刑罚效力。对罪犯终身关押、剥夺终身自由,以对犯罪人实行强制劳动和教育改造为基本内容。

第二,无期徒刑的期限起算。无期徒刑的刑期对被适用的犯罪人来说是终身的,也即无期限的,只有起点而无终点。期限从判决生效之日起计算,由于无期徒刑剥夺罪犯的终身自由,也就无须折抵执行前羁押的时间,故刑法无须规定。根据《刑法》第78条的规定,被判处无期徒刑的罪犯在减刑后实际执行期限不得少于13年。但从实际执行情况看,真正在监狱里度过终身的罪犯为数极少,且实际执行期限超过20年的也寥寥无几,绝大多数罪犯在获得减刑一定期限后便回到了社会。

无期徒刑与有期徒刑同属于剥夺自由刑,但二者是有一定区别的。一是适用对象不同。无期徒刑只能适用于罪行严重、社会危险性及人身危险性较大的犯罪人,有期徒刑既可适用于罪行严重的犯罪人又可适用于罪行较轻的犯罪人。二是严厉程度不同。无期徒刑剥夺犯罪人终身自由,有期徒刑剥夺犯罪人一定期限的自由。三是刑罚效能不同。无期徒刑的刑期不能被羁押时间折抵,且要附加剥夺政治权利终身;有期徒刑的刑期则被羁押时间折抵,且不一定要附加剥夺政治权利终身。

从性质来讲,无期徒刑是很严厉的刑种,应作为处罚严重犯罪的制裁措施,把那些罪行严重、人身危险性和社会危害性极大的罪犯永久地与社会隔离,有效发挥无期徒刑的惩罚和预防效果。为此,应该严格限制对被判处无期徒刑罪犯的减刑适用,只对那些确有悔改表现的罪犯才给予减刑;严格把握对被判处无期徒刑罪犯的假释适用,及时健全假释后的社会监督制度,防止其脱管。

---

① 参见李晓明:《刑法学总论》,北京大学出版社2016年版,第439页。

(四)长期自由刑设置的制度性批判

任何一个制度设计或立法决策都有利有弊,所以在发挥其优势的情况下,也应注意其弊端。

1. 国外长期自由刑的利弊分析

在西方的奴隶社会时期一般不把剥夺自由当成刑罚,而是看成执行刑罚前的羁押。从16世纪阿姆斯特丹监狱建立后,各国开始效仿,法院越来越多将罪犯关入监狱,这也是近代自由刑的开始和发展。自由刑成为刑罚体系中的支柱要从自由资本主义时期开始,由于中世纪滥用残酷的刑罚,让民众深恶痛绝,新兴的资产阶级此时提出了有益于社会文明进步的刑罚方法,在此基础上自由刑被看成是生命刑和肢体刑的理想替代。

自由刑的传统地位在20世纪受到严重冲击,一是来自刑罚体系内部其他刑罚制度和方式的挤压和竞争。二是来自刑罚体系外部罚金刑的扩张和向缓刑的退让。“二战”后自由刑的传统地位受到空前挑战。尤其是面临“二战”后新的社会形势,西方国家意识到长期自由刑并不是保障人权的最好方式,故陆续在刑事立法、司法环节上作出调整,慢慢提倡非犯罪化、非刑罚化、非自由刑化。

2. 我国长期自由刑的利弊分析

长期自由刑在刑罚体系中具有不容忽视的地位,自创立以来就发挥着积极的作用,长期自由刑取代了残酷的刑罚之后,发挥着一般预防和特殊预防的功能。一直以来长期自由刑作为预防被科处刑罚的犯罪人将来再实施犯罪而存在,犯罪人的犯罪行为是对国家统治秩序的侵害,国家为使秩序免遭侵害,对犯罪人处以刑罚。同时国家制刑、判刑和行刑也让人们知道受刑之苦大于犯罪所得到的贪欲满足,因为畏惧而不敢触犯法律,起到了法律的威慑作用。

长期自由刑一般是将罪犯送入监狱,与社会隔离。服刑期间他们被迫改变自主行为方式和思维习惯,日常生活和思维受制于一套系统的行为规范,令受刑者从内心和肉体都感受到痛苦,这种以反个人社会存在为形式的惩罚即便是以报应犯罪为正当理由,也掩饰不了监禁方式和特殊预防目的之间存在的冲突性,难以回避剥夺自由致使服刑人复归社会困难的弊端。

3. 长期自由刑存废的理论纷争

长期自由刑在初期发挥了积极作用,但随着时代的进步长期自由刑受到强烈的冲击,刑罚适用在向轻型化方向发展,长期自由刑的监禁行为本身就存在可能侵犯人权的问题,理论上争议甚大。

实证学派菲利认为,犯罪是一种社会的疾病,是由人类、社会和自然三方要素互相作用的结果,并非古典学派主张的自由意志决定论,不能过分依赖和盲目崇拜刑罚。

他主张,盲目崇拜刑罚并把它作为唯一措施,非但不能保护诚实者的社会,“只能打击而不能医治那些陷入犯罪深渊的牺牲者,因此总是造成有损于道德及物质福利的情形”①。故菲利提出了刑罚的替代措施,在犯罪领域,因为经济使我们确信刑罚几乎完全失去了威慑作用,所以为了社会防卫,我们必须向最有效的替代手段求助。② 在其理念中,刑罚的替代措施可成为实现社会预防功能的主要手段,对于社会的弊端应该寻求社会的治疗方式,并结合犯罪心理学掀起一场社会防卫运动。

尽管长期自由刑存在上述缺点,但也不应忽视其自身的优点,应该说长期自由刑的存在是得失并存、利弊参半的,大多数学者还是倡导通过完善长期自由刑本身来实现刑罚的目的,通过严格控制使用自由刑和缩小监禁犯罪、改善监禁条件和做好监禁期满后的社会帮助来完善这一制度。

4. 我国长期自由刑设置的应然性选择

我国利用服刑人员重新获得自由的强烈愿望,采用减刑假释结合适用的方法引导服刑人员的行为在刑法中有明确要求,然而在我国存在重减刑和轻假释的倾向。社区矫正虽在法律框架和政策支持下有所推进,但围绕对服刑人员的考核兑现减刑仍旧是剥夺自由刑执行的规律。

在全面推进依法治国的宏大背景下,法学及法律实务部门的各个领域都在努力探索迈向法治的道路,刑法领域亦然。在刑法领域中,自由刑是惩治与预防犯罪的重要手段。随着我国死刑被逐步削减和限制,自由刑在惩治与预防犯罪中的功能愈加重要。因此,如何通过有效的改革实现我国自由刑的法治化与现代化,是当前刑事法治建设中的一个重大问题。

刑罚是保障社会正常运行的最后手段,长期自由刑以剥夺或者限制罪犯的人身自由为主要内容,对罪犯有教育和矫正作用,因此长期自由刑的存在是法治进程的必然选择。以公平、正义为基础的刑罚轻刑化是当前刑罚的发展趋势,也是现代各国法学家所极力推崇的,轻刑化当然也是自由刑的发展趋势。意大利法学家贝卡里亚指出:“刑罚的目的仅仅在于阻止犯罪再重新侵犯公民,并惩戒其他人不要重蹈覆辙,随着人的心灵在社会状态中柔化和感觉能力的增长,如果要保持客观与稳定的关系,就应该降低刑罚的强度。”③可见长期自由刑作为惩治犯罪的基本手段还不能退出历史舞台,但轻刑化是建设社会民主和实现政治文明的需求。

---

① [意]恩里科·菲利:《实证派犯罪学》,郭建安译,中国人民公安大学出版社 2004 年版,第 191 页。

② [意]恩里科·菲利:《实证派犯罪学》,郭建安译,中国人民公安大学出版社 2004 年版,第 193-272 页。

③ [意]切萨雷·贝卡里亚:《论犯罪与刑罚》,黄风译,北京大学出版社 2008 年版,第 51 页。

（五）我国长期自由刑中的制度改革

长期自由刑既然利弊均有,那就需要不断研究、改革和完善,以充分发挥其长处和优势。

1. 我国长期自由刑目前所面临的问题

近几年我国犯罪数量在逐渐增加,而刑罚执行没能根据犯罪年龄及文化程度特点进行适度调整,说明长期自由刑的执行效果仍有改进空间。

首先,长期封闭关押容易导致犯罪人与社会脱节,其出狱后可能无法与社会接轨或适应社会。这也是长期自由刑固有的弊端,目前长期自由刑的执行方式决定了无法从根本上解决罪犯与社会脱节的问题,封闭的空间中罪犯长期与社会相隔离,了解社会的方式只有报纸和电视等间接途径,漫长的刑期也可能让罪犯形成复归社会遥遥无期的心理,从而在主观上抗拒为复归社会做准备。

其次,分管分押方式较简单,存在交叉感染可能性高和监狱资源利用率较低的风险。我国《监狱法》第 39 条规定:“监狱对成年男犯、女犯和未成年犯实行分开关押和管理,对未成年犯和女犯的改造,应当照顾其生理、心理特点。监狱根据罪犯的犯罪类型、刑罚种类、刑期、改造表现等情况,对罪犯实行分别关押,采取不同方式管理。”这是我国刑罚执行的法律依据,虽然刑罚执行机关会按照监区进行分管,各监区下再分设监区,基本按照犯罪的类型进行划分,但这种划分相对笼统,可能造成罪犯之间的交叉感染。

最后,教育改造理念比较陈旧,教育内容和形式都相对落后。对罪犯进行教育,使其能够更好地复归社会,是罪犯改造工作的核心。现在,因为教育资源的匮乏,监狱存在师资不足和教材落后等问题,让教育存在流于表面的风险。

2. 我国长期自由刑的刑种设置与完善

我国长期自由刑面临的问题,是很多其他国家在自由刑的执行实践中都经历过的,因此要完善和设置长期自由刑可以结合我国国情进行借鉴。

首先是调整刑罚执行的目的。在我国司法实践中,在以报应为刑罚目的的思想的影响下轻刑、缓刑等适用率较低,在刑罚执行过程中,除剥夺人身自由以外,被执行对象的其他权利被忽视。在通说理论中,“刑罚的目的是人民法院对犯罪分子适用刑罚所要达到的目标或效果,它就是预防犯罪”①。故长期自由刑的执行应该侧重于矫正和教育,使被执行对象获得重新回归社会的心态和技能,从而达到刑罚执行的效果。

其次是在立法层面完善长期自由刑的执行。目前我国在长期自由刑执行立法方面还存在一些问题,可通过修改完善监狱法建立系统完善的长期自由刑法律体系,进

---

① 高铭暄、马克昌主编:《刑法学》,北京大学出版社 2007 年版,第 245 页。

一步规范刑罚的执行。应把“教育改造，促进罪犯重返社会”作为长期自由刑的目的写入刑事执行法中，并以此作为指导思想推动长期自由刑执行的良性运行，确保长期自由刑的执行更加科学化。

最后是大力推进行刑的公开和社会监督。行刑监督应包括内部监督和外部监督。内部监督主要是行刑机关自上而下或自下而上的内部自身系统的监督，包括法院，监狱和社区矫正系统都涉及体系内部监督的问题，甚至包括系统内部职能部门的相互监督以及党纪政纪和业务考核的监督等。外部监督除社会舆论外，主要是各个职能部门的监督，如检察机关的法律监督、监察机关对公务人员的全覆盖监督等。公开刑罚执行的监督过程，不仅能够使监狱在社会广泛监督下进行自我约束，而且能够让社会对监狱也有更好的了解，既可使社会公众转变对罪犯的歧视，又可了解罪犯在监狱内接受改造的过程，消除其回归社会的障碍。

二、短期自由刑（三年以下有期徒刑、拘役）

短期自由刑与长期自由刑一样也有利有弊，所以在发挥其优势的情况下，也应注意其弊端。

（一）短期自由刑制度的理性定位

短期自由刑是指短期以人身自由为对象的刑罚，目前很多国家刑罚都倾向于轻缓化，在具体定罪时，刑期比较低。不少国家的刑法典中整个犯罪体系被分为违警罪、轻罪和重罪。就“短期自由刑”中的“短期”和“刑”的具体含义，中西方学界存在很大争议，我国的界定标准主要考虑以下几点。

首先是在确定标准的原则上，必须立足于我国的刑法理论和实践，不能照搬国外的主张，在我国有期自由刑的下限为 1 个月的立法条件下，支持国外学者主张“一周说”“二周说”“三十日说”毫无意义；应当参考和借鉴国外学者对此问题的一些真知灼见，这有利于加深我们对我国短期自由刑问题的认识，进而找到在我国切实可行的应对办法。①

其次是在具体标准的确定上，我国应当采用“三年说”，即我国将短期自由刑“短期”界定为 3 年以下，虽然我国在立法上没有对短期自由刑进行界定，但是在我国《刑法》中的一些规定中可以看出立法者将 3 年以下自由刑视为短期自由刑。如我国《刑法》第 7 条第 1 款规定：“中华人民共和国公民在中华人民共和国领域外犯本法规定之罪的，适用本法，但是按本法规定的最高刑为三年以下有期徒刑的，可以不予追究。”

短期自由刑在我国的刑事责任体系中是不可分割的重要组成部分，是刑罚目的及

① 参见高铭暄、赵秉志主编：《刑罚总论比较研究》，北京大学出版社 2008 年版，第 249 页。

其价值的集中体现。在刑罚轻缓化的进程中,扩大短期自由刑的适用既是刑法历史的选择也是世界刑法理论发展的必然趋势。我国属于自由刑刑种多元化的国家,不仅具有短期自由刑的独立刑种,而且在其他自由刑的幅度内还存在短期自由刑的余地。这意味着我国短期自由刑有两种类型:一是拘役这一独立的短期自由刑刑种,二是3年以下有期徒刑。正如有学者指出的,“我国将短期自由刑分为拘役和3年以下有期徒刑的立法有利于在短期自由刑犯内部发挥差别处遇的激励功能”①。当然,二者也有区别。首先是执行场所,拘役刑一般是就近执行,而3年以下有期徒刑则是由监狱、少年犯管教所等专门机关进行罪犯的改造。其次是法律后果的不同,3年以下有期徒刑的罪犯具有构成累犯的可能性,而判处拘役的罪犯不具有这个可能性。另外,“我国将自由刑分为有期徒刑、无期徒刑、管制和拘役体现了刑罚层次性和互相的衔接,不同刑种在具体制度上的差异是符合刑罚个别预防目的的,同时与刑法罪责刑相适应原则也是一致的”②。这也是其优势。

(二)短期自由刑刑种设置的批判

1. 国外短期自由刑的利弊分析

19世纪中后期,刑事实证学派对短期自由刑提出了异议,从此学界开始了对短期自由刑的激烈争论,国内外学者通过对短期自由刑利弊的分析,推动了刑法理论对短期自由刑的深入认识。

学界肯定了短期自由刑的积极意义,刑事古典学派迈耶认为短期自由刑是自由、法治和人道主义在刑罚中的体现。德国刑罚学家华哈认为,短期自由刑时间之短,不但不是缺点,反而是优点,虽然数日或数周的自由刑不能教育或改造他们,但可以强化其深刻印象。也就是说,短期自由刑得以严格其行刑方法以达到防止再犯的目的。

也有学者持否定的态度,指出短期自由刑的弊端:一是短期自由刑由于执行时间短,对刑罚的威慑力不能保证,一般预防的效果差;二是短期自由刑的执行必定会导致罪犯失去收入来源,给罪犯未来的生活造成困难,可能令罪犯因无法生活而再次犯罪;三是短期自由刑的受刑者会占用过多监狱设施;四是短期自由刑可能会造成受刑者心理上的不公平,富裕的罪犯通过罚金免于自由刑,而处于下层的罪犯只能通过自由刑接受惩罚。

2. 我国短期自由刑中的拘役

根据我国《刑法》第42、43条的规定,拘役是剥夺犯罪人1个月以上6个月以下人身自由并就近执行的刑罚方法。拘役属于短期自由刑,在刑罚体系中介于管制与有期

---

① 高铭暄、赵秉志主编:《刑罚总论比较研究》,北京大学出版社2008年版,第258页。

② 赵秉志主编:《新刑法教程》,中国人民大学出版社1997年版,第58页。

徒刑之间,在严厉程度上重于管制轻于有期徒刑。可以说,拘役既是惩罚犯罪的需要,又是罪刑相适应原则的具体体现。

拘役适用于那些罪行虽轻但仍需关押的罪犯,拘役的内涵包括:(1)效力范围。将罪犯羁押于特定场所之中,剥夺其人身自由。(2)期限及起算。1个月以上6个月以下。《刑法》第69条还规定,数罪并罚不超过1年。《刑法》第78条也规定,减刑后实际执行拘役的刑期不少于1/2。根据《刑法》第44条规定,判决前先行羁押的1日折抵1日。(3)拘役的执行。根据《刑法》第43条的规定,由公安机关就近执行。在执行期间,每月可回家1天至2天,参加劳动的可酌量发给报酬。

拘役也存在局限性:一是有些人身危险性不大的偶犯可能因拘役而被交叉感染,犯罪群体被扩大;二是可能使罪犯产生自暴自弃心理,对抗心理增加;三是没有足够的时间对罪犯进行改造教育;四是罪犯感觉不到刑罚的严厉性,难以达到一般预防和特殊预防的刑罚目的。

3. 我国短期自由刑的利弊分析

关于短期自由刑最大的争议是虽然剥夺了罪犯的人身自由,但在关押过程中可能导致交叉感染。20世纪50年代一些学者认为短期自由刑弊大于利,列举的弊端与国外大同小异,目前我国理论界对短期自由刑的弊端进行了梳理,主要有以下几点:(1)前期羁押时间过长有可能产生判决一宣判就放人的情况,难以发挥刑罚的功能;(2)刑期太短,难以收到教育效果;(3)拘役条件差以及管教不力时,犯人之间可能交叉感染,容易加深其主观恶性;(4)短期自由刑与长期自由刑对罪犯的前途会有同样的影响;(5)短期自由刑缺乏威慑力,难以收到一般预防的功效。①

我国肯定说认为资产阶级刑法学者提出的弊端,本质上并不是短期自由刑所导致的,如威慑力是否存在与刑期的长短并无直接关系,而西方用罚金刑取代短期自由刑的主张则在实践中证明其不能达到预期的刑罚目标,无异于为上层阶级躲避刑罚提供了途径,再犯者屡见不鲜。因此不能轻易主张放弃短期自由刑。

4. 短期自由刑理论的存废纷争

刑事实证学派的代表人物龙勃罗梭最早对短期自由刑提出异议,从此拉开了短期自由刑纷争的帷幕。李斯特曾经认为,短期自由刑既无改善,亦无威吓之效果,只有打击犯罪人的自尊心而已。② 苏联学者别良耶夫对短期自由刑提出批评指出,“短期剥夺自由由于刑期较短,其教育改造功能难以发挥,在只有隔离或剥夺自由起主要作用的

① 参见赵秉志主编:《刑法修改研究综述》,中国人民公安大学出版社1990年版,第173页。

② 参见谢瑞智:《犯罪与刑事政策》,台北,台湾文笙书局1996年版,第217页。

情况下,指望实现改造、再教育被判刑人的目的是不现实的"[①]。主张废除短期自由刑的我国刑法学者认为,短期自由刑具有刑期短、拘役刑执行条件恶劣、拘役的使用率低、羁押时间长等一系列问题。

部分学者则主张短期自由刑存在是必要的。主存论的学者认为我国的情况与外国不同,刑法中的拘役和有期徒刑在严厉性上的差别是实质性的,对于不适合判处有期徒刑但又必须判刑的情节轻微且人身危险性较小的罪犯,拘役是适宜的刑种。我国台湾地区学者韩忠谟认为,现代监狱制度改良之后,拘役与徒刑分别执行,即使同属徒刑,亦视其犯罪性质情节之轻重、期间之长短而分别处理,故称短期自由刑传染恶习。短期自由刑虽有缺点,但非无补之方,故主张保留包括拘役在内的短期自由刑。[②]

5. 我国短期自由刑设置的理性思考

存废之争也是利弊之争,应当肯定的是其在预防犯罪的功能上是不容否定的,而弊端是其他刑种也具有的,非其自身所决定,似乎与刑罚执行方式不完善有关。短期自由刑符合轻缓化的刑罚发展趋势,在各国刑事立法中短期自由刑也从没有被完全废止。短期自由刑存在的弊端不是将其废除的当然理由,现代刑罚体系中任何一种刑罚无不因其弊害而受到过抨击,对一种刑种的废除应该是对其利弊进行权衡之后认为弊多利少而作出的决断,但是短期自由刑有利也有弊,有时利大于弊,有时弊大于利,因各国国情的不同而有所区别。因此短期自由刑的主废说存在片面性,主存说才是理性的,在短期自由刑存废问题上的科学态度应该是对其进行保留但予以改革完善。

(三)我国短期自由刑的制度改革

1. 我国短期自由刑面临的问题

我国短期自由刑包括3年以下有期徒刑和拘役,虽然3年以下有期徒刑的弊端存在于世界各国,我国和国外对其弊端的观点也基本相似,但大部分学者认为不应该废除轻缓徒刑。对于拘役的废存之争远远高于3年以下有期徒刑的短期自由刑,虽然拘役与有期徒刑在本质上相同,两者都是自由刑,适用的对象都是犯罪,拘役具有短期徒刑的合理性但同时也面临着不少问题:一是拘役的时间较短,如果在审判之前罪犯已经被关押了1年,判决生效的同时就可能释放罪犯,拘役作为刑罚手段,威慑力也就无从谈起。二是拘役作为刑罚难以发挥其一般预防和特殊预防的效果,从一般预防而言,虽然拘役能够起到一定的威慑力,但是对于那些社会上的罪犯还是难以阻止他们再次走上犯罪的道路;就特殊预防而言,可能因为教育矫正时间有限未起到真正作用。三是受"犯罪"的标签效应所产生的影响,短期自由刑的对象大都是犯罪行为轻微的初

---

① [苏]别良耶夫:《刑罚的目的和劳动改造机关实现刑罚目的的手段》。转引自王扬:《俄罗斯刑法中的剥夺自由刑》,载《政法论坛》1998年第3期。

② 参见韩忠谟:《刑法原理》,台北,雨利美术印刷有限公司1981年版,第409页。

犯、偶犯和过失犯,一旦贴上"犯罪"的标签,不仅可能使其产生自卑心理,甚至可能对其生活、工作产生不良影响。

2. 借鉴国外短期自由刑的易科设置

目前学界已达成共识,认为短期自由刑存在合理性,不宜废除,针对其存在的弊端应积极寻求完善路径。1950 年在荷兰海牙召开的第十二届国际刑法及监狱会议所形成的决议明确指出,针对短期自由刑的弊端应当考虑易科罚金、易科劳作和易科资格刑,这一主张非常值得重视和借鉴。

(1)易科罚金。针对此德国刑法典规定了短期自由刑的易科罚金制度,众所周知,罚金刑源自赔偿制度,19 世纪罚金刑并未受到重视,直到 20 世纪罚金刑才被承认其价值、地位和作用,许多国家的刑法典将其置于同自由刑同等重要的地位。我国学者认为,短期自由刑在一定范围内适用易科罚金刑是必要和可行的,但也存在贫富不均的弊端,所以应该在有限的范围内适用,且应该建立一定的制度以减轻、克服其弊端。

(2)易科劳作。我国并没有强制劳动和类似的刑罚制度,有学者认为,刑法中应增设此类刑罚,时间为 5 个月至 3 年,主张对不宜适用短期自由刑的罪犯适用此刑,这不仅使所处刑种不会重于短期自由刑,而且可以为政府节省开支,并有助于消除短期自由刑的弊端。①

(3)易科资格刑。1950 年在海牙举行的第十二届国际刑法及监狱会议的决议指出,必要时禁止一定职业或活动的方法在代替短期自由刑时也应考虑采用。② 资格刑是各种刑罚种类中最轻的,对受刑人的利益损失也是间接和非物质性的,同时资格刑不需要执行场所,也不限制人身自由,只是剥夺其一定的社会权利及资格,让其成为短期自由刑的替代措施,具有经济性和易便性。

关于改善短期自由刑缺陷的具体措施:一是尽可能地减少短期自由刑的使用和宣告,相应扩大缓刑和假释的适用;二是完善短期自由刑的执行环境与条件,建立专门的执行场所,以避免其和长期自由刑犯罪人的交叉感染,建立严格罪犯分类制度,对其进行有针对性的改造和教育。

三、半自由刑(管制刑和"禁止令")

半自由刑是指既非完全自由也非完全关押的刑罚状态,使其自由受到一定的限制。

(一)管制刑的界定:自由限制刑

管制是具有中国特色的一项刑法措施,源于我国长期以来对社会不稳定分子的一

---

① 参见赵秉志主编:《刑法修改研究综述》,中国人民公安大学出版社 1990 年版,第 174 页。

② 参见张甘妹:《刑事政策》,台北,三民书局 1979 年版,第 279 页。

种管控。根据我国《刑法》第38条的规定,管制是指由人民法院判决对罪犯不予关押,但限制其3个月以上2年以下一定人身活动自由,而交由公安机关执行和群众监督改造的刑罚方法。由于管制不予关押,故不仅可避免狱内交叉感染,还可以调动社会力量参与对罪犯的改造,甚至减少行刑成本以及羁押的负面社会影响。既不影响被执行人的工作、生活和家庭,也对罪犯的改造和社会安定有积极作用。管制是我国刑罚制度的独创,也符合世界各国刑罚制度的发展趋势。①

在我国,管制最早产生于民主革命时期,中华人民共和国成立后继续采用。管制的内涵包括:

第一,效力范围。被判处管制的罪犯不被关押,而且同工同酬。

第二,期限及起算。如上,管制的期限为3个月以上2年以下。根据《刑法》第69条的规定,数罪并罚不超过3年。根据《刑法》第78条的规定,减刑后实际执行的刑期不能少于原判决的1/2。根据《刑法》第41条的规定,判决前先行羁押的1日折抵2日。

第三,执行及方式。《刑法》第38条第3款规定:"对判处管制的犯罪分子,依法实行社区矫正。"过去是公安机关,现在是司法机关的社区矫正机构,具体运作依据《社区矫正法》。

(二)管制刑的附加:禁制令和行政拘留

我国刑法中的禁止令有两种:第一种是《刑法》第38条第2款规定的"判处管制,可以根据犯罪情况,同时禁止犯罪分子在执行期间从事特定活动,进入特定区域、场所、接触特定的人"。第二种是《刑法》第72条第2款规定的"宣告缓刑,可以根据犯罪情况,同时禁止犯罪分子在缓刑考验期限内从事特定活动,进入特定区域、场所,接触特定的人"。可见,禁止令可分为管制执行期的禁止令和缓刑考验期的禁止令,分别依附于管制和缓刑的裁判。

根据《刑法》第38条第3款的规定,社区矫正是指将符合条件的犯罪人依法安排在社区内,由司法行政机关在公安机关、社会团体、居民社区等主体的协助下,对犯罪人进行心理和行为的矫正、教育,帮助其顺利回归社会的一种刑事责任制度。社区矫正的对象有:判处管制犯、缓刑犯、假释犯、暂予监外执行犯等。有人认为,社区矫正是一种刑罚执行制度。然而,其虽然是刑罚执行中针对非监禁罪犯的制度,但其至今已不再只是刑罚执行的保障。其有着自身独立的品格:(1)社区矫正整合了司法、行政、社会等资源,已成为一项社会治理层面的制度,最终目的是教育、挽救、帮助犯罪人重新回归社会。(2)社区矫正具有强制性和惩罚性,一方面社区矫正是对罪犯的强制措

---

① 参见李晓明:《刑法学总论》,北京大学出版社2016年版,第433页。

施,另一方面其也是一种帮助、配合刑事责任实现的制度与方式。

《刑法》第38条第4款规定:违反《刑法》第38条第2款规定的,由公安机关根据《治安管理处罚法》的规定进行处罚。由此可见,在禁止令的处罚中如果遇阻或没有效果,依然有与之配套的新措施。

根据我国《刑法》第38条第2、4款的规定,在管制刑之下附加有"禁止令"和"治安处罚"。

1. 禁止令的法律规定。除启动禁止令必须判处管制或宣告缓刑(《刑法》第73条)外,《刑法》第38条第2款中的"三个特定"几乎包括了行为人的一切活动。另外,"三个特定"实际上没有一个是特定的,甚至"根据犯罪情况"的表述也存在巨大的不特定性。针对此,"两高两部"迅速出台了《关于对判处管制、宣告缓刑的犯罪分子适用禁止令有关问题的规定(试行)》(以下简称《禁止令规定(试行)》),共13条。其明确了三点内容:(1)宣告禁止令的条件和确定禁止令具体内容的原则方法,即在何种情况下可以对判处管制、宣告缓刑的犯罪分子宣告禁止令、具体宣告何种禁止令。(2)禁止令的具体内容,即明确了禁止"从事特定活动""进入特定区域、场所""接触特定的人"的三种情形。(3)禁止令的期限、裁量建议、裁判文书、执行机关、执行监督、违反禁止令的法律后果、变更程序等相关问题。

2. 禁止令与保安处分的关系。保安处分在我国刑法中并无明确规定,除《刑法》第18条规定对不负刑事责任的精神病人在必要的时候,由政府强制医疗这一原则规定之外并无其他规定。但类似的措施在我国并不少见,例如:①强制治疗;②强制禁戒;③没收财物;④禁止驾驶;⑤禁止执业。当然,禁止令与保安处分在目的上具有一元性,在形式和惩罚制度设计上具有二元性。所以,我国虽无保安处分之名,但有保安处分之实。

特殊预防和一般预防是禁止令和保安处分的共同目的。禁止令是我国刑罚制度的创新,是对管制、缓刑执行监管措施的革新,是为了保证管制、缓刑刑罚目的的实现,与刑罚的目的是一致的。今天,刑罚的目的只能是预防性已在学界达成共识:刑罚规范只有以保护个人自由和为其服务的社会秩序为目标,刑罚目的才能被认为有正当化根据,同时,具体刑罚追求的也仅仅是预防犯罪的目的。① 保安处分,从其诞生之日起,它的目的就是预防性的,并且它的首要任务一直是特殊预防,因为保安处分总是为了防止行为人将来发生犯罪行为。如果刑罚(包括禁止令)与保安处分的目的是一致的话,那么在特殊预防与一般预防的关系上,禁止令接近于保安处分。因为禁止令是选择性条款,特殊预防的优先地位不会受到一般预防的挑战,这与保安处分一致,而刑罚

---

① [德]克劳斯·罗克辛:《德国刑法学总论》,王世洲译,法律出版社2005年版,第45页。

必须保证最低程度的一般预防时,特殊预防才能优先。

禁止令和保安处分在形式和惩罚制度设计上具有明显的二元性。禁止令以行为人构成犯罪为前提,行为人必须具备不法行为和有责性。保安处分要求行为人具备不法行为和人身危险性,不要求具有有责性。例如,我国《刑法》第18条规定,“精神病人在不能辨认或者不能控制自己行为的时候造成危害结果,经法定程序鉴定确认的,不负刑事责任,但是应当责令他的家属或者监护人严加看管和医疗;在必要的时候,由政府强制医疗”。当然,有责性虽然不是保安处分的条件,但也不是阻止其适用的条件。

3. 行政处罚。《刑法》第38条第4款规定:“违反第二款规定的禁止令的,由公安机关依照《中华人民共和国治安管理处罚法》的规定处罚。”可以说,这是《刑法》首次在《刑法》分则条文中动用《治安管理处罚法》。其不仅是对禁止令执行的配合,更是启动了《刑法》与《治安管理处罚法》的衔接。

(三)管制刑期操作:折抵、执行及解除

1. 管制刑期的折抵。《刑法》第41条规定:“管制的刑期,从判决执行之日起计算;判决执行以前先行羁押的,羁押一日折抵刑期二日。”显然,羁押比管制人身自由限制要严格得多,因此刑期折抵要多一倍。

2. 管制的执行要求。《刑法》第39条规定:“被判处管制的犯罪分子,在执行期间,应当遵守下列规定:(一)遵守法律、行政法规,服从监督;(二)未经执行机关批准,不得行使言论、出版、集会、结社、游行、示威自由的权利;(三)按照执行机关规定报告自己的活动情况;(四)遵守执行机关关于会客的规定;(五)离开所居住的市、县或者迁居,应当报经执行机关批准。对于被判处管制的犯罪分子,在劳动中应当同工同酬。”不过,其并未规定不按照这些要求做,作为犯罪分子会得到什么样的惩处或结果。

3. 管制期满的解除。《刑法》第40条规定:“被判处管制的犯罪分子,管制期满,执行机关应即向本人和其所在单位或者居住地的群众宣布解除管制。”解除管制宣布后即预示着管制被执行完毕。

第二十九章　刑事责任的刑罚承担方式(三):财产刑

财产刑是生命刑、自由刑之外的另一重要刑罚制度。在我国刑罚体系中,财产刑主要有罚金和没收财产,追征(追缴)、赔偿经济损失、赔偿损失等均是财产刑的补充,在我国理论上属于附加刑或非刑罚处罚方法,是补充主刑适用的一种刑罚种类或司法救济。下面分别进行讨论。

一、罚金刑:惩罚标准制定的非公正性

根据我国《刑法》第52条的规定,罚金是人民法院判处犯罪人向国家交纳一定数额金钱的刑罚方法,在我国刑罚体系中罚金居于从属地位。[①] 罚金属于财产刑,在刑罚体系中附加刑的排列顺序上位于没收财产,是严厉性最轻的一种附加刑。罚金不剥夺犯罪人的人身自由,犯罪人不受关押,避免了因入狱造成的交叉感染,不仅不需要国家支出费用而且可以增加国库收入,既给基于营利目的的犯罪人以迎头打击,还可以剥夺其再犯的资本,误判后易于纠正,既可以适用于自然人,也可以适用于单位,在《刑法》分则中规定得较为广泛。

(一)罚金刑的起源及其演化

1.赔偿制度演化:西方罚金刑的起源

西方国家的罚金刑被认为是从赔偿制度衍生而来,在古罗马的《十二铜表法》上就曾有过加害人对被害人支付一定赔偿金的制度。还有一种关于罚金刑来源的观点认为,公共团体征收和平金是罚金刑的起源,在日耳曼的习惯法中,某种犯罪人除应向被害人支付赔偿金以外,还要向公共团体交纳一

---

① 参见李晓明:《刑法学总论》,北京大学出版社2016年版,第442页。

定的和平金以抵偿其扰乱公共秩序的罪行。[①] 梅因认为,西方奴隶社会罚金刑源于赔偿金制度,直接形成于诉讼的誓金制度,在法律的“幼年时代”,公民赖以保护使不受强暴或欺诈的,不是“犯罪法”而是“侵权行为法”。[②]《格尔蒂法典》约形成于公元前5世纪,它是欧洲的第一部法典,也是古希腊保留下来的唯一一部较为完整的法典。这部法典就能很好地反映希腊奴隶制早期的罚金情况。法典规定伤害罪、杀人罪、强奸罪等较重的犯罪可以只判处罚金。古罗马《十二铜表法》中也大量规定了罚金刑,如第八表伤害法第3条规定:如果用手或棒子打断自由人的骨头,则应缴纳罚金300阿司,如为奴隶,则为150阿司。

2. 金作赎刑:中国古代罚金刑的起源

中国古代罚金刑源于西周,“罚丝”“罚帷”“罚幕”等是其萌芽形式。在中国奴隶社会早期和中期的夏、商两个朝代,因为商品货币经济发展十分落后,罚金刑并没有产生。到了奴隶社会鼎盛时期的西周,由于商品经济的发展和金属货币的出现及广泛使用,不仅出现了“金作赎刑”的赎刑制,且产生了罚金刑的萌芽,但到了奴隶社会末期的春秋时代,罚金刑仍旧没有广泛发展。在元、明至清末变法之前,由于我国政治、文化和经济的综合因素,民众对刑罚的认知还是以死刑、肉刑和自由刑为主,故在漫长的几百年中基本上仍是以“赎”为主,以罚金为特例。因此可以认为,中国古代经历了漫长的“赎罚合一”的混乱时期,虽谓赎罚交织,但仍以赎刑为主。

(二)中外罚金刑的基本种类

1. 国外刑法罚金刑的种类规定

一是日额罚金制。该制度是根据每个犯人刑事责任的轻重确定其应当缴纳罚金的天数,然后根据犯人的经济状况确定每一天应当缴纳罚金金额的制度。[③] 瑞典首创了日额罚金制,之后被德国、丹麦等国家效仿,日罚金可以和自由刑选择适用也可以并科。

二是罚金刑的易科。这是指对罚金刑难以执行时的一种立法设置的救济方法,即在罚金刑不能执行时,以其他刑罚方法或强制措施来代替执行所宣告的罚金刑制度。在国外罚金刑相当于我国的主刑,罚金刑可以易科自由刑,短期自由刑可以易科罚金,当然单处罚金的现象也十分常见。

2. 我国刑法罚金刑的种类规定

罚金刑作为财产刑是我国刑法的主要刑罚种类之一,在1997年《刑法》之后罚金制度在我国被广泛适用,在2015年《刑法修正案(九)》获得前所未有的发展。我国《刑

① 参见何鹏:《国外法学》,载《社会科学》1984年第4期。

② 参见张甘妹:《刑事政策》,台北,三民书局1979年版,第337页。

③ 参见黎宏:《日本刑法精义》,法律出版社2008年版,第325页。

法》分则仅在3章的20个条文中规定了罚金刑,其中规定可以并处或单处罚金刑的有7个条文,可以并处罚金刑的有8个条文,可以单处罚金刑的有5个条文。从这些规定看,罚金刑的单处多限于一些贪利性、财产性犯罪,适用面较窄。罚金刑的种类主要有:一是并处罚金或者没收财产,这种情况主要适用于犯罪严重、犯罪数额巨大或者罪行特别严重、犯罪数额特别巨大的犯罪;二是并处罚金,在判处主刑的同时,判处罚金附加刑,这种情况必须适用;三是并处或单处罚金,这种情况下既可以在判处主刑时同处罚金,也可以在不判处主刑时单独判处罚金;四是处有期徒刑、拘役、管制或者罚金,这种情况如果已经选择了主刑就不能再选择罚金,同样选择了罚金就不能再选择主刑。

(三)各国罚金刑在刑罚体系中的地位

1. 罚金刑作为主刑的国家

(1)日本罚金刑立法。在刑法典中将罚金规定为主刑的国家有:日本、巴西、罗马尼亚、波兰、意大利、朝鲜和瑞士等。《日本刑法典》第9条规定,死刑、徒刑、监禁、罚金、拘留和科料为主刑,没收为附加刑。其中,罚金刑、科料刑和没收刑为财产刑。罚金刑和科料刑的区别在于数额的大小。日本刑法的总则对罚金数额的上限并没有规定,而是在刑法分则的各个条款中来详细规定的。因此,刑法分则中规定了罚金刑的条款,往往是规定多少日元以下,另外在不能缴纳罚金时,作为换刑处分,要在劳役场留置一段时间。[①] 在《日本刑法典》中,对单科罚金刑的运用不少,如第106条骚乱罪之附和随行、第107条聚众不解散罪中首谋分子以外的人、第122条过失侵害建筑物等、第129条过失导致交通危险等罪刑都配置了单科罚金刑。

(2)意大利罚金刑立法。罚金刑易科自由刑是指在犯罪人不能缴纳罚金的情况下以自由刑替代罚金执行。《意大利刑法典》第136条规定:"科以罚金与缓刑之受刑人,无支付而无从强制执行者,易服3年以下监禁或2年以下拘留。"在这些罚金刑易科制度的规定中,一般会同时规定易科的比例,即多大数额的罚金可以与多长时间的自由刑相对应,以使罚金刑的易科制度作为罚金刑执行的保障。《意大利刑法典》对因过失而未放置防灾避难装置、过失伤害、疏忽救护、过失违背保管查封及扣押品之义务等过失犯罪配置了罚金刑;对妨害公共经济、工业贸易罪以及侵犯财产罪的绝大部分罪配置了罚金刑。如该法典第24条规定,对于以图利为目的而实施的重罪,如果法律只规定处以有期徒刑,法官可以增处5欧元至2065欧元的罚金。[②]

(3)巴西罚金刑立法。巴西是以将罚金规定为主刑的国家,从立法形式上看巴西是将刑罚规定为主刑和附加刑,如《巴西刑法典》第28条规定主刑包括监禁、拘役、罚

① 参见《日本刑法典》,张明楷译,法律出版社2006年版,第10页。

② 参见邓文莉:《罚金刑的地位及配置范围之探讨》,载《法学杂志》2008年第5期。

金;第 67 条规定附加刑包括撤销选任或委任公职、剥夺权利、公布判决。就罚金刑执行方式,《巴西刑法典》第 36 条规定,罚金应在判决后 10 天内交纳,但根据犯罪人请求和他的情况,法官可以把期限延长至 3 个月。附款:罚金如超过 500 克鲁赛罗,法官可准许按月缴纳,但应在 1 年内交清;只要罚金已交纳一半或者犯人提出缴纳保证,法官可准许再延长 6 个月。

(4)朝鲜罚金刑立法。朝鲜也是在刑法典中将罚金规定为主刑的国家之一,朝鲜是先在前一条规定刑罚种类,接着在后一条中对主刑和附加刑加以区分,如《朝鲜刑法典》第 28 条规定了 7 种刑罚,其中包括罚金;第 29 条规定,死刑、徒刑、劳动改造和罚金,是对犯罪人适用的基本刑罚,其余的为附加刑,其中剥夺一定权利、禁止从事一定的职业或者营业的刑罚,可以单独判处,也可以作为基本刑罚的附加刑判处。

2. 罚金刑既作主刑又作附加刑的国家

(1)俄罗斯罚金刑立法。在刑法典中将罚金规定为既可作为主刑适用又可以作为附加刑适用的国家有俄罗斯、蒙古、越南、匈牙利等国家。俄罗斯从立法形式上先规定主刑,再规定既可以作为主刑又可以作为附加刑的刑罚,《俄罗斯联邦刑法典》规定作为主刑,罚金适用于法定刑规定罚金为主刑的场合、判决比法定刑更轻的场合、将未服刑的部分易科较轻的场合。作为附加刑,罚金只能在刑法分则有关条款规定的情况下判决,在当今《俄罗斯联邦刑法典》中共有 29 个用作附加刑的法定刑。[①] 该法典第 21 章侵犯所有权的犯罪中包括偷窃、诈骗、侵吞或盗窃、抢夺、抢劫、勒索等 11 个罪名以不同方式配置了罚金刑,其中抢劫、抢夺和勒索、侵占具有特殊价值的物品中罚金刑是以选并科的方式配置;第 23 章妨碍管理秩序犯罪中对侮辱权力机关代表、泄露对执法机关或监察机关的公职人员所采取的安全措施等 11 个罪名配置了罚金刑。

(2)匈牙利罚金刑立法。匈牙利虽然在刑法中无明文规定,但在实践中采用日额罚金制。日额罚金制又称日付罚金制,即法院根据案情,确定一定的罚金日,再根据罪犯的经济状况,确定每日应征的罚金额,最后确定对罪犯应征罚金的总额并让其逐日缴纳的一种制度。罚金日的长短和每日罚金额的多少,法律都有限制性规定。日额罚金制最初出现在 1916 年瑞典刑法草案中,把这一制度进一步法律化的是 1921 年芬兰刑法典,到 1931 年瑞典刑法典正式将这一制度确定下来。之后,墨西哥、巴西、古巴、丹麦以及奥地利等国均采此制。

(3)蒙古罚金刑立法。蒙古的罚金刑与罚畜刑息息相关,罚畜刑是一种科罚制度,是用牲畜来处罚犯人的一种刑法。可是古代蒙古的罚畜刑不同于其他的罚金刑,它具有浓郁的游牧特色,适用于杀人、放火、伤害、奸淫、偷盗、辱骂等一切犯罪。罚畜刑最

---

① 参见薛瑞麟:《俄罗斯刑法研究》,中国政法大学出版社 2000 年版,第 266 页。

早出现于《大札撒》当中,之后成为古代蒙古法律中最常见、最主要的刑罚。目前,蒙古也是在刑法典中将罚金刑作为主刑又作为附加刑适用的国家之一,《蒙古刑法典》第23条规定,罚金是法院在法律规定的情况下和规定的范围内判处的金额处罚。

(4)越南罚金刑立法。越南的刑法典中主刑和附加刑都规定了罚金,如《越南刑法典》第28条规定,刑罚包括主刑和附加刑,主刑包括警告、罚金、监外改造、驱逐、有期徒刑、终身监禁、死刑;附加刑包括禁止担任一定职务,从事一定行业或者工作、禁止居住、管制、剥夺部分公民权利、没收财产、罚金、驱逐。

3. 其他国家罚金刑的规定

(1)泰国罚金刑立法。有些国家的刑法典中罚金并没有主刑和附加刑区分,仅仅是根据排列的顺序确定刑罚的轻重,如奥地利、泰国、土耳其、印度等国家。泰国是将所有刑种进行依次排序,罚金刑置于其中,《泰国刑法典》规定,刑罚种类如下:死刑、徒刑、拘役、罚金、没收。

(2)奥地利罚金刑立法。很多国家现行刑法普遍对贪利犯罪配置单科或并科罚金刑,在《奥地利刑法典》中对大多数的贪利犯罪也配置了罚金刑。如第121条第2项规定,由于所从事的职业而获得他人之个人秘密,意图为自己或他人得财产上利益,或意图加不利益于他人而予以泄密者,处一年以下自由刑或360日额以下罚金。第122条第2项规定,由于所从事的职务而获得他人之商业或产业秘密,意图为自己或他人得财产上利益,或意图加不利于他人而泄密或利用秘密者,处一年以下自由刑或360日额以下罚金。第127条第1项规定,意图为自己或第三人不法之利益,而故意取得他人之动产者,处六月以下自由刑或360日额以下之罚金。第132条第1项规定,意图为自己或第三人之不法利益,从生产、变换、输送或储蓄能量之设备窃取能量者,处六月以下自由刑或360日额以下之罚金。第133条第1项规定,意图为自己或第三人之不法利益,侵占自己受托之物或使第三人侵占者,处六月以下自由刑或360日额以下罚金。第134条第1项规定,意图为自己或第三人之不法利益,侵占自己拾得或因错误或其他未经自己协力而成为自己保管之他人之物,或使第三人侵占者,处六月以下自由刑或360日额以下罚金。

(3)土耳其罚金刑立法。土耳其虽然并未对罚金刑有主刑和附加刑的区分,但是对其进行了重罪之刑和轻罪之刑的区分,根据罚金适用于重罪或轻罪的不同而分为重罚金和轻罚金。《土耳其刑法典》第11条规定,对重罪的刑罚有死刑、重监禁、监禁、流放、重罚金和撤销公务;对轻罪的刑罚有轻监禁、轻罚金和取消经营某一职业或行业。

(4)印度罚金刑立法。在印度刑法典中只规定了可以判处罚金而不规定罚金额,罚金额的确定完全由法官根据案件量刑原则自由裁量,《印度刑法典》第63条规定,对于犯罪人判处罚金的数额未作规定时,罚金的数额无限制,但不应过分。

(四)罚金刑设置的优劣

罚金刑的优势表现在:(1)执行的开放性。罚金刑开放式的行刑方式可以避免封闭式行刑的弊端,避免犯罪人员的交叉感染。(2)有效性。罚金刑是处罚法人犯罪最有效的刑罚,法人的迅速发展形成了法人对经济市场垄断的局面,大量法人犯罪的危害程度已经超过了自然人犯罪,但由于无法对法人适用自由刑和生命刑,法人具有一定的财产,罚金刑在法人犯罪中适用最多,因此罚金刑对于处罚法人具有天然的效用。(3)可分性。罚金刑具有可分割性,金钱是可以分割和计量的,这种可分割性一方面为根据犯罪人的社会危害性程度正确裁量刑罚提供可能性,另一方面也为经济犯罪的成本提供一个有效的遏制手段。(4)误判易纠性。任何刑罚误判之后,只有罚金刑能够做到彻底的纠正。生命刑和自由刑的误判难以纠正,只有罚金刑的误判可以通过向受刑人返回缴纳的罚金进行彻底纠正。(5)经济性。生命刑和自由刑缺乏经济性,但罚金刑是强制犯罪人向国家缴纳一定数额的金钱,通过简便的执行即可增加国家收入。且罚金刑能以最小的刑罚成本,实现遏制和预防犯罪的社会效果。

罚金刑的劣势表现在:(1)不平等性。罚金刑具有天生的不平等性,虽然可以对同样的犯罪处以相同数额的罚金,但是不同人的经济能力不同,对于富有的犯罪分子,数万元的罚金不能影响其生活,但对于贫困者而言,数千元的罚金也难以承受,在这种情况下可能导致富人交纳罚金后不用坐牢,而穷人依旧要坐牢的不平等。(2)执行困难。和自由刑、生命刑等其他刑罚相比,罚金刑存在执行难和执行不能的情况。以剥夺财产为前提的罚金刑,对于富人的执行是容易的,但是对于穷人的执行在实践中存在执行难的处境。而且为了躲避罚金刑,罪犯可以通过转移或者隐藏财产的方式逃避制裁,因此罚金刑的执行有很大的局限性。(3)赎刑性。罚金刑是强制罪犯向国家缴纳一定数额的金钱,在单科罚金的情况下,不能排除有的犯罪分子利用金钱逃避法律的制裁,给人产生以钱赎罪、以罚代刑的印象。

(五)罚金刑的本体内容

罚金刑主要适用于贪财图利以及与财产相关的犯罪,一则通过对犯罪人判处罚金剥夺其犯罪的经济基础,二则对贪财图利的犯罪人给以惩罚教育。在我国现行《刑法》分则条文中,规定有罚金的条文约占全部条文总量的2/5,在总则第52条至第53条规定了罚金刑,2000年最高人民法院《关于适用财产刑若干问题的规定》对罚金的适用作了具体规定。有关内容如下。①

1. 罚金的适用方式。罚金的适用方式,有并处、单处两种。其中,并处有两种情况,一种为刑法规定“并处”罚金的犯罪,人民法院在对犯罪分子判处主刑的同时,必须

---

① 参见李晓明:《刑法学总论》,北京大学出版社2016年版,第443-444页。

依法判处;刑法规定"可以并处"罚金的犯罪,人民法院应当根据案件具体情况及犯罪分子的财产状况,决定是否适用。具有下列情形之一的,可以依法单处罚金:一是偶犯或者初犯的;二是自首或者有立功表现的;三是犯罪时不满18周岁的;四是犯罪预备、中止或者未遂的;五是被胁迫参加犯罪的;六是全部退赃并有悔罪表现的;七是其他可以依法单处罚金的情形。

2. 罚金的适用保障。人民法院适用罚金,是以实际可能为前提条件的。首先,人民法院应当根据犯罪情节,如违法所得数额、造成损失的大小等,并综合考虑犯罪分子缴纳罚金的能力,依法判处罚金。同时,人民法院认为依法应当判处被告人罚金的,可以在案件审理过程中,决定扣押或者冻结被告人的财产。对于隐藏、转移、变卖、损毁已被扣押、冻结财产情节严重的,依照《刑法》第314条的规定追究刑事责任。

3. 罚金的刑罚效力。罚金的刑罚效力在于对犯罪人所有的一定数额金钱所有权的剥夺,包括币种、对象、时间三个方面。根据2000年最高人民法院《关于适用财产刑若干问题的规定》,罚金刑的币种应当以人民币为计算单位,对象为犯罪人,时间为"判决指定的期限",应从判决发生法律效力第2日起最长不超过3个月。

4. 罚金数额的确定。《刑法》第52条规定:"判处罚金,应当根据犯罪情节决定罚金数额。"罚金数额的确定采取无限额罚金制、限额罚金制与比例罚金制相结合的方式。无限额罚金制,是指不规定罚金的具体数额,而由法院根据犯罪人的经济状况、表现情况等,具体裁量罚金数额的制度,最低数额不能少于1000元;对未成年人犯罪应当从轻或者减轻判处罚金,但最低数额不能少于500元。限额罚金制,亦称为普通罚金制,是指在法定的罚金数额内,由法院具体裁量的罚金制度。比例罚金制,或称为倍比罚金制、浮动罚金制,是指规定以犯罪的违法所得或犯罪涉及的数额为基准,由法院裁量一定比例或倍数罚金的制度。

5. 罚金的缴纳。我国《刑法》第53条规定:"罚金在判决指定的期限内一次或者分期缴纳。期满不缴纳的,强制缴纳。对于不能全部缴纳罚金的,人民法院在任何时候发现被执行人有可以执行的财产,应当随时追缴。由于遭遇不能抗拒的灾祸等原因缴纳确实有困难的,经人民法院裁定,可以延期缴纳、酌情减少或者免除。"可见,罚金的缴纳分一次缴纳、分期缴纳、强制缴纳、随时追缴,只有遭遇不可抗拒灾祸缴纳确有困难的,且经法院裁定才可延期缴纳、酌情减少或免除缴纳。如此,就比原来"实在无法缴纳的还可减免"的规定更加严密,也更加符合实际和具有操作性。

(六)罚金刑的司法适用

1. 罚金刑的适用范围

我国的罚金刑主要适用于贪利性犯罪,刑法分则中规定的犯罪无论罪之轻重,只要是贪利性的一般都设置了罚金。如侵犯财产罪中的盗窃罪、抢劫罪、诈骗罪等,以及对妨害社会管理秩序罪中涉及的贪利性犯罪、妨害社会主义市场经济秩序罪中大部分犯罪都规定了罚金刑。在分则中涉及危害国防利益罪、危害公共安全罪中的少数罪名,如绑架罪、拐卖妇女儿童罪、强迫劳动罪等侵害人身权利的贪利性犯罪也规定了罚金刑。

2. 罚金刑的适用方式

世界各地的罚金刑适用方式各不相同,主要可以归纳为以下几种:(1)单科罚金制。指在刑法分则中对某种犯罪或某种犯罪的特定情节只规定了罚金刑,而不规定其他刑罚方法。各国在是否采用单科罚金问题上,基本上只对那些犯罪性质轻微、犯罪情节较轻的犯罪和过失犯罪等规定了单科罚金。① 我国学界过去一直认为刑法中没有采用单科罚金,近些年有的学者却提出在刑法中已经采用了单科罚金,只不过不是十分典型。② (2)并科罚金制。指在刑法分则中对某种犯罪或某种犯罪的特定情节同时规定了自由刑和罚金刑两种刑罚方式,法院在具体裁量时可以或者必须将两者兼而科之。③ 并科罚金刑根据在适用自由刑的同时罚金刑的适用是否可选择,分为必并科和得并科,我国刑法中出现频率最多的是必并罚金刑。(3)易科罚金制。我国并没有这种罚金制,是指法定刑本为自由刑而受短期自由刑宣告者,因受刑人的个人因素,执行后显然对受刑人有极其不良后果时所变更科处的罚金刑。④

3. 罚金刑司法适用裁量标准

罚金刑司法适用裁量标准是判处罚金刑时,决定科处罚金数额的根据。因此在适用过程中要遵循合法和合理两个原则。

首先,是合法裁量。对罪犯判处罚金时应严格按照刑法有关规定。因此对于刑法没有规定罚金刑的不能予以判处罚金,对法律允许选择适用罚金的应结合犯罪人特点及犯罪行为危害性决定是否适用,对法律规定了罚金幅度的,应在该法定幅度内进行量刑。

其次,是合理裁量。法院在具体确定罚金的数额时,应当做到罪刑相适应,与犯罪行为的危害性相当,起到帮助罪犯改造的效果。罚金刑作为刑罚方式之一,在适用时应该根据犯罪情节和经济情况综合分析最终确定罚金数额,完全不考虑罪犯的经济情况不利于罚金刑的执行;且罚金刑的轻重应当与罪犯所承担的刑事责任相适应,包括犯罪事实和社会危害性。在适用中要把犯罪的社会危害性和罪犯的人身危害性结合起来考虑。

---

① 参见高铭暄、赵秉志主编:《刑罚总论比较研究》,北京大学出版社 2008 年版,第 120 页。
② 参见高铭暄、马克昌主编:《刑法学》,北京大学出版社、高等教育出版社 2000 年版,第 250 页。
③ 参见高铭暄、赵秉志主编:《刑罚总论比较研究》,北京大学出版社 2008 年版,第 120 页。
④ 参见高铭暄、赵秉志主编:《刑罚总论比较研究》,北京大学出版社 2008 年版,第 120 页。

(七)罚金刑的具体执行

1.一次或者分期执行。刑事判决文书中判处一次性缴纳罚金的,根据判决书的指定期限一次缴纳全部罚金。对于经济条件较好的罪犯可以采取一次缴纳的方式,对于经济条件困难的罪犯可以采取分期缴纳的方式,即在判决指定的期限内,分多次缴纳罚金。无论是采取一次或分期执行,罪犯在判决书指定的期限届满后不缴纳的,人民法院都会强制缴纳。目前我国刑法中只规定了分期或者一次缴纳,对缴纳期限也没有做出硬性的规定,但为了避免削弱刑罚的功能,罚金的缴纳不宜长时间拖延。

2.日额缴纳。最早将日额缴纳法定化的国家是芬兰,随后墨西哥、瑞典和古巴等国家也开始采取了日额缴纳方式。日额缴纳是先根据犯罪轻重确定罚金刑的日数,再根据罪犯的经济情况确定每日应缴纳的数额,再逐日进行缴纳。虽然我国还未有日额缴纳的制度,但对该制度进行全面的认识,借鉴国外刑法中日额罚金刑成功的地方,有助于丰富我国的罚金制度。

3.延期缴纳。世界上很多国家如英国、瑞典、德国等都有延期缴纳罚金的方式,该制度是指罪犯在法律规定的期限内或法院判决确定的期限内不能按期缴纳罚金,法院根据具体情况允许延期缴纳。我国刑法中虽没有延期缴纳的规定,但我国规定了酌情减免的缴纳方式,该制度在其他国家并不多见,充分体现出我国原则性和灵活性有机统一的刑事政策。

4.暂缓缴纳。暂缓缴纳是根据罪犯的经济情况,无法缴纳罚金,法院允许暂不执行罚金刑,当罪犯的经济状况有所好转后再立刻恢复执行。我国《刑法》第 53 条规定,对于不能全部缴纳罚金的,人民法院在任何时候发现被执行人有可以执行的财产,应当随时追缴。根据该法条可见,罪犯在经济上一时无力缴纳罚金的,可以暂时不予强制缴纳。

5.强制缴纳。我国刑法中规定了强制缴纳的条款,根据法律规定罪犯在规定期满后能够缴纳而不缴纳罚金的,可以强制其缴纳。对于经济情况良好拒不愿意缴纳罚金的罪犯,可以采取强制扣押存款等方式提取罚金;对于没有金钱却有其他资产的罪犯,可以通过强行查封其财产或者追回转移、隐藏的财产折抵罚金。

6.劳役替代。罚金刑换刑处分制度是日本现行刑法针对不能全数缴纳罚金的情形做出的,是指假如罪犯不能全部缴纳罚金的话,可以去劳役场留置。① 目前世界上有不少国家和地区实行劳役替代制度,如瑞士、意大利等国家,在我国以自由劳役偿付罚金的制度一直是被否定的,原因之一是很难确定罪犯确实没有经济能力偿付罚金。

7.罚金刑缓刑。罚金缓刑在我国没有规定,但在《刑法》第 53 条第 2 款有“缓交”

---

① 参见王小菁:《论日本罚金刑制度的地位对我国的启示》,载《法制与社会》2015 年第 23 期。

规定。罚金刑缓刑是指对判处罚金的罪犯,在判决时不予执行,由于其具备法定的条件而宣告在一定期限内暂缓罚金刑的执行,如果罪犯在缓刑期内表现良好,没有重新犯罪,也没有违反有关法律禁止规定,等缓刑期结束时,即便罪犯的经济情况能够支付罚金,也不再执行原本的罚金刑。[①]

(八)罚金刑的改革完善

1. 我国罚金刑面临的问题

(1)罚金刑适用特别对象时的考量

首先,罚金刑对单位的适用。随着法人犯罪和单位犯罪的不断增加,罚金刑成为了惩治单位犯罪的一把利剑。因为对于单位不能适用生命刑和自由刑,适用罚金刑为主的财产刑才能从经济上根本触及单位生存与发展的命脉,预防其再次犯罪的可能性。现代社会随着单位和法人犯罪数量的不断增长,其在犯罪中的比例也在不断增加,因此法律应该作出相应调整,以适应大量单位犯罪的出现。

其次,罚金刑对未成年人的适用。近些年未成年人犯罪呈现低龄化和手段多样化的趋势,在未成年人犯罪中,财产型犯罪如抢劫罪、盗窃罪等所占比例较大。但是由于未成年人大部分都无独立的经济来源,对他们科处罚金,实际上是由其家长或者其他监护人代缴,容易造成刑事责任的株连,因此造成未成年人适用罚金刑的困境。

(2)罚金刑的并罚制度

我国刑法上规定了不少罚金刑的并罚制度,特别是“必并科”罚金刑,即罚金刑必须与其他刑种并科处罚,但是这种制度已经使罚金刑失去刑法轻缓化的价值。如《刑法》第140条规定的生产销售伪劣产品罪,“销售金额二百万元以上的,处十五年有期徒刑或者无期徒刑,并处销售金额百分之五十以上二倍以下罚金或者没收财产”。依照刑法总则和刑事诉讼法有关规定,犯罪所得应予追缴,被害人物质损失应予赔偿,即在对罪犯处以主刑的基础上,并处上述罚金,惩罚力度显得过重,也失去了可执行的基础。“并必科”制度固然能够强化罚金刑适用的力度,减少罚金刑适用的任意性,强化了罚金刑在惩罚中的作用,但是过多地规定此制度,可能会极大限制法官在适用过程中的自由裁量,导致司法实践中法官根据具体案件处理的选择余地小,只能够机械和盲目地对罪犯判处罚金。

(3)罚金刑的易科制度

罚金刑易科是指在不能执行罚金刑时采取其他措施来替代罚金刑执行的制度。罚金刑的执行难问题促成了易科制度的产生,法律制定得再好,若不能得到执行,那就是一纸空文。因此,各国都在寻求解决罚金刑执行难的对策:有的国家采用日额罚金

---

① 参见高铭暄、赵秉志主编:《刑罚总论比较研究》,北京大学出版社2008年版,第112页。

制,有的国家允许分期缴纳罚金,有的国家适用罚金刑缓刑制,有的国家则实行罚金易科劳动改造或是监禁的制度,为使罚金刑得以有效实施,必须采取与之相配套的补充制度。有学者指出:"解决执行难的问题,应当将理论视野扩展到罚金刑的整体运行机制,采取层层分流的整体方略,从而避免将执行难的问题全部压在执行阶段。"但易科也存在种种问题,如将罚金刑易科为劳役,由于执行机构场地限制,除了少数监狱之外,服劳役者也可能会从事一些简单的劳务,但这并不具有教育和经济价值,而且让服劳役者与自由刑者共处一室,可能会造成交叉感染,也无异于在服短期自由刑,显然与设立罚金刑易科劳役的本意相违背。

2. 我国罚金刑的完善与发展

罚金刑到20世纪之后才逐渐引入中国,因此在我国尚不完善,造成罚金刑执行难的原因,并非罚金刑制度本身,而是在立法与司法层面对罚金刑功能和本质存在认识和观念上的偏差。故要完善罚金刑,应从完善立法、强化罚金刑的执行机制、建立罚金刑的保障机制各方入手。

首先是完善立法,要从扩大适用范围、改进罚金刑的适用方式、完善罚金刑数额的相关规定、创建罚金刑易科制度方面进行改善。对其适用范围应包含过失犯罪,因为过失犯罪人主观恶性小,不属于具有潜在再犯因素的犯罪人,短时间的监禁可能使其失去工作和生活来源,故对主观恶性小、犯罪情节和罪责较轻、社会危害性小的过失犯罪可单科罚金;在罚金刑数额决定的依据上,应将犯罪人的经济情况和缴纳罚金的能力作为考虑因素明文规定,且应尽量减少无限额罚金制的规定;对于罚金刑易科制度的事实应该注重公平公正,以罚金易科自由刑只是为了保障罚金得以执行,不能简单看作以钱赎刑。

其次是完善罚金刑的执行机制,统一罚金刑执行机构、规范罚金刑移送执行程序、强化罚金刑执行措施、完善罚金刑执行的监督机制。面对司法实践中存在的罚金刑没有明确执行制度的困境,及缺乏相应的制约机制应对可能出现的随意中止和终止执行的情况,从立法层面进行制度完善势在必行。

最后是建立罚金刑的保障机制,健全财产保全制度、建立财产状况附卷移送制度、建立罚金刑执行与刑罚主刑执行相关联制度。在单位犯罪不断增加的情况下,建立财产保全制度十分必要;按照法律规定,罚金刑的执行往往不影响主刑的执行,可能导致罪犯在被执行罚金时的抵触心理,故可将罚金的执行情况作为对罪犯减刑和假释的条件之一,因为罚金刑的执行也是刑罚执行的一部分,积极缴纳罚金说明其具有悔过表现。

另外,罚金应立足国情、求实创新、展望未来的原则,并参考外国的立法来修改完善。一是应提升罚金刑在刑罚体系中的地位,把罚金刑提升为刑罚体系中的主刑,是我国市场经济确立发展的必然要求,也是与以自由刑和罚金刑为刑罚体系之中心的发展趋势相一致的客观需要。二是扩大罚金刑的适用范围,从我国的实际情况出发以确保罚金的实际效用为目的,有针对性、有条件、有选择地扩大罚金刑的适用范围,如贪利性犯罪、过失犯罪、轻微故意犯罪均可适用罚金刑,应明确罚金刑的数额标准,完善罚金刑的裁量原则,增设罚金刑执行的保障制度,增设罚金刑易科自由刑的制度。①

值得注意的问题是,根据我国《刑事诉讼法》第 237 条的规定,第二审人民法院审判上诉案件时,不得加重被告人的刑罚。这里的刑罚当然包括附加刑,因此,对于上诉案件,二审法院即便改变了一审判决认定的罪名,也不得重新判处附加刑,或者改判较重的附加刑。②

二、没收财产刑:包括部分没收和全部没收

没收财产是法院依法判处将犯罪人合法所有财产的一部分或全部强制无偿地收归国家所有的刑罚方法。③ 首先,没收财产是一种刑罚方法,只能作为刑罚依法适用,而不能滥用。其次,没收财产以将犯罪人所有财产的一部分或全部强制收归国有为内容,这是没收财产作为附加刑区别于其他刑罚的主要特征。最后,没收财产只能由法院依法判处,在我国刑罚体系中居于从属地位,没收财产属于财产刑,在刑罚体系附加刑的排列顺序中位于剥夺政治权利之后,严厉性程度较重。

没收财产与罚金在刑罚体系中同属于附加刑,在刑罚属性上同为财产刑,但二者具有明显区别。在对象上,罚金是剥夺犯罪人一定数额的金钱;没收财产除可以没收金钱外,还可以没收其他财物。在时间上,罚金要求犯罪人缴纳的金钱不一定是犯罪人现有的,没收财产是犯罪人现有的财产;在执行上,罚金可分期缴纳,特殊情况下还可减免,没收财产可一次性没收其一部分或全部的财产,不存在分期缴纳或减免的情况;在适用上,罚金既可附加适用又可独立适用,没收财产只能附加适用。没收财产与没收犯罪物品有质的区别,追缴犯罪所得的物品、没收违禁品和供犯罪所用的本人财物均不属于没收财产,没收财产实际上是没收犯罪人合法所有且未用于犯罪的财产。

(一)没收财产刑的概念及其功能

没收财产是一种历史悠久的刑罚,古代中国和当代世界上的大多数国家都有没收财产这一刑罚制度,随着历史的发展该制度在不同的社会意识形态下也发生了巨大的变化。

---

① 参见周振想:《中国新刑法释论与罪案》(上),中国方正出版社 1998 年版,第 403-408 页。

② 2008 年 6 月 6 日最高人民法院《关于刑事第二审判决改变第一审判决认定的罪名后能否加重附加刑的批复》(已失效)。

③ 参见李晓明:《刑法学总论》,北京大学出版社 2016 年版,第 446 页。

没收财产刑在历史上有着十分重要的作用，有其存在的必要性。没收财产是指把犯罪人合法所有的一部分或全部财产强制无偿地收归国有的刑罚。该制度曾兴盛于封建时代，被世界各国广泛适用，但随着刑罚从野蛮到文明、落后到先进的发展，许多国外立法已废除没收财产刑。没收财产刑与法治精神存在一定冲突，故研究其对于我国刑罚完善具有重大意义。没收财产刑的特征：

一是财产性。其是典型的财产刑，区别于生命刑、自由刑和资格刑，没收的对象为罪犯本人合法所有且没有用于犯罪的财产。该制度存在的理由是能够对犯罪人形成经济上的强烈惩罚，使罪犯从失去财产的教训中感受到犯罪行为的代价。

二是强制性。其作为刑罚的一种只能由法院依法判处，强制性虽然是所有刑种共有的特征，但反映在没收财产中则表现在财产权是不同于生命权、人身自由和人格权等的非专属性权利，对财产的强制执行并不涉及对人本身专属性权利的剥夺。

三是无偿性。其财产最终归属于国家所有，许多国家宪法规定，公民私有财产受到保护，但为了公共利益政府可以有偿征收，我国也体现了这种立法精神。

四是有限性。其有限性表现在执行该刑罚时，司法机关只能针对罪犯当时现实存在的财产进行没收，不能追溯罪犯曾经拥有的财产性利益，即财产范围应以法院宣判时罪犯的财产为准。

没收财产具有的刑罚功能：（1）具有惩罚功能。通过剥夺罪犯的金钱达到惩治犯罪的目的，使犯罪人为自己的犯罪行为付出代价，从而减少其再犯的可能性。（2）具有威慑功能。对于社会上的潜在犯罪人起到威慑作用，通过看到罪犯被剥夺财产，对其思想和心理上产生震慑，从而强化其规范意识。（3）具有预防功能。让罪犯预见自己行为的严重法律后果，对再犯望而生畏，达到了教育矫正功能。有人认为，财产刑可使犯罪人与一般人都感到经济犯罪得不偿失，一旦被没收财产，不但一无所获，反而丧失了既有的财产，无利可图，因而不实施此类犯罪。[①]

（二）各国没收财产刑的立法规定

西方没收财产刑孕育于奴隶社会，在《汉谟拉比法典》《十二铜表法》中都有没收财产刑的规定。进入封建社会后，没收财产刑日渐普遍。外国现行刑法中对于没收财产刑也有规定，但多数为特别没收，目前一般没收仅存在于少数国家，如保加利亚、越南、蒙古等国。实际上，没收财产刑从启蒙思想时代就遭到质疑，贝卡里亚在其《论犯罪与刑罚》中就提出刑罚宽和、人道、及时、恰当的理念，直接指出没收财产刑的不公正性。

目前，大部分国家都废除了一般没收的规定，如日本、意大利、澳大利亚、巴西等。比较重视运用没收财产刑的国家有蒙古、朝鲜、保加利亚等。在保加利亚法典中，没收

---

① 参见邱兴隆：《刑罚学》，中国政法大学出版社 1999 年版，第 219 页。

财产刑条文除了危害共和国罪的14条外,还有抢劫罪、侵占罪等共36个条文。在蒙古,刑罚体系上有主刑和附加刑,没收财产是附加刑之一,适用没收财产的条文有10个。在越南,没收财产也是刑罚体系中附加刑的一种,适用范围仅限于刑法规定的严重犯罪或者特别严重的犯罪。

我国《刑法》第59条规定,没收财产是没收犯罪分子个人所有财产的一部分或者全部。没收全部财产的,应当对犯罪分子个人及其扶养的家属保留必需的生活费用。在判处没收财产的时候,不得没收属于犯罪分子家属所有或者应有的财产。对此主要讨论以下问题。

没收财产的本体内容。在《刑法》分则条文中“危害国家安全罪”“破坏社会主义经济秩序罪”“侵犯财产罪”“妨害社会管理秩序罪”“贪污贿赂罪”五种类型的犯罪规定有没收财产,在总则第59、60条规定有没收财产。具体内容如下。①

一是没收财产的适用方式。主要有并处、单处两种。其中,并处有三种情况:一为刑法规定“并处”没收财产的犯罪,法院在对犯罪人判处主刑的同时,必须依法判处;二为刑法规定“可以并处”没收财产的犯罪,法院应当根据案件情况及犯罪人的财产状况,决定是否适用;三为刑法规定“并处罚金或者没收财产”,这种情况没收财产和罚金可以选择适用,无论是选择罚金还是没收财产,都只能附加适用,并且必须适用。

二是没收财产的适用保障。法院适用没收财产,是以实际可能为前提条件的。法院认为依法应当判处被告人没收财产的,可以在案件审理过程中,决定扣押或者冻结被告人的财产。对于隐藏、转移、变卖、损毁已被扣押、冻结财产情节严重的,依照《刑法》第314条的规定追究刑事责任。

三是没收财产的刑罚效力。没收财产的刑罚效力在于对犯罪人所有的一定财产的剥夺,包括内容、对象、时间三个方面。根据2000年最高人民法院《关于适用财产刑若干问题的规定》,内容为犯罪个人所有财产的一部分或全部,对象为犯罪人,时间为“判决指定的期限”应从判决发生法律效力第2日起最长不超过3个月。

没收全部财产的,应当为犯罪个人及其抚养的家属保留必需的生活费用,不得没收属于犯罪人家属所有或应有的财产。犯罪人家属指没有参与犯罪活动的家属,不能以家属身份隐匿犯罪人所属财产。

四是没收财产的执行。没收财产的判决,无论是附加适用或是独立适用,均由法院执行;必要时可会同公安机关执行。对于以没收的财产偿还债务的问题。《刑法》第60条规定:“没收财产以前犯罪分子所负的正当债务,需要以没收的财产偿还的,经债权人请求,应当偿还。”

---

① 参见李晓明:《刑法学总论》,北京大学出版社2016年版,第447-448页。

没收财产刑通常分一般没收和特别没收。一般没收是指法院判决没收行为人现有财产的一部分或全部,不分种类、范围一概剥夺。目前刑法中规定一般没收的国家不多,主要有中国、俄罗斯及一部分东欧国家。我国《刑法》第 59 条规定,没收财产是没收犯罪分子个人所有财产的一部分或者全部。但随着刑法的发展和人类文明的进步,如今一般没收与历史上相比略有不同:一是古代的没收一般都是全部没收,如今的一般没收包含部分财产没收和全部财产没收;二是古代没收不考虑罪责自负,追求刑罚的残酷和株连,可能会伤及无辜,现代必须为犯罪人或亲属保留最低生活资料。

特别规定的是没收范围有特别限定,指法院判决没收与犯罪有关的犯罪行为人的特定物品。对于特定物品的范围,各国/地区规定不一。总之,特别没收的财物一般是与犯罪相关物,且不具有合法所有性质的国家才予以没收。

(三)没收财产刑通用的基本原则

没收财产刑通用的基本原则贯穿整个刑事司法审判活动,对法院判处刑罚时是否适用及如何适用起到根本性的指导作用,为实现没收财产刑司法实效提供有力保障。

1. 没收财产刑的一般原则

没收财产刑是我国刑法体系中刑罚的一种,因此也要遵循刑罚裁量的一般原则:

首先是罪刑法定原则,即以案件事实为依据,以刑法规定为准则。我国《刑法》第 61 条规定,对犯罪人决定刑罚时,应根据犯罪的事实、性质、情节和危害程度,依照本法的有关规定判处,即认定犯罪性质,全面考察犯罪情节,合理评价社会危害程度,依法确定适用的刑罚及程度。

其次是罪责相适应和刑罚个别化原则。罪责相适应是刑法的基本原则之一,在没收财产刑上表现为犯罪人实施了刑法规定的犯罪,对其判处何种没收财产刑及确定没收数量时,应该遵循法律的相关规定。刑罚个别化思想源于欧洲,是指在量刑和行刑等各个环节综合犯罪性质、社会危害性和犯罪人的情况及个案差异区别对待,实现刑罚适应罪犯个人情况的效果,以更好发挥刑罚效用。

2. 没收财产刑中的特殊原则

这是指由没收财产刑自身特征决定的仅针对该刑罚的裁量而适用的特殊原则。在我国,对于没收财产刑在裁量中应遵循哪些原则并未统一规定。观点有两种:(1)认为审判人员在确定对罪犯适用没收财产刑罚时,应以罪犯的犯罪情节、手段、后果及犯罪人的一贯表现、犯罪后态度等因素进行考量和评价;(2)认为是否适用没收财产刑,应当综合考虑犯罪人的经济情况,对于犯罪情节恶劣、经济状况好的应科处没收财产刑罚,反之可考虑不适用没收财产刑。

(四)没收财产刑设置的利弊分析

其利弊之争早在刑事古典学派时就已开始,之后的百年间在全球展开。我国有学者认为,在已经规定了犯罪关联物没收处分制度的情况下,没收财产刑是一种没收犯罪分子个人所有的合法财产的严厉的刑罚方法。没收财产实际上是对宪法保障的公民私有财产的一种剥夺,它堵塞了犯罪分子的生活后路,不利于犯罪分子的教育和改造,在其适用时,没收财产一般没有数量限制,具有不平等性,并且可能殃及与犯罪分子共同生活的无辜亲属。①

虽反对声不断,但其优点也显而易见:(1)没收财产刑具有误判易纠的功能。我国主流观点认为,对严重犯罪适用没收财产刑较合适,且没收财产刑具有人道的严厉惩罚性和有效遏制性,从实际需要看该制度有保留的必要。(2)没收财产刑能够成为惩治严重犯罪的辅助措施。(3)没收财产刑具有经济性和惩治经济犯罪的有效性。

而我国没收财产刑也存在一些立法缺陷:(1)其存在执行难的困境,实践中很难分割共同共有的家庭财产哪些属于罪犯财产,也很难查清罪犯所有的财产数额。(2)在实践中,法院以罪犯的受刑能力为没收财产的数额标准,具有一定的不平等性,恐违背罪责刑相适应的原则。② (3)其不利于罪犯复归社会,剥夺罪犯所有财产使罪犯丧失生活资本,不利于其狱后生活,易导致其再犯可能。

(五)没收财产刑立法的具体完善

在与犯罪作斗争的过程中,没收财产发挥着积极作用,特别是在对于打击危害国家安全及贪财图利型的严重犯罪,维护国家和公民的财产权益上具有重要意义。当然,没收财产还存在一定不足,需要进一步完善。为使没收财产在打击预防犯罪活动中发挥更好作用,应扩大没收财产的适用范围,确定没收财产的具体标准,并确保没收财产不株连犯罪人亲属。③

一是在总则中规定没收财产的范围。规定哪些财产不可没收,包括犯罪人及家属定居的必要住宅、生活用品及为继续执业必需的工具等;规定应留出罪犯与其家属共同购置和使用财产中属于家属的那一份,并为没有生活能力和生活来源的家属留下必要财产。

二是大量缩小一般没收的适用范围。没收财产刑属重刑,故没收财产只能适用于较重的犯罪,对于有组织的毒品犯罪、走私犯罪、黑社会犯罪等,为了剥夺其再犯的能力,可以适用没收财产刑,但是对于一般贪利性和普通犯罪,则不宜适用没收财产刑,可判处罚金。对于判处10年以上有期徒刑的重罪可考虑判处没收财产刑,对于10年以下有期徒刑的犯罪不再配置没收财产刑。

---

① 参见储槐植、梁根林:《论法定刑结构的优化——兼评97刑法典的法定刑结构》,载《中外法学》1999年第6期。

② 参见张利青:《对我国没收财产刑的反思》,载《长江大学学报(社会科学版)》2012年第7期。

③ 参见周振想:《中国新刑法释论与罪案》(上),中国方正出版社1998年版,第436-437页。

除罚金和没收财产外财产刑还有赔偿经济损失和赔偿损失及追征(追缴)等,将另外专门讨论。

三、追征(追缴):没收财产执行中的补救

追征也叫追缴,属于准没收财产刑。该制度是为使受益者不能享有犯罪行为的好处而设立的制度①,是指应当予以没收的物品因为种种原因无法执行时追偿该物品相当价款的一种没收方式。② 主要指某些与犯罪相关联的特定财物因为事实上或者法律上的原因无法没收的时候,法院可强令罪犯缴纳数额相当的金钱。在司法实践中罪犯为了躲避没收,往往会将财务挥霍或转让给第三人,在这种没收不能的情况下应该设置追征制度,但此制度适用特别没收,当不能没收时可命令其缴纳相应数额的金钱给国库。不少国家有追征制度的法律规定,如《德国刑法典》规定,正犯或共犯可能知道将要发生没收行为时属于其所有或应属于其所有的物品,而于裁判前使用该物品,尤其是出售或损耗,或以其他方式致使无法没收该物品的,法院可命令没收正犯或共犯应交付相当于该物价值的折价款。

追征制度在适用中应明确追征金额,其应当与所没收物的价值相当,判断的标准大部分国家采用“犯罪行为时”即接受、取得该物当时的金额。追征分任意追征和必要追征,前者指刑法总则规定的,可根据法院的任意裁量,如韩国规定,犯罪物品无法没收时,追征与其相当的价额;后者指刑法分则或特别刑罚规定的必须追征。

① 参见[日]大谷实:《刑事政策学》,黎宏译,法律出版社 2002 年版,第 144 页。

② 参见马登民、徐安住:《财产刑研究》,中国检察出版社 2004 年版,第 423 页。

第三十章 刑事责任的刑罚承担方式(四):资格刑

资格刑是以剥夺、限制犯罪人从事某行为资格、享有某权利或荣誉的处罚方法。与其他处罚一样,资格刑有对犯罪人政治及社会否定评价的内容,有助于实现剥夺及限制罪犯再犯能力的目的。其也存在自身缺陷,如可能导致“刑罚过剩”,因为其大都附加于自由刑适用,实际适用时间为自由刑期限届满或假释之后,故资格刑的适用可能会导致罪犯复归社会困难,自尊心受损。

一、中外资格刑的考察及其界定

我国的资格刑相对于其他大陆法系国家刑法而言,种类较少,只有剥夺政治权利和驱逐出境两种。我国刑法中所规定的资格刑,通常均附加适用于严重犯罪。有些国家,如法国资格刑的适用范围较宽,不仅适用于重罪、轻罪和违警罪,且特定情况下还作为罚金或监禁的替代刑适用。从适用的犯罪主体之属性上来看,资格刑不仅适用于犯罪的自然人,而且也适用于犯罪的法人团体。①

(一)资格刑的狭义和广义

我国的资格刑大体可以分为狭义资格刑和广义资格刑。

狭义上的资格刑是指规定在我国刑罚体系中的资格刑,如剥夺政治权利和驱逐出境。前者涉及对选举权和被选举权的剥夺及言论、出版、集会结社、游行、示威权利的剥夺。后者是专门适用于外国人的刑罚,不具有普遍适用性。然而,在刑

---

① 参见王俊平:《资格刑适用范围之比较》,载《河南师范大学学报(哲学社会科学版)》2002年第6期。

罚体系外又存在大量的实质为资格刑的行政处罚。这些法律制裁以行政处罚之名而行资格刑之实,故可将其称为刑罚体系外资格刑。① 这些"资格刑"被分散在各类行政性法规中,可与刑法中的资格刑一起被视为广义上的资格刑,具体如针对个人剥夺从事相关职务权利的资格刑,以及针对单位或法人责令停产停业、吊销营业执照等资格刑。

将狭义资格刑和广义资格刑整合起来,就形成了我国较完整的资格刑体系。资格刑作为承担刑事责任的方式之一,应当符合其自身独有的特点,在设定具体承担方式时也应考虑其作为行政处罚和刑罚间衔接的独特性质,在具体操作上应把行政法中的部分资格刑抽离出来,放置刑罚体系中进行讨论。

(二)国外资格刑种的设置

《法国刑法典》共5卷52章,其中涉及资格刑的罪名大约占一半。就重罪和轻罪而言,可适用资格刑处罚的约有97类罪名,主要涉及社会危害性程度较高的犯罪和利用资格实施的犯罪。就违警罪而言,《法国刑法典》第131条第14款规定了17类5级违警罪均可适用该处罚,且这17类犯罪可以通过资格刑的适用来代替罚金刑。② 可见其适用范围十分广泛,规定对自然人可适用的资格刑有18种,对法人可适用的有10种,对法人名誉刑的规定较为详尽,每种名誉刑分别规定了期限,且资格刑间可以并罚,能够为解决司法实践中遇到的数罪均被附加或单独判处资格刑的情况提供法律依据。法国刑法的名誉刑采取的是分项剥夺的方式,在分则部分从第二卷至第六卷采用的均在每章罪名中单独列出一节规定应适用的附加刑即名誉刑,并根据不同罪的性质有选择性地规定应剥夺的资格,该方式可以实现刑罚的针对性,避免刑罚过剩。

综上,属于刑事责任承担方式的资格刑可分四个方面:剥夺人身、民事、经济等相关权利;剥夺从事某种行为的资格;剥夺公职及职业权(担任一定公职及特定职业);剥夺荣誉、勋章等。

二、剥夺人身权及相关权利的资格

所谓人身权当然是指与人的身份与自由相关的权利,大都与国籍或身份相关。而相关权利是指与人身权相关联的其他权利,如亲权、监护权、考试权、居住权、经济权、继承权等。

(一)人身权利:驱逐出境及限制进入某国家领域

我国《刑法》第35条规定:"对于犯罪的外国人,可以独立适用或者附加适用驱逐

---

① 参见李荣:《我国刑罚体系外资格刑的整合》,载《法学论坛》2007年第2期。

② 参见吴平:《〈法国刑法典〉中的资格刑规定述评》,载《行政与法》2002年第10期。

出境。”此外我国还有作为行政处罚的驱逐出境。《治安管理处罚法》第10条第2款规定:“对违反治安管理的外国人,可以附加适用限期出境或者驱逐出境。”对其性质学界存在三种不同的观点:(1)是刑罚方法。(2)是行政强制措施。(3)既是刑罚方法,又是行政强制措施。① 一般认为,驱逐出境是法院依法判处强迫犯罪的外国人离开中国国境的一种承担刑事责任的方式。从刑法的规定看,“驱逐出境”居于刑事责任承担的从属地位。从理论上讲,驱逐出境属于资格刑,在惩罚程度上严厉性较重。其是专门适用于在本国犯罪的外国人的特殊措施,作为准“附加刑”既可独立适用,又可附加适用,是国家主权及司法自主权的体现。《法国刑法典》第131-30条第1款规定,在法律有规定时,对犯重罪或者轻罪之任何外国人,得宣告永久性或者最长10年时间,禁止其进入法国领域。② 刑法中的驱逐出境是刑事处罚,行政法中的驱逐出境是行政处罚。在适用上,前者经由合法诉讼途径由法院判决;后者由公安机关依程序向公安部汇报,由公安部作出最终决定。随着在华外国人的日益增多,外国人犯罪的预防和惩戒问题亟须解决。

1. 适用对象。驱逐出境只对犯罪的外国人和无国籍人适用。有两层含义:(1)不适用于中国公民。(2)没有违法和犯罪的外国人不能成为驱逐出境的适用对象。对此,可借鉴法国刑法的做法:在法国受到刑罚的外国人与法籍配偶已婚一年,结婚先于判刑、夫妻共同生活且配偶仍保留法国籍;不适用于驱逐出境。受到刑罚的外国人已在法国合法居住满15年也不适用驱逐出境。在我国已有不少外籍人士定居并生儿育女,故法律的规定要时刻跟进社会发展变化。另外,对于无国籍人士的驱逐出境适用也要慎重,层级申报,在规定中增设相应的限制性条款,以保障人权。

2. 适用范围。我国有关驱逐出境适用范围的主要法律依据为《全国法院审理涉外、涉侨、涉港澳台刑事案件工作座谈会纪要》,外国人一旦在我国境内犯罪,除享有外交特权和豁免权的通过外交途径解决外,一律适用我国刑法。然而对犯罪的外国人不是一律都要适用驱逐出境,驱逐出境只是“可以”对犯罪的外国人适用。在对外籍人士适用驱逐出境时法院要根据具体案情,综合考虑被告人的犯罪性质、情节、后果,国际政治影响、国际形势等因素,灵活掌握适用。

3. 适用方式。可以独立适用,也可以附加适用。在判决管制、拘役、有期徒刑附加适用时无异议,但在判决无期、死缓两年执行及仅处罚金附加适用时,司法实践常有争议,标准不一。被判无期、死刑缓期二年执行是否可以适用?理论界与实务界观点不一。理论界认为,此时不应当适用驱逐出境。如判处死刑缓期二年执行的外国人,两

---

① 参见马克昌主编:《刑罚通论》,武汉大学出版社1999年版,第239页;陈兴良主编:《刑种通论》,中国人民大学出版社2007年版,第402页。

② 参见张明楷编著:《外国刑法纲要》,清华大学出版社1999年版,第407页。

年内如有故意犯罪,根据刑法规定核准立即执行死刑,适用驱逐出境就不合适。故认为,此就不应适用驱逐出境,不符合罪刑相适应的基本原则。

4. 驱逐出境期限。在执行日期上,我国刑法规定单独判处的从判决生效后立即执行,附加判处的从主刑执行完毕之日起执行。在期限上,我国刑法并未明确规定,理论上有争议。本书认为,驱逐出境并非终身适用,犯罪的外国人依然可以重新申请并获取在我国居留和滞留的资格。当然,在理论上我国刑法可以将驱逐出境的期限规定为终身驱逐和定期驱逐两种比较合理。被判处10年以上的犯罪、累犯、罪行极其严重的暴力犯罪可以适用执行终身驱逐。

我国刑法中规定的人身资格刑目前只有驱逐出境,由于其一般适用于处于我国境内的外国人,容易忽视一种情况,即处于我国境外的外国人犯罪后再次进入我国境内的权利限制。[①] 对此《法国刑法典》第131-30条第1款规定:对于犯重罪或轻罪的任何外国人,在法律有规定时,得宣告永久性或最长10年期间禁止进入法国的国境。此外,我国刑法对于驱逐出境的规定过于笼统,没有明确其复权制度及期限限制。故笔者认为,驱逐类资格刑可分设两种,即永久性驱逐刑和阶段性驱逐刑。这种位阶高低之分的刑种设置,旨在为减刑制度及资格刑的复权制度构建创造可能性,实践中可针对不同的犯罪情节及实际情况作出具体的适用判决。

综上,在立法上应当由法院作司法终局裁决。由法院对案件综合审理,如法院认为不属于犯罪,可建议行政机关决定是否适用驱逐出境。全面发挥行政机关与司法机关的职能。对于驱逐出境不仅仅在实体法上,在程序法中也需要逐步完善相关规定。

(二)亲权:与抚养权、监护权及财产管理权等相关

亲权一般是对无民事行为能力人和限制行为能力人的保护,各国立法有亲权、监护权等制度,基本都在民法典"亲属编"中将亲权和监护权独立成章。如《法国民法典》第九编亲权、第十编未成年人监护权及解除亲权;《德国民法典》第四编亲属法、第二章亲属关系、第三章监护;《日本民法典》第四编亲属、第四章亲权、第五章监护。我国《民法典》在第五编"家庭关系"中规定有夫妻关系、父母子女关系和其他近亲属关系等。各国对亲权和监护权都作了区分,在有亲权的情况下监护制度不发生效力,只有在没有亲权人或亲权人不能行使或权利被剥夺的情况下,才为无民事行为能力人和限制行为能力人设立监护人。监护作为亲权的一种补充制度而存在。[②]

一般认为,亲权是指父母对未成年子女人身财产等的权利。包括:对子女的保护、教育、惩戒、抚养等权利;对子女财产的使用、收益、管理等权利。人身的亲权有:(1)保

---

① 参见邓文莉:《刑罚配置论纲》,中国人民公安大学出版社2009年版,第279页。

② 参见高永周:《论监护与亲权》,载《河北理工大学学报(社会科学版)》2004年第4期。

护教养权;(2)住所决定权;(3)惩戒权;(4)身份行为上的代理权和同意权。财产的亲权有:(1)财产上的法定代理和同意权;(2)子女特有财产的管理权。[①]《意大利刑法典》规定有"剥夺父母权和停止行使父母权"的内容。我国立法没把监护权和亲权区分,二者在主体范围、具体内容及权利义务平衡上都有很大的不同,且亲权的立法涉及父母子女的情感确立和保护问题。监护权剥夺的内容仅限于民事法律,且其适用情况一般为监护人不正当的监护权行使导致被监护人的人身、财产权利受到损害,或者有损害的严重危险。针对现状,尤其民众普遍认为父母对子女的教养权是天赋的,如果将亲权"剥夺法律化"必将会有强烈的思想冲击。持相反的观点认为,实践中可能存在亲权人实施犯罪或严重违法的行为,该行为的受害者就是子女,如父母贩卖亲生子女的情况,这种情况下在追究其刑事责任的同时应附加剥夺亲权。如果亲权人由于重罪或轻罪违背其作为亲权人的义务,在受到自由刑宣告的同时,可以附加剥夺其亲权。且我国已有剥夺亲权的相关条件:全国人大常委会于 1991 年批准加入《联合国儿童权利公约》,该公约确立了子女最佳利益原则;剥夺亲权的适用范围可为犯罪行为、明显劣迹及其他滥用亲权不履行亲权义务的行为。总之,我国应否设立亲权剥夺制度,有赖于亲权制度的建立。由法律对亲权内容、行使及其限制,亲权中止、辞任、消灭以及亲权剥夺作出规定。并且在具体的亲权剥夺制度构建上还应当保持谨慎。[②]

(三)监护权:与对被监护人的管教及财产管理相关

监护权是对无民事行为能力人及限制民事行为能力人的人身、财产权依法实施监督和保护的权利。法律规定,如果监护人利用监护权从事违法犯罪、侵害被监护人的权益,可剥夺监护人的监护权。如《法国刑法典》第 131-26 条规定:可以剥夺犯罪人作为监护人或财产管理人的权利,该禁止事项不排除充当自己子女的监护人或财产管理人的权利,但是应该事先取得监督法官的同意,并听取亲属会议的意见。[③] 监护权的剥夺是指监护人不履行监护职责,侵害被监护人的合法权益,经相关人员或者机构申请,法院作出撤销父或母的监护权制度。以未成年人监护权为例,我国父母监护权撤销制度主要表现在《民法典》和《未成年人保护法》中,《民法典》第 35 条规定有监护人职责。《未成年人保护法》第 108 条在父母监护权撤销制度上有规定:父母或者其他监护人不履行监护职责或者严重侵犯被监护的未成年人合法权益的,法院可根据有关人员或单位的申请,撤销其监护人资格。也有国家民法规定,只要父或母的行为严重侵害或者危害未成年子女的人身财产权益,其对子女的监护权即可被强制撤销。如美国法

---

① 参见《法学词典》编辑委员会编:《法学词典》,上海辞书出版社 1984 年版,第 722 页。

② 参见高长富:《资格刑新探——外国人在境内犯罪的刑罚设定与适用》,载《广西政法管理干部学院学报》2008 年第 5 期。

③ 参见《法国刑法典》,罗结珍译,中国人民公安大学出版社 1995 年版,第 14 页。

律就规定有父或母监护权的撤销制度,其中在儿童保护法中就有“终止父母权利”的制度。该制度与我国的“父母监护权撤销”制度相当。如果有下列情形之一法院会作出撤销监护权的决定:(1)父母自愿签署文书放弃监护权。(2)父母对未成年人有遗弃行为,包括故意不履行父母义务和在60天内无法查清父母身份或下落。(3)父母是服刑人员且满足三个条件:(a)在孩子满18岁前有相当一个时期都要服刑;(b)父母被确认为职业暴力犯罪者,暴力惯犯、性犯罪者,被定为一级或二级谋杀或构成死刑、终身监禁或一级暴力重罪、强奸罪;(c)有清晰确信的证据证明继续维持父母子女关系将导致对孩子不利,而此剥夺监护权最符合儿童利益。(4)父母从事与家庭服务无关行为,对孩子生命、安全、福利或身体、精神或心理健康构成威胁。(5)已与法院达成协议方案后父母仍虐待、忽视或遗弃孩子。(6)父母有极度不良行为或对不良行为不制止。(7)父母使孩子陷于更加严重的儿童暴力、性犯罪或虐待、慢性暴力中。(8)父母对另一孩子实施谋杀或故意杀人或重伤罪,导致其或另一孩子严重的人身伤害,或参与以谋杀孩子为目的的行为。①

(四)考试权:与考试作弊和替考、禁考等内容相关

考试在我国有悠久历史,我国不仅是最早采用考试取士的国家,也是最早采用考试对学校教育进行评价的国家。目前我国考试立法还不完善,对于组织考试的权限、程序、公民享有的考试权利等没有明确规定,这使得考试参加者在考试过程中处于相对弱势地位,其对有关考试的其他信息,如考试的组织者、考试的程序、考试成绩的评定标准、享有的权利等知之甚少。②

而相反,有大量的不同行政主体乃至各高校关于剥夺考试权的规章以及各类条例、通知发文等。

2004年5月19日(2012年1月5日修订)教育部《国家教育考试违规处理办法》(以下简称《考试办法》),我国最初提议制定考试办法的动因是抵制考试作弊,在制定过程中对如何惩处考试舞弊的讨论也最多,并且最终形成的意见是对考试舞弊情节非常严重的可以追究刑事责任。我国《刑法》第284条之一规定有组织考试作弊罪,非法出售、提供试题、答案罪,代替考试罪等三个罪名。《考试办法》第9条第1、2款规定:“考生有第五条所列考试违纪行为之一的,取消该科目的考试成绩。考生有第六条、第七条所列考试作弊行为之一的,其所报名参加考试的各阶段、各科成绩无效;参加高等教育自学考试的,当次考试成绩各科成绩无效。”第10条规定:“考生有第八条所列行为之一的,应当终止其继续参加本科目考试,其当次报名参加考试的各科成绩无效;考

① 参见佟丽华主编:《未成年人法学(家庭保护卷)》,法律出版社2007年版,第20-21页。

② 参见戚静:《考试权独立行使之法律问题初探》,载《安徽工业大学学报(社会科学版)》2009年第2期。

生及其他人员的行为违反《中华人民共和国治安管理处罚法》的,由公安机关进行处理;构成犯罪的,由司法机关依法追究刑事责任。"可见,我国行政法规中关于取消考试成绩以及给予停考1年至3年的处罚是属于考试权剥夺的内容。该规定将提高国家考试的权威和尊严,结束用行政命令或教育部规章、文件方式来规范剥夺考试权的局面,使考试法律法规进一步健全和完善。但《考试办法》的局限在于,范围只包括由国家教育部门组织的教育类考试,如高考、研究生入学考试、大学英语等级考试、自考等。其他部门和机构组织的如法律职业资格考试、会计师资格考试、托福、雅思等不包括在内。

考试是国家选拔人才、认定资格的重要方式,是国家权力的重要组成部分。而我国目前的国家考试往往分散于许多社会领域,分属不同部门主管。由于没有统一规范考试事务的法律,各部门在组织考试时,考试条件和程序没有统一的规范,不利于保护考生的合法权益。对此亟须立针对考试权利的相关法律体系,尤其是在考试权利剥夺方面。考试权作为一项比较重要的公民权利,由不同的行政主体任意处置并不合适,本书认为应当由立基本法统一归置。最佳选择是将剥夺考试权作为资格刑予以规定。这样既能保证考试权剥夺主体权力来源的合法性,又能保证其作为一种重要权利的尊严。既可通过司法途径予以处罚,又可保障其救济途径。

(五)继承权:遗产继承权的丧失与剥夺

继承权的剥夺,或者说继承权的丧失直接关系到继承权丧失人和其他继承人的切身利益,且对于保障家庭职能的实现,维护和睦文明的家庭关系均具有重要的作用。我国现行的继承权丧失制度主要见《民法典》第六编,有广狭义之分。广义继承权丧失包括继承权的依法被剥夺及其他非继承人自己意志所决定的原因而使继承人不该享有继承权(如被遗嘱取消继承权)。狭义继承权丧失又称为继承权的剥夺,是指依照法律规定在发生法定事由时法院取消继承人的继承权或其自然丧失继承权。[①] 继承权的剥夺强调的是"用强制方法夺去",突出依法强制而失去,更能体现法律的强制力和威慑力,字面上很容易和继承权的取消、放弃等相区别。

古今中外各国继承法的规定宽严不一,范围有大有小。具体考察,限制最严、范围最小者为杀害被继承人和严重妨碍被继承人行使遗嘱处分权两类,如瑞士和德国。另外,在前两类之外又增加诬告。被继承人或其近亲属犯罪和知晓被继承人被谋杀而不告发两类,如法国。还有,将剥夺继承权的法定事由扩大到杀害被继承人的近亲属,或杀害其他继承人,如日本、意大利等。范围最宽者还包括虐待遗弃被继承人,如我国《民法典》,如要求杀害其他继承人必须是为了"争夺遗产"的目的。

---

① 参见陈苇主编:《婚姻家庭继承法学》,法律出版社2002版,第436页。

我国民事法律中规定的继承权剥夺的范围较小,给司法实践操作带来了一些困难。继承权属于民事权利,与人们的生产生活密切相关,一般情况下公民犯了罪即使被剥夺政治权利,仍享有继承权。同时对剥夺、丧失继承权范围的扩大问题,到底到何种程度以及是否应当有公权力的介入还是值得谨慎考虑的。

(六)城市居住权:迁徙、流放与人役权

居住权的内涵十分丰富,在国际公约及宪法中通常的表述是居住的权利或称住房权、住宅权。在私法领域,居住他人房屋的权利可由两种法律关系创设,一是通过物权法律关系,即产生作为他物权的居住权;二是通过债权法律关系,即产生承租权、借用权等。从居住权的源流中可清晰地看到,居住权作为用益物权中的人役权,其功能不仅基于生活需要而对房屋使用价值的利用,其主体往往是妇女、老人、未成年人等弱势群体,且还包括对于房屋经济价值的利用和收益。①

(七)经济权:消费权与进入特定场所权

通常是指与经济活动有关的利益。国际上有许多国家把剥夺与经济有关的利益或便利作为资格刑。可分为对某些物品、有价证券、票据等的使用权、进入特定场所的权利等。

1. 适用高档消费品、票据类有价证券的权利

一些国家的刑法规定,对实施了相关犯罪的行为人,可以禁止其使用高档商品、禁止他们行使签发支票、使用信用卡等有价证券的权利。如《法国刑法典》131-6 条规定:对于判处监禁刑的轻罪犯人,在判处监禁刑的同时,可以禁止其签发支票以及用信用卡付账,最长时间为 5 年。②

2. 进入特定场所的权利

该资格刑一般附加于与特定场所有关的犯罪,如允许犯罪人在被假释或刑满释放一定期间后才能进入,否则会诱发再次犯罪。这类场所包括:酒店、娱乐场所或赌博场所等。如《瑞士联邦刑法典》第 56 条规定:"1、重罪或轻罪是在过量饮酒后实施的,除科处被告刑罚外,法官还可禁止被告在 6 个月至两年期间内进入出售含酒精饮料的商店。2、各州对公布被禁止的酒店做出规定。3、禁止酒店的命令随判决生效而生效。判决中所科处的是自由刑的,禁止进酒店的期间自自由刑被执行完毕或被赦免之日起计算。被附条件释放者在考验期间经受住考验的,禁止进入酒店的期间自被附条件释放之日起计算。在被告经受住考验的情况下,法官可撤销禁止进入酒店的命令。"③瑞

---

① 参见阮传宝:《从居住权制度的源流看我国设立居住权制度的必要性》,载《商丘师范学院学报》2011 年第 4 期。

② 参见《法国刑法典》,罗结珍译,中国人民公安大学出版社 1995 年版,第 14 页。

③ 《瑞士联邦刑法典》,徐久生译,中国法制出版社 1999 年版,第 20 页。

士刑法典有较为完备的经济权资格刑制度,不仅剥夺权利,而且可以复权。

三、剥夺相关行为权利的资格

剥夺相关行为权利又称行为罚,是以限制或剥夺被处罚人的特定行为能力为特征的处罚方法。行为罚虽然会间接造成被处罚人的经济损失,但是其直接目的是限制或剥夺被处罚人的行为能力,而不是限制或剥夺被处罚人的财产。① 许多国家有行为罚及吊销相关行为许可证、执照等资格刑的规定。《法国刑法典》暂时吊销驾驶执照、禁止驾驶特定车辆、撤销驾驶执照、禁止持有或携带须经批准的武器,收回打猎执照,禁止签发支票及使用信用卡付款,禁止从事某种职业或社会活动的规定,都是为了能有效地防止罪犯利用职业资格再次实施犯罪。我国行政法规,如《矿山安全法》等规定有吊销许可证、营业执照等处罚措施,实际也是对实施具体行为资格的剥夺。把刑罚体系内外的资格刑整合,以建立完整的违法犯罪制裁体系。将因行政违法而应剥夺实施相关行为权利的处罚留归行政法管辖;将因犯罪而应剥夺行为资格的归入刑法管辖。实践中可在我国的刑罚体系中增设禁止从事特定行为为内容的资格刑。在刑法分则中,行为人利用其依法或依申请获得的资格、许可、执照等实施犯罪的条款中增设可附加或独立适用禁止从事特定行为活动或吊销相关资格证、许可证、执照的内容。

(一)吊销、暂扣相关许可证、执照等

营业执照是企业或组织合法经营权的凭证。许可证是某种非所有人都有权涉及受限制的行为或事件相关权力机构授予其相关权利的书面证明。我国《治安管理处罚法》规定有对许可证的吊销,是指公安机关依法收回违反治安管理行为人已获得的许可证书,从而剥夺其从事某行为的资格。

相比国外的相关立法,我国吊销、暂扣许可证、执照的内容是规定在行政责任承担方式中的,而许多国家已经将其纳入了刑罚处罚方法之中。如《法国刑法典》第131-14条就规定有“暂扣驾驶执照”,《波兰刑法典》第39条规定有“禁止驾驶”处分措施,《古巴刑法典》第40条就规定有“暂扣驾驶证”,《智利刑法典》第21条规定有暂时或永久剥夺“驾驶机械”的资格,《葡萄牙刑法典》第101条规定有“吊销或禁止授予机动车驾驶资格”,《匈牙利刑法典》第58、59条规定有“禁止驾驶交通工具”,《土耳其刑法典》第60条还规定有“针对法人”“撤销其许可证”的“保安处分”等。因此,一般意义上我国行政处罚所针对的是“尚未构成犯罪的”行为,公民、组织违反行政法规达到触犯刑律的程度,以致构成犯罪需要承担刑事责任时,刑事责任可以将行政责任吸收,法院追究了刑事责任的,行政机关不应再行处罚。但是行政责任和刑事责任并不是一一

① 参见冯军:《行政处罚法新论》,中国检察出版社2003年版,第117页。

对应的关系,前者不能完全包容在后者之类,两者也可能存在交叉的情况。[①] 最典型的就是暂扣、吊销许可证和执照及责令停产停业,这些无法为刑事责任所包容,因此在此种情况下就可能出现行政责任和刑事责任的并存。实践中通常先由法院追究刑事责任,对于行政责任部分再由相应机关进行处理。解决这一问题的最佳途径是,将暂扣、吊销许可证和执照的内容纳入刑法体系的资格刑中来。作为资格刑的一种,它的承担须经人民法院判决,必要时可以附加适用或者独立适用。且该行政性刑事处罚一旦做出,必须经复核程序方可重新获得。[②]

(二)责令停业、限制从业或责令撤销

在我国,针对单位犯罪的制裁体系尚不完善,刑法从未有以单位犯罪为适用对象的资格刑,只在相关行政法中有责令停产停业的规定。本书认为,对单位犯罪增加资格刑不失为一种良策。目前,我国刑法对单位的处罚只有罚金刑,难以适应不同单位犯罪的需要。同时从刑罚体系科学化的角度出发,作为行政处罚的责令停产停业的严重程度大于罚金刑的严厉程度。故适用于单位的资格刑可以分为:责令停业、限制从业及责令撤销。

责令停业是指在一定的期限内,剥夺犯罪单位从事工商活动权利的一部分或全部的刑罚。这种刑罚有人称之为"停止营业刑"。所谓限制从事业务活动,是指在一定的期限内,禁止犯罪单位从事某种业务活动,限制其业务活动范围的刑罚。[③] 限制从业包括:(1)限制经营范围;(2)限制活动区域;(3)限制业务对象如禁止与关联公司交易等。对特别严重的可采取撤销的方法,对犯罪相对较轻的可采取几年内关闭或彻底关闭一个或几个部门,解散法人,禁止营业作为刑罚方法,反映了国家对法人犯罪的否定评价程度,它和行政领域、经济领域的责令停产停业有不同的法律后果。因此在法人构成犯罪的情况下,应当从刑事角度对其进行制裁,而非只是行政处罚。这就需要考虑采用"独立性的散在式的立法方式",即在行政法律中直接规定独立的罪名和设置相应的处罚方法[④],以更好地协调行政责任和刑事责任的关系,保证行政秩序与市场秩序的实现。

(三)禁止驾驶(包括吊销驾驶执照)

我国刑法对资格刑的规定采取概括立法模式,如剥夺政治权利即剥夺《刑法》第54条所列举的全部权利。无论何种犯罪,人身危险性大小,均不加选择地适用同样的内

---

① 参见冯军:《行政处罚法新论》,中国检察出版社2003年版,第34页。

② 参见邵卫锋:《刑种与替刑制度》,云南人民出版社2007年版,第153页。

③ 参见吴平:《增设以单位犯罪为适用对象的资格刑刍议》,载《河南公安高等专科学校学报》2004年第2期。

④ 参见张明楷:《刑法的基础概念》,中国检察出版社1995年版,第339页。

容。在国外，如意大利、法国刑法对资格刑的规定采取较灵活的选择立法模式，即法官可根据犯罪人的犯罪性质和人身危险性，在资格刑中有选择地判处剥夺与犯罪行为有关的一种或几种资格，这种针对性有利于剥夺犯罪人继续犯罪的可行性。尤其在与驾驶有关的资格刑方面，许多国家都规定有暂停或吊销驾驶执照的处罚方式。通常有三种方式：(1)暂停或吊销所有驾驶执照。在这种情况下，犯罪人不得驾驶任何种类的车辆。(2)暂停或吊销特种车辆的驾驶执照。在这种情况下，犯罪人不能合法地驾驶特定种类的车辆。(3)混合规定暂停或吊销驾驶执照。①

不同国家在规定的方法上也有不同，《法国刑法典》把吊销驾驶执照作为处罚轻罪的资格刑，对轻罪在判处监禁的同时，附加宣告吊销驾驶执照。而《德国刑法典》实行"刑罚双轨制"，在规定与驾驶有关的处理措施时，同时规定"禁止驾驶"附加刑及"吊销驾驶执照"或"禁止授予驾驶执照"的保安处分措施。可见，欧洲国家把禁止驾驶作为对违反交通法规构成犯罪的人剥夺驾驶权利或资格的一种刑罚。②

在我国，《道路交通安全法》第 91 条第 1 款规定："饮酒后驾驶机动车的，处暂扣六个月机动车驾驶证，并处一千元以上二千元以下罚款。"同时我国《刑法》在第 133 条之一规定有"危险驾驶罪"，但对于醉酒驾驶只规定有拘役和罚金处罚，没有附加剥夺驾驶资格等内容。在《道路交通安全法》中规定有剥夺驾驶资格的处罚，而在刑法中却没有相关内容，未能体现酒后驾驶的行为特性，也恐与刑罚特殊预防的目标相悖。因此本书建议将禁止驾驶、吊销驾驶执照纳入刑法资格刑的体系中，避免"以罚代刑""只刑不罚"等不合理的现象出现。

四、剥夺公职权及政治权利的资格

公职不仅包括《刑法》第 54 条规定的担任国家机关的职务和担任国有公司、企业、事业单位和人民团体领导的职务，也泛指在国家机关或公共企业、事业单位、人民团体中担任的正式职务，即指纳入编制的，由国家财政负担工资福利，办理公共事务，为公共利益服务的职务，如法官、检察官、政府部门职员、高校校长、国有公司经理等。另外，剥夺政治权利中也涉及禁止担任公职的权利，在刑罚体系外也存在大量事实上的"资格刑"，分散在各法律法规中，有以下几类：

（一）剥夺公职权：担任国家公职的权利

对于公职权的剥夺，体现在我国《刑法》第 54 条剥夺政治权利中"担任国家机关职务的权利"和"担任国有公司、企业、事业单位和人民团体领导职务的权利"。剥夺政治

① 参见吴宗宪等：《非监禁刑研究》，中国人民公安大学出版社 2003 年版，第 330 页。

② 参见赵秉志主编：《英美刑法学》，科学出版社 2010 年版，第 243 页。

权利适用于危害国家安全犯罪,故意杀人、强奸、放火、爆炸、投毒、抢劫等严重破坏社会秩序的犯罪,且被判处死刑、无期徒刑的犯罪人,以及刑法分则中规定的其他犯罪。具体包括:非法拘禁罪,侮辱罪,诽谤罪,煽动民族仇恨、民族歧视罪,破坏选举罪,煽动暴力抗拒法律实施罪,招摇撞骗罪,伪造、变造、买卖国家机关公文、证件、印章罪,盗窃、抢夺、毁灭国家机关公文、证件、印章罪,伪造公司、企业、事业单位、人民团体印章罪,伪造、变造买卖身份证件罪,非法获取国家秘密罪,聚众扰乱社会秩序罪,聚众冲击国家机关罪,组织、领导、参加黑社会性质组织罪,非法集会、游行、示威罪,非法携带武器、管制刀具、爆炸物参加集会、游行、示威罪,破坏集会、游行、示威罪,侮辱国旗、国徽、国歌罪、聚众冲击军事禁区罪,聚众扰乱军事管理区秩序罪,冒充军人招摇撞骗罪,伪造、变造、买卖武装部队公文、证件、印章罪,盗窃、抢夺武装部队公文、证件、印章罪等。

对于剥夺从事公职的范围较小:一是只禁止担任国家机关职务和国有公司、企业、事业单位和人民团体领导的职务,对于在国有公司、企业、事业单位和人民团体中从事其他公务,国家机关、国有公司、企业事业单位委派到非国有公司、企业、事业单位、社会团体中从事公务以及其他依照法律从事公务的则不禁止。二是适用的对象有些狭小,从上述整理的犯罪中可以看出,对于那些利用职务之便贪污贿赂、挪用公款、渎职类犯罪刑法并没有规定适用剥夺政治权利。但贪污贿赂、挪用公款、渎职类犯罪正是利用了担任公职的便利或不认真履行公职才构成犯罪,而在刑法中反倒没有规定剥夺其公职资格,非常不妥。因此,这些应当是刑法中剥夺公职权研究的重点。

《德国刑法典》第 45 条第 1 项也规定:"因严重犯罪被处以 1 年以上剥夺自由之刑的,将在未来的 5 年内被剥夺担任相关公共职务以及从事选举和被选举权利的资格。"第 45 条第 3 项和第 4 项同时规定:"被剥夺担任公职刑罚的,同时剥夺其拥有的相关的法律地位和权利。"①且资格刑的适用方式有附加刑和附加后果两种,法官没有选择和自由裁量权。当作为一种附加刑适用时,德国刑法只规定有剥夺驾驶资格,附加后果作为特有的刑罚方式也被广泛适用,名誉刑在打击和预防犯罪上均发挥很好作用。可见,德国刑法中资格刑的规定相对完善,同时《德国刑法典》规定有资格刑的复权制度,即当罪犯受到一定期限名誉刑处罚且不再有再犯危险时,德国刑法给此类罪犯以改过自新的机会,提前恢复所剥夺的资格,最大限度地节约了司法资源。

虽然对有些犯罪刑法没有规定剥夺从事公职的资格,但我国有些法律规定有行为人犯罪后即丧失某些资格的情形,这实际上起到了因犯罪而被剥夺从事公职的资格效果。如《人民警察法》第 26 条、《检察官法》第 13 条、《法官法》第 13 条、《公务员法》第

---

① [德]李斯特:《德国刑法教科书》,徐久生、庄敬华译,中国法制出版社 1999 年版,第 55-56 页。

26条规定,曾因犯罪受过刑事处罚的不得担任人民警察、检察官、法官、公务员。《行政机关公务员处分条例》第17条也规定,行政机关公务员依法被判处刑罚的,给予开除处分。《公证员执业管理办法》第9条规定,因故意犯罪或者职务过失犯罪受过刑事处罚的,不得担任公证员。根据中央组织部、人事部2006年8月颁布的《工会、共青团、妇联等人民团体和群众团体机关参照〈中华人民共和国公务员法〉管理的意见》的规定,对于工会、共青团、妇女联合会等人民团体、群众团体机关中除工勤人员以外的机关工作人员,列入参照公务员法管理范围。这部分人员因犯罪受到刑事处罚后的惩戒问题,应参照公务员法的相关规定处理,即不得从事人民团体机关的公职。

除因犯罪被禁止担任公职外,还有其他禁止担任公职的规定,但属于行政处分。如我国《政务处分法》第28条规定:有下列行为之一,予以记过或者记大过;情节较重的,予以降级或者撤职;情节严重的,给予开除处分:(1)散布有损宪法权威、中国共产党领导和国家声誉的言论的;(2)参加旨在反对宪法、中国共产党领导和国家的集会、游行、示威等活动的;等等。《公证法》第41条规定,公证员有下列行为之一,情节严重的,对公证员处1000元以上5000元以下罚款,并可以给予3个月以上6个月以下停止执业的处罚;有违法所得的,没收违法所得:(1)以诋毁其他公证机构、公证员或者支付回扣、佣金等不正当手段争揽公证业务的;(2)违反规定的收费标准收取公证费的;等等。《人民警察法》《法官法》《检察官法》等都有类似规定。

(二)剥夺政治权利:选举权和被选举权

根据我国刑法规定,剥夺政治权利是法院判处剥夺犯罪人参加国家管理与政治活动权利的刑罚方法,在我国刑罚体系中居于从属地位。其属于资格刑,是严厉性较重的一种附加刑,排列顺序介于罚金与没收财产之间。我国《刑法》第54条规定"剥夺政治权利"的内容具体包括:(1)选举权和被选举权;(2)言论、出版、集会、结社、游行、示威自由的权利;(3)担任国家机关职务的权利;(4)担任国有公司、企业、事业单位和人民团体领导职务的权利。均系公民的基本权利,除宪法明文规定外,不可以随意剥夺。"政治权利的剥夺"主要从以下方面来理解。

1. 是一种严厉的政治性惩罚。虽属附加刑,但剥夺的是犯罪人享有的政治权利,也即参加国家管理和政治活动的权利、能力、资格。从适用对象上看,主要适用于犯罪性质较为严重的犯罪人,相对于其他附加刑来说,剥夺政治权利等于宣布了犯罪人政治生命的死亡。

2. 只能由法院依法判决对犯罪人适用。其他任何机关、个人无权使用。我国《刑法》分则条文4种类型的犯罪规定有剥夺政治权利的条文共23条,总则第54~58条规定了剥夺政治权利。其有以下特征:

第一,刑罚效力。对犯罪人参加国家管理与政治活动资格的剥夺,根据《刑法》第

54 条的规定,涉及四个方面。一是选举权和被选举权;二是言论、出版、集会、结社、游行、示威自由的权利;三是担任国家机关职务的权利;四是担任国有公司、企业、事业单位和人民团体领导职务的权利。

第二,适用方式。一为附加适用,二为独立适用。一是"应当剥夺",强制并科原则;二是"可以剥夺",任意并科原则。根据《刑法》第 56、57、58 条规定,附加适用的对象有三种情况:其一,对于危害国家安全的犯罪分子应当附加剥夺;其二,对于被判处死刑、无期徒刑的犯罪人应当附加剥夺;其三,对于故意杀人、强奸、放火、爆炸、投毒、抢劫等严重破坏社会秩序的犯罪人可以附加剥夺。独立适用涉及四种类型犯罪:其一,危害国家安全罪;其二,侵犯人身权利罪、民主权利罪;其三,妨害社会管理秩序罪;其四,危害国防利益罪。

第三,刑期起算。根据《刑法》第 56、57、58 条规定,期限有五种情况:其一,独立适用剥夺政治权利或者主刑是有期徒刑、拘役而附加剥夺政治权利的期限为 1 年以上 5 年以下;其二,判处管制附加剥夺政治权利的期限与管制的期限相等;其三,判处死刑、无期徒刑的应当剥夺政治权利终身;其四,死刑缓期执行减为有期徒刑或者无期徒刑减为有期徒刑的时候应当把附加剥夺政治权利的期限相应地改为 3 年以上 10 年以下;其五,某些政治权利的剥夺为终身。根据《刑法》第 58 条第 2 款规定,刑期起算依独立适用、附加适用随主刑的不同分为:独立适用的刑期从判决生效之日起算;附加适用的在主刑执行期间罪犯当然不享有政治权利;判处管制附加的与管制同时起算;判处拘役附加的从拘役执行完毕之日起计算;判处有期徒刑附加的刑期从有期徒刑执行完毕之日或者假释之日起计算;死刑缓期执行减为有期徒刑或者无期徒刑减为有期徒刑时,附加的剥夺政治权利终身减为 3 年以上 10 年以下刑期并从确定为有期徒刑执行完毕之日或者假释之日起计算。

第四,刑罚执行。由公安机关执行。《刑法》第 58 条第 2 款规定:"被剥夺政治权利的犯罪分子,在执行期间,应当遵守法律、行政法规和国务院公安部门有关监督管理的规定,服从监督,不得行使本法第五十四条规定的各项权利。"根据有关规定,剥夺政治权利执行期满应当由执行机关通知本人,并向有关群众公开宣布恢复政治权利。但是,有的政治权利要受到一定的限制。

我国剥夺政治权利的附加刑,虽演化于褫夺公权,但其范围远远小于褫夺公权,有必要进一步完善。[①] 可保留剥夺选举权与被选举权,增加剥夺从事特定职业的谋职权,并建立执行监督考察和复权制度。

① 参见周振想主编:《中国新刑法释论与罪案》(上),中国方正出版社 1998 年版,第 421-425 页。

(三)股东资格(投资资格):管理企业与投资的权利

股东是有限公司和股份公司中的概念,股东资格的取得方式有两种:一是原始取得,即直接认购出资或股份而取得。因向有限公司履行出资义务或认购公司股份而取得。出资义务可以认缴,即不一定以全部缴纳出资为条件。股东身份的取得是基于对公司的出资行为,股东因出资对公司享有权利,包括共益权、自益权等财产权,是其转让原本对财产的所有权而取得的股权,是其出资行为的对价。二是继受取得。因转让、继承、合并等继受而取得。股东资格的丧失有以下事由:(1)所持有的股权已经合法转让;(2)未依公司章程约定履行股东义务而受到除名处置;(3)因违法受到处罚而被剥夺股权(如没收财产、罚款、罚金等);(4)法律规定的其他事由。我国没有特别规定因实施某种违法犯罪行为而剥夺股东资格,在因其他违法犯罪行为被处以财产罚时才引起股权的转移及股东资格的丧失。

在合伙企业中,普通合伙企业的合伙人只要是具有完全民事行为能力的自然人都可以,特殊合伙企业的合伙人还应具有相应的专业知识和技能。合伙人资格的丧失即合伙人退出合伙企业,《合伙企业法》规定了三种退伙方式,分别为协议退伙、当然退伙、除名退伙。当然退伙包括下列几种情形:(1)合伙人死亡或被宣告死亡、宣告失踪;(2)合伙人丧失民事行为能力;(3)合伙人在事务所的全部财产份额被法院强制执行;(4)合伙人丧失必须具有的资格;(5)个人丧失偿债能力。合伙人有下列情形之一的,经全体合伙人一致同意可以除名:(1)未履行出资义务;(2)因故意或重大过失给合伙企业造成损失;(3)执行合伙事务时有不正当行为;(4)发生合伙协议约定的事由。在个人独资企业中,投资人只要求是自然人,国家公务员等法律、行政法规禁止从事营利性活动的人,不得作为投资人申请设立个人独资企业。2011 年 3 月 30 日国务院第 149 次常务会议通过的《个体工商户条例》(已修改)中规定,有经营能力的公民都可以申请登记从事工商业经营,该条例同时规定了个体工商户实施某些违法行为的,由登记机关予以注销或吊销营业执照。此外,在中外合资经营企业、中外合作经营企业及外资企业中,对投资人也没有更多具体要求。

投资是一种市场经济活动,主要遵循的是自由竞争、私法自治的原则,这也是我国法律对投资资格限制颇少的原因。就算是剥夺股东或合伙人的资格也大多建立在公司章程约定或合伙人一致同意上,只有在违法犯罪受到财产处罚的情况下,因为强制执行股权或财产份额的,才间接剥夺其投资者身份。根据我国《公司法》第 200、201 条规定,公司发起人、股东虚假出资、抽逃出资的,对发起人、股东处以罚款。对于此类行为,可以考虑增加直接剥夺行为人投资资格的处罚,并附加一定的期限。且将这种财产罚和剥夺投资资格的处罚一并纳入违法犯罪制裁体系中,由司法机关经过法定程序予以确认,这种剥夺资格的处罚不仅能对症下药,且也可预防再犯。

(四)企业职务资格(法人、厂长、经理):法人资格与企业领导权利

企业职务资格是指在企业中担任董事、监事、高管、法定代表人、厂长、经理等职务的资格。在现代企业制度中经营权和所有权的分离是一大特征。股份有限公司自不必说,有限责任公司很多股东并不参与公司经营。但其他企业如合伙、独资等仍实行经营权和所有权合一的制度,企业厂长、经理一般就是投资人,故此处主要讨论公司董事、监事、高级管理人员等担任公司职务的资格。

我国《公司法》第 146 条规定:因贪污、贿赂、侵占财产、挪用财产或者破坏社会主义市场经济秩序,被判处刑罚,执行期满未逾 5 年,或者因犯罪被剥夺政治权利,执行期满未逾 5 年的,不得担任公司的董事、监事、高级管理人员。《证券法》第 131 条规定:除公司法规定的情形外,因违法行为或者违纪行为被解除职务的证券交易所、证券登记结算机构的负责人或者证券公司的董事、监事、高级管理人员,自被解除职务之日起未逾 5 年;因违法行为或者违纪行为被吊销执业证书或者被撤销资格的律师、注册会计师或者其他证券服务机构的专业人员,自被撤销资格之日起未逾 5 年的不得担任证券公司的董事、监事、高级管理人员。

公司董事、监事、高级管理人员应该履行忠实义务和勤勉义务,不履行这些义务的,股东有权提起民事诉讼,但我国法律只规定董事、监事、高级管理人员因相关犯罪受到刑事制裁时才剥夺其资格,对于普通的违反义务的行为法律并没有明确规定剥夺其资格。本书认为对于董事、监事、高管,法定代表人、厂长、经理,因贪污、贿赂、侵占财产、挪用财产或破坏市场经济秩序,受到刑罚制裁的,可以规定在一定期限内不得从事上述职业。

(五)其他特定职业资格:各行各业准入门槛以及执业资格

其他特定职业资格有教师、律师、医生、会计师、注册会计师、拍卖师等。我国《教师法》第 14 条规定,受到剥夺政治权利或者故意犯罪受到有期徒刑以上刑事处罚的,不能取得教师资格;已经取得教师资格的,丧失教师资格。《律师法》第 7 条规定,受过刑事处罚的,但过失犯罪的除外,不予颁发律师执业证书。《拍卖法》第 15 条规定,因故意犯罪受过刑事处罚的,不得担任拍卖师。《会计法》第 40 条规定,因有提供虚假财务会计报告,做假账,隐匿或者故意销毁会计凭证、会计账簿、财务会计报告,贪污,挪用公款,职务侵占等与会计职务有关的违法行为被依法追究刑事责任的人员,不得再从事会计工作。《注册会计师法》第 10 条规定,因受刑事处罚,自刑罚执行完毕之日起至申请注册之日止不满 5 年的或因在财务、会计、审计、企业管理或者其他经济管理工作中犯有严重错误受行政处罚、撤职以上处分,自处罚、处分决定之日起至申请注册之日止不满 2 年的,受理申请的注册会计师协会不予注册。

上述列举都是在犯罪之后作为附随效果的资格剥夺,虽不由法院以刑罚宣告,但

通过各部门法剥夺,实质也是犯罪产生的附随后果,具有准刑罚性质。类似的情况在法国学界被称为从刑。这种从刑虽然没被规定在刑法中作为刑罚措施,但在各类部门法中都规定了犯罪或故意犯罪或与从事职业有关犯罪的不得从事公职或特定职业,同样因为犯罪行为受到职业限制的处罚。再者,上述列举的各部门法都符合我国立法法有关修改或者补充有关犯罪和刑罚的事项,属于附属刑法。

此外,还存在另一种剥夺执业权的情况。如《律师法》第 47 条规定:律师有下列行为之一,情节严重的,给予停止执业 3 个月以下的处罚:同时在两个以上律师事务所执业的;以不正当手段承揽业务的;在同一案件中为双方当事人担任代理人,或者代理与本人及其近亲属有利益冲突的法律事务的;等等。第 49 条规定:律师有下列行为之一,情节严重的,由相关部门吊销其律师执业证书:违反规定会见法官、检察官、仲裁员及其他有关工作人员,或以其他不正当方式影响依法办理案件的;等等。再如《拍卖法》第 62 条规定:拍卖人及其工作人员违反本法第 22 条的规定,参与竞买或委托他人代为竞买情节严重的,吊销营业执照。对这类由行政部门剥夺职业资格的措施应纳入违法犯罪制裁体系中。《宪法》第 42 条规定:公民有劳动的权利和义务。职业权的限制关系到公民个人的生存和发展,因此,应将各种法律、法规、规章及司法解释中有关剥夺职业资格的规定进行整合,将剥夺职业资格的处罚纳入刑事制裁体系中,通过司法程序由法院予以裁决,以保障公民的人权。

具体做法是,对特定职业或活动的禁止应该视情况规定不同的期限,既可达到预防再犯的目的,也不至于使行为人彻底丧失从事某职业的机会,或者使行为人丧失其生存能力从而重新走上犯罪道路。至于处罚方式,可在法院判决生效后交由相关行政主管部门具体实施。

第三十一章　刑事责任的其他承担方式:非刑罚处罚

我国《刑法》第 36、37 规定的“赔偿经济损失”“非刑罚性处置措施”,包括进申诫罚、名誉罚、赔偿经济损失与赔偿损失、行政处罚与行政处分、保安处分及类似措施、专门矫治教育等。

一、申诫罚

申诫罚指对违法犯罪人作出的书面谴责或训诫,也即对其名誉、荣誉、信誉或精神利益上造成一定损害以示警诫的处罚方法。适用于轻微违法犯罪行为,属刑罚中最轻、使用较广的处罚形式,如警告、训诫、责令具结悔过和责令改正等都是申诫罚的主要形式。其功能在于只是对违法犯罪人处以精神惩戒,而非人身自由或财产权利。目的在于使其引起警觉,避免重犯。

(一)警告

警告目前在刑法中并未明确规定,类似处罚有《刑法》第 37 条规定的“训诫”“责令具结悔过”等。而我国《行政处罚法》第 8 条规定,行政处罚的种类有:警告,罚款、没收违法所得、没收非法财物,责令停产停业,暂扣或吊销许可证,行政拘留及法律行政法规规定的其他行政处罚。属于申诫罚的只有警告。我国《公务员法》第 62 条对公务员的处分也有“警告、记过、记大过、降级、撤职、开除”。可见,警告、记过、记大过三种处分均是对被处分者进行精神上的警诫,并不涉及物质后果。治安处罚中的警告是指对违反治安管理情节轻微的行为提出正式、严厉的警示性告诫,以提醒其问题的严重性,使其不再重犯。这也是国家对其违法犯罪行为的一种否定性评价,但在我国刑法尚未规定,其作为一种处罚方式应引起刑法的关注。

警告的目的有两个:一是对违法犯罪行为的否定性评价,并起到警示社会和教育他人的作用;二是对行为者本人进行正式、严厉的警示性提醒,使其认识到自己行为的严重性及后果,避免再犯。

警告虽然不像罚款、拘留那么严厉,但绝不是一般的批评教育,因为一般的批评教育不具有处罚性,更没有强制性。被批评的人可以接受,也可以不接受。而治安处罚中的警告,是一种非常严厉的批评、提醒和警示。因为它是经过传唤、询问、取证和裁决等严格法律既定程序才最终作出严肃性、慎重性的裁决,并不是随意或随便的说教与处置,具有国家的强制性。当然如果不服,被处罚人可以通过正当法律程序予以申诉或起诉,但不得影响执行。

(二)训诫

训诫在我国立法上属于刑事责任承担方式中的非刑罚处罚方式。根据《刑法》第37条的规定,"对于犯罪情节轻微不需要判处刑罚的,可以免予刑事处罚,但是可以根据案件的不同情况,予以训诫或者责令具结悔过,赔礼道歉、赔偿损失,或者由主管部门予以行政处罚或者行政处分"。然而,实践中真正动用非刑罚处罚的案子很少,今后要加强对其的适用。

通常认为,训诫是司法机关对犯罪情节轻微不需要判处刑罚的人公开进行谴责的教育方法,可产生感化、教育的效果,以达到预防和减少犯罪的目的。训诫与警告同属申诫罚,对行为人的严重违法或犯罪行为予以告诫,有一定的名誉或精神上的否定评价性质,训诫的程度较警告更为严厉,有训斥批评的特别效果。训诫早在《秦律》中就有规定,是指申斥责骂。1956年最高人民法院对各地使用过的刑罚进行整理,其中包括公开训诫;训诫在1949年后的司法实践中运用也较多,行之有效。①

国外刑法也有训诫规定,如苏联、巴西、法国等国的刑法典均有规定,只是在称谓上有区别,有的称"公开训诫",有的称"司法训告"。由于训诫仅限于有罪宣告时宣读,故有人提出"训诫主要内容就是教育,这对任何犯罪都少不了,专门作为一种非刑罚措施意义不大"②,建议取消。本书认为,训诫是针对轻微犯罪的一种制裁方法,适用于轻微刑事犯罪,可以起到切实的教育感化作用,使其认识到自己行为的社会危害性,从而达到预防和减少犯罪的目的。

关于训诫的内容、执行方式,最高人民法院1964年1月18日发布的《关于训诫问题的批复》(已失效)中指出:"人民法院对于情节轻微的犯罪分子,认为不需要判处刑

---

① 参见高铭暄:《中华人民共和国刑法的孕育和诞生》,法律出版社1981年版,第65页。

② 滕炜:《关于完善刑法中非刑罚处置制度的建议》,载《法律学习与研究》1989年第4期。

罚,而应以训诫的,应当用口头的方式进行训诫。在口头训诫时,应当根据案件的具体情况,一方面严肃地指出被告人的违法犯罪行为,分析其危害性,并责令他努力改正,今后不再重犯;另一方面也要讲明被告人的犯罪情节尚属轻微,可不给予刑事处分。”事实上,训诫采用当庭口头宣布的方式未必能发挥应有作用,因此为了使违法犯罪行为人能够加强自身的约束或使广大人民群众积极参加对其的教育、帮助和监督,训诫不仅可以采取口头的方式,而且可以采取书面的方式在一定的范围内公布,以收到一般预防和化解矛盾的效果,即必须记录在案和书面训诫,使其永远记住自己的错误与教训。

(三)责令具结悔过

责令具结悔过,是指法院要求犯罪人用书面或口头的形式反省自身、检讨犯罪行为的一种做法。其是一个运用非常广泛的制度,各种实体法和程序法上都有具结悔过的规定,如刑诉程序有责令具结悔过制度,甚至贯穿刑事诉讼的全过程。

但根据《刑法》第 37 条的规定,对犯罪后被免除刑事处罚的人所做出的责令具结悔过,是承担刑事责任的方式,是一种处罚措施。不同于行政法或民法中的责令具结悔过,且在判处时必须记录在案,甚至当场视其态度决定是否给予其他处罚,必须予以高度重视。

与训诫一样,责令具结悔过也属于刑法规定的非刑罚处罚方式之一。是指法院责令因犯罪情节轻微不需要判处刑罚的犯罪人深刻反思自己罪行,并用书面方式保证悔改,以后不再重犯的非刑罚处罚。在司法活动中借助司法权威强令犯罪人悔过,其只能适用于那些犯罪情节轻微、当庭承认自己所犯罪行,并对犯罪深刻反省、愿意改恶从善、重新做人的犯罪人,即要满足罪轻、认罪、悔罪三个条件司法机关才能免予刑事处罚、责令具结悔过。唯有如此才能使刑事责任预防犯罪的效果得以实现,对那些不认罪的犯罪人,责令具结悔过是有悖刑事责任目的要求的。

在刑法中适用责令具结悔过必须具备两个条件:(1)适用对象必须是构成犯罪但不需要判处刑罚的人。(2)根据案件情况需要责令犯罪人用书面方式保证悔改的。其教育方式可以使犯罪人在悔过的过程中认识到自己行为的社会危害性及自己的主观过错和主观恶性,促使其以后按照自己的保证弃恶扬善,重新回归社会。司法实践中适用责令具结悔过有两种情形:一是在宣告有罪后,要求犯罪人在一定期限内写出不再犯的书面保证;二是让犯罪人于开庭前事先将悔罪书写好,在宣判时当庭宣读,也可将悔罪书印成多份,交给有关单位或基层组织,以示悔罪诚意。①

实践证明,其对于被免予刑罚处罚,且有悔过之心的犯罪人可以发挥较大的教育

① 参见张明楷:《刑法学》(上),法律出版社 1997 年版,第 494 页。

作用和预防作用。

(四)责令改正

责令改正虽类似责令悔过,但两者有很大不同。前者是有针对性地强令其纠正某些行为或事实,后者基本上是抽象的悔过及主观认识。在我国法律中,如《食品卫生法》《传染病防治法》等均有“责令改正”或“责令限期改正”的处罚种类。

当然,责令改正是否属于刑罚性质争议很大,尽管有学者认为责令改正没有被规定在行政处罚法的处罚种类中,但2021年1月22日第十三届全国人大常委会第二十五次会议审议通过的《行政处罚法》第28条第1款规定,“行政机关实施行政处罚时,应当责令当事人改正或者限期改正违法行为”,即责令改正违法行为是处罚每个行政违法行为的必经程序,故责令改正是行政处罚的重要组成部分,且不可分割。故责令改正违法行为有理由被刑法关注,并作为申诫罚中的一种主要方式。在纳入警告、训诫等轻微告诫式处罚后,责令改正是更为严厉的惩戒方式。

此外,此次《行政处罚法》修改还增加有通报批评、降低资质等级和限制开展生产经营活动、限制从业等处罚种类,在此不再一一介绍。但应注意的是,申诫罚和名誉罚的区别,前者是相关部门或司法人员当面训斥或责令改正;后者是针对被告人名誉、脸面,使其难堪,不是当面的训斥,而是通过其他方式使其名誉受损。

二、名誉罚

名誉罚最早源自罗马法,其法理根据是享有权利能力的人就具有法律上的人格,人格的完全具备必须有名誉权、自由权、财产权、市民权和家族权。在罗马社会,名誉的好坏直接影响一个人的权利享受。罗马法中,受名誉减损处分的有三种情况:不能作证、丧廉耻、污名。不能作证是诉讼权利,丧廉耻是指无选举权和被选举权,污名是指虽无法定或官员指定的原因,但因行为卑劣而为人们所蔑视。有污名的人,不应委任他们担任需要有诚实信用品质的职务。[①] 因此学者们认为,名誉罚是资格刑的缘起。实际上,罗马法名誉处分中的丧失作证权利及因有污名而事实上导致的权利丧失,可以认为是后世资格刑的起源。故名誉与资格有着密切的联系,由于资格罚另有专述,这里仅论述狭义的名誉罚。其具体是指因行为人违反刑法,司法机关给予其名誉或精神上的否定性评价,使被处罚人名誉上受到非难,以达到惩罚和教育效果的一种处罚方法。贝卡里亚认为,“人身侮辱有损于人的名誉,也就是说,有损于一个公民有权从他人那里取得的那份正当的尊重。对于这种侮辱行为,应该处以耻辱刑”[②]。显然,又

① 参见陈兴良:《刑法适用总论》(第2版)(下卷),中国人民大学出版社2002年版,第226-228页。
② [意]切萨雷·贝卡里亚:《论犯罪与刑罚》,黄风译,中国大百科全书出版社1993年版,第75页。

与古代的耻辱刑类似。

(一)名誉罚的范畴及其分类

对于名誉罚的界定学界有不同说法,也称名誉刑。我国台湾地区学者谢瑞智认为,名誉刑者以剥夺犯人之名誉为目的之刑罚也。[①] 高仰止认为,名誉刑者谓国家剥夺犯人所享有荣誉之资格,亦即使犯人丧失享有公法上一定权利之刑罚,丧失公权之资格,乃丧失公法上一定权利能力,故名又称权利刑、资格刑或能力刑。[②] 应该说,名誉刑是以剥夺罪犯一定权利或资格为内容。故也可将名誉罚界定为:为预防犯罪而剥夺犯罪人从事某种活动所必需的权利能力或身份的刑罚方法。

1. 名誉罚的附加刑模式

该模式是指名誉罚是以附加刑的模式存在的。多数大陆法系国家或地区将其作为附加刑的一种,如法国和意大利等。但根据名誉罚是否可独立适用分为:一是既可以附加适用也可以独立适用,如我国刑法中的"剥夺政治权利"就属于此种模式;二是只能附加适用,不能独立适用,如《意大利刑法典》的"附加刑"具有绝对的从属性,主刑是适用附加刑的前提。

当然,这里有个附加刑和附属刑的区别问题。后者的特点是不在刑法典对名誉罚作出规定,而是在附属刑法中予以规定。如日本1880年公布的刑法典,剥夺公权、停止公权、禁止经营财产等资格限制被作为附加刑规定。刑法学者大谷实教授认为,对一定的犯罪处以刑罚时,在法律上设计了作为其伴随效果的种种资格限制,都要以成立犯罪为要件加以判处。因此即使法院没有将其作为刑罚进行宣告,但在实质上仍可将其理解为刑罚的一种。[③]

2. 名誉罚的主刑与附加刑模式

在有些国家,名誉罚既可作为主刑使用,也可作为附加刑使用,法律定位及其模式较为灵活。在英美法系国家,由于其没有刑罚体系的明确规定,故名誉刑的定位不甚明确。其他国家对此的规定也不相同,如《朝鲜刑法典》第29条规定了"名誉刑",既可作为主刑又可作为附加刑适用。《拉丁美洲标准刑法典》中,也有相应的类似规定。

在理论上,上述模式是一种结合模式。具体是指不仅在法典中规定名誉刑,而且在附属刑法或特别刑法中也规定了名誉刑。如《法国刑法典》中就规定了数量众多的适用复杂的名誉刑,同时在附属刑法中也规定了作为从刑的名誉刑。因为附属刑法不具有刑法典的形式使其威慑力往往被忽视,也就不能发挥一般预防的功能。法国在特别刑法中规定名誉刑也并非没有可取之处,但可能会造成司法操作凌乱的后果,故我

---

① 参见谢瑞智:《刑法总论精义》,台北,台湾文笙局1981年版,第211页。

② 参见高仰止:《刑法总则之理论与实用》,台北,五南图书出版社1987年版,第471页。

③ 参见[日]大谷实:《刑事政策学》,黎宏译,法律出版社2002年版,第145页。

国最终采取统一和完备的法典形式立法规定名誉刑。

3. 名誉罚的替代刑模式

《法国刑法典》中有“名誉刑”作为替代刑的模式存在,法典中规定当名誉罚作为主刑时,适用轻罪或违警罪。在法国刑法中,还可作为罚金或监禁刑的替代刑。在此情况下,原本作为轻罪主刑的监禁刑和罚金刑,就不能与此种附加刑并科宣告,从而将名誉刑作为监禁刑和罚金刑的替代刑使用,以避免短期监禁刑容易使犯人交叉感染和罚金刑效果不佳的弊端。日本刑法不承认名誉刑的存在,但附属刑法规定有大量的名誉刑,在保安处分中也有名誉刑的内容,如规制处分等。

4. 名誉罚的强制附加刑模式

世界各国或地区的名誉罚都没有将其作为主刑规定,这是由名誉刑的性质决定的,目前剥夺罪犯的生命、自由、财产仍旧是主要手段,剥夺罪犯的名誉只是辅助手段。陈兴良教授认为,名誉罚在刑罚体系中的地位,与生命刑、自由刑、财产刑相比,是等而下之的,认识到这一点,有利于我们充分认识名誉刑的特征,巩固其在刑罚体系中的地位。① 名誉罚能否作为主刑或独立刑种适用的问题,具体是指只在法典中规定,而不在其他法律法规中规定。我国刑法对名誉刑的立法模式采用的是独立型,即名誉刑的相关规定只体现在刑法中,其他法律中不再体现对名誉刑的规定。

5. 名誉罚的其他不同规定

当然,名誉刑在立法方式中还存在只作附加刑,而有的名誉罚既作附加刑又作主刑。如苏俄刑法典名誉刑被分为三种,剥夺担任一定职务或从事某种活动的权利、撤职和剥夺军衔或专门称号,其中前两者既可以作为主刑适用,也可以作为附加刑适用。还有的将部分名誉刑作附加刑,一部分剥夺名誉作为主刑的当然法律后果,如德国刑法将“禁止驾驶“规定为唯一的附加刑,而将其他一些剥夺资格的措施规定为“附随后果”。当然,这里有个名誉罚与资格刑的区别问题。

一般而言名誉罚具有主刑的从属地位,通常只是主刑的附随刑种。但也有国家赋予名誉罚独立地位,如我国刑法规定的“剥夺政治权利”等。只不过其是资格罚还是名誉罚还值得认真探讨和研究。由于名誉罚与资格罚抑或人身权利等有着千丝万缕的联系,关系极为复杂,故有人将剥夺政治权利、相关民事权利的剥夺、学位和国家奖励、禁制令、禁止驾驶和吊销营业执照、驱逐出境、解散法人等,均列入资格刑的范畴,这样做似乎有所不妥。

(二)赔礼道歉(包括声明道歉)

赔礼道歉是指法院责令犯罪情节轻微,不需要判处刑罚的人以公开道歉的方式向

---

① 参见陈兴良:《资格刑比较研究》,载《法学研究》1990 年第 6 期。

被害人表达歉意。这有助于犯罪人认识到自己罪行对被害人所造成的伤害，从而强化其认罪悔过的态度，同时对于被害人也是一种心理抚慰。尤其熟人间因激愤而引发轻微犯罪的，赔礼道歉可化解社会矛盾，促进和谐稳定。

表面看，赔礼道歉似乎是所有处罚措施中最轻的处罚，其实我国《刑法》第37条规定的"赔礼道歉"是郑重严肃的承担刑事责任的一种方式。假如一对夫妇因家暴伤害了对方，法官是判处丈夫或妻子赔偿还是赔礼道歉呢？显然后者比前者更有威慑力，也对被害人更具有精神抚慰作用。司法效果上，即便是一般的伤害案件，"赔礼道歉"也更能促进犯罪人与被害人的关系修复。

根据我国《刑法》第37条的规定，赔礼道歉是指人民法院在宣告被告人有罪的前提下，责令犯罪人公开向被害人当面承认罪错，表示歉意，并保证今后不再侵犯被害人的合法权益。这种公开承认错误向受害人赔礼道歉的方式，不仅是一种道德礼教的要求，也是对犯罪人的舆论评价。犯罪人通过公开赔礼道歉，认识到自己的不法行为后果，与名誉罚否定性评价的性质是统一的。虽然赔礼道歉更多地属于一种被告人与被害人间民事关系上的责任承担方式，但在刑法中同样作为非刑罚处罚措施，属于刑事责任的承担方式之一。赔礼道歉可以对因犯罪行为受损的社会关系进行有效弥补和修复，是安抚被害人及其亲属的有效措施，同时也是社会普遍道德情感的要求。

法院适用赔礼道歉具有双向性，一是要求犯罪人要有赔礼道歉的诚意；二是被害人有接受犯罪人的赔礼道歉，效果好坏取决于被害人的态度。作为刑事责任的承担方式，赔礼道歉应当公开进行；既可以在宣判时犯罪人公开向被害人赔礼道歉，也可在判决指定的日期进行赔礼道歉；既可通过口头方式公开赔礼道歉，也可通过书面方式公开赔礼道歉，还可以借助媒体公开赔礼道歉。由于赔礼道歉不具有物质损害赔偿的意义，故既可对尚未造成物质损害的轻微犯罪单独判处，也可对造成物质损害的轻微犯罪责令其赔礼道歉和赔偿损失并处。实践证明，对于犯罪情节轻微而给被害人造成心理创伤的犯罪人，适用这种方式可缓解社会矛盾，即教育犯罪人、安抚被害人。

（三）惩罚性通告

2021年《行政处罚法》修订，增加了一种新的行政处罚方法，这就是通报批评。过去通报批评作为处罚措施并未规定在法律中，而是散落在各种法规及规章中。通报批评是否属于行政处罚存在许多争议，我们将其视作名誉刑方法。通报批评是指通过实际影响当事人的声誉，通过对声誉的否定性评价，以及社会公众的道德评价压力达到制裁效果。但其存在一个通报范围问题，即这种"批评"不仅要给予违法行为人，还要在一定范围进行通报，使一定范围内的公众知悉行为人的违法事实及处罚机关施加的否定性评价。本书之所以不叫"通报批评"，而叫"惩罚性通告"，就是为了与行政法中的"通报批评"相区别，甚至在程度上要比通报批评处罚更重。

与警告相比,其在社会公众中造成的影响,对被处罚人名誉的否定评价波及范围更广,事实上产生的惩戒效果是更为严厉的,因此我们主张将警告放在申诫罚中,而将通报批评改称"惩罚性通告"纳入名誉罚当中。也就是说,因为刑事责任的承担应当有别于一般行政违法行为,故笔者认为应当采取形式更为严厉的通报批评的方式进行处罚,即名称上有所变动,直接称"惩罚性通告",这样既结合了通报的方式,又体现了通报"惩罚性"的效果。

(四)有罪宣告

有罪宣告作为刑事责任的实现方式之一在刑法中有明确规定,但其在司法实践的适用不够普遍,仅仅作为刑事责任实现的次要、辅助方式,故对单纯有罪宣告的研究尚不深入,本书强调承担刑事责任的五种方式是并列关系,且在刑罚轻缓化世界刑罚发展潮流面前,刑罚之外刑事责任的实现方式将会越来越普遍,基于此本书对单纯的有罪宣告进行系统阐述。

1. 有罪宣告的范畴及其属性

(1)有罪宣告的基本内涵

有罪宣告的基本含义是定罪免刑,具体是指法院对情节轻微的犯罪人通过判决仅宣告其有罪,并记录犯罪,但免除其刑罚处罚的司法活动。根据《刑法》第 37 条的规定:"对于犯罪情节轻微不需要判处刑罚的,可以免予刑事处罚。""免予刑事处罚"又分单纯"有罪宣告"和不单纯的"有罪宣告",前者是既免除刑罚处罚又免除非刑罚处罚的情况,后者是只免除刑罚处罚。此外,我国还在《刑法》第 19~22、24、27、28、67、68、164、272、276、351、383、390、392 条等条文中,分别表述有"免除处罚"的规定,虽然免罚条件与"有罪宣告"的条款不完全相同,但也有必要作相关研究。有罪宣告的判决依据是犯罪情节轻微不需要判处刑罚,给其贴上犯罪的标签就是对其的否定评价;此时即使不给予任何处罚也可以达到预防犯罪的目的。①

我国刑法刑事责任承担方式中的有罪宣告,与国外刑法理论上的单纯有罪不是同一个概念。大陆法系的德、日刑法理论中有客观处罚条件理论:即使犯罪在某些条件下已经成立,但仍不能对行为人加以刑罚处罚,如果对行为人发动刑罚还需要有其他的事由,这种事由被称为客观的处罚条件。《日本刑法典》第 197 条第 2 款关于准受贿罪或称预约受贿罪就是如此:"将要成为公务员或者仲裁人的人,就其将要担任的职务,接受请托,收受、要求或者约定贿赂,事后成为公务员或者仲裁人的,处 5 年以下惩役。"一般认为,行为人在其将要担任的职务上收受、要求或者约定贿赂就成立犯罪,但仅此还不能发动刑罚权,要发动刑罚还要求行为人后来确实充当了公务员或者仲裁

① 参见李晓明:《刑法学总论》,北京大学出版社 2016 年版,第 462-463 页。

人。后来充当公务员或者仲裁人,就是一种处罚所需要的客观条件。[①] 而我国刑法中的有罪宣告与国外的单纯有罪有三点区别:一是罪行轻重不同。我国有罪宣告仅限于轻微犯罪,所涉之罪可以是轻罪也可以是重罪,而前述日本刑法中的准受贿罪属重罪。二是不处罚的前提不同。我国有罪宣告的依据是罪行轻微无须给予处罚,而国外的单纯有罪则是由于客观处罚条件还不具备,因而不能发动刑罚权,无法给予处罚。三是司法进程不同。我国有罪宣告实际启动了司法程序,且经过立案、侦查、起诉、审判全部司法过程,而国外单纯有罪则并没有启动司法程序。

(2)有罪宣告的域外理论

①免除刑罚理论

在国外的刑法理论中,与我国有罪宣告最相近的就是免除刑罚(Absehen von strafe)制度,是在宣告行为人有罪的前提下,因法律的规定免除刑罚的适用,将犯罪行为与对行为人的处罚之间的联系切断。免除刑罚的地位和作用在于强调在下列情况下制裁的底线:"不法或罪责被显著减轻,或者因特殊原因缺乏对破坏法规范的行为人进行制裁的必要性或对行为人施加影响的必要性。"[②]但刑罚免除的前提条件是行为人在形式上被作有罪判决(德国《刑事诉讼法》第260条第4款第4句),且不在联邦中央登记簿中登记。德国免除刑罚的情况有三类:一是行为已给行为人带来严重后果,以至于再科处其刑罚"显著不当";二是行为人与被害人和解时;三是轻微不法或较少罪责下的刑罚免除。[③] 免除刑罚在日本刑事诉讼法中被分为必要的免除事由与任意的免除事由,前者以内乱罪中的自首(《日本刑法典》第80条),私战预备、阴谋罪中的自首(第93条但书)为例;后者以亲属间的藏匿犯人、湮灭证据(第105条),放火预备罪(第113条)为例。

在1975年7月11日的法律颁布后,法国同时存有法定的免除刑罚与裁判的免予刑罚。法定免除刑罚的情况由法律严格规定,大部分与揭露某些重罪及未遂罪有关。裁判上的免予刑罚则是将免除刑罚作为法官的一项自由裁量权,涉及的范围是轻罪与违警罪(《法国刑法典》第132-58条)。其条件是:犯罪人已经回归社会,所造成的损失已经给予了赔偿,由犯罪引起的社会混乱已经停止(《法国刑法典》第132-59条)。

②可罚性理论

究竟为什么对应受处罚的犯罪行为可以免除刑罚呢?国外的可罚性理论正好回

---

① 参见张明楷:《外国刑法纲要》,清华大学出版社1999年版,第361页。

② [德]汉斯·海因里希·耶赛克、托马斯·魏根特:《德国刑法教科书》(总论),徐久生译,中国法制出版社2001年版,第1031页。

③ 参见[德]汉斯·海因里希·耶赛克、托马斯·魏根特:《德国刑法教科书》(总论),徐久生译,中国法制出版社2001年版,第1031-1038页。

答了此问题。所谓犯罪的“可罚性”,是指“犯罪这种特殊的违法行为所具有的那种产生法律规定的法律后果的能力(attitudine)”,它是“实施犯罪后应受处罚的状态”,是“联系犯罪及犯罪的法律后果的‘桥梁’”①。从犯罪过渡到所对应的刑事制裁,是为了实现刑法的威慑力,起到犯罪预防和控制的作用。一般而言,从罪到罚的过渡应该是必然的、不可避免的。但在某些情况下,不用刑事制裁刑法的威慑力也已达到了应有的目的和作用,此时即可将已经具备全部犯罪构成要件的行为认定有罪,但不适用刑罚(或保安处分)。由于罪刑法定原则的确立,对某些犯罪是否应处罚,必须由法律规定特定条件,即犯罪可罚性的必要条件。从现象上说,可罚性的客观条件是与行为人的行为有着种种因果联系的行为或事实,与犯罪本身的危害无关,却是国家要处罚此种犯罪的原因。如在意大利刑法中,乱伦罪的可罚性取决于其行为是否“以造成了公开丑闻的方式”实施,轻罪酗酒行为的可罚性取决于是否在酗酒状态下被抓住。另外,可罚性的客观条件又分为“内在”条件和“外在”条件。前者是指那些表现为犯罪典型危害性发展的新阶段或加重方式的客观条件,如滥用教育手段只有在“如果行为有致身体或精神疾病危险”的情况下才属可罚行为。后者是指那些与犯罪本身的危害本质没有内在联系的结果,如《意大利刑法典》第423条规定的“对公共安全的危险”就不是以自己财产为纵火对象的行为可罚性条件。②

排除可罚性的原因可分为与犯罪实施有密切内在联系的情况(事前的原因)和犯罪实施后的情况(事后的原因)两种。其中,绝大多数是事后的排除可罚性的原因,如在法庭辩论开始前撤回诬告或虚假证明、鉴定、翻译(《意大利刑法典》第376条),将因自己的过失而脱逃的犯罪人捉拿归案(《意大利刑法典》第378条第2款)等。这些行为都是犯罪人所采取的有助于抵消危害结果的行为,是完全的真正的改悔,也是在根本上保护了法益,故可以成为排除可罚性的原因。③

以上是意大利刑法中关于犯罪可罚性的一般原理,对此我国学者也进行了相关研究。如有学者认为,“刑事立法主要以是否需要采用刑罚制裁的判断,即以行为的可罚性为标准来确定禁止行为和义务行为的基本范围……凡是被刑法认定必须予以刑罚制裁的行为都属于犯罪”④。可见,刑罚处罚性是社会危害性的量化与限定,其量的规定性必须由行为的可罚性加以限定,而刑罚可罚性又是对犯罪应承担刑事责任的基本

---

① [意]杜里奥·帕多瓦尼:《意大利刑法学原理》,,陈忠林译,法律出版社1998年版,第385页。

② 参见[意]杜里奥·帕多瓦尼:《意大利刑法学原理》,陈忠林译,法律出版社1998年版,第386-387页。

③ 参见[意]杜里奥·帕多瓦尼:《意大利刑法学原理》,陈忠林译,法律出版社1998年版,第389-390页。

④ 陈浩然:《理论刑法学》,上海人民出版社2000年版,第165页。

界定。意大利刑法学家帕多瓦尼认为,刑法体系的发展永无止境,人们要想使该体系完好有效就应针对扩张刑法体系的定罪化作用力来保持一种非犯罪化的反作用力,把所有不再具有重大社会意义的行为放到次要地位。[①] 有罪宣告只是从刑事政策的角度改变了对犯罪行为的处置措施,没有改变对犯罪行为的否定性评价,仍具有惩治犯罪的作用,罪犯仍需承担相应的刑事责任,同时也实现了承担刑事责任的方式不同于刑罚。

有罪宣告能够彰显刑法的谦抑性,谦抑性作为刑法的精神和理念贯穿立法、司法和执法的全过程。反映在刑罚制度上则表现为刑罚应当具有宽容性,"对同一犯罪能用轻的就不用重的刑种,能用短的刑期就不判较长的刑期,能用非刑罚处理方法就不用刑罚方法"[②]。有罪宣告正是表明了国家在刑事责任制度设计上的谨慎,即并不是对所有犯罪都要适用刑罚,对情节轻微的犯罪可以放弃适用刑罚和非刑罚处罚措施。有罪宣告能够降低刑罚运行的成本,又不至于影响犯罪防控的效果,可以达到投入较少的刑罚资源取得较大刑罚效果的目的。

(3)有罪宣告的属性

有罪宣告是不是刑事责任的承担方式,理论上虽然还有争议,包括主张单纯有罪宣告也是刑事责任的承担方式之一的观点已被学界普遍认同。本书赞同这种观点,理由如下。

首先,有罪宣告是刑法的明确规定。根据《刑法》第 37 条规定,免予刑事处罚时可能出现两种结果:①免予刑事处罚,但给予训诫或责令具结悔过等非刑罚处罚的判决。②免予刑事处罚,既不给予刑事处罚,也不给予非刑罚处罚。免予刑事处罚的前提是"犯罪情节轻微不需要判处刑罚",满足了前提条件后是否最终免除,法官有自由裁量的权力,法官"可以"免予刑事处罚,而不是"应当"免予刑事处罚。免予刑事处罚后是否给予非刑罚处罚同样规定为"可以"。因此,审判中法官有权做出免予犯罪人刑事处罚,且不给予任何处罚的判决。既然免予刑事处罚,只是免除了行为人的刑事处罚,而不是免除了行为人的刑事责任,更不是免除行为人的一切处罚或其他处罚。那么,有罪宣告作为免予刑事处罚的一种表现形式,其属性就是行为人承担刑事责任的表现形式之一或称承担方式。如上可以将有罪宣告划分为广狭两义,广义的有罪宣告是包括单纯有罪宣告和有罪宣告附加其他非刑罚处罚的有罪宣告,如此也才能够在理论上将二者区分开来。

其次,有罪宣告是对犯罪人的否定。有罪宣告是犯罪可能产生的后果之一,其实

---

① 参见[意]杜里奥·帕多瓦尼:《意大利刑法学原理》,陈忠林译,法律出版社 1998 年版,第 396 页。

② 孙国祥:《论非刑罚化的理论基础及其途径》,载《法学论坛》2003 年第 4 期。

质是让犯罪人为自己的行为付出代价——以“戴罪之身”承担刑事责任。这一后果的产生经历了立案、侦查、起诉、审判全部的司法过程,各个阶段司法机关的活动完全体现了对犯罪行为的否定评价及对犯罪人的责难,因而具有刑事责任的实质内容。正因为有罪宣告属于刑事责任的实现方式,因此法律赋予行为人对有罪宣告不服时提出上诉或申诉的权力。

最后,有罪宣告与免予刑事处罚。尽管在我国刑法中出现了“有罪宣告”的两个类型,即单纯的有罪宣告和附加其他非刑罚处罚的有罪宣告,以及理论上对“有罪宣告”的广狭两义之分等。但在我国的刑法和刑事诉讼法中,没有“有罪宣告”这个词,而只是“免予刑事处罚”或“免除处罚”两种表述。

有条件地适用有罪宣告,符合修复性司法的理念,顺应刑法轻缓化的潮流,体现了宽严相济的刑事政策,还可以大大减少监狱中罪犯的交叉感染,减少国家投入;犯罪人与社会仍然保持正常的联系,有利于其改过自新、重新做人。非刑罚处罚同样重要,尤其对于青少年犯罪案件。

2. 有罪宣告与不起诉制度

不起诉是检察机关对侦查完毕的刑事案件进行审查后,认为不具备起诉条件或不适宜提起公诉,而作出不将案件移送法院进行审判,最终终止起诉的决定。“侦查终结”的案件除提起公诉外还有两种情况:不起诉或撤销案件。显然,撤销案件主要是针对不成立犯罪而言的,而不起诉就有可能既包括法定不起诉,也包括存疑不起诉。

(1)从免予起诉到不起诉

众所周知,我国现在的不起诉是由免予起诉发展而来的。所谓免予起诉是指检察机关对自侦查或公安侦查终结的案件,经审查认为犯罪嫌疑人的行为虽已构罪,但依法不需要判处刑罚或者应当免除刑罚的,做出的对犯罪嫌疑人免予追诉的处理决定。免予起诉制度来自我国 1979 年《刑事诉讼法》的规定,而在 1996 年的《刑事诉讼法》中,免予起诉的规定被不起诉取而代之。

我国《刑事诉讼法》第 177 条第 1、2 款规定:“犯罪嫌疑人没有犯罪事实,或者有本法第十六条规定的情形之一的,人民检察院应当作出不起诉决定。对于犯罪情节轻微,依照刑法规定不需要判处刑罚或者免除刑罚的,人民检察院可以作出不起诉决定。”据此不起诉的案件具体分两种情况:一种是存疑不起诉,即证据没能达到提起公诉的应有标准,或者称现有证据尚不足以认定犯罪嫌疑人有罪;另一种是法定不起诉,即案件事实符合《刑事诉讼法》第 16 条规定的不起诉的条件。

但是,根据我国《刑事诉讼法》第 12 条的规定:“未经人民法院依法判决,对任何人都不得确定有罪。”可以说,这是处理刑事案件的最基本原则。因此本书认为,不管是原先的免予起诉,还是现行的不起诉,均不应视为有刑事犯罪的案底,更不能进入刑事登记。

(2)既不同于不起诉又不同于撤销案件

有罪宣告当然是法院依据刑事诉讼法的各项程序进行的审判、宣布和公告。并根据《刑事诉讼法》第202条第1款“宣告判决,一律公开进行”的规定,因此其是具有司法效力的有效判决和宣告,完全不同于检察院作出的“免予起诉”或“不起诉”决定,更不同于刑事诉讼法规定的“撤销案件”。

我国《刑事诉讼法》第163条规定:“在侦查过程中,发现不应对犯罪嫌疑人追究刑事责任的,应当撤销案件;犯罪嫌疑人已被逮捕的,应当立即释放,发给释放证明,并且通知原批准逮捕的人民检察院。”由此可见,撤销案件主要是针对“不应追究刑事责任”的情况,而且撤销案件完全不同于不起诉,后者犯罪嫌疑的程度尚不能完全排除。

我国《刑事诉讼法》第181条也规定:“对于人民检察院依照本法第一百七十七条第二款规定作出的不起诉决定,被不起诉人如果不服,可以自收到决定书后七日以内向人民检察院申诉。人民检察院应当作出复查决定,通知被不起诉的人,同时抄送公安机关。”可见,不起诉并非完全排除犯罪嫌疑,甚至要追究其他民事与行政责任。

(3)不起诉和附条件不诉的性质与后果

不起诉可分为单纯不起诉和附条件不起诉两种。我国《刑事诉讼法》第282条第1款规定:“对于未成年人涉嫌刑法分则第四章、第五章、第六章规定的犯罪,可能判处一年有期徒刑以下刑罚,符合起诉条件,但有悔罪表现的,人民检察院可以作出附条件不起诉的决定。人民检察院在作出附条件不起诉的决定以前,应当听取公安机关、被害人的意见。”由此可见,附条件不起诉是一种专门针对未成年人犯罪所做出的一项宽大刑事政策,对于其他人群并不适用。

无论单纯不起诉还是附条件不起诉,其性质究竟如何界定,根据现有的刑法和刑事诉讼法的规定,只能作为案件线索或侦查机关内部情报予以掌握,不易公开,更不易进入个人资信调查和刑事登记。甚至对《刑事诉讼法》第177条第3款“人民检察院决定不起诉的案件,应当同时对侦查中查封、扣押、冻结的财物解除查封、扣押、冻结。对被不起诉人需要给予行政处罚、处分或者需要没收其违法所得的,人民检察院应当提出检察意见,移送有关主管机关处理。有关主管机关应当将处理结果及时通知人民检察院”的执行也应慎重,要在确有证据的情况下行使。

当然,刑事诉讼法包括相关司法解释还规定了申诉、起诉等救济途径。如根据《人民检察院刑事诉讼规则》第377条规定:“不起诉决定书应当送达被害人或者其近亲属及其诉讼代理人、被不起诉人及其辩护人以及被不起诉人所在单位。送达时,应当告知被害人或者其近亲属及其诉讼代理人,如果对不起诉决定不服,可以自收到不起诉决定书后七日以内向上一级人民检察院申诉,也可以不经申诉,直接向人民法院起诉。依照刑事诉讼法第一百七十七条第二款作出不起诉决定的,应当告知被不起诉人,如果对不起诉决定不服,可以自收到不起诉决定书后七日以内向人民检察院申诉。”可见,如果对不起诉不服除可以向检察机关申诉之外,还可以到人民法院起诉,以澄清或排除对自己的合理怀疑,充分体现了刑事诉讼法对公民权利的保护。

3. 有罪宣告与期待可能性

众所周知,刑法的谦抑性和宽宥性是其应有品性,无论是立法者还是司法者均应有这种博大胸怀和品质。也只有如此,才能够真正让刑法这种“以恶治恶”之物回归其理性,甚至保持其公正与善良的性格,也才能够真正将人性和理性之魂注入刑法的躯体之中,从而更加有力地诠注“法律不强人所难”的刑法真谛与格言。① “期待可能性正是对强有力的国家法规范面前喘息不已的国民脆弱人性倾注刑法同情之泪的理论。”②因为其极具填补国民和法律间所存嫌隙之需,甚至具有全面提升法院威信和司法权威之功。尤其是在第二次世界大战以后,它甚至成为刑事责任理论中的时代宠儿。尽管对此颇有争议,但不可否认的是,期待可能性系刑事责任问题恐怕早已成为学术理论研究上的主流观点。当然也有观点认为,期待可能性是犯罪成立问题,也即是否有可能期待其构成犯罪或承担刑事责任,但本书认为其是成立犯罪后的免责问题,故放在这里介绍。

(1)期待可能性的概念及其构成

期待可能性源自1897年3月3日德国帝国法院第四刑事部对所谓“癖马案”的判决,被告人是马车大,从1895年起受雇于经营马车出租业的雇主。在受雇期间,被告人驾驭双辔马车,而其中一匹马为绕缰之马,时时用尾巴绕缰绳并用力压低缰绳,被告人与雇主对该马的缺点都清楚。1896年7月19日被告人正驾驭之际,该马在某街头突然用尾巴绕缰绳并用力下压,被告人虽然想拉缰绳制驭该马,但不奏效,马向前飞跑致行人受伤。检察官以过失伤害罪提起公诉,但原判法院宣告无罪,检察官不服提出上诉,案件移至德国帝国法院。帝国法院驳回上诉,理由是要肯定基于违反义务的过失责任,不能仅凭被告人曾认识到“驾驭有恶癖之马可能伤害行人”,还要以被告人当时是否能基于该认识而向雇主提出拒绝使用此马为依据。但我们不能期待被告人不顾自己的职业损失、违反雇主的命令而拒绝使用此马,因此被告人不负过失责任。③ 在该案中,行为人预见自己的行为可能造成危害社会的结果,即“驾驭有恶癖之马可能伤害行人”,之所以无罪是考虑到要求被告人不顾自己的职业损失、违反雇主的命令而拒绝使用此马,具有不可期待性。

---

① 参见张明楷:《刑法格言的展开》,法律出版社1999年版,第227页。

② [日]大塚仁:《刑法论集》,有斐阁昭和五十三年日文版,第240页。转引自冯军:《刑事责任论》,法律出版社1996年版,第245页。

③ 参见张明楷:《外国刑法纲要》,清华大学出版社2007年版,第255页。

19世纪末20世纪初形成于德国的期待可能性理论,其寄存的是宽宥的品质与属性。它从法律的角度承认了人性中普遍存在的脆弱一面,认为倘若法律不对人性的脆弱表现出相当的尊重,便会背离人类所应有的怜悯之心和善良之愿。所谓期待可能性是指即使行为人具有注意义务,但如果需要他承担刑事责任,还必须存在他实施其他合法行为的期待可能性。[①] 如果客观情况与环境不能期待他实施其他合法行为,即便给他人造成损害后果,甚至构成犯罪也不能对行为人加以非难谴责,故行为人无须承担刑法上的责任,即以期待可能性作为免责理由。

由上述概念可知,期待可能性是期待行为人不实施犯罪行为的可能性。具体包括两个方面:一是行为时虽然具备一定的期待可能性,但是该可能性程度较低,因此行为人的行为虽成立犯罪,但应该减轻对其刑事责任的追究;二是行为时完全丧失期待可能性,此时行为人的行为虽构成犯罪,但在追责时应当免除对其刑事责任的追究。在理论上,一般将上述两个方面的情况统称为期待可能性的"弱失"(减弱和丧失)。因此,要进一步考察期待可能性的成立,实质上就是要探讨期待可能性"弱失"的基本构成要件。一般认为,期待可能性由客观要件(客观境况)、主观要件(内心刺激)和价值要件(刑法观)三个要件构成。

一是客观要件,也即处境的非正常性。这是指存在对行为人或其密切关系人生存和发展有重大影响的情形。包括:对行为人人身安全有重大威胁;对行为人重大物质利益有威胁;对行为人人格尊严有损害;对行为人密切关系人有上述重大损害等情形。[②]

二是主观要件,也即选择的不得已性。如果说期待可能性理论是基于对公民人性弱点的体恤而提出的,那么在考虑期待可能性的"弱失"事由时,也就必须考察客观情况对行为人内心世界的影响。有心理学者认为,人的行为总是受到内在驱力与外在诱因的双重影响。内在驱力是对主体需要的本能追求,而外在诱因是吸引主体动机水平的外界目标。行为动机是在驱力的推动与诱因的牵引下而形成的。只有能够满足主体需要的外界目标才能成为行为的诱因。[③] 行为时处境的非常性,只有包含牵引主体行为动机的诱因,才能成为期待可能性"弱失"的依据。当然,"客观条件之非常情况,在现实生活中表现得相当复杂,但其本质总是行为人所面临的两个以上法益的尖锐冲突"[④]。也就是说,只有行为人出于对某一利益的追求,不得已而伤害另一刑法保护的

---

① 参见李晓明:《刑法学总论》,北京大学出版社2016年版,第469页。

② 参见何成:《期待可能性适用探究》,西南政法大学2004年硕士学位论文,第10页。

③ 参见[美]霍斯顿:《动机心理学》,孟继群、侯积良等译,辽宁人民出版社1990年版,第157-183页。

④ 何泽宏、庄劲:《事实与价值:罪过评价的二元视角——论传统罪过理论的缺陷与期待可能性理论》,载《西南政法大学学报》2000年第4期。

利益时才真正存在期待可能性中“弱失”的可能性事由。如果客观上虽然存在利益冲突的异常情形,但行为人并非出于对其中利益的追求,即客观情况的异常性并未影响行为人内心世界的选择,此时也就不存在期待可能性的“弱失”问题,因此也就没有选择的不得已性。

三是价值要件,也即刑法的可宽宥性。这就是刑法规范的价值评价问题,也即期待可能性“弱失”的价值要件或称规范要件。举例来说,一个女司机为逃避流氓追逐而超速,以致车祸发生,或许因期待可能性“弱失”而免事。但假如劫匪为逃脱警察追捕而超速,以致车祸发生,则不能以期待可能性“弱失”而免责。可见,可宽宥性的判断是以刑法规范所特有之价值尺度为标准的,在决定是否发动制裁措施而责难行为人时,其所秉持的价值尺度是有一定之规的。

也就是说,只有排除了处境的非正常性、选择的不得已性和刑法的可宽宥性三个方面的要件,最终才可以认定行为人具有期待可能性。

(2)期待可能性对刑事责任的影响

在期待可能性被提出之初,德国将期待可能性确定为第三责任要素,即超法规的阻却责任事由。但随着“国家标准说”[①]的倡行,虽不否认其可作为判断各种法律所明定或承诺之阻却责任事由的法理根据,但已不再认为“无期待可能性”本身是一项独立的超法规阻却责任事由,而将其限定在有关“法律义务”之期待要件的个案判断中,作为一项评价的“调整原则”,以求法律内容更合乎人性。[②] 通说认为,不可期待性这一超法规免责事由,无论是从主观上还是从客观上加以理解,均会削弱刑法的一般预防效果,以至于导致刑法适用的不平等现象,因为所谓的“不可期待性”并不是可适用的标准。[③] 在德国已不主张期待可能性是超法规责任阻却事由,与德国刑法形成的较为周全的免责事由体系有关,其凭借严密的形式思维与成熟的立法经验和理性,在司法过程中对责任论的宽恕问题有着足够的自信,以致最终将期待可能性归入刑事责任。

期待可能性理论传入我国后,也曾一度产生争议。如有人主张,应将期待可能性理论引进我国犯罪构成理论的主观要件中,使罪过包括作为基本因素的故意、过失和

---

① 国家标准说认为,行为人是否存在期待可能性,应以国家和法律秩序的需要为标准。此外还有行为人标准说,认为应立足于行为人自身条件,并结合行为时具体客观情形来判断期待可能性。以及平均人标准说,主张将平均人(普通人)置于行为人情况下,看是否能够期待平均人实施合法行为,据此决定行为人有无期待可能性。

② 参见苏俊雄:《期待可能性在刑法责任理论体系上之定位》,载《现代刑事法与刑事责任》,台北,商晤书局 1997 年版,第 451 页。

③ 参见[德]汉斯·海因里希·耶赛克、[德]托马斯·魏根特:《德国刑法教科书》(总论),徐久生译,中国法制出版社 2001 年版,第 602-603 页。

作为评价因素、前提因素、消极因素的期待可能性。[①] 也有人认为,期待可能性理论在我国刑法理论中的地位应当属于刑事责任论,而不是属于犯罪构成论。理由是:一是由我国罪责分离的刑法理论所决定的;二是我国《刑法》第3条"罪刑法定原则"所作出的合理选择;三是这种处置方式为刑事司法实践所接受;四是这种处置方式不仅充分注意了犯罪前的原因而且合理地评价了刑事责任。[②] 本书赞成后一个观点,这是因为我国的犯罪构成与德日的犯罪成立具有很大不同,在德日犯罪成立理论的前提下,虽然赞同"可罚的阻却、减少责任事由说"这种定位模式,但在我国刑法语境下本书更愿意表述为"刑事责任的免减事由说"。显然这也是有着相当法定根据的,如我国《刑法》第二章第一节的表述是"犯罪和刑事责任",《刑法》第14条第2款也明确"故意犯罪,应当负刑事责任"。而且,从我国刑法理论的主流性观点也可看出,犯罪与刑事责任的关系是罪责平行论和刑法规范论[③],包括期待可能性考察的对象显然也是已确定的犯罪行为。故直接使用"犯罪行为",并在其后进行"刑事责任"评价更为妥当。[④] 就期待可能性在刑法中的地位而言,其也当然属于刑事责任的范畴,而非犯罪构成或犯罪成立的范畴。根据行为人行为时处境的异常情形去评价或期待行为人不实施犯罪行为的可能性,如果该可能性不存在或者可能性程度较低,那么行为人即使实施了犯罪行为也应当免除或者减轻对其刑事责任的追究。

包括当今的日本,虽然也承认期待可能性,但其主要是作为影响责任程度的因素,而非决定是否构成犯罪的根据。"对期待可能性,也可以进行程度的考虑。适法行为的期待可能性大时刑事责任就重,期待可能性小时责任就轻。"[⑤]因此,本书将期待可能性当然地放在了有罪宣告的内容中予以介绍,以便在我国今后的刑法理论与立法实践中对其定位予以明确,即定罪但免责。

4. 有罪宣告的机关及适用条件

(1)有罪宣告的机关

《刑事诉讼法》第12条规定:"未经人民法院依法判决,对任何人都不得确定有罪。"宣告有罪以行为构成犯罪并得到法院的确认为前提,这一规定表明,决定一个人

---

① 参见丁银舟、郑鹤瑜:《期待可能性理论与我国犯罪构成理论的完善》,载《法商研究(中南政法学院学报)》1997年第4期。

② 参见冯殿明:《论刑法中的期待可能性》,苏州大学2006年硕士学位论文,第17页。

③ 参见张明楷:《刑法学》(上),法律出版社1997年版,目录;李晓明主编:《刑法学》(上),法律出版社2001年版,目录;刘艳红主编:《刑法学》(上),北京大学出版社2014年版,目录。

④ 考察行为人行为时的期待可能性之价值,就在于行为虽构成犯罪,应当负刑事责任,但因客观情况的非常性,而使行为人具有免除刑事责任或者减轻刑事责任的事由,从而调和理法冲突,实现刑法的具体正义。

⑤ [日]大塚仁:《刑法概说》(总论),冯军译,中国人民大学出版社2003年版,第409-410页。

是否有罪的主体只能是法院,决定一个人是罪犯的法律文书只能是法院的判决书,故适用有罪宣告的机关只能是法院。

《刑事诉讼法》第177条第2款规定:“对于犯罪情节轻微,依照刑法规定不需要判处刑罚或者免除刑罚的,人民检察院可以作出不起诉决定。”此种情况下的不起诉是检察机关对一个犯罪行为人的主观恶性、人身危险性以及犯罪所造成的客观后果综合考量后所作出的决定。刑诉法对此称为“酌定不起诉”。对于这种不起诉,被不起诉人如果不服,可以向检察院申诉(《刑事诉讼法》第181条);被害人如果不服,可以向上一级检察院申诉(《刑事诉讼法》第180条)。不起诉是对介于罪与非罪之间严重违法行为的否定性评价和对行为人的责难,因而不属于刑事责任的实现形式。如果承认酌定不起诉也是刑事责任的承担方式,那么就意味着不经法院依法判决,也可由检察机关定罪,既违反了《刑事诉讼法》第12条的规定,也不符合现代法治要求。检察机关的酌定不起诉,其性质是检察机关有选择的非罪化处置,换言之,酌定不起诉不是有罪宣告,而是无罪宣告。

(2)有罪宣告的适用条件

有罪宣告是刑事责任的特殊承担方式,由于不给予犯罪人任何处罚,为了防止滥用有罪宣告,必须严格其适用。对于犯罪既不给予刑罚处罚也不给予非刑罚处罚的必须满足以下特定条件:

一是有罪宣告的对象其行为构成犯罪。没有犯罪就没有刑事责任,作为刑事责任承担方式的有罪宣告,必须以构成犯罪为前提。否则,也不能作为有罪宣告的对象。

二是有罪宣告对象的犯罪只能是情节轻微的犯罪。有罪宣告是比非刑罚处罚还要轻的刑事责任承担方式,因此只能适用于那些轻微的犯罪。犯罪是否轻微,应当根据犯罪的事实、犯罪的性质、情节和对社会的危害程度进行综合考量,慎重对待。

三是有罪宣告只能适用于具有法定免除刑罚的情节。应受刑罚处罚性是犯罪的属性之一,犯罪人不具有法定的免除处罚情节,就应当给予刑罚处罚。只有具有法定的免除处罚情节,并且不需要给予刑罚处罚的,才能适用有罪宣告。否则,就是对有罪宣告的滥用。

四是适用有罪宣告必须符合刑事责任特殊预防的目的。特殊预防的对象是实施了犯罪行为的人,如果不对犯罪人适用刑罚处罚,就能使犯罪人接受教训、真诚悔罪,达到预防犯罪人再次犯罪的目的,就满足了单独适用有罪宣告的条件。

5. 有罪宣告的后果

有罪宣告是刑事责任的承担方式之一,因此有罪宣告的法律后果具体、明确。主要有:

(1)由待定的罪犯变为实际的罪犯。有罪宣告的判决生效之前,侦查、起诉、审判阶段的嫌疑人、被告人仅仅是涉嫌犯罪,有罪宣告之后行为人就成了实际的罪犯,从此有了犯罪记录。

(2)行为人实际承担了刑事责任。被有罪宣告以后,意味着犯罪人已对自己的行为承担了刑事责任,因此对于同一案件不得再次追究行为人的刑事责任。

(3)如果行为人被关押,应当立即释放。由于有罪宣告是刑事责任的实现方式,因此有罪宣告意味着对行为人不能再适用刑罚,由此有罪宣告后行为人的人身自由完全恢复。

(4)没有前科报告义务。被作有罪宣告的人由于没有受到刑罚处罚,因此属于未受过刑事处罚的人,因此根据《刑法》第 100 条的规定,被宣告有罪的犯罪人没有刑事前科,在入伍、就业的时候,没有向有关单位报告自己曾受过有罪宣告的义务。

(五)剥夺军衔、警衔及其他荣誉

剥夺荣誉是指剥夺由公民个人、单位享有的,因自己的突出贡献或特殊劳动成果而获得的光荣称号或其他荣誉的权利。荣誉权是社会给予公民、法人、集体或者其他组织的一种正式的评价,依据是否获得荣誉的事实而定,因此荣誉权具有专属性。具体包括:军衔、警衔、职务头衔、勋章、奖章、专门称号、其他荣誉等。无论是军警衔还是勋章称号都是获得荣誉后的具体表现,剥夺其就等于剥夺一个人的荣誉或名誉,故本书统一表述为荣誉或名誉。

1. 我国有关剥夺军衔的立法梳理

剥夺军衔虽然没有直接规定在刑法中,但在 1988 年《中国人民解放军军官军衔条例》(已修改,以下简称《军衔条例》)中却有明确规定,这是附属刑法,也是刑法规定的一种类型。军官军衔是区分军官等级、表明军官身份的称号、标志和国家给予军官的荣誉,按照军官的服役性质分为现役军官军衔和预备役军官军衔。首次授予军官军衔的有上将、中将、少将、大校、上校,由中央军委主席批准授予;中校、少校,由人民解放军各总部、大军区、军兵种或者其他相当于大军区级单位的正职首长批准授予;上尉、中尉、少尉,由集团军或者其他有军官职务任免权的军级单位的正职首长批准授予。剥夺军衔在 1979 年《刑法》执行期间的单行刑法、1981 年《惩治军人违反职责罪暂行条例》(已失效)第 24 条有明确规定:“对于危害重大的犯罪军人,在必要的时候,可以附加剥夺勋章、奖章和荣誉称号。”该条例虽然废止了,但《军衔条例》第 28 条规定:“军官犯罪,被依法判处剥夺政治权利或者三年以上有期徒刑的,由法院判决剥夺其军衔。退役军官犯罪的,依照前款规定剥夺其军衔。”然而,1997 年《刑法》没有通过剥夺军衔。尽管立法上对此规定反复纠结,但是从未将此规定从刑法中彻底排除。剥夺军衔的特性如下。

一是适用对象的特定性。只能对危害重大的犯罪军人适用,对其他人则不能适用。

二是适用内容的独特性。军衔是国家赋予军人的一种崇高的政治荣誉,军事法院对危害重大的犯罪军人,在判处重刑的同时,可以附加剥夺军衔。

三是适用内容的双重性。剥夺军衔的附加刑中,其中剥夺军衔具有双重性。《军衔条例》第 27 条第 3 款规定:“军官犯罪被剥夺军衔,在服刑期满后,需要在军队中服役并授予军官军衔的,依照本条例第十六条的规定办理。”可见,虽然剥夺军衔是永久性的,不存在时间期限的问题;但必要时可以依照有关规定重新授予,可见,剥夺军衔又具有暂时性。

2. 我国有关剥夺警衔的规定

警衔是现代警察衔级制度的简称,是区分警察级别、表明警察职业身份的称号和标志,是国家授予每一个警察的崇高荣誉。根据《人民警察警衔条例》(以下简称《警衔条例》),公安部主管警察警衔工作,总警监、副总警监、一级警监、二级警监由国务院总理批准授予;三级警监、警督由公安部部长批准授予;警司由省、自治区、直辖市公安厅(局)厅(局)长批准授予;警员由省、自治区、直辖市公安厅(局)政治部主任批准授予;公安部机关及其直属机构的警司、警员由公安部政治部主任批准授予。该条例第 22 条规定:“人民警察被开除公职的,其警衔相应取消。人民警察犯罪,被依法判处剥夺政治权利或者有期徒刑以上刑罚的,其警衔相应取消。离休、退休的人民警察犯罪的,适用前款的规定。”根据我国《人民警察法》第 48 条第 2 款规定,对受行政处分的人民警察,按照国家有关规定,可以降低警衔、取消警衔。

我国刑法没有规定剥夺军警衔的刑事处罚措施,但是根据我国《警衔条例》和《军衔条例》,犯罪会导致剥夺警衔和军衔的后果,另外受到行政处分的警察也可以被取消警衔。

3. 我国剥夺勋章、奖章、荣誉称号等规定

勋章是授给有功者的荣誉证章。我国的勋章包括:八一勋章、独立自由勋章、解放勋章、英雄模范勋章。

八一勋章最早于 1955 年设立,当时专门授予土地革命战争时期(1927 年 8 月 1 日至 1937 年 7 月 6 日)参加革命战争有功而无重大过失的人员。独立自由勋章授予抗日战争时期(1937 年 7 月 7 日至 1945 年 9 月 2 日)参加革命战争有功而无重大过失的人员。2017 年 6 月,我国军队新设立“八一勋章”并组织开展首次评选。2022 年 7 月 27 日在北京隆重举行颁授“八一勋章”和荣誉称号仪式。可以说“八一勋章”是我军的最高荣誉。解放勋章授予在解放战争时期(1945 年 9 月 3 日至 1950 年 6 月 30 日)参加革命战争有功而无重大过失的人员。八一勋章、独立勋章、解放勋章是 1955 年全国人大常委会决定,中华人民共和国主席授予的,是对中国人民解放军在各个革命战争时期有功人员的一次总结性奖励。这种殊荣,不仅体现了党和国家对立功受勋人员的关

心,也是对中国人民解放军伟大历史功绩的肯定,对全军官兵具有巨大的教育和鼓舞作用。

英雄模范勋章是中央军事委员会根据2010年5月4日修订的《中国人民解放军纪律条令》(已失效)第15条规定设立、并于2011年8月1日起启用的勋章,为中华人民共和国及中国人民解放军目前唯一设立并颁授的勋章。分为两个等级:(1)由中央军事委员会批准的,授予一级英雄模范勋章。(2)由军区以及其他相当等级的单位批准的,授予二级英雄模范勋章。根据《中国人民解放军纪律条令》第15条第1款规定:"对获得三等功、二等功、一等功奖励的个人,分别授予三等功、二等功、一等功奖章。对获得荣誉称号奖励的个人,由军区以及其他相当等级的单位批准的,授予二级英雄模范勋章;由中央军事委员会批准的,授予一级英雄模范勋章。"

奖章是授予有功人员的或者因某项成就而授予的徽章。包括奖牌,荣誉奖章,立功奖章,公务员奖章。奖牌就是发给各种各样竞赛优胜者的证明,体育竞赛一般有金牌、银牌、铜牌分别对应第一名、第二名、第三名。荣誉奖章包括八一奖章、独立自由奖章、解放奖章,同勋章一样是对过去各个革命时期有功人员的奖励。立功奖章包括人民解放军立功奖章和公务员、公务员集体立功奖章。人民解放军立功奖章也称作军功章,是人民解放军团以上领导机关授予在军队作战、训练、执勤、科研等军队建设中作出突出成绩的立功人员证明其军功的荣誉证章。立功奖章分为一、二、三等。公务员奖章是对工作表现突出,有显著成绩和贡献,或者有其他突出事迹的公务员、公务员集体,依据本规定给予的奖励。根据我国《公务员奖励规定》第11条第1款的规定:"对获得奖励的公务员、公务员集体,由审批机关颁布奖励决定,颁发奖励证书。同时对获得记三等功以上奖励的,公务员颁发奖章、公务员集体颁发奖牌。"同时第19条规定公务员、公务员集体有下列情形之一的,撤销奖励:(1)申报奖励时隐瞒严重错误或者弄虚作假,骗取奖励的;(2)严重违反规定程序的;(3)严重违法违纪、影响称号声誉的;(4)法律、法规规定应当撤销奖励的其他情形。公务员获得的奖励被撤销后,审批机关应当收回并公开注销其奖励证书、奖章,停止其享受的有关待遇。撤销奖励的决定存入公务员本人档案。

荣誉称号是人民解放军、人民警察、公务员的最高奖励项目,是一种固定称谓。按照法律规定,人民解放军获得荣誉称号的,同时授予英雄模范勋章;人民警察获得立功奖励或荣誉称号的,可提前晋升警衔;公务员获得立功奖励或荣誉称号的同时对公务员颁发奖章。可见,立功、荣誉称号是奖励项目,而奖章、勋章是对获得奖励的一种外在形式的荣誉证明。

此外,我国《宪法》第67条第17项规定,全国人民代表大会常务委员会规定和决定授予国家的勋章和荣誉称号。对于剥夺荣誉资格,有些国家把剥夺荣誉放在剥夺公权中，如《意大利刑法典》第28条规定："除法律另有规定外，终身褫夺公职使被判刑人丧失：……(4)学术级别或职位称，勋章，或其他公共荣誉标志……(6)一切与以上各项列举的职务、服务、级别、称号、身份、地位和勋章有关的荣誉性权利；(7)担任或者取得以上各项列举的任何权利、职务、服务、身份、级别、称号、地位、勋章和荣誉标志的权能。暂时褫夺公职使被判刑人丧失在褫夺公职期间取得、行使或者享受上述权利、职务、服务、身份、级别、称号和勋章的权能。"有的国家把剥夺荣誉权单独作为一种资格刑，如《俄罗斯联邦刑法典》第48条规定："在审理严重犯罪或特别严重犯罪时，法院基于对犯罪人个性的考虑，可以剥夺犯罪人的专门称号、军衔或荣誉称号、职衔或国家奖励。"在我国，对剥夺勋章、奖章、荣誉称号的处罚也有反对声音。理由包括：(1)荣誉是一个公民对国家和社会有所贡献的一种标志，是一种不可磨灭的历史事实。(2)荣誉不是一种职业，也不是一种职务，更谈不上是一种职权。因此，从其本质上说，它并不能被用来进行犯罪活动。(3)根据我国《宪法》规定，全国人大常委会"规定和决定授予国家的勋章和荣誉称号"。由国家最高权力机关决定授予的勋章和荣誉称号，可以由审判机关包括基层法院予以剥夺，这在"权限"上确实存在问题。(4)一概剥夺犯罪人的荣誉权可能会对犯罪人的改造带来负面影响。① 本书认为，作为一种处罚方法，剥夺荣誉和剥夺政治权利及人身自由、财产一样，不应该因为被剥夺权利的某些属性而予以回避。人身、财产、政治权利都是基本人权，但是法律同样规定犯罪的被剥夺这些基本人权，所以我们不应该认为荣誉是一种历史事实就不能被剥夺。审判机关剥夺荣誉资格也不存在权限上的问题，法院剥夺荣誉资格可以通过立法予以确认，审判机关剥夺荣誉资格的权力事实上也是在执法。

勋章、奖章、荣誉称号等是对公民、法人或其他组织作出的突出贡献给予的肯定，是对某种事实的确认。如果该荣誉是通过不正当的手段获得或授予单位基于认识错误而颁发的，在这种本不具备授予条件而被错误地授予荣誉的情况下，授予单位予以撤销的行为只是对前一行政行为的否定，撤销行为是一个新的行政行为，不是处罚行为，也非刑事制裁措施。所以，对于那些利用所获得的军衔、警衔、称号等相关的权利实施违法犯罪行为的，才剥夺其荣誉资格，即违法犯罪行为必须与荣誉资格有关联性。虽然荣誉称号、勋章等是公民、法人对国家或社会所作贡献的一种肯定性评价，是一种不可磨灭的历史事实，但是如果公民、法人利用这种历史事实的影响力来实施违法行为，那么就有必要剥夺其荣誉，以预防再犯。具体做法同剥夺职业资格类似，由法院宣判剥夺特定荣誉，再由荣誉颁发部门具体执行收回警衔、军衔、勋章等。

① 参见吴平：《剥夺荣誉权作为资格刑的合理性探讨》，载《河北法学》2005年第1期。

4. 我国剥夺其他荣誉称号的规定

其他荣誉称号指的是由外部机构(通常是比较权威的组织,尤其是党政机关)所授予的具有光荣名誉性质的名称,它意味着某种肯定、认可或鼓励,如"优秀共产党员""优秀党务工作者""劳动模范""优秀共青团员""全国先进工作者"等。

劳动模范简称劳模,在社会主义建设事业中成绩卓著的劳动者,经职工民主评选,有关部门审核和政府审批后被授予的荣誉称号。劳动模范分为全国劳动模范与省、部委级劳动模范,有些市、县和大企业也评选劳动模范。中共中央、国务院授予的劳动模范为"全国劳动模范",是中国最高的荣誉称号。与此同级的还有"全国先进生产者""全国先进工作者"称号。对于劳动模范和先进工作者的评选和管理,全国没有统一的规章制度来规范,但是人力资源和社会保障部、全国妇联、国有资产监督管理委员会、交通运输部等联合印发关于各个行业劳动模范和先进工作者的管理办法。在各地政府规章对劳动模范的评选和管理的规定则比较具体,甚至规定有撤销劳动模范荣誉称号,按照劳动模范评选程序申报,经命名机关批准撤销。同时收回奖章、证书,取消其相应待遇。

"优秀共产党员"是荣誉称号之一,一般授予各方面比较优秀、工作成绩非常突出的共产党员。在党内担任领导职务的党员可评为"优秀党务工作者"。同时开展的还有先进基层党组织的评选活动。对于获得"优秀共产党员"称号的共产党员,授予荣誉称号的党组织向其颁发"优秀共产党员"证书、奖章和奖金。2010 年 5 月中共中央办公厅转发的《中央组织部、中央宣传部关于在党的基层组织和党员中深入开展创先争优活动的意见》指出:优秀共产党员的基本要求是,模范履行党章规定的义务,努力做到"五带头",其中之一就是带头遵纪守法,自觉遵守党的纪律,模范遵守国家法律法规。可以想象,实施违法违纪行为的党员没有资格当选"优秀共产党员"。

笔者认为,对于其他荣誉称号都有没有违法违纪行为的资格限制,显然,对于已经获得"劳动模范""优秀工作者"等荣誉称号的人触犯我国法律法规的,应该撤销其荣誉称号。我国现行做法一般是采用谁颁发谁撤销的原则,但本书认为,处罚机关对于违法犯罪人的行为最为清楚,剥夺荣誉资格的处罚权应由司法机关作出,法院可以判决剥夺这些荣誉称号,然后通知颁发单位。

此外,禁止刊登广告等措施也在国外刑法立法例中出现过。

(六)名誉罚的立法完善

由于上述名誉罚与资格刑及人身权利互相交织,所以名誉罚的设置是一项非常复杂的事情,本书就有关技术问题提出以下完善建议。

1. 丰富名誉罚的立法及其适用

现代刑事政策讲究人道主义、个别化原则以及宽严相济的思想,目前我国名誉罚设置仍有值得改进之处,比如,自由刑、生命刑过剩,相对应的资格刑和名誉罚规定甚少等,因此应加强资格刑的立法及其适用,尤其在维护现行概括制、法定制的基础上,兼采相对制和酌定制。当然要丰富名誉罚的立法及其适用,首先要实行名誉罚分立制度,规定依法判处名誉刑时对各种权利根据案情既可以全部剥夺,也可以部分剥夺。

名誉刑的分立是指法院在依法判处剥夺犯罪人某种相应权利的刑罚时,如果法律规定了列举了各种权利,对所列举权利是全部剥夺还是只剥夺一部分的问题。[①] 这种内容分立选择制的资格刑适用方法,在国外资格刑的设置中也是很常见的。如《朝鲜刑法典》第 28 条规定:适用剥夺权利的处分时,应当剥夺上述权利的一部分或者全部。故在选择制的适用方式中,可以依据具体情况,对犯罪人适用剥夺该资格罚刑名规定下的一项或者几项内容,或者全部剥夺。其优点表现在:一是加强了名誉刑适用的针对性,能够在真正意义上实现名誉刑的刑罚效用。二是选择制的适用方式符合刑罚个别化的要求,能对具体犯罪和犯罪人有针对性地适用相应的资格剥夺内容,同时不会造成刑罚过剩的现象。三是如果随着我国资格刑内容的增加,那么涉及的名誉刑刑种就会相应增多,它们之间也不会有很必然的联系,此情况下引入名誉刑的分立制,显得很有必要,既可根据案情对法律所列举的各项权利全部剥夺,又可有选择性地剥夺一项或者几项权利。

2. 进一步明确名誉罚的适用对象

所谓名誉罚的适用对象即其适用何种罪或人。目前针对我国公民的资格罚有剥夺政治权利,但《刑法》第 56 条规定,对于严重破坏社会秩序的犯罪分子,在必要的时候,也可以附加剥夺政治权利。规定上的抽象性可能会造成司法实践在资格罚适用对象上的不一致,从而影响刑法的严肃性。

3. 相对增设名誉罚的复权救济制度

为了消除名誉罚刑罚过剩的弊端,同时也为促进罪犯积极悔过,许多国家如德国都规定有资格刑的复权制度。但在我国刑法中并没有相应规定,故建议借鉴国外有关复制权制度的立法经验,在刑法中明确规定名誉罚的复权制度。名誉刑的复权是指对于因实施犯罪而被判处资格刑的犯罪分子,在其具备一定条件时,提前恢复其被剥夺、限制的权利或资格的制度。其特征如下:(1)针对对象的特定性,即针对的是被判处资格刑的犯罪人。(2)适用时间是资格罚执行期间,也即在资格罚开始执行且没有执行完毕之前可适用复权。(3)复权的内容是恢复罪犯被剥夺的权利或资格。当然,了解这些特征对于深入理解和做好名誉罚的复权救济有重要意义。

如上所述,我国存在自由刑、生命刑过剩而名誉罚相对不足的问题,救济和减刑制度也有改进空间,有必要借鉴国外的做法在资格刑中增设复权制度,确立复权适用的

---

① 参见邱兴隆:《刑罚学》,中国政法大学出版社 1999 年版,第 202 页。

必备条件、程序和建立复权的撤销制度。裁判上的复权时间条件和犯罪人的表现条件可借鉴《意大利刑法典》第179条的规定:复权的条件为自主刑执行完毕或者以其他方式消灭之日起经过5年,并且有实际的和持续的证据表明被判刑人行为端正的,则允许复权。关于裁判上的复权程序刑罚应明确规定,复权须由犯罪人向原审法院提出申请,由原法院作出裁决。在建立复权制度的同时,刑法还应相应地作出撤销复权的规定,即规定犯罪人复权以后,如发现其复权前犯有罪刑或者复权后原判资格刑期限尚未执行完毕时又犯新罪的,复权应予以撤销。

三、赔偿经济损失与赔偿损失

我国《刑法》总则第三章第一节规定有"刑罚的种类",第32~34条是"主刑和附加刑",第35条是"驱逐出境",第37条之一"禁业规定"均与居住权和人身权有关,故将其放在"资格刑"部分讨论。第36条"赔偿经济损失"、第37条"非刑罚性处置措施"虽未放进"主刑和附加刑"中,但其都是承担刑事责任的方式,这里将对"赔偿经济损失"与第37条"赔偿损失"进行比较,前者实际是与"刑事附带民事诉讼"相关联的一种对被害人的赔偿或救济制度。

"赔偿经济损失"最初肇始于同态复仇,然后逐步演变为我国非刑罚处罚方法之一,著名的《汉谟拉比法典》规定:"损毁穆什钦努之眼或折断其骨,应赔银一明那;损毁自由民奴隶之眼或折断其骨,应赔偿其买价的一半。"①在我国,赔偿经济损失乍一看是民事问题,但其实民刑有时候真的是难以区分。刑法追究刑事责任,从刑罚角度预防和减少犯罪行为给社会带来的危害,民法追究民事责任,通过赔偿来弥补因侵权或者是违约行为给当事人带来的损失。正是因为二者具有社会危害性程度的衔接,民事侵权和刑事犯罪的比较在司法实践中往往陷入困境,成为世界性难题。我国《刑法》第36条专门规定了以犯罪为前提的民事赔偿,这里将进行专门讨论。

赔偿经济损失是指除判处刑事罚金、没收财产外,法院依法判处犯罪人向被害人赔偿因犯罪行为而遭受的经济损失。可分为两种情况:一是《刑法》第36条规定的"由于犯罪行为而使被害人遭受经济损失的,对犯罪分子除依法给予刑事处罚外,并应根据情况判处赔偿经济损失",即犯罪人不但要承担刑事处罚,还应当赔偿经济损失;二是《刑法》第37条提及的,犯罪情节轻微,虽然不需要判处刑罚,但法院可以责令赔偿损失。

第一种情况实际是属于刑事附带民事赔偿的范畴,并不属于非刑罚处理方法的范围。第二种情况则是在刑罚之外法院责令犯罪人向被害人赔偿,属于非刑罚处罚措施。前者的决定虽然由法院作出,但双方当事人可以进行调解,经双方当事人和审判

① 何勤华、夏菲主编:《西方刑法史》,北京大学出版社2006年版,第62页。

人员签章后即可生效。后者是承担刑事责任的一种后果，这种后果是由犯罪行为引起的，是对犯罪行为的一种惩戒或惩罚。

（一）赔偿经济损失的法律规定

《刑法》第36条规定“赔偿经济损失”，属于行为人承担刑事处罚后民事责任的实现。实践中被害人遭受的物质损失有两种，一是因罪犯非法占有、处置而造成的物质损失；二是被害人遭受了物质损失，但罪犯并没有或者不可能占有。前者可由司法机关追缴或者责令退赔，后者可通过提起刑事附带民事诉讼赔偿的方式挽回物质损失。根据最高人民法院《关于刑事附带民事诉讼范围问题的规定》（已失效），被害人因犯罪行为遭受的物质损失，是指被害人因犯罪行为已经遭受的实际损失和必然遭受的损失。犯罪行为所造成的损失有直接与间接之分，直接损失指已经存在的物质利益的损失，间接损失则指预期利益的损失。通常直接损失可获得赔偿，间接损失则并非所有预期利益都可得到赔偿，只有与犯罪行为有必然因果联系的必然遭受的间接损失才可获得赔偿。

1. 我国刑法中的“赔偿经济损失”

犯罪行为不仅侵害社会秩序，且对被害人造成物质和精神上的损失，加强被害人权利保护是时代的呼唤，也是我国法治建设前进的标志，为了更加完善对被害人的权利保护，《刑法》第36、37条规定法院应当判处或责令犯罪人“赔偿经济损失”或“赔偿损失”。

（1）刑法“赔偿经济损失”的性质

我国《刑法》第36条规定：“由于犯罪行为而使被害人遭受经济损失的，对犯罪分子除依法给予刑事处罚外，并应根据情况判处赔偿经济损失。承担民事赔偿责任的犯罪分子，同时被判处罚金，其财产不足以全部支付的，或者被判处没收财产的，应当先承担对被害人的民事赔偿责任。”显然该规定既不等同于单纯的有罪宣告，也不等同于非刑罚处罚措施，它是以行为人构成犯罪为前提的。如果对犯罪人单独做出有罪宣告或判处非刑罚处罚，则不能适用该条，而是适用《刑法》第37条的规定，或单独做出有罪宣告或做出有罪宣告后不进行刑事处罚而给予非刑罚处罚。

《刑法》第37条中有“责令赔偿损失”，但不同于“赔偿经济损失”。后者必须是赔偿经济损失，即通常所讲的“刑事附带民事诉讼”。判处赔偿经济损失是以给予刑罚处罚为前提的，也即必须构成犯罪并判处刑罚。在此基础上，再根据犯罪行为给被害人造成的实际损失，经过法庭审理最终判处给予被害人经济赔偿。如上所述，作为刑事责任承担方式非刑罚处罚中的责令赔偿损失，是以免除刑罚为前提的，因为免除刑罚所以要判处赔偿被害人经济损失。判处刑罚是犯罪人承担刑事责任的表现，判处赔偿经济损失虽然也是实现刑事责任的方式，但属非刑罚方式，其实质与责令赔偿损失一样兼具刑事责任承担与民事责任赔偿两种性质。

(2)刑法"赔偿经济损失"的范围

赔偿经济损失是《刑法》第36条针对被判处刑罚后附带赔偿被害人的经济损失,因此无论在适用对象上或是适用范围上均与责令赔偿损失不同。我国实体法中对此只有原则规定,对于如何赔偿,根据什么赔偿,以及具体赔偿多少,并没有法律上的明确规定。许多经济赔偿个案,也都是司法实践逐渐的积累或摸索,包括死刑案件的赔偿与谅解问题,也是刑事司法实践中的一个难题。当然,赔偿经济损失大都是个案,具体情况不一,每一个案件都有它的特殊性,包括被告人行为的社会危害程度、性质严重程度,以及被害人有无明显过错和双方家庭的经济情况等,是很复杂的问题。在我国尚没有对被害人国家补偿制度立法的情况下,许多方面难以操作。有个真实案例为:某人偷了单位价值1万多元的模具,被发现后不仅退回了所盗窃的赃物,且为轻判赔付给单位2.5万元,最终获得轻判。但事后被告人出狱后感觉多付了赔偿费,反而起诉单位要求返还多给的1.3万元。该案不仅涉及侵权关系,而且涉及合同关系。

这两个法条是否包括精神损失?从实然角度诠释,刑法条文规定本身是不包括精神损失的,但从应然角度分析,精神损害赔偿应该纳入刑法保护中来。有学者认为,责令赔偿损失不只是民事责任的实现方式,也是犯罪的法律后果,除适用于给被害人直接造成的经济损失外,还适用于侵害被害人其他法益的赔偿,包括赔偿物质损失与补偿精神损害。对于补偿精神损害的范围,可参考民法的规定。责令赔偿损失并不以被害人提起民事诉讼为前提,在免除刑罚的情况下,即使被害人没有提起民事诉讼,法院也可以根据案件的具体情况责令赔偿损失。① 还有学者认为,精神损害应该纳入赔偿损失的范围。刑事诉讼中对赔偿损失的范围规定较为具体,如果刑事附带民事诉讼中连"精神损害赔偿"都不予保护,这是非常不公平的。众所周知,在民事诉讼案件中,目前都进行精神损害赔偿保护。刑法赔偿损失如果不包含精神损失就会出现与民法不一致的状况,对于刑事侵权赔偿,除实际的物质损失外,恐怕主要的损失就是被害人的精神损失。有些案件(如杀人、伤害等)甚至都对被害人及其家属造成终生极其痛苦的精神损害,如此严重的精神损害都得不到精神损害赔偿,恐有失公正。当然,或许这种损害真的是难以评估或计算,但无论如何都应当与民事侵权的权益保护相平衡,而不应该如此偏颇。全面、平等地保护公民人权,不断平衡犯罪人和被害人的利益关系,是现代法治更加人性化的体现。包括实体法的权益也要通过程序法来实现,在"赔偿经济损失"问题上也应如此。

---

① 参见张明楷:《刑法学》(第3版),法律出版社2007年版,第478页。

2. 我国刑事诉讼法中的“刑事附带民事诉讼”

为保障“赔偿经济损失”刑法规定的真正落实，我国《刑事诉讼法》在第七章规定“附带民事诉讼”，也即“赔偿经济损失”的具体程序。2012 年《刑事诉讼法》修改后，对刑事附带民事诉讼进行了更为明确的科学定位，从而进一步完善了刑事附带民事诉讼的程序规则，强化了被害人的权利保障，但由于刑事附带民事诉讼自身的制约性限制，在赔偿范围、财产保全制度、附带民事诉讼和解、调解及执行中等具体问题上仍存在争议。

（1）刑事附带民事诉讼中的精神损害赔偿

随着我国经济制度的发展和公民人权保障意识的提升，现行刑事法律中关于禁止被害人提出精神损害赔偿的规定已经不再符合现行刑法发展的国际趋势，同时刑事诉讼法、刑法及民法中的不同规定在司法实践中所出现的冲突越发凸显，我国民事法律明确规定和认可精神损害赔偿，2012 年《刑事诉讼法》所增设的刑事和解制度中对精神损害赔偿也作出了详细的规定，故精神损害赔偿应纳入附带民事诉讼赔偿范围，以切实保障被害人的正当权利，提升我国法律体系的统一性。

我国《刑事诉讼法》第 101 条规定：“被害人由于被告人的犯罪行为而遭受物质损失的，在刑事诉讼过程中，有权提起附带民事诉讼。被害人死亡或者丧失行为能力的，被害人的法定代理人、近亲属有权提起附带民事诉讼。如果是国家财产、集体财产遭受损失的，人民检察院在提起公诉的时候，可以提起附带民事诉讼。”这就为“赔偿经济损失”具体规定了程序上的根据。包括公民个人或者国家财产、集体财产等遭受损失的，均可根据《刑事诉讼法》第 101 条的规定提起刑事附带民事诉讼，国家支持这种诉讼的提起与追诉。刑事附带民事诉讼的形式和性质决定了精神损害赔偿存在的必要性。刑事附带民事诉讼本身就具有刑事、民事的二元性特征，即一个案件中的被告人因同一犯罪行为、同一侵权事实所引起的诉讼。两种诉讼在地域管辖、诉讼时效、裁判机构等方面发生重合。我国刑法规定实际上也是支持精神赔偿存在的，最高人民法院《关于执行〈中华人民共和国刑事诉讼法〉若干问题的解释》（已失效）第 100 条规定：“人民法院审判附带民事诉讼案件，除适用刑法、刑事诉讼法外，还应当适用民法通则、民事诉讼法有关规定。”①因此，将精神损害赔偿纳入刑事附带民事诉讼，不仅符合国际刑法的发展趋势，也符合我国与时俱进的现代法治理念。

（2）刑事附带民事诉讼中的财产保全

为切实保证刑事附带民事诉讼的顺利进行，《刑事诉讼法》第 102 条还明确规定：“人民法院在必要的时候，可以采取保全措施，查封、扣押或者冻结被告人的财产。附带民事诉讼原告人或者人民检察院可以申请人民法院采取保全措施。人民法院采取

---

① 张军主编：《解读最高人民法院司法解释之刑事卷》（下），人民法院出版社 2011 年版，第 966 页。

保全措施,适用民事诉讼法的有关规定。”与 1996 年《刑事诉讼法》相比较在专业术语上明确表达了“保全措施”,增加了冻结的保全措施和一审申请保全措施的启动方式。这种刑事附带民事诉讼与一般的民事诉讼完全一样,有切实的权利保障。甚至犯罪的主要证据都不需要被害人个人收集,而是由国家公诉机关负责收集。至于被害人及其家属究竟因为被告人的侵害造成了多大的经济损失,必要时需要被害人及其代理人或辩护律师适当收集证据,予以证明具体的损失数额,以此保证赔偿经济损失案件的顺利进行,也保证被害人受到的经济损失最终赔偿到位。

(3)刑事附带民事诉讼中的和解、调解

“判决和调解都是人民法院行使审判权的重要方式,判决的价值固然不容置疑,而调解则具有其独特的功能价值。”①刑事附带民事诉讼毕竟也是民事诉讼,在必要时尤其是被害人不能充分举证证明受到经济损失的具体数额时,也允许进行必要的调解。为此,《刑事诉讼法》第 103 条规定:“人民法院审理附带民事诉讼案件,可以进行调解,或者根据物质损失情况作出判决、裁定。”实在调解不成的,也可根据犯罪的严重程度和具体给被害人造成的实际损失,包括被告人的实际赔偿能力等因素,进行最终判决和裁定。

在具体审理过程中,通常都是刑事部分和民事部分一并审理。根据《刑事诉讼法》第 104 条的规定:“附带民事诉讼应当同刑事案件一并审判,只有为了防止刑事案件审判的过分迟延,才可以在刑事案件审判后,由同一审判组织继续审理附带民事诉讼。”由于刑事附带民事诉讼也是以成立刑事犯罪为前提的一种民事审判,因此在审理时间和顺序上不能先于刑事案件的审理,这是因为万一定罪有问题也会影响到民事部分的审理。故一般是同步,应兼顾对被害人利益的保护。

在 2012 年《刑事诉讼法》中已经借鉴国外立法经验和司法实践多年来的积累,创新性地规定了涉及精神损害赔偿的刑事和解制度。但是由于现行的刑事法律以及相关的司法解释对刑事附带民事诉讼的规定比较模糊,目前调解在刑事附带民事诉讼运用中作用有限。

(二)责令赔偿损失的法律规定

责令赔偿损失是指人民法院根据犯罪行为给被害人造成的损失情况,责令犯罪情节轻微不需要判处刑罚的犯罪分子给予被害人一定的赔偿。根据《刑法》规定,适用责令赔偿损失需具备的条件如下。

1. 有犯罪人给被害人造成损失的客观事实。损害事实是指被害人(被害方)因人身权利受到犯罪侵犯而遭受的损害或者财物被犯罪分子毁坏、处置而遭受的损失。

---

① 沈志先主编:《调解精品案例选》,法律出版社 2012 年版,第 2 页。

《刑法》第 37 条仅规定“赔偿损失”，没有对损失加以特别限定。在日益注重精神权益的今天，应当认为《刑法》第 37 条中的损失除包括遭受的物质损失外，还包括因人身权利受到犯罪侵犯而遭受的精神损失。在侮辱、诽谤等轻微刑事犯罪案件中，即使不存在物质损失也存在精神损失，故同样可责令犯罪人赔偿。

2. 没有给予刑罚处罚。责令赔偿损失是非刑罚处罚。如果对犯罪人判处了刑罚处罚，则不能适用《刑法》第 37 条中的责令赔偿损失，而应根据《刑法》第 36 条的规定判处赔偿经济损失。而作为刑事责任承担方式之一的非刑罚处罚中的责令赔偿损失，是以免除刑罚为前提的。

《刑法》第 37 条规定的责令赔偿损失，以免除刑罚为前提，也即以有罪宣告为前提。在作出责令赔偿损失的判决前，被害人也可能提起了民事诉讼，但由于没有判处刑罚，责令赔偿损失实际上就不只是民事责任的实现方式，同时还是更为重要的刑事责任的实现方式①，此时责令赔偿损失具有刑事责任与民事责任承担方式的双重属性。当然，在被害人没有提起民事诉讼的情况下，法院所作出的责令赔偿损失就是纯粹的刑事责任承担方式，但由于赔偿损失的实质是财物赔偿，故行为人所承担的刑事责任与民事赔偿责任的内容相同，被害人民事诉讼的诉权消灭。也即在法院作出责令赔偿损失的判决以后，被害人一般不得再次向法院提出赔偿经济损失的诉求。

如上所述，“责令赔偿损失”与我国《刑法》第 36 条刑事附带民事诉讼中的“赔偿经济损失”不同，二者虽然都是犯罪行为的后果或承担刑事责任的一种方式，但前者是轻微犯罪的一种全部后果，后者是附随对严重犯罪判处刑罚后的一种后果。二者的区别主要表现在：(1)适用的对象不完全相同。责令赔偿损失的对象是依法被免予刑事处罚的人，或者称是被判决并宣告有罪但不给予刑罚处罚的人；而赔偿经济损失则是依法被判处刑罚的人，也即被判处刑罚后附带赔偿被害人的经济损失。(2)针对的行为或对行为的处理结果也不完全相同。责令赔偿损失针对的是犯罪情节显著轻微不需要判处刑罚的行为，包括处理的后果是不予刑罚处罚；而赔偿经济损失针对的正是有罪甚至是重罪的行为，处理的结果是既判处刑罚又赔偿经济损失。

虽然立法上并未对《刑法》第 37 条“责令赔偿损失”的范围做出明确限定，也未明确规定除物质赔偿外是否也包含精神损害赔偿，但笔者认为《刑法》第 37 条非刑罚处罚方法中的“责令赔偿损失”应该既包含物质方面的损失也包含精神方面的损失，二者均可追偿。

（三）赔偿经济损失的立法前瞻

实事求是地讲，我国刑法中有关“赔偿经济损失”和刑事诉讼法中“附带民事诉讼”

---

① 参见张明楷：《刑法学》（第 2 版），法律出版社 2003 年版，第 488 页。

的法律规定都是比较粗疏的。这当然与我国的经济发展水平、司法环境和对被害人保护的程度,以及我国的立法水平不无关系。这里笔者依据我国的司法实践,想对未来该方面的立法完善做些前瞻性分析,供大家研究时参考。

1. 建立被害人国家补偿或救助制度

众所周知,我国1979年和1996年的《刑事诉讼法》更多注重的是对国家和社会利益的保护,相对忽视的是对被害人及其家属和犯罪嫌疑人或被告人权益的保护。2012年、2018年的《刑事诉讼法》虽然加强了一些对犯罪嫌疑人、被告人权利的保护,甚至完善了刑事附带民事诉讼的规定,但无论是从立法上还是从司法上来讲,对被害人的权利保障仍显不足。如参与庭审时,被害人没有最后陈述权,也没有明确规定被害人是否参加庭审,公诉案件中,被害人的起诉权往往受到限制,法律也没有给被害人直接的上诉权。包括赔偿经济损失的标准,以及刑事案件精神赔偿和对被害人及其家属的补偿和救助问题等,均是该方面的软肋和弱项。故建议我国借鉴国外该方面完善的法律制度和立法经验与技术水平,尝试建立适合中国国情的刑事被害人国家补偿制度,这是造福子孙后代、利国利民、体现社会公平、彰显社会道义、维护社会长久稳定道义之举。

《国家赔偿法》规定:对犯罪嫌疑人以及刑事被告人,国家在对其错拘、错捕、错判时,应当提供经济赔偿。刑事诉讼法正式将被害人的地位明确为"当事人",但是作为当事人的被害人在刑事诉讼中的保护程度在法律规定上是欠缺的。为了使被害人的求偿权得到有效保障,维护刑事法律体系的完整性,就需要由国家承担起补偿和救助义务。但国家补偿制度,应该以被告不能完全支付赔偿金为前提,是为保护被害人权利而设立的辅助性制度,不能成为主要救济途径,否则就成了"罪犯犯罪,国家买单"。① 从另一侧面讲,国家责任的核心内容就是尽充分职责来保护公民的安全,因为每一个公民都按照法律尽到了纳税的义务,国家也就有义务承担起保护公民安全的责任。一旦国家不能很好地完成这一责任或没能尽到这一义务,就应承担起对刑事被害人的补偿和救助义务,全面保障被害人的权利。2004年3月14日第十届全国人大第二次会议已经将"国家尊重和保障人权"入宪,《刑事诉讼法》也在第2条对保障人权做了规定,但要有具体、系统的规定。

从国际趋势看,对刑事被害人进行补偿和救助已经是一个国家应承担的国际义务。我国已签署的《犯罪被害人人权宣言》第12条规定:"当无法从罪犯或其他来源得到充分的补偿时,会员国应设法提供金钱上的补偿。"第13条也规定:"应鼓励设立、加强和扩大向受害者提供补偿的国家基金的做法。"因此,应当着手制定国家级刑事被害

① 参见刘晨:《刑事附带民事诉讼应允许提出精神赔偿》,载《检察日报》2007年11月6日,第3版。

人的补偿和救助制度。据此完善被害人国家补偿制度需要做到:(1)制定国家补偿制度原则。在法律中坚持补偿和赔偿相适应原则,与被害人受到侵害的大小相适应。以赔偿为主、补偿为辅。国家补偿必须符合法定条件,且能够照顾到例外,比如,特殊困难的被害人。(2)确定国家补偿范围。依据国情和现有法律规定,限制国家补偿对象、条件,如果犯罪行为是被害人过错导致的,不得申请补偿。被害人的补偿申请必须在法定期间提出,有一定的时效性。确定国家补偿的主体范围本人、法定代理人或近亲属。补偿数额的确定应以被害人遭受实际损害的大小为标准,结合个案具体情况进行综合判断。(3)国家补偿金管理。国家应专门设立补偿金管理机构,负责补偿金的收取、管理、发放。

2. 完善"赔偿经济损失"和"刑事附带民事诉讼"制度

如上所述,刑事附带民事诉讼制度已经在现行《刑事诉讼法》中得到进一步的完善和推动。但司法实践中由于种种原因,刑事附带民事诉讼难、执行难的问题仍然存在。

一是赔偿经济损失的具体标准。主要应严格参照民事侵权的赔偿标准进行,尤其不能再低于民事侵权的赔偿标准。难点就在于,一般的民事侵权赔偿没有刑事侵权赔偿危害那么严重,因此条件成熟时应尽快根据我国刑事被害人的受伤状况,包括心灵受伤状况,建立专门的刑事侵权赔偿标准,进行专门立法,以推动赔偿经济损失的真正落实,真正实现社会的长久稳定与平安。

二是刑事案件精神损害的赔偿。2001 年 2 月 26 日最高人民法院就通过了《关于确定民事侵权精神损害赔偿责任若干问题的解释》(已修改),使在民事侵权领域被害人的精神损害赔偿有了明确的法律依据,并在 20 年来得以很好地贯彻实施。但当侵权行为超过一定限度而达到刑事侵权,也即构成犯罪时,刑事被害人却不能得到像民事精神损害赔偿那样的应有权利,这就不甚合理。无论是大陆法系还是英美法系国家,绝大多数都对刑事附带民事诉讼中的精神损害赔偿有所规定。在我国同样应该建立科学的精神损害赔偿制度,刑事案件精神损害赔偿的诉讼方式主要有两个:(1)直接提起刑事附带民事诉讼。除实际给刑事被害人造成的身体和物质损失外,对其精神损害造成的痛苦也应成为衡量社会危害性的重要指标。故建议对《刑事诉讼法》的相关规定进行修改,使刑事侵权的精神损害囊括其中。协调统一刑事诉讼与民事诉讼中关于精神损害的相关法律制度,避免刑事、民事两者间的冲突。(2)允许另外提起民事诉讼。由于刑事法庭主要是追究犯罪,也相对限制了被害人的举证时限。同时如果精神损害赔偿的存在与否以及损害的大小和赔偿的数额在较短的时间内难以确定,也不利于及时有效打击犯罪。因此,刑事侵权被害人可以在刑事案件的判决生效以后,直接单独另行提出精神损害赔偿之诉,以有效补偿其精神损失。并且要对精神损害赔偿的范围、原则、数额等与民事诉讼法律有相对统一、详细的规定。

三是对被害人及其家属的补偿和救助。应尽快从国家层面建立刑事被害人补偿和救助制度体系,全面完善刑事被害人救助的配套制度与措施,使之成为整个刑事被害人补偿和救助的重要环节。

3. 建立犯罪人终身偿付被害人损失的责任追究制度

可以说,在世界各国,治理犯罪都是一项极其繁重和难度很大的工作。尤其是面对刑事侵权被害人的补偿与赔偿问题时,更是无从着手,甚至得不到应有的资金支持。对此,世界各国包括国际组织都十分重视,千方百计地动用各种措施来解困。针对我国情况建议如下:

一是改变思想观念。对于刑事被害人的补偿与赔偿及救助而言,我国公民要尽快改变观念,自觉主动地维护好自身权益,利用法律武器使自己因被害而遭受的损失得到赔偿,以实现社会主义国家的公平正义。

二是建构完整体系。针对刑事被害人的补偿、赔偿和救助问题,要注意体系性的制度建设,从基础做起,并从上层整体制度建构上考虑制度的系统设计。比如,梳理宪法中有关保障人权的条款,将宪法中保障人权的精神用具体制度的形式细化到基本法律建设中去。这一制度性的细化设计一定要深入、系统、全面、完整,真正做到严密法网,包括立法法网和司法法网,使整个制度设计形成有机的整体,真正做好立法与司法制度的贯彻执行。

三是形成长久机制。要研究和建构被告人终身偿付被害人损害的赔偿制度,如此形成国家威慑犯罪的长久机制,将制度和机制调整到长远性和有效性。

如果能够让犯罪人终身背负赔偿被害人的责任,不仅使其以后不敢轻易犯罪,其他人看到也会警醒,最终就会形成长效的良性的社会安定运行机制,保障公民们安居乐业。

四、行政处罚与行政处分

作为《刑法》第37条规定的"非刑罚性处置措施",其中训诫、责令具结悔过、赔礼道歉、责令赔偿损失等均在前述申诫刑、名誉刑和"赔偿经济损失"中讨论过了,只有"由主管部门予以行政处罚或者行政处分"没有涉及,下面予以专门讨论。

(一)建议由主管部门予以行政处罚

这里的行政处罚不是由法院直接判决,而是提出司法建议再由行政主管部门处罚。行政处罚是一种行政法律责任,具体是指行政机关对违反行政法的行为进行的处罚。具体处罚方式有警告、罚款、没收、吊销执业证书、行政拘留、责令停产停业、暂扣或者吊销许可证、行政拘留以及法律、行政法规规定的其他行政处罚等,几乎所有行政执法机关都拥有行政处罚的权力。

当然,作为刑事责任承担方式的行政处罚,是以行为人构成犯罪为前提的,因而虽然行政处罚最终是由行政机关作出的,但是该行政处罚并不仅仅是一种行政法律责任或行政罚的属性,也是一种刑事责任的承担方式或刑事罚的属性。行政处罚的种类很多,各种行政处罚的决定部门并不相同。法院应该根据案件的具体性质与特点,向特定主管部门提出有针对性的司法建议。

根据《刑法》第37条的规定,法院不直接对犯罪人作出行政处罚或者行政处分的裁判,也许并不将建议行政处罚的内容写进裁判书,只是向相关主管部门发出司法建议。当然,必要时也完全可以明文写进判决书里,建议相关行政机关给予行政处罚。对于法院的建议也好,或是法院判决书的抄送也好,相关部门或行政机关必须予以回应。具体作出何种行政处罚,以及给予犯罪人何种程度的行政处罚,则由相关行政主管部门最终决定,但由于其是一种严肃的刑事责任承担方式或犯罪后果,相关行政部门或单位作出行政处罚后必须报送法院予以备案。

(二)建议由主管部门予以行政处分

同行政处罚一样,这里的行政处分也是指法院根据案件的具体情况向相关主管部门提出予以行政处分的司法建议,由主管部门给予犯罪人适当的行政处分。行政处分是一种行政纪律责任追究,具体是指由行政机关对国家工作人员违反行政法的行为进行行政处分责任追究的处理。具体方式包含警告、记过、记大过、降职、撤职、开除留用察看、开除等形式。

需要说明的是,行政处罚、行政处分与训诫或者责令具结悔过、赔礼道歉、赔偿损失不同:后者由法院自己直接作出,法院是作出后者处理的主体;而对于前者,不是由法院直接给予,而是由法院提出建议,由有关主管部门给予行政处罚或者行政处分。

上述几种非刑罚处罚方式对我国司法实践中刑事责任的实现、犯罪预防、宽严相济刑事政策的贯彻作出了应有的贡献,但基于我国法治建设及恢复性司法的需要,我国非刑罚处罚的方式仍有待发展。我国还缺乏像"禁止从事特定职业""强制矫正、治疗"之类的行之有效的非刑罚处罚方式,满足社会对犯罪预防的期待,非刑罚处罚有加以立法完善的必要。

行政处罚与行政处分作为我国的一种承担刑事责任的非刑罚处罚方法,是法院的司法权向行政权的延伸,但行政权力和司法权力属于两个不同的领域,法院与主管部门是平等的,法律仅赋予了法院建议权,行政机关仍保持着独立的行政处罚决定权。

(三)我国非刑罚处罚措施的完善

1. 对我国非刑罚处罚措施的立法建议

针对我国现存的制度缺陷,需要从明确适用条件、完善司法教育措施、完善刑事赔偿措施和完善行政制裁措施等方面入手。

一是明确适用条件,我国法律关于适用条件的规定是“犯罪情节轻微不需要判处刑罚”,这一概念规定得极为模糊,造成司法实践中的适用不便。对于“轻微犯罪”的规定,各个国家并不相同,在1999年的《德国刑法典》中规定,重罪指最低刑为1年和1年以上自由刑的违法行为。轻罪指最高刑为1年以下自由刑和科处罚金刑的违法行为。[①] 我国刑法并未对轻罪和重罪进行明确规定,而是将其散布在各个条文中,有学者指出,可以考虑将法定最低刑为3年以上有期徒刑的犯罪称为重罪,其他犯罪为轻罪。[②] 在我国刑法中有许多种“免除处罚”的情形,但这些情形并不全部包括所有“不需要判处刑罚”的情形,这种规定只是法官的参照,在实践中仍需综合考虑案件的犯罪情节。

二是完善司法教育措施,因司法教育措施在实践中并不经常使用,有的学者认为司法教育措施没有存在的意义,如1960年的《苏俄刑法典》中规定的训诫、责令赔偿所造成的损害等非刑罚处罚方法在1997年的《俄罗斯联邦刑法典》中就被删除了。其实就我国而言,司法教育措施具有存在的价值,只是需要在立法中进行完善。

三是完善赔偿损失措施,我国《刑法》第37条规定的“赔偿损失”是刑事赔偿,而且是以免除刑罚处罚为前提的处罚结果,导致了在适用范围上限制了刑事赔偿的范围,如要扩大其适用范围,就可以将其改为在责令罪犯赔偿损失后免除刑罚处罚,但需要符合几个条件。首先是适用轻微犯罪,其次是适用侵犯个人法益的犯罪,最后是只能适用于偶发性罪犯和激情罪犯。[③]

四是完善行政制裁措施,我国的行政制裁措施只赋予了法院建议权,而未赋予其决定权,即法院不直接进行裁判。在国外有类似的规定,如1999年《德国刑法典》第69条规定了吊销驾驶执照的保安处分措施,第70条规定了禁止执业命令的保安处分措施。[④] 但这些相似规定法院是有权力做出的。因此建议刑法规定法院既可以直接判处也可以建议相关主管部门作出处罚。

2. 对我国非刑罚处罚措施的体系完善

世界上非刑罚处罚措施体系的模式大致有三种,一是将非刑罚处罚措施规定在刑罚体系中;二是将非刑罚处罚措施规定在保安处分中;三是将非刑罚处罚措施独立,与保安处分和刑罚措施并列。在我国刑法中,非刑罚处罚措施与主刑、附加刑体系规定在“刑罚种类”的同一节中,在实践中采取刑罚为主,补充适用非刑罚处罚的措施。从《刑法修正案(九)》对于刑法第37条的补充看,立法者更加倾向于将非刑罚处罚措施与保安处分规定在一起的体系。我国调整非刑罚处罚措施并不能一味地照搬国外模

① 参见《德国刑法典》,徐久生、庄敬华译,中国方正出版社2004年版,第14页。

② 参见张明楷:《刑法学》(上),法律出版社1997年版,第491页。

③ 参见[意]恩里科·菲利:《犯罪社会学》,郭建安译,中国人民公安大学出版社1990年版,第89页。

④ 参见《德国刑法典》,徐久生、庄敬华译,中国法制出版社1999年版,第78-79页。

式,而要结合当前的法律制度和国情,如果要是这样,“刑罚种类”一节可以改为“刑事责任的承担方式”。

关于非刑罚处罚制度,有观点认为,其是一种附属于刑罚的民事、行政措施;有观点认为,其是刑罚以外的其他处理方法;也有观点认为,其是刑罚以外的其他处罚方法。[①] 随着人类社会的日益进步,人道主义观念成为主流思想,以教育刑理论为代表的预防主义价值观成了刑罚价值观的重要内容,于是非刑罚的处罚措施逐渐为人们所重视,目前刑罚与非刑罚处理方法共同作为刑事责任的实现方式这一观点,已得到越来越多人的认可。因此非刑罚处罚措施是与刑罚相对的概念,是指对一些特定情形的案件,由审判机关对犯罪人的社会危害性、人身危险性作出评价,从而给予犯罪人刑罚以外的实体处理,进而实现犯罪人刑事责任的承担。我国《刑法》中关于非刑罚处罚的措施,主要规定在第36、37、37条之一,第38条,以及刑法关于社区矫正的相关条文之中。

五、保安处分及类似措施

保安处分是大陆法系国家最早为维护社会秩序或保障公民人身安全,针对具有人身危险性或社会危险性的人所采取的特殊性防范、保安或预防措施。有学者曾根据我国现行法律体系把“保安处分”分为:(1)未经处罚的保安处分,即指对那些从未受过行政与刑事处罚,但却有一定人身危险性人的保安处分,适用对象如有行为失控危险的精神病人、吸毒成瘾者、流浪乞讨者、有劣迹的未成年人等;(2)治安处罚后的保安处分,适用对象是虽经治安处罚但仍有一定人身危险性的人;(3)刑罚处罚后的保安处分,适用对象是虽经刑罚处罚但仍有一定人身危险性的人。[②] 前者其实是针对那些虽然没有违法犯罪记录,但具有潜在人身危险性人群的保安处分,故称为“未然犯的保安处分”。后两者是针对那些已有违法犯罪记录或受到处罚人群的保安处分,故称为“已然犯的保安处分”。我国未来的刑法体系应当针对上述后两者人群作出反应。

(一)保安处分的时代渊源及思想基础

保安处分制度最早源于古罗马时代,在罗马法中早就有疯狂病发作状态下杀害其生母的记载,以及应对其如何处分的社会讨论。因为其缺乏受刑能力,对其适用刑罚难收威慑、恫吓之效果,这种以防卫社会为目的、有别于刑罚的监护措施,实际上初具现代保安处分制度的雏形。[③] 如果说这些是只言片语的记载,甚至只是法学家们的讨论,或没完全上升为法律制度,那么中世纪的《加洛林纳刑法典》就有了类似保安处分的明文规定。该法典第176条规定:“对一定的人,预想实施犯罪行为,而又缺乏使其

---

① 参见梁根林:《非刑罚化——当代刑法改革的主题》,载《现代法学》2000年第6期。

② 参见李晓明:《行政刑法学导论》,法律出版社2003年版,第583页。

③ 参见陈兴良:《刑法哲学》,中国人民大学出版社2017年版,第467页。

不实施犯罪的保障的场合,科以不定期的保安监置。”规定了保安监置的适用对象是可能实施犯罪的人,且是不定期的,实际是以犯罪的可能性消灭为期限。可见,该法典对保安处分的规定是明确具体的,对现代保安处分制度的建立具有重要意义。①

1. 保安处分理论研究的最早提出

理论上最早提出保安处分研究的是德国刑法学家克莱因(1747—1810 年)。他认为,维护公共安宁幸福是一切刑事立法的唯一正当根据,因而有必要在刑罚之外另行根据行为者的犯罪危险性予以保安处分,因为“刑罚具有按现实的犯罪程度而定的确切内容,而保安处分则具有以行为者的犯罪危险性为基准而科处的不定期的内容”②。显然,这是近现代刑事学派对古典刑事学派“道义责任论”提出的挑战,并最终形成了以意大利犯罪学家菲利(1856—1929 年)为代表的“社会责任论”观点。当然,维护公共安宁幸福是否为刑事立法的唯一正当根据,有待进一步深入研究和讨论,但这反映出两个学派根本不同的刑法理念。传统的“报应主义”刑法理论以“道义责任”为基础,而近现代的“功利主义”刑法理论则以“社会责任”为基础。克莱因认为,在刑罚之外对行为人的犯罪危险性加以评量,其危险性不属于恶害性质的时候,可作保安处分。③ 这里的不属于恶害性质当然是指主观上缺乏罪过,难以对其进行伦理上的非难,如精神病人等。但同时克莱因认为,对一定的罪犯虽然适用了刑罚,但另附以保安处分也是可以的,只不过应把它看作刑罚执行上的内容。④ 在此意义上,克莱因实际上已经把保安处分划分成了未然犯的保安处分和已然犯的保安处分,尤其将后者直接视为刑罚的一种附带或补充措施,从此在一定程度上把保安处分与刑罚措施紧密地联结起来。克莱因关于保安处分的观点显然仍是从报应主义思想和价值上立论的,然而却受到当时一些学者的猛烈抨击。如费尔巴哈就曾指出:“市民刑法的刑罚与保安处分应严加区别,因而刑事法官只能行使刑罚权而不能行使确定保安处分的权利,且不容许以将要实施犯罪的危险为理由而适用保安刑。”⑤可见,自诞生以来保安处分就存在激烈争论。

保安处分虽然产生于 18 世纪初,但一直到 20 世纪初才真正汇聚成为世界刑法改革的历史潮流。综观世界各国保安处分的立法例,其种类的划分标准有两个,一是依据处分的对象将其分为对物的处分和对人的处分;二是依据是否剥夺自由将其划分为剥夺自由的保安处分和不剥夺自由的保安处分。具体种类有:劳役处分,收容矫正处

---

① 参见陈兴良:《刑法哲学》,中国人民大学出版社 2017 年版,第 582 页。

② [日]木村龟二主编:《刑法学词典》,顾肖荣等译,上海翻译出版公司 1991 年版,第 465 页。转引自梁根林:《保安处分制度的中国命运》,载储槐植等主编:《理性与秩序:中国劳动教养制度研究》,法律出版社 2002 年版,第 174 页。

③ 参见甘雨沛、何鹏:《外国刑法学》,北京大学出版社 1985 年版,第 601 页。

④ 参见甘雨沛、何鹏:《外国刑法学》,北京大学出版社 1985 年版,第 601 页。

⑤ 甘雨沛、何鹏:《外国刑法学》,北京大学出版社 1985 年版,第 602 页。

分，保安监置处分，监护隔离处分，强制医疗处分，行为监督处分，强制禁戒处分，保护观察处分，更生保护处分，少年保护处分，限制居住处分，善行保证处分，剥夺驾驶许可处分，禁止从事特定职业处分，驱逐出境处分及对法人适用的撤销营业执照和对犯罪所得物品、使用物品或工具的没收处分等。在保安处分形成的过程中，有关国际刑法会议也起到了推波助澜的作用，加速了保安处分立法化的进程，各国开始将保安处分系统地规定在刑法典或刑法草案中，将其视为代替或补充刑罚的一种制度。正如李斯特指出的那样："现代刑事政策研究的一大重大成就是，最终造成了这样一个共识，在与犯罪作斗争中，刑罚既非唯一的，也非最安全的措施，对刑罚的效能必须批判性地进行评估，由于这一原因，除刑罚制度外还需要建立一套保安处分制度。"①

如上所述，刑罚的理论基础是道义责任的报应论，保安处分的理论基础则是社会责任的社会防卫论。"谓科责于人，非基于意思自由而为应报，乃社会自卫之必要，以预防犯罪为目的。"②保安处分之引入刑法领域，是近代刑法发展的具有划时代意义的重大突破。无论对保安处分持何种态度，保安处分在现代刑法中的地位已经牢不可破。③ 克莱因实际上把保安处分视为刑罚的补充措施，因而在一定程度上把二者联结起来。保安处分是克莱因闪光的思想火花之一，但在当时报应主义与自由主义盛行的社会背景之下，这一思想火花显得黯淡，只是一点火星而已。

我国保安处分的影子可追溯到春秋时期，在管子的《四顺》《六亲五法》《外言（四）》等中均有体现。如"惟有道者，能备患于未形也，故祸不萌"，这里的"备患于未形"就是现代预防主义的雏形，其虽未直接表明保安处分，但思想核心是类似的。④ 将保安处分纳入刑法体系的观点在学界一直呼声很高。包括刑事诉讼法规定的精神病人认定和强制治疗制的"特别程序"，以及《刑法修正案（八）》中的"禁止令"，还有社区矫正制度等都是对保安处分制度的回应。面对我国当前刑罚种类相对单一的刑事制裁体系，进行结构调整势在必行，而刑罚与保安处分二元结构的违法犯罪制裁体系，具有一定预防犯罪的功能，这也是社会转型期的治安形势所决定的。⑤ 同刑罚制度一样，保安处分也应受法治原则的限制。

2. 保安处分的思想基础

保安处分是西方国家现代刑法制度发展的重要组成部分，应该说保安处分刑法思

① ［德］弗兰茨·冯·李斯特：《德国刑法教科书》，徐久生译，法律出版社 2000 年版，第 20 页。

② 翁腾环：《世界刑法保安处分比较学》，商务印书馆 2014 年版，第 35 页。

③ 参见陈兴良：《刑法哲学》，中国人民大学出版社 2015 年版，第 582 页。

④ 参见翁腾环：《世界刑法保安处分比较学》，商务印书馆 2014 年版，第 94 页。

⑤ 参见王利荣：《制度性教养的走向与立法选择》，载储槐植等主编：《理性与秩序：中国劳动教养制度研究》，法律出版社 2002 年版，第 193 页。

想基础对保安处分理论及制度发展具有重要意义。18 世纪至 19 世纪初,刑事古典学派的刑法思想对资产阶级刑事立法和司法实践产生了深刻影响,他们强调犯罪是行为人自由意志支配下表现在外部的行为,因而认为犯罪的本质应以行为人的行为为中心评价其社会危害性。至 19 世纪中后期,在犯罪日益恶化的情况下,近代学派的刑法理论应运而生,促使了保安处分刑法思想及理论的产生与发展。德国刑法学家克莱因作为最早系统论述保安处分理论的学者,他认为,一切刑事立法唯一正当的根据在于公共安宁幸福。他指出:"刑罚具有按现实的犯罪程度而定的确切内容,而保安处分则具有以行为者的犯罪危险性为基准而科处的不定期的内容。"①

19 世纪末 20 世纪初,龙勃罗梭等实证学派从生物学的角度观察犯罪,对犯罪现象进行研究,在其《犯罪人论》一书中论述,天生犯罪人的犯罪不是基于意志的自由,而是基于禀性上的机能,在龙勃罗梭的观念中犯罪人注定要犯罪,那么对他们就应当采取保安处分、流放等终生隔离甚至死刑措施,起到预防他们实施犯罪的效果。刑事古典学派关注的是犯罪行为而非犯罪人,只有刑事实证学派,才将理论触须伸向犯罪人,从而完成了由犯罪行为向犯罪人的划时代转变,"应当惩罚的不是行为,而是行为人"②,人身危险性正是这样一种揭示犯罪人人身特征的理论。人身危险性作为犯罪人的人身特征,往往被理解为某种犯罪的倾向性。加罗法洛在《危险状态的标准》一书中,就把这种危险状态视为某人变化无常的、内心所固有的犯罪倾向。龙勃罗梭则把这种具有犯罪倾向的人称为天生犯罪人,从生物学的角度阐述犯罪人的人身特征,认为这种人虽然尚未实施犯罪行为,但由于他们基于遗传或体态等方面的原因,已经具有了犯罪的倾向。与此同时,以菲利、李斯特等人为代表的刑事社会学派却认为,犯罪的原因中既有人类学的因素,同时也不能摒弃社会因素,李斯特借鉴了克莱因的保安处分理论,提出了"刑法的目的思想"。认为刑法的目的在于保卫社会的安全,并从保护刑论及社会防卫论出发,提出了社会责任论,即一个人哪怕在法律上没有构成犯罪,但在确认其有实施犯罪的危险时,其就已经成为社会潜在危险分子,应当对其采取保安处分。应该说保安处分刑法思想基础的确立对保安处分的立法意义十分重大,国际刑法学会 1926 年布鲁塞尔会议就着重讨论了刑罚是否可以为保安处分代替或补充的问题。该会议决议指出:如以刑罚为对付犯罪唯一的制裁,则对于因精神异常而犯罪的人,有犯罪倾向或习惯的人,或有教育可能的未成年人,在社会防卫的实际要求上均显不够。所以,刑法典内应规定保安处分,国际上已有国家将保安处分规定在刑法典或草案之中,如 1958 年《苏联和各加盟共和国刑事立法纲要》中就有对精神病人及嗜酒、吸毒者

---

① [日]木村龟二主编:《刑法学词典》,顾肖荣等译,上海翻译出版公司 1991 年版,第 46 页。
② 陈兴良:《刑法哲学》,中国人民大学出版社 2017 年版,第 195 页。

的医疗性强制措施，也有对犯罪未成年人教育性的强制措施。我国刑法没有保安处分的相关规定，但在刑法之外有类似保安处分的措施，如强制医疗、专门矫治教育等都具有保安处分的性质。

如上所述，人身危险性是随着刑事实证学派的崛起而产生的一个概念。其关注的是犯罪行为而非犯罪人，基于意志自由论，建立起以道义责任为核心的归责原则。代表人物之一的菲利断然否定了自由意志论，将理论的触手伸向犯罪人，从而完成了由犯罪行为向犯罪人的划时代转变，并在人身危险性的基础上创立了社会防卫论，由此取代古典学派的道义责任论。人身危险性，正是作为犯罪人的一种特征而被揭示的，并且建立在"应受惩罚的不是行为，而是行为人"这样一个命题上。1910 年国际刑法学家联合会创始人之一的普林斯指出："这样一来，我们便把以前没有弄清楚的一个概念，即犯罪人的社会危险状态的概念，提到了首要的地位，用危险状态代替了被禁止的一定行为的专有概念。换句话说，孤立地来看，所犯的罪行可能比犯这种罪的主体的危险性小。如果不注意主体固有的特征，而对犯这种违法行为的人加以惩罚，就可能是完全虚妄的方法。"①其所说的犯罪人的社会危险状态，就是指人身危险性。

菲利以犯罪人取代古典学派的犯罪行为，以犯罪人的人身危险性取代古典学派犯罪行为的社会危害性，由此也使责任的意蕴发生了一场革命性的变化。责任，一般是指因某种行为或损害承担受惩罚或谴责的义务。古典学派的道义责任论，是一种以抽象的理性人为前提的回顾性的行为责任。社会责任论认为，既然犯罪行为的实施是由其本人的素质、地理和社会环境所决定的，而不是行为人自由意志的结果，那么就没有理由从道义上加以非难。并且刑事责任的本质是防卫社会，其根据是犯罪人的人身危险性，所以社会责任论是以犯罪人的人身危险性为基础的前瞻性的责任，故为有效预防治理犯罪应进行罪犯分类研究，这是"因人施罚"的重要前提条件。

意大利刑法学家格拉马蒂卡对"人身危险性"的提法坚决反对，原因是人身危险性标准不确定。即使某人确实存在"人身危险性"，但对这种仅有犯罪可能性的人适用保安处分也未必有道理。菲利认为，人只要有"人身危险性"就存在有责性，把人身危险性看成与道义责任论不同的社会责任论的主要依据，因而对有人身危险性的人可以处以刑罚。但后来在刑法中，考虑到这一提法有悖于罪刑法定主义，便没有采纳此观点，只是将"人身危险性"作为保安处分的依据。格拉马蒂卡批判了这一观点，指出从表面上看这一措施既维护了传统刑法体系的科学性又能给那些严重威胁社会的人以有力制裁，但实际上漏洞百出。首先，"人身危险性"的标准极不确定。虽然社会的、生理的、心理的诸因素都能影响人的行为，但这些因素所产生的结果并不都是犯罪。特定

① [苏]特拉伊宁：《犯罪构成的一般学说》，薛秉忠等译，中国人民大学出版社 1958 年版，第 22-23 页。

的原因或因素能够诱发特定的表现,如果这样的表现刚好与某一时期、某一国家的法律所规定的法律规范相吻合,那么这一因素可以作为该犯罪现象的原因,但是反过来却不能说这一特定因素诱发的特定表现本身是犯罪性表现,因而下“危险性表征”之判断不妥。其次,即使某人确实存在“人身危险性”,但对之处以保安处分措施的时间也未必有道理。因为“危险性”只是行为人将来陷入犯罪的可能性,既然如此又为何要在这种未定状态变为事实之前就给予处罚呢?这又如何保障人权和执法的公正性呢?最后,“人身危险性”在实际使用中的效果往往也不好,因为某些仅存在轻微不轨的行为者总害怕别人以“危险性”的名义对其施以保安处分;正在服刑者也担心服完刑后被继续施用保安处分,因而不能安心接受改造。[①] 尤其在20世纪30年代,“人身危险性”被希特勒政府大肆用来作为镇压人民反抗的工具,从而使人们对“人身危险性”普遍反感。

法国刑法学家、新社会防卫论代表人物安塞尔对“人身危险性”这一理论持乐观态度。他认为,人身危险性与道义责任两者之间并不像实证学派和格拉马蒂卡认为的那样完全对立,而是可以在“行为人格”上进行统一,即把两者都视为“人格”的表现,与人的行为紧密相连,并一起作为行为人受处罚的依据。不过,依人身危险性处理犯罪时也要遵守罪刑法定主义原则,或者说,人身危险性的成立应在法律上按客观犯罪行为及其严重程度加以限定。在绝大多数情况下,不宜在犯罪行为出现之前,仅根据人身危险性处罚罪犯。[②] 这可谓折中主义的一种观点。

(二)刑罚与保安处分理论

保安处分是以行为人的人身危险性为基础,对预防犯罪和保卫社会具有举足轻重的意义,刑罚和保安处分在功能上具有重合性,应该说对二者的关系进行梳理,对吸收保安处分制度改革我国的刑罚体系有重大意义。保安处分的工作目标是预防行为人将来可能实施的违法犯罪行为,而刑罚则是以行为人已经犯罪为前提以预防其再犯为工作目标,当然这种预防具体分为一般预防和特殊预防。可以说,二者都在特殊预防方面具有一致性。罗克辛认为,刑罚和保安处分之间并不是互相替代的关系,相反两者经常会同时出现。[③] 罪责作为刑罚的条件和危险性作为保安处分的条件,共同存在于两个相互关联的领域之中。结果二者作为法律后果不仅可以各自独立适用,而且也可以同时出现。各国刑法体系中二者的关系存在“一元论”和“二元论”两种模式。

---

① 参见马克昌主编:《近代西方刑法学说史》,中国人民公安大学出版社2016年版,第529页。

② 参见马克昌主编:《近代西方刑法学说史》,中国人民公安大学出版社2016年版,第542页。

③ 参见[德]克劳斯·罗克辛:《德国刑法学总论·犯罪原理的基础构造》,王世洲译,法律出版社1997年版,第4页。

1. 刑罚与保安处分的"一元论"

该学说由刑事实证学派主张，认为刑罚的本质是预防和改善的教育刑，目的是防卫社会；保安处分同样具有改善罪犯，预防犯罪，保全社会等功能，本质上具有一致性。菲利是刑罚与保安处分一元论的倡导者，1921年他拟定并发表的《意大利刑法草案》被视为一元论的先驱。一元论在肯定两者的相同之处时，也抹杀了两者之间的差异，将二者相统一彻底否定了报应主义，主张纯粹的预防主义，但问题在于如果完全排斥报应对处分的制约，也就扩大了法官的自由裁量权，最终可能导致削弱罪刑法定主义。刑事实证学派认为，犯罪人可分为矫正可能者与矫正不可能者两类，对于前者加以矫正，对于后者则施行社会隔离处分。无论是刑罚还是保安处分，其目的都在于改善犯罪人，预防犯罪，从而保全社会，其本质是一致的，无须区分，即刑罚与保安处分一元论。

本书认为，这样的观点混淆了二者的界限，在实践上容易形成司法擅断、侵犯人权的局面，故倾向于刑罚与保安处分的二元论，应从防卫社会的需要出发，针对不同类型的犯罪人施用各种严厉程度不同的处罚。施用刑罚时，遵守罪刑法定原则，以刑事责任大小为基础；施用保安处分时，则只依据人身危险性。正如李斯特所言，保安处分的作用是预防而不是惩罚犯罪，无论任何人，只要认为其主观上具有人身危险性，即使其在客观上并没有实施犯罪行为，也可对其实行保安处分。

2. 刑罚与保安处分的"二元论"

该学说由刑事古典学派主张，认为客观的犯罪事实是适用刑罚的必然前提，无犯罪则无刑罚的适用，这就是罪刑法定主义。根据该观点，刑罚的任务是惩处犯罪，保护公民的合法利益，限制掌握刑罚权者和行使刑罚权者滥用权力。保安处分的任务是控制行为人初次或再次违法犯罪，维护社会秩序和公民福祉，由于其根据是人身危险性，故相对扩大了法官的司法自由裁量权。显然，二元论使刑罚与保安处分各成体系，刑罚起到了镇压犯罪的作用，而保安处分的作用则限定在预防方面。刑罚是对违法行为的强制性制裁，有报应的成分，保安处分是对犯罪的预防。①

目前我国刑法体系中未加入保安处分的概念，但通说认为，我国具有类似保安处分的制度，如刑法中的禁止令、职业禁止制度，刑事诉讼法中的精神病人认定程序的设计等，均具有保安处分制度的雏形。而立足于刑罚目的的二元论就是倡导将有关保安处分引入刑罚体系中，建立保安制度，与传统刑罚方法中的生命刑、自由刑、财产刑和资格刑并列，作为补充与强化后盾的预防功能。② 笔者认为，这样的制度设计和理想方

---

① 参见陈兴良：《刑法哲学》，中国政法大学出版社2017年版，第582页。

② 参见陈兴良：《刑法哲学》，中国人民大学出版社2017年版，第600-604页。

案是可行的。

3. 保安处分的基本分类

国外保安处分可分为针对已然之罪的保安处分和针对未然之罪的保安处分。针对前者有:一是强制劳作处分(也叫管训处分,有针对游荡的惯犯犯罪的,也有针对职业乞丐、卖淫的);二是保安监置处分(适用于累犯、执行过一定刑罚的常业犯、惯犯);三是收容矫正处分(对病癖性违法犯罪者采取的强制改善的措施,一方面是为了戒除病癖,预防再犯可能,另一方面是为了使病癖者更好地回归社会);四是保护观察处分(较轻人身危险性的犯罪人委托当地机构监视自由等);五是少年保护处分(针对未成年罪犯的强制教育);六是限制居住处分(限制犯罪人在一定期限内不得擅自离开自己被指定的居所或被禁住区域);七是禁止从业处分(剥夺和限制从业资格);八是医疗性强制措施(强制医疗);九是教育性强制措施(对未成年的教育改造)。针对后者有:一是监护隔离处分(针对无责任能力和限制责任能力的精神病人预防);二是没收物品处分(特别没收,为了消除犯罪的条件、预防再犯而收缴与犯罪有关的财物);三是善行保证处分(良好行为担保);四是防止破坏处分(对有一定危险性的团体适用的);五是更生保护处分(针对出狱后的)。① 但一般认为,保安处分又可分为对人的保安处分和对物的保安处分。

(1)对人的保安处分

对人的保安处分,又被划分为监禁性保安处分和非监禁性保安处分两种。

首先是监禁性保安处分。其中监禁性处分主要包括:

①保安监置。保安监置也称预防监禁、保安监禁,一般适用于已接受长期刑罚而未能矫正的习惯犯与常业犯,以及待刑罚执行完毕后仍有实施严重罪行可能的如杀人、放火、强盗等的虞犯者。该种类型的保安处分一般不定期,是一种隔离罪犯的长期保安措施。规定保安监禁的有瑞士、意大利、奥地利、英国、联邦德国等。如《瑞士刑法典》第 42 条规定,行为人数次犯故意之轻罪或重罪,并因此受重惩自由刑、轻惩自由刑或劳动教育等总共 2 年以上剥夺自由之处罚或前因常习犯经监管代替自由刑之处罚时,如在确定刑执行完毕后 5 年内再犯重罪或轻罪,以致其为常习犯之倾向已明,法官得将其处以监管以代替重惩或轻惩监狱之处罚。"二战"后,这种规定受到世界舆论的抨击,故英国已经在 1967 年的法律中将其删除。联邦德国也在 1975 年的新刑法中特别规定了一种"社会矫治"措施,以替代保安监禁的名称与职能。

②监护隔离。监护隔离又称疗护处分、监护处分、强制医疗,是预防性法律强制措

① 参见韩冰:《规范的一体化建构:刑法与行政法的有效衔接》,苏州大学 2020 年博士学位论文,第 134-135 页。

施的一种，主要针对无责任能力者或限制责任能力者所适用的旨在隔离排害和强制医疗的措施。该种保安处分的对象主要有三种人：一是无责任能力者或精神病患者，对这类人群不发生刑罚执行的问题，通常都是送专门医疗机构（精神病院）进行监护隔离或治疗即可。二是限制责任能力者，聋哑、残疾或精神耗弱者，如其犯罪可以减轻刑罚或刑罚与保安处分并科。三是患有性病、麻风病等重大危险性传染病，以及有吸毒等恶习的人，为使其恢复健康，改掉恶习，并防止其危害社会而采取的强制性隔离治疗的措施。当然，对于先天喑哑人是否适用监护隔离，各国规定不一，意大利和日本等国大都持肯定立场。而对无责任能力的精神病患者，监护隔离主要着眼于保卫公共安全的需要，并不要求受处分者有现实的危害行为。这一处分主要适用于限制责任能力或无责任能力的精神病人，处分的方法是送入精神病院或者治疗监护所。《德国刑法典》第63条规定：在无责任能力或限制责任能力状况下而为违法行为，法院应对行为人及其行为进行全面衡量，如果是以显示行为人仍将有严重违法行为，会危及公共安全者，应命令将其收容于精神病疗养院。监护处分是适用最普遍、最经常的一种保安处分措施。①

我国1979年《刑法》第15条只规定对精神病人应当责令他的家属或者监护人严加看管和医疗，但并未规定强制医疗。2020年《刑法》第18条明确规定："精神病人在不能辨认或者不能控制自己行为的时候造成危害结果，经法定程序鉴定确认的，不负刑事责任，但是应当责令他的家属或者监护人严加看管和医疗；在必要的时候，由政府强制医疗。"这里的强制医疗就是一种预防精神病人危害社会的保安措施。我国《刑事诉讼法》第五编第五章专门规定了"依法不负刑事责任的精神病人的强制医疗程序"。第302条规定："实施暴力行为，危害公共安全或者严重危害公民人身安全，经法定程序鉴定依法不负刑事责任的精神病人，有继续危害社会可能的，可以予以强制医疗。"从而解决了长期困惑司法界的关于精神病人强制治疗的正当程序问题，也为精神病人的关押、治疗找到了法律根据。② 而且《人民警察法》第14条规定："公安机关的人民警察对严重危害公共安全或者他人人身安全的精神病人，可以采取保护性约束措施。需要送往指定的单位、场所加以监护的，应当报请县级以上人民政府公安机关批准，并及时通知其监护人。"然而，我国关于医疗性强制措施的立法散见于各个法律、行政法规和规章等规范性文件中，尚缺统一适用的法律规范，因此从统一医疗强制措施方面进行系统立法至关重要。

③收容矫正。收容矫正又称禁戒保安处分，是对病癖性违法犯罪者所采取的一种

---

① 参见陈兴良：《刑法哲学》，中国人民大学出版社2017年版，第648页。

② 参见李晓明：《行政刑法新论》（第2版），法律出版社2019年版，第187页。

禁戒、强制矫正的措施,主要适用于酗酒者、嗜毒者或有其他恶癖的群体。其目的是双重的,一是为了戒除受处分者的病癖;二是使受处分者获得适应正常社会生活的能力,复归社会。如果矫正与刑罚并科,一般先执行矫正后执行刑罚,或矫正处分执行后法院认为无再执行刑罚必要的可免除刑罚的执行。

④强制劳作。强制劳作又称强制工作保安处分或管训处分,是针对有劳动能力而厌忌劳动的游荡惯犯、职业乞丐、卖淫成性者、习惯流浪者等所采用的一种强制措施,其目的是通过劳动使这些人养成劳动习惯,成为自食其力适应社会生活的人。劳作可与刑罚并科。劳作期限一般在3年以下,也有规定不定期刑的,由法官视情况裁量。由于劳作处分是现代刑事政策的重要体现,为各国普遍采用。如《巴西刑法典》第93条规定,对于因游手好闲、流浪或卖淫罪而被剥夺自由者,可拘禁在农场、劳役场、改造所或习艺所。

⑤少年保护。少年保护又称感化教育、未成年的教育改造和教育性强制措施,主要是指对犯罪或有犯罪危险的少年人所采取的感化教育措施,也是对犯罪少年进行特殊管理教育的一种国家强制性措施。感化教育涉及身体锻炼、职业训练等不具有惩罚性质的内容,主要是通过教育、改善、医疗、救助、监视、保护等方法和环节对适用对象施加影响,排除其反社会性格,使其不去犯罪或不再去犯罪,以促使社会安宁。主要适用对象是已犯少年和虞犯少年,感化教育的内容涉及身体锻炼、道德培养、性格陶冶、知识增长和职业训练,都不具惩罚性质。保护处分指为针对具备非危险性表征的少年以及儿童,为保证其健康成长而提供具有福利教育内容的处分。少年法院、少年法庭、少年裁判所和家庭裁判所有权适用这种处分,当今很多国家的刑法大都有少年保护处分的规定,设有少年院、救护院、保护观察所等少年保护机构。但我国目前尚不存在少年保护处分制度,除刑罚以外,现有的工读教育等非刑罚性措施也不具有保护处分的性质,因为这些措施在本质上并不能替代和避免刑罚的适用,虽然我国近些年未成年人犯罪呈现下降趋势,但低龄化发展趋势明显,对未成年人特殊、优先和保护的司法理念并未深入人心,因此构建我国少年保护处分制度既迫在眉睫又任重道远。我国《刑法》第17条第5款规定:“因不满十六周岁不予刑事处罚的,责令其父母或者其他监护人加以管教;在必要的时候,依法进行专门矫治教育。”该规定虽然具有模糊性,在司法实践中存在理解不一的问题,需要有相应的专项法律予以对接、细化和执行,但有此法律依据即可在实践中推行,故对触法少年实行教育性强制措施势在必行。

其次是非监禁性保安处分。其中包括:①保护观察。保护观察又称保护管束,是对危害较小具有一定人身危险性的犯罪人所采取的一种监督与保护的措施,一般委托当地机构监视其自由,对少年犯可替代刑罚的适用,对缓刑、假释者可作为附随处分适用。保护观察先由美、英、德、法、意及瑞士等国确定,现已为世界各国广泛采用。保护观察的特点是社会性强，以社会力量对保护观察对象实行监督与保护。一般由法院或检察院宣告，保护官署指挥、执行观察任务，也可由寺院、教会、慈善机构、社会团体承担观护责任；另一特点是采取的方法比较缓和，对受处分者不予拘禁，依靠社会力量对受处分者进行教育和训练，改善其生活环境，调整家庭关系，排除自新障碍，促使其健康地重返正常的社会生活。在保护观察期间，如其无悔改表现，可延长期间，或改处其他更合适的保安处分。该制度能够防止因拘禁而引起的犯罪污染及与家庭、学校、工作岗位间的断绝，也可以遏制监狱的增设，减少管理人员和预算。②更生保护。更生保护又称司法保护，是对受过司法处理的犯罪人，为促其自力更生，适应社会生活所适用的司法保护措施。更生保护的对象原限于刑罚执行完毕的出狱者和假释出狱者，后扩大到对未进监狱但仍需保护者，如缓刑、免刑、不起诉等司法处理者以及少年院退院的人，对于更生保护的对象，国家和社会有关机构有责任为其提供适当的医疗、住宿、职业和教养，以保证他们能适应正常的社会生活，实施更生保护。各国都重视组建更生保护组织，其一般有三种形式：一是由私人团体和民间组织组成，负责办理全部更生保护事务；二是国家委托私人和民间团体办理具体更生保护事务；三是由以政府机构为中心的官方组织负责实施更生保护措施。③限制居住。限制居住又称限制居住自由，是指限制犯罪人在一定期限内不得擅自离开被指定的居所或进入被禁住区域的处分。该项保安措施主要针对一些政治性犯罪或具有一定地域性或从事某种危险活动的犯罪群体。这种处分限制一般在一年以上，如有违反则期间中断，另行重新开始，并得附加适用"善行保证"。意大利、日本刑法都有规定，有些国家的刑法无独立专条，而将这一处分规定在其他处分之中，作为执行其他处分时一项必须遵守的内容。设置此项处分的目的是防止受处分者在特定区域内又犯类似的罪。④禁止从业。这是指当某种职业或营业成为犯罪的直接或间接条件时，对其从业者禁止从事该项职业或营业活动的处分。这项处分在德国刑法、法国刑法草案中有规定。禁止从业有刑法上的"禁止从业"，也有行政法上的"禁止从业"。主要内容包括：一是以特定职业为背景，即利用职务上的便利违反职业义务；二是以判处刑罚为前提，即从业禁止主要是为了规避后续犯罪的风险；三是判处刑罚的类型有限制，如果罪犯被判处死刑立即执行或是在死刑缓期执行两年期满依法减为无期徒刑后不得减刑、假释的情况下，禁止从业就没有适用的余地了。⑤驱逐出境。具体划分有刑法中的驱逐出境与行政法中的驱逐出境，前者主要适用于犯罪达到一定的严重性或者犯危害国家安全犯罪的外国人，后者主要适用于尚未达到犯罪程度而严重危害社会治安或国家安全的外国人。这里保安处分中的"驱逐出境"并非刑法中规定的刑罚处罚，而是类似于我国治安处罚法中规定的"驱逐出境"。⑥禁止出入一定的场所。如禁止出入酒店，娱乐场所、公共场所等。

（2）对物的保安处分

一是没收物品。没收物品又称没收，特别没收，是对物的一种处分，这种处分不是针对犯罪者的人身危险性，而是为消除诱发犯罪、促进犯罪或维护犯罪后不法状态的物质条件。具有的适用对象有：①违禁物；②供犯罪所用或为犯罪预备之物；③因犯罪所得之物。没收可分必要没收和任意没收，前者指必须没收，法官无自由裁量权，后者是否没收，由法官依职权决定。没收可单独适用，也可与刑罚并科。没收的保安处分，只在部分国家如意大利、罗马比亚的刑法中有规定，有些国家则将其作为刑罚的一种方法。

二是善行保证。是对受刑罚处罚或其他保安处分的犯罪人科处一定数量的金钱，作为将来不再犯罪的物质保证，如果违反有关规定，担保的钱财就予以充公。保证金的金额，各国规定不一，保证的期限、长短也不同。如《意大利刑法典》第 237 条规定：善行保证在 4 万里耳至 80 万里耳，向罚锾金库提存保证金。善行保证得以抵押或连带保证之，处分期间为 1 年以上 5 年以下，并自提供保证之日起算。[①] 一般规则是：对少年犯可单独适用；对常习职业犯得附加适用；对刑满释放、被假释的罪犯，除了适用保护观察外，仍可适用善行保证。无力提供一定保证金的，可以抵押物和连带保证代替。善行保证的性质和归属，有的国家认为是一种财产处分，有的国家认为是对物的处分，有的则认为是限制自由的处分，各国法律规定各不相同。

三是防止破坏处分。防止破坏处分又被称为对暴力主义破坏活动的团体采取的规制处分。[②] 主要针对预防性犯罪（preventive offense）[③]而实施的处分，在英美法中，预防性犯罪主要包括不完整罪、准备犯罪、持有、成为犯罪组织成员、未报告、具体危险犯和抽象危险犯。[④] 我国在《刑法修正案（九）》中将营造社会恐怖氛围的行为规定为犯罪（宣扬恐怖主义、极端主义、煽动实施恐怖主义活动罪，利用极端主义破坏法律实施罪，强制穿戴宣扬恐怖主义及极端主义服饰、标志罪，非法持有宣扬恐怖主义和极端主义物品罪）。有学者认为，由于这类危害行为距离对法益造成实质性损害还比较远，因而很容易引发过度犯罪化的担忧。[⑤] 一般而言不完整罪（未遂、教唆和共谋）和危险犯，不会受到基于正当性的挑战。对于这类预防性犯罪中的一些行为类型，如准备犯罪、持有、成为犯罪组织成员、未履行报告义务等，无论从社会危害性理论，还是从法益理论出发，都会受到挑战和质疑，如果从可罚性以及刑罚的排斥性角度进行分析，会得出如下结论：当这类行为服务于极端反社会性质的犯罪时，实施这些行为的人应当受到

---

① 参见陈兴良：《刑法哲学》，中国人民大学出版社 2017 年版，第 649 页。

② 参见［日］大塚仁：《刑法概说（总论）》，冯军译，中国人民大学出版社 2009 年版，第 515 页。

③ 预防性犯罪是指因预防而设置的犯罪。

④ 参见时延安：《犯罪化与惩罚体系的完善》，载《中国社会科学》2018 年第 10 期。

⑤ 参见齐文远：《修订刑法应避免过度犯罪化倾向》，载《法商研究》2016 年第 3 期。

社会共同体的道义谴责和排斥,因为他们已经触犯了共同体的基本行为准则。同时,基于这一角度也提出了对预防性犯罪的限制条件,即只有为了预防极端反社会性质的犯罪,才应将这类行为犯罪化。① 因此,应对这类有一定危险性的团体采取剥夺自由的防止破坏处分来进行预防和限制,尽量避免千篇一律地适用监狱刑,而应重在预防措施上。如在公共汽车、出租车或银行货币转送车上安装特殊装置,使暴力侵害行为不能得逞。赋予警察预防与保护的职能,使之不仅能通过监视网监视,还能与处于危机状态或困难境地的人(多半是青年人)保持经常的联系和对话。另外,还要与不良的新闻媒体作斗争等。

4. 类似于保安处分的行政处罚梳理

在我国刑法之外的限制人身处罚或处分,除《刑法》第 17 条第 5 款涉及的责令管教或专门矫治教育,以及强制戒毒和《刑事诉讼法》第五编“特别程序”中的第五章“依法不负刑事责任的精神病人的强制医疗程序”外其他主要集中在行政处罚中的“行政拘留”和法规中的醉酒“约束措施”中。众所周知,现行《行政处罚法》第 9 条明确规定了行政处罚的 6 个种类,其中“警告”和“拘留”应当视为刑法之外人身自由罚的“保安措施”。2021 年 1 月 22 日第十三届全国人大常委会第二十五次会议修订的《行政处罚法》增加规定了“通报批评”“降低资质等级”“不得申请行政许可”“限制开展生产经营活动”“限制从业”“责令停止行为”“责令作出行为”等 7 种新的行政处罚种类。其中“通报批评”“限制从业”“责令停止行为”“责令作出行为”等也有类似或接近国外“保安处分”的情形,只不过相对于其他处罚措施而言,如果“保安处分”包含对“法人”的处罚,那么也就可以相应扩大其范围。另外,行政处罚中“行政拘留”究竟是“实体罚”还是“保安处分”等,这些当然都是涉及保安处分的概念与范畴及使用对象的理论,更是一个立法与司法实践。

我国虽无保安处分之名,然而却有相当于保安处分的制度与措施,在内容与结构上尚有待完善。② 在世界各国刑法普遍轻缓化,个人本位向社会本位、绝对人权向相对人权过渡的今天,不能不认真审视、研究流行于多国的保安处分制度,以期对我国刑法的发展起到一定的启发、借鉴作用。③ 另外有人指出,国外的保安处分理论在实践中常常有刑事保安处分和行政保安处分的划分,如果我国架构整体意义上的保安处分体系,是否也应考虑对保安处分进行刑事上与行政上的区分呢？具体的立法与司法操作

① 参见时延安:《犯罪化与惩罚体系的完善》,载《中国社会科学》2018 年第 10 期。

② 参见刘传稿:《我国保安处分刑法化研究》,载《鲁东大学学报(哲学社会科学版)》2010 年第 2 期。

③ 参见张志泉:《保安处分的多维度考察与分析》,载《山东大学学报(哲学社会科学版)》2009 年第 2 期。

又怎么进行呢?这些都是需要我们进一步深入探讨的问题。[①] 当然,对于将保安处分纳入行政制裁体系的合理性以及发展前景,还需在实践中逐步考察。对于有关学者提出我国保安处分立法"于法有据"的观点,也的确应当引起我们的反思。[②]

当然,对保安处分后果的考量,也是值得我们重视的。保安处分之后的行为人应当被怎样看待?本书认为,所有保安处分的处罚都不应当作为累犯和前科条件,也不作为刑事登记的对象与内容。在所有的保安处分中,凡涉及人身自由的处分,原则上实行司法申请制度,最终由人民法院裁决。[③] 这样既能最大限度地减轻行为人的心理负担,使之不必感到精神"烙印",又不影响其今后生活,故有利于行为人尽快地回归社会,完成重新塑造过程。保安处分根据功能可作如下区分。

(1)强制治疗与医疗监护处分

任何责任承担方式都有其适用对象,作为保安处分之一的强制治疗与医疗监护处分也不例外。那么,该种处分应适用于何种对象呢?屈学武教授认为,"强制"治疗仅适用于有意识、有意志能力的人,对精神病人是有一个医疗的问题,但更多的是关照监护的问题,因而对精神病人不发生强制治疗问题,对其只能适用医疗监护而不能适用强制治疗处分。[④] 按照其观点,强制治疗只适用于明知自己患有恶性传染病而与他人发生行为以致染病于他人者。但在我国,主流的观点是强制治疗是适用于精神障碍者、具有限制责任能力的精神病人和患有性病之犯罪人的。[⑤]

(2)禁戒处分与社区戒毒

该措施主要是针对吸食、注射毒品成瘾的人,以及因酒类或其他麻醉剂中毒而对社会有危险者。根据我国学者的观点,对具有瘾癖者实施符合构成要件的处分时要考虑虽然其刑事责任能力有所下降,但并不能因此免除其刑事责任。然而,仅对其处以刑罚是不足以从根本上消除其人身危险性的。故可以从治疗和消除瘾癖及与社会隔离两个方面出发,实施禁戒处分。

这里简单说明一下禁戒处分与前述治疗处分的区分。首先,禁戒处分本身含有禁止、戒除之意,也即行为人诸如吸毒、酗酒、自我注射麻醉剂等行为在理论上是可以完全戒除的,而治疗处分的对象所患有的病症是难以甚至不可能完全治愈的,因此二者

---

① 参见李晓明:《尴尬与困境中的抉择》,载《法商研究》2003 年第 6 期。

② 参见陈康:《我国保安处分立法化的根据》,载《河北法学》2004 年第 5 期。

③ 参见李晓明:《尴尬与困境中的抉择》,载《法商研究》2003 年第 6 期。

④ 参见屈学武:《保安处分与中国刑法改革》,载《法学研究》1996 年第 5 期。

⑤ 参见董邦俊:《论我国保安处分制度之构建》,载《学习论坛》2010 年第 11 期;张亚飞:《从实证法学角度看保安处分的中国化》,载《重庆工商大学学报(社会科学版)》2007 年第 5 期;魏长锁:《保安处分与中国刑法发展》,山东大学 2010 年硕士学位论文;罗殿宏:《保安处分与中国当代刑法革新问题研究》,华东政法学院 2004 年硕士学位论文等。

不可等同;其次,二者在适用对象上的区别也是比较明显的;最后,治疗期限问题,禁戒处分一般会有一定的(强制)治疗期,而保安处分措施之一的治疗处分期限有些却是不确定的。

(3)保护观察与社区矫正

保护观察是指不剥夺受处分人的人身自由,而把处分对象置于社会内,由有关部门进行指导、监督或辅导,促使其改恶从善。适用对象主要有两种:对行为人单独适用;对缓刑、假释者适用。[①] 屈学武教授将其称为"监督观护处分"[②],这似乎有一定道理。当然,该种处分方式也可有其他称谓,如保护处分、观察处分等。这种处分措施作为不剥夺人身自由的处遇措施,可以减轻受处分人对社会的抵触情绪,同时避免了缓刑、假释这种刑罚执行措施带给人的某种残酷的感觉,便于适用对象的改过自新,而且有利于发挥社会在帮助行为人实现"回归"社会过程中的积极作用。[③] 那么,适用保护观察处分的人员范围能否进行合理扩张呢?有学者指出,对于罪行确实轻微的累犯、常习犯、常业犯,也可以只适用保护观察处分,而且适用范围甚至可以扩大至"被判无期徒刑、死缓经由减刑并执行后面临释放的人员,保安监禁处分、强制禁戒处分执行后面临释放的人员"[④]。因此,从广义上而言,保护观察处分可成为医疗监护处分、禁戒处分乃至强制治疗处分的后续性衔接措施,成为检验前述几种处分措施效果的平台,同时能够实现轻重程度不同的几种处分方式的过渡,最终实现保安处分的目的。保护观察与我国的社区戒毒或许有一定的关联,所谓社区戒毒就是指在社区的牵头、监管下,整合家庭、社区、公安以及卫生、民政等力量和资源,使吸毒人员在社区里实现戒毒目标的一项系统性工作。尽管保护观察可以成为医疗监护处分、禁戒处分乃至强制治疗处分的后续性衔接措施,在我国至少与社区戒毒可以联系起来进行推动,以最终维护我国的社会秩序,保护好每个公民的福祉。

(4)回归教育与专门矫治教育

该措施主要针对的是那些实施了危害社会行为,但不负刑事责任的青少年。一般而言,是那些已满14周岁但不满16周岁且实施的是刑法规定的8种犯罪之外的危害社会的行为人或者不满14周岁而实施了8种犯罪以内的危害社会的行为人。《刑法》

---

① 有人认为,该种处分适用于性变态者。参见魏长锁:《保安处分与中国刑法发展》,山东大学2010年硕士学位论文。

② 屈学武:《保安处分与中国刑法改革》,载《法学研究》1996年第5期;张亚飞:《从实证法学角度看保安处分的中国化》,载《重庆工商大学学报(社会科学版)》2007年第5期。

③ 此外,有学者提出了更生保护处分的观点。认为更生保护处分名为"处分",实为帮助。各地可成立受法院指导、专门机构执行的更生保护。参见张小虎:《论我国保安处分制度的建构》,载《政治与法律》2010年第10期。

④ 张小虎:《论我国保安处分制度的建构》,载《政治与法律》2010年第10期。

第 17 条第 5 款针对尚未达到刑事责任年龄的人犯罪规定了“专门矫治教育”。虽然这些在已然犯的“保安处分”中都已谈到,但一是作为我国刑法的一项特殊制度或称“准刑事责任”应予以高度重视;二是《刑法》对于“专门矫治教育”没有专项立法予以落实,这是非常遗憾的。与其他刑法中的刑事责任所不同的是,虽然被责令管教或“专门矫治教育”的人实施了犯罪,但并不构成刑法意义上的犯罪,所以对他们采取“准刑事责任”的处罚方式。当然,过去其没能充分发挥其应有的抗制犯罪和教育未成年人的作用,需要在“宽严相济”刑事政策下予以完善。

也有人称“责令管教”为“管教处分”,是指在未成年人不满 16 周岁不予刑事处罚时,有关机关给监护人设定监管和教养义务的一种处遇方式。[①] 有学者在分析了“责令管教”与行政处罚、行政强制措施、行政强制执行、行政命令等四个概念之间的关系后得出结论:无论从概念还是从核心特征方面来看,“责令管教”行为和“行政命令”这种具体行政行为都是十分吻合的。[②] 本书赞同此项观点,因为“责令管教”是对未满 16 周岁的问题少年及其家长或监护人的双向规定。我国《未成年人保护法》第 15 条第 1 款规定:“未成年人的父母或者其他监护人应当学习家庭教育知识,接受家庭教育指导,创造良好、和睦、文明的家庭环境。”《预防未成年人犯罪法》第 16 条也规定:“未成年人的父母或者其他监护人对未成年人的预防犯罪教育负有直接责任,应当依法履行监护职责,树立优良家风,培养未成年人良好品行;发现未成年人心理或者行为异常的,应当及时了解情况并进行教育、引导和劝诫,不得拒绝或者怠于履行监护职责。”如同《刑法》第 17 条第 5 款所规定的,如果“责令管教”不奏效,那就要处罚家长或监护人;另外可能由政府对未满 16 周岁的问题少年进行“专门矫治教育”。也就是说,既然“责令管教”是一种行政命令,那么违反行政命令就理应受到行政处罚,包括对家长和监护人的处罚,甚至这种不履行监管职责的行为后果严重时还可追究其刑事责任。

从法律层面讲,“责令”意味着一种命令,有了命令则必然产生义务。那么,有履行义务的能力而不履行或不完全履行义务就应当承担法律责任。如上所述,我国《刑法》《预防未成年人犯罪法》《未成年人保护法》《治安管理处罚法》等均明确规定了“责令管教”的对象、负有管教职责者或“责令”主体,然而效果不佳,主要是没能形成有效的法律责任的严格执行与追究制度。依据《民法典》,在未成年人造成他人人身和财产损害时,家长需要承担民事赔偿责任。但民事责任是否能够帮助解决管教不到位的法律责任问题呢?显然不能,因为类似民事侵权和刑事侵权的民事经济赔偿针对的是未成

---

① 参见姜雯:《论“责令管教”的法律后果——预防未成年人犯罪的新视角》,载《河北法学》2010 年第 4 期。

② 参见姜雯:《论“责令管教”的法律后果——预防未成年人犯罪的新视角》,载《河北法学》2010 年第 4 期。

年人给受害人造成的实际损失，而非针对监护人不履行管教义务的行为本身。包括《未成年人保护法》第 94 条规定的“撤销监护人资格”，也不能从根本上解决管教义务的履行问题。因此，必须找准有效途径，也即监护人应承担其他法律责任，如行政责任等。有学者将该行政责任具体分为两种情况：①若监护人为自然人，行政拘留是较适宜的，罚款则不甚适合。因为交钱了事的做法向来起不到应有效果，其一方面无法起到教育作用，另一方面也给行政机关的形象带来负面影响。相对来说，行政拘留比较合适，因为人身罚对监护人具有威慑性，能够引起重视。②若监护人为单位或法人，对其罚款和对负责人或主管人员行政拘留都是可行的。①

那么，是否还有更严厉的法律责任呢？比如，比民事责任和行政责任都严重的刑事责任。其实，这方面国外有相对成熟的立法例。比如，《德国刑法典》第 171 条规定：“严重违背对未满 16 岁之人所负监护和教养义务，致使受监护人身心发育受到重大损害，或致使该人进行犯罪或卖淫的，处 3 年以下自由刑或罚金刑。”罪名是“违背监护或教养义务罪”。新《法国刑法典》第 227-17 条第 1 款规定：“合法父亲或母亲……无合法原因，拒不履行法定义务，致其未成年子、女……精神或教育受到严重损害的，处 2 年监禁并科 30000 欧元罚金。”罪名是“拒不履行子女教养义务罪”。《瑞士联邦刑法典》第 219 条规定：“违背对未成年人的照料或教养义务，或者疏于此等义务的履行，因而使得未成年人的身心发育受到危害的，处监禁刑。行为人过失犯此罪的，可科处罚金刑代替监禁刑。”罪名是“违背照料或教养义务罪”。《匈牙利刑法典》第 195 条第 1 款规定：“有义务对某一未成年人进行教育、监督、照料的人，严重地违反由这些义务产生的职责，因此危害该未成年人的身体发育、智力发展与道德培养的，构成重罪，处 1 至 5 年监禁。”罪名是“不履行子女教育义务罪”。《俄罗斯联邦刑法典》第 156 条规定：“父母或对未成年人负有教养义务的其他人……不履行或不正确履行对未成年人的教养义务……处……的罚金；或处 3 年以下剥夺担任一定职务或从事某种活动的权利；或处……强制性社会公益劳动；或处 1 年以下的劳动改造；或处 3 年以下的限制自由。”罪名是“不履行对未成年人的教养义务”。由此可见，要想提高整个民族的文化与素质，稳定社会和减少犯罪，提高全民族的生活质量与生活水准，必须动用刑法来强化家长或监护人对子女管教的社会责任。

根据我国国情，本书认为，在宪法的统率下，加大对适合我国社会主义市场经济秩序与社会管理秩序的各部门法及其体系的梳理、整理和编纂，并在此基础上完善各个部门法，包括刑法、刑事诉讼法、未成年人保护法及预防未成年人犯罪法（必要时整合

---

① 参见姜雯：《论“责令管教”的法律后果——预防未成年人犯罪的新视角》，载《河北法学》2010 年第 4 期。

两部法律制定我国整体预防犯罪的基本法律),最终通过罪名增补和修订完善现有刑法及刑事诉讼法,用刑事法手段规制“责令管教”的立法、执法与司法。一方面可以考虑增设一个独立罪名“监护人不履行管教义务罪”;另一方面可以考虑对现有的“遗弃罪”做补充完善或立法与司法上的扩张解释,重点将“扶养义务”解释为身体和精神两个方面的扶养。

“专门矫治教育”是根据《刑法》第17条第5款的规定,对那些因年龄不予刑事处罚的未成年人而采取的强制性教育改造措施。长期以来,传统观点一直认为其是一种行政处罚措施,而非承担刑事责任的一种形式。本书认为,这种认识是不对的,既然“有罪宣告”、“赔偿经济损失”和“非刑罚处罚”等都可以是承担刑事责任的一种方式或形式,其作为确实构成了犯罪,因为不满16岁,不到追究刑事责任的年龄,刑法明确规定“不予刑事处罚”,但并没有否认他在刑法上的犯罪性质。因此,对于这类“不予刑事处罚”者,包括责令家长或者监护人对其加以“管教”和“专门矫治教育”均应该认定是承担刑事责任的一种方式。

(5)其他具有保安处分性质的措施

前面部分基本上对保安处分措施作了一个大致的描述,可以说以上是保安处分的主体或曰主要措施,那么关于其他具有保安处分性质的措施应该就归属于辅助性措施。在这里笔者不打算展开说明,因为其他措施诸如公共利益劳动、强制工作处分、善行保证、强制遣返①等是否应归于保安处分性质的措施不仅在理论上与前述措施有某些重复之处,而且也没有多少创新点。但是我们绝不否认此类措施的存在,毕竟保安处分措施也不是尽善尽美的,其他具有此类性质的或者说此类特征的措施在某种程度上也可以归入其中。

如日本的转向处分措施,它是建立在日本整体刑事司法体系中“逐层筛检”的保安措施。日本有轻刑化措施的概念,适用于轻微刑事案件,可以用不起诉处分,也可以用速裁程序通过简易判决方式来处理,使能迅速结案;转向处分在英文中为diversion,其意指以他种或非通常之程序来处理轻刑犯(A turning aside or altering the natural course of a thing),有使能迅速了结之意。② 如日本的松尾浩也教授认为,diversion最初可能是被美国1967年的总统咨询委员会报告书所使用,其意指以非正式的管道,亦即行政程序的管道来处理犯罪事件。例如,将公然醉酒者在依犯罪程序处理前,先要求其前往戒酒中心戒酒,实施违法行为的少年先留置于青少年服务局观察等。本书所称转向处分措施是指以行政程序来处理犯罪,不含进入检察署之后的转向措施,故所谓之转

① 这里的“遣返”是诸如对外国人或偷越国边境者遣返回国的情形等。

② 参见韩冰:《规范的一体化建构:刑法与行政法的有效衔接》,苏州大学2020年博士学位论文,第137页。

向处分，属于较狭义的概念。转向的概念适用范围很广泛，在司法中，可以指监所人员对所有进监狱前犯人的转移措施，包括缓刑、易科罚金及缓起诉；法院人员称转向乃起诉前的转移措施，包括不起诉及缓起诉处分；检察人员称转向为起诉前的转移措施，包括缓起诉及戒毒等；警察人员则称转向为移送检察院提起公诉前的转移措施。本书的所谓转向，指最后一个意义上狭义的转向。这个转向的过程恰恰是一个除罪化的过程，目的就是解决微罪构建后大量治安违法事件入罪化过程的分流问题，减轻司法工作压力、提高司法效率，实现程序上的公平公正。①

① 参见韩冰：《规范的一体化建构：刑法与行政法的有效衔接》，苏州大学2020年博士学位论文，第138页。

第三十二章　刑事责任的实现：裁量、执行与变更

刑事责任的实现也叫刑事责任的实际承担，指的是犯罪人由承担刑事责任的应然状态变为实际承担刑事责任，也即根据法律规定强制犯罪人承担其应承担的法律后果。其意义为：(1)警示和预防犯罪。只有让犯罪人实际承担刑事责任才能从根本上杜绝犯罪人的侥幸心理，从而不敢再重新犯罪，进而也对社会上的不稳定分子起到警戒和震慑作用。(2)实现对社会的调控。这主要是通过刑事责任的实现来完成的，否则，刑事法律规范的效力及功能无法发挥作用。实现方式具有多元化、法定性，且与责任轻重相适应。整个过程应遵循教育性、经济性、人道性、个别化、社会化的原则，并追求良好的社会效益，以充分发挥刑事责任实现效益评估的效能。

一、刑事责任的确认

刑事责任产生以后，刑事责任的确认是其实现的必经阶段，也是其功能充分体现的及时保障。具体是指司法机关依照法定程序准确认定行为人是否具有刑事责任，以及是否应当承担刑事责任和承担何种内容及程度刑事责任的司法工作过程。刑事责任产生后之所以需要对其加以确认，是因为：一是刑事责任究竟是否存在。有些案件的犯罪人及其刑事责任比较明显，而且容易发现，但有些案件的犯罪人及其刑事责任则并不那么明显，甚至还难以辨别和区分。为了不冤枉无辜，也使该承担刑事责任的人受到应有的追究，就需要对刑事责任加以确认。二是刑事责任也有大小。犯罪人实际应承担何种程度的刑事责任，以及负何种刑事责任等都需要司法机关通过收集证据和认定案件事实加以确认。三是刑事责任的追

究不仅需要实体正义且需要程序正义来保障。只有依据公正的实体法和正当的程序法才能够最终准确确认刑事责任。否则，非正义的法律和非正当的程序确认的刑事责任是不具有法律效力的。

关于刑事责任确认的主要内容：(1)确认刑事责任的有无。行为人的行为只有成立犯罪时才会产生刑事责任，如果行为人的行为并不成立犯罪，或者行为人的犯罪行为情节显著轻微、危害不大，或者行为人无刑事责任能力等，都可能导致行为人不承担刑事责任。(2)确认刑事责任的大小。具体要从犯罪行为的性质、社会危害性大小，以及手段、后果、行为人的一贯表现、罪过形式、犯罪的目的与动机等犯罪情节来考量，当然其中考察犯罪行为的社会危害性大小以及行为人的主观恶性是确定刑事责任大小最为重要的考量因素。(3)确认的刑事责任是否需要追究。刑事责任虽然存在，但也不一定都需要追究。例如，《刑法》第7条第1款规定："中华人民共和国公民在中华人民共和国领域外犯本法规定之罪的，适用本法，但是按本法规定的最高刑为三年以下有期徒刑的，可以不予追究。"又如，对于侮辱、诽谤、侵占等这些自诉罪名，自诉人没有告诉或者撤回告诉的，或者对于公诉的罪名行为人死亡或永远丧失承担刑事责任能力的(精神失常)，便不需要追究行为人的刑事责任。《刑法》第11条也规定："享有外交特权和豁免权的外国人的刑事责任，通过外交途径解决。"这也是国际惯例，属于实现刑事责任的一种特殊方式。(4)确认承担刑事责任的具体内容。虽然刑事责任已经确定，但最终需要行为人承担什么样的刑事责任，比如，是刑罚还是非刑罚方法，是主刑还是附加刑，以及具体判处多少刑罚等，都是确认刑事责任的具体内容。(5)确定刑事责任的具体执行方式。比如，是在监狱中执行还是社区矫正，罚金是一次性缴纳还是分期分批多次缴纳，以及赔礼道歉的方式是书面的还是口头的等。

关于刑事责任确认的方式：刑事责任的追究是通过刑事诉讼的方式来实现的，即由立案、侦查、起诉、审判、执行五个环节来完成，而刑事责任的确认由前四个阶段来进行。刑事责任的确认不是一个时间点，而是一个时间段——从立案侦查时起，到法院作出有罪判决时止。从广义上说，确认机关包括公安机关、检察机关和人民法院。没有公安、检察机关的配合，单独由法院确认刑事责任是根本无法进行的(当然，由人民法院直接受理的刑事案件除外)。从狭义上说，只有法院才是最终刑事责任的确认机关。我国《刑事诉讼法》第12条规定："未经人民法院依法判决，对任何人都不得确定有罪。"这就在立法上确认了只有法院才能最终确认刑事责任，而公安机关、检察机关只是对刑事责任各个不同阶段的确认，他们的工作是为法院最终确认刑事责任提供必要条件。但也不能说公安机关、检察机关对于刑事责任没有确认权，其只是没有最终确认权而已。

关于刑事责任确认的原则：按照法治社会的要求，无论立法机关设定刑事责任还是司法机关追究刑事责任,都必须遵循一定的原则。具体是指在刑事责任立法与司法活动过程中必须遵循的追究刑事责任的基本准则。刑事责任的原则本质意义主要是对国家刑罚权的限制,集中体现的是国家法治的基本精神。深入研究刑事责任的原则,不仅有利于指导国家立法机关公平合理地设定刑事责任,也更加有利于指导司法机关客观公正地追究刑事责任。

然而,刑法理论上对于刑事责任究竟有哪些原则存有争议。有学者认为,刑事责任有两个原则,即罪责自负、反对株连原则和犯罪必究、错案必究原则。[①] 也有学者认为,刑事责任有五个原则,即必然性原则、及时性原则、罪责自负原则、主客观相统一原则和均衡协调原则。[②] 还有学者认为,刑事责任的原则包括刑事责任不可避免原则、刑事责任及时性原则、刑事责任自负原则、刑事责任主客观相统一原则、刑事责任与犯罪相适应原则。[③] 本书认为,作为刑事责任的原则需要符合以下两个条件:(1)必须是专门用以指导刑事责任立法与司法的原则。据此,主客观相统一原则不具有此项功能,它是刑法的一项基本原则,而非专门指导刑事责任立法与司法的原则。(2)必须是贯穿刑事责任设定与追究的全过程。据此,错案必究原则也不具有此项功能,它只是罪责自负原则下的派生原则。故刑事责任只包含必究原则、自负原则、及时原则、法定原则与相当原则。无论刑事责任的哪一项原则,可以说都普遍具有立法上的规制功能、司法上的指导功能和法律解释上的引用功能,所以在实际应用中应最大限度地使其功能得以发挥。

二、刑事责任的裁量

在立案、侦查、起诉、审判、执行五个环节中,刑事责任的裁量又在其中居于核心地位。如果说裁量是必然归宿,那么很显然其也是执行活动的基础,体现着犯罪成立与否的认定过程(定罪),审判则意味着进行的是刑事责任裁量的整个过程,且是整个审判活动中的重中之重。

(一)刑事责任裁量概说

刑事责任的裁量简称量刑,是指人民法院对犯罪人定罪后,依法裁量犯罪人应负的刑事责任,以及以何种方式来承担刑事责任的司法活动。但这里“量刑”的内容范围要比过去所谓的“量刑”范围要宽泛得多,过去的“量刑”只包括“刑罚”,而刑事责任裁量的“量刑”不仅包括“刑罚”,也包括有罪宣告、非刑罚处罚措施、赔偿经济损失、责令管教和特殊矫治教育等。

---

① 参见赵廷光:《中国刑法原理》(总论卷),武汉大学出版社 1992 年版,第 341 页以下。

② 参见张文等:《刑事责任要义》,北京大学出版社 1997 年版,第 117 页。

③ 参见张明楷:《刑事责任论》,中国政法大学出版社 1992 年版,第 84 页。

1. 刑事责任裁量的定义

关于量刑的定义,目前我们看到的具有代表性的观点有这样几种,"刑罚裁量,又称量刑,指人民法院依据刑事法律,对于构成犯罪的行为人,确定是否判处刑罚、判处何种刑罚以及是否适用某种刑罚制度的审判活动"①,"量刑,是指人民法院对被告人裁量决定刑罚。具体说来,就是人民法院根据犯罪的事实、犯罪情节和对社会的危害程度,依法决定对被告人的刑罚"②,"量刑,是人民法院对犯罪人依法判处一定刑罚的一种审判活动"③。不可否认,上述观点均有其合理的内容,但随着刑法理论的发展和人们认识的深入,有些提法和观点的确值得进一步探讨。

第一,量刑能否与刑罚裁量相等同。如上,我国传统意义上的"量刑"是从字面意义上来解释的,即"量"就是裁量,"刑"就是刑罚,因此得出的释义就是"裁量刑罚"。但从现代刑法来看,量刑定义不断受到扩大了的量刑范围的冲击和挑战,如有的学者将量刑的范围扩充为四项内容,即是否判处刑罚;适用何种非刑罚处理方法;适用何种刑罚;适用实刑还是虚刑(缓刑)等。④ 随着学界对"刑事责任"的深入研究,刑事责任的实现方式也不再只是刑罚,还有驱逐出境、赔偿经济损失及刑事附带民事诉讼、有罪宣告,以及非刑罚处罚中的责令具结悔过、赔礼道歉、赔偿损失、建议行政机关给予行政处罚和行政处分等。包括《刑法》第 17 条第 5 款针对未达到刑事责任年龄的人的"责令管教或专门矫治教育",虽然不构成刑法规定的犯罪或不予追究刑事责任,但其行为毕竟危害了社会或侵犯了法益。例如,2019 年有一 13 岁初中生女孩嫉妒本班同学漂亮,便将其约到家里杀害并肢解尸体,其实已经构成非常严重的犯罪,当然需要侦查调查完案件由法院或司法机关作出裁决。甚至有学者将刑法意义上的"保安处分"称为保安刑。⑤ 既然作为刑罚中的刑种之一就必然要涉及如何裁量的问题。可见,如今的量刑的确不能再与刑罚裁量相等同。

第二,关于量刑的基础和依据。我国传统意义上的量刑基础就是犯罪事实、犯罪情节和对社会的危害程度。然而如今随着学术界对"刑事责任"研究的深入,量刑基础的传统观点受到越来越大的冲击和挑战。如有学者认为,根据《刑法》第 5 条的精神,所谓刑罚轻重与行为人"所犯罪行和承担的刑事责任"相适应,首先应是罪行重则刑事责任重、罪行轻则刑事责任轻,然而罪行的轻重是由犯罪的主客观事实本身所决定的,

---

① 高铭暄、马克昌主编,司法部法学教材编辑部编审:《刑法学》(上编),中国法制出版社 1999 年版,第 460 页。

② 赵长青主编:《中国刑法教程》,中国政法大学出版社 1997 年版,第 213 页。

③ 张尚鷟编著:《中华人民共和国刑法概论:总则部分》,法律出版社 1983 年版,第 270 页。

④ 参见马克昌主编:《刑罚通论》,武汉大学出版社 1995 年版,第 273 页。

⑤ 参见陈兴良:《刑法哲学》,中国政法大学出版社 1992 年版,第 453 页。

而刑事责任的轻重虽然主要由犯罪的主客观事实决定,可许多案件外表明犯罪人人身危险性程度的事实或情节能够说明刑事责任的轻重,却不能说明罪行的轻重。① 可见,如今的量刑基础和依据不仅要考虑罪与刑的对比与相称,还有责与刑的对比与相称。量刑的轻重既要看行为人所犯客观罪行的轻重,又要考虑行为人本身的具体客观情况(如是否对社会具有危害性)和其他可能影响责任大小的因素(如刑事责任年龄、自首、立功、是否怀孕等);既要依据罪的大小,又要依据应承担刑事责任的大小,以此来量刑处罚。

第三,关于对量刑对象的称谓。有三种观点:一是"犯罪人";二是"被告人";三是"犯罪分子"。本书认为,在量刑定义中该称谓应当统一起来,本书同意第一种观点。因为量刑时对象已经是经审判有罪之人,也就不能再称"犯罪嫌疑人",称被告人也有不妥或不准确之处,而"犯罪分子"不是规范的法律用语,故用"犯罪人"最为贴切和恰当。

综上所述,本书认为,刑事责任裁量的定义可这样表述:其是指审判机关在查明犯罪事实、认定犯罪性质和确定刑事责任大小的基础上,依法对犯罪人作出的是否适用刑罚、适用何种刑罚、如何适用刑罚,以及适用何种非刑罚处罚方法的裁判过程。

2. 刑事责任裁量的特性

在了解刑事责任裁量的定义之后,还有必要讨论刑事责任裁量的特性,只有这样才能够对刑事责任裁量有更加深入的认识。一般认为刑事责任裁量的特性表现在:

一是量刑主体的明确性。量刑是国家的司法活动之一,作为司法权能的重要内容,量刑只能由人民法院进行。只有审判机关才能行使量刑权,其他任何行政机关、团体和个人都无权行使。随着量刑概念外延的扩展,越来越多的非刑事处罚进入量刑的范畴,如保安处分或社会防卫措施的实施主体可能不再是监狱、看守所等司法行政机关,这不影响法院所拥有的量刑权。

二是量刑基础的确定性。越来越多的人认识到,量刑的基础应当停留在刑事责任的层面上,因此量刑所依据的标准范围应当超越犯罪事实和性质,融入主体责任能力、量刑情节等内容。所以当前量刑的基础是十分明确的,即犯罪的事实、性质、主体的责任情况、客观的量刑情节等。

三是量刑对象的正当性。我们知道,量刑是对实施了犯罪行为、依法应承担刑事责任的人进行刑事处理的活动。该活动只对实施了犯罪具有刑事责任能力的人或单位才能适用,即量刑对象的正当性。也即只能对犯罪人适用,那些根据《刑法》第 17 条第 5 款所认定的不满 16 周岁的未成年人、《刑法》第 18 条第 1 款所认定的精神病人等,

---

① 参见张明楷:《刑法学》(上),法律出版社 1997 年版,第 51 页。

由于其不具有刑事责任能力而不能对其量刑。

四是量刑内容的层次性。我国量刑从死刑到罚金,具有较大的跨度。可以表现为是否适用刑罚,适用死刑、自由刑还是罚金刑,如何适用这些刑罚等。因此,量刑的过程是动态的、逐层递进的。如果我国将来建立了保安刑制度,那么保安措施就同刑罚一样进入了这个阶梯领域。

五是量刑方式的多样性。量刑的形式效果是产生刑事裁判,包括判决和裁定,均可对刑罚作出决定;实质的效果是对犯罪人产生实际的强制力,包括剥夺生命、限制自由、没收财产、取消资格等,也可以表现为训诫、责令具结悔过、赔礼道歉、赔偿损失、禁止从事某一活动等。

六是量刑过程的动态性。量刑不仅是一个静态的对比过程,而更多地表现为动态的操作过程。这一动态性不仅表现在犯罪行为事实与法律规定的对比操作上,而且也表现在对各自的确定与选择上,还表现在对刑罚量上的计算与操作等。

深刻认识上述刑事责任裁量的特性,不仅对深入分析刑事责任裁量的定义十分重要,甚至对于接下来进行刑事责任裁量的运作意义也十分重大。

3. 刑事责任裁量的根据

刑事责任裁量的根据也叫量刑根据,根据和依据等义,是指作出某种结论的基础性前提。认为刑事责任裁量的根据是犯罪事实,或者主要是社会危害性都是不精确、不完整、不全面的。“根据”可作以下分类:

(1)理论根据。量州的理论根据存在报应主义和功利主义的争论,前者的代表人物是黑格尔,主张刑法是对恶刑的恶报,也就是我们通常所说的“善有善报,恶有恶报”以及“以眼还眼,以牙还牙”。[①] 后者的代表人物是李斯特,认为通过对犯罪人科以刑罚,实现预防犯罪的功利效果。在当代,综合主义逐渐占据上风,被认为是最佳方案和合理依据,主张通过报应主义限制功利主义,在功利主义的前提下容纳报应主义。[②] 由此,刑罚的理论根据从一元论向多元论发展。这也为我国量刑提供了科学的理论支撑,现在量刑时强调要注重对社会危害性和人身危险性的考察,实质上注重犯罪的社会危害性(包括主观恶性和客观危害),就是在强调报应主义,注重犯罪人的人身危险性,就是为了预防犯罪,防止该犯罪人再次走上犯罪道路。

(2)罪质根据。罪质根据即犯罪的性质根据,这在刑法适用的第一个阶段已经完

---

① 报应刑还分绝对报应刑和相对报应刑,其从等量过渡到等价再到等质刑罚观意味着绝对报应刑向相对报应刑的转变,彰显着刑罚观的发展和进步。参见孟昭武:《论正义与刑罚观念》,载《锦州师范学院学报(哲学社会科学版)》1996 年第 2 期。

② 参见高铭暄主编:《刑法学》,北京大学出版社 2001 年版,第 231、232 页;吴景芳:《刑罚与量刑》,载《法律适用》2004 年第 2 期。

成,在该阶段解决了是否构罪,如果构罪到底触犯什么罪名,这就为量刑提供了依据,奠定了基础。因为大部分罪名都有几个刑阶,故必须依靠实实在在的量刑程序才能完成裁量任务,即使确定了刑阶或法定刑,那也只是相对确定的法定刑,有待通过量刑细化和实化为确定的宣告刑,量刑才算完成。

(3)刑事责任根据。围绕犯罪、刑事责任和刑罚三者之间的关系有罪刑说、罪责说、罪责刑说,经过比较本书认为罪责说最为科学合理,因为定罪必然引发责任。易言之,犯罪和刑罚不能画等号,和刑事责任之间却能够画等号。刑事责任的大小并不仅仅取决于犯罪行为本身或者社会危害性的大小,确定刑事责任还必须考量人身危险性、刑事责任能力等诸多方面的内容。

(4)量刑情节根据。犯罪情节包括定罪情节和量刑情节,前者即罪质根据,后者是指犯罪构成事实以外的情节,因为犯罪构成事实在定罪时已经评价,如果量刑时再予评价就会导致重复评价。故这里的量刑情节是罪前情节、罪后情节和部分罪中情节的"组合拳"。当然也有例外,用于充足构成要件的犯罪构成事实,属于定罪情节,定罪剩余的那部分事实情节,理所当然地转化为量刑情节。① 例如,寻衅滋事罪、非法经营罪等。

(5)法律根据。法律规定包括刑法总则、分则,附属刑法,特别刑法,立法解释,以及司法解释中有关量刑的相关规定。总则最重要的有两条,一条是第 5 条规定的"刑罚的轻重,应当与犯罪分子所犯罪行和承担的刑事责任相适应",这实际上是罪责相适应原则;另一条是第 61 条规定的"对于犯罪分子决定刑罚的时候,应当根据犯罪的事实、犯罪的性质、情节和对于社会的危害程度,依照本法的有关规定判处",这是量刑根据的总纲领。需要注意的是如何理解"情节"和"对于社会的危害程度",本书认为,这里的情节仅指量刑情节,"对于社会的危害程度"不能仅作狭义的理解,即不能仅理解为主观恶性和客观危害,还应当包括人身危险性。总则中还有专门的刑种规定以及诸如缓刑、数罪并罚、立功自首等量刑制度规定,量刑时也需要注意和考虑。

(6)刑事政策根据。在刑法条文里面找不到刑事政策这样的字眼,然而,长期以来法院在事实上都认可刑事政策,会根据刑事政策进行刑罚的裁量。当然,要严格执行罪刑法定的底线和红线,在打击犯罪的同时不容许突破法定刑的界限,坚决杜绝法外施刑和量刑升级的情况。目前量刑时应做到"宽严相济",该宽则宽,当严则严,宽严相济,罚当其罪,使量刑在保护人民合法权益,促进社会和谐稳定,维护国家长治久安上发挥正能量。

---

① 参见高铭暄、马克昌主编:《刑法学》(第 3 版),北京大学出版社、高等教育出版社 2007 年版,第 274 页。

4. 刑事责任裁量的原则

刑事责任裁量原则也叫量刑原则,即指导思想或者要遵循的准则。“以事实为根据,以法律为准绳”是法律适用的一条普遍原则,放之四海而皆准,刑罚的裁量作为一项重要的司法活动,毫不例外,也应当严格限定在这条原则的框架和范围内,只不过根据量刑的自身特点,量刑原则内部也有一些独特的要求和内容。根据我国《刑法》第 61 条的规定,可以将量刑的原则总结为:以犯罪证据为根据,以刑事法律为准绳。因为,一切犯罪事实都要由证据来说话。

(1)以犯罪证据为根据

这里的犯罪证据是从广义层面上讲的,包括构罪证据和构罪以外的证据。作为量刑根据的犯罪证据包括狭义的犯罪事实证据、犯罪性质证据、量刑情节证据、对社会危害性程度证据等。

一是狭义的犯罪事实证据,即犯罪构成事实的证据,包括危害行为、危害结果、犯罪主体、犯罪主观、侵害法益等证据。同时,对于某些以“情节严重”“情节恶劣”“情节较重”为构成要件的犯罪证据而言,犯罪事实证据还包括这类定罪证据。

二是犯罪的性质证据。仅仅查明狭义的犯罪事实证据,对犯罪的性质证据如果没有认定,就很难确定与之相对应的分则条文罪名及法定刑,也就导致难以进行刑罚的裁量。犯罪的性质证据,亦即犯罪行为的法律性质证据,表现为犯罪人具体触犯的罪名。

三是量刑情节证据。量刑情节与定罪情节相对称,定罪情节是犯罪构成要件事实,量刑情节是犯罪构成外事实。如坦白、自首、立功、犯罪动机、罪前表现、罪后态度、赔偿或者退赃情况等都属于量刑情节的内容,包括法定量刑情节和酌定量刑情节,均需要相应证据来证明。

四是社会的危害性程度证据。主要指犯罪的社会危害性程度证据,无疑也是量刑最重要的证据。但是社会危害性并不是对社会危害程度的唯一内容,对社会的危害程度还包含了人身危险性。人身危险性决定着再犯的可能性,所以量刑时同样不容忽视,不可小觑。

(2)以刑事法律为准绳

《刑法》第 61 条明确规定对犯罪人决定刑罚的时候,“依照本法的有关规定判处”。在确定行为人构成了犯罪并需要判处刑罚之后,人民法院决定行为人应处以何种刑罚,是否需要从重、从轻、减轻、免除处罚等,都必须在刑事法律规定的范围内选择和裁量。

一是依照《刑法》分则规定的刑种和刑度,选择适当的刑事责任承担方式。《刑法》分则规定的法定刑,有着较大的幅度。而且大部分条文还规定有两种或三种量刑幅度,量刑时具体适用哪个刑种,确定什么刑期,法院应当根据案件的具体情况确定刑档,但不得判处法无明文规定的刑事责任。

二是依照《刑法》总则规定的刑罚原则、方法和制度具体适用。例如,对预备犯、未遂犯、中止犯,未成年犯罪人,精神病人,共同犯罪中的主犯、从犯、教唆犯、胁从犯的处罚原则;又如,犯罪时不满18周岁的人和审判时怀孕的妇女不适用死刑,对于犯危害国家安全罪的犯罪人量刑时,应当附加剥夺政治权利,对于判处死刑、无期徒刑的犯罪人应当剥夺政治权利终身;再如,有关自首、坦白、立功、累犯、缓刑、数罪并罚等制度及其他有关从重、从轻、减轻以及免除刑罚处罚的规定。

(二)刑事责任裁量的情节

我国《刑法》总则第四章"刑罚的具体运用中"规定了量刑、累犯、自首和立功、数罪并罚、缓刑、减刑、假释和时效八节内容。有的学者将累犯、自首和立功等作为犯罪情节来进行研究①,也有的学者将累犯、自首和立功作为量刑制度进行研究②,本书仍采用前者的观点。

1. 刑事责任裁量情节的概念

刑事责任裁量情节简称量刑情节,是指法院在依法对犯罪人定罪后考虑的,影响犯罪人行为社会危害性和人身危险性程度,进而影响是否对犯罪人处刑以及处刑轻重的各种事实。

首先,量刑情节具有客观性,即指其是一种客观存在的、不以人们的意志为转移的事实,包括客观事实和主观事实。前者如犯罪造成的后果、犯罪数额的大小等;后者如犯罪动机、认罪态度等。量刑情节的客观性对法院的量刑活动提出要求,必须实事求是,从客观存在的各种情况来把握刑事责任的大小和刑罚的轻重。

其次,量刑情节是犯罪成立以外的各种因素之和。犯罪成立要件决定着犯罪的成立与否,量刑情节则反映着犯罪的轻重,故量刑情节不同于定罪情节。前者属于犯罪成立要件要素的范畴,如犯罪行为、结果、故意、过失等;后者则属于案件相关的非犯罪成立要件的因素,如动机、目的、中止行为、未遂行为等。当然,理论上分为定罪情节和量刑情节,并不意味着二者彼此孤立。事实上,量刑情节与定罪情节具有密切联系,如定罪与犯罪手段、结果等都有密切联系。

最后,量刑情节是体现行为社会危害性或人身危险性程度的事实。量刑是对犯罪

① 参见曲新久:《刑法学》,中国政法大学出版社2007年版,第215-218页;张明楷:《刑法学》,法律出版社1997年版,第441-455页;李晓明主编:《中国刑法基本原理》(第2版),法律出版社2007年版,第519-532页。

② 参见赵秉志主编:《当代刑法学》,中国政法大学出版社2009年版,第358-372页;刘艳红主编:《刑法学》(上),北京大学出版社2014年版,第378-390页。

人刑事责任大小的处理决定,故凡是能够体现犯罪行为的社会危害性或犯罪人的人身危险性的事实,都属于量刑情节。如果某一事实对犯罪人行为的社会危害性或犯罪人的人身危险性不发生任何影响,那么它就对刑事责任裁量毫无意义,也就不能成为刑事责任裁量情节。

量刑情节的外延十分丰富,故可以根据不同标准从不同角度作以下不同的分类:①

(1)法定情节与酌定情节。这是根据是否有法律明确规定作出的划分。法定情节是指法律明文规定在刑事责任裁量时必须予以考虑的情节,因其具有明确的法律根据,所以进行刑事责任裁量依据时具有较大的确定性、公开性和明确性。酌定情节又称裁判情节,是指刑法虽然没有明文规定,但根据立法精神和有关刑事政策及司法实践的效果,由人民法院从审判经验中总结出来的在刑事责任裁量过程中灵活掌握、酌情适用的情节,如取得被害人谅解情况、赔偿情况等。

(2)从宽情节与从严情节。这是根据是否对犯罪人有利作出的划分。从宽情节是对犯罪人有利的刑事责任裁量情节,具体是指在刑事责任裁量上对犯罪人从宽处理。所以从宽情节主要包括从轻处罚情节、减轻处罚情节、免除处罚情节三种。从严情节是对犯罪人不利的刑事责任裁量情节,具体是指在刑事责任裁量上对犯罪人从严处理。所以从严情节具体包括从重情节与加重情节两种。但需要说明的是,我国刑法只有从重情节的规定,没有加重情节的规定。

(3)罪前情节、罪中情节与罪后情节。这是根据刑事责任裁量情节所存在或发生的时间顺序而作出的分类。罪前情节是指犯罪行为实施前就客观存在的,能反映犯罪人人身危险性程度的客观事实,如犯罪人一贯表现、有无犯罪前科等。罪中情节是指存在于犯罪行为实施过程中的,能反映犯罪行为社会危害性以及犯罪人人身危险性程度的客观事实,如犯罪中止、犯罪未遂等。罪后情节是指犯罪行为实施以后,能反映行为人人身危险性程度的客观事实,如自首、认罪态度、立功等。当然,这里只是一种理论上的划分,在司法实践中并不一定实用,更不一定常用。

(4)应当情节与可以情节。这是根据是否对刑事责任裁量情节的作用进行硬性规定或执行力度强弱而作出的分类。应当情节是指刑法明文规定对刑事责任裁量必然产生影响的情节,如正当防卫、中止犯、未成年犯等。"应当"一词在法律上的特别解释就是"必须",而且应当情节里具体包括从宽处罚情节和从严处罚情节两种,无论是哪一种应当情节,只要刑法作出明文规定,法官在刑事责任裁量时就必须予以考虑。可以情节是指刑法规定的对刑事责任裁量产生或然影响的情节,如未遂犯、有立功表现的犯罪人等。可以情节是否对刑事责任的裁量产生影响由法官自由裁量,它既可以对

---

① 参见李晓明:《刑法学总论》,北京大学出版社 2016 年版,第 497-498 页。

刑事责任的裁量产生影响,也可不产生影响。

区分这些情节,对于量刑中区别不同情况,并很好地运用是十分有益的。然而这里更需注意的是"量刑情节"与"量刑制度"的区分,前者重在犯罪情节的认定,而后者重在刑事责任裁量的制度设计及方法运用,下面进行详述。

2. 法定情节

如上所述,法定情节是指刑法明文规定在刑事责任裁量时必须予以考虑的情节。大致分为四大类:

一是减轻或免除情节。具体如下:

(1)《刑法》第10条规定,在我国领域外犯罪,依照本法应当负刑事责任的,虽然经过外国审判,仍然可以依照本法追究,但是在外国已经受过刑罚处罚的,可以免除或者减轻处罚。

(2)《刑法》第20条第2款规定,正当防卫明显超过必要限度造成重大损害的,应当减轻或者免除处罚。

(3)《刑法》第21条第2款规定,紧急避险超过必要限度造成不应有的损害的,应当减轻或者免除处罚。

(4)《刑法》第24条第2款规定,对于中止犯,没有造成损害的,应当免除处罚;造成损害的,应当减轻处罚。

(5)《刑法》第28条规定,对于被胁迫参加犯罪的,应当按其犯罪情节减轻处罚或者免除处罚。

(6)《刑法》第53条规定,被判处罚金的人,由于遭遇不能抗拒的灾祸等原因缴纳确实有困难的,经人民法院裁定,可以延期缴纳、酌情减少或者免除。

(7)《刑法》第67条第1款规定,对于自首的犯罪人,犯罪较轻的,可以免除处罚。

(8)《刑法》第68条规定,对于有重大立功表现的犯罪人,可以减轻或者免除处罚。

(9)《刑法》第164条第4款规定,对非国家工作人员行贿,行贿人在被追诉前主动交待行贿行为的,可以减轻处罚或者免除处罚。

(10)《刑法》第276条之一第3款规定,以转移财产、逃匿等方法逃避支付劳动者的劳动报酬或者有能力支付而不支付劳动者的劳动报酬,尚未造成严重后果,在提起公诉前支付劳动者的劳动报酬,并依法承担相应赔偿责任的,可以减轻或者免除处罚。

(11)《刑法》第351条第3款规定,非法种植罂粟或者其他毒品原植物,在收获前自动铲除的,可以免除处罚。

(12)《刑法》第390条第2款规定,行贿人在被追诉前主动交待行贿行为的,可以从轻或者减轻处罚。其中,犯罪较轻的,对侦破重大案件起关键作用的,或者有重大立功表现的,可以减轻或者免除处罚。

(13)《刑法》第 392 条第 2 款规定，介绍贿赂人在被追诉前主动交待介绍贿赂行为的，可以减轻或者免除处罚。

二是从轻、减轻或者免除处罚的情节。具体如下：

(1)《刑法》第 19 条规定，又聋又哑的人或者盲人犯罪，可以从轻、减轻或者免除处罚。

(2)《刑法》第 22 条第 2 款规定，对于预备犯，可以比照既遂犯从轻、减轻或者免除处罚。

(3)《刑法》第 27 条第 2 款规定，对于从犯，应当从轻、减轻或者免除处罚。

(4)《刑法》第 383 条第 3 款规定，犯贪污罪的，犯第一款罪，在提起公诉前如实供述自己罪行、真诚悔罪、积极退赃，避免、减少损害结果的发生，有第一项规定情形的，可以从轻、减轻或者免除处罚；有第 2 项、第 3 项规定情形的，可以从轻处罚。

三是从轻或减轻处罚的情节。具体如下：

(1)《刑法》第 17 条第 4 款规定，对依照前三款规定追究刑事责任的不满 18 周岁的人，应当从轻或减轻处罚。

(2)《刑法》第 17 条之一规定，已满 75 周岁的人故意犯罪的，可以从轻或者减轻处罚；过失犯罪的，应当从轻或者减轻处罚。

(3)《刑法》第 18 条第 3 款规定，尚未完全丧失辨认或者控制自己行为能力的精神病人犯罪的，应当负刑事责任，但是可以从轻或者减轻处罚。

(4)《刑法》第 23 条第 2 款规定，对于未遂犯，可以比照既遂犯从轻或减轻处罚。

(5)《刑法》第 29 条第 2 款规定，对于教唆犯，如果被教唆者未犯被教唆之罪的，可以从轻或减轻处罚。

(6)《刑法》第 67 条第 1 款规定，对于自首的犯罪人，可以从轻或减轻处罚。

(7)《刑法》第 67 条第 3 款规定，犯罪嫌疑人虽不具有自首情节，但是如实供述自己罪行的，可以从轻处罚。因其如实供述自己罪行，避免特别严重后果发生的，可以减轻处罚。

(8)《刑法》第 68 条规定，犯罪人有立功表现的，可以从轻或减轻处罚。

(9)《刑法》第 241 条第 6 款规定，收买被拐卖的妇女、儿童，对被买儿童没有虐待行为，不阻碍对其进行解救的，可以从轻处罚；按照被买妇女的意愿，不阻碍其返回原居住地的，可以从轻或者减轻处罚。

(10)《刑法》第 383 条规定，犯贪污罪的，贪污数额巨大或者有其他严重情节的，处 3 年以上 10 年以下有期徒刑，并处罚金或者没收财产的，贪污数额特别巨大或者有其他特别严重情节的，处 10 年以上有期徒刑或者无期徒刑，并处罚金或者没收财产；数额特别巨大，并使国家和人民利益遭受特别重大损失的，处无期徒刑或者死刑，并处没收财产这两种情形,在提起公诉前如实供述自己罪行、真诚悔罪、积极退赃,避免、减少损害结果的发生,可以从轻处罚。

(11)《刑法》第390条第2款规定,行贿人在被追诉前主动交待行贿行为的,可以从轻或者减轻处罚。

四是应当从重处罚的情节。具体如下:

(1)《刑法》第29条第1款规定,教唆不满18周岁的人犯罪的,应当从重处罚。

(2)《刑法》第65条第1款规定,构成累犯的,应当从重处罚。但是过失犯罪和不满18周岁的人犯罪的除外。

(3)《刑法》第104条第2款规定,策动、胁迫、勾引、收买国家机关工作人员、武装部队人员、人民警察、民兵进行武装叛乱或者武装暴乱的,应当从重处罚。

(4)《刑法》第106条规定,与境外机构、组织、个人相勾结犯第103条、第104条、第105条规定之罪的,应当从重处罚。

(5)《刑法》第109条第2款规定,掌握国家秘密的国家工作人员犯叛逃罪的,应当从重处罚。

(6)《刑法》第157条第1款规定,武装掩护走私的,应当从重处罚。

(7)《刑法》第168条第3款规定,国有公司、企业、事业单位的工作人员徇私舞弊,犯国有公司、企业、事业单位人员失职罪,国有公司、企业、事业单位人员滥用职权罪的,应从重处罚。

(8)《刑法》第171条第3款规定,伪造货币并出售或者运输伪造货币的,应当从重处罚。

(9)《刑法》第177条之一第2款规定,银行或者其他金融机构的工作人员利用职务上的便利,窃取、收买或者非法提供他人信用卡信息资料的,应当从重处罚。

(10)《刑法》第186条第2款规定,银行或者其他金融机构的工作人员违反国家规定,向关系人发放贷款的,从重处罚。

(11)《刑法》第236条第2款规定,奸淫不满14周岁的幼女的,从重处罚。

(12)《刑法》第238条第1款规定,非法剥夺他人人身自由具有殴打、侮辱情节的,应从重处罚。

(13)《刑法》第238条第4款规定,国家机关工作人员利用职权犯第238条前三款规定之罪的,应当从重处罚。

(14)《刑法》第243条第2款规定,国家机关工作人员犯诬告陷害罪的,应当从重处罚。

(15)《刑法》第245条第2款规定,司法工作人员滥用职权犯非法搜查罪或非法侵入住宅罪的,应当从重处罚。

（16）《刑法》第247条规定，刑讯逼供或暴力逼取证言致人伤残、死亡的，应当从重处罚。

（17）《刑法》第248条第1款规定，虐待被监管人致人伤残、死亡的，应当从重处罚。

（18）《刑法》第253条第2款规定，邮政工作人员私拆、隐匿、毁弃邮件、电报而窃取财物的，应当从重处罚。

（19）《刑法》第279条第2款规定，冒充人民警察招摇撞骗的，应当从重处罚。

（20）《刑法》第301条第2款规定，引诱未成年人参加聚众淫乱活动的，应当从重处罚。

（21）《刑法》第307条第3款规定，司法工作人员阻止证人作证、指使他人作伪证或者帮助毁灭、伪造证据的，应当从重处罚。

（22）《刑法》第345条第4款规定，盗伐、滥伐国家自然保护区内的森林或者其他林木的，应当从重处罚。

（23）《刑法》第347条第6款规定，利用、教唆未成年人走私、贩卖、运输、制造毒品或者向未成年人出售毒品的，应当从重处罚。

（24）《刑法》第349条第2款规定，缉毒人员或者其他国家机关工作人员掩护、包庇走私、贩卖、运输、制造毒品的犯罪人的，应当从重处罚。

（25）《刑法》第353条第3款规定，引诱、教唆、欺骗或者强迫未成年人吸食、注射毒品的，应当从重处罚。

（26）《刑法》第356条规定，因走私、贩卖、运输、制造、非法持有毒品罪被判过刑，又实施毒品犯罪的，应当从重处罚。

（27）《刑法》第358条第2款规定，组织、强迫未成年人卖淫的，应当从重处罚。

（28）《刑法》第361条第2款规定，旅馆业、饮食服务业、文化娱乐业、出租汽车业等单位的主要负责人利用本单位的条件，组织、强迫、引诱、容留、介绍他人卖淫的，应当从重处罚。

（29）《刑法》第364条第3款规定，制作、复制淫秽的电影、录像等音像制品组织播放的，应当从重处罚。

（30）《刑法》第364条第4款规定，向不满18周岁的未成年人传播淫秽制品的，应从重处罚。

（31）《刑法》第369条第3款规定，战时破坏武器装备、军事设施、军事通信，过失损坏武器装备、军事设施、军事通信的，应当从重处罚。

（32）《刑法》第384条第2款规定，挪用用于救灾、抢险、防汛、优抚、扶贫、移民、救济款物归个人使用的，应当从重处罚。

(33)《刑法》第386条规定,索取贿赂的,应当从重处罚。

(34)《刑法》第408条之一第2款规定,徇私舞弊犯食品、药品监管渎职罪的,应当从重处罚。

(35)《刑法》第426条规定,战时阻碍军人执行职务的,应当从重处罚。

3. 酌定情节

酌定情节又称为酌定量刑情节、裁判情节,是指刑法虽然没有明文规定,但根据立法精神和有关刑事政策,由法院从审判经验中总结出来的在量刑中灵活掌握、酌情适用的情节。大致可分为两大类:

一是反映犯罪行为社会危害性的酌定情节。虽不影响定罪,但反映了犯罪的社会危害性。

(1)犯罪对象。一般而言,犯罪对象不影响犯罪成立,但犯罪对象的差异却可以反映出犯罪行为恶劣性和社会危害性的程度。如针对未成年人、老年人、残疾人等实施的抢劫、盗窃要比针对一般人实施的该类犯罪要恶劣。

(2)犯罪手段。主要指犯罪手段的残忍、狡猾程度,如用极其残忍的手段剥夺他人生命等。

(3)犯罪后果。这里所指的犯罪后果不同于犯罪结果,后者属于构成要件的范畴,前者则指犯罪构成要件以外的结果状态。如诈骗数额巨大,导致他人家庭破裂、企业破产、自杀的。

(4)犯罪行为方式。犯罪行为方式包括作为与不作为、一次或多次等,以积极的作为方式实施的、实施了多次的犯罪行为,显然社会危害性相对较大,因而在刑事责任裁量时应有所区别。

(5)犯罪的环境。不同的犯罪时间、地点、环境、原因等条件,也能反映行为的社会危害程度。比如,在白天的公共场所实施的抢劫行为与在夜间或僻静的地方实施的抢劫行为相比,因生活所迫所实施的盗窃行为与以盗窃为偏好或职业的相比。

(6)社会形势。犯罪社会危害性具有一定的历史性,它往往会随着社会形势的变化而变化。如在社会形势严峻的情况下实施暴力犯罪的社会危害性大于正常社会形势下实施的暴力犯罪。

(7)民愤。民愤是指犯罪行为在民众中所造成的影响、震动,进而导致广大人民群众产生要求惩办犯罪分子的呼声。需要注意的是,随着我国网络信息时代的到来,一些媒体刻意夸大、歪曲事实进行虚假的报道,误导社会的认识,对司法机关进行"舆论绑架""道德绑架"。故司法机关应当十分慎重地准确把握民愤,避免丧失公正。

(8)是否赔偿或达成谅解协议。与被害人或其家属达成谅解协议或者进行相应的赔偿,这在一定程度上是犯罪人悔罪乃至积极挽回不良后果的表现。这不仅符合现代恢复性司法的思潮,且有利于维护社会稳定。现在我国已存在刑事和解制度,但只是针对少部分轻微犯罪适用。然而,对被害人或者其亲属进行赔偿或达成谅解协议可以作为重罪量刑的酌定情节考量。当然,要注意是否真正得到谅解,防止罪犯为减轻刑罚利用此情节,对被害人或者其家属进行二次伤害。

(9)有罪答辩,即犯罪人认罪或悔罪。作出有罪答辩表明其对所犯罪过的悔悟以及矫正行为的决心。尽管拒绝作有罪答辩不是加重刑罚的理由,但有罪答辩是对犯人减轻刑罚的理由。

(10)家庭困难或家中有特殊情况。是指家中有人需要抚养或者有病需要照顾。适当考虑罪犯的家庭情况可使判决更加人性化,对社会整体来说更有益处。然而,家庭情况纷繁多样,评价的标准因地域差异也会有较大差距,不适当的考虑会导致同案不同判的发生,会产生恶劣的社会影响。

二是影响人身危险性程度的酌定情节。

(1)前科。根据《刑法》第100条的规定,前科是指依法受过刑事处罚的事实。通常是指被告人有无犯罪经历的事实与刑事登记,或者被告人是否构成累犯。有前科的人与无前科的人犯相同的罪,在刑事责任裁量时,前者应重于后者。

(2)初犯、偶犯及日常表现。初犯即指初次犯罪的,偶犯即指偶然犯罪的,对于初犯、偶犯,目前的司法实践中已经普遍将其作为酌定从轻情节予以考虑。同时,犯罪人在犯罪前的一贯表现也在一定程度上反映了其人身危险性,故表现不好的刑事责任裁量肯定重。

(3)犯罪动机。犯罪动机是指刺激、促使犯罪人实施犯罪行为的内心起因或思想活动。不同的犯罪动机直接影响犯罪的罪过程度,比如,基于生活所迫而盗窃与追求享受而盗窃相比,后者动机更为恶劣,刑事责任裁量就应相对较重。

(4)犯罪后的态度。犯罪后的态度主要指是否有坦白或抗拒的情节以及犯罪后是否有为消除损害所做的努力。比如,有些犯罪人犯罪后如实供述自己的犯罪事实,具结悔过,积极采取措施消除损害、赔偿损失、与警察合作,而有些犯罪人犯罪后则抗拒抓捕、销毁证据、拒不认罪。

(5)犯罪人的身体状况。身体状况因人而异,有些人因先天或后天等各种因素,在意志方面存有缺陷,控制能力与正常人相比有所减弱,当其实施犯罪行为时,社会危害性相对较小,在刑事责任裁量时可适当从轻处罚。

(6)基于人类脆弱性或压力之下的犯罪。在基于诸如激怒、家庭或情绪压力等这些源于人类脆弱性或巨大压力产生犯罪的场合,这些因素可能成为减轻处罚的事由。例如,有些非预谋杀人,通常系行为人在被极度激怒的情况下,丧失理智所致。

(7)犯罪人犯罪前的表现。犯罪人在实施犯罪前曾经多次威胁、恐吓被害人,对其心理和生活造成恶劣影响,或者对被害人多次进行暴力伤害行为,虽并未达到构罪程度,但事实上这一系列行为影响了之后的犯罪,所以在量刑时应当酌以考虑。

(8)犯罪人犯罪中的表现。在犯罪过程中特别是在持续犯罪的情况下,应适当考虑犯罪中伤害行为的强度、持续时间,以及是否对被害人的心理造成极大影响等。反之,如果犯罪人在心理和生理上均未对被害人造成伤害,甚至让被害人并未感受到权利被侵害,在构罪的情况下可以从轻处罚。

4. 累犯情节

《刑法》第 65 条第 1 款规定:"被判处有期徒刑以上刑罚的犯罪分子,刑罚执行完毕或者赦免以后,在五年以内再犯应当判处有期徒刑以上刑罚之罪的,是累犯,应当从重处罚,但是过失犯罪和不满十八周岁的人犯罪的除外。"据此,累犯是指被判处一定刑罚的犯罪人,在刑罚执行完毕或者赦免以后,在法定期限内又犯一定之罪。① 根据《刑法》第 65、66 条的规定,累犯分一般累犯与特殊累犯。一般累犯,是指被判处有期徒刑以上刑罚的犯罪分子,刑罚执行完毕或者赦免以后,在 5 年以内再犯应当判处有期徒刑以上刑罚之罪的犯罪分子。特殊累犯是指危害国家安全的犯罪分子在刑罚执行完毕或者赦免以后,在任何时候再犯危害国家安全罪的犯罪分子。

一般累犯的成立条件:(1)前罪与后罪均为故意犯罪。对累犯从重处罚是基于犯罪人屡次故意犯罪后所体现出的严重的人身危险性,过失犯罪并非犯罪人有意识的选择,不能反映出犯罪人的人身危险性程度。(2)前罪与后罪均应判处有期徒刑以上刑罚。有任何一罪应当判处有期徒刑以下刑罚的,就不能构成一般累犯。(3)后罪发生于前罪的刑罚执行完毕或赦免后的 5 年以内。如果后罪发生在前罪刑罚执行完毕或者赦免 5 年后的属于有前科,但非累犯。如果后罪发生在前罪刑罚执行期间的应按《刑法》第 71 条处理,对于后罪不适用累犯加重处罚原则。被宣告缓刑的人,在缓刑考验期满后再犯新罪的,也不构成一般累犯。因为根据《刑法》第 76 条的规定,在缓刑考验期内,如果没有该法第 77 条规定的情形,缓刑考验期满,原判的刑罚就不再执行,也就是说,缓刑期满不再执行意味着不存在"刑罚执行完毕",也就不能适用累犯。而根据《刑法》第 65 条第 2 款规定,"前款规定的期限,对于被假释的犯罪分子,从假释期满之日起计算"。

《刑法》第 66 条规定:"危害国家安全犯罪、恐怖活动犯罪、黑社会性质的组织犯罪的犯罪分子,在刑罚执行完毕或者赦免以后,在任何时候再犯上述任一类罪的,都以累犯论处。"特殊累犯成立的条件是:(1)前后罪都均为危害国家安全犯罪、恐怖活动犯罪、黑社会性质的组织犯罪。(2)后罪发生于前罪刑罚执行完毕或赦免后无间隔要求。

① 参见李晓明:《刑法学总论》,北京大学出版社 2016 年版,第 504 页。

任何时候再犯该三种罪的,均构成特殊累犯。

《刑法》第65条第1款规定,对累犯应当从重处罚。这表明无论是一般累犯还是特殊累犯,都应当从重处罚;从重处罚累犯是法定量刑情节,必须执行,不得变更。

5. 自首情节

自首究竟是一种刑事责任裁量情节还是一种刑事责任裁量制度,学界一直存在争论。另外,在研究自首时注意“余首”的认定,以及“自首”和“坦白”的区分。

(1)自首的概念与特征

自首是指犯罪以后自动投案,如实供述自己罪行的行为。① 我国《刑法》第67条第1款规定:“犯罪以后自动投案,如实供述自己的罪行的,是自首。对于自首的犯罪分子,可以从轻或者减轻处罚。其中,犯罪较轻的,可以免除处罚。”构成自首要具有以下特征:

一是自动投案。这是指犯罪分子在犯罪以后归案之前,主动将自己置于有关机关的控制之下,等待进一步交代犯罪事实,接受司法机关处理的行为。自动投案是成立自首的前提条件,司法实践中应注意:①自动投案的时间。包括三种情况:一是犯罪事实和犯罪分子都尚未被司法机关发觉;二是犯罪事实已经被发现,但犯罪分子尚未被发觉;三是犯罪事实和犯罪分子都已经被发觉,但犯罪人尚未受到调查谈话、讯问,或者未被宣布采取调查措施或者强制措施时。三种情况下的自动投案,对于自首的认定虽然没有直接的关系,但对于自首后从轻、减轻的影响却是直接的。也就是说,第一种情况下的自首要优于第二、三种情况下的自首。②自动投案的对象。本书认为,只要是犯罪人具有投案的动机,自觉将自己置于国家和社会的控制之下,都应当予以认可。因此,投案的对象既可以是公安机关、人民检察院、人民法院,也可以是犯罪分子所在单位、城乡有关基层组织或其他有关负责人。这有利于为犯罪人的自首提供便利,也起到了积极鼓励自首的作用。当然,对于向犯罪人所在单位、基层组织、亲友投案的,还要求犯罪人在单位、基层组织、亲友向公安机关报告时不逃避、不抵抗,即要求犯罪人自动向公安机关投案。③自动投案的主体。一般应是本人向上述有关机关投案,但对于确因客观原因如生病、受伤等不能亲自投案的,或者为了减轻犯罪后果,而委托他人先代为投案,或者先以电信方式投案的,也应视为自动投案。④投案主动性的判断。自动投案,一般是基于本人的意志积极主动地向有关机关投案。对于罪行尚未被司法机关发觉,仅因形迹可疑,被有关组织或者司法机关盘问、教育后,主动交代自己的罪行的;犯罪后逃跑,在被通缉、追捕过程中,主动投案的;经查实确已准备去投案,或者正在投案途中被公安机关捕获的,应当视为自动投案。并非出于犯罪嫌疑人主动,而

---

① 参见李晓明:《刑法学总论》,北京大学出版社2016年版,第505页。

是经亲友规劝、陪同投案的;公安机关通知犯罪嫌疑人的亲友,或者亲友主动报案后,将犯罪嫌疑人送去投案的,也应当视为自动投案。自动投案后又逃跑的,不能认定为自首。另外,根据2010年12月22日最高人民法院《关于处理自首和立功若干具体问题的意见》"一、关于'自动投案'的具体认定"中的"(2)"之规定:"明知他人报案而在现场等待,抓捕时无拒捕行为,供认犯罪事实的","也应当视为自动投案"。可见,我国刑法对于主动投案的把握是倾向于宽松理解的。

二是如实供述自己的罪行。如实供述自己的罪行,是指犯罪分子自动投案以后,如实交代自己的主要犯罪事实。这是成立自首的实质条件,在认定时应注意:①原则上应如实供述全部罪行。由于客观原因影响,犯罪人未能全部交代所有犯罪事实,但如实交代了主要犯罪事实的,也应认为是如实供述自己罪行。如犯罪人盗窃了一辆自行车用于入室盗窃多户富人,到案后由于紧张只交代了入室盗窃的罪行,忘了交代盗窃自行车的罪行,对此也应认定为如实供述。犯有数罪的犯罪嫌疑人仅如实供述所犯数罪中部分犯罪的,只对如实供述部分的犯罪认定为自首。没有自动投案,在办案机关调查谈话、讯问、采取调查措施或者强制措施期间,犯罪人如实交代办案机关掌握的线索所针对的事实的,不能认定为自首。②对自己行为性质的辩解不影响自首的成立。根据2004年3月26日最高人民法院《关于被告人对行为性质的辩解是否影响自首成立问题的批复》,犯罪人如实供述自己的罪行后为自己辩护,提出上诉,或者更正、补充某些事实的应当允许,不能因这些行为而否定其是如实供述自己的罪行。如犯罪人到案后如实供述自己的诈骗罪行,但否认自己的行为是诈骗,主张是合同纠纷,对此仍然要认定为自首。对此,司法实践中尤其应当注意区分是对犯罪情节的否认还是对犯罪性质的否认。如非法拘禁罪中承认非法限制了被害人的人身自由,但同时认为该行为是索要赌债等"正当行为",仍然要认定自首;如果承认不让被害人离开某房间,但辩解被害人要走的话也是有自由的,不认为对其限制自由则应不予认定自首。③共同犯罪案件中的犯罪人,除如实供述自己罪行外还应当供述其所知的同案犯的罪行,主犯则应当供述所知其他同案犯的共同犯罪事实才能认定为自首。这是考虑共同犯罪具有共同性、集体性,犯罪分子应当对自己参与的全部共同犯罪行为如实供述,才能视为积极主动坦白,其中主犯因其在共同犯罪中重要的地位和作用,故应对全部的共同犯罪事实进行供述。④犯罪嫌疑人自动投案并如实供述自己的罪行后又翻供的不能认定为自首,但在一审判决前又能如实供述的应当认定为自首。在侦查和移送审查起诉阶段万般抵赖、拒不认罪或者翻供,抱有侥幸心理;到了一审阶段,发现自己不可避免地要面临刑罚于是才开始如实供述、认罪,希望尽可能地得到从轻从宽处理。对此,最高人民法院的量刑指导意见明确规定了不同阶段自首的量刑标准不同。⑤单位犯罪案件中,符合自首条件的,也可认定单位自首;若单位没有自首,直接责任人员自动投案并如实交代自己知道的犯罪事实的，对其应认定为自首。

（2）余首——以自首论的情况

余首，是指犯罪人因犯罪被查获归案后，又主动如实地交代了自己尚未被司法机关发觉的其他罪行的事实，从而以自首论处的情况。[①] 根据《刑法》第 67 条第 2 款的规定："被采取强制措施的犯罪嫌疑人、被告人和正在服刑的罪犯，如实供述司法机关还未掌握的本人其他罪行的，以自首论。"余首应具备的条件为：①主体必须是被采取强制措施的犯罪嫌疑人、被告人和正在服刑的罪犯。这是区别于自首的根本所在。②供述的必须是本人的其他罪行。如果供述的不是本人的其他罪行，而是他人的罪行或者是本人被采取强制措施或服刑所依据的罪行，则不是余首。关于如何理解"其他罪行"，存在争议。1998 年 4 月 17 日最高人民法院《关于处理自首和立功具体应用法律若干问题的解释》认为，被采取强制措施的犯罪嫌疑人、被告人和已宣判的罪犯，如实供述司法机关尚未掌握的罪行，与司法机关已掌握的或者判决确定的罪行属不同种罪行的，以自首论。③供述的罪行必须是司法机关尚未掌握的罪行。对于犯罪分子被采取强制措施或服刑所依据的罪行，司法机关已经掌握，对此不存在如实供述问题。对成立余首所要求的未掌握罪行包括两种情况：一是犯罪事实尚未被发觉的；二是犯罪事实虽已被发觉，但犯罪嫌疑人尚未被发觉的。

《刑法》第 67 条第 1 款规定，对于自首的犯罪人，可以从轻或者减轻处罚；其中，犯罪较轻的，可以免除处罚。首先，自首是法定的量刑情节。成立自首的，无论罪行轻重，均可以从轻或者减轻处罚；犯罪较轻的，甚至可以免除处罚。其次，对于自首犯应坚持得减主义的原则。刑法规定仅仅是"可以"从轻或者减轻处罚，犯罪较轻的，"可以"免除处罚。可见，是否从轻或减轻决定权在于司法者，其具有一定的自由裁量权，并不是对每一个自首的犯罪人都"应当"从宽处罚。再次，自首制度只适用于对应的犯罪。对于犯有数罪的犯罪人，投案后仅对其中部分犯罪自首的，对于没有自首的罪行，不得以自首为由从宽处罚。最后，自首具有专属性。对于共同犯罪案件，自首的法律效果仅及于自首的犯罪人，对于未自首的其他共同犯罪人不适用从宽处罚。

（3）坦白与自首的区分

坦白也叫"如实供述"，是指犯罪嫌疑人、被告人在被动归案后，如实交代自己被指控的犯罪事实的行为。《刑法》第 67 条第 3 款规定："犯罪嫌疑人虽不具有前两款规定的自首情节，但是如实供述自己罪行的，可以从轻处罚；因其如实供述自己罪行，避免特别严重后果发生的，可以减轻处罚。"自首与坦白的相同之处为：①都以自己实施了某种犯罪行为为前提；②都是如实供述自己的罪行；③都是从宽处罚的情节。二者的

---

① 参见马克昌主编：《刑罚通论》，武汉大学出版社 1995 年版，第 398 页。

区别为：①自首是犯罪人自动投案；坦白是犯罪人被动归案。②自首是在归案之前向司法机关如实供述自己的罪行；坦白是在归案之后如实供述自己的罪行。③自首的人身危险性相对较轻，坦白的人身危险性相对较重。④自首在法定上情节"可以从轻或者减轻处罚"，"犯罪较轻的，可以免除处罚"；坦白则是"可以从轻处罚"，"避免特别严重后果发生的，可以减轻处罚"。

6. 立功情节

立功究竟是一种刑事责任裁量情节还是一种刑事责任裁量制度，在学界也有争论。本书是将其作为一种刑事责任裁量情节来进行研究的。

（1）立功的概念与认定

立功，是指犯罪分子揭发他人犯罪行为，查证属实的，或者是提供重要线索，从而得以侦破其他案件等的行为。[①] 根据我国刑法规定，立功可分为一般立功和重大立功两种。

一般立功包括：犯罪人到案后检举、揭发他人犯罪行为，包括共同犯罪案件中的犯罪人揭发同案犯共同犯罪以外的其他犯罪，经查证属实的；提供重要线索，从而得以侦破其他案件的；在羁押期间阻止他人犯罪活动的；协助司法机关抓捕其他犯罪人（包括同案犯）的；具有其他有利于国家和社会的突出表现的。重大立功包括：有检举、揭发他人重大犯罪行为，经查证属实的；提供侦破其他重大案件的重要线索，经查证属实的；阻止他人重大犯罪活动的；协助司法机关抓捕其他重大犯罪嫌疑人（包括同案犯）的；对国家和社会有重大贡献等表现的。至于"重大犯罪""重大案件""重大犯罪嫌疑人""重大贡献"的标准，一般是指犯罪嫌疑人、被告人可能被判处无期徒刑以上刑罚或者案件在本省、自治区、直辖市或者全国范围内有较大影响等情形。

鉴于近年来出现了不少"假立功"的案件，2009 年 3 月 12 日最高人民法院、最高人民检察院《关于办理职务犯罪案件认定自首、立功等量刑情节若干问题的意见》对具体认定作了限定：[②]一是立功必须是犯罪人本人实施的行为，非本人实施，而是其亲友为了使该犯罪人得到从轻处理而实施的，不得认定为该犯罪人的立功表现。二是据以立功的他人罪行材料应当指明具体犯罪事实；据以立功的线索或者协助行为对于侦破案件或者抓捕犯罪嫌疑人要有实际作用。三是犯罪人揭发他人犯罪行为，提供侦破其他案件重要线索的，必须经查证属实才能认定为立功。四是据以立功的线索、材料来源有下列情形之一的，不能认定为立功：①本人通过非法手段或者非法途径获取的；②本人因原担任的查禁犯罪等职务获取的；③他人违反监管规定向犯罪分子提供的；④负

---

① 参见李晓明：《刑法学总论》，北京大学出版社 2016 年版，第 509 页。

② 另参见 2008 年 12 月 1 日最高人民法院《全国部分法院审理毒品犯罪案件工作座谈会纪要》。

有查禁犯罪活动职责的国家机关工作人员或者其他国家工作人员利用职务便利提供的。①

(2)立功的类型和区分

根据《刑法》第 68 条的规定及 1998 年 4 月 6 日最高人民法院《关于处理自首和立功具体应用法律若干问题的解释》的规定,立功在表现形式上包括:①揭发他人犯罪行为并且查证属实的。构成这类立功,一是必须有揭发他人犯罪行为的行为。如果没有揭发行为,或者揭发他人的不是犯罪行为而仅仅是一般的违法行为或不道德行为,不构成立功。如果揭发的是同案犯的其他犯罪行为且查证属实的,也可以构成立功。但如果揭发的是同案犯的共同犯罪罪行,则不构成立功。二是揭发他人的犯罪行为,必须经过查证属实。一般由司法机关负责查证属实。如果揭发的他人犯罪行为无法查证或者查无实据的,不认为是立功。如果故意作虚假揭发,构成犯罪的,应依法追究刑事责任。②提供重要线索,从而得以侦破其他案件的。构成这种立功,必须同时具备以下条件:一是向司法机关提供了重要线索。所谓重要线索是指对某刑事案件的侦破起到重要作用,如果提供的线索对案件侦破没有关系,不应认为是立功。二是提供的线索必须是经查证属实,并且促使案件得以侦破。③其他立功方式:一是阻止他人犯罪活动;二是协助司法机关抓捕其他犯罪嫌疑人(包括同案犯);三是具有其他有利于国家和社会的突出表现。

(3)立功的处罚原则

立功作为法定的从宽处罚情节,《刑法》第 68 条对立功的处罚原则有具体规定:①犯罪分子有立功表现的,可以从轻或者减轻处罚。这里的"可以",并不是硬性规定,但通常情况下都要考虑从轻或者减轻处罚。②犯罪分子有重大立功表现的,可以减轻或者免除处罚。对有重大立功表现的犯罪人处罚,法律作了选择性规定,究竟适用"减轻处罚"还是"免除处罚",要结合犯罪人本人所犯罪行的性质、犯罪所造成的后果以及立功的具体表现进行考量。

(三)刑事责任裁量制度

刑事责任裁量制度是在确定被告人成立犯罪的前提下,对其是否追究刑事责任,如何追究刑事责任进行评价的制度规定。其对于规范量刑具有积极意义,对于量刑的制度化以及体现公平正义和防止司法腐败均具有十分明显的功效。学界一直有量刑情节和量刑制度之分,虽然在具体内容的划分上一直存在争论,但似乎在刑事责任裁量制度的有些内容上又是比较稳定的。②

---

① 参见李晓明:《刑法学总论》,北京大学出版社 2016 年版,第 509 页。

② 参见李晓明:《刑法学总论》,北京大学出版社 2016 年版,第 510-512 页。

1. 从重、从轻、减轻与免除处罚制度

我国刑法没有规定“加重刑罚”的刑事责任处罚制度,只是规定有从重、从轻、减轻和免除处罚的制度。但其指免除处罚还是免除刑事责任,在具体制度运作中,包括在理解上具有不同的解释。

(1)从重、从轻处罚

《刑法》第62条规定:“犯罪分子具有本法规定的从重、从轻处罚情节的,应当在法定刑的限度以内判处刑罚。”实践中从重和从轻处罚制度应注意:①从重处罚与从轻处罚,都是在法定刑的刑格内判处刑罚。从刑法条文中可以发现,很多罪名的刑罚可以分为较轻、严重、特别严重等情形,分别对应3年至7年、5年至7年等区间,这些区间就是刑格。从重处罚意味着,法官可以在该刑格范围内根据实际情况作出相对轻或重的裁判,但绝对不能超过该刑格。如重婚罪的法定刑为2年以下有期徒刑或拘役,无论从重或从轻只能在2年以下有期徒刑和拘役范围内选择刑种和刑期。②从重处罚与从轻处罚都是相对于既没有法定从重处罚情节也没有法定从轻处罚情节的一般情况下所应判处的刑法而言,即从重处罚比没有上述情节时的刑罚相对重一些,从轻处罚比没有上述情节时的刑罚相对轻一些。所以,从重处罚并不意味着一律判处法定最高刑,从轻处罚也不意味着一律判处法定最低刑。[①] ③法定刑限度内是指可能判决的刑格,而不是指法定的刑格。如抢劫罪的法定刑限期是3年以上10年以下有期徒刑、10年以上有期徒刑、无期徒刑或死刑。如果某甲持枪抢劫其适用的法定刑期应为10年以上有期徒刑、无期徒刑或死刑,如果对其从重或从轻处罚,只能在10年以上有期、无期或死刑的限度内。

(2)减轻处罚

减轻处罚有两种:一是法定减轻处罚;二是酌定减轻处罚。体现在《刑法》第63条的规定中,即“犯罪分子具有本法规定的减轻处罚情节的,应当在法定刑以下判处刑罚;本法规定有数个量刑幅度的,应当在法定量刑幅度的下一个量刑幅度内判处刑罚。犯罪分子虽然不具有本法规定的减轻处罚情节,但是根据案件的特殊情况,经最高人民法院核准,也可以在法定刑以下判处刑罚”。应注意:①减轻处罚是指突破了刑格而在法定刑的下一个量刑幅度内进行裁判,此处的“以下”不包括本数在内,否则会与从轻处罚发生重叠。②减轻处罚内容包括刑期或刑种的减轻。如法定最低刑为10年徒刑的,可以在10年徒刑以下7年徒刑以上判处刑罚。但是减轻应该采取限制格的方法,既不能连续降格,也不能跨越降格。[②] 刑种的减轻也参照于此,如从无期徒刑减轻

---

① 参见李晓明:《刑法学总论》,北京大学出版社2016年版,第510页。

② 参见马克昌主编:《刑罚通论》,武汉大学出版社1995年版,第371页。

到有期徒刑,从有期徒刑减轻到单处罚金等。③是所犯罪行应适用的法定刑,而非法定罪的法定刑。如抢劫罪的法定刑期是3年以上10年以下有期徒刑、10年以上有期徒刑、无期徒刑或死刑。如果某甲持枪抢劫其适用的法定刑期应为10年以上有期徒刑、无期徒刑或死刑,对其减轻处罚只能在10年以下有期徒刑中选择,而不是在3年以下有期徒刑中选择。④在极少数情况下可以免除处罚。如果法定最低刑是管制或附加刑,如《刑法》第246条规定的侮辱罪,其法定刑为3年以下有期徒刑、拘役、管制或者剥夺政治权利,在予以减轻处罚时,可以适用免除处罚以达到公平公正。

(3)免除处罚

免除处罚是指对犯罪人作有罪宣告,但免除其刑罚的处理方式。免除处罚后的具体后果包括:一是对犯罪人作有罪宣告,不判处刑罚,但予以非刑罚处罚;二是对其作单纯的有罪宣告。

值得探讨的是,《刑法》第37条能否独立适用? 对此,有人认为,"在决定不判处刑罚的时候,如果具备免除处罚情节,需要免除处罚时,应当依照规定免除处罚情节的有关条文,判处免除处罚。如果不具备法定免除处罚情节,需要免除处罚时,应当依照刑法有关条文规定的免除处罚情节,判处免予刑事处分"①。也有人认为,"……刑法第37条旨在概括规定,具有免除处罚情节因而免除刑罚处罚时,可以适用非刑罚方法……不能直接根据刑法第37条的规定免除处罚,只有当行为人具有刑法规定的具体的免除处罚的情节时,才能免除处罚"②。本书认为,"免予刑事处罚"就是"有罪宣告",也即既可以单独地进行"有罪宣告",也可以在宣布"有罪宣告"的同时,再予以"非刑罚处罚"。《刑法》第37条前两句说得很明白,"因为"是"犯罪情节轻微不需要判处刑罚",所以"免予刑事处罚",且使用的是"可以"的选择性语言。而且,紧接下来又是一个"但是"也"可以"进行"训诫"等。两个"可以",完全是一个选择性的句式,故存在单纯的"有罪宣告"或附"训诫"条件的"有罪宣告",都不违背立法原意。

2. 数罪并罚制度

数罪并罚也即对数个罪的刑事责任通过合并进行处罚,从广义上讲,这里的并罚应当是对刑罚、非刑罚方法、赔偿经济损失、责令管教或专门矫治教育等一切处罚措施的合并执行。但由于我国《刑法》第69条至第71条只是对"刑罚"的数罪并罚制定了一定的规则,并没有涉及非刑罚方法、赔偿经济损失、责令管教等处罚措施的合并处罚,所以这里讨论的只是狭义的数罪并罚。

---

① 何秉松主编:《刑法教科书》(上卷),中国法制出版社2000年版,第578页。

② 张明楷:《刑法学》(上),法律出版社1997年版,第490-491页。

(1)数罪并罚的概念和特征

根据《刑法》第69条的规定,数罪并罚是指法院对一人所犯数罪分别定罪和进行刑事责任裁量,然后根据法定的规则和方法,决定应当执行的合并后的刑罚措施。我国《刑法》总则对数罪并罚原则作了明确规定,故在对一人犯数罪确定刑罚时,应严格遵守刑法所规定的原则和方法。《刑法》第69条规定:"判决宣告以前一人犯数罪的,除判处死刑和无期徒刑的以外,应当在总和刑期以下、数刑中最高刑期以上,酌情决定执行的刑期,但是管制最高不能超过三年,拘役最高不能超过一年,有期徒刑总和刑期不满三十五年的,最高不能超过二十年,总和刑期在三十五年以上的,最高不能超过二十五年。数罪中有判处有期徒刑和拘役的,执行有期徒刑。数罪中有判处有期徒刑和管制,或者拘役和管制的,有期徒刑、拘役执行完毕后,管制仍须执行。数罪中有判处附加刑的,附加刑仍须执行,其中附加刑种类相同的,合并执行,种类不同的,分别执行。"

数罪并罚的特征:①一人犯数罪。所谓数罪是指数个单独符合犯罪构成的犯罪行为,包括同种数罪和不同种数罪。至于是否故意或过失,是犯罪既遂、未遂还是中止等,不影响数罪的认定。②数罪发生在刑罚执行完毕之前。如果是刑罚执行完毕之后再犯新罪或发现有未处理的前罪的,都应当作为单独的犯罪来进行裁量,与已执行的刑罚没有关系。刑罚执行完毕之前的数罪包括三种情况:一是判决宣告以前一人犯有数罪;二是判决宣告以后,刑罚执行完毕以前,发现被判刑的犯罪分子还有其他罪没有判决的;三是判决宣告后,刑罚执行完毕以前,被判刑的犯罪分子又犯新罪的。根据不同的情况,适用不同的并罚方法。③对数罪分别定罪刑事责任裁量后,依据法定的并罚原则和方法,决定应当执行的刑罚,即先对犯罪分子所犯的数个罪行分别定罪和刑事责任裁量,然后决定合并执行的刑罚。[①]

(2)数罪并罚的原则

从世界各国的立法看数罪并罚的原则有四种:一是并科原则。其又称相加原则,是指对一人所犯数罪分别宣告刑罚,然后将数刑绝对相加,相加所得的总和即为应执行的刑罚。如甲某犯两罪,分别判处有期徒刑8年和10年。两罪所判刑罚相加,总和刑期为有期徒刑18年。该原则产生于刑法发展的初期阶段,强调以牙还牙、以眼还眼的报应、惩罚观点,其优点是十分简单清晰,缺点是一方面难以执行,如有死刑罪名和自由刑罪名时无法简单合并;另一方面没有实际意义,如有的重犯徒刑相加达到上百年,不可能实现。二是吸收原则。对一人所犯数罪分别定罪刑事责任裁量,然后选择其中最重的刑罚作为执行的刑罚,其余刑罚均被最重的刑罚所吸收,不予执行。该原

---

① 参见李晓明:《刑法学总论》,北京大学出版社2016年版,第512页。

则对死刑、无期徒刑与其他刑种的并罚而言,具有一定的合理性,但适用于其他刑种就会造成一人犯一罪与一人犯数罪所受的刑罚可能相同的不公平现象,也不符合现代刑事法治所强调的罪责相适用原则。三是限制加重原则。也称限制并科原则,是指对一人所犯数罪分别定罪刑事责任裁量,然后在数刑中最高刑期以上、数刑的总和刑期以下酌情决定执行的刑期,同时规定刑期最高不得超过一定限度。这一原则克服了相加原则和吸收原则的缺陷,具有一定的灵活性,相对比较合理。但是,这一原则对于死刑、无期徒刑无法适用。四是混合原则。又称折中原则或综合原则,是指不采用某种单一的原则,而是允许三种原则并存,针对不同的情况分别适用,从而取长补短、兼收并蓄、综合采用。其是目前大多数国家所采用的原则。

根据《刑法》第69条的规定,我国刑法对数罪并罚采取的是混合原则,即以限制加重为主,并科、吸收为辅的原则。①吸收原则——适用于死刑和无期徒刑。既定的主刑中只要有判处死刑或无期徒刑的,均只执行死刑或无期徒刑,其他的主刑均被死刑或无期徒刑吸收不再执行。应当注意的是,数刑中有两个以上的无期徒刑,但无死刑的,不能将无期徒刑合并为死刑。②限制加重原则——适用于有期徒刑、拘役和管制。根据《刑法》第69条的规定,这里的“限制”有两层含义:一是受总和刑期的限制,即只能在数罪的总和刑期以下酌情决定执行的刑期;二是受数罪并罚法定最高刑的限制。比如,某甲犯了A、B、C三罪,分别被判处有期徒刑8年、10年、20年,总和刑期为38年,最高刑为20年,但刑法规定数罪并罚时总和刑期在35年以上的,最高不能超过25年,因此只能在20年以上25年以下决定执行的刑期。这里的“加重”是指在所判数刑中的最高刑期以上,而且可以超过有期徒刑、拘役、管制的一般法定最高限度决定执行的期间,因此加重处罚与从重处罚是两个不同的概念,应当注意区分。对于数罪判处同种刑罚,即同为有期徒刑或者同为拘役或者同为管制时,适用上述原则不存在问题。但如果所犯数罪判处的是不同种刑罚,如有的是有期徒刑,有的是拘役或者是管制时,如何并罚,刑法对此未作具体规定。主要观点有三:一是吸收说。主张对不同种有期自由刑采用重刑吸收轻刑规则,只执行重刑。例如,有期徒刑吸收拘役或者管制,只执行有期徒刑;又如,拘役吸收管制,只执行拘役刑。二是折算说。主张将不同刑种经过折算统一化为较重的刑种,即将管制、拘役折算为有期徒刑或者将管制折算为拘役,而后按限制加重原则决定应执行的刑期。折算的方法是:拘役一日折算有期徒刑一日,管制二日折算有期徒刑一日。三是分别执行说。主张对判决的不同刑种,按由重到轻的顺序分别执行。先执行较重刑种,再执行较轻刑种,如先执行有期徒刑,再执行拘役,后执行管制。以上均有一定道理,但都不是最佳的方法。《刑法》第69条第2款对此作出了明确规定:“数罪中有判处有期徒刑和拘役的,执行有期徒刑。数罪中有判处有期徒刑和管制,或者拘役和管制的,有期徒刑、拘役执行完毕后,管制仍须执行。”也就是说,在数罪中有判处有期徒刑和拘役的只执行有期徒刑,在数罪中有判处有期徒刑和管制,或者拘役和管制,待有期徒刑、拘役执行完毕后,管制仍须执行。③并科原则——适用于附加刑。《刑法》第69条规定:“数罪中有判处附加刑的,附加刑仍须执行,其中附加刑种类相同的,合并执行,种类不同的,分别执行。”数罪中有附加刑的主要分三种情况:第一,数刑中既有主刑,也有附加刑的,附加刑与主刑的并科,分别执行。第二,数刑中有数个同种附加刑的,以合并执行为主,吸收执行为辅,如某甲犯A、B两罪,分别被判处罚金2万元和3万元,采用并科原则,决定对某甲执行罚金5万元。如果在数个剥夺政治权利中有剥夺政治权利终身的或者是数个没收财产中有没收全部财产的,应当采用吸收原则。第三,不同种数个附加刑的并罚,比如,数罪分别被判处罚金、剥夺政治权利的,分别执行。

(3)数罪并罚的计算

根据《刑法》第69、70、71条的规定,适用数罪并罚有三种情况:

第一,判决宣告以前一人犯数罪的。判决宣告以前一人犯数罪,并且均已被判处有罪的,可根据《刑法》第69条的规定处理,即按上述数罪并罚原则处理。对判决宣告以前一人犯不同种数罪的应实行并罚,这没有任何争议。问题在于,判决宣告以前一人犯同种数罪的,是否需要以数罪进行并罚?司法实践中,一般对于判决宣告以前的数罪大多数按照一个罪名中的若干事实(参照连续犯)进行定罪量刑,实际上采取了一罪从重的原则,甚至会随着犯罪结果的累积而发生刑罚升格的情况。这在一定程度上起到了方便诉讼、提高效率的作用,然而却遭到了理论界的质疑。对此,有三种不同观点:一是肯定说,即同种数罪也应数罪并罚;二是否定说,即不必并罚,只需作为一罪从重处罚即可;三是折中说,即一般不必并罚,按一罪从重处罚,但如果该罪只有一个裁量幅度,若不并罚就不能体现对数罪从严惩处的精神,为了弥补法定刑过轻的缺陷,也可以并罚。本书倾向于折中说,但补充为“对判决宣告以前一人犯同种数罪的,原则上应以一罪论处;但在以一罪论处不符合罪刑相适应原则,或者前后犯罪相隔时间很长,不宜作为一罪的从重情节或法定刑升格的情节处理时,应实行并罚”①。

第二,判决宣告以后刑罚执行完毕以前发现漏罪的。《刑法》第70条规定:“判决宣告以后,刑罚执行完毕以前,发现被判刑的犯罪分子在判决宣告以前还有其他罪没有判决的,应当对新发现的罪作出判决,把前后两个判决所判处的刑罚,依照本法第六十九条的规定,决定执行的刑罚。已经执行的刑期,应当计算在新判决决定的刑期以内。”对于判决宣告以后、刑罚执行完毕以前发现漏罪的并罚,应按照“先并后减”的方法计算。步骤是:对新发现的漏罪作出判决—对前罪和漏罪判处的刑罚,依照《刑法》

① 张明楷:《刑法学》(上),法律出版社1997年版,第464页。

第69条的规定决定应执行的刑罚—决定执行的刑罚中减去犯罪人已经执行的刑期。如甲犯A罪被判处有期徒刑15年,在刑罚执行8年后发现他在判决宣告以前还犯有B罪没有处理。这时首先应对新发现的罪作出判决,假设被判处10年。其次再按《刑法》第69条规定,在15年以上20年以下的幅度内决定执行的刑罚。假设应执行18年,最后再减去实际执行的8年,即对某甲还需执行10年刑罚。

第三,判决宣告以后刑罚执行完毕以前又犯新罪的。《刑法》第71条规定:"判决宣告以后,刑罚执行完毕以前,被判刑的犯罪分子又犯罪的,应当对新犯的罪作出判决,把前罪没有执行的刑罚和后罪所判处的刑罚,依照本法第六十九条的规定,决定执行的刑罚。"判决宣告以后刑罚执行完毕以前又犯新罪的并罚,应按"先减后并"的方法计算。步骤为:对新犯的罪作出判决—确定前罪尚未执行的刑罚(以前罪所判刑罚减去已经执行的刑罚)—把前罪尚未执行的刑罚和新犯的罪所判处的刑罚,依照《刑法》第69条的规定决定应执行的刑罚。如甲因犯A罪被判处有期徒刑15年,执行5年后又在监狱内犯B罪。对此案并罚的步骤是:首先,对B罪作出判决,假设判处8年。其次,确定前罪没有执行的刑罚,即用15年减去5年还剩10年。最后,按《刑法》第69条规定,在10年以上18年以下决定执行的刑罚。实际上,"先减后并法"与"先并后减法"相比,可能给予犯罪人的惩罚更重。其表现在:首先,在一定条件下,决定执行刑期的最低期限较高;其次,按"先减后并法",犯罪人实际执行的刑罚,管制最高可以超过3年,拘役最高可以超过1年,有期徒刑最高可以超过25年。这样的区分,主要是因为同等情况下,犯罪人知法犯法所表现出的人身危险性更强,更需要加重处罚。

根据《刑法》第77条、第86条的规定,对于宣告缓刑和假释考验期限内发现漏罪或者又犯新罪的,分别按照先并后减、先减后并的方法,撤销缓刑和假释予以执行。

3. 缓刑制度

缓刑最早由英国法官希尔所创制,先是在英美法系的判例法中使用。到了1870年,美国波士顿的《缓刑法》才将缓刑正式确立为制定法中的刑罚制度,但该法规只适用于少年犯。有的观点认为,我国春秋时期就已经有了保辜制度,也可以作为缓刑制度的发源。① 无论缓刑到底源于何处,不可否认的是缓刑制度是人类文明史上的一个经典创造。

(1)缓刑的概念和价值

缓刑是指法院对于被判处拘役、3年以下有期徒刑的犯罪人,如果其犯罪情节较轻、有悔罪表现、没有再犯罪的危险,且宣告缓刑对其所居住社区没有重大不良影响,

---

① 《公羊·襄公七年》。

在一定期限内附条件不执行原判刑罚的一种刑罚制度。[①] 我国的缓刑制度体现在《刑法》第72条:"对于被判处拘役、三年以下有期徒刑的犯罪分子,同时符合下列条件的,可以宣告缓刑,对其中不满十八周岁的人、怀孕的妇女和已满七十五周岁的人,应当宣告缓刑:(一)犯罪情节较轻;(二)有悔罪表现;(三)没有再犯罪的危险;(四)宣告缓刑对所居住社区没有重大不良影响。宣告缓刑,可以根据犯罪情况,同时禁止犯罪分子在缓刑考验期限内从事特定活动,进入特定区域、场所,接触特定的人。被宣告缓刑的犯罪分子,如果被判处附加刑,附加刑仍须执行。"

自缓刑制度创立至今,各国刑法规定的缓刑主要有刑罚暂缓宣告、刑罚暂缓执行和缓于起诉三种,我国的缓刑主要是指刑罚暂缓执行,其意义表现在:①可以克服短期自由刑的不足,使罪行较轻的罪犯避免监狱中恶性的交叉感染。②可以使罪犯免遭关押,不脱离家庭和所从事的工作,避免了因执行刑罚而带来的诸如名誉和家庭生活方面的影响,更有利于社会的安定、犯罪人的悔过自新。③缓刑制度使罪犯在不脱离社会的条件下进行改造。根据《刑法》第76条规定:"对宣告缓刑的犯罪分子,在缓刑考验期限内,依法实行社区矫正。"司法实践中,考察机关对缓刑犯进行考察,应特别注意:承担考察任务的社区矫正机构要认真、严肃对待缓刑犯的考察工作,要有专人负责,决不能撒手不管;要把对缓刑犯的考察与管制的执行、对假释犯的监督严格区别开来,不能限制其人身自由,更不能实行劳动改造;缓刑犯的工作安排、经济待遇等问题,应按国家有关规定处理。社区矫正一方面使罪犯体会到法律的宽容,从而自觉地接受改造;另一方面又可以发动社会的力量改造罪犯,使刑罚成为一项良好的社会政策。

(2)缓刑与相近概念的区分

一是缓刑与免除处罚。免除处罚,是人民法院对已经构成犯罪的被告人作出有罪判决后,根据案件的具体情况,而免予刑事处罚。它们的区别是:①缓刑的宣告以有罪且有实刑为前提;免除处罚是有罪判决,但不存在实刑。②缓刑有一定考验期;免除处罚不存在考验期。③缓刑考验期内,一旦出现法定事由,原判刑罚就仍会被执行;免除处罚无此规定。

二是缓刑与监外执行。①适用对象不同。缓刑只适用于被判处拘役、3年以下有期徒刑的犯罪人;监外执行可以适用于被判处拘役、有期徒刑的犯罪人。②性质不同。缓刑是附条件暂缓执行原判刑罚的制度;而监外执行是刑罚执行过程中具体执行场所的问题。③适用的条件不同。缓刑的适用以不再危害社会为条件;而监外执行以有碍关押执行的法定情况为适用条件。④适用的依据不同。缓刑的适用依据是刑法;而监外执行的适用依据是刑事诉讼法。⑤适用的主体不同。缓刑由人民法院依法适用;而

① 参见李晓明:《刑法学总论》,北京大学出版社2016年版,第516页。

监外执行由监狱部门依法适用。

三是缓刑与死缓。①适用前提不同。缓刑以判处拘役、3年以下有期徒刑为前提;而死缓以判处死刑为前提。②执行方法不同。缓刑是把犯罪人放在社会上改造,不予关押;而死缓是将犯罪人监禁起来,强迫劳动改造,以观后效。③期限不同。缓刑考验期限,受原判刑罚限制而有不同的法定期限;死缓的期限,明确规定为两年。④法律后果不同。经过缓刑考验,对犯罪人或者不执行原判刑罚,或者撤销缓刑;死缓期满后,或者减刑,或者执行死刑,在死缓执行期间,亦可执行死刑。

(3)缓刑的适用条件

根据《刑法》第72条和第74条的规定,适用缓刑必须同时具备两大方面的条件:

一是所犯罪行的社会危害性较轻。所谓犯罪的社会危害性较轻,是指宣告刑只能是被判处拘役或3年以下有期徒刑的情况,而且是宣告刑,而非法定刑。根据1998年9月17日最高人民检察院法律政策研究室《关于对数罪并罚决定执行期为三年以下有期徒刑的犯罪分子能否适用缓刑问题的复函》,即使判决宣告以前犯罪人犯有数罪,只要判决执行的刑罚为拘役、3年以下有期徒刑,且符合根据犯罪分子的犯罪情节和悔罪表现,适用缓刑确实不致再危害社会的案件,依法也可以适用缓刑。首先,这里所说的"三年以下有期徒刑"指的是宣告刑,而非法定刑。其次,对于被判处拘役或3年以下有期徒刑的犯罪人,符合缓刑实质条件的,除不满18周岁的人、怀孕的妇女和已满75周岁的人外,是否宣告缓刑决定权在人民法院,并非绝对要适用。最后,对被判处管制或者单处附加刑的,不适用缓刑,这是因为管制或者单处附加刑并不存在剥夺人身自由的问题。

二是犯罪人的人身危险性较轻。满足被判处拘役或者3年以下有期徒刑条件的,并不一定都能获得缓刑,只有犯罪人同时表现出较轻的人身危险性方可。而人身危险性的程度主要体现为:①有悔罪表现,如积极主动地向被害人赔礼道歉、赔偿损失、取得谅解等;②没有再犯罪的危险,包括丧失再犯的能力、自觉接受管束等;③宣告缓刑对所居住社区没有重大不良影响,这需要接收社区对犯罪分子进行评估,掌握当地居民的意见;④必须不是累犯和犯罪集团的首要分子。《刑法》第74条规定:"对于累犯和犯罪集团的首要分子,不适用缓刑。"累犯和犯罪集团的首要分子,无论是从其犯罪情节来看,还是从其再犯罪的危险性来看,都已基本不具备宣告缓刑的条件,明文规定对这些犯罪人不得适用缓刑,可以有效防止法官滥用自由裁量权。故即使累犯或犯罪集团的首要分子被判处拘役或3年以下有期徒刑,也不能适用缓刑。

现实生活的复杂性决定了立法也难以穷尽适用缓刑的情节,只能作出原则性的规定,然后交由司法者在具体案件中具体把握。如最高人民检察院2007年印发的《关于在检察工作中贯彻宽严相济刑事司法政策的若干意见》第8条规定,对于初犯、从犯、预备犯、中止犯、防卫过当、避险过当、未成年人犯罪、老年人犯罪以及亲友、邻里、同学、同事等纠纷引发的案件,确需提起公诉的,可以依法向人民法院提出从宽处理,适用缓刑等量刑方面的意见。[①] 也就是说,于初犯、从犯、预备犯、中止犯、防卫过当、避险过当等可以视为犯罪情节较轻的具体表现。

(4)缓刑的具体内容

一是缓刑的考验期限效力。缓刑的考验期限,是指对缓刑宣告的犯罪人进行考察的一定期限,考验期限是缓刑制度的重要组成内容。根据《刑法》第 73 条的规定,拘役的缓刑考验期限为原判刑期以上 1 年以下,但是不能少于 2 个月;有期徒刑的缓刑考验期限为原判刑期以上 5 年以下,但是不能少于 1 年。在缓刑考验期限以内,对犯罪人的表现进行考察,根据犯罪人的表现决定是否需要执行原判刑罚。刑法规定的缓刑考验期限具有原则性、灵活性的特点,法院在对犯罪分子适用缓刑时,要根据刑法的规定以及案件的具体情况,确定一个适当的考验期限。考验期限无论过长还是过短都是不恰当的,都不能充分发挥缓刑制度应有的作用。

二是缓刑考验期限的起算。缓刑考验期限从判决确定之日起计算,判决确定之日就是判决发生法律效力之日;判决以前先行羁押的时间,不能折抵缓刑的考验期限。这是因为,宣告缓刑已是对犯罪人的宽大处理,先行羁押的期间是对犯罪人进行审查的期间,考验期限则是对犯罪人的考察时间,二者因性质不同而不存在折抵问题。

三是缓刑的行为约束效力。缓刑是把犯罪人留在社会上进行监督改造,为了维护社会治安,就必须要对缓刑犯的行为进行约束。根据《刑法》第 75 条的规定,被宣告缓刑的犯罪人在缓刑考验期限内应做到:遵守法律、行政法规,服从监督;按照考察机关的规定报告自己的活动情况;遵守考察机关关于会客的规定;离开所居住的市、县或者迁居,应当报经考察机关批准。

四是缓刑的执行后果。根据《刑法》规定,被宣告缓刑的犯罪分子,在缓刑考验期限内,由公安机关进行考察,所在单位或者基层组织予以配合。根据缓刑犯在缓刑考验期限内的不同表现,公安机关决定对他们的处理结果包括:撤销缓刑,实行数罪并罚;撤销缓刑,执行原判刑罚;缓刑考验期满,原判的刑罚就不再执行。对此,笔者将在刑罚的变更中详细介绍。

4. 犯罪物品的处理

我国《刑法》第 64 条规定:“犯罪分子违法所得的一切财物,应当予以追缴或者责令退赔;对被害人的合法财产,应当及时返还;违禁品和供犯罪所用的本人财物,应当予以没收。没收的财物和罚金,一律上缴国库,不得挪用和自行处理。”故没收的对象

① 参见李晓明:《刑法学总论》,北京大学出版社 2016 年版,第 518 页。

应该是违禁品、供犯罪所用的本人财物和犯罪分子违法所得的一切财物(除应返还被害人的以外)。此外,因涉及追缴、责令退赔、返还、没收等法律行为,正确适用《刑法》第64条需要合理解释这些法律行为的逻辑关系。司法实践中对此有明确规定,如1999年10月27日最高人民法院出台的《全国法院维护农村稳定刑事审判工作座谈会纪要》规定:如赃款赃物尚在的,应一律追缴;已被用掉、毁坏或挥霍的,应责令退赔。又如,对最高人民法院《关于适用刑法第六十四条有关问题的批复》的解读中最高人民法院研究室认为,“如果部分赃款赃物尚在部分赃款赃物已经不在的,判决主文可以不作区分,只写责令退赔;如果赃物虽然尚在但已被毁坏,或者不能排除第三方属于善意取得的,宜判决责令退赔”。追缴与责令退赔是前置程序,而退还与予以没收则是对赃款赃物最终的实体处置。

此外,我国《刑事诉讼法》第245条第4款还规定:“人民法院作出的判决生效以后,有关机关应当根据判决对查封、扣押、冻结的财物及其孳息进行处理。对查封、扣押、冻结的赃款赃物及其孳息,除依法返还被害人的以外,一律上缴国库。”由于法律只是规定“上缴国库”,但是对上缴中央隶属的“国库”还是地方隶属的“国库”并未作出明确区分。

针对上述违法违规现象,建议完善对犯罪物品处理的程序保障机制,加强监督和管理,将没收的违法所得真正“上缴中央国库”,不仅要避免地方截留或者返还,而且坚决杜绝和制止经济案、创收案、功利案和地方保护案的办理,直至追究法律和刑事责任。建议:首先,科学调整公安司法机关办理违法所得没收案件的考核制度,既要提高办案人员的工作积极性,又要杜绝违法办案和为追求经济利润而办案的错误做法;其次,可建立专项经费制度,对办理此类案件加以支持和保障,督促办案人员合法有效地完成任务;再次,加强内部监督和制约,上级机关可以通过一定的程序变更下级机关错误的没收决定,还案件以公正,还公民基本财产权利以公正;又次,建议通过修改刑法和刑事诉讼法,由原来“上缴国库”的表述改为“上缴中央国库”的表述,制止地方和办案机关利用办案创收或违法办案,从制度上杜绝办经济案、创收案、功利案和地方保护案;最后,司法机关之间应相互监督,不受功利主义的错误干扰,最大程度地保证办案的公平与公正。

(四)刑事责任裁量的偏差与规范化

刑事审判的规范性对于实现科学量刑、公正量刑具有十分重要的意义,但在现实中却难以做到尽善尽美。故有必要对量刑偏差的现象和内涵进行研究,从量刑规范化着手纠正偏差的发生。①

---

① 参见李晓明:《刑法学总论》,北京大学出版社2016年版,第521页。

1. 刑事责任裁量偏差的原因

所谓量刑偏差也叫作量刑不平衡,是指不同的审判者对于性质与程度相当的犯罪处以明显不同的刑罚。从总体来看,广大审判法官能够在刑事诉讼中依法审判,正确量刑,基本上做到公正、合理、平衡协调地裁量刑罚。但毋庸讳言,审判实践中量刑偏差现象依然存在。有学者曾就强奸罪做过调查:即使是对同样一个案件,各审判人员的量刑意见也存在不一致,其意见最低刑为 3 年,最高刑为 8 年。① 量刑偏差表现在:一是同一时期同一地区的不同审判员对同一性质案件判处不同刑罚;二是不同时期的审判员对同一性质案件判处不同刑罚;三是不同地区的审判员对同一性质案件判处不同刑罚。

笔者认为,造成量刑偏差的原因不外乎法官本身的主体性原因(内因)和客观性原因(外因)。

(1)主体性原因

一是法官的个人素质因素。根据法官法和法院系统内部的纪律守则,法官应具有良好的政治品质、高尚的道德素质和熟练的业务素养,诸如刚正不阿、秉公执法、精通业务等。如果法官徇私枉法,就可能会在案件处理中作出不公正的判决;如果法官曲解法律,那么就难以深刻领悟立法意图、准确处理相关案件;如果法官遇事以个人好恶和情感来处断案件,就容易造成量刑上的偏差和失当②。

二是具体的量刑方法因素。量刑方法是指对犯罪人适用何种程度刑罚的具体计算方法。不同的量刑方法对法官的裁判影响很大,量刑方法越科学其所作判决则越合理;反之则会出现量刑偏差。

(2)客观性原因

一是法定刑幅度过大,立法尚不够明确。如《刑法》中不少条文规定了“情节较轻”“情节严重”“情节特别严重”“情节特别恶劣”等用语作为划分量刑档次的标志,而刑法条文的法定刑档次又过多,有的既规定有管制、拘役、有期徒刑,又规定有无期徒刑和死刑,还规定有附加刑。立法层面尚不够明确,加上法定刑幅度过大,就可能导致法官无所适从,从而造成量刑偏差。

二是仍然存在行政机关的干预。根据宪法规定,法院和政府一样,都由同级人大选举产生,并分别向同级人大及其常委会报告工作。但实践中,个别行政机关可能会以发展大局等原因干涉法院依法独立行使审判权。

---

① 参见柯葛壮:《强奸罪情节与量刑关系的调查分析》,载《政治与法律》1989 年第 6 期。

② 胡学相:《量刑的基本理论研究》,武汉大学出版社 1999 年版,第 221 页。

2. 刑事责任裁量偏差的矫正

矫正量刑偏差同样需要从内、外两方面来着手,笔者建议做好以下几个方面的内容:

(1)完善刑事立法,限制法官自由裁量权

立法上,首先,应尽量避免“模糊性”条款,使之明确化,对那些确实难以在条文中明确化的条款,应及时通过司法解释使其确定下来。其次,应适当缩小法定刑的幅度,现行刑法规定的法定刑幅度过大,如 7 年至 15 年有期徒刑、10 年至无期徒刑至死刑等。本书认为,在法定刑的幅度设定上,应以 2 年至 3 年为宜。比如,3 年至 5 年有期徒刑、7 年至 10 年有期徒刑等。

(2)提高法官素质,探索科学量刑方法

首先要严格依从《法官法》的规定,对法官进行考核和奖惩,对于不能胜任的要清理出法官队伍,保障好法官的正常福利待遇,使法官有尊严。其次要大力加强对法官的职业教育和培训,使法官能够及时地学习新的知识,提升自身的知识结构水平。最后要优化法官的人才来源,可以从优秀律师和法学教授中选拔法官,为司法系统不断注入新鲜健康的活力源泉。

探索科学量刑方法,就意味着要对现行量刑方法进行反思,具体内容下文将专节介绍。

(3)减少行政干预,确保法院依法独立行使审判权

行政机关与司法机关应当是地位平等的机关,应当避免行政机关通过直接或间接的方式对司法机关施加压力,从而干预司法办案。故应当优化顶层设计,保障司法机关的地位。

3. 刑事责任裁量的方法

刑事责任裁量的方法也叫量刑方法,是指对刑事责任的具体裁判和度量方法。“规范自由裁量权,将量刑纳入法庭审理程序”是中央确定的重要司法改革项目,也是《人民法院第三个五年改革纲要(2009-2013)》的重要内容,是当前刑事司法改革的焦点问题。自 2010 年 10 月 1 日起,由最高人民法院发布的《人民法院量刑指导意见(试行)》(已失效)和“两高三部”联合发布的《关于规范量刑程序若干问题的意见(试行)》(已失效)在全国范围内试行,量刑规范化改革由部分法院试点正式走向全面推广适用的阶段。

而到 2014 年,最高人民法院下发了《关于实施量刑规范化工作的通知》(已失效)、《关于常见犯罪的量刑指导意见》(已失效),确定了量刑规范化改革的具体内容。其中对量刑方法的描述是:第一,根据基本犯罪构成事实在相应的法定刑幅度内确定量刑起点;第二,根据其他影响犯罪构成的犯罪数额、犯罪次数、犯罪后果等犯罪事实,在量

刑起点的基础上增加刑罚量确定基准刑;第三,根据量刑情节调节基准刑,并综合考虑全案情况,依法确定宣告刑。[①]

4. 刑事责任裁量的基准

刑事责任裁量基准也称量刑基准,是指排除各种法定和酌定情节,对某种仅抽象为一般既遂状态犯罪构成的基本事实所判处的刑罚。[②] 确定量刑基准既可为个罪刑罚量的求得提供参照系,也能有效防止量刑的畸轻畸重。虽然近年来我国学者对量刑基准问题有了长足性的研究,在基本理论和实践运用上也都有不小的分析,但仍有必要参考国外的理论和经验对量刑基准制度进行思考。

一是量刑基准的概念如何理解?《最高人民法院量刑标准》第 11 条确立了"量刑基准"的概念:"为防止量刑失衡,应当确立各罪的量刑基准,即按刑法分则构成规定,对已确定适用一定幅度法定刑的个罪,在排除各种轻重情节的情况下,依其一般既遂状态的基本事实而应判定的刑罚。"《最高人民法院量刑标准》同时列举了量刑要素,主要包括法定要素和酌定要素、社会危害性要素和人身危险性要素等。[③] 对此,学界和司法界均有争议。有人认为,量刑基准应当是在不考虑任何量刑情节的情况下仅就其构成事实所应当判处的刑罚量。[④] 也有人认为,量刑基准是一定的刑罚量;量刑基准源于抽象个罪。[⑤] 本书认为,量刑基准应当包含基准刑与基准事实两个方面内容的测量与对比,而不能被简单地视为一个抽象个罪的基准刑,因为任何一种犯罪罪名或类型都是非常复杂的,同样是一个盗窃罪或杀人罪,其具体情节可以完全不一样,甚至犯罪的原因都不一样,所以量刑的基准与标准完全可以不一样,如果机械性地对号入座,将有失刑罚的公平与公正。

二是量刑基准究竟是点还是比法定刑更狭小的量刑幅度?有人主张,量刑基准中的基准刑应该是点,而不是幅度。理由是:首先,基准事实是具体的事实,那么从应然的角度讲,与其对应的基准刑就应该是具体的刑罚量,即点。其次,基准刑是一个点相对于它是一个幅度更具优越性。基准刑是幅度时,如强奸罪"3 年至 10 年"法定刑的基准刑是"5 年至 6 年有期徒刑",幅度为 1 年,那么对被告人从重或从轻处罚时,只能通过上升或下降幅度来实现,从重处罚只有"6 年至 7 年""7 年至 8 年""8 年至 9 年""9

---

① 参见李晓明:《刑法学总论》,北京大学出版社 2016 年版,第 524 页。

② 参见[日]西原春夫主编:《日本刑事法的形成与特色——日本法学家论日本刑事法》,李海东等译,中国法律出版社、日本成文堂 1997 年联合出版,第 150 页。

③ 法定要素系法律明文规定在量刑时必须考虑的因素;酌定要素系虽无法律的明文规定,但根据刑事政策和审判实践经验,在量刑时可以酌情考虑的因素。社会危害性要素是指由犯罪的客观危害和犯罪人的主观恶性综合体现决定的因素;人身危险性要素是指反映犯罪人再次犯罪可能性的因素。

④ 参见周光权:《刑罚诸问题的新表述》,中国法制出版社 1999 年版,第 348 页。

⑤ 参见刘玉安、于晓东、陈树礼、徐嘎:《论量刑基准》,载《山东审判》2009 年第 1 期。

年至10年”四种选择，从轻处罚只有“4年至5年”“3年至4年”两种选择，量刑的灵活性较差，还要进一步解决幅度内的量刑选择问题。相反，基准刑如果是点，法官的量刑选择明显增多，量刑变化可以精确到月或到日。① 在此基础上主张者指出，确定量刑基准不能直接寻找基准刑的位置，而是应该先确定合理的基准事实，然后确定基准事实对应的基准刑。基准事实与基准刑的确定次序是一个逻辑问题。只要先确定具体的基准事实，该事实对应的基准刑就应该是唯一的；反之，如果先确定具体刑罚作为基准刑，该刑罚对应的事实却不是唯一的。因此，他们确立量刑基准的一般步骤②为：①根据个罪法定刑的多少决定量刑基准的数量。②通过拟定事实的方法确定每个量刑基准的事实。所谓拟定事实的方法是指在个罪法定刑幅度内，拟定不具有任何量刑情节的犯罪人实施刚达到该法定刑对应犯罪构成要件的行为，该拟定犯罪人特征与犯罪事实的总和为基准事实。如故意伤害罪3年以下法定刑的基准事实可拟定为：犯罪人为没有从重从轻情节的一般犯罪人，未使用作案工具、临时起意、采用拳打脚踢等一般性伤害手段、伤害一人次、导致被害人轻伤（轻型）、无伤残。③在统一基准事实的前提下，由各地法院自行确立符合本地实际的基准刑，上级法院则通过量刑平衡机制对其进行调控使之规范化。

本书认为：一是由于基本犯罪构成、加重犯罪构成和减轻犯罪构成的罪状各不相同，不同的法定刑应有不同的量刑基准。如故意伤害罪，应在3年以下、3年以上10年以下、10年以上这三个法定刑幅度内分别确定量刑基准。此外，对于单一犯罪构成的罪名，如引诱幼女卖淫罪，在法定刑幅度内只需确定一个量刑基准；但对于复杂犯罪构成的罪名，如医疗事故罪规定医务人员由于严重不负责任“造成就诊人死亡的”或者“严重损害就诊人身体健康的”，只要符合其中一个选择性构成要件都构成该罪，则要依据选择性要件的数量决定量刑基准的个数。二是为使全国各地的量刑基准都得到统一，建议最高人民法院应该成立专门机构，负责拟定刑法所有罪名的基准事实。三是在最高人民法院公布所有罪名的基准事实后，基准刑的确立应当由各省高级人民法院负责。各省高级人民法院可以采用实证分析与逻辑推演相结合的办法确立适合本地区政治、经济、治安等形势需要的基准刑。正如有学者指出：有必要在司法实务中依实证分析法确定量刑基准，为量刑过程和结果的合理化、客观化和公正性提供制度保障。③ 甚至也需要结合犯罪类型和罪名分别研究。具体来讲，各省高级人民法院可以通过实证调研，尽量收集以往与基准事实类似的判例，寻找基准事实在审判实践中量刑的大体位置，并组织当地法官对基准事实进行模拟量刑，寻找法官对基准事实所对

---

① 参见刘玉安、于晓东、陈树礼、徐嘎：《论量刑基准》，载《山东审判》2009年第1期。

② 参见刘玉安、于晓东、陈树礼、徐嘎：《论量刑基准》，载《山东审判》2009年第1期。

③ 参见周光权：《量刑基准研究》，载《中国法学》1999年第5期。

应刑罚的基本共识,同时可以参考专家的意见,最终通过审判委员会研究决策,确定每个罪名的基准刑。当然,各地法院确定基准刑时接受上级法院的宏观调控,要把确立的基准刑备案至最高人民法院,最高人民法院发现下级法院的基准刑严重偏离时,可提出纠正意见。

中国疆域广大,地区差异比较明显,不能苛求基准刑过于统一,应当允许各地法院根据需要把基准刑演变为多个版本,允许在不同时期的社会形势下由各地法院自行对基准刑进行微调,只要确保这些版本的基准刑处于量刑平衡机制的调控之下,那么这些差异就是一种规范化范畴内的合理性差异。我们相信,由各地法院通过审判实践确立的基准刑,经过司法实践的不断调整与量刑平衡机制的有效调控,最终会达到最佳的状态。

三、刑事责任的承担

刑事责任的承担也即罪犯背负的刑事责任被执行,是刑事责任实现的重要方式。可以说,主要是国家刑罚执行机关依法执行已经生效的刑事裁判,具体对犯罪人实施惩罚的一系列活动。在法治国家中,刑罚权的行使只能通过刑罚执行机关来进行,其他任何行政机关、单位或个人不得行使刑罚执行权。当然,刑罚权执行的依据是法院作出的生效判决与裁判,刑罚权执行的对象只能是经法院裁判应当承担刑事责任的罪犯。根据刑事责任种类的不同,刑罚执行具体包括:

(一)主刑的执行

根据《刑法》第 33 条的规定,主刑只包括管制、拘役、有期徒刑、无期徒刑和死刑。这里笔者本着先重后轻的顺序,对主刑的具体执行进行讨论。

1. 死刑的执行

在我国,死刑执行包括立即执行和缓期二年执行两种方式。近年来,为了防止冤假错案,对于死刑的执行规定了非常严格的程序要求。立即执行死刑的程序按顺序依次为,签发执行死刑命令,准备执行死刑的工作,对受刑人验明正身并询问有无遗言、信札,押赴刑场实施执行,制作笔录,做好执行死刑后的善后工作等。同时,死刑作为最严厉的刑罚,更应当体现人道主义原则,因此我国的死刑建立了慎重执行原则、秘密执行原则、不增加痛苦原则等符合现代法治文明的执行原则。具体表现为,死刑立即执行由法院负责具体实施,采用枪决或者注射的方法执行,执行场所可以在监狱内,也可以在其他指定的场所,但不得将死刑犯示众。

死刑缓期二年执行是我国独创的一项法律制度,指对于应当判处死刑的犯罪分子,在法律允许的范围内不是必须立即执行的,可在判处死刑的同时宣告缓期二年执行的制度。死缓的执行考验期限为 2 年,从判决确定之日起计算。根据《刑法》第 51

条的规定，死刑缓期执行的期间，从判决确定之日起计算。对于死缓犯，判决确定以前现行羁押的期间不计算在考验期限内。监狱对死缓犯执行刑罚，在2年执行考验期限内，剥夺其人身自由，强迫其参加生产劳动，实行监管改造，以观后效。死缓的考验结果有两种情况，一种为不再执行死刑而获得减刑，另一种为执行死刑。

2015年出台的《刑法修正案（九）》对死缓制度作出了变革，其第2条规定："判处死刑缓期执行的，在死刑缓期执行期间，如果没有故意犯罪，二年期满以后，减为无期徒刑；如果确有重大立功表现，二年期满以后，减为二十五年有期徒刑；如果故意犯罪，情节恶劣的，报请最高人民法院核准后执行死刑；对于故意犯罪未执行死刑的，死刑缓期执行的期间重新计算，并报最高人民法院备案。"对死刑缓期执行罪犯经过一次或几次减刑后，其实际执行的刑期，不得少于12年（不含死刑缓期执行的2年）。值得注意的是，修订后的《刑法》要求死缓执行期间，故意犯罪且情节恶劣的才被判处死刑，这体现了对执行死刑的审慎态度，进一步抬高了执行死刑的门槛。

死缓的刑罚效力特征在于剥夺生命与剥夺自由相结合并以剥夺自由为隐性内容、以剥夺生命为显性内容，但在实际执行上却以剥夺自由为显性内容、以剥夺生命为隐性内容，并以2年为期限，2年之内或2年期满后将根据罪犯的服刑表现进行排他性的选择。对于被判处死刑缓期二年执行的罪犯，由公安机关押送监狱执行。监狱对死缓犯执行刑罚，实行监管改造。

2. 无期徒刑的执行

无期徒刑是剥夺犯罪分子人身自由的 ·种较重的刑罚，对罪犯实行终身关押，终身剥夺罪犯的人身自由，以对犯罪人实行强制劳动和教育改造为基本内容。被判处无期徒刑的犯罪人在监狱或其他执行场所执行。根据刑事司法实践，所谓"其他执行场所执行"是指对被判处无期徒刑的未成年犯罪人在未成年犯管教所内执行。被判处有期徒刑的犯罪分子，需接受教育和改造。被判处无期徒刑的罪犯减刑后，实际执行的刑期不能少于13年。

对于无期徒刑的存废始终存在争论。目前世界范围内，无期徒刑仍是刑罚的一种主要方式，只有俄罗斯、葡萄牙等少数国家废除了该项制度。废除论者认为，无期徒刑会使人对于生存和发展丧失希望，是对人性的折磨，实际上也并不能发挥刑罚教育改造的功能。保留论者认为，无期徒刑介于死刑与一般徒刑之间，对于严重的犯罪适用无期徒刑是在人道与正义之间寻求平衡点，而且由于无期徒刑一般都规定了减刑和假释制度，并不会绝对"无期"，因此无期徒刑是有必要存在的。我国的无期徒刑也并非绝对的无期，而是相对的无期，即在具备一定条件下可以减刑、假释，重返社会。

《刑法修正案（九）》关于犯贪污、受贿罪的修订中规定，"被判处死刑缓期执行的，人民法院根据犯罪情节等情况可以同时决定在其死刑缓期执行二年期满依法减为无期徒刑后,终身监禁,不得减刑、假释”。由此,我国刑法首次确定了终身监禁制度。那么需要进一步思考的是,终身监禁是否为一项独立的刑罚制度?笔者认为,终身监禁实际上仍然是无期徒刑的一种。我国的无期徒刑虽然规定了减刑、假释的条件,但在第50、81条分别对无期徒刑的减刑和假释作出了限制,这意味着并不是所有的无期徒刑罪犯都可以得到减刑、假释。因此,我国的无期徒刑实际上分为可减刑、假释的无期徒刑和不可减刑、假释的无期徒刑,其中后者正好与《刑法修正案(九)》关于贪污、受贿罪的刑罚规定相吻合,是对该两罪无期徒刑执行方式的变革。

3. 有期徒刑的执行

被判处有期徒刑的犯罪人在监狱或其他执行场所执行,根据刑事司法实践,所谓“其他执行场所执行”,是指根据监狱法的规定,罪犯在被交付执行刑罚之前,剩余刑期在1年以下的,由看守所代为执行;对于被判处有期徒刑的未成年犯罪人在未成年犯管教所内执行。有期徒刑罪犯减刑后,实际执行的刑期不能少于原判刑期的二分之一。有期徒刑在监狱等特定场所执行,一方面体现了有期徒刑的严厉性,给罪犯以强烈的威慑力;另一方面也强化了有期徒刑的改造实践。监狱对罪犯执行有期徒刑期满,应当按期释放并发给释放证明书。

日本的有期徒刑大体可以分为拘禁刑和拘役刑,前者只限制人身自由但不强制劳役,后者在限制人身自由的同时还要承担劳役。我国则实行拘役刑主义,凡是被判处有期徒刑的罪犯均应当接受劳动改造,从而实现预防犯罪、使其重回社会的目的。因此,我国刑法规定的“犯罪人应当参加劳动”是一种强制性规定,其蕴含的意义为:其一,凡有劳动能力的罪犯都必须参加劳动,无论罪犯是否愿意;其二,除法律另有规定的特殊情况外,罪犯在劳动的场所、种类、形式和时间上必须无条件服从执行机关的安排,没有自由选择的权利;其三,罪犯的劳动是在严格的监督下进行的。执行机关在强制犯罪人劳动的同时,也要对其进行充分的法制、道德、文化等方面的教育改造,坚持“惩罚与改造相结合,以改造人为宗旨”的监狱工作方针。

4. 拘役的执行

拘役是剥夺犯罪分子的人身自由,但同时又让罪犯享有一定人身自由的一种轻刑。罪犯享有的人身自由主要包括两个方面,一方面罪犯服刑期间每个月可回家1日至2日,另一方面参加劳动的可以酌量发给报酬。拘役一方面使罪犯能够保持和家庭的联系,发挥家庭对罪犯的教育感化作用,让罪犯真心悔过;另一方面通过参加劳动让罪犯获得一技之长,以便今后更好地回归社会。执行机关执行拘役期满,应立即发给服刑人释放证明,予以释放。

拘役的执行机关是公安机关,由公安机关就近执行。根据我国目前的实际情况看,拘役的执行场所有两种:一种为建立了拘役所的地方,都应当在拘役所执行拘役;

另一种为尚未建立拘役所的地方,应当在就近的监狱执行,远离监狱的也可在当地看守所执行。

5. 管制的执行

管制是对罪犯不予关押,但限制其一定自由,依法实行社区矫正的制度。被判处管制的罪犯仍然留在原工作单位或居住地工作或劳动,在劳动中享受同工同酬,同时要接受社区矫正。根据《刑法》第 38 条第 3 款的规定:"对判处管制的犯罪分子,依法实行社区矫正。"而我国《社区矫正法实施办法》明确规定:司法行政机关主管本行政区域内的社区矫正工作。因此,管制的执行主体由原先的公安机关转变为县级司法行政部门,实践中一般是由县级司法行政部门下设的社区矫正中心负责。

社区矫正期间,判处管制的犯罪分子必须遵守如下规定:第一,遵守法律、行政法规,服从监督。第二,未经执行机关批准,不得行使言论、出版、集会、结社、游行、示威自由的权利。第三,按照执行机关规定报告自己的活动情况。第四,遵守执行机关关于会客的规定。第五,离开所居住的市、县或者迁居,应当报经执行机关批准。社区矫正机构执行管制期满,应立即通知服刑人解除管制,发给解除管制通知书,并向社会有关群众公开宣布。同时,对于被附加剥夺政治权利的,还应宣布恢复政治权利的享有。第六,遵守人民法院根据《刑法修正案(八)》作出的禁止令,在执行期间不得从事特定活动,不得进入特定区域、场所,不得接触特定的人。管制期满,执行机关应向罪犯和其所在单位或居住地的群众宣布解除管制,并且发给解除通知书。

相对其他刑罚而言,管制是一种社区处遇。由于管制对犯罪人不予关押,犯罪人是在其自己的生活劳动工作区域度过刑期,所以社区矫正机构必须依靠犯罪人所在单位的基层组织以及群众的配合监督才能做好执行工作。社区矫正机构执行管制时,应当依靠群众,这既是专门机关与人民群众相结合的体现,又是社会治安综合治理的要求。

(二)附加刑的执行

附加刑是补充主刑适用的刑罚方法,又称从刑。它既可以随主刑附加适用,也可以独立适用。在附加刑适用时,可以同时适用多个附加刑。根据我国刑事法律的规定,附加刑的种类有罚金、剥夺政治权利、没收财产。此外,对于犯罪的外国人可以独立适用或者附加适用驱逐出境,对于犯罪的军人可以独立适用或者附加适用剥夺勋章、奖章和荣誉称号以及剥夺军衔。

1. 罚金的执行

《刑法修正案(九)》对罚金刑进行了修改,使我国的罚金刑制度又向前迈了一步。我国现行的刑事罚金的执行,可以分为一次缴纳、分期缴纳、强制缴纳、随时追缴、延期缴纳、减少或免缴纳六种方式。一次缴纳,是在判决所确定的期限内,判令犯罪人一次性地将判决所确定的罚金数额全部缴清。分期缴纳,是在判决所确定的期限内判令犯罪人分数次将判决所确定的罚金数额全部缴清。强制缴纳,是在判决所确定的期限届满后,强迫在判决所确定的期限内有缴纳能力而拒不缴纳的犯罪人缴纳判决所确定的罚金数额。自判决指定的期限届满第 2 日起,人民法院对于没有法定减免事由不缴纳罚金的,应当强制其缴纳。随时追缴,是指对于不能全部缴纳罚金的犯罪人,人民法院在任何时候发现被执行人有可以执行的财产应当随时强制犯罪人缴纳。延期缴纳,是指由于遭遇不能抗拒的灾祸等原因缴纳确实有困难的,经人民法院裁定,可以延长缴纳罚金的期限。减免缴纳,是指由于遭遇不能抗拒的灾祸等原因缴纳确实有困难的,经人民法院裁定,可以减少或者免除罚金的缴纳。[①] "不能抗拒的灾祸"主要是指自然灾难、身患严重疾病或丧失劳动能力的残疾、需要罪犯抚养的近亲属患有重病,需支付巨额医药费等,确实没有财产可供执行的情形。延期、减少或者免除的事由,由罪犯本人、亲属或者犯罪单位向负责执行的人民法院提出书面申请,并提供相应的证明材料。人民法院审查以后,根据实际情况,裁定延期、减少或者免除应当缴纳的罚金数额。

人民法院不仅判决罚金刑,而且负责执行。具体而言,罚金由第一审的人民法院负责执行后上缴国库,如果罪犯的财产在异地,第一审人民法院可以委托财产所在地的人民法院代为执行。

2. 剥夺政治权利的执行

剥夺政治权利附加刑的执行机关是公安机关。公安机关在执行剥夺政治权利期间,应向当地群众宣布罪犯的犯罪事实以及剥夺政治权利的内容与期限,并根据刑法所规定的剥夺政治权利的不同内容,采取相应的措施,以保证剥夺政治权利的刑罚得到正确执行。被剥夺政治权利的犯罪分子,除不能享有被剥夺的政治权利外,在执行期间,应当遵守法律、行政法规和国务院公安部门有关监督管理的规定,服从监督。剥夺政治权利的刑罚执行期满,应当由执行机关通知其本人,并向有关群众公开宣布恢复政治权利。

3. 没收财产的执行

没收财产的执行机关是人民法院,没收的财物和罚金,一律上缴国库,不得挪用和自行处理。没收财产由第一审人民法院执行,犯罪分子的财产在异地的,第一审人民法院可以委托财产所在地人民法院代为执行。一人犯数罪依法同时并处罚金和没收财产的,应当合并执行;但并处没收全部财产的,只执行没收财产。

没收财产一般不优先于普通民事债权,即犯罪分子所负的正当债务需要以没收的财产偿还的,经债权人要求,应当偿还。从罪犯的财产中偿还正当债务要遵循三项原

① 参见李晓明:《刑法学总论》,北京大学出版社 2016 年版,第 534-535 页。

则:一是债务是犯罪分子财产被没收前的债务;二是债务是正当的;三是须经债权人要求。当然,应当偿还的债务以没收的财产为限。在债务人较多的情况下,还应依《民法典》的顺序偿还。

如上,刑事责任的实现并非只有上述刑罚措施。当然,犯罪人被判处刑罚的,刑罚的实际执行完毕标志着刑事责任的真正实现。但是,如果是宣告缓刑或予以假释的,考验期内没有撤销缓刑、假释的法定事由,考验期满,也标志着刑事责任完全实现。如果是给予非刑罚处罚的,具体的制裁措施执行完毕,也系刑事责任的实现。如果只是作出有罪宣告的,那么判决发生效力也意味着刑事责任的实现。然而,至于驱逐出境和剥夺军衔,以及赔偿经济损失、责令管教等刑事责任如何实现,由于缺乏法律规定,有待进一步研究和探讨。

除以上主刑和附加刑的执行外,还应包括:(1)我国《刑法》第35条规定的"驱逐出境"实际上也是一种刑罚种类,然而其只适用于在我国境内犯罪的外国人,并不适用于我国公民。所以其并没有规定在我国刑法的附加刑中。(2)我国《刑法》第37条规定的"可以免予刑事处罚"就是"有罪宣告"的条款。对于有罪宣告是否可以成为一种承担刑事责任的方式,学界有不同见解。过去认为,单纯宣告行为人的行为构成犯罪并不是(也不应当是)刑事责任的实现方式。① 理由是,单纯宣告不能表明行为人已经实现或承担了自己的刑事责任。但现在认为,犯罪与刑事责任是一对"孪生姐妹",二者形影相伴,甚至不可分离。公开宣布行为人的行为成立犯罪,这种否定性评价与谴责本身就会对行为人的生活与名誉产生不利反应,甚至造成不利影响,这种不利反应或影响当然是行为人承担的一种法律后果,而与犯罪有关的法律后果当然就是刑事责任的一种重要特征。所以单纯的有罪宣告应当也必须是刑事责任的重要内容之一。(3)《刑法》第17条第5款规定的"责令家长管教"或"专门矫治教育"也是一种承担刑事责任的方式。在不满16周岁的人成立犯罪但不予刑事处罚时,因适用责令家长管教或专门矫治教育是建立在行为人成立犯罪前提下的,故这里的责令家长管教或专门矫治教育也是一种刑事责任的准承担方式。

如上,保安处分也应当是犯罪人承担刑事责任的方式之一。是否需要在我国刑事责任中建立保安处分制度,非常值得研究。其主要是针对那些已然犯的人身危险性和未然犯的人身危险性所采取的预防犯罪管制措施,这是我国刑法的一元论刑罚体系与西方二元论刑罚体系的主要区别。

四、刑事责任的变更

刑事责任在裁量后,除正常实现外,我国刑法还规定了刑事责任的变更。通说认

---

① 参见李晓明主编:《刑法学》(上),法律出版社2001年版,第477页。

为,我国刑罚的目的主要包括预防和惩罚两方面意义。刑罚的执行过程是动态的,犯罪分子的主观态度也在逐渐改变,因此法律应当允许刑罚根据犯罪分子的悔罪表现和实际的一些客观原因发生变更。刑罚的变更大体上可以分为两个方向:要么向着从宽的方向变更,要么向着从严的方向变更。为了确保刑事责任目的的实现,鼓励服刑罪犯积极改造争取早日回归社会成为守法公民,刑法规定了根据犯罪分子的表现而适用的不同的刑罚执行制度。根据我国的刑事法律规定及其实践来看,不同的刑罚种类决定了不同的执行方式。刑罚体系的架构决定了刑罚的执行以主刑的执行为主干,以附加刑的执行为补充;主刑的执行则又以死刑缓期二年执行、无期徒刑、有期徒刑的执行为主干。死刑缓期二年执行、无期徒刑、有期徒刑的执行又以监狱收押执行为常规执行方式,以缓刑的不收押执行方式为补充;监狱收押执行方式中则以减刑、假释的变更执行方式为特色。因此,缓刑的不收押执行方式,减刑的变更执行方式,假释的变更执行方式,死刑缓期二年执行的变更执行,组成了刑事责任在实现中变更的主体内容。以下对其具体论述:

(一)缓刑的变更

缓刑是附条件不执行原判刑罚的制度,缓刑犯在缓刑考验期间必须遵守一定的条件,当他违反应当遵守的条件时,就要被宣告撤销缓刑,执行原判刑罚。我国刑法所规定的缓刑,属于刑罚暂缓执行,即对原判刑罚附条件不执行的一种刑罚制度。包括死刑缓期执行和其他刑罚的暂缓执行,也即根据其犯罪情节和悔罪表现在一定期限内附条件不执行原判刑罚的一种刑罚制度,因此还涉及缓刑的变更问题。根据《刑法》第75、76条规定,缓刑犯在缓刑期间内应当遵守下列规定:遵守法律、行政法规,服从监督;按照考察机关的规定报告自己的活动情况;遵守考察机关关于会客的规定;离开所居住的市、县或者迁居,应当报经考察机关批准。犯罪分子在缓刑期内遵守法律纪律的情况将直接影响缓刑的变更。具体包括两个方面:

1. 缓刑的一般撤销及处理

《刑法》第77条规定了撤销缓刑的三种情况:

(1)被宣告缓刑的犯罪人,在缓刑考验期限内,犯有新罪,应当撤销缓刑,对新罪作出判决,与前罪所判处的刑罚,依照《刑法》第69条的规定进行并罚。在此情形下,已经执行的缓刑考验期不能计算在新判决的刑期内。至于在缓刑考验期内再犯新罪,是在缓刑期内及时发现的,还是在缓刑期满后才发现的,则不影响缓刑的撤销。只要再犯之罪没有超过追诉时效期限,都要先撤销缓刑,再实行数罪并罚。

(2)被宣告缓刑的犯罪人,在缓刑考验期内,发现判决宣告前还有其他罪没有判决的,应当撤销缓刑,对新发现的罪作出判决,实施数罪并罚,依照《刑法》第69条的规定,决定应执行的刑罚。已经执行的缓刑考验期,不予折抵刑期,但是,判决宣告以前先行羁押的日期应当予以折抵刑期；如果仍符合缓刑条件，应计算在新决定的缓刑考验期内。

(3)被宣告缓刑的犯罪人，在缓刑考验期限内，违反法律、行政法规或者国务院有关部门关于缓刑的监督管理规定，或者违反人民法院判决中的禁止令，情节严重的，应当撤销缓刑，执行原判刑罚。《刑法》第75条明确规定了缓刑犯在考验期内应当遵守的规定，这是缓刑犯应履行的义务，也是其真诚悔罪，积极改造的基本表现。

2. 缓刑考验期满及其处理

缓刑考验期满，是指犯罪人在缓刑考验期内，没有再犯新罪，没有发现判决宣告以前还有其他罪没有判决，没有情节严重的违反有关缓刑的监督管理规定的行为，并且经过了考验期限。缓刑考验期满后，原判的刑罚就不再执行，并公开予以宣告。[①] 也就是说，考验期满后，只能免除所宣告的刑罚的执行，但有罪宣告依然存在。法律上作此规定，实际上是给缓刑犯留下曾经犯罪的记录，这对于警戒缓刑犯有一定作用，从而有利于预防犯罪。但也有观点认为，这样的做法不利于轻犯罪分子在社会上得到平等对待，从而难以获得就业机会，反而不利于回归社会。缓刑的效力不及于附加刑，即被宣告缓刑的犯罪人，如果被判处附加刑，附加刑仍需执行。

3. 特别缓刑的撤销及处理

根据《刑法》第449条规定："在战时，对被判处三年以下有期徒刑没有现实危险宣告缓刑的犯罪军人，允许其戴罪立功，确有立功表现时，可以撤销原判刑罚，不以犯罪论处。"这就是特别缓刑制度，也称战时缓刑制度。其特点是：(1)适用的时间必须是在战时。(2)适用的对象只能是被判处3年以下有期徒刑的犯罪军人。(3)适用的前提是在战争条件下宣告缓刑没有现实危险。

特殊缓刑与缓刑的主要区别是：(1)适用的对象不同。特殊缓刑适用的对象必须是犯罪军人；而缓刑适用的对象是普通犯罪人。(2)适用的前提不同。特殊缓刑适用的前提是在战争条件下宣告缓刑没有现实危险；而缓刑适用的前提是不致再危害社会。(3)考验的方法不同。缓刑是考验犯罪人是否遵守缓刑条件。(4)法律后果不同。特殊缓刑的法律后果是犯罪军人确有立功表现时，可以撤销原判刑罚，不以犯罪论；而缓刑的法律后果是考验期满后，如果缓刑犯没有违反缓刑条件，原判的刑罚不再执行，但所宣告罪行不能撤销。

(二)减刑

减刑是一项行刑制度，目的是保证行刑活动的顺利进行，鼓励正在服刑的犯罪人积极改造，早日成为守法公民。《刑法》第78条规定："被判处管制、拘役、有期徒刑、无

---

① 参见李晓明：《刑法学总论》，北京大学出版社2016年版，第537页。

期徒刑的犯罪分子,在执行期间,如果认真遵守监规,接受教育改造,确有悔改表现的,或者有立功表现的,可以减刑;有下列重大立功表现之一的,应当减刑:(一)阻止他人重大犯罪活动的;(二)检举监狱内外重大犯罪活动,经查证属实的;(三)有发明创造或者重大技术革新的;(四)在日常生产、生活中舍己救人的;(五)在抗御自然灾害或者排除重大事故中,有突出表现的;(六)对国家和社会有其他重大贡献的。减刑以后实际执行的刑期不能少于下列期限:(一)判处管制、拘役、有期徒刑的,不能少于原判刑期的二分之一;(二)判处无期徒刑的,不能少于十三年;(三)人民法院依照本法第五十条第二款规定限制减刑的死刑缓期执行的犯罪分子,缓期执行期满后依法减为无期徒刑的,不能少于二十五年,缓期执行期满后依法减为二十五年有期徒刑的,不能少于二十年。"

1. 减刑的概念

减刑是对被判处管制、拘役、有期徒刑或者无期徒刑的犯罪人,因其在刑法执行期间认真遵守监规、接受教育改造,确有悔改或立功表现,而适当减轻其原判刑罚的一种制度。[①] 减刑包括刑种的减轻和刑期的减轻。

减刑不同于改判。改判是由于原判决在认定事实或适用法律上存在错误而重新作出判决;减刑是在原判决准确无误的基础上,对于犯罪人确有悔改或立功表现情节的,适当减轻刑罚。减刑不同于减轻处罚。减轻处罚是量刑上的问题,是对刑罚的裁量活动;减刑则是刑罚的执行活动。减刑不同于死缓减刑。死缓减刑是判处死刑缓期执行的犯罪人在死缓期内没有故意犯罪,而予以减刑的制度。从适用条件来看,判处死缓的犯罪人只要在法定的期限内没有故意犯罪即可获得减刑,而一般减刑条件要求则较高;从适用对象来看,死缓减刑仅适用于被判处死刑缓期执行的犯罪人,而一般减刑适用于被判处管制、拘役、有期徒刑、无期徒刑的犯罪人;从考察时间来看,死缓减刑的考察期限为两年,而一般减刑没有明确的时间限制。减刑也不同于特赦。特赦主要是满足国家政治形势发展的需要,而减刑则着眼于犯罪人的改造。

减刑作为对确有悔改或有立功表现的犯罪人实行的一项宽大制度,是惩罚与教育改造相结合政策的体现,是一项行之有效的刑罚政策。它有利于稳定犯罪人的改造情绪,提高犯罪人接受改造的积极性,促进犯罪人的改造,对实现刑罚的目的有重要的意义。

2. 减刑的条件

《刑法》第 78 条规定,被判处管制、拘役、有期徒刑、无期徒刑的犯罪分子,在执行期间如果认真遵守监规,接受教育改造,确有悔改表现的,或者有立功表现的,可以减

---

① 参见李晓明:《刑法学总论》,北京大学出版社 2016 年版,第 538 页。

刑；有重大立功表现的，应当减刑。减刑以后实际执行的刑期，判处管制、拘役、有期徒刑的，不能少于原判刑期的二分之一；判处无期徒刑的，不能少于 13 年。

(1)减刑的刑种条件

适用减刑的对象应是被判处管制、拘役、有期徒刑、无期徒刑的犯罪人。减刑的范围仅受刑罚种类的限制，而不受刑期长短以及犯罪性质的限制，如无论是对于重罪还是轻罪、对于危害国家安全犯罪还是普通刑事犯罪、对于故意犯罪还是过失犯罪，都可以适用减刑。但有一个例外，即《刑法修正案（九）》关于犯贪污、受贿罪的修订中规定，“被判处死刑缓期执行的，人民法院根据犯罪情节等情况可以同时决定在其死刑缓期执行二年期满依法减为无期徒刑后，终身监禁，不得减刑、假释”。也就是说，对于贪污、受贿罪决定终身监禁的，不得减刑。

那么，对于附加刑能否减刑呢？最高人民法院《关于办理减刑、假释案件具体应用法律的规定》第 17 条规定，“被判处有期徒刑罪犯减刑时，对附加剥夺政治权利的刑期可以酌减”，可见剥夺政治权利在作为附加刑适用时，是可以适用减刑的。《刑法修正案（九）》第 3 条规定，如果由于遭遇不能抗拒的灾祸等原因缴纳确实有困难的，经人民法院裁定，可以延期、酌情减少或者免除。有人将其视为罚金刑的减免。但本书认为，这种罚金刑的减轻是依据被执行人的实际负担能力而作的一种变通执行措施，而减刑是依据犯罪人的实际改造情况对其依法减轻刑罚，故不宜将其视为罚金刑的减刑。

另外，2016 年最高人民法院《关于办理减刑、假释案件具体应用法律的规定》第 18 条规定，对判处拘役或 3 年以下有期徒刑，并宣告缓刑的罪犯，一般不适用减刑。如果在缓刑考验期内有重大立功表现的，可以参照《刑法》第 78 条的规定予以减刑，同时相应地缩短其缓刑考验期限。可见，缓刑犯也可以减刑。减刑适用到缓刑犯上可充分发挥减刑制度的作用，对促进犯罪人在考验期内积极改造有重要的意义。

(2)减刑的实质条件

减刑的实质条件是指减刑只能适用于在刑罚执行过程中确有悔改或有立功表现的犯罪人。将“确有悔改或有立功表现”作为减刑的实质条件是由减刑制度的目的所决定的：削弱犯罪人的人身危险性，增强其回归社会的能力。确有悔改、立功表现都可以反映出犯罪人人身危险性的降低，所以我国将其作为减刑的实质条件。

一是确有悔改的认定。

最高人民法院《关于办理减刑、假释案件具体应用法律的规定》第 3 条规定，确有悔改表现是指同时具备以下四个方面情形：认罪悔罪；认真遵守法律法规及监规，接受教育改造；积极参加思想、文化、职业技术学习；积极参加劳动，完成生产任务。由此可见，悔改表现主要包括以下内容：

第一，认罪悔罪。指犯罪人承认犯罪事实，服从法院的正确判决、裁定，认识所犯罪行对社会的危害性和进行劳动改造的必要性,自觉进行改造。认罪是悔罪、改造的逻辑前提。应当特别注意的是,认罪悔罪的认定绝对不能排除犯罪人的正当申诉权利。申诉权是犯罪人作为人的一项基本权利,来自古老的自然正义原理,即任何一个人都有权利对对自己不利的待遇提出申诉。司法实践中,部分司法机关和监狱可能以犯罪人申诉为由不予认定其认罪,导致犯罪人的诉求得不到满足,矛盾积累加剧。事实上,应当区分对待:如果犯罪人明知道法院判决是正确的,或虽有瑕疵但不导致实质改变的,仍然一味地申诉,可以认定为不认罪;如果犯罪人由于不理解法律、判决事实认定不当等原因认为法院判决错误的,应当允许其提出申诉,其认真遵守监规、接受教育改造的行为应当认定为认罪悔罪;如果经审查发现判决无误,并且司法人员已经做了充分的释法说理工作,犯罪分子仍然申诉的,可以认定为不认罪悔罪。

第二,认真遵守法律法规及监规,接受教育改造。这是指犯罪人严格遵守犯人守则和监内规章、纪律,服从狱警的管教,积极维护监狱内的秩序。认真遵守法律法规及监规,接受教育改造是确有悔改表现的核心内容,是考察犯罪人是否悔改的重要依据。

第三,积极参加思想、文化、职业技术学习。这是指犯罪人在刑罚执行过程中通过思想学习,提高政治觉悟,促进改造;通过文化技术学习提高自己的科学文化知识水平,掌握一定的技能,将自己改造成为对社会有用的人。

第四,积极参加劳动,完成生产任务。这是指犯罪人积极参加劳动,认真及时地完成监狱布置的生产任务,并在劳动过程中破除好逸恶劳的思想,建立科学的劳动观和价值观。

以上四方面的内容共同构成确有悔改表现的法定条件,只有同时具备才能认为犯罪人确有悔改表现,对其适用减刑。

二是立功表现的认定。

最高人民法院《关于办理减刑、假释案件具体应用法律的规定》第 4 条规定:立功表现是指具有下列情形之一的:①检举、揭发监内外犯罪活动,或者提供重要的破案线索,经查证属实的;②阻止他人实施犯罪活动的;③在生产、科研中进行技术革新,成绩突出的;④在抗御自然灾害或者排除重大事故中表现积极的;⑤协助司法机关抓捕其他犯罪嫌疑人的;⑥有其他有利于国家和社会的突出事迹。

一般说来,悔改和立功是独立的,悔改具有连续性、通常性,立功则具有偶然性。但实际上有立功表现的犯人,在服刑过程中往往都是认罪服法的。当然,犯人的情况是复杂的,有的平时表现一般,有的甚至还违反监规,但是在特殊的环境和情形下却能够挺身而出,实施立功行为。我们的刑法是人道的,只要犯人有立功表现,作出对社会有益的行为,就应当给予鼓励。

三是重大立功的认定。

上述确有悔改和立功的属于“可以”减刑的情况,因此两者也可以并称为相对减刑情形;而重大立功则是必须适用减刑的情况,也可称为绝对减刑情形。重大立功的表现有:

第一,阻止他人重大犯罪活动。指犯罪人在刑罚执行过程中,发现他人有重大犯罪活动并予以制止的。一般犯罪与重大犯罪的界限我国刑法未作明文规定,主要由司法机关根据犯罪的性质、犯罪的形式以及犯罪的后果予以界定。本书认为,所谓重大犯罪活动,是相对于一般犯罪活动而言的,指被检举或者揭发的犯罪可能判处无期徒刑以上,或者在全国、该区域内有较大影响的案件。需要注意的是,犯人揭发他人依照犯罪情节“应被判处无期徒刑以上的刑罚”指的是不包含从轻、从重情节的基本罪可能判处的刑罚,而非实际判处的刑罚。

第二,根据《刑法》第 68 条第 1 款的规定,犯罪分子有检举、揭发他人重大犯罪行为,经查证属实的可以认定立功。这里所称“重大犯罪”一般是指犯罪嫌疑人、被告人可能被判处无期徒刑及其以上刑罚或者案件在本省、自治区、直辖市或者全国范围内有较大影响等情形的犯罪。

第三,提供侦破其他重大案件的重要线索,经查证属实的可以认定立功。这里所称“重大案件”,一般是指犯罪嫌疑人、被告人可能被判处无期徒刑及其以上刑罚或者案件在本省、自治区、直辖市或者全国范围内有较大影响的案件。

第四,阻止他人重大犯罪活动实施的可以认定立功。通常是指行为人以制止、规劝、告发等积极主动的行为方式,使他人的重大犯罪活动在客观上停止,使国家和社会免遭侵害或得到有效保护的情况。

第五,协助司法机关抓捕其他重大犯罪嫌疑人(包括同案犯)的可以认定立功。司法机关需要协助的情形主要包括无法确定抓捕对象、不掌握犯罪嫌疑人隐藏地点、缺乏有利时机、抓捕力量不足等多种情况;客观上犯罪嫌疑人、被告人必须有协助必要的行为;而且协助行为对抓捕重大犯罪嫌疑人(包括同案犯)真正起到了重要作用。包括提供重要线索,提供同案犯个人基本资料之外的诸如犯罪嫌疑人或同案犯隐匿地点之类不为司法机关所掌握的秘密信息,从而使司法机关抓获该犯罪嫌疑人或同案犯的上述两层含义,当然也包括直接协力抓获犯罪嫌疑人或同案犯的行为。

第六,对国家和社会有其他重大贡献等表现的也可以认定立功。包括在抗御自然灾害或排除重大事故中有突出表现的,在日常生产、生活中舍己救人的,以及有发明创造或重大技术革新的。发明创造是指科学技术的重大创新,而重大技术革新是指能为国家带来重大经济利益或国家利益的重要技术成果。通常将《刑法》第 78 条所指的“发明创造”限定为三种情形:(1)发明并取得专利的,应当认定为重大立功;(2)完成实用新型并取得专利的,应当认定为一般立功;(3)完成外观设计的,一般不认定为立功,但为国家和社会作出较大贡献的,可以酌情认定为立功。

(3)减刑的限度条件

我国《刑法》第 78 条第 2 款对减刑的限度条件作了明文规定:减刑以后实际执行的刑期,判处管制、拘役、有期徒刑的,不能少于原判刑期的二分之一;判处无期徒刑的,不能少于 13 年。减刑不应是无限制的,否则不利于犯罪人的教育惩戒,同时也易产生司法腐败,最终破坏法治。

3. 减刑的具体规则

减刑实际上是将犯罪分子的原判刑罚予以适当的减轻,具体包括:或是把原判较重的刑种减轻为较轻的刑种,即刑种的减轻;或是把原判较长的刑期减为较短的刑期,即刑期的减轻。2011 年最高人民法院颁布了《关于办理减刑、假释案件具体应用法律若干问题的规定》,2016 年最高人民法院根据新的情况公布了《关于办理减刑、假释案件具体应用法律的规定》,2018 年最高人民法院又针对贪污贿赂犯罪作出了《关于办理减刑、假释案件具体应用法律的补充规定》,这些都是减刑的依据。对于减刑的具体问题,类似减刑的起始时间、幅度、间隔、减刑后刑期的计算和对于特殊罪犯的减刑适用等,应当按照上述规定进行区别对待,以全面体现国家的减刑政策。

(1)减刑的起始时间

减刑的提起必须基于对犯罪人表现的一定考察,这就涉及从什么时候可以对犯罪人提起减刑的建议。如果太早则不利于法律的严肃性,如果太晚又会影响犯罪人改造的积极性。最高人民法院对不同刑种的犯罪人适用减刑的起始时间作出了不同的规定。

一是被判处 5 年以上有期徒刑的罪犯一般在执行 1 年 6 个月以上方可减刑,两次减刑之间一般应当间隔 1 年以上。被判处不满 5 年有期徒刑的,应当执行 1 年以上方可减刑,并适当缩短起始和间隔时间。10 年以上有期徒刑的,应当执行 2 年以上方可减刑。确有重大立功表现的,可以不受上述减刑起始和间隔时间的限制。有期徒刑的减刑起始时间自判决执行之日起计算。

二是无期徒刑罪犯在刑罚执行期间确有悔改表现或者有立功表现的,服刑 2 年以后可以减刑。减刑幅度:确有悔改表现或者有立功表现的,一般可减为 20 年以上 22 年以下有期徒刑;有重大立功表现的,可减为 15 年以上 20 年以下有期徒刑。无期徒刑罪犯经过一次或几次减刑后,其实际执行的刑期不能少于 13 年,起始时间应自无期徒刑判决确定之日起计算。

(2)减刑的幅度

减刑的幅度是指一次减刑的期限。通常情况下一次减刑不超过 1 年有期徒刑,当然对不同刑种的犯罪人作了不同的规定。无期徒刑罪犯在刑罚执行期间确有悔改表现或者有立功表现的,服刑2年以后可以减刑。减刑幅度为确有悔改表现或者有立功表现的,可以减为22年有期徒刑;确有悔改表现并有立功表现的,可以减为21年以上22年以下有期徒刑;有重大立功表现的,可以减为20年以上21年以下有期徒刑。确有悔改表现并有立功表现的,可以减为19年以上20年以下有期徒刑。

确有悔改表现或者有立功表现的,一次减刑不超过9个月有期徒刑;确有悔改表现并有立功表现的,一次减刑不超过1年有期徒刑;有重大立功表现的,一次减刑不超过1年6个月有期徒刑;确有悔改表现并有重大立功表现的,一次减刑不超过2年有期徒刑。

对拒不认罪悔罪的职务犯罪罪犯,或者确有履行能力而不履行或者不全部履行生效裁判中财产性判项的,不予假释,一般不予减刑。确有悔改表现或者有立功表现的,一次减刑不超过6个月有期徒刑;确有悔改表现并有立功表现的,一次减刑不超过9个月有期徒刑;有重大立功表现的,一次减刑不超过1年有期徒刑。

(3)减刑的间隔

减刑的间隔是指同一犯罪人前后两次减刑的时间间距。一般同一犯罪人前后两次减刑之间应有一定的间隔时间,以便于考察犯罪人在前一次减刑后是否又确有悔改或立功表现。符合减刑条件的职务犯罪罪犯,破坏金融管理秩序和金融诈骗犯罪罪犯,组织、领导、参加、包庇、纵容黑社会性质组织犯罪罪犯,危害国家安全犯罪罪犯,恐怖活动犯罪罪犯,毒品犯罪集团的首要分子及毒品再犯,累犯,确有履行能力而不履行或者不全部履行生效裁判中财产性判项的罪犯,被判处10年以下有期徒刑的,执行2年以上方可减刑,减刑幅度应当从严掌握,一次减刑不超过1年有期徒刑,两次减刑之间应当间隔1年以上。

对被判处10年以上有期徒刑的前款罪犯,以及因故意杀人、强奸、抢劫、绑架、放火、爆炸、投放危险物质或者有组织的暴力性犯罪被判处10年以上有期徒刑的罪犯,数罪并罚且其中两罪以上被判处10年以上有期徒刑的罪犯,执行2年以上方可减刑,减刑幅度应当从严掌握,一次减刑不超过1年有期徒刑,两次减刑之间应当间隔1年6个月以上。

确有重大立功表现的,可以不受上述减刑起始和间隔时间的限制。

被判处10年以上有期徒刑职务犯罪的人犯,符合减刑条件的,执行3年以上方可减刑;被判处不满10年有期徒刑,符合减刑条件的,执行2年以上方可减刑。被判处10年以上有期徒刑的,两次减刑之间应当间隔2年以上;被判处不满10年有期徒刑的,两次减刑之间应当间隔1年6个月以上。被判处无期徒刑,符合减刑条件的,执行4年以上方可减刑。无期徒刑减为有期徒刑后再减刑时,减刑幅度比照上述规定执行。两次减刑之间应当间隔2年以上。

对被判处无期徒刑的职务犯罪罪犯,破坏金融管理秩序和金融诈骗犯罪罪犯,组织、领导、参加、包庇、纵容黑社会性质组织犯罪罪犯,危害国家安全犯罪罪犯,恐怖活动犯罪罪犯,毒品犯罪集团的首要分子及毒品再犯,累犯以及因故意杀人、强奸、抢劫、绑架、放火、爆炸、投放危险物质或者有组织的暴力性犯罪的罪犯,确有履行能力而不履行或者不全部履行生效裁判中财产性判项的罪犯,数罪并罚被判处无期徒刑的罪犯,符合减刑条件的,执行 3 年以上方可减刑,减刑幅度应当从严掌握,减刑后的刑期最低不得少于 20 年有期徒刑;减为有期徒刑后再减刑时,减刑幅度从严掌握,一次不超过 1 年有期徒刑,两次减刑之间应当间隔 2 年以上。

被判处死刑缓期执行的罪犯减为无期徒刑后,符合减刑条件的,执行 3 年以上方可减刑。减刑幅度为:确有悔改表现或者有立功表现的,可以减为 25 年有期徒刑;确有悔改表现并有立功表现的,可以减为 24 年以上 25 年以下有期徒刑;有重大立功表现的,可以减为 23 年以上 24 年以下有期徒刑;确有悔改表现并有重大立功表现的。可以减为 22 年以上 23 年以下有期徒刑。

对被判处死刑缓期执行的职务犯罪罪犯,破坏金融管理秩序和金融诈骗犯罪罪犯,组织、领导、参加、包庇、纵容黑社会性质组织犯罪罪犯,危害国家安全犯罪罪犯,恐怖活动犯罪罪犯,毒品犯罪集团的首要分子及毒品再犯,累犯以及因故意杀人、强奸、抢劫、绑架、放火、爆炸、投放危险物质或者有组织的暴力性犯罪的罪犯,确有履行能力而不履行或者不全部履行生效裁判中财产性判项的罪犯,数罪并罚被判处死刑缓期执行的罪犯,减为无期徒刑后,符合减刑条件的,执行 3 年以上方可减刑,一般减为 25 年有期徒刑,有立功表现或者重大立功表现的,可以减为 23 年以上 25 年以下有期徒刑;减为有期徒刑后再减刑时,减刑幅度从严掌握,一次不超过 1 年有期徒刑,两次减刑之间应当间隔 2 年以上。

被判处有期徒刑、无期徒刑的罪犯在刑罚执行期间又故意犯罪,新罪被判处有期徒刑的,自新罪判决确定之日起 3 年内不予减刑;新罪被判处无期徒刑的,自新罪判决确定之日起 4 年内不予减刑。

罪犯在死刑缓期执行期间又故意犯罪,未被执行死刑的,死刑缓期执行的期间重新计算,减为无期徒刑后,5 年内不予减刑。

(4)减刑后刑期的计算

减刑后刑期的计算,因原判刑罚的种类不同而有所区别:对于原判管制、拘役、有期徒刑的,减刑后的刑期自原判决开始执行之日起计算,原判决已经执行的部分应当计入减刑后的刑期以内;被判处无期徒刑的犯罪人,在其刑期被减为有期徒刑后,其刑期自法院裁定减刑之日起计算,减刑之前已经执行的刑期不得计入减刑以后的刑期以内。

被判处死刑缓期执行的罪犯经过一次或者几次减刑后,其实际执行的刑期不得少于15年,死刑缓期执行期间不包括在内。对被判处终身监禁的罪犯,在死刑缓期执行期满依法减为无期徒刑的裁定中,应当明确终身监禁,不得再减刑或者假释。

被判处管制、拘役的罪犯,以及判决生效后剩余刑期不满2年有期徒刑的罪犯,符合减刑条件的,可以酌情减刑,减刑起始时间可以适当缩短,但实际执行的刑期不得少于原判刑期的二分之一。

(5)关于缓刑犯、未成年犯减刑的适用

《刑法》第50条第1款规定:判处死刑缓期执行的,在死刑缓期执行期间,如果没有故意犯罪,2年期满以后,减为无期徒刑;如果确有重大立功表现,2年期满以后,减为25年有期徒刑;如果故意犯罪;情节恶劣的,报请最高人民法院核准后执行死刑;对于故意犯罪未执行死刑的,死刑缓期执行的期间重新计算,并报最高人民法院备案。

对在报请减刑前的服刑期间不满18周岁,且所犯罪行不属于《刑法》第81条第2款规定情形的罪犯,认罪悔罪,遵守法律法规及监规,积极参加学习、劳动,应当视为确有悔改表现。

对上述罪犯减刑时,减刑幅度可以适当放宽,或者减刑起始时间、间隔时间可以适当缩短,但放宽的幅度和缩短的时间不得超过本规定中相应幅度、时间的三分之一。

4. 减刑的主要程序

我国《刑法》第79条规定,“对于犯罪分子的减刑,由执行机关向中级以上人民法院提出减刑建议书。人民法院应当组成合议庭进行审理,对确有悔改或者立功事实的,裁定予以减刑。非经法定程序不得减刑”。

首先,需要明确减刑的各种管辖规则。级别管辖方面,根据《刑法》第79条的规定,减刑案件的审判管辖是中级以上人民法院,即只有中级人民法院、高级人民法院、最高人民法院才有减刑的裁定权。地域管辖上,被判处有期、无期徒刑的减刑,由执行机关向当地中级人民法院提出减刑建议书;对于被判处管制、拘役以及被判处1年以下有期徒刑或者余刑在1年以下,在看守所服刑的犯罪人的减刑,由县级公安机关负责提出减刑建议书,经地市公安机关审核同意后,提请当地中级人民法院审理裁定。

其次,需要明确减刑的流程。一是对犯罪人考察,提出减刑建议书。由监狱及其他执行机关对犯罪人在刑罚执行过程中的思想、行为进行认真考察,以此来认定犯罪人是否确有悔改或立功表现。如果罪犯符合减刑的条件,就可以向法院提出减刑意见,由法院依据减刑意见书依法裁定减刑。如果执行机关未提出减刑的意见书,法院不得自行对犯罪人进行减刑。二是法院组成合议庭审议并裁定减刑。中级以上人民法院受理减刑案件后,应当依法组成合议庭,认真审核执行机关申报的材料及手续是否齐全,如材料不齐或手续不全的,应当通知执行机关补充或退回补充调查。事实和证据认定确凿后,应制定减刑刑事裁定书,依法对犯罪人宣告减刑。裁定书副本应同时送达原判法院和对犯罪人所在执行机关有检察任务的检察院。检察院认为减刑裁定不当,作出减刑裁定的法院应另行组成合议庭,在法定期限内重新审理,并作出最终裁定。

(三)假释

《刑法》第81条规定:"被判处有期徒刑的犯罪分子,执行原判刑期二分之一以上,被判处无期徒刑的犯罪分子,实际执行十三年以上,如果认真遵守监规,接受教育改造,确有悔改表现,没有再犯罪的危险的,可以假释。如果有特殊情况,经最高人民法院核准,可以不受上述执行刑期的限制。对累犯以及因故意杀人、强奸、抢劫、绑架、放火、爆炸、投放危险物质或者有组织的暴力性犯罪被判处十年以上有期徒刑、无期徒刑的犯罪分子,不得假释。对犯罪分子决定假释时,应当考虑其假释后对所居住社区的影响。"这是我国的假释制度,其对于保障人权、体现人道主义精神、保证刑罚的顺利进行、鼓励犯罪人重回社会等均具有积极的作用。

1. 假释的定义及特征

假释是指对于被判处有期徒刑或者无期徒刑的犯罪人,在执行一定的刑期以后,如果确有悔改表现,不致再危害社会,将其附条件地提前予以释放的一种刑罚执行制度。[①] 假释不同于监外执行。监外执行是指犯罪人在监狱内服刑期间,因具有某种特定情形,如疾病、怀孕等,而依法放到监外执行的刑罚制度。它与假释有本质的区别:(1)对象不同。假释适用于服刑期间确有悔改表现的犯罪人;监外执行适用于某些有特殊情况不宜在监内执行的罪犯。(2)收监条件不同。假释考验期内没有犯新罪,就认为原判决刑罚执行完毕;监外执行妨碍执行的因素消失,就应收监执行。(3)期间计算不同。假释如被撤销,假释期间不折抵刑期;监外执行期间应计入原判刑期。假释不同于缓刑。两者在适用对象、依据、时间以及不执行的刑期方面有明显的不同:(1)缓刑适用于被判处拘役、3年以下有期徒刑的犯罪人;假释仅适用于被判处有期徒刑、无期徒刑的犯罪人。(2)缓刑的适用根据是犯罪人的犯罪情节和悔改表现;而假释则是根据犯罪人在刑罚执行过程中确有悔改而作出的。(3)缓刑是在判决的同时宣告的;假释是在刑罚执行过程中决定的。(4)缓刑是有条件地不执行原判刑罚的全部刑期;假释是有条件地不执行原判刑罚尚未执行的刑期。假释也不同于减刑。两者在适用对象、次数上有明显的区别:(1)减刑适用于被判处管制、拘役、有期徒刑、无期徒刑的犯罪人;假释仅适用于被判处有期徒刑和无期徒刑的犯罪人。(2)减刑不受次数的限制;假释只能适用一次。(3)减刑减去的刑罚不再执行;假释有考验期和撤消假释的

---

① 参见李晓明:《刑法学总论》,北京大学出版社2016年版,第544页。

规定。

“假释”(parole)一词源于法语“paroledhonneur”,其原意为“承诺”之意。[①] 18、19世纪的法国人最初把假释用于战俘身上,即如果战俘承诺今后不再参加战争,便可以获得释放。战争结束后,法国的一个监狱将这项制度首先用于未成年人罪犯的提前释放问题上。后来该项制度流传到英国,英国政府对于那些流放到澳大利亚的罪犯适用这项制度,对于那些悔罪良好、品行不错的罪犯免除其剩余的刑期并提前释放。1853年英国废除流刑制度后在英国本土采用了假释制度并逐渐流传到美国。1869年美国制定了《假释法》,将实践中的假释制度纳入法律规范。[②] 随后各国竞相效仿,成为世界各国都拥有的一项刑罚执行制度。我国历史上关于假释制度的最早立法是1911年的《大清新刑律》,此后的北洋政府和国民党政府也在刑事立法中规定了假释制度。中华人民共和国成立后,假释制度被保存并传承了下来。根据《刑法》第81条至第84条的规定,假释具有以下特征:

第一,特殊性。由于假释是以罪犯被剥夺人身自由为前提条件的,故其特殊性体现在将服刑罪犯提前释放上。这表明,假释与刑满释放不同,刑满释放是指犯罪分子所判处的刑罚已经执行完毕才回归到自由社会上;假释虽然在形式上也是解除监禁回到社会上,但还保留着执行原判刑罚剩余刑期的可能性。

第二,条件性。并不是任何罪犯都能适用假释,并不是假释后即可获得绝对的自由,假释的适用是有严格条件的。一方面,罪犯必须通过自己的努力表现去创造假释的条件;另一方面,假释执行所附带的条件表明罪犯并非无条件地出狱,如果不遵守假释的附加条件,就会被收押入狱。

第三,单独性。假释是对作为主刑的自由刑的变更,并不影响附加刑的执行,因此具有单独性。犯罪人被宣告假释后,若原判决有附加刑,附加刑仍须继续执行。原判决对犯罪人附有剥夺政治权利的,从假释之日起算。原判决中没有附加剥夺政治权利,犯罪人在假释期内应有政治权利。

2. 假释的条件

假释是一种附条件的提前释放,对服刑的犯罪人适用假释即意味着将其解除监禁、放归社会,因此适用假释必须符合一定的条件。[③]

(1)刑种条件

假释是指对服刑一段时间的犯罪人提前释放,并对其进行一段时间的考验,这就

---

① 参见赵华溢:《中外刑法假释制度之比较》,载《中共郑州市委党校学报》2008年第1期。

② 参见司法部预防犯罪研究所课题组、徐久生、魏彤:《假释问题研究》,载《犯罪与改造研究》2000年第6期。

③ 参见李晓明:《刑法学总论》,北京大学出版社2016年版,第545页。

决定了其只能适用于较长刑期的剥夺自由刑,如有期徒刑、无期徒刑。死缓不是一个独立的刑种,只有在减为无期徒刑或有期徒刑后,才可能适用假释。拘役虽属剥夺自由刑,但刑期较短,一般最高为 6 个月,数罪并罚时最高也不得超过 1 年。如果犯罪人确有悔改或立功表现,可依《刑法》第 78 条对其适用减刑,适用假释的意义不大。而管制则属短期限制自由刑,对被判处管制的犯罪人不予关押,放在社会上执行,这就失去了对其适用假释的前提条件。

(2)主体条件

并不是所有的被判处有期徒刑、无期徒刑的犯罪人都可以适用假释,根据《刑法》第 81 条第 2 款的规定,对累犯以及因故意杀人、强奸、抢劫、绑架、放火、爆炸、投放危险物质或者有组织的暴力性犯罪被判处 10 年以上有期徒刑、无期徒刑的犯罪分子,不得假释。所谓的暴力性犯罪,我们认为应是指以暴力手段实施的犯罪。主要是因为暴力手段实施的犯罪的社会危害性一般较大,行为人的人身危险性也更强。这就意味着,如果行为人犯上列数罪,被合并判处 10 年以上有期徒刑,而无个罪被判处 10 年以上有期徒刑的,对其可以适用假释。

(3)时间条件

被判处有期徒刑或者无期徒刑的犯罪人必须在已经执行了一部分刑罚后才可以适用假释。只有执行一部分刑罚,才足以体现对犯罪人的惩罚,保持刑罚的严肃性和稳定性。根据《刑法》第 81 条的规定,一般情况下,被判处有期徒刑的犯罪人,必须执行原判决刑期的二分之一以上;被判处无期徒刑的犯罪人,必须实际执行 13 年以上,才能适用假释。

问题是,实际执行的刑期是否包括先行羁押的时间?对有期徒刑而言,最高人民法院《关于办理减刑、假释案件具体应用法律的规定》第 23 条规定:有期徒刑罪犯假释,执行原判刑期二分之一的时间,应当从判决执行之日起计算,判决执行以前先行羁押的,羁押一日折抵刑期一日。由此可见,对被判处有期徒刑的犯罪人适用假释,实际执行的刑期应包括先行羁押的时间。对于无期徒刑而言,因为先行羁押的时间不能折抵刑期,所以对被判处无期徒刑的犯罪人适用假释,实际执行的刑期不应包括先行羁押的时间。

《刑法》第 81 条还作了例外规定,即“如果有特殊情况,经最高人民法院核准,可以不受上述执行刑期的限制”。所谓“特殊情况”,一般是指有国家政治、国防、外交等方面特殊需要的情况。

(4)实质条件

犯罪人必须认真遵守监规、确有悔改表现,假释后不致再危害社会,才能对其适用假释,这是假释的实质要件。“确有悔改表现”的成立条件可依刑法规定的减刑条件考察。如果犯罪人已执行了一定刑期，但并没有明显的悔改表现，或者虽有悔改但尚不能达到不致再危害社会的程度，不能适用假释。“不致再危害社会”是指不仅客观上没有危害行为而且主观上也无危害之心。如最高人民法院《关于办理减刑、假释案件具体应用法律的规定》第 20 条的规定，老年、身体残疾、患严重疾病罪犯的减刑，应当主要注重其悔罪的实际表现。这说明，对丧失危害社会能力的老残犯适用假释，仍然要考察其主观上是否确实认罪服法、悔过自新。另外，对未成年犯罪人的假释，在掌握标准上可以比照成年犯罪人依法适度放宽。只要未成年犯罪人能认罪服法，遵守监规，积极参加学习、劳动，即可视为确有悔改表现。

3. 假释的程序

《刑法》第 82 条规定，“对于犯罪分子的假释，依照本法第七十九条规定的程序进行。非经法定程序不得假释”。假释的一般程序为：(1) 执行机关根据实际情况提出假释意见书。(2) 中级以上人民法院组成合议庭进行审理。合议庭必须认真审查执行机关申报的材料，确认犯罪人是否符合假释的条件。(3) 对于符合假释条件的合议庭裁定予以假释，对于不符合条件的不予假释。

对于《刑法》第 81 条规定的“如果有特殊情况，经最高人民法院核准”的特殊假释案件，程序如下：(1) 执行机关提出假释建议书。(2) 中级以上人民法院组成合议庭审理。(3) 中级人民法院裁定假释的，应当在裁定书中写明“本裁定经最高人民法院核准后生效”，并写出书面报告连同全部材料报送最高人民法院审核。高级人民法院裁定假释的，也应在裁定中写明“本裁定经最高人民法院核准后生效”，并写出书面报告报送最高人民法院核准。(4) 最高人民法院组成合议庭审理后，应当依法作出予以核准或不予以核准的刑事裁定书。

4. 假释的考验期限

我国《刑法》第 83 条规定：“有期徒刑的假释考验期限，为没有执行完毕的刑期；无期徒刑的假释考验期限为十年。假释考验期限，从假释之日起计算。”

5. 假释的考察

对被适用假释的犯罪人规定一定的考验期限，是为了在此期间内对假释犯进行监督考察。根据我国《刑法》第 84 条，被宣告假释的犯罪人应遵守下列规定：(1) 遵守法律、行政法规，服从监督。(2) 按照监督机关的规定报告自己的活动情况。(3) 遵守监督机关关于会客的规定。这里主要是防止假释犯与社会上的犯罪人交往，又走上犯罪的道路。(4) 离开居住的市、县或者迁居，应当报经监督机关批准。

在假释的考验期内，如果假释犯没有再犯新罪，没有发现在判决宣告前还有漏罪没有判决，或者没有严重的违法行为，假释期满就应认为原判刑罚已执行完毕，并应当向犯罪人和当地群众或其所在单位公开予以宣告。

6. 假释的撤销

《刑法》第86条规定:"被假释的犯罪分子,在假释考验期限内犯新罪,应当撤销假释,依照本法第七十一条的规定实行数罪并罚。在假释考验期限内,发现被假释的犯罪分子在判决宣告以前还有其他罪没有判决的,应当撤销假释,依照本法第七十条的规定实行数罪并罚。被假释的犯罪分子,在假释考验期限内,有违反法律、行政法规或者国务院有关部门关于假释的监督管理规定的行为,尚未构成新的犯罪的,应当依照法定程序撤销假释,收监执行未执行完毕的刑罚。"具体而言,假释的撤销包括三种情形:

一是假释犯罪人在考验期内又犯新罪的。假释犯罪人在考验期内只要再犯罪,无论是故意还是过失、重罪还是轻罪,都应当撤销假释,收监执行。

二是在考验期内,发现被假释犯罪人在判决宣告以前还有其他罪没有判决的。也就是说,当发现被假释犯罪人存在漏罪时,应当撤销假释,对发现的"漏罪"作出判决,再对前罪与"漏罪"数罪并罚决定执行的刑罚。对前罪已执行的刑期,应当计算在新判决执行的刑期内。

三是被假释犯罪人在考验期内,有违反法律、行政法规或者国务院有关部门有关假释的监督管理规定的行为,尚未构成新的犯罪,应当依照法定程序撤销假释,收监执行未执行完毕的刑罚。

(四)死刑缓期二年执行的变更执行

《刑法》第48条规定:"对于应当判处死刑的犯罪分子,如果不是必须立即执行的,可以判处死刑同时宣告缓期二年执行。"《刑法》第50条第1款规定:"判处死刑缓期执行的,在死刑缓期执行期间,如果没有故意犯罪,二年期满以后,减为无期徒刑;如果确有重大立功表现,二年期满以后,减为二十五年有期徒刑;如果故意犯罪,情节恶劣的,报请最高人民法院核准后执行死刑;对于故意犯罪未执行死刑的,死刑缓期执行的期间重新计算,并报最高人民法院备案。"这就是我国独创的死刑缓期执行的制度(简称死缓制度),以下便对其具体介绍。

1. 死缓的起源与概念

死缓产生于20世纪50年代。死缓本旨上就是采取一种更加慎重的态度对待应当处以死刑的犯罪人。实践证明,死缓对于我们保障人权、服务社会发挥了较大的积极作用。其一,有利于分化瓦解犯罪人,给那些罪该处死但不是必须立即执行的罪犯留下生路,这有利于打击和预防犯罪。其二,可以保存一批劳动力,使他们为国家建设服务,这有利于发展生产力。其三,死缓制度符合国际刑法轻刑化的发展趋势,同时也体现了革命的人道主义。

因此,发展到今天的死缓包括两层含义:(1)必须是应当判处死刑的犯罪分子。如果所犯之罪不是死刑罪名，或虽是死刑罪名但其犯罪没有达到“罪行极其严重”的程度，或是不满 18 周岁的人或怀孕妇女，不能适用死缓。(2)不是必须立即执行，如有自首、立功表现、被害人有一定或明显过错，犯罪动机有值得怜悯之处、数个主犯中比较靠后的主犯，罪犯智力不健全等。

2. 死缓的适用条件

根据《刑法》第 48 条的规定，死缓的适用必须具备两个条件：

一是犯了应当判处死刑之罪。被判处死刑是适用死缓的前提，这就要求一方面行为人所犯的罪行规定了死刑的刑罚种类，另一方面行为人所犯的罪行已经达到了应当判处死刑的严重程度。

二是所判处的死刑不是必须立即执行。死刑的执行包括缓刑 2 年执行和立即执行。这样划分表现出我国刑法对于死刑的慎重把握，即在死罪中根据罪行轻重、主观恶性大小等因素再划分出两个层次：应当立即执行之死罪和不必立即执行之死罪。对于后者，虽然罪已至死，但还不至于立即致死，就应当给予其一定的机会，毕竟人死不能复生。根据审判实践，“不是必须立即执行”包括以下几个方面：(1)犯罪后自首、立功或者有其他法定任意从轻情节的；(2)在共同犯罪中有多名主犯，其中的首要分子或者罪行最严重的主犯已判处死刑立即执行，其他主犯不具有最严重罪行的；(3)被告人是限制刑事责任能力的；(4)被害人的严重过错导致被告人激情或义愤杀人的；(5)有令人怜悯的情节；等等。值得一提的是，由于死缓的适用条件在刑法上尚未明确化，“不是必须立即执行”条款规定比较笼统，死缓适用上存在偏差。为了贯彻刑法面前人人平等和罪刑相适应原则，在将来的立法中应对死缓适用条件予以明确化。[①]

3. 死缓的变更执行

根据《刑法》第 50 条第 1 款的规定，死缓的变更有四种情况：

第一，死缓减为无期徒刑。根据《刑法》第 50 条的规定，没有故意犯罪是死缓减为无期徒刑的唯一条件。只要死缓犯在 2 年考验期内没有故意犯罪，就应当减为无期徒刑。这里的故意犯罪只能根据《刑法》第 14 条的规定来加以认定，即明知自己的行为会发生危害社会的结果，并且希望或放任这种结果发生，因而构成犯罪的，是故意犯罪。这里的“没有故意犯罪”包括两层含义：一是犯罪人没有犯任何罪。即使被判处死缓的犯罪人违反监规，抗拒改造，但只要没有达到犯罪程度，仍应对其减为无期徒刑。二是犯罪人犯有过失罪。即使被判处死缓的犯罪人已经犯罪，但只要其是过失犯罪，而非故意犯罪，仍应对其减为无期徒刑。

第二，死缓减为 25 年有期徒刑。死缓减为 25 年有期徒刑的条件是死缓犯在 2 年

---

① 参见李晓明：《刑法学总论》，北京大学出版社 2016 年版，第 549 页。

考验期内,确有重大立功表现。“重大立功表现”是指具有《刑法》第 78 条第 1 款规定的六项情形之一的:(1)阻止他人重大犯罪活动的;(2)检举监狱内外重大犯罪活动,经查证属实的;(3)有发明创造或者重大技术革新的;(4)在日常生产、生活中舍己救人的;(5)在抗御自然灾害或者排除重大事故中,有突出表现的;(6)对国家和社会有其他重大贡献的。

第三,对死缓犯故意犯罪,情节恶劣的,决定执行死刑立即执行。被判处死刑缓期执行的犯罪人,如果在死缓考验期内故意犯罪,情节恶劣的,就要依法执行死刑。具体操作时,应把握如下几方面:(1)必须是在死刑缓期执行期间故意犯罪。死缓犯在死缓 2 年执行期满后,如果因人民法院工作程序方面的原因未及时减刑,这期间又故意犯罪的,不能视为是在死缓执行期间的犯罪,即不能按照“故意犯罪”适用刑法。(2)再犯的罪必须是故意犯罪,过失犯罪不在此限。(3)必须情节恶劣。比如一些人因为受到牢头狱霸的压迫而奋起反击,结果故意犯罪的,不能认定为情节恶劣。(4)必须由最高人民法院核准才能执行死刑。对死缓犯决定执行死刑的问题,需要注意以下两点:

(1)死缓犯在 2 年考验期限内故意犯罪的,是否需要 2 年期满后才能执行死刑?刑法对此没有明文规定,理论上主要有否定说、肯定说和折中说。其中,折中说认为,如果死缓犯再犯的故意犯罪本身是应当判处死刑立即执行的,对其执行死刑不必等到 2 年期满以后;但在大多数情况下,死缓犯变更为死刑立即执行的期限,必须是在 2 年期满以后。我们倾向于第一种观点,即只要在死刑缓期执行期间有故意犯罪的,无论什么时候都应当核准执行死刑。当然根据国际惯例,并不是所有只要犯死刑罪的人都必须立即执行死刑,可以执行死刑和必须立即执行死刑还是两码事,在我国传统刑律文化中也还有“秋后问斩”之说,这些做法也有值得借鉴之处。

(2)在死缓考验期内既有故意犯罪,又有重大立功表现的,如何处理?对此,笔者赞同如下观点:“既然刑法规定了罪刑法定原则,而该原则又包括了有利于被告人的思想,故在上述情况下,应作出有利于犯罪人的选择,即不得执行死刑;但由于犯罪人在有重大立功表现的同时又故意犯罪,故减为有期徒刑有不当之处,似应减为无期徒刑。”①

第四,对死缓犯故意犯罪未执行死刑。《刑法》第 50 条第 1 款增加了规定“如果故意犯罪,情节恶劣的,报请最高人民法院核准后执行死刑”,也就是说,在死刑缓期执行期间虽然故意犯罪,但并未达到“情节恶劣的”的程度,也即仍不需要立即执行死刑的,为了与那些改造较好没有故意犯罪情况予以区别,需要对其“故意犯罪的情节”进行认定,且需要报请最高人民法院核准。但是,遇到此种情况是按照改判程序由法庭决定还是由刑罚执行机关直接报请最高人民法院备案,需要由司法解释予以明确。

---

① 张明楷:《刑法学》(上),法律出版社 1997 年版,第 428 页。

4. 死缓变更的特殊限制

首先，《刑法》第50条第2款规定："对被判处死刑缓期执行的累犯以及因故意杀人、强奸、抢劫、绑架、放火、爆炸、投放危险物质或者有组织的暴力性犯罪被判处死刑缓期执行的犯罪分子，人民法院根据犯罪情节等情况可以同时决定对其限制减刑。"也就是说，对累犯以及因故意杀人、强奸、抢劫、绑架、放火、爆炸、投放危险物质或者有组织的暴力性犯罪等这样的特殊对象，死刑缓期执行二年期满后能否减刑的问题，人民法院在最初判决死刑缓期二年执行时就有权力判决其限制减刑。

其次，死刑缓期执行减为有期徒刑的刑期，从死刑缓期执行期满之日起计算。死缓判决确定之前的羁押期间和死缓判决确定之后的考验期，不能折抵有期徒刑的刑期。

最后，在死刑缓期执行减为有期徒刑时，也应当相应把附加剥夺政治权利的期限由终身减为3年以上10年以下。

五、刑事责任的终结

终结，乃终局、结束之义。一般认为，刑事责任的终结是指犯罪人的刑事责任已承担完毕。[①] 但也有人认为，刑事责任的终结是指刑事责任存在和发展进程的最终结束，或曰刑事责任不复存在。本书赞同后一观点，所谓刑事责任的终结应当是指刑事责任从产生到最终结束的一种结果，既应当包括通过让犯罪人承担刑事责任而终结，也应当包括刑事责任产生后或者产生时犯罪人死亡而终结，以及犯罪追诉时效期限已过和国家特赦罪犯而终结等。也就是说，刑事责任的终结是极其复杂的，既可能因实现而告终结，也可能因没有实现而告终结，甚至包括刑事责任的消灭等。刑事责任终结的意义主要表现在：(1)行为人无须再承担刑事责任。根据一事不再罚原则，刑事责任终结以后不得要求行为人就本罪再次承担刑事责任。(2)行为人将恢复作为公民的一切权利。刑事责任终结后的犯罪人，除非法律明文有所限制，将和其他公民一样享有各种法律规定的权利。而这些法律规定的明文限制可能会导致有些权利永远或在某一个阶段丧失，如我国《法官法》《检察官法》《律师法》明确规定：因犯罪受过刑事处罚的，不得担任法官、检察官和律师。刑事责任的终结主要有两种情况：

（一）因实现而终结

刑事责任因实现而终结是指刑事责任承担完毕时即为刑事责任的终结时间。如被判处死刑立即执行的死刑执行完毕即为刑事责任的终结，被判处有期徒刑、管制、拘役的刑罚执行完毕即为刑事责任的终结。当然也有学者认为，对于绝大多数被判处刑罚尤其是被判处主刑的犯罪分子来说，刑事责任没有终结的时间，它们或者影响犯罪

---

① 参见张文等：《刑事责任要义》，北京大学出版社1997年版，第243页。

人终身,或者成为再次犯罪从重处罚的根据。① 对此笔者不敢苟同,显然此说将刑事责任的承担完毕与刑事责任对犯罪人日后所产生的消极影响混为一谈,前者为刑事责任的实现与承担问题,后者是对犯罪人的影响。还有一点需要说明,《刑法》第449条规定的"不以犯罪论处"是对犯罪军人以前的犯罪行为"不以犯罪论处",故此时的刑事责任当然就终结了。当然,该项规定本身是否合乎法理尚待进一步研究。但这里的刑事责任终结应当属于刑事责任因实现而终结,因为犯罪军人已经被宣告缓刑,实际上其已经承担了一定的刑事责任对其的影响。

(二)因未实现而终结

刑事责任因未实现而终结是指犯罪人在实际承担刑事责任前因特定事由出现导致司法机关不能或者无法追究犯罪人的刑事责任,从而刑事责任便自行不复存在的终结情况。当然,也有学者将此称为刑事责任的自行终结。② 很显然,与刑事责任因实现而终结不同,在刑事责任因实现而终结的场合犯罪人实际承担了刑事责任;而在刑事责任未实现而终结的场合因特定事由的出现,司法机关不能或者无法追究犯罪人的刑事责任,从而使犯罪人实际上并没有承担刑事责任。根据我国刑法规定,刑事责任因未实现而终结的情形主要有:(1)犯罪已过追诉时效期限的。因犯罪已过追诉期限,司法机关无权追究犯罪人的刑事责任,故犯罪人的刑事责任已经不复存在。(2)依法应告诉才处理的犯罪没有告诉或者撤回告诉的。此种情况一般发生在侮辱、诽谤、暴力干涉婚姻自由、虐待和侵占等罪名中,对于告诉才处理的犯罪是否追究刑事责任取决于被害人是否告诉,如果被害人坚持不告诉或者告诉后又撤回告诉的,司法机关便无权追究犯罪人的刑事责任。所以,此时在法律上刑事责任已经终结。(3)尚未追究刑事责任时犯罪嫌疑人或被告人已经死亡的。根据罪责自负原则,刑事责任只能由犯罪者本人承担,既然犯罪嫌疑人或被告人已经死亡,承担刑事责任的主体不复存在,故刑事责任当然归于终结。(4)有权机关作出特赦令,明确规定对某(些)人的犯罪或某种犯罪不再追究刑事责任,或者对于正在服刑或者关押的罪犯宣布无条件释放,此时的刑事责任必然归于终结。

六、刑事责任的消灭

只要行为人实施了罪行,犯罪就是永远客观存在的,是无法消灭的。与犯罪不同,作为犯罪后果的刑事责任虽然是客观存在的,但是可以消灭的。刑事责任的消灭意味着国家再也不能对犯罪人追究刑事责任,从而有利于犯罪人在完成赎罪工作后或在其

---

① 参见王晨:《刑事责任的一般理论》,武汉大学出版社1998年版,第411-412页。

② 参见陈明华主编:《刑法学》,中国政法大学出版社1999年版,第257页。

他情形下顺利地回归社会。①

(一)刑事责任消灭概说

在刑事责任的进程当中,一定事由的出现能够导致国家不能追究犯罪分子的刑事责任。哪些事由能够具有这方面的效果,是刑事责任消灭制度的研究内容。

1. 刑事责任消灭的界定

刑事责任的消灭,是指由于法定事由的出现,刑事责任呈现终局、结束状态,或者说刑事责任不复存在。刑事责任消灭的实质是国家追究刑事责任权力(主要是刑罚权中的求刑权、量刑权和行刑权)的不能行使。

刑事责任消灭以行为人的行为构成犯罪为前提。刑事责任的消灭以存在刑事责任为前提,而没有犯罪,就没有刑事责任,因此,刑事责任消灭必须以行为人的行为构成犯罪为前提。在行为不构成犯罪的情况下,自然无刑事责任消灭问题。

刑事责任消灭以后的犯罪人,除非法律明文有所限制,将和其他公民一样享有各种法律规定的权利。当然,犯罪人承担刑事责任后(刑事责任消灭后),往往会给他造成相当的消极影响,如在婚姻、就业等方面将会受到社会的歧视,有些权利甚至从此丧失,如《法官法》《检察官法》规定因犯罪受过刑事处罚的,不得担任法官、检察官。

2. 刑事责任消灭的理论依据

刑事责任消灭的概念在学界有不同认知,依照本书的概念,刑事责任消灭的理论依据主要有:(1)无惩罚和预防必要性的罪责承担。作为刑罚、量刑基础的罪责与具体案件刑事责任承担的大小、法官进行量刑的起点等因素都有关系。但是在出现了某些法定或者事实的原因,导致刑事责任无惩罚的必要性或者无预防必要性时,刑罚权的行使就没有意义了。(2)刑法功能的效益。刑法作为各部门法最后的防线,如果行为人的社会危害性和人身危险性已经降低或消除,刑法功能已经得到体现,就没有必要滥用。(3)犯罪预防和社会稳定。社会恢复正常有序后,对于已经消除负面影响的犯罪人,不再加以追究才是稳定社会和谐的体现。

3. 刑事责任消灭的事由

刑事责任的消灭必须是法定的。由于犯罪人是对国家承担刑事责任,因此,刑事责任是否消灭,只能取决于法律的规定。② 换言之,刑事责任的消灭必须是法定的;没有法定事由的出现就不能导致刑事责任的消灭。如果没有《刑法》第 449 条战时缓刑的规定,即使犯罪的军人戴罪立功也不能导致刑事责任消灭;战时缓刑之所以具有刑事责任消灭事由的功能,是由刑法本身明文规定的。

---

① 参见李晓明:《刑法学总论》,北京大学出版社 2016 年版,第 552 页。

② 即使对于自诉刑事责任,也是由法律(《刑事诉讼法》)承认其作为刑事责任消灭事由的。

刑事责任消灭事由有两类:一是实际承担或者执行刑事责任后而消灭的法定事由,也即刑事责任实现。包括:(1)免除处罚;(2)赦免;(3)执行完毕(包括缓刑、假释考验期满);(4)前科消灭;(5)复权制度。二是不承担或执行中被执行主体发生“灭失”导致刑事责任消灭的法定事由。包括:(1)执行中死亡;(2)被驱逐出境(针对外国人);(3)犯罪嫌疑人或被告死亡或失去刑事责任能力;(4)刑事案件自诉人不起诉或撤回诉讼;(5)超过诉讼时效。①

对于以上不同的消灭事由,刑事责任消灭的原因是不同的。在犯罪人承担刑事责任完毕的情况下,根据一罪不二罚原则,既然犯罪人已经完成赎罪工作,刑事责任自然消灭。在被赦免的情况下,大赦导致犯罪本身消灭,自然刑事责任也会消灭;对于免除刑罚执行的特赦,由于免除刑罚的执行,刑事责任也消灭了。② 受有罪判决并被科刑的人在服刑期满或被免除刑罚后,在一定的期间内未犯新罪,即视为没有前科。主要针对未成年犯罪,目前只有未成年人犯罪记录封存制度。依据社会发展刑罚体系需要完善前科消灭制度。还有就是针对资格刑的复权制度建设。在行为人实际没有承担刑事责任而消灭的情况下,告诉才处理的犯罪,由于告诉权在被害人(方)手中,其不告诉或者撤回告诉的,自然可以导致刑事责任消灭。在犯罪嫌疑人、被告人死亡的情况下,根据刑事责任自负原则,既然承担刑事责任的主体不复存在,刑事责任当然归于终结。在超过追诉时效的情况下,此时不追究刑事责任符合刑事责任的目的,因而刑事责任消灭。外国人被驱逐出境,刑事责任也自然消灭。

现行刑法明文规定了时效与赦免这两种刑事责任的消灭事由,下面加以探讨。

(二)刑事责任的消灭事由

刑法上的时效是指经过法定期间不再追究犯罪人刑事责任或者对所宣告的刑罚不再执行的一种刑法制度。③ 民法上的时效制度主要在于敦促权利人积极、及时行使自己的权利。刑法上的时效制度具有类似的目的,即敦促国家积极、及时追究犯罪人的刑事责任,否则将产生不能追究刑事责任的后果。可见,刑法上的时效制度具有限制国家刑罚权的意义。

1. 时效

(1)时效的种类

时效可分为追诉时效与行刑时效两种。追诉时效,是指对犯罪分子追究刑事责任

---

① 可见,刑事责任消灭可能发生在刑事责任进程中的不同阶段,既可因刑事责任承担完毕(终结)而导致消灭,也可在其产生以后即告消灭,还可在确认过程中消灭,更可在实现过程中消灭(后三种犯罪人死亡都能消灭)。

② 对于只赦免部分刑罚执行的特赦,不完全导致刑事责任的消灭。

③ 参见李晓明:《刑法学总论》,北京大学出版社2016年版,第554页。

的法定有效期限。在法定的有效期限内,司法机关有权追究犯罪人的刑事责任;超过法定追诉期限的,司法机关便丧失追究犯罪人刑事责任的权利,不得再对犯罪人进行追诉(包括侦查、起诉、审判),对已判处的刑罚也不得执行,否则就是违法。因此,超过追诉时效,意味着刑事责任消灭。行刑时效,是指刑法规定的对被判处刑罚的犯罪分子执行刑罚的有效期限。在行刑时效期限内,司法机关有权执行刑罚;超过了此期限,司法机关就再不能执行刑罚。因此,超过行刑时效,同样意味着刑事责任消灭。虽然追诉时效与行刑时效都能够导致刑事责任消灭,但二者导致刑事责任消灭所处的阶段是不一样的:前者是在刑事责任产生之后但尚未被确认之前导致刑事责任消灭,后者是在刑事责任已被确认之后即将实现时导致刑事责任消灭。

我国刑法只规定了追诉时效制度。一般认为,判处刑罚而没有执行的原因主要是,由于战争或者重大自然灾害、司法机关的疏漏、罪犯的脱逃等。但前两种情况没有出现过,后一种情况不能成为刑罚消灭的正当理由。① 故我国刑法没有规定行刑时效。

设立追诉时效制度符合刑事责任的目的,刑事责任的目的是报应与预防犯罪。犯罪人犯罪以后,一直担心被追究刑事责任,此种长期的内心恐惧与痛苦已使犯罪人受到一定程度的报应;其长时间没有犯罪的事实足以表明,虽然对犯罪人没有处刑,但事实上已经达到与处刑相同的效果(预防犯罪人不犯罪的目的已达到)。故超过追诉时效期间,导致刑事责任消灭是合理的。

(2)追诉时效的期限

根据《刑法》第87条规定,犯罪经过下列期限不再追诉:法定最高刑为不满5年有期徒刑的,经过5年;法定最高刑为5年以上不满10年有期徒刑的,经过10年;法定最高刑为10年以上有期徒刑的,经过15年;法定最高刑为无期徒刑、死刑的,经过20年。如果20年以后认为必须追诉的,须报请最高人民检察院核准。

刑法按照罪刑相适应的原则,将追诉期限分别规定为长短不同的四档,因此根据犯罪人所犯罪行的轻重,应当分别适用刑法规定的不同条款或相应的量刑幅度,按其法定最高刑来计算追诉期限。如果所犯罪行的刑罚,分别规定有几条或几款时,即按其罪行应当适用的条或款的法定最高刑计算;如果是同一条文中有几个量刑幅度时,即按其罪行应当适用的量刑幅度的法定最高刑计算;如果只有单一量刑幅度时,即按此条的法定最高刑计算。虽然案件尚未开庭审判,但经过认真审查案卷材料和必要的核实案情后,即在基本事实查清的情况下,已可估量刑期,计算追诉期限。②

根据《刑法》第87条的规定,超过追诉时效期间,在例外的情况下并不必然导致刑

---

① 参见高格等编著:《刑法教程》,吉林大学出版社1987年版,第226页。

② 最高人民法院1985年8月21日《关于人民法院审判严重刑事犯罪案件中具体应用法律的若干问题的答复(三)》(已失效)。

事责任消灭。法定最高刑为无期徒刑、死刑,20 年以后认为必须追诉的,经最高人民检察院核准,也可以对犯罪人进行追诉。之所以如此,是因为少数犯罪社会危害性特别严重、行为人的人身危险性特别严重、所造成的社会影响极大,确有追究刑事责任的必要。

为了促进祖国和平统一大业,最高人民法院与最高人民检察院先后于 1988 年 3 月 14 日和 1989 年 9 月 7 日就去台人员(包括犯罪后去海外其他地方人员)去台前在大陆犯罪问题公布了《关于不再追诉去台人员在中华人民共和国成立前的犯罪行为的公告》与《关于不再追诉去台人员在中华人民共和国成立后当地人民政权建立前的犯罪行为的公告》。据此:(1)去台人员在中华人民共和国成立前在大陆犯有罪行的,根据刑法关于追诉时效的规定精神,对其当时所犯罪行不再追诉。(2)对去台人员在中华人民共和国成立后、犯罪地地方人民政权建立前所犯罪行不再追诉。(3)去台人员在中华人民共和国成立后、犯罪地地方人民政权建立前犯有罪行,并连续或继续到当地人民政权建立后的,追诉期限从犯罪行为终了之日起计算。凡超过刑法追诉时效期限的,不再追诉。

(3)追诉期限的计算

①一般追诉期限的计算。《刑法》第 89 条第 1 款规定:"追诉期限从犯罪之日起计算;犯罪行为有连续或者继续状态的,从犯罪行为终了之日起计算。"所谓"犯罪之日",是指犯罪成立之日,即行为完全符合犯罪构成之日。犯罪行为有连续或者继续状态的,此时不是从犯罪成立之日起计算追诉期限,而是从犯罪行为终了之日起计算。这是因为,对于连续犯或继续犯而言,犯罪成立与犯罪终了的时间点是不同的,选择犯罪终了的时间点开始计算追诉期限,体现了从严追究刑事责任的思想,是合理的。

②追诉时效的中断。追诉时效中断是指在时效进行期间,因发生法定事由,而使以前所经过的时效期间归于无效,需要重新开始计算时效。

在我国,追诉时效中断的法定事由是行为人又犯新罪。《刑法》第 89 条第 2 款规定:"在追诉期限以内又犯罪的,前罪追诉的期限从犯后罪之日起计算。"在追诉期限内又犯罪的,前罪的追诉时效便中断,其追诉时效从后罪成立之日起重新计算。如行为人于 1990 年 1 月 1 日故意致人重伤,法定最高刑为 10 年有期徒刑,如果行为人在 1999 年 12 月 30 日实施数额较大的盗窃罪,这时故意伤害罪的追诉时效便中断,即先前故意伤害罪的追诉期限从 1999 年 12 月 30 日起重新开始计算,再经过 15 年才不追诉。在本案中先前的故意伤害罪,实际上要经过 24 年才不追诉。

③追诉时效的延长。追诉时效的延长是指在追诉时效进行期间,因发生法定事由,使得对犯罪的追诉不再受追诉期限的限制。追诉时效的延长,在实质上意味着追诉犯罪不再受时效的约束。追诉时效的延长有以下两种情况。

第一，《刑法》第88条第1款规定："在人民检察院、公安机关、国家安全机关立案侦查或者人民法院受理案件以后，逃避侦查或者审判的，不受追诉期限的限制。"据此，这种时效延长的情况必须具备两个条件：一是被人民检察院、公安机关、国家安全机关立案侦查或者人民法院受理了案件。如果人民检察院、公安机关、国家安全机关没有立案侦查或者人民法院没有受理案件，行为人逃避侦查或者审判的，仍受追诉期限的限制，不能进行追诉时效延长。二是行为人逃避侦查或者审判的。这里的"逃避侦查或者审判"是指行为人积极逃避侦查或者审判，即行为人采取积极措施，如远走他乡、越狱潜逃等。如果行为人犯罪以后消极地逃避侦查或者审判（不主动投案自首）的，仍受追诉期限的限制。

第二，《刑法》第88条第2款规定："被害人在追诉期限内提出控告，人民法院、人民检察院、公安机关应当立案而不予立案的，不受追诉期限的限制。"因此，被害人在追诉期限内提出控告，符合立案条件而应当立案的，无论司法机关出于何种原因没有立案，无论行为人是否逃避侦查或者审判，无论经过多长时间，任何时候都可以进行追诉。

2. 赦免

赦免是指宣告对犯罪分子免除其罪或免除其刑的一种刑法制度。[①] 赦免"在很大程度上具有行政性，被视为是国家元首或者最高权力机关的一种行政特权，因而也被称为恩赦"[②]。虽然赦免制度有时不考虑犯罪人本人的悔改与否而受到非议，但赦免制度基本为世界各国法律所承认。赦免通常由宪法加以规定，但由于涉及罪刑关系，故属于一个刑法问题。赦免包括大赦与特赦两种类型。

(1) 大赦

大赦，通常是指在某一特定时期对犯有一定罪行的不特定犯罪人，国家免除其罪（如果在执行刑罚的，同时免除其刑）的刑法制度；简言之，就是对行为人所犯罪行在法律上不认为是犯罪。[③] 虽然我国1954年《宪法》规定了大赦，但现行宪法没有对此加以规定，故我国现在不存在大赦制度。

大赦的对象是特定时期的不特定犯罪人，既包括已受罪刑宣告者，也包括未受罪刑宣告者。对于未受罪刑宣告者，不追究刑事责任；对于已受罪刑宣告者，宣告归于无效；对于罪刑宣告后刑罚正在执行的，免除其刑。大赦的效果涉及罪与刑两个方面，既赦其罪，也赦其刑，即罪与刑同时免除，故被大赦的犯罪分子，不存在犯罪记录，以后再犯罪的，不存在构成累犯问题。

---

① 参见李晓明：《刑法学总论》，北京大学出版社2016年版，第556页。

② 陈兴良：《本体刑法学》，商务印书馆2001年版，第888页。

③ 李晓明：《刑法学总论》，北京大学出版社2016年版，第557页。

(2)特赦

特赦,是指国家对较为特定的犯罪人免除刑罚全部或者部分执行的制度。特赦为现行《宪法》第67、80条明文规定,故《刑法》第65、66条所指的赦免就仅限于特赦。

特赦的对象是较为特定的犯罪人。特赦的效果是免除刑罚全部或者部分的执行。当特赦只免除部分刑罚的执行时,特赦不能导致刑事责任完全消灭;只有在免除刑罚全部执行的情况下,才能导致刑事责任完全消灭。由于特赦只是免除刑罚的执行,而不免除罪之宣告,故被特赦的犯罪人以后再犯罪的,能够构成累犯。根据《宪法》第67、80条的规定,特赦由全国人大常委会决定,由国家主席发布特赦令。

从1975年以来,我国没有实行过特赦。但从1959年到1975年,我国先后实行过7次特赦。这7次特赦都是由党中央或者国务院提出建议,由全国人大常委会决定,由最高人民法院或者高级人民法院执行的。这7次特赦,有以下两个显著特点:

第一,犯罪人能否被特赦主要取决于犯罪人自身,而不取决于国家。这7次特赦固然具有政治上的需要因素(主要是处理在押战争罪犯问题),但不是无原则的。特赦的对象必须是"确实改恶从善"的罪犯,故自身没有改恶从善的战争罪犯,是难以被特赦的。这一特点使特赦有利于鼓励犯罪人悔过自新,符合刑事责任的目的。

第二,贯彻了区别对待政策。对需要特赦的犯罪人,根据其罪行轻重与悔改表现,对其刑罚的赦免是不同的:罪行轻因而所判刑罚轻的,予以释放;罪行重因而所判刑罚重的,只是减轻刑罚。可见,这种特赦的效力只是免除执行剩余刑罚或者减轻原判刑罚,而不是免除执行全部刑罚,更不是使宣告刑与有罪宣告无效。①

(三)前科消灭制度

前科消灭制度也是刑事责任消灭的重要内容,由于我国尚未建立起系统的刑事登记制度,故其中的前科消灭制度也未能相应出台。但相关制度既有法律规定,也有政策性规定,甚至立法机关已经开始考虑相关制度的研究与建立,下面进行详述。

1. 前科消灭制度及国外的立法借鉴

前科制度,也称刑事前科制度。一般认为,前科是因犯罪受过的有罪宣告或者被判处刑罚而被判决书、裁定书所记载的事实。我国《刑法》只在第100条分两款规定了未成年犯罪人的前科报告制度,第1款规定:"依法受过刑事处罚的人,在入伍、就业的时候,应当如实向有关单位报告自己曾受过刑事处罚,不得隐瞒。"第2款规定:"犯罪的时候不满十八周岁被判处五年有期徒刑以下刑罚的人,免除前款规定的报告义务。"由此可见,我国对于未成年犯罪人这一特殊群体实施特殊保护,只是免除其前科报告义务,并没有对其规定前科消灭制度。

① 参见张明楷:《刑法学》(下),法律出版社1997年版,第508页。

所谓前科消灭制度,是指对有犯罪前科的人,经过一定的法律程序将其犯罪记录抹除。前科消灭制度最早发源于大陆法系的法国和德国,之后世界各国刑罚制度纷纷效仿,现已被世界大部分国家及地区所采用,成为国际上一项普遍的刑事制度。如《德国少年法院法》第 97 条规定:"如少年刑事法官确信,被判处少年刑罚的少年犯用无可指责的行为证明自己是一个正直的人,他就得以官方正名,或者根据被判刑的犯罪分子的家长或者法定代理人的申请,宣布消除其前科记录。"《日本少年法》第 60 条规定:"因少年时犯罪被判刑并已执行终了,或免于执行的人,在关于人格法律适用上,在将来得视为没有受过刑罚处分的人。"《美国青少年犯教养法》第 5021 节规定:"对原定最大限度刑期届满前的被送交的青少年犯实行无条件释放时,原定罪自动取消。"《澳大利亚青少年犯罪起诉法》规定:"警方对未成年人的犯罪记录不能保留到成年之后,18 岁之后必须销毁,若被法院宣告无罪释放时,该青少年犯罪的一切案件档案资料也必须销毁。"这些规定在一定程度上体现了世界各国对未成年人前科消灭制度规定的普遍性,而且很值得我国刑法立法借鉴并在司法实践中予以推广。

2. 我国未成年犯罪人前科保密制度

我国法律对未成年人前科记录的规定主要体现在现行刑法和刑事诉讼法中的规定。前文已提到,我国《刑法》第 100 条第 2 款规定:"犯罪的时候不满十八周岁被判处五年有期徒刑以下刑罚的人,免除前款规定的报告义务。"同时在《刑事诉讼法》第 286 条第 1 款规定:"犯罪的时候不满十八周岁,被判处五年有期徒刑以下刑罚的,应当对相关犯罪记录予以封存。"第 2 款规定:"犯罪记录被封存的,不得向任何单位和个人提供,但司法机关为办案需要或者有关单位根据国家规定进行查询的除外。依法进行查询的单位,应当对被封存的犯罪记录的情况予以保密。"虽然前科封存制度与前科消灭制度不同,只是不得向外公布和泄露,但显然是对未成年犯罪记录的一种保密强化,也是对未成年犯罪人的一种有效保护。当然,我们也在期待有朝一日我国通过刑事登记系统立法的形式,对未成年犯罪人真正作出前科消灭的立法制度性保护,也就是说,对于未成年犯罪人不只是将其犯罪记录封存,而且通过一定的法律程序,也能够宣布未成年犯罪人犯罪记录的不复存在,以更大程度地保护未成年人的基本权利。

3. 刑事登记及前科消灭制度的全面建立

目前,我国尚未建立系统的刑事登记制度,更没有明确订立刑事犯罪的前科消灭制度,如上所述,只是针对未成年人的犯罪建立有未成年人的犯罪记录封存制度。从社会管理的现实需要看,我们必须尽快建立系统的刑事登记制度及前科消灭制度,以保证和支持这些"职业禁止"制度的真正贯彻落实,并提高我们的社会管理水准与水平。

另外,我国《刑事诉讼法》第 202 条第 1 款规定:"宣告判决,一律公开进行。"本书认为,在公开判决时已经是将未成年被告人的罪行公开了,再将未成年人的犯罪记录封存,是不是对立法者的原意打了折扣呢?这样是否可以做到对未成年人的人权保护以及对其将来回归社会时不被歧视的照顾?还有,当遇到未成年人和成年人共同犯罪的案件时,对未成年人的犯罪记录进行封存,但是对成年人的犯罪记录公开,这一定程度上也是对未成年人犯罪行为的一种公开。显然,立法者还没有考虑到将这些具体问题有效衔接,因此在今后的立法中必须予以进一步完善和修改。

后　记

回顾《刑法学原理》的撰写过程，我更加深刻地感受到与生俱来的神圣使命感，撰写历时五年，我几乎每一天都在思考我国究竟需要什么样的刑法学及其学科体系，尤其是其基本原理何在？也更加切身地认识到，构建具有中国特色的刑法学科体系是一项艰苦卓绝的实践与理论再造过程，更是一项宏大的系统研究工程，绝非一人之功能够完成。尤其在刑法理论价值多元化的猛烈冲击下，目前我国尚处于类似刑事古典学派刑法初始阶段的艰难跋涉之中，加之对我国刑法本土化和古代刑律挖掘得不够深入，许多理论受到现实国际与国内环境的质疑和挑战，学科体系有待进一步梳理和再造，适合中国国情的刑法基础理论研究需要下大力气完善。虽然改革开放后我们一直在大量吸收世界各国刑法立法及理论的智慧成果，但刑法更是一个本国或本民族的文化问题，理论再造仍旧需要一个艰苦卓绝的奋斗过程。希望本书能够成为一块改革我国传统刑法学理论的引玉之砖，更期盼我国刑法学学科体系尤其是现代刑法学理论体系在未来有一个长足的发展，以便在将来更加适应国情、日臻完善与逐步成熟。

这部书的撰写与出版，自始至终得到了学界同人、同事和朋友的大力支持与帮助，故借此机会对长此既往支持我学术研究的学界同人和前辈表示由衷的感谢和敬意！另外，还要感谢我的博士和硕士生们的帮助与支持，他们平时与我的学术交流甚至学术争论都为本书的撰写和完成作出了重要贡献，像杨俊、陆岸、班克庆、吕新建、孙持明、张鑫、陈小伟、江金满、尹文平、韩冰、徐翕明、李文吉、麻爱琴、沈颖尹、赵坦、扬天晓等博士同学和博士后何雷和朱嘉珺等，以及后来进入北京大学法学院攻读博士学位的褚础和已经毕业的蔡芸琪、谭悦、李一凡、张雪洁、张亚、杨贺凯和尚未毕业的罗瑞瑞、阮紫晴、韩子璇等同学，都曾为本书的撰写收集资料并一起讨论书稿内容，特别是徐翕明、李文吉、麻爱琴、沈颖尹、赵坦、扬天晓等博士同学还为本书撰写了部分内容或承担了全部书稿的校对、删减等大量工作，没有他们的支持，尤其在《刑法修正案（十一）》公布之后及出版社急切催稿的情况下，无论如何我是很难在短时间完成本书写作的，故再次对他们付出的辛勤劳动和智慧汗水表示衷心感谢！当然，在本书即将出版之际还要感谢法律出版社学术分社的领导和编辑们的鼎力支持，特别是孙东育社长和黄倩倩编辑的具体指导和无私奉献！在此表示由衷的谢意！

诚然,本书在撰写过程中参考了国内外大量的学术著作、教材和论文,且吸收和引用了许多著述和观点。我们也是尽可能地将作者及书名和出版社注出,但由于文字工作量较大,加上编排和校对过程的复杂,万一出现疏漏还请学界同人多多见谅。另外,原本想在书后列出参考书目,以示对这些资料及作者的敬意和感激之情,但无奈迫于出版的字数限制没能最终实现,在此表示由衷的歉意。在把本书献诸我国学界的同时,也殷切期待本书能够得到广大博士生、硕士生和本科生的青睐和关注,以及学界理论工作者、研究者、立法及司法实务和教学人员等读者朋友的支持与批评指正,以待日后对本书作出修改与完善。

李晓明

2021 年 7 月 31 日于苏州大学相门寓所

天
Borderless
下

天下，在乎正义和你

法学新经典·书目

《侵权损害赔偿》（第六版） 杨立新
《我国民法典重大疑难问题之研究》（第二版） 王利明
《法律解释学导论：以民法为视角》（第三版） 王利明
《法的价值论》（第三版） 卓泽渊
《法政治学研究》（第三版） 卓泽渊
《法治国家论》（第四版） 卓泽渊
《刑事诉讼的中国模式》（第三版） 陈瑞华
《刑事证据法的理论问题》（第二版） 陈瑞华
《民法典总则之理论与立法研究》（第二版） 尹 田
《中国物权法总论》（第四版） 孙宪忠
《人格权重大疑难问题研究》 王利明
《实证研究：中国法学的范式转型》 左卫民
《中国法律的传统与近代转型》（第四版） 张晋藩
《行政法基本原则研究》（第二版） 周佑勇
《国际刑法学》（第二版） 贾 宇
《刑法客观主义与方法论》（第二版） 周光权
《诈骗犯罪论》 张明楷
《国际私法本体论》（第二版） 蒋新苗
《民法解释学》（第五版） 梁慧星
《当代刑法的理论与课题》 黎 宏
《量刑的个别化原理》 石经海
《中国传统法理法哲学论》 张中秋
《民法总则新论》 王利明

法学新青年·书目

《物权法的展开与反思》（第二版） 常鹏翱
《基本权利的规范建构》（增订版） 张　翔
《传媒监督的法治》 陈柏峰
《国家利益维护：国际法的力量》 何志鹏
《不动产登记法研究》（第二版） 程　啸
《证据法的理论面孔》 吴洪淇
《刑法归责原理的规范化展开》 陈　璇
《刑法与现代社会治理》 何荣功
《舆图换稿：明清之际的中国法哲学》 屠　凯
《中国特色行政复议制度的嬗变与演进》 曹　鎏
《行政诉讼类型构造论》 章志远
《侵权责任利益保护的解释论》 方新军
《刑事诉讼法的解释图景》 董　坤

法学原论·书目

《合同法总论》（第四版） 韩世远
《现代公司法》（第三版） 刘俊海
《侵权责任法》（第四版） 杨立新
《国家监察学原理》 李晓明　芮国强
《物权法原论》（第二版） 高富平
《刑法学：立法与解释原理》（上册） 李晓明
《刑法学：罪体与罪责原理》（下册） 李晓明

博观·书目

《社会契约论》 卢　梭

《法律的概念》（第三版）　哈　特
《普通法的精神》（中文修订版）　庞　德
《诉权与诉的可能性：当代民事诉讼基本问题研究》　赫尔维格
《民主与不信任：司法审查的一个理论》　约翰·哈特·伊利
《法律与革命》（第一卷）　伯尔曼
《法律与革命》（第二卷）　伯尔曼
《法律推理与法律理论》　麦考密克
《古代法》　梅　因
《旧制度与大革命》　托克维尔
《为权利而斗争》　耶　林
《法律制度：对法律理论的一种解说》　麦考密克
《政治哲学史》（第三版 上下册）　列奥·施特劳斯　约瑟夫·克罗波西
《论法的精神》　孟德斯鸠
《民事诉讼法重点讲义》（导读版）　高桥宏志
《纯粹法学说》（第二版）　凯尔森
《普通法》　霍姆斯
《论犯罪与刑罚》　贝卡里亚
《宪法设计与理性选择：公法经济分析基础》　罗伯特·D.库特
《法律的权威》（第二版）　约瑟夫·拉兹
《正确法：法伦理学基础》　卡尔·拉伦茨
《法律篇》　柏拉图
《论法律》　西塞罗

思想与人文·书目

《西窗法雨》（精装修订版）　刘　星
《法槌十七声：西方名案沉思录》（第二版）　萧　瀚
《文明与法治：寻找一条通往未来的路》　刘哲昕
《精英与平民：中国人的民主生活》　刘哲昕

《法治东西》 於兴中
《博登海默法理学》 博登海默
《法窗夜话》 穗积陈重
《正义之源泉：自然法研究》 吴经熊
《现代法政的起源：1900—1919》 董彦斌
《被误解的民主》 包刚升
《风骨：新旧时代的政法学人》 陈夏红
《斑马线上的中国》（第三版） 邓子滨
《生活在民法中》（第四版） 梁慧星
《乌合之众：大众心理研究》 古斯塔夫·勒庞
《我们律师》（修订精装版） 张思之
《我的辩词与梦想》（精装收藏版） 张思之
《法门穿行》 孙笑侠
《现代法治：沈家本的改革梦》 李贵连
《阿Q之死的标本意义》 张建伟
《续法窗夜话》 穗积陈重
《从传统到现代》 金耀基
《耶鲁精神：感受耶鲁大学及其法学院》（第二版） 冯建妹
《法律帝国的铸就：大英帝国法律史（1800-1850）》 劳伦·本顿 利萨·福特
《英国法的塑造者》 威廉·塞尔·霍尔斯沃思
《美国法律史》 劳伦斯·弗里德曼
《尊严：历史和意义》 迈克尔·罗森
《法官因何错判》 秋山贤三
《修行：生命的证悟》 泰戈尔
《看得见的正义》（第三版） 陈瑞华
《大地家族》 盖瑞·施耐德
《法律后面的故事》 梁治平
《生命与超越：一个命运共同体的理想》 刘哲昕

《霸权的黄昏：大国的衰退和收缩》	麦克唐纳　培伦特
《罪与罚：关于公正的19场激辩》	布鲁斯·N.沃勒
《民法的人文精神》（第二版）	徐国栋
《西口闲笔》	徐国栋
《明清法律与社会变迁》	邱澎生　何志辉
《案例、故事与明清时期的司法文化》（修订版）	徐忠明
《明清时期的民事审判与民间契约》	王亚新　梁治平　赵　晶
《儒家的世界》	董彦斌
《面包香里读哲学》	胡文·欧江
《大众装饰》	齐格弗里德·克拉考

理论与方法·书目

《通往法治的道路：社会的多元化与权威体系》	季卫东
《法治、财税与国家治理》	熊　伟
《论法学研究方法》	陈瑞华
《民法总则：条文背后的故事与难题》	杨立新
《法学学位论文写作方法》（第三版）	梁慧星
《裁判的方法》（第四版）	梁慧星
《理论法学的迷雾：以轰动案例为素材》（增订版）	桑本谦
《司法体制改革导论》	陈瑞华
《辩无不胜》	盖瑞·斯宾塞
《侵权责任法：条文背后的故事与难题》（第二版）	杨立新
《司法改革的知与行》	蒋惠岭
《律师的客户管理术》	亚历山大·Y.本尼科夫

《中西法律文化比较研究》（第五版）	张中秋
《真实世界的法律思维：出乎意料的61堂法律微课》	黄文伟
《并购之道：赢家的65个商业逻辑与实战 》	张伟华
《中国民法典新规则要点》（修订版）	杨立新
《刑事审判原理论》（第三版）	陈瑞华
《实质法治：寻求行政判决的合法性》（第二版）	何海波
《行政诉讼法》（第三版）	何海波
《企业合规基本理论》（第二版）	陈瑞华
《如何讲个好故事：律师的必修课》	菲利普·N. 迈耶
《法总工作手册：公司法律合规的三十六计》	沈悦志
《人工智能时代的算法治理：机制与方案》	张　欣